COLLECTION

DE

DOCUMENTS INÉDITS

SUR L'HISTOIRE DE FRANCE

PUBLIÉS PAR LES SOINS

DU MINISTRE DE L'INSTRUCTION PUBLIQUE

PREMIÈRE SÉRIE

HISTOIRE POLITIQUE

MÉMOIRES

DE

NICOLAS-JOSEPH FOUCAULT

PUBLIÉS ET ANNOTÉS

PAR F. BAUDRY

BIBLIOTHÉCAIRE À LA BIBLIOTHÈQUE DE L'ARSENAL

PARIS

IMPRIMERIE IMPÉRIALE

M DCCC LXII

INTRODUCTION.

En publiant les Mémoires de Foucault, nous avons essayé de répondre à un appel fait par les historiens, et notamment par un de ceux qui connaissent le mieux la valeur des documents relatifs au règne de Louis XIV. Voici en quels termes M. Pierre Clément s'exprime sur ce précieux manuscrit[1] :

« Après les mémoires des grands capitaines et des politiques
« célèbres, il en est d'autres encore qu'on s'estimerait tout aussi
« heureux de posséder, mais que l'on cherche à peu près en vain
« dans notre pays, où, de tout temps, l'attention principale du
« public s'est portée sur les révolutions de cour et les batailles :
« ce sont ceux des hommes qui, ayant été chargés de faire exé-
« cuter les ordres du pouvoir exécutif, se sont trouvés en contact
« fréquent, immédiat, avec les populations, et ont vu par eux-
« mêmes leurs besoins et leurs peines. Que ne donnerait-on
« pas aujourd'hui de quelques feuilles confidentielles des *missi*
« *dominici* de Charlemagne et des *commissaires enquesteurs* de ses
« descendants? Malgré leur forme enjouée et badine, les Mé-
« moires de Fléchier sur les grands jours d'Auvergne ont éclairé
« d'une lumière imprévue l'état de cette province pendant les

---

[1] Dans un article de la Revue contemporaine, intitulé : *Un Intendant de province sous Louis XIV* (n° du 3 décembre 1856, p. 263), et consacré à l'appréciation des Mémoires de Foucault.

« premières années du règne de Louis XIV. Si le nom de Vau-
« ban devient plus populaire à chaque génération, s'il éclipse
« déjà les noms les plus illustres de son époque, croit-on que
« Vauban ne doive cet honneur qu'à ses magnifiques travaux
« et aux siéges nombreux où son génie a fait triompher l'at-
« taque ou la défense? Non; ce qui fait aujourd'hui sa prin-
« cipale gloire, c'est un livre (*la Dîme royale*) qui a causé sa
« disgrâce, sa mort peut-être, et dans lequel il a parlé avec
« effusion de ce peuple des campagnes qu'il aimait sincèrement,
« et que d'inutiles guerres, aggravées par les formes d'impôts
« les plus funestes, avaient littéralement ruiné. En même temps
« que l'illustre maréchal, vivait un homme, un administrateur
« habile, qui l'a comparé à un Romain de la grande époque,
« et qui a exercé les fonctions d'intendant pendant trente-deux
« années consécutives, de 1674 à 1706, dans plusieurs pro-
« vinces très-importantes, à Montauban, à Pau, à Poitiers et
« à Caen. Cet intendant, fils d'un conseiller d'état, Joseph
« Foucault, ami et créature de Colbert, a laissé des mémoires
« manuscrits où le récit manque de charme, mais qui ren-
« ferment, sur les pays qu'il a administrés, notamment sur les
« conséquences de la révocation de l'édit de Nantes, les ren-
« seignements les plus précieux. Nulle lecture ne fait mieux
« voir, il me semble, le mécanisme de l'administration fran-
« çaise, tel qu'il existait encore au moment où la Révolution
« éclata. Leur auteur, Nicolas Foucault, fait mieux que de
« vous en expliquer les rouages, il les montre, non au repos
« et en quelque sorte sous le cylindre, comme on peut tout
« au plus se les représenter au moyen d'un exposé didactique
« très-exact, mais fonctionnant, animés et doués de vie. Je ne
« saurais donner une plus juste idée de l'effet produit, sous ce
« rapport, par la lecture des Mémoires de Nicolas Foucault.

INTRODUCTION.

« Comment se fait-il qu'ils n'aient pas encore été imprimés en
« entier et qu'ils ne figurent pas, à côté des curieux volumes
« de la Correspondance administrative sous Louis XIV, dans la
« précieuse collection des Documents inédits sur l'histoire de
« France, que publie le Gouvernement ? »

Bien que la publication complète de cet ouvrage se soit fait attendre jusqu'ici, les historiens ont déjà commencé à en tenir compte et même à en publier des fragments. De nombreux emprunts y ont été faits par M. Pierre Clément dans son travail sur le Gouvernement de Louis XIV de 1683 à 1689 (Paris, 1848), et par M. Chéruel, dans son Histoire de l'administration monarchique en France (Paris, 1855). M. Adhelm Bernier a publié, par fragments, la partie relative à la révocation de l'édit de Nantes, à la suite de ses extraits des Mémoires du marquis de Sourches (Paris, 1836). Mais toutes ces publications partielles, où chaque auteur n'a mis que ce qui le préoccupait spécialement, ne dispensaient pas de donner une édition intégrale. Pour la compléter encore et en faire, en quelque sorte, l'appendice de la Correspondance administrative sous le règne de Louis XIV, publiée par M. Depping, nous avons ajouté, à la suite des Mémoires, les pièces les plus importantes de la correspondance des ministres avec Foucault, telle que nous avons pu la retrouver dans les dépôts publics. De la sorte, plus d'un passage des Mémoires s'est éclairci, le tableau s'est achevé, et certains points d'administration provinciale que M. Depping n'avait pu comprendre dans le cadre qu'il s'était tracé se sont trouvés éclairés d'un jour nouveau.

Dans notre Introduction, nous nous sommes efforcé de rapprocher et de distribuer, sous un ordre un peu régulier, les faits épars dans les Mémoires et dans la correspondance qui les suit. Ce résumé rapide, joint à une étude biographique sur Foucault, permettra, nous l'espérons, d'apprécier l'intérêt de ces documents; mais, avant tout, nous devons compte à nos lecteurs de l'état des manuscrits auxquels nous avons eu recours, et du parti que nous avons dû prendre, en quelques circonstances, dans l'intérêt de la publication.

I.

MANUSCRITS. — PUBLICATION.

Le manuscrit original des Mémoires de Foucault appartient à la Bibliothèque impériale (Supplément français, n° 150); il forme un volume in-folio composé de 288 feuillets, parmi lesquels se trouvent quatre pièces imprimées[1]. Le titre est conçu en ces termes : « Mémoires de messire Nicolas Joseph Foucault, « conseiller d'état ordinaire, chef du conseil de S. A. R. Madame « Élisabeth Charlotte de Bavière, palatine du Rhin, duchesse « douairière d'Orléans. »

Cet intitulé n'est pas écrit de la main de Foucault, mais de la même qui a mentionné au-dessous la remise des Mémoires à la Bibliothèque du roi, en 1738, par M. de Boze (c'est probablement la main de M. de Boze lui-même). Il n'a donc aucun caractère authentique; et, comme il tendrait à donner une idée fausse du contenu des Mémoires, qui s'occupent surtout des intendances de Foucault, et nullement de ses fonctions de chef du conseil de la Palatine, nous n'avons pas hésité à

---

[1] Trois brochures petit in-4°, savoir : 1° la relation de la fête de Poitiers pour l'érection de la statue du roi, en 1687; 2° le canevas de la tragédie représentée au collège des Jésuites de Poitiers, en 1688; 3° la relation des réjouissances faites à Caen pour la naissance du duc de Bretagne, en 1704; et 4° l'affiche annonçant l'ouverture de la classe d'hydrographie et de mathématiques au collège des Jésuites de Caen, le 26 mars 1705.

INTRODUCTION. v

en supprimer la dernière partie et à n'en conserver que le nom de l'auteur.

Sauf quelques pièces officielles, une lettre signée du roi, un petit nombre de dépêches et lettres ministérielles et quelques papiers de famille, les Mémoires sont, d'un bout à l'autre, de la main de Foucault lui-même. Il les a écrits avec une grande négligence, sur des feuilles volantes d'inégale grandeur. Évidemment il ne les destinait pas à la publicité, et n'avait d'autre but, dans cette œuvre de sa vieillesse, que de se résumer à lui-même les événements de sa vie passée.

A part un petit nombre de passages exceptionnels, les Mémoires sont invariablement rédigés par alinéa séparés, sans aucun rapport entre eux, et dont chacun contient, le plus souvent, le résumé d'une pièce que Foucault avait conservée dans ses archives. Le style s'en ressent : il a le ton d'une analyse de documents, exacte jusqu'à la reproduction des termes, et parfois les tournures d'une lettre analysée s'y glissent au milieu même de la narration.

L'ordre chronologique est suivi en gros, mais subordonné à la confusion des papiers dans les archives de Foucault. Il notait les événements à mesure que chaque pièce lui tombait sous la main, se répétant quand il en rencontrait deux analogues, et brouillant sans cesse la suite des mois et même des années. Cette manière de procéder a sans doute l'inconvénient d'embarrasser et d'alourdir la marche des Mémoires et de leur ôter tout mérite littéraire ; mais on ne saurait disconvenir qu'elle leur communique en même temps un grand caractère de certitude et d'authenticité, en dépit de quelques erreurs de dates et de noms, *lapsus calami* qu'explique assez la vieillesse de l'auteur.

En effet, les Mémoires de Foucault n'ont pas été écrits jour par jour tout le long de sa vie ; la date à laquelle on en doit rapporter la rédaction se laisse fixer, d'une manière au moins approximative, par quelques erreurs et par certaines allusions. Des interversions de dates, des distractions, comme *Caen* pour *Cahors*, sont d'abord la preuve qu'ils furent écrits au plus tôt pendant l'intendance de Caen. On précise de plus près l'époque au moyen du passage suivant: « Le 29 octobre 1687, ma femme « est accouchée d'une fille... C'est le huitième enfant; *il en reste* « *quatre*. » Or la famille de Foucault ne fut réduite au nombre de quatre enfants que par la mort de son fils Guillaume, en 1704. Les Mémoires ont donc été rédigés postérieurement à cette date, et l'on peut croire, avec toute vraisemblance, qu'ils ne l'ont été qu'après 1706, lorsque le rappel à Paris lui eut donné des loisirs qu'il n'avait pu trouver au milieu des tracas de l'administration provinciale, et que la vieillesse lui inspira la pensée de réunir ses souvenirs. On pourrait même pousser la conjecture encore plus loin : une erreur de plume qui lui fait écrire le *13 janvier 1717*, au lieu du *13 janvier 1677* [1], et plus loin une allusion faite, sous la date du 18 octobre 1700, à une mesure prise en 1718 [2], autoriseraient à supposer que Foucault n'écrivit ses Mémoires que dans les cinq ou six dernières années de sa vie. Le caractère sénile des erreurs et des répétitions dont ils fourmillent témoigne de la vraisemblance de cette opinion.

Avant sa mort, Foucault remit son manuscrit entre les mains de M. de Boze, son collègue à l'Académie des inscriptions et belles-lettres, qui, dans une note ajoutée plus tard à l'éloge de Foucault, qu'il prononça, en 1721, devant la docte compagnie [3], déclare qu'il l'a « déposé à la Bibliothèque du roi. » Mais, en 1721, M. de Boze parlait sans doute d'une intention

---

[1] *Mémoires*, p. 40.
[2] *Ibid.* p. 336.
[3] *Histoire de l'Académie des inscriptions et belles-lettres*, par MM. de Boze et l'abbé Goujet; Paris, Guérin, 1740, in-12, t. II, p. 247.

comme d'une chose faite, car voici ce qu'on lit dans une note qui suit immédiatement le titre du manuscrit, et qui paraît écrite par M. de Boze lui-même : « Ces Mémoires, écrits de la « main même de M. Foucault, ont été donnés et remis à la « Bibliothèque du roi, par M. de Boze, au mois de mars 1738. » Une note d'une autre écriture, insérée immédiatement au-dessous de la première, fait justice de ce que ces termes pourraient impliquer de trop libéral, en nous apprenant que « ces « Mémoires ont été remis par M. de Boze, par un échange pour « le *Psautier de Milan* de 1481, tiré des livres de feu M. l'abbé « de Targny[1]. Le roi en fit réserver quelques volumes, qui ont « été estimés et payés. »

Nous ne pouvions songer à publier ce manuscrit tel qu'il est, et dans l'état de désordre qu'il doit un peu au relieur et beaucoup à l'auteur. Notre tâche a été rendue plus facile par cette circonstance que nous mentionnions tout à l'heure, c'est qu'il n'existe absolument aucune liaison de sens d'un alinéa à l'autre, et que chacun d'eux est isolé et représente à lui tout seul l'analyse d'une pièce détachée des archives de l'auteur. Dès lors, sans porter la moindre atteinte au sens et sans détruire une cohésion qui n'existait pas, nous avons pu établir partout l'ordre chronologique, qui est le plus simple de tous, et que l'auteur avait eu lui-même la volonté d'introduire et de suivre rigoureusement, car les pages de son manuscrit n'ont pas d'autre intitulé ni d'autre pagination de sa main que les années qu'il inscrivait en tête. Nous ne nous sommes écarté de la suite des dates que dans d'étroites limites, et pour grouper ensemble des faits qui se suivaient ou se rapprochaient naturellement.

---

[1] Le fonds de l'abbé Targny, autrefois garde de la Bibliothèque, était composé de manuscrits sur la théologie et sur diverses autres matières. (Leprince, *Essai historique sur la Bibliothèque du roi*, 1782, p. 221.)

Dans un grand nombre d'alinéa, Foucault laisse en blanc le quantième ou même le mois. Lorsque aucun document extérieur ne nous a aidé à préciser la date, nous avons rejeté les alinéa de ce genre à la fin du mois, si c'était seulement le quantième qui manquait, et à la fin de l'année, si c'était le mois.

Nous avons dû prendre aussi un parti pour les répétitions des mêmes faits, qui sont nombreuses dans le manuscrit. Il nous a paru que celles qui faisaient absolument double emploi pouvaient être supprimées sans inconvénient; nous avons donné en note toutes celles qui fournissaient la moindre variante, et enfin nous avons conservé dans le texte même celles dont le double emploi n'était pas bien sûr, ou qui offraient un véritable intérêt.

L'orthographe de Foucault étant assez capricieuse, et ne pouvant offrir, d'ailleurs, aucun intérêt littéraire ni philologique, nous avons pris le parti de la corriger, comme aurait pu le faire en 1720 un bon imprimeur, si l'auteur avait songé à cette époque à publier ses Mémoires, qui s'arrêtent en 1719. Cette méthode, qui facilite la lecture, a été appliquée à tous nos grands classiques, et à plus forte raison nous a-t-il semblé qu'elle devait l'être à un ouvrage dont l'intérêt est dans le fond, et nullement dans la forme. Nous l'avons étendue aux Correspondances ministérielles qui suivent les Mémoires, avec d'autant plus de motifs, que la copie de la Correspondance de Colbert, à laquelle nous avons eu recours, est elle-même écrite suivant une orthographe très-réformée et conforme en plus d'un point à celle que nous avons adoptée.

Un mot maintenant sur les documents que nous avons ajoutés aux Mémoires. Nous nous sommes donné pour tâche de rechercher dans les dépôts publics de Paris toutes les correspondances officielles qui pouvaient concerner Foucault, afin d'en éclairer ses Mémoires et de publier les pièces d'un intérêt sérieux. Dans ce but, nous nous sommes d'abord adressé aux Mélanges de Colbert, connus sous le nom de *Collection verte* (Mss. de la Bibl. impér.) : ils contiennent les lettres adressées à Colbert par les intendants, et s'arrêtent à la fin d'août 1677. Nous en avons tiré quelques pièces de la main de Foucault ou se rapportant à ses Mémoires, assez peu de chose en somme. Nous avons compulsé ensuite les dépêches de Colbert, contenues aux Mélanges de Clairambault (*ibid.*) sous le titre de *Registre des dépêches de monseigneur Colbert à MM. les intendans et autres, depuis le [1er janvier 1679] jusqu'à [la fin d'août 1683]*. Ici les documents utiles abondent. Ils sont de deux sortes : Foucault recevait non-seulement les dépêches qui n'étaient adressées qu'à lui, mais aussi les circulaires expédiées soit à tous les intendants, soit à un certain nombre d'entre eux, parmi lesquels il était désigné. De toutes ces pièces, nous publions *in extenso* celles qui le méritent ; et quant à celles qui sont d'un moindre intérêt, nous avons pensé qu'elles avaient au moins l'avantage de donner une idée de l'activité du grand ministre ; c'est pourquoi nous les avons mentionnées à leur date, avec indication sommaire de leur contenu. Nous espérons qu'on nous saura gré de ce spécimen, le plus complet qu'on ait encore publié de la correspondance entière de Colbert avec un de ses subordonnés.

Après Colbert, Louvois était le premier qui devait attirer notre attention. Les minutes de ses dépêches forment une magnifique collection aux archives du Dépôt de la guerre. On en compte près de trois mille adressées à Foucault, relatives, pour le plus grand nombre, à des questions particulière d'administration militaire. Devant une telle abondance, nous avons

INTRODUCTION.

dû nous restreindre au strict nécessaire, et ne choisir, pour la publication, que les pièces les plus importantes au point de vue des Mémoires.

Enfin la dernière collection à laquelle nous ayons eu recours est le Recueil des lettres du chancelier Pontchartrain (Mss. de la Bibl. impér. fonds Mortemart). Cette correspondance a infiniment moins d'importance et d'étendue que les deux autres; nous en avons extrait quelques pièces offrant un certain intérêt, et nous avons indiqué le reste sommairement.

En terminant ces préliminaires, on nous permettra de nous féliciter de la bienveillance avec laquelle MM. les employés des deux Dépôts publics que nous avons consultés ont mis à notre disposition les pièces dont nous avions besoin; et nous saisirons aussi cette occasion de témoigner notre gratitude à quelques personnes dont l'amitié nous a été d'un grand secours, notamment à M. Chéruel, qui a bien voulu éclairer de ses conseils la publication de ces Mémoires, qu'il connaît mieux que personne, et à M. Eudore Soulié, conservateur du Musée de Versailles, déjà préparé aux travaux de ce genre par sa grande publication du Journal de Dangeau, et qui nous a apporté, en plus d'un endroit, l'affectueux et utile concours de sa savante collaboration.

II.

BIOGRAPHIE DE FOUCAULT.

Les origines de la famille paternelle de Foucault sont obscures. Il nous apprend seulement que son bisaïeul, Nicolas Foucault, né à Poissy en 1550, mourut à Paris en 1626, et fut enterré en l'église de Saint-Germain-le-Vieil, où il avait

INTRODUCTION.

fondé un *obit*, ce qui indique une certaine aisance[1]. Son fils, Claude Foucault, aïeul de Nicolas-Joseph, né à Poissy en 1580, fut pourvu, par achat, en 1613, de la charge de grand maréchal féodal de l'abbaye de Saint-Denis. Cet office avait eu, au moyen âge, un sens et des fonctions réelles de surveillance sur les chevaux de l'abbaye, sur ses vassaux et sur ses domestiques, avec la police qui s'y rapportait; mais, par la suite des temps, il était tombé à l'état de simple fief héréditaire, dans lequel le grand maréchal féodal de l'abbaye n'avait plus pour fonctions que d'assister à la procession et au service divin le jour de la fête de saint Denis, en tenant, de la main droite, un bâton orné de diamants, et, de la gauche, un côté de la chape de l'abbé. Le non-usage en temps de guerre avait laissé perdre et prescrire par les religieux une partie des droits attribués à cette charge, tels qu'un pain et demi par jour, cent vingt boisseaux d'avoine par an, trois chopines de vin, mesure de Saint-Denis. Cependant elle valait encore quelque chose, car Claude Foucault eut soin de la transmettre à son fils, qui en passa d'abord la survivance à notre Foucault. Mais ce dernier n'en profita pas; son père la vendit en 1679, et elle fut supprimée peu de temps après, lors de la réunion de la manse abbatiale de Saint-Denis à la maison royale de Saint-Cyr.

Joseph Foucault, père de l'auteur des Mémoires, naquit à Paris en 1612. Les Mémoires sont muets sur la carrière qu'il embrassa d'abord, mais le Journal des bienfaits du roi (ms.) le désigne comme greffier de la chambre des comptes. En 1655, il fut pourvu d'une charge de secrétaire du roi, et nommé,

---

[1] Les Mémoires ne disent pas à quelle profession se rattachait ce personnage; d'où l'on peut conclure, selon M. P. Clément, qu'il avait commencé sa fortune dans le commerce.

en 1658, conseiller d'état à brevet, titre honorifique qu'on ne doit pas confondre avec celui de conseiller d'état ordinaire. En 1661, Colbert, qui le protégeait, le fit nommer greffier de la chambre de justice chargée de juger le surintendant Fouquet. Les procès-verbaux de cette affaire furent rédigés par lui[1]. Ce fut aussi lui qui dressa l'édit d'août 1669, portant règlement de l'âge requis pour entrer dans les charges de magistrature. Le premier président de Lamoignon faisait grand cas de cette rédaction. L'année suivante, il exerça, par commission, la charge de secrétaire du conseil d'état, qui venait d'être saisie sur le sieur Catelan par la chambre de justice. Il l'acquit définitivement en 1673, moyennant 300,000 $^\text{lt}$, dont le roi lui donna 50,000. Les gages étaient de près de 16,000 $^\text{lt}$, sans compter les droits et profits. Mais, au bout de trois ans, en 1676, il la revendit au prix de 400,000 $^\text{lt}$, et se défit également, pour 50,000 $^\text{lt}$, de la charge de secrétaire du roi, probablement dans l'intention de prendre sa retraite, car il avait alors soixante-quatre ans. Il avait épousé, en 1641, Marie Métezeau, fille de Clément Métezeau, intendant des bâtiments sous Louis XIII, inventeur de la fameuse digue qui fut élevée au siége de la Rochelle, et qui construisit une partie de la galerie de réunion entre les Tuileries et le Louvre, celle qui allait depuis le Vieux-Louvre jusqu'au premier guichet du côté des Tuileries[2]. Joseph Foucault eut huit enfants de ce mariage, savoir :

---

[1] Ils sont conservés aux *Cinq cents de Colbert*, n°ˢ 235-245 (Mss. Bibl. impér.), sous le titre de *Registres de la chambre de justice*, et précédés d'un récit de l'arrestation de Fouquet, rédigé par Joseph Foucault, d'après les documents officiels. Cette dernière pièce a été publiée par M. Chéruel, dans son Histoire de l'administration monarchique en France, à l'appendice du 2ᵉ volume.

[2] Clément Métezeau, d'une famille originaire de Dreux, était fils de Thibaut Métezeau, architecte de Henri IV, et neveu de Paul Métezeau, prêtre de l'Oratoire,

INTRODUCTION.

Claude Foucault, née en 1641, décédée en 1675, abbesse de Gercy ou Jarcy-en-Brie;

Nicolas[1] Foucault, auteur des Mémoires, né le 8 janvier 1643;

Marie-Élisabeth Foucault, née en 1646, morte au bout de quelques jours;

Marie-Anne Foucault, née en 1648; elle épousa M. Petit de Villeneuve, conseiller à la cour des aides;

Joseph Foucault, né en 1649, mort de la petite vérole en 1652;

Joseph Foucault, né en 1654, mort en 1664;

Anne Foucault, née en 1655, religieuse à Jarcy, où elle succéda comme abbesse à sa sœur Claude, en 1675;

Catherine-Angélique Foucault, née en 1662; elle épousa le marquis d'Avaray.

Madame Foucault mourut le 4 novembre 1670, laissant un testament par lequel elle avantageait autant que possible son fils Nicolas-Joseph, seul enfant mâle qui lui restât.

En 1675, Foucault père se remaria à mademoiselle Bossuet, sœur du grand évêque. Ce mariage, désapprouvé par la famille de la femme comme par celle du mari, ne fut pas heureux. Mademoiselle Bossuet avait eu l'adresse de tirer de Joseph Foucault, dans l'année qui précéda et dans celle qui suivit leur union, deux billets montant ensemble à 50,000ᴴ. Dès 1677, « le divorce s'étant mis dans le ménage, » elle demanda la séparation de corps et le payement de ses billets. Par ordre de Colbert, le duc de Chevreuse accommoda l'affaire;

qui avait contribué, avec le cardinal de Bérulle, à la fondation de cet ordre religieux. (Sur ce personnage, voy. Arcère, *Histoire de la ville de la Rochelle et du pays d'Aulnis*, t. II, p. 268 et 707, et Ph. de Chennevières, *Archives de l'art français*, t. I, p. 242, note.)

[1] Nic. Foucault reçut le second prénom de Joseph lorsqu'il fut confirmé et tonsuré, à l'âge de dix ans, le 20 août 1653.

mademoiselle Bossuet reçut 30,000ᵗᵗ et la faculté de se retirer où bon lui semblerait.

Foucault père mourut le 6 juillet 1691, à l'âge de soixante et dix-neuf ans. C'était un homme énergique et d'un jugement solide. Le peu de lettres de lui qui accompagnent notre publication fait vivement regretter la perte des Mémoires de sa vie qu'il avait composés, au témoignage de son fils [1].

Passons maintenant à l'auteur des Mémoires, et voyons d'abord son enfance et sa jeunesse.

Né, comme nous l'avons dit, le 8 janvier 1643 (il a soin de noter l'heure, « sur les quatre heures du matin, » et l'aspect particulier de ce jour, où, dit-il, « il fit des vents extraor- « dinaires »), il eut pour parrain son grand-père, Claude Foucault, et pour marraine une tante de sa mère. Sa complexion était fort délicate, et il eut deux fois la petite vérole, la seconde fois très-violente, à l'âge de dix-huit mois. Il n'apprit à lire que peu avant sept ans, et ses maîtres de lecture furent un prêtre de Saint-Eustache et, par une singulière rencontre avec

---

[1] Le président Hénault, dans ses Mémoires, publiés par son arrière-neveu, M. le baron de Vigan, Paris, 1855, le représente comme peu aimable et assez bizarre. Voici ce qu'il dit du père et du fils, p. 5 :

« Mon père donna à Molière, pour son « *Malade imaginaire*, la robe de chambre « et le bonnet de nuit de M. Foucault, son « parent, l'homme le plus chagrin et le « plus redouté de sa famille, et qui tra- « vailloit toute la journée en robe de cham- « bre. . . . . . Il avoit été secrétaire de la « chambre de justice où fut condamné « M. Fouquet, et fut père de M. Foucault, « conseiller d'état, et de madame la mar- « quise d'Avaray. Ce M. Foucault, conseil- « ler d'état, avoit été successivement in- « tendant de Montauban, de Béarn, de « Poitou et de Caen. Il s'étoit distingué, « lors de la révocation de l'édit de Nantes, « par tous les soins qu'il prit pour la con- « version des protestants..... M. de Bâ- « ville l'avoit remplacé dans le Poitou, « avant de parvenir, après M. d'Agnesseau, « à l'intendance de Languedoc, où il exerça « une espèce de vice-royauté jusqu'à sa « mort ».

Le président Hénault se trompe : ce ne fut pas Bâville qui succéda à Foucault, mais bien Foucault qui succéda à Bâville en Poitou.

une comédie célèbre, l'ancien maître de philosophie de son père, alors prébendier de Saint-Germain-l'Auxerrois, qui lui montra aussi l'écriture et la grammaire[1]. A l'âge de neuf ans, en 1652, il entra comme pensionnaire au collége de Lisieux ; mais il en fut retiré la même année, et mis chez un sieur Savary, « qui tenoit des pensionnaires dans la rue Bourtibourg, « pendant les guerres civiles. » Il en sortit en 1655, pour entrer en cinquième au collége des Jésuites ou de Clermont, où il fut plusieurs fois « empereur, » c'est-à-dire premier de sa classe, et remporta chaque année des prix. C'est avec un visible plaisir qu'il se souvient d'avoir eu le premier prix de prose en troisième et d'avoir « été de la tragédie. » En 1660, son père le retira du collége des Jésuites, et le mit dans celui de Navarre pour y faire sa philosophie. Cette classe occupait alors deux années ; à la fin de la première, il soutint une thèse latine ; il en devait soutenir une autre à la fin de la seconde et la dédier à Colbert, protecteur de sa famille, mais une maladie l'en empêcha.

Au sortir du collége, il prit le degré de maître ès arts, qui équivalait à peu près à notre baccalauréat ès lettres, et, depuis la Saint-Remy (1ᵉʳ octobre) 1662 jusqu'au mois d'août 1663, il fit une année de théologie. Cette étude était une affaire de dévotion, et peut-être aussi de précaution. Déjà, dix ans auparavant, en recevant la confirmation, Foucault avait été tonsuré, et rendu capable ainsi d'obtenir des bénéfices. A l'année de théologie succéda une année de droit, qu'il paraît avoir passée chez son père avec des maîtres particuliers, et au bout

---

[1] L'anecdote de la robe de chambre, que nous avons citée plus haut, prouve certainement que Molière avait entendu parler de la famille Foucault. Serait-il trop hardi de supposer que le père du président Hénault avait pu aussi raconter devant lui l'histoire du maître de philosophie réduit à se faire maître d'école, et qu'il s'en souvint en écrivant le Bourgeois gentilhomme ?

de laquelle, en 1664, il fut reçu licencié en droit canon et civil à Orléans, et avocat au parlement de Paris. Il y plaida, dans le courant de 1665, quelques affaires que les Mémoires rapportent d'une façon peu claire; mais il ne tarda pas à quitter cette profession pour les fonctions publiques, auxquelles l'appelaient naturellement la position de son père et sa faveur près de Colbert.

Au mois d'octobre 1665, Colbert le nomma secrétaire, aux appointements de 4,000 ₶, d'une commission chargée de procéder à la réformation de la justice, et composée de Pussort, conseiller d'état, des maîtres des requêtes Voisin, Caumartin, Hotman et Le Pelletier, et des avocats Auzanet, Lhost, Ragueneau, Bilain et Gomont[1]. La grande ordonnance civile d'avril 1667 fut un des résultats du travail de cette commission. Foucault paraît aussi avoir travaillé, avec M. d'Herbigny et avec les avocats Gomont et Bilain, à la préparation du Code maritime. Du moins, il est certain que Colbert eut l'intention de les charger de ce travail[2].

En 1666, M. Deffita, qui devenait lieutenant criminel à la place de Tardieu, dont l'avarice a été chantée par Boileau, vendit à Foucault sa charge de procureur du roi des requêtes de l'hôtel et procureur général des chancelleries de France. Cet office valait bien 80,000 ₶; mais, comme on venait de céder à Deffita, moyennant 150,000 ₶, la charge de lieutenant criminel, qui en valait 200,000, Colbert exigea de lui, en même temps, qu'il traitât avec Foucault au prix de 50,000 ₶ seulement. Les épices de cette charge ne montaient pourtant qu'à 1,300 ₶, dont il fallait déduire un tiers pour l'avocat du roi; mais, en 1667, le roi accorda à Foucault une

[1] Chéruel, *Hist. de l'administr. monarchique en France*, t. II, p. 257.

[2] Colbert, cité dans Chéruel, *ouvr. cit.* p. 245.

pension de 1,200 #, tant qu'il remplirait cette fonction. Il y fut reçu le 3 septembre 1666 et installé le jour suivant.

Immédiatement après, le 20 septembre 1666, il recevait une commission de procureur général de la recherche de la noblesse pour tout le royaume, excepté Paris, aux appointements de 1,500 #; mais il n'y gagna par an que 500 #, car il en donnait 1,000 à un ancien magistrat qui l'aidait dans l'examen des titres. On le commit en même temps procureur du roi dans la recherche de ceux qui avaient bâti, dans les faubourgs de Paris, des maisons au delà des bornes prescrites par l'édit du toisé de 1644. Toutes ces fonctions comportaient le titre de conseiller d'état à brevet, dont les lettres lui furent expédiées le 10 octobre 1666.

Les choses durèrent ainsi jusqu'au commencement de 1671, où Foucault acquit de M. de Marillac, moyennant 97,000 #, la charge d'avocat général du grand conseil, qui n'avait pourtant de gages que 1,500 # et 400 # de pension; mais, en octobre 1672, le roi y ajouta une pension de 600 #. Pour occuper cette nouvelle fonction, Foucault eut besoin d'une dispense d'âge, car on exigeait trente ans et il n'en avait que vingt-huit. Il conserva en même temps ses commissions de procureur général de la recherche de la noblesse, et de secrétaire de la commission pour la réformation de la justice, où il acquit même voix délibérative par son nouveau titre.

Au commencement de 1672, la charge de procureur du roi des requêtes de l'hôtel fut vendue à M. Maboul, moyennant 78,000 #, avec un bénéfice de 28,000 #.

Le 20 octobre 1673[1], le grand conseil étant allé à Versailles féliciter le roi sur son heureux retour de l'armée de

---

[1] Et non 1671, comme le disent par erreur les Mémoires. (Voy. l'extrait de la Gazette, cité à la note 1 de la page 16.)

Hollande, Foucault porta la parole après le président Barentin, et fit un compliment « qui fut des mieux reçu de Sa Majesté « et applaudi de toutes les personnes de qualité présentes à « cette action. »

Le roi ayant créé, par édit de janvier 1674, huit nouvelles charges de maître des requêtes, Colbert fit entendre au père de Foucault que son fils devait en prendre une, et qu'il serait nommé aussitôt à une intendance de province, à son choix parmi trois qui vaquaient. Cette ouverture fut acceptée avec empressement, et la charge acquise moyennant 150,000 ₶, plus 17,000 ₶ environ pour dispenses d'âge et de temps de service. Le 17 février, Foucault fut présenté par Colbert au roi, qui le reçut très-gracieusement. Le 18, il prêta serment entre les mains du chancelier d'Aligre, et, le 3 mars, il fut reçu au parlement, dont les maîtres des requêtes étaient membres, et prit place à la grand'chambre. Dès le dernier février, il avait reçu la commission d'intendant de Montauban, en remplacement de M. de Brou. Au commencement de juin, il vendit sa charge d'avocat général au grand conseil à M. de Maupeou, moyennant 120,000 ₶, réalisant à cette vente un bénéfice de plus de 20,000 ₶.

Les appointements d'intendant de la généralité de Montauban étaient de 18,300 ₶, y compris les gages du secrétaire et des hoquetons, constituant ce qu'on appelle aujourd'hui les frais de bureaux. En y ajoutant quelques gratifications et ce que lui donna son père, il eut à sa disposition, pour l'année 1674, 24,600 ₶. Mais son installation lui coûta beaucoup plus, et il dépensa 39,700 ₶, y compris 10,000 ₶ pour se monter de vaisselle d'argent. Quelques emprunts, soigneusement notés dans les Mémoires ainsi que tous ses comptes d'intérêt, pourvurent à ces nécessités extraordinaires.

INTRODUCTION.

Foucault quitta Paris le 1ᵉʳ mai, et arriva le 20 à Montauban, après avoir passé par Bordeaux, où il conféra avec M. de Sève, intendant de la généralité de Bordeaux, et qui l'avait été auparavant de celle de Montauban.

Dès qu'il se vit installé dans son intendance, son premier soin fut de chercher à se marier. On lui proposa d'abord la fille unique d'un président à mortier du parlement de Toulouse, exilé de cette ville pour avoir fait de l'opposition au premier président Fieubet et à la vérification de quelques édits; le futur beau-père posait comme condition qu'on obtînt son rappel; mais le roi était trop indisposé contre lui pour qu'on osât en faire la proposition, et l'affaire manqua. Il s'en lia bientôt une autre, et le 24 novembre 1675, Foucault épousa, à Paris, en l'église de Saint-Louis-en-l'Île, mademoiselle Marie de Jassaud, fille de M. de Jassaud, doyen des maîtres des requêtes, parent de Fouquet. Elle était âgée de vingt ans et apportait à son mari une dot de 120,000ᴸ. De son côté, le père de Foucault donnait à son fils 100,000ᴸ en avancement d'hoirie, et reconnaissait comme lui appartenant la charge de maître des requêtes et la moitié des biens laissés par sa mère. Foucault se trouvait donc dans une brillante position de fortune. Nous verrons plus loin qu'il sut en faire un noble usage.

Il eut de son mariage huit enfants, savoir :

1° Nicolas-Joseph Foucault, né à Montauban, le 22 février 1677;

2° Marie-Anne Foucault, née à Montauban, le 23 avril 1678; elle vint au monde « contrefaite, par la faute de sa mère, « qui, pour ne pas devenir trop épaisse, se faisoit serrer le corps « à force; » religieuse à Jarcy;

3° Marie-Angélique Foucault, née à Montauban, le 26 février 1681, morte à Poitiers, le 5 novembre 1685;

4° Marie-Thérèse Foucault, née à Montauban, le 19 décembre 1681, morte à Pau, le 19 septembre 1684;

5° Henriette Foucault, née à Pau, le 20 juin 1684; elle vint au monde dans le lit où était né Henri IV, et fut élevée dans son berceau; religieuse à Saint-Jean-de-Bonneval près Thouars;

6° Guillaume Foucault, né à Poitiers, le 7 novembre 1685, mort en 1704;

7° Anne Foucault, née à Poitiers, le 29 octobre 1687; religieuse à Jarcy;

Et 8° une autre fille, qui ne vécut pas.

La mort de Colbert (6 septembre 1683) fut une grande perte pour Foucault. « Mon père et moi, dit-il, nous lui avions « l'obligation de nos établissements. Il a donné du relief à notre « famille par les charges et les emplois qu'il nous a procurés. « C'est le plus grand ministre pour les finances et la police du « royaume qui ait jamais été. » Il eut bientôt à s'apercevoir de l'étendue de la perte qu'il faisait, car, au lieu de lui donner de l'avancement et de le rapprocher de Paris, on l'envoya, au mois de janvier suivant, remplacer à Pau M. du Bois-Baillet, dont toute la province se plaignait. Le chancelier Le Tellier, qui protégeait ce dernier, le fit permuter avec Foucault, contre lequel il avait de mauvaises impressions[1]. Foucault perdit beaucoup au change, tant pour la distance de Paris que pour l'importance de la généralité, celle de Béarn étant la moindre du royaume : double malheur pour lui, car le besoin de faire valoir ses services et de regagner la faveur perdue fut peut-être un des motifs du zèle exagéré qu'il déploya contre les religionnaires.

Il supporta bravement son échec, et écrivit immédiatement

[1] Voy. *Mémoires*, p. 145.

au roi, pour l'assurer qu'il porterait la même application au bien de son service et au soulagement des peuples en Béarn qu'il avait fait à Montauban. Cependant il songeait toujours à quitter l'intendance pour une charge, tantôt de président au grand conseil, tantôt de premier président du parlement de Bretagne, ou de Rouen, ou de Bordeaux, ou de Toulouse; tantôt pour l'ambassade de Constantinople, qu'il désira très-sérieusement, et que demanda pour lui Colbert de Croissy, son protecteur depuis la mort du grand Colbert. Mais c'était le moment où Foucault avait entrepris ses poursuites contre les religionnaires du Béarn, et plus tard contre ceux du Poitou; aussi Croissy eut-il beau revenir à la charge, le roi refusa toujours, par des motifs que Foucault juge honorables pour lui, c'est-à-dire en déclarant que, dans la conjoncture des affaires de la religion, Foucault lui serait plus utile en France qu'à Constantinople, et qu'il devait rester pour achever ce qu'il avait « si bien commencé. »

Le 1er mars 1684, il s'installa à Pau, dans le château de Henri IV, et la même année, dans un voyage qu'il fit à Paris, il obtint du roi une audience dont nous dirons quelque chose plus loin, en parlant des affaires de la religion. Le roi l'accueillit fort gracieusement, et cette faveur, ainsi que sa conduite envers les réformés, disposa mieux pour lui le chancelier Le Tellier, qui, ayant reçu une lettre anonyme remplie d'invectives contre Foucault, et où on l'accusait « de prendre des présens, » se contenta de la lui renvoyer avec des témoignages d'estime et de satisfaction de sa conduite.

Foucault fut récompensé de son zèle contre les religionnaires par l'intendance de Poitou. Il y fut nommé au mois d'août 1685, et arriva à Poitiers le 7 septembre, retrouvant ainsi, après moins de deux ans d'éloignement, une généralité plus importante et plus proche de Paris que celles de Pau et de Montauban.

Sur ces entrefaites, le chancellier Le Tellier, qui ne lui avait jamais été complétement favorable, vint à mourir le 31 octobre 1685. Foucault aurait voulu voir arriver à sa place Pussort, qui était de la famille de ses protecteurs; mais ce fut Boucherat qui succéda à Le Tellier. L'intendant ne négligea pas de faire sa cour au nouveau chancelier, dans la personne de son petit-fils par alliance, M. de Vieuxbourg, qui avait été pris de la petite vérole en passant par Poitiers pour aller rejoindre en Languedoc le régiment dont il était colonel. Foucault en fit prendre de grands soins, dont Boucherat le remercia par une lettre qui est conservée aux Mémoires.

A la fin de 1686, il fit un voyage à Paris, et demanda une audience au roi pour lui rendre compte des affaires de la religion. C'était justement l'époque de la grande opération, et Foucault ne fut reçu que lorsque le roi fut entré en convalescence. Le compliment qu'il adressa à Sa Majesté à cette occasion est précieusement conservé aux Mémoires, et son auteur en paraît fort satisfait.

Foucault avait tout fait en Béarn pour se concilier Louvois, et c'était, en effet, par son influence qu'il en était sorti et avait obtenu la généralité de Poitou, comprise dans le département de ce ministre. Mais les rapports continuels entre eux réveillèrent les antipathies du protégé de Colbert. Il se buta surtout contre deux créatures de Louvois avec lesquelles il se trouvait en contact, et entama contre eux une lutte inégale qui finit par lui rendre la position insoutenable. Le premier de ces deux hommes était le marquis de Vérac, autrefois religionnaire opiniâtre, et maintenant zélé convertisseur. Louvois le comblait de faveurs; il l'avait nommé lieutenant de roi du haut Poitou,

INTRODUCTION.   XXIII

où, s'il faut en croire Foucault[1], le nouveau converti aurait signalé sa ferveur par les plus violentes dragonnades. Louvois dans ses lettres ne dissimulait pas ses sentiments, et quelquefois il y mêlait les réprimandes à Foucault d'éloges de M. de Vérac[2] que la comparaison devait rendre blessants pour le premier. M. de Vérac profita de cette position pour se dispenser de tous égards envers l'intendant; et un jour que celui-ci avait fait mettre en prison un nommé Tesnon, accusé de garder chez lui des femmes de sa famille non converties et d'avoir déclaré au subdélégué qu'il ne les ferait point convertir, M. de Vérac, qui protégeait ce Tesnon comme fermier de son beau-frère, envoya tout simplement ses gardes le tirer de la prison à force ouverte. Cette fois Foucault crut avoir trouvé l'occasion, et il se hâta d'envoyer à Louvois un courrier exprès pour l'informer à l'instant même de cet acte de violence. Louvois lui répondit par deux lettres coup sur coup. Dans la première[3], il justifie M. de Vérac sur ce que Tesnon aurait opéré sa conversion et celle de sa famille, et, au nom du roi, il engage Foucault à bien vivre avec lui, sauf à surveiller sa conduite et à informer le ministre, « s'il n'alloit pas aussi droit qu'il a paru qu'il alloit « jusques à présent dans les affaires de la religion. » Mais dès le lendemain, 6 août, Louvois, ayant appris dans l'intervalle que Foucault avait fait commencer une information, approuve tout haut l'acte violent de Vérac, « contre lequel, dit-il à Foucault, « et contre ceux qui agissent par les ordres du roi, vous pouvez « bien croire qu'il ne vous appartient pas de faire informer sans « un ordre de Sa Majesté[4]. »

Foucault dut céder et se résigner à n'avoir « aucune satis-

---

[1] *Mémoires*, 15 novembre 1685, p. 146.
[2] Lettre de Louvois à Foucault, du 8 nov. 1685, dans notre Appendice, p. 520.
[3] P. 529, lettre de Louvois à Foucault, du 5 août 1686.
[4] P. 530, *id.* du 6 août 1686.

faction de cette entreprise. » La faveur de M. de Vérac alla toujours en croissant. Il avait été nommé lieutenant général de la province à titre provisoire[1]; il le devint à titre définitif; et, aussi bien vu de Pontchartrain[2] qu'il l'avait été de Louvois, il obtint pour son fils la survivance de sa charge.

L'autre protégé de Louvois était le comte de l'Orme de la Massays (ou Massaye), militaire distingué, dont la faveur s'explique aisément. Il avait été d'abord religionnaire opiniâtre, et Louvois avait envoyé à Foucault[3] l'ordre de l'arrêter à cause de ses menées pour empêcher les autres gentilshommes du pays de se convertir. Il avait même ajouté que, si l'on ne pouvait l'atteindre, il faudrait raser sa maison[4]. M. de la Massays para ces coups en se convertissant, et, par suite de circonstances que nous ignorons, il s'arrangea pour donner à Louvois l'honneur de cette conversion et se faire conduire par lui à l'église. Foucault prétend qu'au fond il n'était nullement converti; mais Louvois, qui, dit-il, « se prévenoit aisément et « très-souvent mal à propos en bien et en mal, » ne l'en combla pas moins de faveurs. Sa contestation avec Foucault eut lieu à propos de son beau-frère, le sieur des Minières, religionnaire persévérant, qu'on avait enfermé, en mai 1687, au château de Saumur, et qui avait laissé ses deux filles, nouvelles catholiques, chez une de leurs tantes. Foucault, jugeant que cette parente les élevait mal, les ôta de chez elle et les fit mettre au couvent. La Massays réclama près de Louvois, et demanda qu'on les lui rendît pour se charger de leur éducation. Une lettre de Louvois du 27 août 1687[5], « sans s'informer, dit Foucault,

---

[1] P. 517, lettre de Louvois à Foucault, du 10 octobre 1685.

[2] Depping, *Corresp. administr. sous le règne de Louis XIV*, t. IV, p. 457.

[3] Appendice, p. 524, lettre de Louvois à Foucault, du 22 novembre 1685.

[4] *Mémoires*, 10 décembre 1685, p. 148.

[5] Voy. notre Appendice, p. 536.

INTRODUCTION.

« si ce qu'on lui mandoit étoit véritable, » ordonna aussitôt à l'intendant de remettre les enfants entre les mains de la Massays. Au lieu d'obéir purement et simplement, Foucault temporisa et envoya des représentations, qui finirent par lui attirer, de la part du ministre irritable et absolu, l'ordre humiliant de faire conduire les jeunes filles chez M. de la Massays par un homme à lui[1]. L'année suivante, il lui ordonna de décharger la paroisse de la Massays de 500 ₶ de tailles, dont, suivant lui, on l'avait augmentée[2]. Foucault obéit, mais il prétend, dans ses Mémoires, que, l'année précédente, au lieu d'être augmentée, cette paroisse avait été déjà soulagée, et qu'elle se trouvait une des moins chargées de l'élection. Pour combler ses dégoûts[3], Louvois exigea qu'il engageât M. de Pardaillan-Parabère à se défaire de sa charge de lieutenant de roi du bas Poitou, sous prétexte qu'on n'en voulait plus qu'un dans la province, mais, en réalité, pour donner cet office à M. de la Massays[4].

Foucault, blessé de ces procédés et voyant son crédit et sa faveur perdus près de Louvois qui, à ce qu'il croit, « étoit « ennemi déclaré de tous les amis de M. Colbert et de ceux qui « étoient attachés à sa famille, » finit par prier Seignelay de le tirer de Poitiers et de le mettre en une généralité qui ne fût plus dans le département du secrétaire d'état de la guerre. Seignelay obtint du roi d'envoyer Foucault à Caen, et cette nouvelle commission lui fut expédiée le 25 janvier 1689.

Foucault s'y rendit au mois de mars, en passant par Rouen,

---

[1] Voy. Appendice, p. 537, lettre de Louvois à Foucault du 9 décembre 1687. Il y a des obscurités dans cette lettre, d'où il semble résulter qu'au moment où elle fut écrite le sieur des Minières aurait été relâché et aurait eu avec lui ses filles déjà sorties du couvent. Mais ce qui reste parfaitement clair, c'est l'humiliation infligée à Foucault.

[2] Voy. Appendice, p. 541, lettre de Louvois du 18 septembre 1688.

[3] *Ibid.* p. 542, 19 janvier 1689.

[4] Le comte de Pardaillan tint bon, et la Massays n'eut sa place qu'en 1694.

pour y conférer avec l'intendant, qui était Michel Chamillart. Il avait fait sa connaissance deux ans auparavant, lorsque ce dernier, encore simple maître des requêtes, avait passé par Poitiers en tournée d'inspection financière. Depuis ce temps ils furent amis intimes, et Chamillart, parvenu au pouvoir, prodigua à Foucault des promesses et des démonstrations de zèle qui, il est vrai, n'aboutirent à rien.

À son départ de Poitou et à son arrivée en Normandie, la faculté de droit de Poitiers et l'université de Caen le complimentèrent, et il y répondit par deux petits discours latins qu'il a conservés dans ses Mémoires et qui font honneur à ses humanités.

Par son importance, par sa proximité de Paris, par la facilité comparative avec laquelle elle s'administrait, l'intendance de Caen représentait un véritable et sérieux avancement; aussi lui suscita-t-elle quelques envieux à la cour. Chamillart, encore intendant à Rouen, mais qui allait souvent à Versailles, l'en avertit dès le mois de novembre 1689. Foucault, estimant avec raison que Paris seul pouvait lui offrir des fonctions plus élevées, fit tous ses efforts pour ne plus changer d'intendance, et il réussit, puisqu'il y resta pendant plus de dix-sept ans et n'en sortit que pour entrer au conseil d'état. Il lui fallut cependant parer quelques coups. En 1693, on voulait l'envoyer à Rouen, à cause d'une mésintelligence qui avait éclaté entre lui et M. de Matignon, lieutenant général de basse Normandie. Il en fut de même en 1695. Dès 1694, on lui avait proposé l'intendance de Lyon, qu'il refusa également. Chamillart et Pontchartrain l'aidèrent à faire agréer au roi tous ces refus. Pour se fixer encore davantage en basse Normandie, il y acquit de Chamillart la terre de Magny, érigée en marquisat, et située sur les confins du pays bessin et de la plaine de Caen. Il lui en coûta sa charge

INTRODUCTION.

de maître des requêtes, estimée 140,000#, qu'il eut permission de vendre au mois d'octobre 1694. On lui conféra en même temps des lettres d'honoraire.

L'intendance de Caen le mit en rapport avec de grands personnages, notamment avec le roi Jacques II, comme nous le verrons plus loin. En 1693, le duc d'Orléans s'étant établi à Pontorson comme commandant des côtes, Foucault fut admis à lui faire sa cour, et paya l'honneur de s'asseoir à son jeu en y perdant 4,000# au lansquenet[1].

Un instant il put se croire appelé à de hautes destinées. En 1699, Chamillart, nommé contrôleur général, lui avait écrit aussitôt un billet qui, dans son laconisme, semblait promettre beaucoup : « Vous avez un ami contrôleur général ; M. de Pont-« chartrain est chancelier. Je vous embrasse de tout mon cœur. » Mais cette bonne volonté resta stérile. Chamillart eut un jour l'idée de le faire intendant des finances, à la place de M. de Caumartin, dont il était mécontent. Mais c'était indisposer une famille puissante, à laquelle appartenait le chancelier lui-même. Madame de Maintenon en dissuada Chamillart, « et, « ajoute tristement Foucault, je demeurai intendant de Caen. »

C'est pendant son séjour à Caen que Foucault s'occupa de l'établissement de ses enfants, ou, pour mieux dire, qu'il abandonna les trois filles qui lui restaient pour l'établissement de son fils aîné. La première, qui était infirme, et qui, comme l'écrivait sa tante l'abbesse de Jarcy, n'avait pas « un point de « vie[2], » fit profession comme novice à Jarcy, à l'âge de treize ans,

---

[1] Mémoires, p. 298. M. P. Clément croit que ce fait « dénote un goût marqué pour « le jeu. » Il nous semble, au contraire, que ce souvenir des Mémoires, qui n'est peut-être pas exempt de rancune, est la preuve que Foucault était peu accoutumé aux pertes de cette espèce. Un joueur d'habitude n'en aurait pas pris note.

[2] Lettre de l'abbesse à Foucault, du 21 septembre 1702, aux notes des Mémoires, p. 347.

et cinq ans plus tard, en 1696, elle y prit l'habit, avec une dot de 500ʰ de pension pour le couvent et de 300ʰ viagères pour elle. La seconde, Henriette, entra au couvent de Saint-Jean-de-Bonneval près Thouars, en 1689; elle n'avait pas encore cinq ans révolus. Elle y prit l'habit en 1699, à quatorze ans et demi. Sa dot fut de 2,000ʰ une fois payées et de 300ʰ de pension viagère. La dernière, Anne, entra en noviciat, en 1702, à Jarcy, où étaient sa tante l'abbesse et sa sœur; elle avait près de quinze ans. La correspondance relative à sa vêture est annexée aux Mémoires[1]; elle est très-touchante, et la pauvre enfant y insiste avec beaucoup de grâce et de vivacité pour que son père veuille bien augmenter un peu la mince dot qu'il lui constitue à son entrée en religion. Il s'agissait de savoir si la pension viagère serait de 100 ou de 200ʰ. Les Mémoires ont négligé de nous apprendre ce qui fut accordé. Elle fit profession en 1703.

Outre ses trois filles, Foucault avait aussi un second fils. En 1703, il demanda pour lui un bénéfice au P. de la Chaise; ne l'ayant pas obtenu, le jeune homme se tourna vers la marine. Il s'embarqua pour les Indes, et il y mourut en 1704.

Il ne restait plus à Foucault que son fils aîné, à l'élévation duquel il avait sacrifié tous ses autres enfants. « Il n'a tenu « qu'à lui d'en profiter, dit son père, mais Dieu n'a pas permis « qu'il me donnât cette satisfaction[2]. » L'enfant, né en 1677, fut mis aux Jésuites de Poitiers, et plus tard il étudia le droit. On l'appela d'abord M. de Carcassonne, du nom d'un fief que possédait son père[3]; puis, quand ce dernier eut acquis de Chamillart la terre de Magny, le fils en prit le titre, et c'est sous le nom de Magny qu'il est connu dans les Mémoires du temps.

[1] P. 347. — [2] *Mémoires*, août 1706, p. 370. — [3] *Ibid.* p. 197, 351.

En 1699, Foucault le pourvut d'une charge d'avocat du roi au Châtelet, et, en 1703, il obtint pour lui, par le crédit de Chamillart, une dispense pour passer du Châtelet au conseil, « ce « qui étoit sans exemple. » Pourtant le jeune homme avait déjà annoncé [1] ses dispositions dans une occasion dont les Mémoires parlent d'une manière énigmatique; il avait été impliqué dans « l'affaire de Barrault, caissier de Thévenin. » Foucault en ressentit un vif chagrin et dut payer pour accommoder les choses; ce qui ne l'empêcha pas, un an plus tard, de demander hardiment qu'on proposât son fils pour l'intendance de Lyon. Comme on pense bien, cette prétention n'eut pas de succès.

Cependant Foucault vieillissait; il avait éprouvé, en 1702, une violente maladie, dont il lui restait une rétention d'urine. Les fonctions si actives d'intendant provincial lui pesaient de plus en plus; il redoubla ses efforts pour obtenir un siége au conseil d'état. Ses premières démarches pour y parvenir dataient de la vente de son titre de maître des requêtes, en 1694; après plusieurs échecs, il réussit enfin, en 1704, et fut nommé conseiller d'état de semestre. En même temps Magny était reçu maître des requêtes et faisait, la même année, un riche mariage avec la fille d'un de ses nouveaux collègues, M. de Ragaru. Ce ne fut pourtant qu'au bout de deux ans, au mois d'août 1706, que Foucault obtint de passer sa commission d'intendant de Caen à son fils et de revenir à Paris prendre part aux travaux du conseil d'état. Après être resté six semaines avec Magny pour le mettre au courant, il quitta Caen à la fin de septembre.

Quelques mots suffisent pour récapituler la fin de sa vie administrative. Il ne parle de ses fonctions de conseiller d'état

---

[1] *Mémoires*, décembre 1700, p. 342.

INTRODUCTION.

de semestre que pour dire que le chancelier le désigna pour signer le contrat du clergé, le 13 juillet 1711. Resté fidèle à Chamillart dans sa disgrâce, il note dans ses Mémoires les visites qu'il lui fit dans sa terre, où le ministre s'était retiré. Il nous apprend également, mais sans s'expliquer davantage, que, peu avant cet événement, Chamillart s'était adressé à lui, en deux fois, pour emprunter 140,000 ※.

En 1712, il fut nommé chef du conseil de Madame, duchesse douairière d'Orléans, belle-sœur du roi. Il assista, avec cette princesse, aux derniers jours de Louis XIV, et s'exprime en termes très-favorables sur l'attitude qu'elle garda pendant ces circonstances[1]. Madame avait demandé au régent, son fils, une place pour Foucault dans les conseils établis pour remplacer les ministres. Une difficulté que les Mémoires n'expliquent pas clairement empêcha sa nomination; en récompense, il fut nommé, l'année suivante, 26 novembre 1716, conseiller d'état ordinaire, à la place de Bâville, le célèbre intendant de Languedoc, qui donnait volontairement sa démission. Mais Foucault avait alors près de soixante et quatorze ans et ne paraît pas avoir servi bien activement; du moins, ses Mémoires ne contiennent plus rien de relatif aux affaires publiques, sauf un procès dans lequel le régent eut occasion de montrer son indulgence assez peu raisonnée[2]. La fin en est remplie par quel-

---

[1] *Mémoires*, 1" septembre 1715, p. 376.
[2] *Ibid.* 1718-1719, p. 388-390. Il s'agit d'une lettre de menaces, écrite au régent, à propos des affaires de la Constitution. En 1718, on poursuit comme auteur de cette lettre un curé qui s'en défend de toutes ses forces, et meurt en prévention à la Bastille. En 1719, le vrai coupable se découvre et avoue, et le régent lui fait grâce aussitôt.

Ajoutons une autre affaire dont les Mémoires ne parlent pas, mais dont nous avons retrouvé, dans l'*Inventaire des papiers de Clairambault* (Mss. de la Bibl. imp.), fol. 403 verso, la mention suivante : « Arrêt du « conseil du 3 avril 1709, qui commet « Foucault pour la maison de Gèvres. » Le volume des Papiers de Clairambault, qui contenait cet arrêt, a été détruit; mais c'est peut-être à cette affaire que se rat-

INTRODUCTION.

ques affaires de famille, notamment par les démarches au moyen desquelles il réussit à faire indemniser, par le régent, M. d'Avaray son beau-frère, ambassadeur de France en Suisse, dont la maison avait brûlé à Soleure, avec tout son mobilier, et surtout par les affaires de son fils, qui empoisonnèrent ses derniers jours.

Magny, en effet, ne réussit pas dans l'intendance de Caen. Saint-Simon raconte que « les folies qu'il fit dans une place si « sérieuse, et les friponneries dont il fut convaincu furent si « grossières et si fortes, qu'il fut rappelé avec ignominie[1]. » Les Mémoires de Foucault sont muets sur les causes et le moment précis de ce rappel. On y lit seulement que, le 29 septembre 1708, le contrôleur général Desmaretz communiqua au père une lettre anonyme de plaintes contre le fils, pour y faire telle attention qu'elle pourrait mériter. Mais le Journal d'un bourgeois de Caen est plus explicite[2]. Il nous apprend que Magny

---

tachent deux couplets satiriques sur la maison de Gèvres, insérés à la fin des Mémoires de Foucault :

POTIER, MARQUIS DE GÈVRES,
FILS DU PREMIER DUC.

CHANSON.

Gèvres, je te supplie,
Quitte, quand tu feras l'amour,
Ta généalogie
De Luxembourg ;
Car en Lorraine,
Chose certaine,
Tu es Potier comme à la cour.

SUR LE MÊME.

Semble, à voir le petit Gèvres,
Pour un peu de bien qu'il a,
Semble, à voir le petit Gèvres,
Que son bien l'anoblira.
Hélas ! ma mère, les Potiers
Ne firent jamais de verre ;

Hélas ! ma mère, les Potiers
Ne furent jamais vitriers.

La première de ces chansons se retrouve seule au *Recueil Maurepas* (Mss. de la Bibl. imp.), t. II, p. 251, parmi les pièces datées de 1646 à 1666, mais sans aucune note explicative.

[1] *Mémoires*, édit. in-12, donnée par M. Chéruel, t. X, p. 5.

[2] *Journal d'un bourgeois de Caen*, publié d'après un manuscrit de la bibliothèque de Caen, par G. Mancel. Caen, 1848, in-8°.

« *1709.* — Cette année 1709, depuis le « mois de janvier, le froment et autres « grains ont été d'une grande cherté... « Il y eut des soulèvemens de la part des « artisans qui manquèrent de pain, parce « qu'on a mis bas dans presque toutes les « manufactures, particulièrement dans la

passait dans son département pour un accapareur de blés. L'année 1709 ayant été affligée de disette, une émeute eut lieu à Caen, le 17 mai, à cause de la cherté des grains. Le peuple se souleva contre un commissaire de police nommé Hébert, que la rumeur publique accusait d'accaparer les blés, de connivence avec l'intendant. Magny réprima vigoureusement la sédition, mais il fut révoqué moins de trois mois après[1] : était-ce pour

« ville de Rouen, où on s'est trouvé à la veille d'un grand pillage... Il a pensé arriver pareil désordre à Caen, au mois de mai, le 17, peu de jours après Rouen. La populace, au nombre de plus de deux cents, alla à la maison du nommé Hébert, commissaire de police et huissier de la ville, où il ne resta pas une vitre ni une fenêtre entière... Le bruit et désordre n'auroit pas cessé si tôt si M. Foucault, intendant, ne fût venu à pied, en personne, assisté de M. le lieutenant général de police et de plusieurs officiers, tant d'épée que de robe, qui se transportèrent sur les lieux ; et ils n'y auroient pu rien gagner s'ils ne s'étoient servi d'une cinquantaine de mousquetaires du régiment de Brancas de présent en garnison en cette ville, ayant la baïonnette au bout du fusil... Le peuple ne vint point à bout de son dessein ; les soldats qui survinrent empêchèrent que les portes ne fussent enfoncées... »

« La cause de ce désordre est que le prix du blé augmente de jour en jour, ce qui ayant révolté le peuple qui aperçut ledit Hébert ledit jour, 17 du mois de mai, dans la grande rue Saint-Jean, faisant balayer les rues, étant alors vis-à-vis de l'hôtel de M. Foucault, intendant, ce peuple mutiné a fait main basse sur lui, a déchiré sa robe de justice par morceaux, et a foulé aux pieds sa perruque dans la boue. Il s'est sauvé heureusement, après quoi on alla attaquer sa maison, comme il est expliqué ci-devant.

« ..... Ledit Hébert a fait des magasins de blé dans le temps qu'il enchérissoit et qu'il auroit dû le vendre. Il étoit de connivence avec mondit sieur Foucault, intendant.

« Le roi a révoqué ledit sieur Foucault, qui s'est retiré en sa terre de Magny, proche Bayeux. »

[1] *Journal de Dangeau*, du mardi 13 août 1709, à Versailles :

« Il y a du changement parmi les intendans de province..... On a rappelé de Caen le fils de M. Foucault, et on y envoie M. de la Briffe. » L'addition de Saint-Simon au Journal de Dangeau porte ici : « Le fils de Foucault étoit un fou d'esprit qui tomba depuis d'abîme en abîme et qui y est resté. »

Le Journal d'un bourgeois de Caen continue :

« *12 septembre 1709.* — Le jeudi 12 septembre 1709, M. Foucault, intendant en la généralité de Caen, fils de M. Foucault, ci-devant intendant à Caen, est parti pour se rendre au conseil. Il n'a été regretté de personne, le peuple se plaignant de lui à cause des blés.

« Ledit jour, 12 septembre, M. Pierre

donner satisfaction aux accusations de la foule, ou pour les motifs allégués par Saint-Simon? C'est ce que nous ne saurions décider. Personne ne le regretta, « le peuple se plaignant « de lui à cause des blés. »

Saint-Simon ajoute qu'après son retour à Paris, Magny, « n'osant plus se présenter au conseil [d'état], ni espérer plus « aucune fortune de ce côté-là, se défit de sa charge de maître « des requêtes, prit une épée et battit longtemps le pavé, et, « après la mort du roi, essaya de se raccrocher par une charge « d'introducteur des ambassadeurs, que le baron de Breteuil « lui vendit[1]. » Foucault, plus exact ou plus indulgent, rapporte qu'à son rappel Magny vint servir au conseil, où il fit avec succès le rapport de plusieurs affaires; mais que, s'étant dégoûté de ce travail et croyant qu'une charge dans la maison du roi serait plus conforme à son inclination, il vendit sa charge de maître des requêtes et engagea son père à demander pour lui au roi l'agrément de la charge d'introducteur des ambassadeurs dont était pourvu M. de Breteuil. Mais madame de Maintenon avait prévenu l'esprit du roi contre Magny, parce qu'étant à Caen il aurait condamné aux galères, pour vols et malversations, un commissaire de marine qu'elle protégeait. En conséquence, le roi refusa l'agrément qu'on lui demandait, en enveloppant son refus de tous les égards possibles pour ne pas mortifier Foucault.

L'affaire fut reprise après la mort du roi, et Magny, ayant obtenu l'agrément du régent, acquit la charge de M. de Breteuil moyennant 250,000". Après l'avoir exercée pendant près

---

« Arnault de la Briffe, chevalier, marquis « de Ferrières, est arrivé en cette ville de « Caen, en la place dudit sieur Foucault, « pour être intendant de cette généralité.

« Il étoit fils de M. de la Briffe, ci-devant « procureur général au Parlement de Pa- « ris. »

[1] Loc. cit.

de trois ans, il en sortit par suite d'une fâcheuse aventure. La duchesse de Berry, fille du régent, ayant donné, le 28 février 1718, une fête au duc et à la duchesse de Lorraine, Magny, qui avait assisté au concert, se mit du souper sans y être invité. M. de Saumery, premier maître d'hôtel de la duchesse, lui en fit de grandes réprimandes qu'il reçut fort mal, et auxquelles il répondit par des insolences qui atteignaient, à ce qu'il paraît, la duchesse elle-même. M. de Saumery, outré, le saisit à la cravate pour le mener devant elle; mais il s'échappa[1] et se sauva dans la ville, où, dit Saint-Simon[2], « il continua le len-« demain à débiter force sottises. » Cependant la duchesse de Berry, très-irritée, avait obtenu du régent un ordre pour mettre Magny à la Bastille. Ce fut son père lui-même qui l'y conduisit, le 2 mars.

Dès le lendemain, Foucault se présentait devant le régent pour lui demander la cause de la disgrâce de son fils, et faisait aussi sa visite à la duchesse douairière et à la duchesse de Berry, qui le reçurent avec bonté et lui firent des compliments de condoléance. La détention de Magny ne dura pas longtemps. Dix jours après son entrée à la Bastille, le 12 mars, il fut élargi, mais à condition qu'il n'exercerait plus les fonctions de sa charge, et qu'il s'en déferait dans quelque temps, de manière à sauver les apparences. Dès qu'il fut sorti, son père le présenta au régent et à la duchesse douairière, qui l'accueillirent avec bonté; mais la duchesse de Berry ne voulut pas le recevoir, « sa vue ne pouvant que lui faire peine. »

A partir de ce moment, la mauvaise humeur de Magny le livra aux ennemis du gouvernement : il se jeta dans la conspiration de Cellamare. Son père prétend, il est vrai, qu'on ne

[1] *Journal de Dangeau*, du 1er mars 1718. — [2] *Mémoires*, loc. cit.

INTRODUCTION. xxxv

trouva point de preuves contre lui, et que, s'il prit la fuite, ce fut uniquement parce qu'il se crut compromis pour avoir donné de l'argent et un cheval à l'abbé Brigault, dépositaire des actes de la conspiration, avec lequel il était lié depuis plusieurs années d'un commerce d'amitié et de plaisirs. Cependant cette version, très-naturelle dans la bouche d'un père, paraît insuffisante pour expliquer la fuite de Magny, que Saint-Simon[1] et madame de Staal[2] accusent formellement d'avoir eu sa cabale et d'avoir pris part au complot. Quoi qu'il en soit, il se tint d'abord caché à Paris[3]; mais, appréhendant qu'on ne vînt à découvrir le lieu de sa retraite, il quitta bientôt le royaume, et passa d'abord en Italie, de là dans les Pays-Bas, et enfin en Espagne, où il était encore à la mort de son père.

Saint-Simon, seule autorité que nous possédions sur la vie de Magny à cette époque, raconte[4] qu'il fut bien reçu en Espagne, où, quoiqu'il n'eût jamais été que de robe, il devint colonel, et bientôt après brigadier. Il était en outre majordome de la reine quand Saint-Simon alla à Madrid comme ambassadeur. « Il expédioit fort promptement ce qu'il touchoit, trou-
« voit fort mauvais de ne pas faire assez tôt fortune, et l'indi-
« gence où il se jetoit lui-même. La mauvaise humeur le rendit
« fort impertinent et le fit honteusement chasser, tellement
« qu'après la mort du régent il repassa les Pyrénées, dans

---

[1] *Mémoires*, édit. in-12, donnée par Chéruel, t. X, p. 5, et t. XI, p. 53. Le même (additions au Journal de Dangeau, du 8 décembre 1718, t. XVII, p. 430) dit : « Magny, introducteur des ambassa-
« deurs, fut commode à des gens qui
« avoient un commerce étroit et caché
« à entretenir avec l'ambassadeur d'Es-
« pagne. » Si Magny fut « commode » à certaines gens, ce ne fut pas au moins comme introducteur des ambassadeurs, puisqu'il n'en exerçait plus les fonctions depuis son affaire chez la duchesse de Berry, au mois de février précédent.

[2] *Mémoires*, collection Michaud et Poujoulat, 3ᵉ série, t. X, p. 733.

[3] La disparition de Magny date du 11 décembre 1718. (*Journal de Dangeau*, à la date.)

[4] *Mémoires*, loc. cit.

« l'espérance du changement des temps. Mais, comme les brouil-
« lons n'étoient plus nécessaires à ceux qui les avoient recher-
« chés pendant la vie de ce prince, Magny demeura sur le pavé,
« chargé de mépris et de dettes, pour le malheur d'une fort
« honnête femme et riche, qu'il avoit épousée lorsqu'il étoit à
« Caen[1], et qu'il avoit sucée et abandonnée. Il a depuis traîné
« une vie obscure et misérable, et est retourné enfin en Es-
« pagne, où le même mépris et la même indigence l'ont suivi. »

Magny avait un fils, Nicolas-Joseph Foucault, qui fut conseiller au Parlement de Paris, et mourut sans postérité en 1757. Quant à Magny lui-même, il survécut longuement à son fils, rentra en France, et y mourut dans son château de basse Normandie, en 1772, dans sa quatre-vingt-seizième année[2].

Les chagrins que Foucault reçut de la conduite de son fils ne furent adoucis que par le commerce des lettres, des beaux-arts et de l'érudition, auxquels il ne cessa de se livrer jusqu'à sa mort. Nous avons dit combien ses études classiques avaient été soignées. Il s'y entretint constamment pendant la longue période de ses fonctions d'intendant. Nous verrons plus loin les preuves qu'il en donna, notamment comme ordonnateur de fêtes publiques et comme protecteur des sociétés savantes[3];

---

[1] Saint-Simon commet ici une légère inexactitude. Nous avons vu que Magny épousa mademoiselle de Ragaru, en 1704, deux ans avant d'aller à Caen.

[2] « Nicolas-Joseph Foucault, marquis « de Magny, lieutenant de la grande véne-« rie du roi, lieutenant général de Sa Ma-« jesté catholique et gentilhomme d'entrée « de sa chambre, ci-devant majordome de « la reine d'Espagne, et ancien introduc-« teur des ambassadeurs et princes étran-« gers à la cour de France, est mort dans « son château de Magny, en basse Nor-« mandie, dans la quatre-vingt-seizième « année de son âge. On pouvoit le regarder « comme le plus vieux militaire de son « temps et le plus ancien magistrat, car il « avoit été avocat du roi au Châtelet en « 1699 et intendant de Caen en 1704. » (*Gazette de France* du vendredi 7 août 1772.)

[3] On ne peut compter au nombre des titres littéraires de Foucault la découverte et la publication du manuscrit de Lactance, *De mortibus persecutorum*, dont Rulhières (*Éclaircissements sur les causes*

INTRODUCTION.

il s'agit seulement ici de ce qu'il fit en dehors de ses fonctions officielles.

Comme écrivain, ses titres se réduisent à peu de chose. On peut supposer avec vraisemblance que la relation de la fête de Poitiers en 1687, et le plan de la tragédie qu'il fit représenter l'année suivante, sont de sa main. M. de Boze[1] lui attribue en partie le procès-verbal de la conférence des commissaires du conseil avec ceux du Parlement, pour la rédaction de l'ordonnance de 1667. Nous avons vu qu'en effet il avait coopéré, comme secrétaire d'une première commission, aux travaux préparatoires de cette célèbre ordonnance. Mais il n'assista pas aux conférences dont il est question ici; ce fut son père qui en rédigea le procès-verbal, et c'est à son père que, dans ses Mémoires, il rapporte cet ouvrage qu'il publia en 1700. Il reste seulement possible qu'il ait aidé son père dans la rédaction définitive, et que M. de Boze l'ait appris de sa bouche.

M. de Boze compte également parmi ses œuvres un *Discours prononcé à l'ouverture des séances de l'Académie des belles-lettres, établie à Caen par lettres patentes du mois de janvier 1705*, Caen, 1705, in-4°. Enfin il y comprend les Mémoires, qu'on ne peut appeler tout à fait une œuvre littéraire, et dont nous avons indiqué le caractère ci-dessus.

A Caen, Foucault se fit le patron de l'Académie. Il en excita les travaux, qui languirent beaucoup quand il eut quitté la province[2], et les partagea lui-même en se livrant à des re-

---

de la révocation de l'édit de Nantes, t. I, p. 291) lui fait honneur. Nous montrerons plus loin que sa part dans cette affaire fut uniquement administrative. Le manuscrit fut trouvé par l'abbé Fouillac, et publié par Baluze.

[1] *Éloge de Foucault*, prononcé en 1721 à l'Académie des inscriptions et belles-lettres, dans l'Histoire de l'Académie, par Boze et l'abbé Goujet, t. II; Paris, 1740, in-12, p. 223 et suiv.

[2] *Éloge*, p. 246.

cherches archéologiques et à des fouilles qui eurent le plus heureux succès. Près de Valognes, il découvrit les ruines d'un théâtre dont il put lever le plan, et qu'on rapporta à une ville antique d'*Alauna*[1]. Mais sa meilleure découverte fut celle qu'il fit dans le village de Vieux, à deux lieues de Caen. Il y trouva des ruines, dont les plus apparentes étaient un aqueduc, un reste de chaussée, quelques débris de colonnes, des fragments d'inscriptions, etc. « Il fit fouiller aux environs et découvrit
« ainsi plusieurs autres édifices, dont les fondations étoient
« encore entières. Entre ces édifices, le plus remarquable est
« un gymnase complet avec des bains..... Ces témoignages
« irréprochables d'une grande et ancienne ville se trouvèrent
« confirmés par les inscriptions que l'on déterra parmi ces
« ruines, et par celles qui avoient déjà été découvertes aux
« environs. Elles sont presque toutes d'une espèce de marbre
« rouge veiné, dont la carrière subsiste encore à Vieux... Dans
« ces inscriptions, il est parlé de la ville des Viducassiens,
« CIVITAS VIDUC[*assium*], que l'on trouve ainsi nommée dans
« Ptolémée. M. Foucault, et M. Galland[2] qui étoit auprès de
« lui, envoyèrent à l'Académie, en 1704 et 1705, la relation
« de ces découvertes. Ils y joignirent leurs réflexions sur la ville
« des Viducassiens, la copie des inscriptions principales et la
« description d'un grand nombre de médailles trouvées au
« même lieu[3]. »

---

[1] Montfaucon, *l'Antiquité expliquée*, t. I, préface, p. xix.

[2] C'est le célèbre orientaliste, traducteur des Mille et une Nuits. Foucault l'avait attiré près de lui et le soutenait. Voilà un titre littéraire qui vaut bien les autres. Il soutint de même et encouragea plusieurs artistes, entre autres le peintre Lafage.

(Voy. l'*Abecedario* de Mariette, et Chennevières, *Recherches sur les peintres provinciaux*, t. II, p. 237.)

[3] *Histoire de l'Académie des inscriptions*, par Boze et l'abbé Goujet, t. I, p. 396, la Haye, 1718, in-12. (Sur les découvertes de Foucault en basse Normandie, voy. Montfaucon, *l'Antiquité expliquée*.)

INTRODUCTION.　　　XXXIX

Le roi, en réorganisant l'Académie des inscriptions et belles-lettres par le règlement du 16 juillet 1701, y avait nommé Foucault à une place d'académicien honoraire[1]. Dans son éloge, Boze raconte que, lorsque l'Académie reçut les communications archéologiques de Foucault, en 1704 et 1705, « un « savant académicien, M. l'abbé Fraguier, compara dès lors « cette découverte à celle que Cicéron, questeur en Sicile, « s'applaudissoit d'avoir faite, aux portes de Syracuse, du tom-« beau d'Archimède, couvert de ronces et ignoré de tous les « Syracusains[2]. »

A son retour à Paris, en 1706, il prit une part active aux travaux de l'Académie, et la présida souvent. Son éloge y fut prononcé après sa mort, en 1721, par M. de Boze. Ce fut l'abbé d'Antin qui lui succéda.

Le grand titre de Foucault, pour entrer à l'Académie des inscriptions, était bien moins dans ses travaux que dans ses goûts, dans les importantes collections qu'il avait réunies dans sa bibliothèque et ses cabinets de médailles et de figures antiques. Le président Hénault[3] parle de lui comme d'un grand antiquaire, et nous apprend qu'il avait eu pour bibliothécaire l'abbé Mongault, et que sa jolie maison d'Athis[4], qu'occupa depuis la maréchale de Villars, avait, « suivant son goût d'an-« tiquités, des jardins remplis d'armes et de tombeaux. »

Le P. Le Long[5] cite la bibliothèque de Foucault comme une collection précieuse, surtout au point de vue de l'histoire

---

[1] Voy. les articles 2 et suivants de ce règlement dans Isambert, *Anc. lois franç.* à la date.

[2] *Éloge*, p. 240.

[3] *Mémoires*, p. 5.

[4] Les Mémoires font fort peu mention de cette maison d'Athis; ils nous apprennent seulement, p. 321, qu'elle avait été « offerte » à Foucault par son cousin germain, M. Baudouin, conseiller au parlement de Paris, qui y mourut à la fin de 1717.

[5] *Bibliothèque historique*, 1re édit. préface et *passim*.

de France, et ouverte à tous ceux qui voulaient en profiter. Les Mémoires n'y font qu'une seule allusion, relative aux *Origines de la langue françoise*, de Caseneuve. L'auteur de cet ouvrage était mort à Toulouse en 1652. Son héritier, M. Tornier, avocat, qui avait ce manuscrit entre les mains, le céda à Foucault pendant son séjour à Montauban. En 1689, quand Foucault fut à Caen, Segrais, qui s'était retiré dans cette ville, ayant vu ce précieux ouvrage dans sa bibliothèque, lui demanda de vouloir bien le communiquer à Ménage, qui allait publier une nouvelle édition de son Dictionnaire étymologique. Ménage, de son côté, offrit de publier les Origines de Caseneuve à la suite de son propre livre. Foucault, qui se trouvait très-flatté de cette proposition, écrivit à Ménage[1] « qu'il savoit très-bon gré d'avoir retiré, étant intendant à Montauban, des mains d'un des héritiers de M. de Caseneuve, le travail qu'il avoit fait sur cette matière; qu'il étoit très-glorieux à la mémoire de ce savant homme qu'il voulût bien prendre soin de mettre ses découvertes au jour; que, pour lui, il s'estimoit doublement heureux, et d'avoir garanti ces Origines de l'oubli, et de ce qu'elles lui procuroient la connoissance d'une personne qui fait les délices et l'admiration des gens de lettres. » Mais Ménage était trop vieux et trop occupé pour accomplir lui-même cette publication; il en chargea M. Simon de Valhébert, et les quatre premières feuilles étaient déjà imprimées par les soins de ce dernier lorsque Ménage mourut, en 1692. Valhébert ne se crut pas suffisamment autorisé à poursuivre sa publication sans en référer à Foucault, qui lui octroya de nouveau son agrément; et la première édition des *Origines de*

---

[1] Nous donnons les termes mêmes de la lettre de Foucault à Ménage, du 13 août 1689, tels que les rapporte Simon de Valhébert, dans sa préface aux Origines de Caseneuve. *Dict. étym.* de Ménage, t. I, préf. p. xvj, édit. de 1750.

INTRODUCTION.

la langue françoise, de Caseneuve, parut en 1694, dans un volume in-folio, à la suite du *Dictionnaire étymologique* de Ménage. Elle était précédée d'une dédicace écrite par Valhébert et adressée à Foucault, de qui cette pièce résume assez bien la vie et les travaux [1].

On ignore en quelles mains la bibliothèque de Foucault passa après sa mort. Le P. Le Long [2] nous apprend seulement qu'elle fut vendue, et probablement dispersée.

Foucault n'avait pas moins de goût pour les médailles que pour les livres et les manuscrits. « Foucault, dit Saint-Simon [3], « par un commerce de médailles, s'étoit fait une protection « du P. de la Chaise. Tous deux s'y connoissoient fort, et en « avoient ramassé de belles et curieuses collections. » Les Mémoires témoignent, en effet, de ses rapports fréquents avec le P. de la Chaise, et de la protection que ce dernier lui accorda, pour lui et pour les siens. Ils nous apprennent aussi que, pour l'achat d'une certaine collection de médailles, Foucault faisait à un chanoine de Saint-Thomas du Louvre une rente viagère de 400 ⁞, qui s'éteignit en 1702, et qu'en 1716 il vendit au duc de Parme sa collection de médailles de grand, moyen et petit bronze, moyennant 18,000 ⁞.

Mais, de toutes ses collections, la plus célèbre était celle de figures antiques, qui heureusement ne s'est pas dispersée et n'a pas quitté la France, où elle forme encore aujourd'hui une des principales richesses du cabinet des antiques à la Bibliothèque impériale. « M. Foucault, conseiller d'état, dit « le P. Montfaucon [4], m'a plus fourni de pièces antiques que

---

[1] Dans les éditions suivantes, les *Origines* de Caseneuve ont été refondues dans le texte de Ménage, et la dédicace à Foucault figure parmi les pièces préliminaires.

[2] N° 6214 de sa *Bibliothèque historique*

[3] T. X, p. 9, de l'édit. in-12 donnée par M. Chéruel.

[4] *L'Antiquité expliquée*, préf. p. xix.

« nul autre. La charge d'intendant, qu'il a exercée dans plu-
« sieurs provinces [1], lui a donné moyen d'en découvrir beau-
« coup qui auroient peut-être péri si elles étoient tombées en
« d'autres mains. Comme il a un goût merveilleux, il a fait un
« des plus beaux cabinets du royaume, et peut-être de l'Europe.
« Toujours attentif à faire plaisir aux gens de lettres, il a pré-
« venu ceux qui travailloient sur l'antiquité, et, comme un
« autre Peiresc, il leur a offert avec plaisir ce qu'il n'avoit ra-
« massé que pour l'utilité publique. En quelques mains que ces
« pièces rares et curieuses puissent passer, il aura toujours l'hon-
« neur de les avoir ramassées, et d'avoir mieux connu que per-
« sonne le vrai usage qu'on en doit faire. Il y a dans cet ouvrage
« plus de six vingts pièces tirées de son cabinet ou de sa maison
« d'Athies. Si nos intendans de provinces avoient ci-devant
« été dans le même goût, nous n'aurions pas perdu une infinité
« de monumens curieux qui ont péri par l'ignorance de ceux qui
« les ont trouvés. » Nous avons tenu à citer ce passage dans son
entier, parce qu'il contient un grand et sérieux éloge de celui
auquel il s'adresse, et qu'il représente Foucault sous un jour
que sa modestie n'a pas laissé soupçonner dans ses Mémoires.

Une grande partie des bronzes, dont ce cabinet [2] se compo-

---

[1] Begon, intendant à la Rochelle et collègue de Foucault, avait également rassemblé, sans doute par suite des mêmes facilités, une collection d'objets d'art fort importante. (Voir *Correspondance littéraire*, 25 janvier 1861, p. 126.)

[2] Germain Brice (*Description de Paris*, édition de 1717, t. II, p. 132) décrit ainsi la maison et les collections de Foucault : « Dans la rue Neuve-Saint-Paul, « peu éloignée de l'hôtel de Lesdiguières « (rue de la Cerisaie), demeure Nicolas-« Joseph Foucault, conseiller d'état, de « l'Académie royale des médailles, ci-de-« vant intendant de la généralité de Caen. « Il possède une excellente et nombreuse « bibliothèque, et un cabinet qu'il enrichit « depuis plusieurs années avec un soin ex-« trême de tout ce qui regarde la belle et « savante érudition. On y verra d'abord « une collection très-étendue de médailles « rares, des diversités antiques de toutes les « espèces d'une conservation distinguée, « des marbres grecs et romains sur lesquels « il y a des bas-reliefs ou des inscriptions, « des manuscrits de tous les âges, et une

INTRODUCTION.   XLIII

sait surtout, avait été découverte en France, à Lyon, à Nîmes, à Arles, à Narbonne, etc.

A la mort de Foucault, son cabinet d'antiques, qui était renfermé dans huit armoires vitrées, passa, sans qu'on sache comment, entre les mains de M. Mahudel, médecin et membre de l'Académie des inscriptions, qui, le 27 février 1727, le revendit au roi, enrichi de ses propres collections, moyennant 40,000 ̏; et c'est ainsi que la Bibliothèque impériale le possède encore aujourd'hui. Les archives du cabinet des antiques de la Bibliothèque impériale possèdent, outre les pièces, les dessins originaux d'après lesquels on a gravé les figures pour l'ouvrage du P. Montfaucon [1].

On n'a pas d'autres renseignements sur la fin de Foucault que ceux qui sont donnés dans son éloge académique [2] : « Au « commencement du mois d'octobre dernier (1720), fatigué « par un rhume obstiné et plus encore par les mouvements ir- « réguliers d'une fièvre lente, il fut obligé de s'aliter. Le rhume « tomba sur la poitrine, il se forma un abcès au poumon, et « tout l'art de la médecine ne put prolonger ses jours que jus- « qu'au 7ᵉ de février, qu'il mourut après avoir marqué, dans « cet intervalle de quatre mois entiers, toute la piété, la pa- « tience et le courage d'un philosophe chrétien. »

Foucault mourut à l'âge de soixante et dix-huit ans accomplis [3].

« infinité de choses particulières qui mar- « quent la connoissance et le grand dis- « cernement de celui qui les a assemblées. « Les savans les plus entendus et les plus « simples curieux auront de quoi s'occuper « et de quoi se satisfaire dans la singularité « et l'abondance des bonnes choses qu'ils « trouveront dans ce riche cabinet. »

[1] 1 vol. in-f°, qui a appartenu à M. de Boze, de l'Académie des inscriptions. Je saisis cette occasion de témoigner toute ma gratitude à M. Chabouillet, conservateur du cabinet des antiques à la Bibliothèque impériale, pour la bienveillance avec laquelle il m'a aidé dans mes recherches relatives au cabinet de Foucault.

[2] P. 244.

[3] Il existe, au cabinet des estampes de

III.

FOUCAULT INTENDANT.

Nous n'essayerons pas de refaire ici l'historique de la création des intendants, après MM. Chéruel[1], Rodolphe Dareste[2] et Caillet[3]. Cette institution, qui prend son origine dans les *chevauchées* des maîtres des requêtes parcourant les provinces pour en surveiller les officiers royaux, commença à se régulariser vers 1564, par l'établissement des commissaires départis dans les provinces. Mais ce fut seulement Richelieu qui les installa d'une manière permanente et définitive, sous le titre d'*Intendans de justice, police et finances, et commissaires départis dans les généralités du royaume pour l'exécution des ordres du roi*. Un instant supprimés sous la Fronde, par la jalousie des parlements, ils furent rétablis aussitôt que l'autorité royale eut recouvré sa force. Le territoire assigné à chaque intendant

---

la Bibliothèque impériale, collection Debure, deux portraits gravés de Foucault :

1° Portrait gravé au burin, par P. Van Schuppen, en 1698, d'après N. de Largillierre. Foucault y est représenté à mi-corps, tourné de trois quarts à droite, et en grand costume. La tête est régulière, les yeux grands, les lèvres minces, l'expression fine, mais hautaine et sèche. Dans la bordure ovale, gravée elle-même et posée sur un socle armorié (de sable au lion d'argent armé et lampassé de gueules, couronné d'or), on lit : *Nic. Jos. Foucault, regi a consiliis libell. supplic. magist. ac regius in Neustria inferiore praefect. MDCXCVIII.* — Belle pièce in-f°.

2° Portrait gravé à l'eau-forte, par F. Ertinger, pour une tête de page in-8° (il a paru en tête de la *Dissertation sur Janus*, de M. de Boze, Paris, 1735, in-8°), sur une médaille entourée d'attributs; même costume et même direction que le précédent. On lit autour : *Nic. Joseph Foucault, March. de Magny com. cons.* Le revers offre les armes du personnage avec ces mots : *et regni sideribus receptus.*

[1] *Histoire de l'administration monarchique en France*, t. I, p. 291-293.

[2] *Études sur les origines du contentieux administratif en France*, p. 3-47; Paris, 1855.

[3] *De l'administration en France sous le ministère du cardinal de Richelieu*, p. 38-54; Paris, 1857.

n'était pas la province, mais la généralité, circonscription financière présidée par un receveur général, qui s'établit sous François Ier et Henri II, et resta jusqu'en 1789 la véritable division administrative du royaume.

Les attributions des intendants étaient nombreuses et variées. M. R. Dareste[1] les a étudiées avec un grand soin, d'après un *Mémoire concernant MM. les intendans départis dans les différentes provinces et généralités du royaume*, qui fut rédigé en 1738, sur l'ordre du chancelier, par M. d'Aube, maître des requêtes et ancien intendant de Soissons[2]. Nous renvoyons à ce savant travail, préférant, au lieu d'une énumération théorique, passer en revue ici ce que Foucault a réellement fait, au témoignage de ses Mémoires et des correspondances ministérielles qui lui ont été adressées. La compétence des intendants était, au fond, illimitée: ils la puisaient dans leur titre de maîtres des requêtes du conseil d'état, qui déjà leur donnait le droit d'entrer partout et de toucher presque à tout, et dans les commissions, plus ou moins générales ou particulières, que le conseil et les ministres leur envoyaient à chaque instant, et pour des affaires de toute nature. Les Mémoires caractérisent à merveille, par les formes mêmes de la nomination de Foucault, ce mandat du pouvoir central qui faisait de l'intendance une commission et non un office, suivant le langage du temps. Ainsi que son prédécesseur, du Bois-Baillet, qui avait été le premier intendant en Béarn, généralité de nouvelle création, Foucault ne fut nommé intendant à Pau que par une simple lettre de cachet, « pour exécuter les arrêts du conseil et autres « ordres qui lui seroient envoyés; » et, quoiqu'il eût demandé un arrêt général pour le subroger à M. du Bois, il ne reçut

---

[1] Ouvrage cité. — [2] Mss. de la Biblioth. impér. n° 422, Serrilly, 1 vol. in-f° de 640 pages.

INTRODUCTION.

jamais, dans cette intendance, que des arrêts particuliers pour chaque affaire[1].

Quel que fût le poids des affaires qui retombaient sur lui, l'intendant en avait la responsabilité complète, et les subdélégués, s'il jugeait à propos d'en employer, étaient ses mandataires propres, choisis par lui et sous sa responsabilité. Colbert n'aimait pas les subdélégués, et, dès l'entrée de Foucault dans l'intendance[2], il lui recommanda de s'en servir le moins possible. Plus tard, par une circulaire du 15 juin 1682[3], il interdit d'une manière générale aux intendants les subdélégués permanents et généraux, et leur permit seulement d'en nommer en cas de besoin pour des affaires particulières. A la fin de 1683, le pouvoir accordé aux intendants de subdéléguer en matière civile et criminelle fut encore restreint, de telle façon que Foucault crut devoir envoyer des mémoires au chancelier et au secrétaire d'état de la maison du roi, pour leur signaler les inconvénients de cette mesure. On doit penser que ces inconvénients finirent par être appréciés, car, quelques années plus tard, l'opinion du gouvernement change complètement. Il tolère les subdélégués et se charge de les payer pour les procès dont ils ont connu, au lieu qu'auparavant ces frais incombaient aux parties[4]. Il va plus loin : en avril 1704, il crée dans chaque chef-lieu d'élections un subdélégué en titre d'office. Mais cette mesure, qui dépassait le but dans un intérêt fiscal, et qui ôtait à cette institution toute sa souplesse, fut supprimée en 1715, avec la plus grande partie des nouveaux offices que le besoin d'argent avait fait imaginer à la fin du règne de Louis XIV.

[1] *Mémoires*, 4 janvier et 6 mars 1684, p. 92 et 94.
[3] *Ibid.* juin 1674, p. 28.
[2] Donnée dans notre Appendice, p. 481.
[4] *Mémoires*, 12 mars et 1" avril 1688, p. 220, 221.

INTRODUCTION.

Les intendances de Foucault n'appartiennent pas toutes aux pays d'élections, où le pouvoir de l'intendant s'exerçait sans obstacle dans toute sa plénitude ; il eut affaire aussi aux états, à ceux du pays de Foix, qui faisaient partie de la généralité de Montauban, et à ceux de Béarn. Les Mémoires donnent peu de détails sur ses rapports avec ces institutions[1], qui n'étaient pas en faveur sous le grand roi[2]. Foucault proposa de supprimer les états de Foix, et de les remplacer par une élection, « les deniers qui se lèvent sur les communautés de ce « pays tournant, pour la plus grande partie, au profit des ad- « ministrateurs. » Plus tard, Colbert[4] revint sur cette idée, et chargea Foucault de faire les études préparatoires pour changer en élections « les petits pays d'états qui sont dans l'étendue « de la généralité de Montauban, vers les Pyrénées, » à cause des désordres financiers dont ils étaient le théâtre. Mais ce projet n'eut pas de suite. Les états de Béarn furent assez dociles entre les mains de Foucault. Il eut seulement à les empêcher[5], ainsi que les villes et communautés du pays, d'envoyer à la cour des députations sans son autorisation, le gouvernement ne voulant pas permettre que les pouvoirs locaux se missent en rapport avec lui sans l'intermédiaire de l'intendant qui le représentait[6]. Il faut ajouter que très-souvent ces députations étaient purement et simplement un moyen, pour certaines personnes influentes, d'aller à Paris et à Versailles aux frais des villes et des provinces.

---

[1] Voir, sur les rapports de Foucault avec les états de Foix, une lettre de Caulet, évêque de Pamiers, à Colbert, du 27 juillet 1677, dans Depping, *Corresp. admin.* t. I, p. 625.

[2] Voy. *ibid.* Introd. et lettre de Colbert à M. de Ris, du 24 septembre 1681, p. 627.

[3] *Mémoires*, 17 avril 1675, p. 31.

[4] Lettre à Foucault, du 9 octobre 1681, dans notre Appendice, p. 474.

[5] *Mémoires*, 22 février et 12 avril 1685, p. 115, 118.

[6] Depping, *Corresp. admin.* t. I, Introd. p. XXXVIII.

INTRODUCTION.

Nous allons parcourir successivement les divers services auxquels Foucault dut satisfaire, et récapituler, avec les éclaircissements nécessaires, ses actes tels qu'ils nous sont connus par ses Mémoires, et par les correspondances ministérielles et autres renseignements que nous avons pu réunir.

Nous commençons par la justice.

§ 1. — Affaires de justice et de police.

Lorsque Foucault fut nommé intendant à Montauban, en 1674, cette généralité était difficile à gouverner, tant à cause de son étendue (on n'en avait pas encore distrait la généralité d'Auch) que parce que, « les commissaires des Grands Jours « n'ayant pu pousser jusque-là leurs recherches, il sembloit « que ce fût encore un pays ouvert à la tyrannie des grands, « à l'indépendance des peuples et aux malversations des juges. « M. Foucault reçut de la bouche du roi les ordres et les ins- « tructions nécessaires pour remédier lui seul à tant d'abus, « et... chaque dépêche du nouvel intendant en marqua le « succès en quelque partie. Insensiblement, la province qui lui « avoit été confiée devint une des plus soumises et des mieux « disciplinées[1]. »

Les Mémoires montrent que cette appréciation n'est pas exagérée. Depuis son entrée en charge jusqu'à sa sortie de Montauban, une des principales occupations de Foucault fut l'instruction et le jugement d'une foule d'affaires de grand criminel, peu ou point poursuivies jusqu'à lui. Elles abondent surtout de 1675 à 1680. Tantôt ce sont de simples assassinats[2], s'aggravant quelquefois seulement de la circonstance que l'as-

[1] *Éloge de Foucault à l'Académie des inscriptions*, ouvrage cité, p. 225.

[2] *Mémoires*, juin 1675, p. 32.

INTRODUCTION.

sassin était gentilhomme[1]; tantôt on voit apparaître de véritables bandes de brigands[2], dont quelques-unes avaient des gentilshommes à leur tête, comme dans l'affaire des frères d'Albignac et de leurs complices, et dans celle du chevalier de Brouès et du sieur de Saint-Léonnard. Foucault avait été chargé de poursuivre la première de ces affaires par l'influence de madame d'Aligre, belle-mère de Seignelay, qui voulait « pur- « ger ses terres de ces brigands[3]. » Il n'en fut pas de même de la seconde. Le chevalier de Brouès et le sieur de Saint-Léonnard, déjà plusieurs fois condamnés par contumace, tenaient la campagne avec une troupe de coupe-jarrets, et se réfugiaient au besoin dans le château de Saint-Léonnard, qui était comme une petite forteresse. Foucault s'y transporta en personne, y mit le siége et s'en empara[4]. Il se disposait à procéder lui-même contre les prisonniers, et avait envoyé à Colbert son procès-verbal de capture; mais le ministre l'arrêta en le reprenant d'empiéter sur la justice ordinaire[5], ce qui, surtout quand il s'agissait de gentilshommes, ne devait avoir lieu que dans des cas très-graves, si, par exemple, « ils avoient commis des « crimes extraordinaires qui regardassent le recouvrement des « deniers du roi. » En définitive, un arrêt du conseil renvoya le procès devant les juges ordinaires. Foucault attribue cette conduite de Colbert aux sollicitations de M. de Carbon, archevêque de Toulouse, « parent de Saint-Léonnard, avec le- « quel il traitoit une affaire importante et qui lui tenoit au « cœur pour sa famille. »

[1] *Mémoires,* novembre 1679, p. 51, affaire du vicomte de Vaillac, condamné à mort par le parlement de Bordeaux, en janvier 1680.
[2] *Ibid.* 7 novembre 1677, décembre 1678, p. 43, 47.

[3] *Mémoires,* 26 novembre 1676, 9 novembre 1677, p. 39, 43; et lettre de Foucault à Colbert, du 18 mars 1677, dans notre Appendice, p. 402.
[4] *Mémoires,* juin 1679, p. 50.
[5] Lettre de Colbert à Foucault, du

INTRODUCTION.

Les crimes contre les personnes prenaient quelquefois un caractère presque politique, et Foucault intervint dans de véritables luttes entre les classes. C'est ainsi qu'à la fin de 1675 il fut obligé de faire « des exemples sur des gentils-« hommes qui exerçoient des violences sur les peuples, surtout « dans le voisinage des Pyrénées[1]. » Le contraste ne manque pas : en mars 1676, Foucault condamna à être rompu vif un vilain qui avait assassiné son seigneur, et il cite à la même époque un complot d'attaque contre un autre seigneur féodal[2]. Les méfaits seigneuriaux partaient quelquefois des hommes les plus haut placés. Les états du pays de Foix furent obligés de se plaindre au roi des vexations que leur faisait endurer le marquis de Foix, gouverneur du pays. Foucault envoya l'information à Colbert. Le marquis fut contraint de se défaire de son gouvernement[3], et relégué à Sisteron. L'évêque de Pamiers s'était joint, dans cette affaire, aux plaintes de Foucault[4]. Plus tard[5], il fallut également protéger les communes, et surtout Moissac, contre le marquis d'Ambres, qui les forçait par la violence à élire les consuls désignés par lui. Un ordre du gouvernement mit à néant ce que M. d'Ambres avait fait, et rétablit les paroisses dans la liberté de leurs élections. Dans cette brillante époque du grand règne, le gouvernement tenait la balance juste, et ne tolérait de désordres d'aucun côté. En novembre 1678, quelques paroisses des confins de l'Auvergne ayant un peu remué au sujet des tailles, on les punit en y envoyant loger un régiment de cavalerie[6].

Le midi de la France était infesté de Bohémiens. Foucault

---

6 juillet 1679, dans notre Appendice, p. 427.

[1] *Mémoires*, p. 37.
[2] *Ibid.*
[3] Lettre de Louvois à Foucault, du 17 avril 1675, dans notre Append. p. 506.
[4] Lettre de Caulet à Colbert, du 23 avril 1675, *ibid.* p. 399.
[5] *Mémoires*, janvier 1683, p. 85.
[6] *Ibid.* p. 47.

INTRODUCTION.

en condamna plusieurs bandes aux galères[1], et frappa d'une amende de 1,000 ᴴ un gentilhomme d'Armagnac qui leur donnait asile dans sa maison. A propos de cette affaire, il demanda au chancelier de renouveler les anciennes ordonnances, qui punissaient de la perte de la justice et de la réunion des fiefs au domaine les gentilshommes qui donnaient chez eux retraite aux Bohémiens. Le 19 décembre 1680[2], une circulaire de Colbert réveilla le zèle des intendants pour la poursuite de ces vagabonds.

Une autre circulaire du même ministre, en date du 26 juillet 1679[3], appelait l'attention des intendants sur les faux-monnayeurs. Mais Foucault ne l'avait pas attendue pour poursuivre ce crime, qui était des plus fréquents dans sa généralité, ainsi que celui de falsification du timbre. « La fausse monnoie « et le faux timbre, dit-il, se faisoient publiquement à Cahors, « où les juges ne faisoient aucune diligence pour les faire « prendre et punir. » Foucault fit diligence pour les envoyer à la potence et aux galères[4]. Les coupables n'appartenaient pas toujours aux derniers rangs de la société. On trouve parmi eux un arpenteur de Montpezat, un professeur de médecine de l'université de Cahors et un président en l'élection d'Angoulême; mais ce dernier eut l'art de se faire absoudre.

Le faux en écriture n'était pas moins commun. Dans les années 1675 et 1676, Foucault poursuivit plusieurs notaires et sergents faussaires. En novembre 1677, un notaire plus que centenaire, compromis dans l'affaire d'Albignac, avoua qu'il n'avait jamais passé un acte véritable. Foucault lui

---

[1] *Mémoires*, novembre 1676, juillet 1680, p. 39, 76.
[2] Appendice, p. 460.
[3] *Ibid.* p. 432
[4] *Mémoires*, février et avril 1675, 2 et 19 août 1676, novembre 1677, juillet 1680, juillet 1682, p. 31, 32, 38, 41, 76, 82.

INTRODUCTION.

épargna la corde, à cause de son grand âge. Il fut plus sévère pour un insigne faussaire nommé Catalan, dit Fabre, qui avait fait dans tout le midi de la France un commerce public de faux actes qu'il fabriquait. Foucault le jugea lui-même, en vertu d'un arrêt du conseil[1], et le fit pendre. Il condamna à la même peine deux hommes qui, en se faisant passer pour officiers publics commis à l'exécution des règlements sur les manufactures et le papier timbré, et en montrant une fausse commission de Colbert et un cachet gravé aux armes du roi, avaient extorqué de l'argent aux marchands et aux notaires[2].

Ses poursuites s'adressaient aussi aux malversations des comptables publics : tantôt[3] à un commis au recouvrement des taxes sur les notaires, qui faisait des frais excessifs sans donner de quittances; tantôt[4] à un consul de Montauban, qui fut banni pour trois ans de la généralité, et déclaré incapable d'exercer aucune charge à l'avenir. Le sieur Laffitau, procureur du roi au présidial de Montauban, prétendait procurer aux habitants de Moissac, moyennant 1,500 ʰ, l'exemption du quartier d'hiver : sur les procédures envoyées contre lui par Foucault, il fut interdit pour six mois des fonctions de sa charge[5].

Une de ces affaires doit être notée spécialement à cause de l'ardeur que Colbert mit à la poursuivre. C'est celle du sieur Garrisson, ci-devant greffier du bureau des finances de Montauban, accusé d'avoir soustrait des actes de nomination et de cautionnement de quelques commis aux recettes des tailles.

---

[1] *Mémoires*, fin de 1679, p. 51; lettre de Colbert à Foucault, du 28 septembre 1679, à l'Appendice, p. 437.

[2] *Mémoires*, fin d'avril 1683, p. 86; lettre de Colbert à Foucault, du 30 avril 1683, à l'Appendice, p. 499.

[3] *Mémoires*, octobre 1675, p. 34.

[4] *Ibid.* décembre 1676, p. 40.

[5] *Ibid.* octobre 1677, p. 42; lettre de Louvois à Foucault, du 21 septembre 1677, à l'Appendice, p. 507.

INTRODUCTION.

« C'étoit, dit Foucault, le plus riche religionnaire de la ville « de Montauban. » Peut-être doit-on craindre que, dans ces temps où l'on songeait déjà aux conversions, cette qualité de religionnaire n'ait contribué à rendre plus rigoureuses les poursuites dont il fut l'objet. Quoi qu'il en soit, Foucault fut commis par un arrêt du conseil[1] pour lui faire son procès; et notre Appendice contient, dans l'espace de six mois, cinq lettres de Colbert, des plus pressantes, à ce sujet[2]. Foucault ne nous a pas appris à quoi il condamna le sieur Garrisson; mais la correspondance de Colbert[3] fait supposer qu'on se contenta de le forcer à se défaire de sa charge.

En juillet 1676, Foucault fit reléguer deux gentilshommes qui s'étaient entendus avec plusieurs autres pour ne point reconnaître les juges ordinaires dans les procès qu'ils auraient contre l'évêque de Couzerans. A la fin de 1675, il força à changer de résidence Fouquet, évêque d'Agde, qui, relégué à Villefranche-de-Rouergue, y passait sa mauvaise humeur à composer des gazettes manuscrites qu'il faisait circuler contre le gouvernement.

Enfin, les affaires civiles mêmes ne manquaient pas à l'intendant. Quelquefois des arrêts du conseil renvoyaient devant lui des litiges existant dans des familles assez considérables, pour qu'on voulût leur épargner la juridiction ordinaire. Foucault eut deux affaires de cette espèce pendant son séjour à Montauban[4].

En Béarn, où il resta deux ans, Foucault eut beaucoup

---

[1] L'arrêt est de mars 1679 (lettre de Colbert à Foucault, du 16 mars 1679, à l'Appendice, p. 415), et non d'avril, comme le prétendent les Mémoires, p. 49.

[2] Lettres de Colbert à Foucault, des 16 mars, 20 avril, 12 juillet, 5 et 23 août 1679, pag. 415, 417, 428, 432, 435.

[3] Lettres de Colbert à Foucault, du 17 novembre 1682 et du 15 avril 1683, à l'Appendice, p. 489 et 498.

[4] *Mémoires,* fin 1675, affaire Fontrail-

moins d'affaires criminelles à poursuivre qu'à Montauban; mais celles qu'il relate dans ses Mémoires ont un caractère assez singulier. Telle est celle[1] où il fut obligé de veiller personnellement à l'exécution d'un condamné à mort qu'une famille puissante avait intérêt à sauver. On fit cacher les jurats de Pau que leurs fonctions obligeaient à diriger les exécutions criminelles. Foucault dut courir après eux et les contraindre à faire leur devoir; mais l'embarras qu'il en avait éprouvé fut cause qu'il obtint pour la ville de Pau une compagnie de maréchaussée. A Tarbes, l'année suivante[2], il condamna et fit pendre par effigie des « écoliers » qui avaient assassiné un employé aux fermes du roi.

Une affaire plus grave fut la réunion au domaine, par arrêt du conseil du 28 septembre 1685[3], d'un puits d'eau salée, situé dans la paroisse de Seize, en basse Navarre, avec défense aux habitants de se servir de sel d'Espagne. Ils crurent que le roi voulait établir la gabelle en Navarre, et il s'émut une sédition que Foucault apaisa en arrêtant quelques meneurs, auxquels il fit le procès. Deux furent pendus, et deux condamnés aux galères à perpétuité. Il n'était pas inutile d'agir avec cette énergie, car déjà la question des gabelles avait causé dans les pays basques des soulèvements devant lesquels le gouvernement de Louis XIV avait été sur le point de céder[4].

En ce qui concerne la justice, la plus grande affaire de Foucault, pendant son séjour en Béarn, fut de réformer le parlement de Pau et d'y faire admettre les ordonnances de

---

les, et avril 1679, affaire Arpajon, p. 35, 49.

[1] *Mémoires*, 23 juillet 1684, p. 110.
[2] *Ibid.* 5 août 1685, p. 126.
[3] Date incertaine. (V. *Mémoires*, p. 128.)
[4] Voy. Depping, *Corresp. admin.* t. III, Introd. p. v; p. 66, lettre de Pellot à Colbert, pour le soulèvement des Basques, en 1664; et p. 176, lettre de Macqueron à Colbert, pour le soulèvement des Miquelets de Vallespir contre les officiers des gabelles, en 1668.

1667 et 1670 sur la procédure civile et criminelle. A son arrivée, il trouva ce parlement dans un grand désarroi. Le premier président était relégué en Poitou pour malversations[1]. Sur trois présidents des chambres, il n'y en avait qu'un qui pût faire ses fonctions, les deux autres étant, l'un trop vieux, l'autre trop jeune pour siéger, et ainsi les chambres restaient sans direction[2]. Le procureur général, M. de Cazaux, menait une vie scandaleuse avec la fille d'un avocat qu'il avait prise chez lui. Il ne venait au palais que pour y porter le désordre et pour troubler les bureaux[3], « passant continuellement d'une « chambre à l'autre sans y être appelé, et seulement pour dis- « traire les juges en leur tenant des discours frivoles et leur « donnant du tabac, ou pour solliciter des affaires dans les- « quelles ses parens ou ses amis avoient intérêt[4]. » Il détenait les pièces des procès criminels au lieu de les déposer au greffe, comme l'exigeait le règlement du 28 février 1682 ; « il aban- « donnoit la poursuite des affaires criminelles où il n'y avoit « pas de parties, laissoit des années entières des accusés dans « les prisons sans instruire leur procès, et il avoit un clerc de « la R. P. R.[5] dont il n'avoit jamais voulu se défaire, quelques « instances qu'on lui eût faites[6]. » Les usages de la procédure, dans ce parlement, étaient extraordinaires et abusifs. Il n'avait pas voulu admettre l'ordonnance de 1667 et ses utiles réformes. Les lettres de jussion, les menaces, l'interdiction même n'avaient pu l'y obliger. Il manquait également de jurisprudence fixe sur les matières de fond, de sorte qu'il n'avait « aucune certitude ni maxime dans ses arrêts[7]. »

---

[1] *Mémoires*, mars 1684, p. 93.
[2] *Ibid.* 22 avril 1684, p. 98.
[3] C'est-à-dire, les chambres du conseil.
[4] *Mémoires*, 8 juin 1684, p. 103.
[5] Abréviation usitée au xviie siècle pour *Religion Prétendue Réformée*.
[6] *Mémoires*, p. 104.
[7] *Ibid.* 22 avril 1684, p. 98.

Il n'était pas aisé de remettre en ordre une situation si troublée : Foucault l'entreprit cependant et en vint à bout. Il commença par se rendre assidu au parlement pour examiner les abus qui s'y commettaient, en prétextant l'envie de s'entretenir dans les fonctions de la judicature[1]. Il obtint des magistrats qu'ils obligeraient leurs enfants à fréquenter le barreau pour se rendre capables de succéder aux charges de leurs pères. Le procureur général, menacé de destitution par une lettre du chancelier, finit par remettre au greffe les procédures qu'il retenait et par s'amender à peu près. La sévérité dont il était l'objet réagit un peu sur le reste du parlement: la décence dans les habits et dans la tenue s'y observa davantage. Quant à l'ordonnance de 1667, le parlement finit par s'y soumettre[2], en demandant seulement la modification de quelques articles d'exécution impossible en Béarn et en Navarre, à cause de la pauvreté de ces pays. Cependant les gens du parquet, troublés par toutes ces réformes, s'étaient plaints au chancelier de n'être pas traités par l'intendant avec assez d'honnêteté: Foucault se justifia aisément en répondant que, pendant qu'ils faisaient ces plaintes, ils ne laissaient pas de venir manger fort souvent chez lui, « par où l'on peut juger « du caractère des gens de ce pays[3]. »

Les affaires criminelles où l'intendant prit part eurent moins d'importance en Poitou qu'en Béarn. Seignelay, ayant besoin de rameurs pour ses galères, prescrivit à Foucault[4] d'y expédier, sans autre forme de procès, des vagabonds et gens sans aveu soupçonnés de commettre des vols et autres crimes, qui, suivant les informations du roi, se trou-

---

[1] *Éloge de Foucault*, p. 230.
[2] *Mémoires*, juillet 1684, p. 113.
[3] *Ibid.* 16 juillet, p. 109.
[4] *Mémoires*, 23 août 1686, pag. 159. (Voy. Depping, *Corresp. admin.* t. II.)

vaient en grand nombre dans plusieurs villes et bourgs du Poitou. — Le 8 mars 1687, Foucault demande des ordres à Louvois pour réprimer les déportements du chevalier de Curzay (chevalier de Malte), qui commettait des violences dans son canton, jusqu'à avoir mis le feu à une maison saisie sur lui par décret, et qui entretenait une concubine dans son domicile. Le curé et l'évêque l'avaient sommé vainement de s'en défaire, et la justice ordinaire ne pouvait poursuivre ses méfaits; il était tellement redouté, qu'on n'obtenait pas de témoins contre lui. Un ordre du roi, du 14 avril suivant, fit renfermer la femme aux filles repenties de Poitiers, et relégua le chevalier à Montbrison. — En mai 1687, un autre gentilhomme, le marquis de Faur, est arrêté pour violences envers les paysans de ses terres. — Le 8 février 1688, procès contre un officier de l'élection de Poitiers, prévenu d'avoir altéré le rôle d'une paroisse; en avril, jugement contre deux élus qui ont altéré les rôles des tailles.

En mai 1688, affaire d'une autre espèce, unique dans les Mémoires de Foucault. Un certain M. de Tarnault, dont le père avait péri dans la dernière sédition de Bordeaux, relégué lui-même dans cette ville, allait à Paris en rupture de ban. A quatre lieues de Poitiers, il se prend de querelle avec le maître de poste, le tue d'un coup de pistolet, et, poursuivi, se réfugie à Poitiers chez Foucault lui-même, de qui sans doute il était l'ami. Heureusement pour lui, personne ne l'avait reconnu, et, moyennant 3,000[lt] au fils du mort, Foucault put arranger l'affaire et faire accepter l'accommodement à Louvois, auquel il se garda de nommer le héros de l'aventure.

Le 20 septembre suivant, il informe Louvois de prendre garde à un religionnaire de Châtellerault, actuellement dans les gardes du roi d'Angleterre, homme fanatique, d'un naturel féroce et intrépide, capable d'un mauvais coup, et ayant souvent déclaré qu'il se sacrifierait volontiers pour sa religion. — A la fin de 1688, il dirige des poursuites contre un sergent, pour concussion; celui-ci se pourvoit au parlement de Paris, qui évoque l'affaire; mais Foucault fait casser l'arrêt par le conseil et continue ses procédures. Le procureur général du parlement cesse ses poursuites et écrit « fort honnêtement » à Foucault. Les affaires générales de la justice l'occupaient aussi. Le 19 mai 1686, il était chargé, par le chancelier Boucherat, d'examiner les abus qui s'étaient glissés dans les chancelleries près les compagnies supérieures et les présidiaux, où « le sceau du roi n'étoit point tenu avec dignité. »

En 1688, en vertu de lettres patentes du 4 août[1], le roi envoya dans diverses provinces des commissaires du conseil chargés d'inspecter la façon dont la justice ordinaire remplissait ses fonctions, notamment pour l'application de l'ordonnance de 1667, et de juger les crimes qu'elle aurait laissés impunis. Cette commission, qui renouvelait les Grands Jours, arriva à Poitiers le 10 décembre 1688; Foucault y siégea en sa qualité de maître des requêtes, et ses Mémoires en contiennent une relation, où il est surtout question du cérémonial. Les séances durèrent une quinzaine de jours, et ne paraissent pas avoir été remplies d'affaires bien importantes. On condamna deux accusés à mort, et on entérina deux lettres de grâce pour homicides involontaires.

L'intendance de basse Normandie est celle où Foucault demeura le plus longtemps. Aussi le nombre des affaires criminelles y est-il considérable, sans atteindre pourtant à la quan-

[1] Isambert, *Anciennes lois françaises*, t. XX, p. 59.

tité qui dénotait un si fâcheux état de choses dans la généralité
de Montauban.—Condamnation à mort, le 3 février 1690, d'un
assassin voleur de grand chemin, convaincu en outre d'avoir
passé des religionnaires à Jersey et à Guernesey. — Condamnation à mort, le 28 août 1692, d'une bande de sept voleurs
assassins. — Le 13 mars 1697, condamnation à mort de deux
marins qui avaient passé des religionnaires en Angleterre et
en avaient noyé plusieurs dans le trajet. — Le 5 du même
mois, condamnation de plusieurs incendiaires qui avaient
mis le feu aux halles de Granville. — Le 5 janvier 1690,
jugement contre deux ouvriers qui avaient fabriqué de faux
plombs à des pièces d'étoffe, sans doute pour se soustraire au
payement des droits et à l'application des règlements. — Le
15 février 1693, un notaire faussaire est condamné à mort.

Le faux-saunage et la contrebande étaient communs dans
cette province. Foucault est d'avis [1] que la faculté laissée aux
juges de ne point condamner aux galères les faux-sauniers
qui ont passé cinquante-cinq à soixante ans soit réservée seulement à la clémence du roi, de peur d'abus. —En avril 1697,
procès à six soldats accusés de faux-saunage [2]. — Mai 1706,
condamnation à mort de plusieurs faux-sauniers du havre
de Lessay, qui ont assassiné trois commis du quart-bouillon.
— Les femmes se livraient en si grand nombre au faux-saunage, qu'au mois de juin 1688 Foucault fut obligé d'orga-
niser une prison spéciale pour celles qui récidivaient et n'a-
vaient pas d'autre métier; le fermier des gabelles en fit les
frais et paya la nourriture des prisonnières. Une d'entre elles,
qui avait subi quatre fois la peine du fouet, déclara pourtant
qu'elle ne ferait jamais autre chose. — En mars 1695 et

[1] *Mémoires*, 27 avril 1693, p. 297. — [2] Voy. l'ordonnance du 22 décembre 1682,
Isambert, t. XIX, p. 411.

en 1698, procès contre des gentilshommes qui, des côtes de Normandie, faisaient la contrebande avec les Anglais de Jersey et de Guernesey. On saisit chez un d'eux dix-sept cents paires de bas d'Angleterre.

Foucault ne ménageait pas les concussionnaires, mais ils lui échappaient quelquefois. Un lieutenant général d'Avranches, poursuivi par lui pour concussions, violences et malversations, eut assez de crédit auprès du chancelier Boucherat, en répandant de l'argent dans sa maison, pour lui faire admettre que Foucault était suspect dans son affaire et pour la faire renvoyer devant l'intendant d'Alençon. Il en fut quitte pour être admonesté par le tribunal des requêtes de l'hôtel. « C'étoit, dit Fou-« cault, une affaire criante [1]. » Cet insuccès ne le découragea pas et ne l'empêcha pas de poursuivre, dès le mois de novembre suivant, un grand maître des eaux et forêts qui avait commis des malversations dans les ventes de bois des forêts de Valognes, et de condamner aussi [2], pour concussions et malversations, le receveur des tailles de l'élection de Vire.

En 1706, un gentilhomme fut mis à la Bastille pour avoir fait de son château une retraite de Bohémiens et s'être constitué le recéleur de leurs vols.

A côté des crimes réels, les crimes imaginaires. La magistrature normande avait toujours cru aux sorciers, et, en 1670, le conseil du roi avait dû s'opposer aux procédures du parlement de Rouen contre trente-quatre malheureux qu'on allait envoyer, sous cette imputation, au bûcher ou à la potence [3]. Un édit de juillet 1682 expliqua la pensée du gouvernement, qui ne voyait dans la sorcellerie qu'une imposture plus ou

---

[1] *Mémoires*, août 1694, p. 308.
[2] *Ibid.* mars 1702, p. 346.
[3] Voyez, sur cette affaire, Floquet, *Histoire du Parlement de Normandie*, t. V, p. 718 et suiv.

moins criminelle. Cependant, en 1694, ces principes n'avaient pas encore pénétré au fond de la basse Normandie, et le lieutenant criminel d'Avranches faisait un procès de sorcellerie à un prêtre âgé de soixante ans, accusé par une fille de l'avoir ensorcelée et corrompue au sabbat. On dépouillait tout nu le pauvre vieillard, et on enfonçait « des aiguilles dans toutes « les parties de son corps pour chercher la marque insen- « sible. » Foucault se fit représenter cette affaire et trouva la preuve fort légère. « J'ai, dit-il, informé M. le chancelier de « cette belle procédure, et, en attendant ses ordres, j'ai fait « surseoir à cette instruction qui se faisoit à grands frais, aux « dépens du roi. » Le fond de l'histoire était que cette fille, enceinte du fait d'un cavalier en quartier d'hiver dans son village, avait inventé d'accuser le prêtre pour couvrir son honneur [1].

Cependant, quand il s'agissait de la personne du roi, on ne jugeait plus les choses avec tant de philosophie, et, au mois de mars 1689, un ordre du roi fit arrêter un curé, sur le simple soupçon d'avoir reçu dans sa maison un homme accusé de quelques maléfices regardant la personne de Sa Majesté. Le roi faisait surveiller avec un soin extrême tout ce qui regardait sa sûreté. En janvier 1694, Foucault fut appelé brusquement et en toute hâte à Paris. On venait de mettre un bas Normand à la Bastille pour avoir affiché, dans plusieurs endroits de Paris, des placards séditieux traitant le roi de tyran et excitant le peuple à s'en défaire. Foucault fut introduit près de Louis XIV. « Le roi, raconte-t-il, me dit que je pouvois connoître, par ce « qu'avoit dû me dire M. de Pontchartrain, de quelle impor- « tance étoit l'affaire qui l'avoit obligé de me mander; qu'il

---

[1] *Mémoires*, 1694, p. 310.

INTRODUCTION.

« connoissoit assez mon zèle pour ce qui regarde sa personne,
« pour n'avoir pas besoin de l'exciter à faire tout ce qui dépen-
« droit de moi pour découvrir ce que c'étoit que ce prisonnier
« et ses complices; qu'il me feroit expédier des ordres en blanc
« pour faire arrêter toutes les personnes que je jugerois à pro-
« pos, de quelque condition qu'elles fussent, et qu'il remettoit
« entièrement cette affaire entre mes mains. Sa Majesté me ren-
« voya à M. de la Reynie, pour me donner les instructions et
« mémoires qu'il avoit sur cette affaire[1]. » On soupçonnait cet
homme d'être l'instrument de quelques seigneurs nouveau-
convertis; mais il résulta de l'enquête à laquelle Foucault
se livra que c'était un fou qu'il fallait enfermer, et rien de
plus.

Foucault eut encore quelques occasions de se mêler de police politique. En avril 1691, on lui fit arrêter un prétendu
espion du prince d'Orange. En 1695, il reçut l'ordre de saisir
les biens du comte de Soissons fugitif, et, en 1700, ceux du
cardinal de Bouillon. En 1698, visitant le Mont-Saint-Michel,
il y vit le gazetier de Hollande enfermé là, depuis longues années, dans une cage de bois. Foucault, sans lui rendre la liberté, le tira au moins de sa cage, et le malheureux mourut
dans l'abbaye, au bout de vingt ans de captivité.

Un mot, en terminant, sur les contestations d'étiquette et
de cérémonial qui avaient quelquefois une certaine importance
sous l'ancienne monarchie[2]. — Dès son arrivée à Montauban,
Foucault, suivant la conduite adoptée par ses prédécesseurs,
s'abstint d'assister à la procession du Saint-Sacrement, parce
qu'il aurait fallu céder le pas au premier président de la cour
des aides, à quoi les intendants n'avaient jamais consenti. — En

---

[1] *Mémoires*, p. 301. — [2] Voy. Depping, *Correspondance administrative*, t. II, Introduction, p. v.

juin 1678, il régla une dispute de préséance dans l'église, lors des cérémonies publiques, entre le présidial de Montauban et le bureau des finances des trésoriers de France. Il fallut un ordre de la cour pour obliger le présidial à marcher après le bureau. — Autres contestations en 1681 : c'est le premier président de la cour des aides de Montauban qui prétend que les consuls lui doivent leur visite officielle avant de la faire à l'intendant; Foucault maintient sa prérogative, qui avait les précédents pour elle. — Le 14 août 1688, il est chargé par le chancelier de régler les prétentions et contestations qui régnaient depuis quarante ans parmi les officiers du présidial de Poitiers, et prononce à ce sujet un discours qu'il a conservé dans ses Mémoires, mais qui n'apprend rien sur le fond du débat. — Le 15 août 1690, il mande au secrétaire d'état de la maison du roi « qu'il ne se faisoit point de cérémonie où les corps « assistent, dans la ville de Caen, qu'il n'y survînt quelque con- « testation; » il s'agissait de savoir si les chefs du bailliage avaient seuls droit à un flambeau dans les feux de joie; si, dans les *Te Deum*, le lieutenant du roi du château de Caen devait avoir un prie-dieu et un carreau au milieu de l'église; s'il pouvait, sans les échevins, mettre les bourgeois sous les armes, etc. Ces questions ne furent pas résolues. — En mai 1706, une contestation éclata encore entre l'évêque de Bayeux et le recteur de l'université de Caen, sur qui le prélat prétendait avoir le pas dans les assemblées de l'université. Ils en vinrent à une querelle publique pendant une thèse de théologie; l'évêque traita le recteur de « petit pédant, » et le jeune moine qui soutenait l'acte « fut si effrayé, qu'il abandonna la thèse... Tout ce dé- « sordre finit en risée. » Le roi s'en amusa à son tour et laissa la dispute pendante.

INTRODUCTION.

§ 2. — Finances sous Colbert.

Le ministère de Colbert et ceux de ses successeurs présentent, pour ce qui concerne les finances, des différences si tranchées, que nous avons cru devoir, sur ce point, diviser notre étude en deux paragraphes distincts. Le premier serait bien court, et pour mieux dire il n'existerait pas, si, pour connaître les mesures de finances accomplies par Foucault sous les ordres de Colbert, nous n'avions d'autres renseignements que ses Mémoires, à peu près muets sur cet objet. Mais le silence qu'ils gardent est suppléé en partie par la correspondance de Colbert que nous avons tirée des papiers de Clairambault. Malheureusement cette correspondance, qui fait si bien connaître l'administration du grand ministre, ne nous a été conservée qu'à partir de 1679. Nous allons essayer de résumer ici les principaux objets de finances et d'impôts auxquels elle se rapporte[1].

Tailles[2]. L'intendant recevait chaque année le *brevet de la taille*[3], indiquant quelle somme la généralité devait supporter. Il en préparait le « département » entre les élections de ladite généralité, et soumettait ce projet au gouvernement, qui le lui renvoyait plus tard[4] avec l'approbation du roi et avec les commissions pour procéder à la levée de l'impôt. Les élus dis-

---

[1] Toutes les dépêches citées par nous, sans autre indication, sont données à leur date dans notre Appendice.

[2] Voy. sur cet impôt en général F. Joubleau, *Études sur Colbert*, Paris, 1856, t. I, p. 116 et suiv.

[3] Circulaires de Colbert aux intendants, du 27 mai 1679 et du 25 mai 1683, p. 424, 500.

[4] Circulaire de Colbert aux intendants, du 20 août 1680, p. 454.

INTRODUCTION.

tribuaient alors l'imposition fixée pour leur élection entre les paroisses qui la composaient. La répartition dernière sur les habitants taillables, ou *rôle des tailles*, était une opération délicate : dans la plupart des provinces, elle appartenait aux collecteurs [1]; dans la généralité de Montauban, c'était aux consuls, officiers municipaux des paroisses, que ce travail incombait. Mais, les consuls étant nommés seulement au commencement de l'année, la confection des rôles s'en trouvait retardée. Foucault, pour parer à cet inconvénient, avait imaginé de l'imposer aux consuls de l'année précédente, et, quand ils refuseraient de s'en charger, de les y contraindre par logement effectif de garnisaires. Mais Colbert préféra, suivant la mesure adoptée uniformément pour toute la Guyenne et le Languedoc, que la nomination des consuls fût avancée au 1er octobre de l'année qui précédait celle de leur entrée en fonction, afin que chacun d'eux se trouvât, sans qu'il en résultât de retard, chargé du rôle de l'année même qui le concernait [2]. Foucault compléta cette mesure en faisant décider par un arrêt du conseil que les consuls ne sortiraient pas tous de charge, mais qu'il en demeurerait deux anciens pour mettre les nouveaux au fait. Plus tard, il fit rendre un pareil arrêt pour les échevins de la généralité de Caen [3].

La répartition dernière appelait la plus grande surveillance, car il arrivait que, « dans presque toutes les paroisses, « les principaux habitans et les plus riches trouvoient facile- « ment les moyens de se décharger des tailles et d'en surchar- « ger les moyens et les pauvres habitans, et même que ceux- « ci demeuroient d'accord de la décharge de ces plus riches, « parce qu'ils les faisoient travailler, et parce qu'ils trouvoient

---

[1] Joubleau, *op. cit.* t. 1, p. 117.
[2] Dépêches de Colbert à Foucault, des 28 août et 8 novembre 1680, p. 455, 458.
[3] *Mémoires*, mars 1691, p. 273.

« des secours par leur moyen dans toutes leurs nécessités[1]. » Colbert, au contraire, voulait arriver à ce que les forts et les faibles portassent chacun leur part, à proportion de leurs biens[2]. Le moyen d'atteindre ce résultat était dans le droit qu'avaient les intendants de taxer d'office ceux que la faveur avait laissés en dehors du rôle ou au-dessous de la part qu'ils devaient équitablement supporter. Mais les intendants eux-mêmes étaient accessibles à la faveur : au lieu de se borner à prononcer les taxes en augmentation, « afin d'empêcher que « les principaux des lieux ne se fissent décharger par les collec- « teurs, » ils en faisaient aussi en diminution, sans doute à leurs amis. Une circulaire de Colbert[3] leur interdit formellement toute taxation d'office en diminution. Ce qui n'empêcha pas Foucault, quatre ans plus tard[4], en Poitou, de diminuer la paroisse de Pussort, oncle de Colbert. « Cette paroisse se trou- « voit ainsi la plus soulagée de toutes. Les métayers de M. Pus- « sort ne payoient presque point de taille. » Le père de Foucault, que son fils avait informé de cet acte d'amabilité à l'adresse du tout-puissant conseiller d'état, lui répondait en l'approuvant : « Il est bon que M. Pussort soit informé de ce « bon office. »

Les taxes une fois augmentées, il fallait encore les faire lever. Une circulaire de Colbert, du 10 février 1683, avertit les intendants que les élus et les collecteurs modifiaient ou plutôt falsifiaient quelquefois les rôles de manière à annuler les taxes d'office, et les invite à surveiller cette fraude.

Le recouvrement de la taille offrait d'autres difficultés. Il

---

[1] Circulaire de Colbert, du 28 mai 1681, p. 467.

[2] Circulaire de Colbert, du 20 août 1680, p. 454.

[3] Circulaire de Colbert, du 9 octobre 1681, p. 474.

[4] *Mémoires*, 3 novembre 1685, p. 144.

INTRODUCTION.

était exercé en première ligne par les collecteurs ou par ceux qui en tenaient lieu. Dans un certain nombre de paroisses, et notamment dans celles de la Guyenne et du Languedoc, où les consuls dressaient le rôle des tailles et auraient dû les percevoir eux-mêmes, on avait établi des « collecteurs convention-« nels » qui se chargeaient de la perception et du payement aux receveurs, moyennant 2, 3 et 4 sous par livre « de remise » (ainsi s'exprime Colbert), ou plutôt d'addition au principal de la taille, addition que supportaient les taillables, qui se trouvaient ainsi frappés d'un supplément d'impôt illégitime et non autorisé par le roi[1]. Colbert consentit seulement à leur accorder 1 sou, ce qui ne faisait que 6 deniers de plus que ce qu'on accordait aux collecteurs ordinaires[2].

L'impôt ainsi recouvré était centralisé entre les mains des receveurs généraux, qui le touchaient dans les élections, soit par des traitants qui s'en chargeaient à forfait, soit par des commis qui recevaient pour eux[3].

Les voies de rigueur commençaient quand les taillables ne s'étaient pas acquittés aux mains des collecteurs. Elles variaient suivant les lieux. Dans la généralité de Montauban, on employait depuis la guerre les porteurs de contraintes[4], suivis de brigades d'archers qu'on logeait en garnisaires chez les contribuables récalcitrants[5]. Colbert blâmait ce mode de recouvrement comme étant extrêmement à charge aux peuples; il eût voulu y substituer l'ancienne méthode des huissiers et des sergents[6].

---

[1] Circulaire du 11 septembre 1681, p. 471.

[2] Dépêche à Foucault, du 25 septembre 1681, p. 472.

[3] Circulaire de Colbert, du 25 juillet 1680, p. 454.

[4] Dépêches de Colbert à Foucault, des 19 juillet et 17 août 1679, et du 22 mai 1681, p. 430, 434, 466.

[5] Dépêche de Colbert à Foucault, du 18 janvier 1680, p. 441.

[6] Dépêche à Foucault, du 28 août 1680, p. 455.

INTRODUCTION.

Foucault lui envoya un mémoire apologétique de l'exécution par contraintes et par logements; il n'en fut pas convaincu[1], et, le 6 janvier 1683, il écrivit encore à Foucault que le roi ne voulait pas de porteurs de contraintes et d'archers; on comptait 73 des premiers et 172 des seconds dans la généralité : le roi, dit Colbert, « trouve que la nourriture, l'entretien et le dé-« sordre que ces gens-là causent dans tous les logemens ef-« fectifs qu'ils font, sont d'une très-grande charge aux peuples « de cette généralité. » Cependant les choses paraissent en être restées là.

Le mouvement annuel de la taille se laisse voir dans la correspondance de Colbert[2]. En 1679, elle avait baissé de près de 6 millions sur l'année précédente, et elle diminua de près de 2 millions encore en 1680. Colbert approuva Foucault d'avoir fait afficher l'arrêt qui décidait cette diminution, et il ajoute : « Toutes les fois qu'on vous parle de nécessité et de diminu-« tion, pensez toujours que, depuis 1615, les tailles n'ont pas « été si basses qu'elles sont actuellement[3]. » Elles se relevèrent un peu en 1681 et 1682, mais, pour 1683, elles augmentèrent brusquement de 3 millions par rapport aux deux années précédentes, et de 5 millions par rapport à 1680. La cause en était dans les affaires extérieures : la coalition européenne qui devait aboutir à la ligue d'Augsbourg commençait à se former contre la France; on était vis-à-vis de l'Empire, pour l'accomplissement de la paix de Nimègue, dans un état difficile qui fut amélioré un instant en 1684 par la trêve de Ratisbonne. Colbert, qui avait toujours souhaité de diminuer les

---

[1] Dépêches à Foucault, des 22 mai et 1" août 1681, p. 466, 468.

[2] Pour les chiffres, voy. Joubleau, t. I, p. 131. L'année 1680 présente le chiffre le plus bas de tout le règne de Louis XIV : 32,894,000[ll].

[3] Dépêche à Foucault, du 7 septembre 1679, p. 435.

INTRODUCTION.

tailles autant que possible, s'efforça de justifier par des raisons politiques l'augmentation qu'à son grand regret il était obligé d'imposer[1].

Taille réelle. On sait que, dans l'ancienne législation, la taille était personnelle ou réelle, suivant les lieux : personnelle quand elle prenait pour base d'évaluation l'ensemble plus ou moins consciencieusement estimé des facultés présumées du taillable, et réelle quand elle était assignée sur les immeubles seuls. Cette dernière, fondée sur un cadastre ou *compoix terrien*, n'avait plus égard à la qualité des personnes, mais à celle des terres : les terres nobles possédées par les roturiers ne la payaient pas, et les terres en roture la payaient, même entre les mains des nobles[2].

Quelques économistes ont reproché à la taille réelle de ne frapper que sur une sorte de biens et de ne pas atteindre la richesse mobilière. Mais ce dernier inconvénient était très-faible sous l'ancien régime, à cause du peu de développement de ce genre de richesse; et les hommes d'état préféraient de beaucoup la taille réelle, fixée par un cadastre certain, aux incertitudes et à l'arbitraire de la taille personnelle, déterminée seulement par les conjectures de chacun sur les facultés et la fortune de son voisin. L'application de la taille réelle à tout le royaume était le rêve de Colbert. Pour l'accomplir, il fallait préalablement un cadastre général. Cette opération fut commencée par la généralité de Montauban[3]. Un arrêt du conseil du 13 février 1664 ordonna la révision et la mise au net du

---

[1] Circulaires aux intendants, du 24 août 1682 et du 25 mai 1683, p. 487, 560.

[2] Joubleau, t. I, p. 118 et suiv. Dépêche de Colbert à Foucault, du 17 février 1683, p. 493.

[3] Forbonnais, *Recherches sur les finances*, édit. in-12, t. II, p. 209.

INTRODUCTION.

cadastre ou tarif des onze élections qui la composaient. Ce travail fut mené à bien par l'intendant Pellot, et confirmé par un règlement du conseil du 26 août 1666[1].

Foucault trouva donc à son arrivée la taille réelle fonctionnant pleinement dans sa généralité, où elle rendait le recouvrement de l'impôt beaucoup plus aisé que dans le pays de taille personnelle[2]. Cependant il s'y rencontrait des difficultés qui n'étaient prévues par aucun règlement assuré et se décidaient seulement par la jurisprudence variable des cours des aides. D'Aguesseau, intendant en Languedoc, signala cet inconvénient à Colbert, qui ordonna aussitôt à Foucault et à M. de Ris, intendant à Bordeaux, où une partie de la généralité était soumise au même régime[3], de s'entendre avec lui afin « de rédiger ces matières sous une même loi constante et générale[4]. » L'étude commença dès la même année[5]. Cependant les trois intendants ne se réunirent pour conférer personnellement qu'au mois de juin 1680 ; le rendez-vous était à Montauban, centre des trois départements[6]. Cette première conférence ne dura que quinze jours. Elle fut reprise le 8 janvier de l'année suivante. Cette fois, on se réunit à Montpellier, chez M. d'Aguesseau. Les assistants étaient, avec Foucault et M. de Ris, MM. d'Herbigny, intendant de Dauphiné, et Morant, intendant de Provence, de sorte que tous les pays de taille réelle s'y trouvaient représentés. Le règlement fut achevé au bout de deux mois de travail; au témoignage de Foucault, il n'eut point d'exécution[7]. Le chancelier d'Aguesseau, dans la vie de son

---

[1] Voy. M. P. Clément, *Histoire de Colbert*, p. 266, et Joubleau, *Études sur Colbert*, t. I, p. 140.

[2] Dépêche de Colbert à Foucault, du 16 octobre 1682, p. 489.

[3] Joubleau, t. I, p 142.

[4] Dépêche à Foucault, du 11 mai 1679, p. 422.

[5] Dépêche de Colbert à Foucault, du 15 septembre 1679, p. 436.

[6] *Mémoires*, p. 76.

[7] *Ibid.* p. 77.

INTRODUCTION.

père [1], prétend, au contraire, que le résultat de cette assemblée fut « un projet de règlement que le roi revêtit de la forme d'une « loi, et dont les peuples des quatre grandes provinces sentiront « toujours l'utilité. » La vérité est entre ces deux allégations exclusives. Le projet ne fut jamais sanctionné dans l'ensemble de ses trente et un titres; Colbert, après qu'il eut été rédigé, l'avait fait examiner par diverses personnes appartenant à la magistrature financière [2], dans l'intention d'en étendre le régime à toute la France; on tarda ainsi à le mettre en vigueur, et à la mort de Colbert il fut abandonné. Mais les états de Languedoc obtinrent du roi, en 1684, que deux titres du projet seraient appliqués à leur province [3]. Plus tard, Chamillart voulut reprendre la question; mais la guerre de la succession d'Espagne la fit encore ajourner, et on ne la reprit ensuite qu'en 1763.

Foucault eut l'initiative d'une autre réforme du même genre. Il entreprit de régulariser le ressort des élections, en le réduisant aux paroisses les plus proches des lieux où se trouvaient les bureaux. Colbert approuva fort cette idée [4], et en fit bientôt l'objet d'une circulaire [5], prescrivant le même travail dans toutes les généralités. C'était ce qu'on appelait « l'arron-« dissement des élections, » lesquelles, jusque-là, surtout en Gascogne, avaient été composées d'un mélange très-confus de paroisses [6]. Foucault termina ce travail en juin 1681, et le consigna dans des cartes topographiques qu'il fit dresser par le sieur Picquié et envoyer à Colbert.

---

[1] *Œuvres*, t. XIII, p. 36. D'Aguesseau ne parle que de la conférence de Montpellier, en 1681, et paraît ignorer celle qui avait eu lieu à Montauban, en 1680.

[2] Dépêche à Foucault, du 22 mai 1681, p. 466.

[3] Joubleau, t. I, p. 144.

[4] Dépêche à Foucault, du 7 juin 1679, p. 426.

[5] Du 20 juillet 1679, p. 430.

[6] Dépêche de Colbert à Foucault, du 25 juillet 1680, p. 453.

INTRODUCTION.

Saisie des bestiaux. Cet objet, qui fait un grand honneur à Colbert, se rattache à la taille comme à sa cause la plus fréquente. Mais, pour ne pas faire de confusion, il est nécessaire d'esquisser en quelques mots l'historique de la matière. On conçut de bonne heure, dans l'intérêt même du fisc, l'idée de réserver au cultivateur la possession de ses instruments et de ses bêtes de labour. L'interdiction de les saisir pour dettes particulières remonte à une constitution de l'empereur Constantin : *Executores... boves aratorios aut instrumentum aratorium pignoris causa de possessionibus non abstrahant, ex quo tributorum illatio retardatur*[1]. Mais le glossateur Balde, commentant cette loi en Italie, au XIIIe siècle, se plaint qu'elle est violée tous les jours[2]. Il en fut de même en France au moyen âge : l'interdiction de saisir les bêtes de labour y fut souvent prononcée, et, toujours violée, elle finit par tomber en désuétude. Un édit de Charles IX, du 8 octobre 1571, la renouvela sous la pression de la misère affreuse dont les guerres de religion accablaient le pays, en même temps qu'à huit jours de là un autre édit[3] accordait aux laboureurs une surséance de trois ans pour payer leurs dettes. Mais, dans l'anarchie profonde du royaume, l'édit du 8 octobre 1571 ne fut pas observé. Henri IV, protecteur zélé de l'agriculture, s'empressa de le renouveler par sa déclaration du 16 mars 1595, défendant aux créanciers d'exécuter les laboureurs par voie de contrainte par corps, ou par saisie des ustensiles et bêtes de labour. Richelieu fit un pas de plus : dans son édit sur les tailles, de janvier 1634, article 55, il étendit formellement cette interdiction au recouvrement des tailles.

---

[1] *Cod. Justin. Quæ res pignori obligari possunt*, lib. VIII, tit. XVII, l. 7.

[2] « Pro executione sententiæ non possunt capi boves aratorii et alia quæ sunt necessaria ad agriculturam. Sed quotidie faciunt contrarium bajuli tributorum. » (Balde, sur la loi citée.)

[3] Du 13 octobre 1571.

INTRODUCTION.

Mais les améliorations de ce genre sont souvent bien difficiles à faire entrer dans la pratique, et l'édit de Richelieu dut être renouvelé deux fois sous la régence, par le règlement sur les tailles du 18 juin 1643, et par un arrêt de la cour des aides du 14 décembre 1646, qui n'eurent pas plus de succès.

Colbert, de qui les vues sur l'agriculture prêtent quelquefois à la critique, apporta dans la question qui nous occupe le sens le plus juste et les meilleures intentions. Non content de consolider la réforme inaugurée par ses devanciers, il essaya d'étendre la protection de la loi à un élément auquel les progrès de la richesse donnaient une importance nouvelle : nous voulons parler des bêtes de cheptel, destinées non plus aux travaux de labour, mais à faire de la viande et du fumier. Après avoir renouvelé, dans le règlement sur le fait des tailles du 12 février 1663, la défense de saisir les bêtes de labour, une autre ordonnance[1] vint bientôt défendre de saisir, pour la taille des chepteliers, plus du cinquième des bestiaux composant le cheptel, et d'en rien saisir pour la solidarité entre les chepteliers et leurs coparoissiens. Ces dispositions furent reprises, d'abord dans la grande ordonnance de procédure civile, qui interdit définitivement[2] la saisie des bêtes de labour, et qui, parmi les bestiaux saisissables, commande de « laisser « aux personnes saisies une vache, trois brebis ou deux chèvres, « pour aider à soutenir leur vie[3]; » puis dans l'édit de la même époque sur les communaux, qui, réalisant la pensée nouvelle

---

[1] Cette ordonnance est citée dans Forbonnais (*Recherches sur les finances*, édit. in-12, t. II, pag. 215), sans date particulière, mais sous la rubrique de l'année 1664; elle ne se trouve pas dans les *Anciennes lois françaises*, d'Isambert.

[2] Tit. XXXIII, art. 16.

[3] *Ibid.* art. 14. Notre Code de procédure, art. 592, 8°, répète la même prescription.

de Colbert, de laisser le bétail entre les mains des cultivateurs, pour « rétablir la culture des terres et les améliorer par « les engrais, » fait défense de saisir ni de vendre, pendant quatre ans, aucuns bestiaux pour dettes de communautés ou particulières[1].

Cette interdiction, qui n'était que temporaire, fut, du vivant de Colbert, renouvelée tous les quatre ans, en 1671, en 1675, et en 1679 encore, par une circulaire du 6 janvier[2], dont Foucault[3] donne une idée trop absolue en prétendant, sans autre explication, qu'elle interdisait la saisie des bestiaux, « même pour les deniers du roi. » Colbert n'allait pas tout à fait si loin : il voulait qu'à part les bêtes de labour, absolument insaisissables, on ne pût saisir les bestiaux, en général, pour aucunes dettes, « sauf les tailles, aides et gabelles, parce que, « ces deniers étant destinés à soutenir les dépenses de l'État, « ils ne doivent jamais avoir d'exclusion. » Cependant il espérait qu'avec une diminution de tailles de plus 6,000,000 ⃫, il serait possible d'opérer les recouvrements sans recourir à cette saisie, et recommandait aux intendants de tenir la main, autant que possible, « à ce que les bestiaux ne soient « pas saisis, même pour les deniers de Sa Majesté. » Déjà, neuf ans plus tôt, il avait déclaré que, en fait de saisies de « bestiaux, il faut en exécuter quelquefois, mais à la dernière « extrémité, et pour effrayer[4]. » On doit reconnaître qu'il faisait ainsi tout ce qui était possible, dans l'état des choses, pour favoriser la multiplication du bétail, « d'où dépend une bonne « partie de la richesse du royaume et de la facilité que les

---

[1] Isambert, *Anciennes lois françaises*, t. XVIII, p. 188.

[2] Depping, *Correspondance administrative*, t. III, p. 37.

[3] *Mémoires*, p. 48.

[4] Cité par M. P. Clément, *Histoire de Colbert*, p. 267.

INTRODUCTION.

« peuples peuvent avoir pour subsister et pour payer leurs
« impositions[1]. »

Cette affaire lui tenait tant à cœur que, dès le 18 décembre 1680, il se proposait de renouveler l'arrêt du 6 janvier 1679. « Je vous l'enverrai sous peu de jours[2], écrivait-il à cette date « à Foucault, et je suis bien aise que vous m'assuriez que l'exé- « cution de cet arrêt a produit un grand bien aux peuples de « votre généralité. » Il ne perdit aucune occasion de le rappeler encore[3].

Après la mort de Colbert, cette salutaire mesure fut d'abord renouvelée par déclaration du 6 novembre 1683, puis oubliée. Chamillart la reprit cependant en 1701 et 1708[4].

Impôts divers. En 1674, dès son installation, Foucault eut à s'occuper de l'établissement d'un droit sur le papier, qui fut bientôt supprimé, et du recouvrement des droits de franc-fief, « que M. Colbert avoit fort à cœur. » Un peu plus tard, il travailla au recouvrement du huitième denier des biens aliénés par les ecclésiastiques[5].

La correspondance contient quelques détails sur la ferme du tabac. On sait que Colbert aurait voulu l'abolir, au retour de la paix, comme faisant obstacle au commerce[6]; mais elle était déjà trop lucrative, et l'avis du roi fut de la maintenir. Dès lors, Colbert veut qu'on la fasse valoir autant que pos-

---

[1] Circulaire du 1ᵉʳ juin 1680, dans Depping, *Correspond. administr.* t. III, p. 39.

[2] Le nouvel arrêt fut en effet envoyé huit jours plus tard. (Dépêche de Colbert à Foucault, du 26 décembre 1680, p. 460.)

[3] Dépêches à Foucault, du 23 octobre et du 4 décembre 1681 ; circulaire du 2 janvier 1682, p. 475, 476.

[4] Déclarations du 29 octobre 1701 et du 22 mai 1708, dans Isambert, *Anciennes lois françaises*, t. XX.

[5] Dépêches de Foucault à Colbert, du 22 juillet 1676, et de Colbert à Foucault, du 4 janvier 1680, p. 401, 440.

[6] P. Clément, *Histoire de Colbert*, p. 344.

sible, et qu'elle rapporte comme dans les pays étrangers, où elle était d'un produit bien plus considérable qu'en France [1]. Foucault est exhorté à s'en occuper, et le ministre lui adresse cette phrase caractéristique : « Vous devez tenir pour maxime « qu'il n'y a aucune ferme dans le royaume qui ne puisse fa-« cilement recevoir de l'augmentation [2]. » Mais, pour que la ferme du tabac pût fonctionner régulièrement, il fallait interdire la culture de cette plante en France et la faire venir uniquement des colonies d'Amérique, ou du moins en régler et en limiter la culture dans la mère patrie. Colbert penchait pour le premier avis, et c'est en ce sens qu'il adresse une circulaire aux intendants [3], pour qu'ils aient à s'informer si l'on sème le tabac dans l'étendue de leur généralité, et quelle différence existe entre le profit qu'on en tire et celui des cultures ordinaires. Malheureusement les réponses ne sont pas parvenues jusqu'à nous.

Domaine et droits domaniaux. Le domaine royal possédait dans tout le royaume une foule de terres, seigneuries, droits féodaux et seigneuriaux ; et, de plus, les droits nommés domaniaux, objets avec le domaine d'une ferme particulière, comprenaient un certain nombre de droits fiscaux, parmi lesquels il est question, pour ce qui nous occupe, des lods et ventes et des amendes.

Colbert fit de grands efforts pour la reconstitution du domaine royal. Le premier soin à prendre était de s'en procurer un dénombrement exact. Il chargea les intendants de faire dresser, chacun pour sa généralité, des papiers terriers, re-

---

[1] Circulaire du 16 mars 1679, p. 415.
[2] Dépêche à Foucault, du 29 mars 1679, p. 415.
[3] Circulaire du 4 juin 1680, « sur le sujet de la culture du tabac, » p. 451.

INTRODUCTION.

cueils de foi et hommages, aveux et dénombrements, déclarations et reconnaissances, passés par les vassaux, censitaires, emphytéotes et justiciables compris dans la seigneurie directe du domaine royal. Un arrêt du conseil, d'avril 1677, commit Foucault, avec deux trésoriers de France de Montauban, pour achever ce travail commencé par ses prédécesseurs. La confection des terriers marchait partout d'une façon très-languissante : Colbert profita de la paix de 1678 pour essayer de la ranimer[1]; mais il ne paraît pas que, malgré ses efforts, elle ait été terminée avant sa mort, du moins dans la généralité de Montauban. L'obstacle était dans les frais et droits fiscaux[2] que les tenanciers devaient payer pour les déclarations qu'on exigeait d'eux, bien que Colbert prétendît « que le roi ne vou- « loit pas que son papier terrier coutât plus à ceux qui avoient « à y faire des déclarations que s'ils étoient les tenanciers des « moindres gentilshommes de son royaume[3]. »

Pour Montauban, il surgit une difficulté spéciale. Au mois d'août 1679, Foucault trouva le travail mal fait et déclara au ministre qu'il était à recommencer[4]. L'affaire traîna en longueur. Les déclarations qu'il fallait renouveler allaient entraîner de nouveaux frais : qui les payerait? Colbert convint d'abord qu'il n'était pas juste d'en charger les tenanciers[5]. Mais, plus tard, ayant découvert[6] qu'il s'était fait des fraudes dans les déclarations, et qu'on avait perçu des taxes et des frais qui n'étaient pas entrés dans les coffres de l'État, il revint sur sa première concession, et déclara[7] que c'était aux

---

[1] Circulaire du 5 janvier 1679, p. 409.
[2] On les avait cependant adoucis. (Circulaire de Colbert, du 15 avril 1679, p. 416.)
[3] Dépêche à Foucault, du 20 avril 1679, p. 417.
[4] Dépêche de Colbert à Foucault, du 23 août 1679, p. 455.
[5] Dépêche du 25 sept. 1681, p. 472.
[6] Circulaire du 5 mars 1682, p. 477.
[7] Dépêche à Foucault, du 10 février 1683, p. 491.

tenanciers, et non au roi, à supporter les frais des nouvelles déclarations, parce que, s'ils ont dénaturé les premières, même par ordre du subdélégué, « il faut qu'ils aient concouru à cette « malversation, et que par conséquent ils doivent donner de « nouveau leurs déclarations à leurs dépens. » La mort de Colbert interrompit cette affaire, et nous n'en retrouvons plus de trace.

Les petites possessions du domaine, telles que moulins, fours, halles, etc. étaient sujettes à des réparations pour lesquelles les sous-fermiers alléguaient sans cesse des chômages et demandaient des diminutions sur le taux de leur ferme. Colbert, qui craignait d'être trompé, chargea les intendants[1] de s'informer de l'état des choses et de voir si l'on pourrait supprimer les abus, s'il ne vaudrait pas mieux passer des marchés pour les réparations, ou enfin s'il ne serait pas plus simple d'aliéner ces domaines en emphytéose[2].

Au premier rang des droits domaniaux, on comptait les amendes, que le roi avait réunies à la ferme de ses domaines en 1670. Auparavant, les juges des siéges royaux se les appliquaient à eux-mêmes pour « frais de justice, réparations et « autres menues nécessités. » Lorsqu'ils en eurent été frustrés et qu'ils furent assignés pour leurs charges sur les états de la ferme du domaine, ils trouvèrent qu'ils perdaient au change, et, pour se venger, dans leur mauvaise humeur, ils cessèrent de prononcer des condamnations à l'amende qui ne leur profitaient plus. Afin de parer ce coup et de contraindre les magistrats à prononcer les amendes conformément aux ordonnances, s'ils voulaient voir leurs charges payées, un arrêt du

---

[1] Circulaire du 13 mars 1683, p. 495.

[2] Quelques autres dépêches de Colbert à Foucault, des 10 avril 1680, 17 avril 1681, 30 août 1681 et 20 mai 1682, se rattachent encore à des questions de droits domaniaux.

conseil, du 21 août 1677, défendit de payer les charges assignées sur les amendes au delà du fonds qui en serait reçu. Mais cet arrêt fut mal observé, et Colbert, dans l'embarras, s'adressa aux intendants pour leur demander s'il ne faudrait pas en revenir à abandonner les amendes aux juges, comme par le passé [1]. Enfin il songea à un moyen terme : abandonner aux juges la moitié des amendes, ou que, pour les intéresser à en prononcer, le fermier des domaines leur remît « volon-« tairement, et sans ordre précis du roi, » 2 sous pour livre sur ce produit. « Je sais bien, ajoutait-il, qu'il y a quelque chose « dans ces deux expédiens qui me fait quelque peine, en ce « que cela engageroit peut-être les juges, par des motifs d'in-« térêt particulier, à être plus sévères pour condamner aux « amendes ; mais je trouve l'état de cette affaire tel, qu'il est « bien difficile de la traiter dans toute la sévérité de la justice [2]. » Malgré ces difficultés, le domaine ne renonça pas à sa prétention sur les amendes, et elle fut consacrée par une déclaration du roi du 6 novembre 1706 [3].

Monnaies. Par une circulaire en date du 29 janvier 1679, Colbert, profitant du retour de la paix, appelle l'attention des intendants sur le fait des monnaies, et leur demande compte de la circulation monétaire dans leurs départements respectifs. Foucault, répondant le 22 février suivant [4], informe Colbert qu'il circule un grand nombre de monnaies étrangères dans son département, mais qu'il croit à propos de les souffrir; il lui apprend aussi qu'il se débite dans la généralité une quan-

---

[1] Circulaires du 31 mai 1679 et du 19 octobre 1680, p. 424, 457.
[2] Dépêche à Foucault, du 1" juillet 1682, p. 481.
[3] Cette déclaration manque dans Isambert; elle est citée dans l'Encyclopédie méthodique, *Jurisprudence*, v° *Amende*.
[4] *Mémoires*, p. 48.

INTRODUCTION.

tité notable de pièces de 4 sous fausses, qu'on pourrait réduire à 3 sous 4 deniers. Colbert répliqua[1] par l'envoi d'un arrêt du conseil pour régler la quantité de pièces de 4 sous recevables dans les payements; et bientôt après[2], par l'envoi d'une déclaration du roi, en date du 28 mars précédent[3], portant décri de la plupart des monnaies étrangères et diminution de valeur des pièces de 4 sous. Foucault réussissait ainsi dans sa dernière proposition. Quant à la première, Colbert y souscrivit aussi, mais seulement à cause de la situation particulière de son département, limitrophe de l'Espagne, et où il était mal aisé d'arrêter le cours des monnaies de ce pays. « Comme rien, dit-il, « ne s'exécute dans la dernière perfection, il sera peut-être dif- « ficile d'empêcher que ces espèces n'aient cours sur les fron- « tières les plus voisines d'Espagne[4]. »

Étapes[5]. Une des nombreuses exactions que l'empire romain[6] avait léguées au moyen âge était le droit exercé par les troupes de passage de prendre gratuitement chez l'habitant le logement avec l'*ustensile* (le lit, le pot et place au feu et à la chandelle), et le *droit d'étape*, c'est-à-dire les vivres pour les hommes et le fourrage pour les chevaux. Henri II ajouta le taillon à la taille, en 1549, pour décharger les habitants du droit d'étape. Louvois les déchargea en outre du logement, en obligeant les municipalités des villes et bourgs placés sur

---

[1] Circulaire aux commissaires départis, du 9 mars 1679, p. 414.

[2] Circulaire du 30 mars 1679, p. 416.

[3] Isambert, *Anciennes lois françaises*, t. XIX, p. 193.

[4] Dépêche à Foucault, du 20 avril 1679, p. 417.

[5] Voy. un exposé excellent de cette difficile question, dans *Une province sous Louis XIV*, par A. Thomas, p. 145 et suiv.

[6] Voy. Digeste, *De muner. et honor*. l. 3, § 13; l. 18, § 30; et Championnière, *De la propriété des eaux courantes*, etc. ouvrage contenant l'exposé complet des institutions seigneuriales, p. 247.

INTRODUCTION.

le passage des troupes à vider et dégarnir de vastes bâtiments qui fussent toujours à la disposition des soldats. On avait cru, par ces mesures, supprimer tous les abus des étapes, mais en pratique il s'en manifesta encore plus d'un. Le soldat devait payer les vivres et les fourrages dont il avait besoin; mais, outre la maraude, que ces prescriptions n'atteignaient pas, la solde, en supposant même qu'elle fût régulièrement payée et régulièrement dépensée, était calculée sur le prix des vivres en gros et en masse, et fort au-dessous de ce qu'ils coûtaient en détail. Il en résultait qu'en fait le soldat était forcé, pour subsister avec son cheval, de prendre les vivres et les fourrages sans payer, tout comme avant l'établissement du taillon. Le gouvernement chercha à modifier cet état de choses, en remboursant aux habitants le prix de leurs fournitures [1], et en provoquant les provinces à entretenir des étapiers de généralités ou d'élections qui se chargeraient de fournir les vivres sur le passage des troupes, et avec lesquels l'État compterait. Il y trouvait encore l'avantage d'éviter les vols que les municipalités commettaient envers les habitants qui avaient fourni l'étape, gardant pour elles l'argent que le gouvernement leur envoyait pour les rembourser. « Les peuples, disait Colbert [2], fournissent les vivres aux troupes, le roi paye, et cependant le payement tourne au profit des officiers municipaux. »

Ce régime de l'étapier général, préféré par Colbert, fut appliqué au moins partiellement à la généralité de Montauban, pendant les années 1676, 1677 et 1679 [3]. Il ne l'avait pas

---

[1] Ces remboursements étaient souvent arriérés. (Dépêches de Colbert à Foucault, des 27 janvier, 17 février et 3 mars 1679, p. 410, 413, 414.)

[2] Dépêche du 23 mai 1680, p. 446.

[3] Dépêches de Foucault à Colbert, du 3 février 1677, et de Colbert à Foucault, du 16 mars 1679, p. 402, 415.

été auparavant¹, et ne le fut plus à partir de 1680. Mais, en l'absence de l'étapier, les vols des officiers municipaux recommencèrent. Dès 1679², Foucault fut obligé de poursuivre deux consuls qui avaient « volé les deniers du remboursement « des étapes au préjudice de ceux qui les ont fournies. » Les circulaires du 10 mai et du 14 juin 1679 prouvent qu'il en était de même à peu près partout. En 1680³, « le roi, dit Col- « bert, reçoit presque tous les jours des plaintes de toutes les « provinces du royaume, que, dans tous les lieux où les étapes « sont fournies par les habitants des villes, le remboursement « n'en est presque jamais fait à ceux qui les ont fournies, et, « lorsqu'il leur est fait, ces plaintes portent qu'on leur retranche « la moitié, ou au moins le tiers du prix que Sa Majesté en « paye. » Et pour remédier au mal, le ministre ordonne à Foucault d'examiner s'il n'y aurait pas moyen de rétablir un étapier général. Le 2 et le 23 mai suivants, il insiste encore. Foucault lui répondait, à ce qu'il paraît, qu'il passait trop peu de troupes par la généralité pour qu'il fût urgent de recourir à ce moyen⁴. Cependant, les vols continuant toujours, Foucault se décida, à la fin de l'administration de Colbert, à rétablir un étapier général à Montauban⁵.

Liquidation des dettes des communautés. Cette opération est une de celles auxquelles Colbert attacha le plus d'importance; elle dura aussi longtemps que son ministère. On sait⁶ que les dettes

---

¹ Dépêche de Colbert à Foucault, du 27 janvier 1679, p. 410.
² Dépêche de Colbert à Foucault, du 5 mai 1679, p. 420.
³ Dépêche du 10 avril 1680, p. 444.
⁴ Dépêche de Colbert à Foucault, du 23 mai 1680, p. 446.

⁵ Dépêche du 9 avril 1683, p. 497.
⁶ Voy. Thomas, *Une province sous Louis XIV*, p. 242-259; P. Clément, *Histoire de Colbert*, p. 154; Depping, *Correspondance administrative*, t. I, Introduction, p. xxxiv, et p. 666, 758 et 816; Joubleau, *Études sur Colbert*, t. I, p. 249.

des communes, amassées de longue main par une mauvaise administration oligarchique qui profitait des désordres financiers, s'étaient trouvées doublées en un instant, lorsqu'en 1647 une déclaration du roi, inspirée par Mazarin, avait dépouillé les villes du produit de leurs octrois au profit du trésor. Au lieu de faire face à la situation par de nouveaux impôts, les communes, comptant bien que cette mesure ne serait que temporaire, avaient préféré la voie des emprunts et l'aliénation de leurs communaux. Colbert entreprit de faire cesser cet état de choses pernicieux pour toute espèce de commerce. Il interdit d'abord[1] aux communes de contracter aucune dette nouvelle sans autorisation du roi, et enjoignit aux intendants de procéder partout à la vérification des dettes anciennes. En même temps, afin de créer des ressources pour le remboursement de ce qui était dû, il fit annuler par la chambre de justice les baux des octrois que l'administration de Mazarin avait passés à si vil prix, qu'elle en avait perdu en partie le profit des droits dont elle dépouillait les villes. Un édit de décembre 1663 rendit aux communes la jouissance de la moitié de leurs octrois, et, grâce à l'annulation des anciens baux et à l'application qu'on mit à percevoir ces droits, la part du roi, bien que réduite à la moitié, atteignit bientôt le chiffre de la totalité avant l'édit[2]. Continuant dans la même voie, le règlement d'avril 1667 remit les communes en possession de tous leurs communaux aliénés depuis 1620. Avec de telles ressources, on pouvait procéder à la liquidation de leurs dettes, et en effet Colbert en vint à bout; mais, ainsi que nous l'avons dit, il y travailla jusqu'à la fin de son ministère.

---

[1] Ordonnance d'octobre 1662, citée par Joubleau, t. I, p. 253. Cette mesure n'était évidemment que temporaire, sans quoi l'ordonnance d'avril 1683 eût été inutile.

[2] Joubleau, *op. cit.* t. I, p. 251.

Foucault fut employé, comme tous les intendants, à la liquidation des dettes des communautés; mais ses Mémoires en portent peu de traces. Il mentionne seulement, à la fin de 1678, qu'il a « fait revenir des sommes considérables aux villes « de la généralité de Montauban, dans lesquelles il a envoyé « des commissaires pour faire rendre les comptes aux consuls; « une seule communauté a été déchargée de 60,000[tt]; » et, en 1680, il ajoute qu'il a beaucoup travaillé, pendant les trois années précédentes et la courante, à la vérification de ces dettes, qui a fini au mois d'août 1680. La correspondance de Colbert est beaucoup plus explicite, et nous allons la résumer ici.

La première chose qu'elle démontre, c'est que la liquidation des dettes des communautés dans la généralité de Montauban dura plus longtemps que ne le prétendent les Mémoires, car Colbert écrit encore à ce sujet le 9 avril 1683. En général, Foucault n'apporta pas à cette affaire beaucoup de zèle ni de grandes qualités d'administrateur. Colbert adresse une vive réprimande à l'intendant négligent qui avait permis aux commissaires établis pour la liquidation d'ordonner des impositions extraordinaires sur les communautés pour payer les dettes liquidées, et qui en avait ordonné lui-même, sans y être autorisé par aucun arrêt du conseil, usurpant ainsi un pouvoir qui n'appartenait qu'au roi. « Je vous avoue, lui « écrit-il[1], que je ne croyois pas que vous seriez tombé dans « une faute si considérable que celle-là, n'y ayant rien de plus « criminel, ni de plus grande conséquence dans l'État, ni même « de plus contraire aux ordonnances, que d'imposer sur les peu-« ples sans commission ou lettres expresses du grand sceau. » L'année suivante, Colbert fit expédier les arrêts pour réparer

[1] Dépêche à Foucault, du 10 août 1679, p. 433.

INTRODUCTION.

cette faute; mais il se plaint encore que cette expédition soit entravée par la négligence avec laquelle Foucault a rédigé les procès-verbaux qu'il lui a envoyés, « étant impossible de rendre « compte au roi des raisons et motifs de vos avis, sur les mé- « moires informes que vous m'envoyez, qui ne sont presque « ni datés ni signés[1]. » Foucault ne paraît pas en avoir tenu grand compte, car une autre dépêche du 7 janvier 1681 contient encore les mêmes reproches sur le manque d'ordre, de clarté et d'explications dans les procès-verbaux que lui envoyait Foucault. Il termine par ces paroles menaçantes : « Il n'y a aucune « affaire sur laquelle je vous aie expliqué si souvent les inten- « tions de Sa Majesté que sur celle-là; il y a longtemps que vous « y avez travaillé, et cependant tout ce que vous m'envoyez est « sans aucune forme, et en tel état que je n'oserois en faire rap- « port au roi. Vous devez prendre garde à changer cette con- « duite, parce qu'il seroit difficile d'empêcher que Sa Majesté ne « vous témoignât qu'elle n'en est pas satisfaite. » Foucault s'exécuta alors, même au delà de ce qu'il fallait : il envoya au ministre copie de tous les jugements prononcés par la commission de liquidation. Colbert lui répond[2] que c'est trop, et s'explique nettement sur ce qu'il veut : des états détaillés, comprenant pour chaque communauté la liste des dettes, les réductions qui ont été faites, les moyens dont on s'est servi pour payer; si ce sont des impositions, leur montant, leur durée, les arrêts qui les ont autorisées, etc.

L'année suivante, Foucault reçut encore une réprimande pour n'avoir pas suivi les ordres qu'on lui avait envoyés, et avoir admis une dette particulière à la charge d'une commune après qu'elle aurait dû être « contumacée » par la publication de la

---

[1] Dépêche de Colbert à Foucault, du 18 juillet 1680, p. 452.

[2] Dépêche à Foucault, du 6 février 1681, p. 463.

liquidation générale aux prônes des paroisses, sorte de mise en demeure qui devait avoir pour effet d'exclure les créances non produites dans un délai donné. « Sans cela, dit Colbert, Sa Ma-
« jesté n'auroit point la satisfaction de voir une affaire qu'elle a
« entreprise et conduite depuis vingt-deux ans finie, et au con-
« traire elle la verroit toujours renaître par de nouvelles pré-
« tentions[1]. »

Au commencement de 1683, une circulaire de Colbert[2] demande encore aux intendants de lui faire connaître où en est la liquidation des dettes des communautés, et de lui désigner les communautés où elle est achevée par le payement, celles où elle est faite sans que le payement soit encore accompli, et celles enfin où rien n'est encore commencé.

Une des difficultés de cette opération était dans le peu d'honnêteté des officiers municipaux par les mains desquels passaient les payements. Ils recevaient les sommes et les gardaient pour eux, et les communautés se trouvaient surchargées d'impôts sans s'acquitter de leurs dettes. Une circulaire de Colbert, du 6 mars 1683, appela l'attention des intendants sur cet état de choses; et, dans ses dépêches à Foucault de la même époque[3], il indique le remède au mal : les créanciers des communautés nommeraient entre eux des syndics qui recevraient les deniers imposés annuellement pour les payer, et l'argent ne passerait plus par les mains des consuls ou des receveurs de tailles, qui ont toujours « des inventions pour retenir les deniers entre
« leurs mains. » De cette façon on saurait à l'avance qu'au bout d'un temps fixe et certain les dettes se trouveraient acquittées.

En même temps qu'il achevait la liquidation des anciennes

---

[1] Dépêche à Foucault, du 29 juillet 1682, p. 484.

[2] Du 15 janvier, p. 490.

[3] Des 10 février, 11 mars et 9 avril 1683, p. 492, 494, 497.

dettes, Colbert songeait à empêcher les communautés d'en contracter de nouvelles, et, pour y parvenir, il avait conçu un régime de restriction aux libertés municipales. Il s'agissait d'interdire aux communautés de s'engager autrement que pour les cas de peste, d'ustensile et subsistance des gens de guerre, et de réparation des nefs d'églises incendiées. Les emprunts à faire dans un de ces cas devaient être votés par les habitants assemblés en corps, et autorisés par les intendants, faute de quoi les dettes seraient déclarées nulles. Colbert exposa ce projet dans une circulaire qui fut envoyée, le 29 février 1680, à tous les intendants pour avoir leur avis. Le résultat de cette consultation fut l'édit d'avril 1683, qui s'écarte assez peu du projet que nous venons d'indiquer, et n'en diffère que pour l'aggraver, n'accordant la faculté des emprunts dans les cas ci-dessus mentionnés qu'aux villes et gros bourgs fermés, l'interdisant absolument aux petites communes villageoises, et ne permettant généralement aux communes d'ester en justice, et aux tiers de les y appeler, qu'avec l'autorisation des intendants.

Telle est l'origine de la tutelle administrative appliquée aux communes.

Visite des généralités. Tous les ans, au printemps, les intendants devaient parcourir, élection par élection, leur généralité, en s'arrêtant quelques jours dans trois ou quatre petites villes ou gros bourgs de chacune d'elles, afin de prendre connaissance de tous les détails de l'administration, et de recevoir les plaintes et doléances des habitants[1]. Ces visites annuelles, que

---

[1] Le premier soin de Foucault, en arrivant à Montauban, fut de visiter en détail la généralité. (*Mémoires,* juin 1674, p. 25 et 26.) Il y fut reçu avec de grandes solennités, surtout à Cahors ; les consuls allèrent au-devant de lui ; les habitants l'attendaient en armes sur le pont du Lot, et tirèrent le canon en son honneur.

LXXXVIII INTRODUCTION.

Colbert dirigeait surtout au point de vue financier, sont de sa part l'objet de circulaires dans lesquelles on trouve résumées d'une manière admirable toutes ses idées relatives aux impôts et au commerce[1]. Les Mémoires de Foucault prouvent que les visites des généralités continuèrent après Colbert[2].

§ 3. — Finances après Colbert.

La mort de Colbert tarit la source abondante de documents que nous tirions de sa correspondance; nous n'avons plus à consulter que les Mémoires mêmes de Foucault, très-brefs en ce qui concerne les finances. On ne trouve que deux occasions où il s'en soit occupé dans son intendance à Pau. En 1684, un arrêt du conseil, que lui envoie le nouveau contrôleur général Le Pelletier, le charge de vérifier et de mettre en ordre les archives de la chambre des comptes de Pau. Un an plus tard, en avril 1685, un autre arrêt du conseil le commet à la vérification des inventaires des titres et chartes contenus à la chambre des comptes de Navarre.

Les documents financiers sont un peu moins rares dans l'intendance de Poitou. Foucault avait remarqué, dans sa visite des élections, quelques receveurs de tailles qui s'appliquaient à soulager leurs paroisses et à diminuer les frais de perception : sur sa proposition, le contrôleur général leur accorda à chacun une gratification de 1,000^{tt}[3].

En 1687[4], Foucault reprit à Poitiers, comme il avait fait à

---

[1] Circulaires des 28 avril, 5 et 18 mai 1679, 1er juin 1680, 12 avril 1681, 2 janvier, 8 avril et 14 juillet 1682, p. 417, 421, 423, 446, 464, 476, 479, 484.

[2] *Mémoires*, 7 août 1686, mars 1689. p. 159, 248.

[3] *Ibid.* 7 août 1686, p. 159.

[4] *Ibid.* 24 juillet 1687, p. 181.

INTRODUCTION.

Montauban et à Pau, le travail du papier terrier des domaines du roi. Au mois d'octobre, il reçut un arrêt du conseil qui réduisait les louis et les écus d'or.

« Une mesure importante, dit M. P. Clément, et qui peut être considérée comme le point de départ d'une de nos institutions financières les plus utiles, fut la nomination et l'envoi dans les provinces d'un certain nombre de conseillers d'état et de maîtres des requêtes chargés d'examiner la gestion des divers comptables, tant au point de vue des personnes que de l'organisation du service, et d'en rendre compte au gouvernement. En 1593, Sully avait inspiré la même idée à Henri IV, et s'était chargé d'inspecter quelques provinces, où il avait découvert les plus criants abus, les plus audacieuses concussions. Il en avait même rapporté, outre des sommes considérables qu'il fit restituer au trésor, cette méfiance des financiers et cette sévérité contre leurs manquements, qui furent un des caractères et des bienfaits de son administration. Aucun document ne constate que Colbert eût soumis, soit régulièrement, soit par mesure extraordinaire, les comptables des provinces à des inspections. Il n'existe point, non plus, de déclaration officielle qui fasse mention des dispositions prises à ce sujet par Le Pelletier; mais son historien raconte que, « pour éviter que les collecteurs « d'impôts et leurs agents ne commissent des fraudes, il leur en- « voya des surveillants appelés *inspecteurs,* afin que, s'ils remar- « quaient des manœuvres défendues, ils en fissent leur rap- « port. » On lit en outre dans le journal de Dangeau, à la date du 8 mai 1687 : « Nous apprîmes que le roi vouloit envoyer « des conseillers d'état dans les provinces, avec des maîtres des « requêtes, pour s'informer des abus qui se commettent dans la « levée des droits du roi sur tout ce qui regarde les aides et ga- « belles, et pour recevoir les plaintes des communautés et des

« particuliers à qui les commis auront fait des injustices. Quand
« ils seront de retour, le roi pourra donner des ordres pour la
« réparation des injustices particulières et faire des règlements
« généraux. Cela ressemble fort aux anciens *missi dominici.* »
Enfin, outre ces inspecteurs, et probablement par suite des
rapports qu'ils lui avaient adressés, Le Pelletier envoya encore
dans les provinces, au mois de septembre 1687, des fermiers
généraux qui eurent pour mission de faire exécuter le tarif de
1667, d'examiner la conduite de leurs commis, et de rendre
compte de leur gestion[1]. »

Les Mémoires de Foucault nous font assister à l'application
de ces mesures. C'est d'abord la visite de deux maîtres des
requêtes, MM. de Ribeyre et Chamillart, en septembre 1687,
pour examiner les abus qui se commettaient dans la perception
des droits d'aides, et en même temps celle d'un fermier général,
M. Le Bel de Courville, chargé de « faire exécuter le tarif de
« 1667, de veiller à la conduite des commis et employés, de se
« faire représenter les registres, et d'observer tout ce qui se
« passe dans la levée des droits des fermes générales » en Poitou. C'est, au mois de juin 1688, la visite de MM. de Ribeyre
et de Pomereu, chargés de visiter les bureaux des fermes de
Poitou, et d'examiner « la nature des droits qui s'y lèvent, la
« manière de les percevoir, si les tarifs sont certains, » etc.
Foucault leur donna tous les renseignements qu'il possédait
« sur le commerce de la province et sur les traites foraines et
« de Charente. » C'est enfin, au mois d'avril 1689, la visite à
Caen de l'abbé Pelletier, conseiller d'état, chargé de remédier
aux fraudes qui se commettaient dans la perception des droits
d'aides. Cette fois, Foucault ajoute qu'on appelait ces commis-

[1] *Le Gouvernement de Louis XIV, de 1683 à 1689*, p. 201.

saires des « inspecteurs. » La même année, il passa encore dans les provinces des inspecteurs des fermes, mais ils ne firent rien « que de la participation des intendants[1]. »

Au commencement de 1689, la guerre de la ligue d'Augsbourg ayant éclaté, les grands embarras financiers commencent. Les Mémoires de Foucault en contiennent un tableau, sinon complet, au moins saisissant, par les expédients fiscaux qu'ils enregistrent coup sur coup. Le premier symptôme fut la suppression des ateliers publics[2], qu'un édit du 13 avril 1685 avait créés pour soulager les pauvres et embellir les villes[3]; on en avait établi en Poitou, comme nous le verrons plus bas. Le roi et les courtisans envoyèrent leur argenterie à la monnaie. Foucault, qui venait de s'installer à Caen, y reçut, dès le mois de mars 1689, une lettre du contrôleur général, lui mandant que le roi désirait tirer des secours des villes de cette généralité pour subvenir aux dépenses de la guerre. Foucault proposa une augmentation des droits sur les cidres, « dont les fermiers des aides pourroient faire l'avance, les oc« trois de la ville étant épuisés par les charges. » Cependant Le Pelletier insista[4] « pour porter les habitants de Caen à aider « le roi de quelques sommes dans la conjoncture présente. » Foucault leur conseilla une augmentation d'octrois; mais, en même temps, il fit connaître au contrôleur général que cette augmentation accablerait une ville pleine de bonne volonté. Le roi la remercia de son zèle et n'accepta point l'augmentation sur les octrois.

A cette époque, Vauban passait par Caen, méditant sa dîme royale. Foucault l'admire profondément : « C'étoit, dit-il, un « véritable Romain... Sa dîme royale a été établie quelques

---

[1] *Mémoires*, fin 1689, p. 259.
[2] *Ibid.* 14 janvier 1689, p. 244.
[3] P. Clément, *op. cit.* p. 185.
[4] *Mémoires*, avril 1689, p. 251.

« années après sa mort, mais sans diminution des autres impo-
« sitions, contre l'esprit de l'auteur [1]. »

Le Pelletier se retira en septembre 1689, après avoir encore créé, au mois d'août, des augmentations de gages et rentes sur les tailles. Il fut remplacé par Pontchartrain, qui créa immédiatement [2] une tontine à laquelle les fonctionnaires étaient invités à souscrire. Foucault y prit deux actions pour 600 ⁂. Les particuliers et même les églises furent obligés de faire porter leur argenterie d'une certaine espèce aux hôtels des monnaies [3].

Nous arrivons à ces créations d'offices par lesquelles Pontchartrain trouva moyen, suivant l'expression de l'abbé de Choisy [4], « de fournir en huit ans 150 millions avec du parche-
« min et de la cire. » Colbert avait déjà donné, sur une petite échelle, l'exemple de s'adresser aux ressources de cette espèce pour subvenir à la guerre de Hollande [5]. Les Mémoires de Foucault témoignent de ces « affaires extraordinaires » qui avaient lieu lors de son entrée à l'intendance de Montauban [6]. Il s'agissait de l'édit de mars 1673, établissant des jurandes pour tous les arts et métiers qui n'y avaient pas encore été assujettis. Si l'on pouvait douter aujourd'hui du caractère purement fiscal de cette innovation, il suffirait, pour s'en convaincre, de considérer que, suivant Foucault, les villes de sa généralité furent admises à s'en racheter, permission qui n'eût jamais été accordée, si Colbert avait attaché la moindre importance aux offices créés par son édit.

---

[1] *Mémoires*, 15 avril 1689, p. 250.
[2] *Ibid.* décembre 1689, p. 255.
[3] *Ibid.* p. 256. L'hôtel des monnaies de Saint-Lô fut supprimé à cette époque et réuni à celui de Rouen; mais, en 1695, on en rétablit un à Caen.

[4] *Mémoires*, édit. Pétitot, p. 306.
[5] Voy. P. Clément, *Histoire de Colbert*, p. 342; Joubleau, *Études sur Colbert*, t. I, p. 201.
[6] *Mémoires*, juin 1674, p. 26.

INTRODUCTION.

Sous l'empire de la nécessité et en face des finances ruinées, les créations de Pontchartrain allèrent beaucoup plus loin. Il serait fort difficile d'en dresser une liste complète. La collection des anciennes lois françaises d'Isambert ne les contient pas toutes [1]. Il en est de même de l'énumération donnée par Depping [2]. Nous ne relèverons ici que les offices dont Foucault a indiqué la création, en se bornant sans doute à ceux qui concernaient sa province. Il y a mêlé quelques erreurs de dates que nous avons signalées dans les notes qui accompagnent le texte des Mémoires [3].

En 1690 : Procureurs du roi et greffiers des maisons de ville.

En 1691 : Gardes jurés des corps de métiers et des marchands; ces derniers offices furent rachetés par la ville de Caen. — Avocats du roi aux bureaux des finances. — Pourvoyeurs d'huîtres; cette création causa, en septembre 1691, une petite sédition à Granville, port situé près de Cancale, et intéressé en première ligne à la liberté de ce commerce. — Courtiers de vins; Foucault fit remarquer que cette charge ne pouvait concerner la basse Normandie. — Présidents des bureaux de finances. — Chevaliers d'honneur dans les présidiaux. — Vérificateurs taxateurs des défauts.

En 1692 : Greffiers conservateurs des registres de l'état civil. — Maires, assesseurs de maires et commissaires des revues. — Notaires apostoliques. — Médecins du roi. — Jurés royaux. — Greffiers des rôles des tailles.

En 1693 : Contrôleurs, commissaires et trésoriers de l'arrière-ban. — Essayeurs d'étain. — Lieutenants des maréchaux.

---

[1] T. XX.
[2] *Correspondance administrative*, t. III, Introd. p. xxi et suiv.
[3] Nous donnons aussi dans ces notes, quand nous avons pu la découvrir, la signification de ces offices.

— Colonels, majors et autres officiers des milices bourgeoises.

En 1694 : Contrôleurs et receveurs des deniers patrimoniaux dans les villes. — Charges des greniers à sel séparés des élections. — Offices de l'arrière-ban.

En 1695 : Rapporteurs vérificateurs des criées dans les siéges de justice. — Receveurs des gabelles et des cinq grosses fermes. — Receveurs des greniers à sel et des traites (douanes). — Médecins et chirurgiens royaux. — Greffiers alternatifs des tailles.

En 1696 : Gouverneurs héréditaires des villes closes; ces charges furent très-recherchées. — Procureurs du roi près les intendants.

En 1697 : Contrôleurs de la marque d'or et d'argent. — Contrôleurs des amendes. — Contrôleurs des bans de mariage. — Contrôleurs des saisies réelles. — Jaugeurs. — Trésoriers des bourses communes. — Substituts du procureur du roi dans les juridictions subalternes.

La paix de Ryswick mit fin à ces créations sans nombre, dont la plupart ne furent qu'éphémères. Une partie en fut rachetée immédiatement par les officiers dont les charges nouvelles diminuaient les revenus; quelques-unes n'existèrent que sur le papier, n'ayant pas trouvé d'acheteurs.

Chamillart eut fort peu recours, pour subvenir à la guerre de la succession d'Espagne, à ce moyen déjà épuisé. La seule affaire de ce genre qui se rapporte à lui, dans les Mémoires de Foucault, est la mise en titre d'office, en 1705, de toutes les commissions de l'artillerie.

Les créations d'offices ne sont pas les seules ressources auxquelles Pontchartrain ait recouru. Les Mémoires nous en montrent beaucoup d'autres. De 1689 à 1693, on lève des droits d'amortissement sur les biens ecclésiastiques et sur ceux des communautés laïques; on lève en argent des droits d'ustensile sur les paroisses par lesquelles les troupes ne passent pas. En 1692, on veut imposer 100,000 ## sur les corps d'arts et métiers de la généralité de Caen; Foucault répond qu'ils sont entièrement hors d'état de payer cette somme, et que tout ce qu'on peut faire, si le roi y tient absolument, c'est de l'imposer sur les paroisses, comme la taille. A la fin de l'année, le roi demande des secours pour subvenir aux frais de la guerre: la ville de Caen lui offre 40,000 ## à prendre sur une augmentation d'octrois. En 1693, les Caennais se rachètent des droits de franc-alleu, moyennant 50,000 ## qu'on fait supporter par les propriétaires « les plus accommodés. » On vend des lettres de réhabilitation de noblesse.

En 1694, les mesures fiscales redoublent. On impose 50,000 ## sur les trois généralités de Normandie, pour les travaux de la Hougue. On taxe les communautés et les particuliers qui ont dérivé, pour leur usage, les eaux des rivières, sources et fontaines; la ville de Caen convertit cette redevance en abonnement. On frappe également de taxes nouvelles les huissiers, les aubergistes et cabaretiers, les officiers des justices seigneuriales. Pontchartrain songe à établir une capitation que payeraient indistinctement tous les sujets du roi; il en demande avis à Foucault, qui approuve chaudement ce projet, et propose de commencer par sa généralité et d'y donner l'exemple aux autres provinces, mais à condition qu'on supprimerait du même coup tous les recouvrements extraordinaires. Il envoie au ministre des mémoires sur la question et un dénombrement des habitants de sept élections de la généralité. La capitation devint loi temporaire par un édit du 18 janvier 1695, mais les recouvrements extraordinaires ne furent pas supprimés pour cela.

En 1696, on vérifie toutes les armoiries, et l'on vend, à prix réduit, cinq cents lettres de noblesse. En 1697, l'obligation imposée aux villes principales du royaume, par édit de juillet, d'établir des lanternes la nuit dans leurs rues, est rachetée moyennant une taxe qui s'élève, pour Caen, à 50,000^{tt}. On confirme, moyennant finances, les lettres de naturalisation ; on taxe les îles et îlots, les nouveaux acquêts des communautés laïques, les maisons bâties sur les fortifications des villes ; les villes de la généralité se rachetèrent de cette dernière taxe. On crée, en 1700, une nouvelle tontine et une loterie royale.

A cette époque, Chamillart, arrivé au contrôle général, reprit l'idée de la capitation et voulut en faire une taille réelle en l'assoyant sur la valeur des terres. Il consulta les intendants [1]. « Ce projet, dit Foucault, n'a pas été suivi ; il a été « repris, en 1718, par M. le Régent, mais on doute qu'il réus- « sisse. » Enfin, en 1706, dernière année de l'administration de Foucault, le roi établit des loteries royales, et demanda encore aux villes « des sommes, par forme de don gratuit, pour être « confirmées dans leurs priviléges. » Foucault écrivit à Chamillart que 45,000^{tt} étaient tout ce qu'on pouvait tirer de la généralité de Caen. En effet, à cette désastreuse époque, la misère était parvenue au comble, et les impôts n'avaient plus aucune élasticité : quand on les augmentait d'un côté, pour faire face aux nécessités de la guerre, on était obligé de les diminuer d'un autre, par suite de l'impossibilité constatée de les faire payer. C'est ce qui arriva pour les tailles de la généralité, qu'il fallut diminuer, en 1705, de 30,000^{tt}, et de 40,000^{tt} en 1706 [2].

En dehors de la recherche désespérée d'argent qui caractérise cette triste époque, il se passa peu de faits relatifs aux

---

[1] *Mémoires*, 18 octobre 1700, p. 336. — [2] *Ibid.* p. 366, 368.

INTRODUCTION.

finances dans la généralité de Caen. A la fin de 1690, Foucault fit établir une élection à Saint-Lô. En 1690 et 1691, il s'occupa activement de la vente de quelques navires anglais pris ou échoués sur la côte avec leur cargaison. Il en empêcha le pillage, et se plaint beaucoup de la négligence des officiers de l'amirauté, qui auraient laissé tout perdre s'il eût dépendu d'eux. Il jugeait en même temps des contrebandiers qui faisaient un commerce journalier avec Jersey et Guernesey. En 1704, il fit établir à Bayeux un tarif d'octroi comme à Alençon, en remplacement de la taille. La même année et la suivante, il fit le département des tailles pour la généralité de Rouen, en remplacement de l'intendant d'Herbigny, décédé. Il en avait gardé, sur l'état de cette généralité, des mémoires qui, malheureusement, ont été perdus.

C'est aux visites des généralités, qui continuèrent d'avoir lieu après la mort de Colbert, qu'on doit rapporter les *Mémoires sur les généralités* qui furent envoyés à la cour par tous les intendants en 1698[1]. Ce travail leur avait été demandé lors de la paix de Ryswick, en 1697, par un ordre du roi, accompagné d'une instruction détaillée[2] qu'avaient rédigée le duc de Beauvilliers, gouverneur des enfants de France, et son royal élève, le duc de Bourgogne. Ils instituaient ainsi une vaste enquête que les événements empêchèrent d'aboutir à des réformes, et qui ne servit qu'à l'instruction personnelle de l'héritier du trône. Les copies manuscrites de ces Mémoires ne sont pas rares; ils ont, d'ailleurs, été analysés avec soin et fidélité par le comte de Boulainvilliers, dans son *État de la France*. Le

---

[1] Le Mémoire de Foucault sur la généralité de Caen (1 vol. in-fol. fonds Mortemart, Mss. Bibl. impér.) porte la date de 1698. Il est donc probable que ce fut en avril 1699, et non en avril 1700, comme le prétendent les Mémoires, que l'auteur en fut remercié par le duc de Beauvilliers au nom du duc de Bourgogne.

[2] Cette instruction est publiée en tête de l'*État de la France*, de Boulainvilliers.

INTRODUCTION.

Mémoire de Foucault y est résumé comme les autres[1]; mais Boulainvilliers a joint à son analyse une critique qui nous paraît injuste et exagérée. Il accuse l'intendant de Caen d'avoir fait faire son travail par ses subdélégués, et « de n'avoir pas « pris la peine de lire ce qu'il envoyoit à la cour[2]. » Ailleurs encore[3], il lui reproche de la bassesse dans les expressions et dans les observations, des disparates dans le style et la méthode, et attribue aux préoccupations causées par « l'amour de « l'étude et des lettres » l'inapplication qui a fait de ce Mémoire « le plus imparfait qui ait été composé et celui qui répond le « moins aux intentions du prince. »

Pour nous, en comparant ce Mémoire avec les autres, nous n'avons point été frappé de son infériorité. Il nous a paru contenir à peu près tous les renseignements qu'on demandait, sauf les critiques sur l'administration que l'instruction aurait voulu obtenir, mais dont tous les intendants s'abstinrent, par la raison qu'ils n'étaient pas tentés de s'accuser eux-mêmes. S'il faut faire une place à la critique, on peut l'accuser de prolixité, et trouver que Foucault a accordé trop de place à ses études favorites d'archéologie. Peut-être l'ennui que ces détails inutiles ont donné à Boulainvilliers est-il la cause de son jugement passionné sur l'ensemble de ce travail. Heureusement cette mauvaise humeur n'a pas influé sur l'exactitude de l'analyse, qui est aussi complète que possible, et à laquelle nous n'avons rien à ajouter. Nous y renvoyons nos lecteurs, sans avoir besoin d'entrer ici dans plus de détails sur ce triste tableau de la basse Normandie en 1698.

---

[1] Édit. in-12, t. IV. — [2] P. 85. — [3] T. I, *préface*, p. 52.

INTRODUCTION.

§ 4. — Commerce, agriculture, grains et subsistances.

Le grand mouvement industriel et commercial suscité par Colbert s'était arrêté à la guerre de Hollande, et, par conséquent, il était passé quand Foucault arriva aux affaires; aussi en trouve-t-on fort peu de traces dans ses Mémoires et dans la correspondance du ministre avec lui. Les Mémoires sont muets sur les manufactures, et la correspondance que nous publions ne contient que deux pièces où il en soit question, et d'une manière seulement indirecte : la première[1], pour que les commis des manufactures « soient payés sur le sol qui se « paye pour la marque de chacune pièce d'étoffe, » afin qu'ils ne soient point à charge au commerce; la seconde[2], pour demander à Foucault son avis sur la suppression des offices d'auneurs, marqueurs et visiteurs de draps et étoffes de laine et de fil. Ces offices ne furent pas supprimés[3].

En arrivant à Montauban, Foucault reconnut et s'empressa de mander à Colbert que la guerre avec l'Espagne avait ruiné le commerce dans la province. Déjà, depuis la guerre avec la Hollande, il avait cessé par mer et n'avait continué que par les passages des Pyrénées; la rupture subséquente avec l'Espagne les ayant fait fermer, il ne restait plus de rapports qu'entre les habitants des Pyrénées espagnoles et françaises qui avaient le privilége, fondé sur d'anciennes coutumes, de continuer entre eux le commerce nonobstant les déclarations de guerre entre les deux nations. Un des principaux objets de ce commerce était le sel, que les Espagnols apportaient aux

---

[1] Circulaire de Colbert aux intendants, en date du 16 mars 1682, à l'Appendice, p. 478.

[2] Dépêche de Colbert à Foucault, du 19 mai 1683, p. 500.

[3] Ils ne l'ont été qu'en 1768.

montagnards français pour leurs bestiaux. Dans le langage des gabelles, cette faculté et les pays qui en jouissaient s'appelaient des *lies et passelies* ou *passeries*. Foucault fut appelé, en 1676, à régler les limites de ce privilége, que le fermier général prétendait dépassées. Malgré l'état de guerre, il dressa avec un commissaire espagnol un projet de règlement qui fut adopté par le conseil du roi. L'affaire des lies et passeries revint sur le tapis après la paix, à cause d'un droit qu'au mépris de ces priviléges les Espagnols avaient établi sur les marchandises qui entraient de leur pays en France. De l'autre côté, un sieur Lhuillier avait proposé à Colbert d'établir un droit à l'entrée en France des sels et des huiles, qui formaient, avec les bestiaux et quelque peu de laines, les objets principaux de ce commerce. Quant aux bestiaux, leur entrée et leur sortie constituaient moins un commerce qu'une transhumance; ils passaient l'été en France, sur le versant nord des Pyrénées, et l'hiver en Espagne, sur le versant sud. Une dépêche de Colbert, du 8 juillet 1682, consulta Foucault sur toutes ces questions; mais il ne paraît pas qu'il en soit rien résulté.

D'autres dépêches de Colbert[1] recommandent à Foucault de s'informer « de ce qui concerne le commerce et les manu- « factures, la nourriture des bestiaux, et généralement tout « ce qui peut attirer de l'argent dans le royaume, » étant certain « que ces enquêtes produiront toujours quelque avantage « aux peuples et au bien de l'État. » Il veut que l'intendant excite les peuples à la culture des terres et aux manufactures, qu'il examine « si le pays seroit propre à y élever des chevaux « ou des mulets, parce que c'est encore un très-bon moyen « pour y attirer de l'argent; » il promet l'assentiment et la

---

[1] Des 17 novembre 1679, 8 février, 28 novembre et 12 décembre 1680, p. 439, 441, 459.

coopération du roi pour toutes les mesures de ce genre qu'on pourrait proposer.

Après la mort de Colbert, le gouvernement cessa de se préoccuper du commerce, et le peu de traces qu'on en retrouve dans Foucault sont des constatations de la misère croissante après la révocation de l'édit de Nantes et pendant la guerre de la ligue d'Augsbourg. C'est, en 1694, l'impossibilité d'installer à Caen la juridiction consulaire, parce que tous les marchands ont émigré comme religionnaires et que leur départ a ruiné le commerce[1] ; et, en 1695, la décadence de l'industrie, constatée à la foire de Caen, qui a fait pour 460,000 ₶ d'affaires de moins que l'année précédente[2].

Quant à l'agriculture proprement dite, les dépêches de Colbert à Foucault demandent sans cesse des renseignements sur l'état des récoltes. Une circulaire du 15 mai 1681 exige qu'on lui donne avis, « tous les quinze jours, de l'opinion que « les peuples auront de toutes sortes de fruits. » On doit noter, au profit de l'agriculture, les efforts faits par Colbert, et dont nous avons parlé, pour empêcher la saisie des bestiaux.

L'intendance de Pau ne nous fournit qu'un seul document agricole. Ce sont deux dépêches de Louvois[3], envoyant à

---

[1] *Mémoires*, p. 308. Foucault répète la même chose dans son Mémoire au duc de Bourgogne sur la généralité de Caen. Voici le passage original : « Le commerce « a considérablement diminué depuis l'an-« née 1685, que la plus grande partie des « marchands ou négocians, qui étoient re-« ligionnaires (et les plus riches ont passé « dans les pays étrangers), ont abandonné « le commerce, en sorte que ceux qui res-« tent ne sont pas en pouvoir de le réta-« blir. » (Ms. de la Biblioth. imp. fol. 5 v°.)

Ce passage est reproduit presque textuellement dans Boulainvilliers, *État de la France*, édit. in-12, t. IV, p. 48.

Dès 1665, le lieutenant général de Caen instruisait Colbert, par une lettre du 11 février (*Correspondance administrative*, t. III, p. 700), que la plupart des négociants de cette ville faisaient profession de la R. P. R.

[2] *Mémoires*, p. 313.

[3] Des 22 avril et 3 mai 1685, p. 510 et 511.

INTRODUCTION.

Foucault une ordonnance du roi qui prescrivait d'interdire, sous peine de 100 écus d'amende, le défrichement et le labour des prairies de son département, et de faire remettre en nature de prairies celles qui avaient été ci-devant labourées, en prenant garde toutefois que l'exécution de ces ordres ne servît de prétexte à des vexations particulières. Le motif de cette mesure n'est pas énoncé; peut-être faut-il le chercher dans les besoins de la cavalerie qu'on entretenait en Béarn.

On trouve également peu de chose sur l'intendance de Poitou. Au mois de juillet 1686, Seignelay, sans doute dans le but de conserver la taille aux chevaux, écrivit à Foucault d'empêcher que les cavales au-dessus de treize paumes ne fussent employées comme juments mulassières. Déjà pareil avis avait été suggéré à Colbert, qui l'avait repoussé. Foucault réussit à en détourner Seignelay, en lui représentant que la production des mulets était une des principales industries du Poitou, et que les jeunes mulets de neuf mois étaient payés jusqu'à 150ᴧ par les Béarnais et les Auvergnats, tandis que les plus beaux poulains du même âge ne rapportaient que la moitié de cette somme. Ayant ainsi obtenu qu'on laisserait la liberté d'action aux paysans, il fit en même temps couper et confisquer quelques petits chevaux pour contenter Seignelay.

L'ère des disettes, amenée de longue main par une série de fausses mesures économiques[1], commence en 1686. La disette sévit en Poitou, et Foucault fait venir des grains de la généralité d'Orléans pour les faire débiter dans les endroits qui en avaient le plus besoin. En 1688, le contrôleur général Le Pelletier voulait établir des réserves de blé dans les provinces, « pour empêcher les peuples de souffrir de la disette dans

[1] Voy. P. Clément, *Histoire de Colbert*, p. 111; Joubleau, *Études sur Colbert*, t. II, p. 8-18.

INTRODUCTION.

« certaines années, » et Foucault reçut l'ordre d'examiner en quels endroits du Poitou on pourrait établir des magasins de cette espèce. Sur l'information qu'il prit auprès des marchands de blé, la province aurait pu en mettre annuellement de côté 30,000 tonneaux en moyenne; mais il fallut renoncer à ce dessein, à cause d'un obstacle insurmontable, « c'est que les « blés ne se gardent point en Poitou, la vermine[1] s'y mettant « au bout d'un an et souvent plus tôt, suivant les saisons. »

L'intendance de Caen présente une triste suite de disettes. La première fut celle de 1693. Le gouvernement voulant être instruit de la quantité de blé récoltée l'année précédente, Foucault suggéra, comme moyen d'information, de s'adresser aux décimateurs. Une déclaration du roi prescrivit aux intendants de nommer des commissaires dans les élections pour vérifier l'état des grains, et un arrêt du conseil subséquent enjoignit « aux marchands, laboureurs et fermiers, de vendre « leurs blés aux termes de la déclaration du roi[2]; mais, ajoute « judicieusement Foucault[3], tout cela n'a été bon qu'à faire « renchérir les blés, les usuriers en ayant fait des magasins, et « je me suis bien trouvé d'empêcher les grands amas de blés, « mais d'en laisser le commerce libre; ce qui a fait que la « basse Normandie a moins souffert de la disette des grains « que les autres provinces. » Pour ménager le blé, Foucault interdit la fabrication de l'amidon à Caen, au mois d'octobre 1693[4]. La disette continuant en 1694, il se fit quelques attroupements de paysans en plusieurs endroits, pour empêcher les marchands étrangers d'enlever les grains dans les marchés;

---

[1] Le charançon et surtout l'alucite.
[2] Cette déclaration, du 5 septembre 1693, prescrivait aux détenteurs de blés d'en porter au moins la moitié au marché à des époques déterminées, avec interdiction d'en traiter avec les « marchands et « autres faisant le commerce de grains. »
[3] *Mémoires*, septembre 1693, p. 299.
[4] Il renouvelle la même interdiction en novembre 1698.

mais ils se dissipèrent et n'eurent pas de suite. La disette ne cessait presque plus; en 1699, elle reprit une nouvelle force. On fit beaucoup de chargements de blé de la généralité de Caen pour celle de Rouen.

§ 5. — Assistance publique.

Le mode le plus simple de l'assistance publique consiste dans des remises d'impôts. C'est ce que nous voyons pratiquer par Colbert dans les cas de grêles qui, de son temps comme du nôtre, désolaient fréquemment le sud-ouest de la France[1]. La rudesse proverbiale du grand ministre y apparaît quelquefois. A une demande de Foucault en ce sens il répond, le 25 juillet 1680 : « Si le roi faisoit diminution de l'imposi- « tion des tailles pour les grêles qui sont tombées, il faudroit « que le roi réduisît en peu d'années la taille à rien, parce que « tous les ans il y a des grêles qui tombent, un peu plus, un « peu moins, etc. » Mais le 5 septembre suivant il s'adoucit, ou peut-être est-ce le roi qui, plus doux que lui, accorde une diminution de 30,000 ".

Plus tard, le même procédé de diminution des tailles vint au secours du bourg de Ducé, en basse Normandie, presque entièrement détruit par le feu[2]. Enfin, en 1706, 40,000 " furent diminuées sur les tailles de la généralité de Caen, à cause d'un ouragan « universel dans le royaume, » qui avait bouleversé le pays, le 30 décembre 1705.

---

[1] Dépêches de Colbert à Foucault, des 6 juillet et 5 août 1679, 25 juillet et 5 septembre 1680, 8 et 14 juillet 1682, p. 427, 432, 453, 456, 482, 484. Le langage de ces lettres peut paraître un peu amphibologique, car elles parlent tantôt de sommes accordées et à distribuer entre les paroisses grêlées, tantôt de diminutions; mais la dernière lettre citée fait bien comprendre qu'il s'agit de diminutions de tailles, accordées pour être distribuées aux paroisses qui avaient souffert de la grêle.

[2] *Mémoires*, 8 mai 1694, p. 304.

INTRODUCTION.

Mais l'administration ne se contentait pas de venir au secours de la misère en moins prenant; elle appliquait aussi l'assistance directe. En avril 1686, Foucault reçut l'autorisation de faire distribuer aux pauvres du Poitou, « par forme d'aumône, » du blé qui lui avait été envoyé d'Orléans. Seulement, pour éviter des demandes pareilles de la part des autres intendants, il devait répandre le bruit que ce soulagement provenait d'une amende dont le roi lui aurait permis de disposer. En même temps, les nécessités de la misère firent créer « des ateliers publics pour faire travailler les pauvres aux che- « mins. » Les fonds destinés au Poitou furent augmentés de 20,000 ᴸ à cet effet[1]. Nous avons vu comment ces ateliers prirent fin au commencement de 1689, en face des dépenses de la guerre.

A la fin de 1692, la misère croissante et la disette forcèrent à des mesures plus radicales, et Foucault proposa hardiment à Pontchartrain une véritable taxe des pauvres[2].

Un des moyens les plus efficaces d'exercer la charité était la fondation des hôpitaux. Une déclaration du roi, de septembre 1676, prescrivait « l'établissement d'un hôpital général « dans les villes et gros bourgs du royaume[3]. » Foucault, d'accord avec l'évêque de Montauban, envoya à la cour un projet de lettres patentes pour commencer par en installer un dans cette ville, mais rien dans ses Mémoires ne fait supposer que cette bonne mesure ait été poussée plus loin. Les autres hôpitaux dont il est question sont dus à la bienfaisance particulière. Le premier est celui de Saint-Maixent, fondé par le duc de Mazarin[4]. Le second est celui de Sainte-Marie-du-Mont,

---

[1] *Mémoires*, février 1686, p. 154.
[2] *Ibid.* 30 déc. 1692, p. 295. Il ne dit pas quel fut le succès de sa proposition.
[3] *Mémoires*, p. 38.
[4] *Ibidem*, septembre 1687, septembre 1688, p. 207, 235.

en basse Normandie; il avait été fondé par la maréchale de Saint-Géran, et augmenté par la duchesse douairière de Ventadour.

Le roi avait donné, le 25 juillet 1700 [1], une déclaration pour purger le royaume de mendiants. Par suite de cette ordonnance, Foucault travailla avec la duchesse de Ventadour à éteindre la mendicité dans la paroisse de Sainte-Marie-du-Mont, qui comptait deux cents pauvres, soit en les occupant, soit en les faisant entrer à l'hôpital. Mais cette fondation n'était pas assez riche pour les recevoir. Foucault proposa à Chamillart, comme il l'avait fait à Saint-Maixent, de faire convertir au profit des hôpitaux les aumônes qui se distribuaient à la porte des abbayes. Il ne paraît pas que ces mesures aient eu un grand succès, et Foucault constate que la déclaration royale sur les mendiants ne fut pas exécutée, « les hôpitaux n'ayant « pas été en état de les loger et de les faire subsister [2]. »

§ 5. — Travaux publics.

La direction des grands travaux d'utilité publique, tels que les constructions de canaux et de ponts, appartint toujours aux intendants ou à des personnes spécialement commises à cet effet par le gouvernement central. Mais il n'en était pas de même des travaux ordinaires, comme la confection et l'entretien des édifices publics et des routes : ces fonctions avaient d'abord appartenu aux trésoriers de France [3]; une grande partie de leur pouvoir passa peu à peu aux intendants. Dans les Mémoires de Foucault, nous voyons l'intendant s'occuper d'une foule de cas de cette espèce, mais rien n'indique jusqu'à

---

[1] *Anciennes lois françaises*, t. XX, p. 366.
[2] *Mémoires*, fin de 1700, p. 343.
[3] Voy. R. Dareste, *Origines du contentieux administratif*, p. 31, 32.

INTRODUCTION.　　　CVII

quel point les trésoriers de France avaient retenu leurs attributions en face de lui.

Rivières, canaux et ponts. De 1674 à 1679[1], Foucault s'occupa sans interruption de rendre le Lot navigable par un système d'écluses. Ce travail était terminé en 1680, et Colbert chargea alors Foucault[2] de lui rendre compte de l'avantage que la province en devait retirer pour le transport des vins, denrées et marchandises. Les frais des travaux sur le Lot furent supportés par les généralités de Bordeaux et de Montauban. Il en fut de même[3] pour des frais semblables que l'on appliqua à l'entretien de la navigation sur les rivières de Garonne, Tarn et Aveyron.

En juillet 1675, Foucault alla visiter les travaux du canal de Languedoc, alors en pleine construction. Il était accompagné par Riquet lui-même, qui le « régala magnifiquement. » — En 1679, il demande l'autorisation de réparer, moyennant 40,000 ₶, les deux ponts de Cahors, sur le Lot, qui coûteraient 200,000 ₶ à relever, si on les laissait tomber faute d'entretien. — En 1683[4], conjointement avec l'intendant de Bordeaux, il visite la Garonne depuis Bordeaux jusqu'à Toulouse, « pour « voir les ouvrages qu'il faut faire pour rétrécir son lit dans « les endroits où il est trop étendu, et la mettre en état de na- « vigation pendant toute l'année. » La grande difficulté, comme Foucault l'exprimait dans le procès-verbal qu'il envoya l'année suivante[5] au successeur de Colbert, était depuis Agen jusqu'au

---

[1] *Mémoires*, 1674, 1675, 1679, passim; dépêche de Colbert à Foucault, du 10 février 1679, p. 412.

[2] Dépêche du 28 novembre 1680, p. 459.

[3] Dépêche de Colbert à Foucault, du 26 octobre 1679, p. 438.

[4] *Mémoires*, 10 et 22 août 1683, p. 89.

[5] *Ibid.* 6 juillet 1684, p. 108.

canal du Languedoc, le lit de la rivière se trouvant plat, large et changeant dans cet intervalle, « ce qui étoit difficile à guérir. » Le changement d'intendance l'empêcha de s'en occuper davantage.

Il est question de nouveau des rivières dans l'intendance de Caen. Foucault visita la rivière de Dives, et, sur son avis, Pontchartrain lui envoya[1] un arrêt du conseil pour obliger les riverains d'en élargir le canal dans les endroits où il s'était formé des atterrissements. Plus tard, en juillet 1698, Foucault visita le Couesnon, petite rivière limitrophe de la basse Normandie et de la Bretagne, pour remédier aux désordres causés sur ses bords par les inondations; c'était le flux de la mer qui en était cause, et l'on projeta de faire des digues et des épis le long de la côte, « comme on fait en Hollande. » A la même époque, on proposa à Pontchartrain de construire au petit Vey, « passage de la partie du Cotentin la plus fertile en che- « vaux et en bestiaux, » un pont qui serait « très-utile, mais « d'une grande dépense. » En mai 1706, on revint sur ce projet. Un nommé Pinson proposa au roi de « rendre les pas- « sages des grand et petit Veys sans péril, » et en même temps de construire un port à la Hougue et de dessécher les marais de la basse Normandie. La concession de ces desséchements avait été déjà demandée plusieurs années auparavant par le maréchal de Bellefonds; les riverains s'y étaient opposés. Les propositions de Pinson tombèrent également dans le néant; mais, en 1710[2], le desséchement d'une certaine quantité de marais fut effectué par quelques gentilshommes qui en étaient propriétaires, « et l'on a trouvé que c'étoit l'avantage du public « et des possesseurs desdits marais. »

---

[1] *Mémoires*, septembre 1691, p. 277. — [2] *Ibid.* p. 369.

Chemins. Nous ne trouvons, à cet égard, dans les dépêches de Colbert, que cette recommandation générale : « Appliquez-« vous à bien examiner tout ce qui concerne les grands che-« mins et les réparations qui pourront être faites l'année pro-« chaine [1]. » Les Mémoires eux-mêmes ne contiennent aucune trace d'un entretien des routes suivi d'une manière continue par l'intendant. Dans la généralité de Montauban, on le voit seulement faire exécuter, en janvier 1675, sur un ordre du roi et moyennant une dépense de 1,200 ħ, des réparations aux bains et aux chemins de Baréges, « à l'occasion du voyage que « M. le duc du Maine, conduit par madame de Maintenon, y « a fait pour l'allongement des nerfs d'une jambe dont il est « boiteux. » En 1686, une occasion analogue fut sur le point de se produire. On avait conseillé au roi les bains de Baréges pour la guérison de sa fistule. Le 22 mai, Louvois écrit à Foucault de faire réparer les chemins de la généralité de Poitiers par où le roi et la cour doivent passer, de donner les ordres nécessaires pour que les moins bons passages soient accommodés sans grands frais, seulement en élargissant les routes, « de manière qu'il y ait au moins douze ou quinze pieds « de passage, et que, s'il y a des bourbiers qui ne puissent pas « être raccommodés solidement, l'on ouvre les haies pour pou-« voir les éviter; » et que l'on fasse aussi réparer les mauvais ponts, s'il y en a. Mais, quelques jours plus tard, le roi changea de résolution, et, le 27 mai, Louvois manda à Foucault de ne faire aucune dépense pour accommoder les chemins. On venait, à la même époque[2], d'appliquer les ateliers de charité du Poitou à la réparation des routes.

Dans la généralité de Caen, Foucault mena à bonne fin,

[1] Dépêche à Foucault, du 12 décembre 1680, p. 459. — [2] *Mémoires*, février 1686, p. 154.

de 1694 à 1696, une entreprise de voirie fort intéressante pour le pays. Il s'agissait d'achever le chemin de Caen à Lisieux, par où débouchaient toutes les denrées, bœufs, chevaux, volailles, beurre, toile, etc. dirigées de la basse Normandie sur Paris. Une partie de cette route passait par les généralités de Rouen et d'Alençon; mais, comme celle de Caen y était seule intéressée, c'était à elle d'en subir tous les frais, et les deux autres refusaient d'y contribuer. Foucault obtint de Pontchartrain l'autorisation d'imposer à cet effet 60,000 ₶ sur la généralité de Caen, moyennant quoi le chemin fut achevé et fait « de cailloutage et de moellons, meilleurs, plus « durables et de plus petit entretien que le pavé. » Cette réparation lui attira « bien des bénédictions des voituriers. » Pour maintenir la route en bon état, il interdit d'y faire passer des charrettes à plus de trois chevaux, à peine de 50 ₶ d'amende et de la confiscation de l'attelage.

Bâtiments. Proposition à Colbert, le 12 juillet 1679, d'achever, moyennant 20,000 ₶, le nouveau palais épiscopal de Montauban, en remplacement de l'ancien, qui avait été détruit par les religionnaires; le roi ordonna d'imposer 66,000 ₶ sur toutes les paroisses de la généralité pour l'achever. — En juin 1686, réparation du Palais de Justice de Poitiers. — En mars 1688, construction d'une église à Châtellerault pour recevoir les nouveaux convertis, et réparation de l'église de Niort. — En 1698, Foucault proposa à Le Pelletier de faire réparer les murailles et les fortifications du Mont-Saint-Michel, qui menaçaient ruine depuis longtemps[1]. La difficulté était de savoir

---

[1] Dès 1665, le commandant de cette forteresse avait écrit à Colbert pour lui en signaler l'état déplorable, et lui montrer le danger que le Mont-Saint-Michel et Tombelaine ne fussent enlevés par quelque coup de main des réfugiés aux îles an-

INTRODUCTION. CXI

qui supporterait les frais. Les religieux du couvent prétendaient établir, par les précédents, qu'ils étaient à la charge du roi. Foucault proposa de les faire supporter par tiers entre le couvent, les habitants du lieu qui s'en couvriraient par un octroi, et la province, «à qui profite ce rempart,» et qui subirait pour cet objet une imposition spéciale. La dépense était estimée à 60,000 ᴸ. Les Mémoires ne nous apprennent pas quelle suite fut donnée à cette affaire.— En juin 1700, réédification des écoles de l'Université de Caen, pour lesquelles le roi avait donné l'emplacement des Halles; Foucault et l'évêque de Bayeux en posèrent la première pierre.

Promenades et plantations. Une des préoccupations de Foucault était de planter des lieux de promenade dans toutes les villes où s'étendait son autorité. En Béarn seulement, il ne fait pas mention de travaux de ce genre, à cause du peu de temps qu'il y resta. A Montauban [1], il fit planter des arbres le long du Tarn, hors la ville, «pour conserver le terrain que la «rivière emportoit, et pour faire un cours sur une esplanade.» Une promenade fut plantée par ses soins à Mont-de-Marsan [2]. En 1683, il fit planter encore un cours à Montauban et bâtir une porte de la ville. En 1686 et 1687, il fit garnir d'une plantation les bords du Clain, dans une étendue de 600 toises, «pour servir de promenade aux habitants de Poitiers.» Dès son arrivée à Caen [3], il fit planter sur le bord de l'Orne «quatre «rangées d'ormes qui y font un très-beau cours.» C'est l'ori-

---

glaises. (Depping, *Correspondance administrative*, t. IV, p. 682.)

[1] *Mémoires*, septembre 1679, p. 51.

[2] C'est du moins ce qu'on peut inférer d'une dépêche de Colbert à Foucault, du 23 novembre 1679 (p. 439), refusant aux habitants de Mont-de-Marsan de prendre à cet effet de jeunes ormes dans les forêts du roi.

[3] *Mémoires*, juin 1689, p. 252.

gine de la promenade dont la ville de Caen jouit encore aujourd'hui.

§ 7. — Fêtes publiques.

Les Mémoires de Foucault contiennent la mention d'un certain nombre de fêtes publiques auxquelles il présida, et qu'il ordonna avec un grand soin, dans le sens de ses goûts d'antiquaire et d'érudit.

La première eut lieu à Montauban, au mois d'août 1682, pour célébrer le jour de la naissance du duc de Bourgogne. Les Mémoires nous avertissent qu'on en fit une relation. Ce compte rendu, émané de Foucault lui-même ou de son entourage, fut inséré dans la *Gazette* du temps. Nous le reproduisons dans une note du texte [1].

La seconde fête [2] ordonnée par Foucault eut lieu à Poitiers, le jour de saint Louis 1687, pour célébrer l'érection d'une statue de Louis XIV sur la grande place de la ville. Cette pièce, œuvre d'un sculpteur du pays, avait été commandée par le corps des marchands de Poitiers pour être mise sur la porte de la juridiction consulaire; mais elle fut jugée trop grande pour cet emplacement et digne d'être installée sur une place publique. Foucault y fit consentir le corps des marchands, et l'inaugura par trois jours de réjouissances, dont la relation, composée par lui-même ou sous son inspiration, fut imprimée à Poitiers en 32 pages in-4°. Cette brochure est annexée aux Mémoires, et nous l'avons reproduite [3] comme en faisant partie, car, s'il n'est pas démontré qu'elle soit l'œuvre de Foucault, au

---

[1] P. 32.
[2] A Pau, Foucault n'ordonna pas de fêtes, mais on lui en offrit une à l'occasion des conversions opérées par son zèle. Nous en parlerons plus loin.
[3] P. 181 et suiv.

moins les fêtes qu'elle décrit sont-elles certainement de l'invention de notre intendant. Il envoya cette relation au P. La Chaise, qui en rendit compte au roi et écrivit à Foucault pour le remercier et le féliciter[1]. Un exemplaire de la relation fut aussi envoyé au duc de la Feuillade, qui avait donné le signal de ces solennités, en faisant élever, l'année précédente, une statue au roi sur la place des Victoires; il la lut au roi, « qui « parut très-content de cette fête. » On écrivit à Foucault de Bordeaux, de Pau et de plusieurs autres endroits, pour avoir le modèle de la statue et pour l'imiter.

La dernière fête eut lieu à Caen, le 6 juillet 1704, pour célébrer la naissance du duc de Bretagne, fils aîné du duc de Bourgogne, un enfant qui ne vécut qu'un an. Il en fut fait un compte rendu, imprimé à Caen, en 8 pages in-4°, et qui est également annexé aux Mémoires. Nous le publions encore[2], parce que la fête qu'il décrit est bien évidemment due à l'imagination de Foucault; mais, à la manière dont la relation s'exprime, il n'est pas vraisemblable qu'il en soit l'auteur.

§ 8. — Instruction publique, sciences et lettres.

Petites écoles. C'est ainsi que, sous l'ancien régime, on désignait ce qu'on nomme aujourd'hui l'instruction primaire. Il n'en est question qu'une seule fois dans les Mémoires de Foucault. En 1687, il proposa d'établir des maîtresses d'école dans les principaux bourgs et villages du Poitou, pour instruire les jeunes filles[3]. Il demandait 40 écus de gages pour

---

[1] La lettre est insérée aux Mémoires, p. 206.
[2] P. 357.
[3] Dépêche de Louvois à Foucault, du 21 octobre 1687 (p. 537), pour demander des détails sur le projet. Foucault les envoya le 8 décembre suivant (*Mémoires*, p. 209.)

chaque maîtresse. L'intervention de Louvois dans cette affaire, et le fait, attesté par Foucault, que les filles de la maison des nouvelles catholiques de Poitiers offraient de fournir les maîtresses dont on avait besoin, nous autorisent à croire qu'il s'agissait surtout de l'instruction des nouvelles converties, quoiqu'il n'en soit pas fait une mention expresse.

Colléges. Ces établissements comprenaient ce qu'on appelle aujourd'hui l'instruction secondaire. En 1681, Foucault fit agréger à l'Université de Cahors le collége des Jésuites de cette ville. En janvier 1687, il fit réunir le collége de Pigareau ou Puygarreau, d'ancienne fondation seigneuriale, au collége des Jésuites de Poitiers, malgré l'opposition des ennemis des Jésuites, et aussi malgré l'évêque de Poitiers, qui aurait préféré transformer le collége de Pigareau en un séminaire soumis à son inspection. Le P. La Chaise, qui avait pris part à cette affaire, remercia Foucault du succès obtenu à cette occasion pour la Société de Jésus[1].

A l'occasion de l'inauguration de la statue du roi à Poitiers, le 25 août 1687, Foucault fonda, au collége des Jésuites de la ville, des «prix de tragédie,» c'est-à-dire une distribution de prix accompagnée d'une représentation scénique donnée par les élèves, pour tout le temps qu'il serait intendant en Poitou. Cette fondation n'eut d'effet que l'année suivante, et il en coûta à Foucault 27 volumes. Il a inséré dans ses Mémoires, probablement comme étant son œuvre ou du moins le fruit de ses inspirations, un imprimé de 12 pages in-4°, qui contient le canevas de la tragédie, sujet tiré de l'histoire de Démétrius, fils du dernier Philippe de Macé-

[1] Sa lettre est jointe aux Mémoires, p. 206.

INTRODUCTION.

doine, et le livret d'un ballet, «où l'on représente les Dieux « qui se disputent la gloire d'avoir le plus contribué à donner « au roi le glorieux surnom de Grand, » avec les noms des élèves qui ont figuré dans les deux pièces.

Nous devons remarquer une création qui se sent du génie de Colbert, et dont il n'est pas dès lors étonnant de voir prendre l'initiative à son fils Seignelay. Il s'agit de l'enseignement des langues vivantes : l'Université ne l'admettait pas, et les négociants étaient obligés d'envoyer leurs enfants en Angleterre et en Hollande pour y apprendre les langues de ces pays. Afin de combler cette lacune, Seignelay écrivit à Foucault, en 1687[1], que le roi jugeait à propos de faire enseigner l'anglais et le hollandais dans les ports de mer. Foucault proposa d'établir cette école, pour sa généralité, au bourg de la Chaume, petit port très-fréquenté par les étrangers[2]. Le même esprit présida à une autre création. En septembre 1704, Foucault fit établir, au collège des Jésuites de Caen, « une « chaire de mathématiques et d'hydrographie pour l'instruc- « tion des jeunes gens qui prennent le parti de la mer. » Les Mémoires[3] ont conservé l'affiche annonçant l'ouverture de ce cours, qui fut inauguré le 26 mars suivant. On a soin d'y faire savoir que le discours préliminaire et les leçons elles-mêmes auront lieu en français[4].

On doit rattacher à un ordre d'études intermédiaires entre

---

[1] *Mémoires*, p. 215.

[2] En 1701, Pontchartrain fit établir une école toute semblable à la Rochelle. (Voy. sa lettre, du 29 août 1701, à l'intendant Bégon, dans Depping, *Correspondance administrative*, t. IV, p. 510.)

[3] Page 365.

[4] Déjà, en 1668, l'intendant Chamillart, père du ministre, avait chargé le P. Gautruche, de la Compagnie de Jésus, d'ouvrir un cours de mathématiques à Caen; on y avait joint une «académie,» où l'on s'assemblait toutes les semaines pour se perfectionner dans cette science. (Depping, *Correspondance administrative*, t. III, p. 780.)

l'instruction secondaire et l'instruction supérieure l'érection d'une chaire de mathématiques au collége des Jésuites de Cahors, en 1683, moyennant la suppression de deux chaires des arts dans l'Université de cette ville, et la demande à Colbert[1] d'établir un écuyer à Montauban, « pour mettre à cheval « les jeunes gentilshommes, » et d'imposer à toute la généralité 500 ᶫ pour le logement de l'écuyer.

Écoles de droit. En 1681, Foucault proposa au chancelier, qui y consentit, l'établissement de six docteurs agrégés et d'un professeur en droit français à la faculté de droit de l'Université de Cahors. Le chancelier voulait charger de ce cours un des quatre professeurs en droit déjà en fonctions, mais Foucault lui représenta qu'ils étaient tous enfermés dans l'étude du droit romain, et fit nommer le sieur d'Olive, conseiller à la cour des aides de Montauban, et fils[2] d'un bon jurisconsulte[3].

A son arrivée à Poitiers, il eut à réformer un abus dans la faculté de droit de cette ville, en empêchant les écoliers de faire en même temps leur droit à la faculté et leur philosophie au collége des Jésuites[4]. Il y installa, la même année[5], un professeur de droit français, comme il avait fait à Cahors. Les Mémoires ont conservé le brouillon du discours qu'il prononça à cette occasion.

A Caen[6], il eut à se mêler encore des affaires de la faculté de droit, où il se passait « des brigues et cabales » au sujet de la nomination d'un professeur. C'est la seule occasion où cette faculté soit mentionnée dans les Mémoires; mais il en est ques-

---

[1] *Mémoires*, 18 juin 1681, p. 78.
[2] Simon d'Olive, le père, est connu encore aujourd'hui par ses *Questions notables de droit*, 1ʳᵉ édit. Lyon, 1649.
[3] *Mémoires*, 23 avril 1681, p. 78.
[4] *Ibid.* 14 février 1688, p. 218.
[5] *Ibid.* 24 novembre 1688, p. 237.
[6] *Ibid* mars 1690, p. 260.

INTRODUCTION.   CXVII

tion dans les dépêches adressées à Foucault par le chancelier de Pontchartrain. Une déclaration du roi ayant fixé les vacances du 10 août au 10 novembre, la faculté de Caen demanda le maintien de l'ancien état de choses, qui les faisait courir du 10 juillet au 10 octobre, et Pontchartrain ordonna à Foucault d'examiner cette réclamation pour juger si l'on pouvait y satisfaire[1]. Deux autres dépêches du chancelier[2] ont pour objet d'interdire aux professeurs en droit de faire eux-mêmes les répétitions des écoliers, ce qui les empêche de donner tout le temps nécessaire à leurs leçons publiques, et « ce « qui prive les agrégés d'une fonction pour laquelle ils sont « principalement établis et des émoluments qu'ils pourroient « en retirer, dont ils ont souvent besoin pour subsister. » Pontchartrain suggère à Foucault un moyen de s'informer si cet abus se renouvelle : « Vous chargerez les agrégés d'y veiller; ils « ne manqueront pas de vous en avertir. »

Belles-lettres. Colbert était amateur de manuscrits; il recommandait aux intendants de profiter de leurs visites dans les généralités pour rechercher, dans les églises cathédrales et dans les principales abbayes, s'il s'en trouverait de considérables, et de tâcher de les avoir sans autorité, mais par douceur et par achat. Lorsque Colbert lui envoyait cette recommandation[3], Foucault l'avait déjà mise en pratique, car, dès le commencement de 1678, il était en correspondance avec le célèbre Baluze, bibliothécaire de Colbert, relativement aux manuscrits de l'abbaye de Moissac[4]. La recherche qu'on en

---

[1] Dépêche du 11 mars 1700, p. 547.
[2] Dépêches de Pontchartrain à Foucault, du 2 décembre 1703 et du 1" mars 1704, p. 549.
[3] Dépêche à Foucault, du 12 décembre 1680, p. 459.
[4] Nous avons extrait les deux lettres suivantes, ainsi que le catalogue des ma-

fit avait-elle commencé sur un ordre de Colbert, ou par l'initiative de Foucault, fort amateur de curiosités bibliographiques? c'est ce que nous ne saurions décider. En tout cas, les deux lettres de Foucault à Baluze, que nous donnons en note,

nuscrits de l'abbaye de Moissac, des manuscrits de la Bibliothèque impériale concernant la bibliothèque de Colbert:

FOUCAULT À BALUZE.

« Je n'ai point voulu, Monsieur, faire
« réponse à la dernière lettre que vous avez
« pris la peine de m'écrire, que je n'aie été
« en état de vous envoyer le catalogue des
« manuscrits qui sont dans l'abbaye de
« Moissac. Je me suis servi pour les exa-
« miner de M. Fouillac, chanoine de Ca-
« hors, qui a demeuré sept jours à en par-
« courir seulement une partie, les archives
« de ce monastère étant dans une très-
« grande confusion et la plupart des actes
« pourris ou mangés des rats. M. le prési-
« dent Douat y a passé assez légèrement,
« et il y a beaucoup de livres et de cartu-
« laires qu'il n'a point vus. Il est aisé de
« connoître parfaitement ce qui est ren-
« fermé dans cette abbaye, par le moyen
« dudit sieur Fouillac, qui est très-habile
« en ces matières et aux yeux duquel rien
« n'échappera de tout ce qui mérite d'être
« relevé. Mais, comme il perdroit le revenu
« de son canonicat pendant le temps qu'il
« travailleroit à cette recherche et qu'il
« s'offre d'y travailler gratuitement, il se-
« roit, Monsieur, nécessaire d'avoir une
« commission du roi qui enjoignît au cha-
« pitre de Cahors de le tenir présent pendant
« qu'il seroit occupé dans sa perquisition.
« Ce seroit un moyen d'avoir une connois-
« sance entière de tout ce qu'il y a de cu-
« rieux dans les églises de cette province, et

« vous serez, Monsieur, d'abord éclairci de
« tout ce que vous voudrez savoir. M. l'é-
« vêque de Cahors est à Paris à la pour-
« suite d'un procès qu'il a contre l'Univer-
« sité, et je suis persuadé qu'il ne vous
« refusera pas le manuscrit de Radulphe,
« archevêque de Bourges, dont vous me
« marquez avoir besoin.

« FOUCAULT.

« A Montauban, le 9 février 1678.
« M. BALUZE. »

« Je n'ai pas voulu, Monsieur, me rap-
« porter à personne pour aller tirer des
« archives de Moissac les manuscrits dont
« j'ai eu l'honneur d'écrire à M. Colbert.
« Je me suis transporté dans l'abbaye et ai
« fait assembler les chanoines, qui ont dé-
« libéré de me les remettre entre les mains
« après avoir vu la lettre de M. l'abbé
« d'Estrades; ce qui a été exécuté sur-le-
« champ Il est vrai que quelques-uns d'eux
« en vouloient faire faire un catalogue;
« mais je me suis chargé de ce soin, et j'y
« fais présentement travailler par M. Fouil-
« lac, chanoine de Cahors, qui fait un
« grand cas de ces manuscrits que les cha-
« noines ne connoissent pas, ne s'étant
« pas trouvé de catalogue dans les ar-
« chives. Lorsque celui qui se fait sera
« achevé, dont je vous donnerai avis par
« l'ordinaire prochain, je les enverrai par
« les rouliers de Limoges, étant la voie la
« plus courte et la plus commode. Je m'es-
« timerai bien heureux si le jugement que

INTRODUCTION.

nous apprennent au juste ce qui se passa dans cette affaire. Foucault y fit travailler l'abbé Fouillac, chanoine de Cahors, et il envoya d'abord à Baluze le catalogue des manuscrits de l'abbaye, dressé par les soins du savant abbé, et ensuite les

« vous ferez de ces livres répond à mes souhaits, et s'ils sont agréables à M. Colbert. Je vous en écrirai, Monsieur, plus amplement par le premier ordinaire, n'ayant que le temps de les faire porter ici depuis qu'ils sont en ma possession.

« FOUCAULT.

« A Montauban, le 4 mai 1678. »

« Catalogue des manuscrits tirés des archives de l'abbaye de Moissac, le 3 mai 1678, par M. Foucault, et envoyés à M. Colbert.

« La Bible, en 4 grands vol. in-fol.

« OEuvres de saint Cyprien, 1 vol. in-fol.

« Eusèbe de Césarée, Histoire ecclésiastique, 1 vol. in-fol.

« Josèphe, Histoire de la guerre des Juifs, 1 vol. in-fol.

« Grégoire le Grand, 7 vol. in-fol.

« Amalarius, De divin. offic. et Raban, De institut. cleric. 1 vol. in-fol.

« Saint Augustin, 17 vol. (onze in-fol. et cinq in-4°.)

« Saint Ambroise, 4 vol. in-4°.

« Saint Jérôme, 7 vol. (deux in-fol. et cinq in 4°.)

« Bède, 5 vol. (deux in-fol. trois in-4°.)

« Saint Hilaire, 1 vol. in-fol.

« Saint Prosper, 1 vol. in-4°.

« 1 vol. in-4° de la Collection d'Isidore.

« Panonnia Yvonis Carnotensis, in-fol.

« Institutiones clericorum, in-fol.

« Collection des canons de Burchard, in-fol.

« Origenis homiliæ in Levitic. in-4°.

« Benedictus Levita contre Félix et Elisand.

« Pierre Lombard, 2 vol. in-fol. et un petit in-8° de sermons.

« Isidore de Séville, Étymologies, 1 vol. in-fol.

« 1 vol. petit in-folio, ancienne chronique.

« Odo ad Turpionem Lemovicens. episc. in-4°.

« Recueil de quelques vies des Pères, touchant la vie régulière des moines, in-8°.

« Arator subdiaconus; défectueux.

« Constitutions impériales, 1 vol. in-4°.

« Petites collections; lois et coutumes de Bourgogne.

« Sidonius Apollinaris; défectueux.

« Lois des Goths et suite de leurs rois; livre défectueux.

« Ancien martyrologe de l'abbaye de Moissac.

« 6 vol. in-fol. de Raban Maur.

« 1 commentaire in-fol. sur saint Paul, anonyme; avec les Institutes de Justinien.

« Une dialectique et physique, en 2 vol. in-4°, selon l'opinion d'Aristote.

« Exposition anonyme sur les Psaumes, in fol.

« Joannis Januensis ordin. prædicatorum catholicor. de fide, spe et charitate, in-fol.

« De virtutibus, et vitiis et de ordine pœnitentiæ.

manuscrits eux-mêmes, qui, des mains de Colbert, passèrent à la Bibliothèque du roi, où ils sont encore aujourd'hui.

Le joyau de cette collection, la seule pièce qui l'ait rendue célèbre, est le traité de Lactance, *De mortibus persecutorum*, qui y fut découvert. Mais il n'est pas exact d'en attribuer, comme le fait Rulhière [1], « la découverte et la publication » à Foucault. La découverte doit être rapportée à l'abbé Fouillac; et la publication eut lieu pour la première fois, à Paris, en 1679, par les soins de Baluze. Les Mémoires de Foucault commettent aussi une erreur en rapportant l'envoi des manuscrits au mois de juillet 1681 : ils furent expédiés par le roulage en 1678. Ce qui appartient à 1681, c'est l'ordre, donné par Colbert à Foucault [2], de faire faire des ornements d'église pour la valeur de 1,200 ll, et de les offrir au chapitre de Moissac, en échange des manuscrits qu'il avait cédés. Foucault continua de faire explorer les archives de cette abbaye, et, à la fin de 1682, il en envoyait encore à Colbert des manuscrits

---

« Bruno episc. Commentaire sur les « Écritures.

« Ancienne chronique d'Adam à Louis « le Débonnaire, avec quelques petits « traités.

« Alcuin contra Elisand et Smaradgi « diadema monachorum, in-4°.

« Les Conférences de Cassien, in-fol. « défectueux, et Instituta monachorum, « in-12, du même.

« Regulæ monachorum Sancti Benedicti, avec une chronique défectueuse « de Moissac.

« Un Sanctoral de Moissac; il met au « commencement les persécuteurs de l'É- « glise jusqu'à Maxence (c'est Lactance, « *De mortibus persecutorum*, traité qui fut « découvert pour la première fois dans ce « manuscrit), et les vies de saint Odilon, « saint Amand, saint Ansbert, etc.

« Hugo, sur les Cantiques, in-fol.

« 6 vol. d'expositeurs de l'Écriture, « anonymes.

« Vitæ sanctorum.

« Un ancien pontifical.

« Liber sacramentor. S. Gregorii.

« Ciceronis de inventione rhetorica; « ejusdem libri IV ad Herennium.

« Vetus liber sacramentorum.

« Vetus ordo Romanæ ecclesiæ.

« Primus tomus bibliorum.

« Pandectæ sive digestum cum glossis.

« Le code en langage gascon, etc. »

[1] *Éclaircissements sur les causes de la révocation de l'édit de Nantes*, t. I, p. 291.

[2] Dépêche du 16 juillet 1681, p. 468.

INTRODUCTION.　　　CXXI

précieux, entre autres une bulle du pape Sergius, de l'an 1009.

Une circulaire de Colbert, du 19 juin 1683[1], prescrivit aux intendants de rechercher les savants qui pourraient écrire l'histoire des provinces, et de les signaler au ministre. Foucault n'en trouva pas dans sa généralité, et l'écrivit à Colbert, qui dut se contenter de cette excuse[2].

A son arrivée à Caen, Foucault prit place à l'Académie, qui n'était pas encore établie par lettres patentes, et se tenait chez Segrais[3]. Foucault s'intéressa beaucoup aux travaux de cette savante compagnie; il les partagea, comme nous l'avons vu, et finit par obtenir pour elle, en janvier 1705, des lettres patentes lui donnant une vie officielle. Le chancelier de Pontchartrain lui écrivit à ce sujet deux dépêches[4], dont la seconde fait honneur au sérieux de son esprit et à son aversion pour la flatterie : « Si, dit-il, vous voulez que j'aie pour cette nou-« velle assemblée et pour ceux qui la composent des sentimens « d'estime et de considération, et que je leur rende tous mes « bons offices dans les occasions, je vous prie de leur recom-« mander de n'appliquer leur esprit et leur science qu'aux ou-« vrages qui le méritent, et suivant leurs propres statuts, et « surtout de ne jamais penser à moi. »

§ 9. — Affaires militaires.

Les fonctions militaires des intendants étaient nombreuses et variées; elles comprenaient beaucoup de choses qui tombent

---

[1] Publiée dans Depping, *Corresp. administr.* t. IV, p. 606.

[2] Dépêche à Foucault, du 22 juillet 1683, p. 501.

[3] *Mémoires*, 14 mars 1689, p. 247.

[4] La première, du 23 janvier 1705, est donnée dans notre Appendice, p. 553; la seconde, du 3 février suivant, a été publiée dans Depping, *Corresp. administr.* t. IV, p. 636.

aujourd'hui sous la compétence d'autorités très-diverses. L'intendant avait, dans les limites de sa généralité, la levée et l'administration de l'arrière-ban et des milices[1], la haute main sur le recrutement de l'armée régulière et de la marine, une immixtion dans l'administration des régiments, l'intendance militaire pour les logements et les vivres des troupes, la police et la justice prévôtale pour tous les excès qu'elles pouvaient commettre envers l'habitant ; il surveillait et construisait, au besoin, les fortifications, et enfin prenait part, s'il le jugeait à propos, aux opérations militaires qui s'accomplissaient sur le territoire de sa province. Nous allons résumer ce que les Mémoires nous apprennent sur la conduite de Foucault dans ces diverses fonctions.

La convocation de l'arrière-ban, souvenir de l'organisation féodale et de l'obligation imposée aux vassaux de prendre les armes à l'appel de leur seigneur, donnait de grandes occupations à l'intendant, car c'était lui, ou du moins ses subdélégués, qui dressaient, concurremment avec le gouverneur de la province, l'état de la noblesse, et désignaient ceux qui devaient faire le service par eux-mêmes et ceux qui, dispensés du service personnel, devaient fournir une contribution pécuniaire, dont la même autorité fixait le montant, et qui servait en beaucoup de cas à aider les gentilshommes trop pauvres pour s'équiper eux-mêmes. Ce secours ne suffisait pas encore, et presque toujours il fallait y joindre une suspension des droits des créanciers à l'égard des gentilshommes occupés par l'arrière-ban. Cette institution, sans beaucoup de résultats utiles, paraît avoir pesé comme un impôt assez lourd sur la noblesse des provinces.

---

[1] Arrêt du conseil du 19 septembre 1668, cité dans Chéruel, *Dictionnaire historique des institutions, mœurs et coutumes de la France*, v° milice.

INTRODUCTION.

La levée des milices avait lieu sur les paroisses et communautés, dont le contingent était fixé à l'avance, et qui désignaient elles-mêmes, et fort arbitrairement, ceux de leurs garçons qui devaient partir. Elles étaient tenues de les envoyer tout équipés, et employaient souvent à cette dépense l'argent de la taille, ce qui constituait une confusion dans les comptes financiers et une perte pour le roi.

On levait l'arrière-ban et les milices dans les cas où, en l'absence de troupes régulières, le territoire se trouvait inopinément menacé. Ce fut ce qui arriva en 1674, dans les premiers mois de l'installation de Foucault à l'intendance de Montauban. On crut, sur de faux avis [1], que les Hollandais voulaient attaquer Bayonne et les Espagnols Fontarabie. Foucault et le maréchal d'Albret, gouverneur de Guyenne et Gascogne, appelèrent aussitôt les milices et l'arrière-ban. Les généralités de Bordeaux et de Montauban réunies fournirent environ 5,000 hommes d'arrière-ban et 10,000 de milices. Les villes capitales fournissaient 10 hommes, celles du second ordre 5, et les plus petites 3; toutes s'efforçaient de monter au-dessus de leur classe, et les bourgs voulaient passer pour villes. Pas un des hommes de milice ne coûta moins de 50 ₶, et beaucoup revinrent aux villes jusqu'à 200 ₶, car on les habillait et on les armait de pied en cap. Tout cela, joint à la subsistance de ces troupes une fois réunies, aux vivres et aux munitions que Foucault dut tirer comme il put du pays et des environs, causa de grands frais inutiles, l'ennemi ne s'étant pas montré.

Au mois de novembre 1688, au moment où la guerre allait éclater de nouveau contre la Hollande et où le prince d'Orange débarquait en Angleterre, on pensa encore à l'armement des milices, surtout dans les provinces maritimes, pour défendre

[1] *Mémoires*, juin 1674, p. 24.

p.

INTRODUCTION.

au besoin les côtes; Foucault, qui était alors en Poitou, écrivit à Louvois[1], se faisant fort de mettre sur pied 6,000 hommes d'infanterie, tous anciens catholiques. Le règlement du 29 novembre imposa moins de sacrifices à la province : on ne lui demanda que 750 hommes; et encore l'élection de la Rochelle, qui formait une intendance à part, fut comprise dans ce contingent.

La levée des milices s'était opérée sans difficulté dans les généralités de Montauban et de Poitiers; le caractère des peuples s'y prêtait. Il n'en fut pas de même en basse Normandie, et Foucault arrivant à Caen, en 1689, y trouva une population disposée à mettre en œuvre tout ce que « la plus fine chicane » pouvait inventer pour s'exempter de prendre les armes[2]. Malgré ces mauvais vouloirs, la nécessité pressant, il leva, équipa et disciplina un beau régiment de 900 hommes qu'on envoya servir en Guyenne, pendant que les milices du Poitou et de la Champagne venaient garder les côtes de la basse Normandie, avec l'arrière-ban bas normand, levé en même temps à cet effet. La noblesse qui le composait était si obérée, que Foucault fut obligé de lui donner des provisions sur ses revenus saisis. A la fin de l'année, on fit rentrer les milices dans leurs provinces d'origine, et on en leva de nouvelles dans l'hiver de 1689-1690. Elles sortirent encore au printemps suivant. Le régiment de la généralité de Caen ne rentra plus alors que le 22 février 1691, fort délabré et réduit au tiers de son effectif. Il fallut le réparer et le mettre en état de servir encore l'année suivante. L'arrière-ban fut également convoqué au mois de mars 1691.

En 1703, la guerre de la succession d'Espagne remit les

---

[1] *Mémoires*, 13 novembre 1688, p. 236. — [2] *Ibid.* mars et avril 1689, p. 248, 250 et 251.

INTRODUCTION. CXXV

milices en mouvement. Le marquis de Beuvron en leva neuf régiments en haute Normandie. En basse Normandie on n'en leva pas plus qu'à l'ordinaire, mais on les équipa et on les dressa avec beaucoup de soin. Cent invalides furent envoyés pour garder les côtes, et l'on essaya de former, dans le même but, deux compagnies de cent gentilshommes chacune; mais la mauvaise entente de leurs chefs avec M. de Matignon, lieutenant général de la province, obligea de les licencier.

Les intendants s'occupaient aussi quelquefois du recrutement de l'armée régulière. A la demande de Colbert, Foucault leva, dans la généralité de Montauban, 103 hommes pour le régiment de Champagne, dont le chevalier Colbert de Blainville, fils du ministre, était colonel[1]. En 1682, il rassembla des compagnies de jeunes gentilshommes qu'il expédia en Flandre. En 1683, Seignelay le chargea de lever, pour la marine, une autre compagnie de jeunes gentilshommes âgés de moins de seize ans. Lors des préparatifs de guerre de 1688, Louvois lui écrit[2] de chercher des officiers qui se chargent de lever des compagnies d'infanterie et de cavalerie : on leur donnera 5,250ᴸ par compagnie de cavalerie de 35 maîtres (150ᴸ par cavalier), et 900ᴸ par compagnie d'infanterie de 45 hommes (20ᴸ par homme). En 1703, il s'occupa encore de lever un régiment pour M. de Thorigny, fils de M. de Matignon; on pouvait le recruter par les milices, mais Foucault jugea plus expédient de demander aux paroisses 60ᴸ pour chaque homme qu'elles devaient fournir[3].

L'intendance militaire était également dans la compétence

---

[1] Dépêches de Colbert à Foucault et à M. de Ris, du 12 décembre 1679, et au chevalier Colbert, du 22 mars 1680, p. 439 et 444.

[2] Dépêche du 31 août 1688, *Mémoires*, p. 226.

[3] *Mémoires*, p. 353.

des intendants. Foucault s'occupa, dès le mois de juin 1674, de tirer des approvisionnements militaires de la généralité de Montauban, pour venir en aide à celle de Bordeaux. Les étapes, comme on l'a vu, étaient de son ressort; c'était lui qui distribuait les logements des gens de guerre et qui les mettait en quartier d'hiver[1]. Une fois, à cette occasion, il se trouva engagé, malgré lui, dans les mauvais vouloirs de Louvois pour Turenne et Colbert; mais il sut s'en tirer avec adresse. C'était à la fin de 1674 : Foucault, ayant des logements à distribuer, proposait à Louvois d'en exempter Négrepelisse, unique terre du maréchal de Turenne, « qui avoit bien mérité cette distinc-« tion. » Louvois lui répondit[2] avec sa hauteur habituelle « que « l'intention du roi n'est pas qu'aucun village, à qui que ce soit « qu'il appartienne, soit exempt du logement des cavaliers, et « qu'il eût été bien à propos que Foucault ne se fût pas dis-« pensé de s'y conformer pour des considérations pareilles à « celle qu'il lui a communiquée. » En même temps, une lettre de Colbert instruisait Foucault que le roi trouverait bon qu'on exemptât Négrepelisse. Il parvint à contenter tout le monde en y assignant seulement quelques places de l'état-major qui étaient « des places mortes, » c'est-à-dire qui n'étaient pas occupées et ne figuraient que sur le papier sans rien coûter à la paroisse.

Chargé aussi de distribuer la solde et l'ustensile[3], l'intendant poussait ses attributions jusqu'à se mêler de réduire et d'augmenter, suivant les occasions, l'effectif des régiments. En décembre 1678, après la paix de Nimègue, il fut chargé de réduire à 40 maîtres les compagnies de cavalerie et de dragons, et de réformer les cornettes; en décembre 1688, quand la

---

[1] *Mémoires*, fin 1689, p. 257.
[2] Dépêche du 16 décembre 1674, p. 505.
[3] Dépêches des 17 et 31 décembre 1676, p. 506.

guerre recommença, il rétablit ces mêmes compagnies à leur effectif premier, qui avait encore été diminué dans l'intervalle.

A l'intendant appartenait aussi la police militaire. Les Minutes de Louvois sont pleines de dépêches chargeant Foucault de poursuivre les délits commis par les militaires contre les habitants[1]. Il lui enjoint[2] de surveiller les quartiers d'hiver et de les visiter souvent, d'empêcher que les militaires n'y exercent d'exactions, et de faire arrêter les officiers qui ne se prêteraient pas au maintien exact de la discipline, afin que le roi en puisse faire des exemples. Foucault fut en effet obligé, en 1675, de sévir contre les désordres commis par les troupes en quartier d'hiver : il fit punir plusieurs officiers et pendre des soldats. Plus tard, Louvois lui expédia l'ordre[3] de ne plus faire couper aux déserteurs que l'extrémité du bout du nez en les envoyant aux galères, « pour les marquer seulement, » parce qu'une plaie trop intense les rendait incapables de supporter les fatigues de la mer. Barbezieux, fils du ministre, lui fit tenir à son tour, le 22 avril 1686, une ordonnance du roi[4] décidant que les cavaliers, dragons, sergents et soldats qui se marieraient à l'avenir, seraient déchus de leur ancienneté et ne pourraient plus la prendre que du jour de leur mariage. La police de Foucault s'étendait aussi sur les gentilshommes de l'arrière-ban. En 1689, il informa[5] contre les violences qu'ils avaient commises à Alençon. Le 22 mai 1694, il fit parvenir des plaintes à la cour contre les abus commis par un colonel de milices qui refusait arbitrairement les hommes que lui présentaient les

---

[1] Nous n'avons pas reproduit ces dépêches, qui sont en très-grand nombre et se rapportent toutes à des cas particuliers.

[2] Dépêches du 3 octobre 1677 et du 5 avril 1682, p. 508, 509.

[3] *Mémoires*, 31 janvier 1686, p. 151.

[4] Du 6 avril précédent; Isambert, *Anciennes lois françaises*, t. XIX, p. 545.

[5] *Mémoires*, 18 juillet 1689, p. 252.

paroisses, et, de son autorité privée, y envoyait des soldats vivre à discrétion.

Foucault prit encore, en plus d'une occasion, une part directe aux affaires militaires, soit en indiquant des places à défendre, soit en fortifiant lui-même des points menacés, soit en concourant de sa personne aux opérations de l'armée active.

Pendant la première guerre de Hollande, nous l'avons vu, en 1674, convoquer à la hâte l'arrière-ban et les milices pour résister à un coup de main qu'on redoutait ; plus tard[1], il proposa à Louvois de mettre garnison dans le château de Foix, pour arrêter les incursions que la garnison espagnole de Puycerda ne cessait de faire dans ce pays.

L'Espagne ayant déclaré la guerre à la France, le 11 décembre 1683, à propos des prétentions de Louis XIV sur la Flandre et sur le Luxembourg, une armée française, sous les ordres du maréchal de Bellefonds, fut réunie au pied des Pyrénées, en 1684. Foucault, alors intendant en Béarn, prit part à une expédition inoffensive par laquelle elle débuta. C'était ce qu'on appelait, d'un mot espagnol emprunté à la langue et aux usages arabes, une *algarade*, c'est-à-dire une pointe en pays ennemi, avec l'intention de faire immédiatement retraite. Celle-ci fut dirigée contre Roncevaux, au mois de mars 1684, et Foucault y assista à la tête de la noblesse béarnaise. Il en a laissé un récit animé[2]. La dépense de l'expédition monta à 769 ⁋[3]. Il n'y eut ni un coup de fusil tiré, ni représailles de la part des Espagnols, comme on le craignait. Le 21 avril suivant, Foucault reçut l'ordre du roi de faire arrêter tous les Espagnols qui passeraient dans sa généralité, par représailles pour un officier français arrêté dans le Milanais.

---

[1] *Mémoires*, 15 octobre 1676, p. 39.
[2] *Ibid.* p. 95 et suiv.
[3] Dépêche de Louvois à Foucault, du 8 avril 1684, p. 510.

Le 9 juillet, un autre ordre du roi lui enjoignit de faire sortir des troupes les Espagnols qui s'y trouvaient enrôlés, et d'empêcher qu'il en fût admis à l'avenir. Cette guerre, de peu d'importance, fut terminée, le 15 août 1684, par la trêve de Ratisbonne.

Foucault était encore intendant à Poitiers lorsque la guerre de la ligue d'Augsbourg éclata. Le 3 décembre 1688, elle fut déclarée aux Hollandais, et, dès le 27, Foucault reçut une ordonnance du roi, du 22 précédent, pour faire saisir dans sa généralité tous les biens appartenant aux Hollandais ou à ceux qui les auraient assistés. Le 17 janvier 1689, un ordre de Seignelay lui enjoignit d'assister Bégon, intendant de la Rochelle, dans les travaux qu'il entreprenait pour fortifier Brouage et Rochefort, et les îles d'Oléron et de Ré. Le 19, une dépêche de Louvois lui demanda des renseignements sur l'état de fortification des principales villes du Poitou, et sur les secours qu'un débarquement de l'ennemi trouverait dans les religionnaires de la province. Vers le même temps, Foucault proposa au ministre de faire travailler à la carte géographique du Poitou; mais Louvois répondit qu'il n'y avait que trop de cartes des provinces pour instruire les ennemis.

A son arrivée à Caen, en février 1689, Foucault y trouva tout en émoi. On craignait un débarquement du prince d'Orange en basse Normandie; les corsaires de Flessingue troublaient la Manche et interceptaient le commerce côtier de la Normandie et de la Bretagne. Il commença par proposer qu'on mît deux frégates en mer pour leur donner la chasse. Il visita en même temps[1] les fortifications des côtes. Les années 1689, 1690 et 1691 furent occupées à se prémunir contre les descentes possibles des Anglais. Vauban vint visiter les ouvrages;

[1] *Mémoires*, 25 mars 1689, p. 248.

il jugea le château et les murailles de Caen en mauvais état. Foucault fait de ce grand homme un éloge très-senti. Vauban avait déjà travaillé à fortifier Cherbourg en 1688, mais Louvois, sous prétexte que le prince d'Orange, ayant formé le dessein de faire une descente en Normandie, se saisirait de cette place, et en réalité, suivant Foucault, par jalousie pour Seignelay de qui venait ce projet, fit raser la citadelle élevée par le grand ingénieur; Foucault, visitant Cherbourg en 1689, n'en trouva plus que les ruines, « un « chaos de débris de tours, de bastions et de murailles ren- « versées [1]. » On travailla avec plus de succès à élever sur la côte de la Hougue des redoutes et des retranchements qui, malheureusement, ne devaient pas suffire à repousser l'ennemi. On voulait y faire un port, « comme à l'endroit le plus « propre des côtes de Normandie pour y tenir un grand nom- « bre de vaisseaux commodément et en sûreté. » Un ingénieur chargé d'examiner la question trouva que c'était l'ouvrage le plus facile et le plus nécessaire; « mais l'avis n'a pas été « agréable à M. de Louvois [2]. » Cependant, au printemps de 1691, on y établit un camp de 4,000 hommes pour s'opposer aux descentes qu'on redoutait. La mort de Louvois, arrivée en juillet, ne changea rien au train des choses. La direction générale des fortifications passa à M. Le Pelletier de Souzy, avec lequel Foucault se trouva dès lors en rapports fréquents. A la fin de l'année, Foucault demanda à Barbezieux, qui succédait à son père comme ministre de la guerre, de maintenir le camp

---

[1] Sur cette destruction des fortifications de Cherbourg, et sur les opinions de Vauban et de Louvois à cet égard, voy. les fragments de correspondance entre eux cités par M. Baude, dans la *Revue des Deux Mondes* du 15 décembre 1858, p. 896 (*Côtes de la Manche, Cherbourg*).

[2] *Mémoires*, octobre 1690, p. 269. L'opinion de Vauban était également contraire à l'établissement d'un port à la Hougue : il préférait Cherbourg. (Voy. M. Baude, article cité, p. 897.)

INTRODUCTION. CXXXI

de la Hougue, mais d'en éloigner les réfugiés irlandais qui en formaient une partie, parce que, « dans la conjoncture de la « guerre, ils n'étoient pas assez bien disposés pour la France « pour leur confier la garde de nos côtes[1]..... Ils parloient avec « très-peu de respect du roi d'Angleterre et beaucoup d'estime « du prince d'Orange[2]. »

Bien qu'on redoutât toujours des descentes, et qu'il en résultât quelquefois des paniques assez singulières[3], la presqu'île du Cotentin fut le théâtre, au printemps de 1692, des préparatifs d'une expédition qui devait passer en Angleterre avec le roi Jacques et le maréchal de Bellefonds. Douze escadrons de cavalerie et de dragons y arrivèrent au mois d'avril avec neuf bataillons français et douze irlandais. Ces derniers étaient dans la plus extrême misère, « sans souliers, sans bas, sans cha- « peaux et sans linge; ils avoient vendu le linge qui leur avoit « été fourni. » Foucault fut obligé de faire nourrir toutes ces troupes en l'absence des munitionnaires, qui tardèrent quinze jours et se montrèrent fort négligents. À la fin du mois, le roi Jacques[4] arriva lui-même, accompagné de lord Melfort, et alla camper à Quinéville, au bord de la mer. On avait reçu l'ordre de la cour de ne faire aucune cérémonie sur son passage. En ce moment on croyait encore à une descente des An-

---

[1] *Mémoires*, 1692, p. 280.
[2] *Ibid.* juin 1692, p. 289.
[3] *Ibid.* fin de 1689, p. 258.
[4] Déjà, à son retour en France, après la bataille de la Boyne, le roi Jacques avait passé par la basse Normandie, où Foucault l'avait reçu les 23 et 24 juillet 1690. Il en envoya à son père une relation très-curieuse, qui est insérée aux Mémoires, p. 264 et suiv. Rien n'égale l'insouciance de Jacques : « Il paroit aussi insensible « au mauvais état de ses affaires que si elles « ne le regardoient point. Il raconte ce qu'il « en sait en riant, et sans aucune altération. » La population de Caen était très-jacobite; on n'avait pu l'empêcher tout récemment de faire des feux de joie sur la fausse nouvelle de la mort de Guillaume III à la Boyne; aussi reçut-elle Jacques avec beaucoup de chaleur. Il dîna chez l'intendant, qui eut l'honneur de lui présenter la serviette. « Les jésuites le vinrent complimenter. »

glais, et le maréchal de Bellefonds le manda à Foucault le 31 avril. Le mois de mai se passa ainsi jusqu'à la catastrophe qui mit fin à tous les projets. La flotte de Tourville, qui devait protéger le débarquement en Angleterre, fut attaquée le 28 mai, entre la Hougue et Barfleur, par les escadres réunies d'Angleterre et de Hollande; forcée de céder au nombre, elle se dispersa et alla chercher refuge dans tous les ports, depuis le Havre jusqu'à Brest. Treize vaisseaux de haut bord, commandés par Tourville lui-même, parurent le 31 mai au matin devant la Hougue, où étaient réunis le roi Jacques, le maréchal de Bellefonds et Foucault. L'ennemi les suivait à deux portées de canon. Comment les vaisseaux furent misérablement échoués au lieu d'être défendus, et comment les chaloupes anglaises vinrent les brûler à la côte sans résistance et presque sans coup férir, c'est ce qu'apprennent les relations écrites par Foucault, témoin oculaire, immédiatement après l'événement. La première est le compte rendu officiel qu'il devait au gouvernement: il n'y dit que la vérité, mais non toute la vérité, et se tait sur les causes qui firent qu'après avoir résolu de se défendre on y renonça pour se faire maladroitement échouer. Des bruits fâcheux couraient à cet égard, et, dès le 7 juin, le contrôleur général Pontchartrain, qui avait le département de la marine depuis la mort de Seignelay, écrivit une lettre très-vive enjoignant à l'intendant de lui révéler tout ce qui s'était passé. Foucault répondit par une seconde relation qui incriminait surtout le maréchal de Bellefonds et M. de Bonrepaux[1]. Nous n'essayerons pas d'analyser ici ces

---

[1] Dans ses Mémoires (p. 133 et suiv.), le marquis de Villette, un des officiers de marine qui assistèrent à ce désastre, raconte les choses un peu autrement. Nous donnons son récit dans les notes du texte, afin qu'on puisse le comparer à celui de Foucault et les compléter l'un par l'autre. Mais on ne doit pas oublier que la re-

INTRODUCTION.

deux pièces importantes[1], qui doivent être lues et pesées dans leur entier. La vérité était trop fâcheuse pour être avouée au public ; on lui fit croire que c'étaient nos capitaines eux-mêmes qui avaient mis le feu à leurs vaisseaux pour ne les pas laisser brûler par les ennemis, et cette version obtint assez de crédit pour être encore adoptée par Voltaire dans son *Siècle de Louis XIV*[2].

La catastrophe de la Hougue fut suivie, aux mois de juin et de juillet, de petites descentes des Anglais, lançant sur le rivage une cinquantaine d'hommes à la fois. Il en résulta l'incendie d'un moulin et de quelques maisons. Ces événements firent renouveler à Foucault ses propositions d'établir un port militaire à la Hougue, et de garnir les côtes de troupes régulières et de milices. Au mois de mai 1693 on y donna suite, au moins partiellement, en établissant un camp à la Hougue et en y élevant des redoutes et deux tours. On fortifia aussi la tête des ponts de Douve, qui défendaient l'entrée de Carentan et par conséquent la presqu'île du Cotentin. Vauban vint visiter ces ouvrages au mois de mai 1694, et l'on imposa 50,000ᵗᵗ sur les trois généralités de Caen, Rouen et Alençon, pour les fortifications de la Hougue. Foucault, continuant à presser cette affaire, demandait, d'accord avec Vauban, que l'on construisît une douzaine de tours depuis la Pintrerie jusqu'à Quinéville : on en fit une à Port-en-Bessin[3].

La campagne de 1695 se passa en précautions à la Hougue. L'ennemi, qui venait de bombarder Saint-Malo, se porta le 18 juillet contre Granville, qui fut bombardée pendant neuf heures sans grand dommage, et il se retira après avoir

---

lation de Foucault a été écrite au moment même, et quand ses souvenirs n'avaient pas encore eu le temps de se troubler.

[1] *Mémoires*, p. 282 et suiv.
[2] Chap. xv.
[3] *Mémoires*, 1694, p. 305, 306, 308.

menacé Cherbourg le 20 juillet. Rien ne fut tenté en 1696.

La paix de Ryswick mit fin pour un temps à cet état d'alarmes; mais il recommença avec la guerre de la succession d'Espagne. En 1702, Foucault écrivit à Chamillart pour lui faire part du danger de voir les Anglais et les Hollandais descendre et s'emparer de Carentan, ce qui les aurait rendus maîtres de la presqu'île. Il demandait un régiment de cavalerie pour rallier et soutenir la noblesse et les milices du pays, et se porter rapidement sur les points menacés. En 1703, une petite flottille de transports faisant voile pour Brest, sous l'escorte de deux frégates, fut brûlée par l'ennemi près du Mont-Saint-Michel, sans que les officiers du régiment de la côte se donnassent aucun mouvement pour la secourir; le roi les fit casser. En 1706, dernière année de l'intendance de Foucault à Caen, on craignait encore une descente des Anglais.

§ 10. — Affaires ecclésiastiques.

Foucault fut souvent mêlé aux affaires ecclésiastiques de son temps; il y toucha, par les attributions qu'exerceraient aujourd'hui les préfets et les procureurs généraux, en instrument toujours zélé du pouvoir central, exécutant sans réserve les ordres qu'il avait reçus. Rarement ses Mémoires laissent percer une opinion personnelle; on sent cependant qu'il partageait les préventions de Colbert à l'égard des couvents. Le grand ministre traitait volontiers les moines de « gens oisifs et inutiles « à l'État [1]; » il essaya de faire reculer l'âge des vœux monas-

[1] *Journal d'Olivier d'Ormesson*, cité dans Chéruel, *Histoire de l'Administration monarchique en France*, t. II, p. 286.

tiques[1]. Foucault pensait de même et ne s'en cache pas : il parle nettement[2] des couvents qui « dévorent » la ville de Cahors. En septembre 1687, le duc de Mazarin ayant offert de contribuer à l'érection d'un hôpital à Saint-Maixent, Foucault proposa d'y réunir les aumônes que les bénédictins de la ville faisaient à la porte de leur abbaye, et qui, selon lui, entretenaient la fainéantise et la mendicité[3]. Les bénédictins s'opposèrent à cette réunion, aimant mieux faire cette aumône « comme il leur plaît, « et sans en rendre compte à personne. » Cependant Foucault finit par l'emporter. En 1700, il revenait encore sur la même idée en basse Normandie, et proposait à Chamillart de centraliser au profit des hôpitaux les aumônes faites « abusive- « ment » à la porte des abbayes dans le diocèse de Coutances[4].

L'intervention de Foucault en matière ecclésiastique fut le plus souvent une affaire de police. Tantôt[5] on le voit rétablir l'ordre dans un couvent de femmes en rébellion ouverte contre une prieure que le roi s'était prétendu en droit d'y nommer; tantôt c'est un autre couvent de femmes[6] qui se révolte contre son abbesse et contre l'évêque de Cahors; tantôt il s'agit de réintégrer à Saint-Affrique les cordeliers que l'évêque de Vabres en a fait sortir de son autorité privée[7]. Ailleurs, c'est l'évêque d'Oloron qui ne rend pas foi et hommage pour les terres qu'il possède dans la mouvance du roi[8], et qui, saisi dans ses revenus par la chambre des comptes de Pau, menace l'huissier saisissant de le battre. Une autre fois il fait rétablir le bon

---

[1] Chéruel, ouvr. cit. t. II, p. 285, et p. 253, n. 3.
[2] Mémoires, août 1676, p. 38.
[3] Ibid. p. 207. Déjà, aux États généraux de 1614, les cahiers du tiers avaient demandé que les aumônes dues par les évêchés et les maisons religieuses fussent remises aux administrations laïques des hôpitaux.
[4] Mémoires, p. 337.
[5] Ibid. fin de 1677, p. 44.
[6] Ibid. fin de 1674, p. 30.
[7] Ibid. fin de 1679, p. 51.
[8] Ibid. mars 1684, p. 98.

ordre dans l'abbaye de Pontault[1]; ou bien c'est un janséniste interné[2], et un autre surveillé[3]; un doyen d'église relégué pour avoir fait des chansons scandaleuses[4]; une femme de mauvaise vie arrêtée pour avoir contrefait la béate tout en vivant avec un cordelier[5]. En 1706, l'évêque de Lisieux voulait remplacer les bénédictins de Lessay, qui vivaient licencieusement, par des réformés du même ordre; mais le roi refusa, parce qu'il croyait que ces réformés aimaient « le procès[6]. »

L'affaire ecclésiastique la plus importante à laquelle Foucault ait concouru est celle de la régale. On connaît trop ce démêlé, qui aboutit à la fameuse déclaration de 1682, pour que nous ayons ici à en faire un long historique; d'ailleurs, Foucault ne toucha pas au fond des choses; il fut appelé seulement à faire prévaloir les droits du roi contestés par le chapitre de la cathédrale de Pamiers. Contentons-nous donc d'indiquer brièvement ce qu'il est nécessaire qu'on se rappelle pour l'intelligence des faits contenus dans les Mémoires.

La régale était, suivant l'expression des auteurs, une sorte de garde noble des évêchés et archevêchés vacants, donnant aux rois la jouissance de leurs fruits et revenus et le droit de collation des bénéfices qui en dépendaient et qui venaient à vaquer pendant qu'elle s'exerçait; elle s'ouvrait par la mort de l'évêque, par sa démission, sa promotion au cardinalat ou à un autre siége, ou enfin par sa rébellion publique et notoire, auquel cas elle jouait le rôle d'une commise semblable à celle qui frappait le vassal pour cause de félonie. Administrée par un économe-séquestre qui gérait les revenus vacants, elle cessait quand le nouveau titulaire du siége avait fait signifier à l'éco-

---

[1] *Mémoires*, 10 mars 1685, p. 116.
[2] *Ibid.* juillet 1686, p. 158.
[3] *Ibid.* mai 1687, p. 180.
[4] *Mémoires*, septembre 1699, p. 332.
[5] *Ibid.* 1703, p. 355.
[6] *Ibid.* p. 370.

nome l'arrêt d'enregistrement de son serment de fidélité à la chambre des comptes de Paris, avec les lettres patentes de mainlevée de la régale, et qu'il avait pris possession personnelle et effective de son siége.

Les jurisconsultes de l'ancien régime se sont livrés à des discussions infinies sur les origines du droit de régale et sur l'époque où il commença d'être exercé par les rois, les uns le faisant remonter jusqu'à la première race, et les autres ne le reconnaissant qu'à partir du concordat de François I[er][1]. Jusqu'à Louis XIV, une partie du midi de la France en avait été exempte; mais le roi résolut de soumettre à cet égard tout son royaume à l'unité de régime. Une déclaration datée de Saint-Germain-en-Laye, le 10 février 1673[2], étendit le droit de régale à tous les diocèses du royaume, excepté ceux qui en étaient exempts à titre onéreux. Après quelque résistance, une nouvelle déclaration du 2 avril 1675, interprétative de la première, fit céder tous les évêques à l'exception de deux, les évêques jansénistes d'Aleth et de Pamiers, qui s'étaient déjà signalés par leur refus de signer le formulaire du pape Alexandre VII. Foucault n'eut à s'occuper que du diocèse de Pamiers, dont l'évêque, depuis 1644, était Étienne-François de Caulet, fils d'un président au parlement de Toulouse, prélat d'une imagination ardente et d'un esprit impétueux. En entrant dans son diocèse, il l'avait trouvé fort en désordre, et une partie de ses revenus avait été consacrée à doter le séminaire et à fonder des établissements religieux propres à ranimer la dévotion et la discipline; le chapitre surtout, tombé dans le plus grand relâchement, avait été ramené à la régularité et soumis à une

---

[1] Voyez, dans la *Bibliothèque historique* du P. Lelong, la longue liste des ouvrages de l'ancien droit consacrés à cette question.

[2] Isambert, *Anciennes lois françaises*, t. XIX, p. 67.

règle presque monastique. Placé ainsi très-haut par son zèle et sa piété, ami de l'abbé de Rancé et de saint Vincent de Paul, Caulet était incapable de prendre en considération le côté politique et mondain des choses. Déjà ses résistances avaient commencé dans l'affaire du formulaire; la déclaration de 1673 le trouva aussi inflexible. Le roi y mit beaucoup de patience et de longanimité et souffrit sa désobéissance jusqu'à la fin de 1677. Mais Caulet avait l'humeur trop remuante pour profiter paisiblement de ce répit, et il provoqua les rigueurs du gouvernement, qui semblait l'oublier. Le comté de Foix, pays d'états, dont l'évêque de Pamiers était le président né, dépendait en partie de la généralité de Montauban et en partie de celle de Languedoc. Déjà, en 1664, Caulet avait profité de ce titre pour entrer en lutte avec l'intendant Pellot, à propos de la nomination des consuls de Pamiers; en 1677, il se mit en opposition ouverte avec Foucault, pour un trésorier dont ce dernier demandait la destitution[1]. Au même instant il se posait comme évêque à l'encontre du gouvernement, et ordonnait aux prêtres de son diocèse de refuser la confession et l'absolution, même en temps de Pâques, à tous les militaires, officiers, cavaliers et soldats qu'on y avait mis en quartier d'hiver, jusqu'à ce qu'ils eussent restitué aux communes ce qu'ils en avaient reçu. Et comme ces hommes objectaient qu'ils n'avaient rien pris que suivant les ordres du roi, il répondait qu'il valait mieux quitter le service que d'être à charge aux peuples. Le roi jugea d'abord à propos de dissimuler, « à cause du grand âge de M. de « Pamiers[2]; » mais, comme après tout Caulet, né en 1610,

---

[1] Dépêche de Pellot à Colbert, du 31 avril 1664, et dépêche de Caulet à Colbert, du 27 juillet 1677, dans Depping, Corresp. admin. t. I, p. 706 et 625.

[2] Dépêches de Louvois à Foucault, des 7 juin et 14 juillet 1677, p. 507, et Mémoires, 1677, p. 44.

INTRODUCTION.

n'avait que soixante-sept ans, la patience finit par échapper à Louis XIV.

Au mois de décembre 1677, Foucault reçut, pour le faire signifier, un arrêt du conseil du 27 novembre précédent, qui enjoignait à Caulet d'avoir, sous deux mois, conformément à la déclaration de 1673, à faire enregistrer par la chambre des comptes son serment de fidélité, condition désormais indispensable, pour toute la France, de l'installation des évêques dans leur siège et de la cessation du droit de régale. Pour toute réponse, l'évêque accusa réception, mais sans envoyer le serment demandé.

La désobéissance était flagrante. Au mois de mars suivant, Foucault saisit les revenus des biens de l'évêché situés dans sa généralité, pendant que M. d'Aguesseau en faisait autant pour les biens situés en Languedoc. C'était la régale qui s'ouvrait pour cause de rébellion. Caulet, continuant sa résistance passive, se contenta de faire venir devant lui celui qui était chargé de la saisie, pour lui représenter qu'il ne pouvait exécuter une pareille commission sans offenser Dieu mortellement. Deux mois plus tard, pour le priver de toutes ses armes, le roi le déclarait déchu de la présidence des états de Foix et lui en interdisait l'entrée [1].

Jusqu'ici nous avons eu à rapprocher et à éclairer des documents épars. A partir de ce moment, contrairement aux habitudes de ses Mémoires, Foucault consacre à l'affaire de la régale un travail d'ensemble, clair et suivi [2], que nous n'aurons qu'à résumer.

---

[1] *Mémoires*, mars et 16 mai 1678, p. 45, 46.

[2] *Ibid.* 1679, *Affaires de la régale*, p. 57 et suiv. Ce travail fut, suivant toute probabilité, rédigé en 1694, à la demande du duc de Beauvilliers. (Voy. *Mémoires*, mai 1694, p. 306.)

INTRODUCTION.

Depuis la saisie des revenus de l'évêché, le droit de régale y avait été ouvert, et le roi avait nommé aux bénéfices vacants. Caulet, soutenu par la plus grande partie de son clergé, excommunia, en février 1680, les pourvus en régale, et ordonna des jeûnes, des processions et des prières pour apaiser la colère de Dieu dans son diocèse. Le 4 avril, il renouvela ses excommunications en chaire, et les étendit aux commissaires et exécuteurs des ordres du roi. Le parlement de Paris, auquel l'ordonnance de 1667[1], confirmative en cela de l'ancien droit, attribuait une compétence exclusive en matière de régale, reçut son procureur général appelant comme d'abus de tous les actes de l'évêque de Pamiers. Pendant ce temps, sur le conseil de Foucault, les pourvus en régale et les autres excommuniés s'adressaient à l'archevêque de Toulouse, métropolitain de Pamiers, qui leva immédiatement toutes les excommunications prononcées par Caulet. Celui-ci les continua en faisant appel au pape. Le 17 juin, il excommuniait encore huit nouveaux pourvus en régale et un de leurs fermiers.

Cependant Innocent XI recevait l'appel de Caulet et le soutenait par un bref du 17 juillet 1680; il lui mandait que l'affaire allait se traiter à Rome avec le cardinal d'Estrées envoyé par le roi, et l'exhortait, en attendant, à persévérer dans la défense des droits de son Église. Mais ce bref arriva trop tard pour Caulet, qui était mort le 7 août.

Foucault espérait que cet événement allait rendre le repos au diocèse, mais il n'en fut rien; les esprits étaient trop surexcités pour s'apaiser. Caulet trouva des continuateurs de son œuvre et de sa résistance dans le chapitre de Notre-Dame-de-Pamiers[2] qu'il avait si vigoureusement réformé. Le peuple le regardait comme un saint, et à ses funérailles il se jeta sur

[1] Tit. XV, art. 19, 24. — [2] Notre-Dame-du-Camp.

ses vêtements, se les partagea comme des reliques, et termina la journée en jetant des pierres aux régalistes. Les chanoines, se sentant soutenus par cette effervescence populaire, continuèrent à méconnaître l'autorité du roi, et élurent entre eux un vicaire général du siége vacant, au mépris de la nomination en régale du sieur Paucet. Le P. d'Aubarède, élu du chapitre, monta en chaire le 18 août pour renouveler les excommunications fulminées par le défunt évêque, et les curés du diocèse, obéissant à cette impulsion, chassèrent scandaleusement de leurs églises les pourvus en régale.

Dès le 22 août, un ordre du roi relégua le P. d'Aubarède à Jargeau. Il obéit; mais le chapitre avait prévu le cas de la relégation et de la détention de ses vicaires généraux; les chanoines s'en étaient d'avance substitué les fonctions les uns aux autres, et, à leur défaut, aux curés de leur parti, de telle sorte qu'au P. d'Aubarède succéda immédiatement le P. Rech, qui fut aussitôt arrêté et relégué à Dax; mais la place fut prise non moins vite par le P. Cerle. Une nouvelle lettre de cachet fut lancée contre ce dernier; mais il se dérobait, et Foucault crut qu'il serait prudent de ne pas le découvrir, de peur que, de substitution en substitution, le vicariat général des récalcitrants n'arrivât jusqu'aux curés de leur cabale, qui s'uniraient entre eux et l'éterniseraient.

Cependant Foucault avait agi de son côté. Les anciens chanoines n'ayant pas voulu admettre ceux qui avaient été désignés en régale à nommer avec eux le vicaire général de l'intérim, l'intendant s'était adressé à l'archevêque de Toulouse, pour qu'en sa qualité de métropolitain il se chargeât de cette nomination, et qu'il envoyât à Pamiers un homme à lui. L'archevêque eût mieux aimé temporiser et attendre l'arrangement qui, disait-on, devait se conclure à Rome. Il finit cependant par envoyer comme vicaire général un sieur Fortassin, qui ne paraît pas avoir déployé une grande énergie dans l'affaire. Le 17 septembre 1680[1], le P. Cerle appela de cette nomination au Saint-Siége, et fit afficher aux portes des églises de Pamiers une ordonnance qui défendait aux ecclésiastiques et au peuple du diocèse de reconnaître le vicaire général envoyé par l'archevêque. Une lutte sans fin s'engagea entre Fortassin et lui, l'un faisant toujours de nouvelles ordonnances, et l'autre ne se lassant pas de les casser. Mais ce n'était plus le temps des grandes résistances à l'autorité royale, et le diocèse, bien qu'évidemment sympathique aux anti-régalistes, ne les soutenait pas, et laissait les plus compromis continuer la lutte à leurs risques et périls. Le chapitre lui-même faiblissait, et le nombre des récalcitrants s'y était réduit à trois, dont deux relégués, et le troisième, le P. Cerle, caché.

Tout se serait dès lors apaisé si le pape n'eût répondu à l'appel que lui avait fait le P. Cerle, par un bref qui approuvait vivement sa conduite et celle du chapitre, et condamnait implicitement par cela même les procédés de l'archevêque de Toulouse et les prétentions du roi à la régale. Le P. Cerle ne manqua pas de le faire afficher à Pamiers et à Toulouse; à quoi le parlement de cette ville répondit par un arrêt défendant aux évêques du ressort de recevoir aucun bref de Rome qui ne fût accompagné de lettres patentes du roi, et décrétant prise de corps contre le P. Cerle. Mais cet arrêt ne suffisait pas pour empêcher l'effet du bref, et le courage des opposants était fort relevé. Foucault écrivit à la cour qu'il ne restait plus qu'un seul remède vraiment efficace à cette situation difficile : c'était de nommer au plus tôt un nouvel évêque à Pamiers. La cour le savait bien, et elle avait déjà désigné l'évêque de Lombez;

[1] D'après Moréri, v° *Cerle*.

mais ce prélat avait refusé, peu soucieux peut-être de se compromettre dans ces querelles. Enfin l'évêque de Léon fut choisi, et, en attendant que les formalités de sa nomination fussent accomplies, l'archevêque de Toulouse le chargea des fonctions de vicaire général par intérim, Foucault étant parvenu, par un manége assez fin, à faire renoncer le chapitre, régalistes compris, à en nommer un.

Dès lors l'affaire était finie; le P. Cerle ne se tint cependant pas pour battu, il continua de faire imprimer à Pamiers et à Toulouse des ordonnances de plus en plus insolentes. Le parlement de Toulouse rendit un arrêt contre lui[1]. Il continua, fit encore un appel au pape; c'était, dit Foucault, « une pièce « bien hardie et pleine de suppositions. » Le parlement de Toulouse lui fit un nouveau procès, et, en avril 1681, le condamna à avoir la tête tranchée. L'arrêt fut exécuté par effigie à Toulouse et à Pamiers. Mais, dans cette dernière ville, l'impression était encore si forte, que le bourreau s'était sauvé et qu'il fallut courir après lui pour le contraindre à cette simple formalité de l'exécution par effigie. Le P. Cerle n'en faisait pas moins afficher, au mois d'août suivant, un acte de protestation à la porte des évêques réunis à Toulouse pour nommer des députés à l'assemblée du clergé. Il continua ainsi pendant dix ans ses ordonnances et ses protestations, errant de retraite en retraite, jusqu'à sa mort, qui arriva le 16 août 1691.

---

[1] Voy. sur cette affaire deux lettres du chancelier Le Tellier au premier président du parlement de Toulouse, du 13 mars et du 19 avril 1681, dans Depping, *Corresp. admin.* t. IV, p. 131, 133. La première surtout de ces lettres est remarquable en ce qu'elle contient déjà, avec une grande ressemblance de rédaction, les motifs de l'arrêt du parlement de Paris qui fut rendu, le 31 mars 1681, contre le bref du pape obtenu par le P. Cerle. (Voy. cet arrêt dans Isambert, *Anc. lois fr.* t. XIX, p. 262.) On est en droit de conclure, par ce rapprochement, que l'arrêt fut dicté par le chancelier.

INTRODUCTION.

§ 11. — Affaires des protestants et de la révocation de l'édit de Nantes.

C'est à la fin de 1677 que se rencontre, dans les Mémoires de Foucault[1], la première mention des réformés. A cette époque, pour les ramener à l'unité de religion, le gouvernement se bornait encore à les priver des faveurs dont il disposait, tandis qu'il en comblait ceux qui se convertissaient. Foucault demanda alors 600ᵗᵗ de pension pour les filles d'un ministre converti depuis douze ans par l'intendant Pellot[2] et qui jouissait lui-même de 800ᵗᵗ de pension du clergé. Un peu plus tard, au commencement de 1679, ayant reçu un arrêt du conseil qui excluait les réformés des «charges politiques» de la ville de Montauban, il en sollicita immédiatement un semblable pour toutes les autres villes de la généralité.

En 1680, une circulaire de Colbert, datée du 18 octobre, annonça aux intendants que plusieurs arrêts du conseil avaient exclu les religionnaires de tous les emplois qui touchaient aux finances, et que les receveurs et fermiers avaient trois mois pour exécuter cet ordre, dans l'espoir que les menaces de révocation pourraient amener beaucoup de conversions. Rulhière nous apprend[3] que le plus grand nombre des emplois de finances était alors possédé par des protestants; «on sait, dit-il, «avec combien de peine M. Colbert consentit à ce règlement, «et vit sortir des finances une foule d'hommes dont il aimait «la probité et la modestie.» L'exclusion ne s'adressait qu'aux calvinistes, et Colbert maintint dans leurs offices des fermiers d'octrois de la généralité de Montauban qui étaient luthériens[4].

---

[1] Page 44.
[2] Depping, *Correspond. administ.* t. IV, p. 309.
[3] *Éclaircissements historiques sur les causes de la révocation de l'édit de Nantes*, Paris, 1788, t. I, p. 174, 175.
[4] Dépêche à Foucault du 2 janvier 1681, p. 461.

La mesure s'accomplit difficilement, et, dans ses dépêches à Foucault, Colbert fut obligé d'insister plusieurs fois, notamment[1] à propos d'une dénonciation qui avait été adressée au chancelier Le Tellier.

L'affaire entra dans sa seconde phase en 1681. Comme on avait exempté les nouveaux convertis du logement des gens de guerre, M. de Marillac, intendant en Poitou, imagina d'en reporter le fardeau sur ceux qui ne se convertissaient pas; et, non content des occasions où ce logement avait lieu naturellement, il les fit naître en envoyant tout exprès en certains lieux de la cavalerie et des dragons. Cette innovation fut d'abord approuvée par Louvois[2]; mais les gens de guerre ayant commis, dans les logements où on les cantonnait, de graves désordres approuvés et encouragés par la présence de l'intendant en personne, les protestants se plaignirent au roi, et en même temps l'émigration commença parmi eux. Le roi s'émut vivement, fit cesser les logements et révoqua Marillac. A l'imitation de ce dernier, Foucault avait écrit à Louvois, le 23 juillet 1681[3], afin d'obtenir deux compagnies de cavalerie dans le haut Rouergue et le haut Quercy, « pour seconder les missionnaires « ecclésiastiques. » Louvois lui répondit par un refus[4]. Sans attendre cette réponse, Foucault écrivait, le 6 août, au P. La Chaise pour lui dépeindre les bonnes dispositions des ministres et des principaux religionnaires de Montauban, dont le retour au catholicisme déterminerait celui du reste de la province, « qui ne cherchoit qu'une porte honnête pour rentrer dans « l'Église. » Pour sauver leur honneur, ils demandaient une

---

[1] Dépêche à Foucault, du 17 août 1682, p. 486; voy. aussi dépêches au même, du 10 septembre 1682 et du 28 janvier 1683, p. 488, 491.

[2] Dépêche de Louvois à Marillac, du 18 mars 1681, citée dans Rulhière, *Éclaircissements*, t. I, p. 201.

[3] *Mémoires*, p. 79.

[4] Dépêche à Foucault, du 7 août 1681, p. 509.

conférence où l'on agiterait les points controversés. « Ceux, « ajoutait-il, qui sont les plus considérés et les plus accrédités « dans le parti m'ont assuré que c'étoit la seule voie qui pût « faire réussir le grand projet des conversions; que celles de « rigueur, de privation des emplois, les pensions et les grâces « seroient inutiles. » Colbert se chargea de lui répondre[1] qu'il rendrait compte au roi de cette proposition, mais que, « dans les « temps passés, ces conférences n'ont jamais réussi. » A la fin de l'année, Foucault, se trouvant à Paris, renouvela sa proposition de conférences au chancelier Le Tellier, qui la rejeta absolument et lui défendit d'en parler au roi, disant qu'une pareille assemblée aurait le même succès que le Colloque de Poissy, et que le pape (avec lequel on était alors en difficulté pour les affaires du gallicanisme) trouverait mauvais qu'on la fît sans sa participation. « Sa timidité naturelle, remarque « Foucault, dans une entreprise qu'il jugeoit périlleuse, est « peut-être cause que l'ouvrage des conversions, qui auroit pu « réussir par les conférences soutenues d'autres moyens doux, « a coûté la ruine d'un si grand nombre de religionnaires et la « perte du commerce et des arts[2]. »

A ce moment commença la série des mesures qui préparèrent la révocation de l'édit de Nantes, en ôtant successivement aux calvinistes les fonctions publiques, les professions libérales et l'exercice de leur culte. Le nombre des conversions augmentant, on organisa un couvent à Montauban pour y recevoir les nouvelles catholiques. Foucault proposa de démolir le temple de cette ville pour contravention, parce que de nouveaux convertis y étaient entrés et y avaient reçu la cène. Le commonitoire adressé, en novembre 1682, par le clergé gallican aux religionnaires du royaume, fut signifié en janvier 1683

[1] Dépêche de Colbert à Foucault, du 22 août 1681, p. 470. — [2] *Mémoires*, p. 80.

INTRODUCTION.

au consistoire de Montauban; cette signification, « faite avec « douceur et charité, » fut « reçue avec respect. » Les biens des consistoires furent réunis aux hôpitaux. Les contraventions qui avaient fait démolir le temple servirent aussi au parlement de Toulouse à décréter de prise de corps les ministres de Montauban; leur arrestation ne causa aucune sédition, et les religionnaires se contentèrent de ne pas paraître dans les rues le dimanche à l'heure du prêche. Foucault écrivit à la cour qu'on pouvait sans danger démolir tous leurs temples[1]; ils tombèrent en effet, et l'intendant demanda seulement qu'on lui envoyât un ministre pour baptiser les enfants, « non l'un « de ceux de Montauban, afin d'effacer entièrement les vestiges « de l'exercice de la religion prétendue réformée, qui vient « d'être aboli[2]. » Les religionnaires de la province n'accueillirent pas les ministres ainsi imposés; mais ils restèrent calmes et refusèrent de prendre part aux troubles du Vivarais[3].

Dès son arrivée dans le Béarn[4], qui avait été un siècle auparavant le centre du protestantisme français, Foucault y continua sur une grande échelle l'œuvre des conversions. Les bourgeois religionnaires, exclus des fonctions publiques, s'y faisaient avocats; le barreau de Pau en comptait plus de cent

---

[1] *Mémoires*, février 1683, p. 86.

[2] *Ibid.* 23 juin 1683, p. 87.

[3] *Ibid.* fin août et novembre 1683, p. 89, 91.

[4] L'auteur de l'éloge de Foucault, prononcé à l'Académie des inscriptions et belles-lettres, fait entendre que son déplacement de Montauban à Pau n'avait été qu'une disgrâce apparente, et qu'on l'avait envoyé dans cette nouvelle généralité pour y accomplir l'œuvre des conversions. « M. Foucault, dit-il, qui avoit le secret de « son maître, y fut fidèle et parut surpris « comme les autres » de son changement. (*Hist. de l'Acad. des inscript.* [par Boze et l'abbé Goujet], t. II, p. 227, Paris, 1740, in-12.) Mais cette version ne saurait être admise, et les Mémoires disent tout le contraire. Nous avons indiqué, d'après eux, dans la biographie de Foucault, comment, la mort de Colbert le laissant sans protecteur, le chancelier le fit permuter de place avec un de ses protégés. On peut attribuer au besoin de regagner la faveur perdue les graves initiatives dont nous allons le voir prendre la responsabilité en Béarn.

cinquante sur deux cents, et les plus occupés. Foucault obtint un arrêt du conseil portant défense d'en recevoir aucun à l'avenir.

A la fin d'août 1684, il se rendit à Paris, et, dans une audience qu'il obtint à Fontainebleau, où la cour se trouvait alors, il exposa au roi le plan qu'il avait conçu pour faciliter la conversion des religionnaires béarnais. Il s'agissait de réduire à cinq les temples, trop nombreux et trop rapprochés les uns des autres. Le roi approuva cette mesure; seulement Foucault eut soin « de ne laisser subsister que les temples, justement « au nombre de cinq, dans lesquels les ministres étoient tombés « dans des contraventions qui emportoient la démolition, en « sorte que, par ce moyen, il ne devoit plus rester de temple en « Béarn. » Le roi connut-il aussi ce stratagème? c'est ce que Foucault ne nous apprend pas, tout en disant que Sa Majesté lui témoigna une grande satisfaction des mesures qu'il prenait. A son retour, en février 1685, l'affaire des temples fut menée sans perdre de temps. D'abord les temples trop nombreux tombèrent au nombre de quinze. Les religionnaires demandaient qu'on agrandît les cinq restants, trop étroits désormais pour le nombre des fidèles; mais le procureur général les attaqua pour contraventions, et ils furent bientôt démolis comme les autres, par arrêt du parlement de Pau. « En sorte, ajoute Fou- « cault, qu'en moins de six semaines il ne resta pas un temple « dans tout le Béarn; leur démolition engagea les ministres « de sortir de la province, et, par leur désertion, ces faux pas- « teurs me laissèrent le champ libre aux conversions. » Les conversions marchaient en effet à grands pas; mais l'émigration commençait aussi, et Foucault reçut l'ordre de la surveiller[1].

Quelles que fussent ses préoccupations, Foucault était ju-

[1] *Mémoires*, 10 mars 1685, p. 116.

INTRODUCTION.

riste avant tout, et ne souffrait pas qu'on transgressât les lois. Une déclaration du 31 janvier 1682 avait décidé que « les « enfants bâtards des religionnaires, de quelque âge qu'ils « fussent, » seraient élevés dans la religion catholique. On voulut en profiter pour forcer un bâtard de vingt-cinq ans à l'abjuration. Mais l'intendant, jugeant qu'il ne s'agissait dans cette déclaration que de l'éducation des enfants, et qu'à vingt-cinq ans on est sorti de l'enfance, s'opposa courageusement à cette interprétation dans une lettre au chancelier[1].

Nous arrivons à l'initiative la plus grave que Foucault ait prise. La déclaration de guerre de l'Espagne à la France, le 11 décembre 1683, avait, comme nous l'avons vu, fait rassembler en Béarn une armée d'observation, d'abord sous les ordres du maréchal de Bellefonds, ensuite sous ceux du marquis de Boufflers. Les Mémoires racontent[2] que, le 18 avril 1685, Foucault demanda à Louvois « des ordres en blanc « pour faire loger une ou plusieurs compagnies dans les villes « remplies de religionnaires, étant certain que la seule ap- « parition des troupes produira un grand nombre de conver- « sions. Je tiendrai si bien la main, écrivait-il, à ce que les « soldats ne fassent aucune violence, que je me rendrai respon- « sable des plaintes qu'il (Louvois) en pourroit recevoir. » Les Mémoires ajoutent : « Il est à observer que le roi n'avoit pas « envoyé des troupes en Béarn par rapport aux affaires de la « religion, mais pour former le camp que Sa Majesté avoit « résolu d'établir sur la frontière d'Espagne. M. de Louvois « m'ayant envoyé plusieurs ordres en blanc, il s'est converti « six cents personnes dans cinq villes ou bourgs, sur le simple « avis que les compagnies étoient en marche. »

Cet exposé n'est pas tout à fait complet. Louvois refusa d'a-

[1] *Mémoires*, 11 avril 1685, p. 117. — [2] P. 118.

bord les ordres demandés¹; mais il dut les accorder très-peu de temps après, car il résulte de deux témoignages directs² qu'à la fin de juillet les opérations de l'armée de Boufflers étaient terminées en Béarn, et qu'elles continuèrent dans les généralités de Bordeaux, de Montauban et de Poitiers, où elles étaient accomplies à la fin de la première quinzaine de septembre.

A cela près, Foucault rend-il un compte exact de la manière dont les choses se passèrent? N'influa-t-il sur les consciences que par l'intimidation seulement et par la crainte des dépenses qu'entraînait le logement des soldats, sans souffrir qu'il se commît aucune espèce de violence? Parvint-il à maintenir parmi les gens de guerre le bon ordre dont il s'était vanté à Louvois? C'est ce qu'il est difficile de vérifier aujourd'hui d'une manière absolue; mais tout d'abord nous pouvons constater que les plaintes dont il s'était rendu responsable à l'avance ne manquèrent pas; elles furent portées devant le parlement de Pau, mais une dépêche de Louvois³ nous apprend que le roi blâma le premier président de les avoir écoutées et lui défendit d'en recevoir de semblables à l'avenir.

Des témoignages contemporains accusent Foucault d'avoir autorisé les violences ou tout au moins de ne les avoir pas empêchées. Le plus considérable par le caractère de son auteur et par la source d'où il tenait ses renseignements est celui du chancelier d'Aguesseau, écrivant la Vie de son père, qui était intendant de Languedoc en 1685. «C'est par l'auto-

---

[1] Dépêche à Foucault, du 2 mai 1685, p. 510.

[2] Dépêche de Louvois à Boufflers, du 31 juillet 1685, citée dans Rulhière, Éclaircissements, t. I, p. 295-296; et Journal de Dangeau, à la date du 16 septembre 1685. Selon Foucault, Boufflers aurait encore été en Béarn le 27 août; il y a probablement une erreur de date.

[3] Dépêche à Foucault, du 16 septembre 1685, p. 514.

« rité du roi même, dit-il, que les troupes marchèrent précédées
« de la crainte et de la terreur qu'elles répandoient partout. »
Et il ajoute : « Je ne nommerai point ici l'intendant qui, par
« une distinction peu honorable pour lui, fut chargé de faire
« le premier essai d'une méthode si nouvelle pour la conversion
« des hérétiques. Il étoit des amis de mon père et des miens,
« homme d'un esprit doux, aimable dans la société, orné de
« plusieurs connoissances, et ayant du goût pour les lettres
« comme pour ceux qui les cultivent; mais, soit par un dé-
« vouement trop ordinaire aux intendans pour les ordres de la
« cour, soit parce qu'il croyoit, comme bien d'autres, qu'il
« ne restoit plus dans le parti protestant qu'une opiniâtreté
« qu'il falloit vaincre ou plutôt écraser par le poids de l'auto-
« rité, il eut le malheur de donner au reste du royaume un
« exemple qui n'y fut que trop suivi, et dont le succès surpassa
« d'abord les espérances mêmes de ceux qui le faisoient agir;
« il n'eut besoin que de montrer les troupes, en déclarant
« que le roi ne vouloit plus souffrir qu'une seule religion
« dans ses états, et l'hérésie parut tomber à ses pieds. Les ab-
« jurations ne se faisoient plus une à une; des corps et des com-
« munautés entières se convertissoient par délibération et par
« des résultats de leurs assemblées, tant la crainte avoit fait
« d'impression sur les esprits, ou plutôt, comme l'événement
« l'a bien fait voir, tant ils comptoient peu tenir ce qu'ils pro-
« mettoient avec tant de facilité. C'étoit dans une province voi-
« sine du Languedoc que se passoit un événement si extraor-
« dinaire[1]. »

Ce passage, si réservé et si mesuré, désigne clairement Foucault et le Béarn, et c'est ainsi que Rulhière l'a entendu. Mais
cet historien ajoute une allégation encore plus grave : « Tout

[1] *Œuvres du chancelier d'Aguesseau*, in-4°, t. XIII, p. 51.

« ce que peut imaginer la licence du soldat fut exercé en Béarn
« contre les calvinistes. On attribue à cet intendant d'avoir per-
« fectionné plus d'un genre de torture[1]. » Rulhière a emprunté
cette accusation à un livre contemporain des événements,
l'*Histoire de l'édit de Nantes*, qui fut publié en 1695 par Élie
Benoît, pasteur réfugié à Delft. Mais cet ouvrage, plein de renseignements curieux, s'est fait l'écho passionné de toutes les
colères des réfugiés, et on en a suspecté l'exactitude[2]. Les actes
les plus odieux y sont décrits en détail et attribués aux con-
vertisseurs du Béarn en 1685, et l'on déclare expressément
que les troupes « exerçoient ces cruautés non-seulement par la
« permission, mais par l'ordre exprès de Foucault, qui leur
« enseignoit même des moyens nouveaux de mettre à bout la
« plus ferme patience[3]. » Comme nous n'avons aucun moyen
de contrôler ces dénonciations, nous nous abstiendrons de les
répéter ici, et nous renverrons nos lecteurs à l'ouvrage cité[4], en
faisant seulement remarquer qu'un livre écrit par un émigré,
sous le coup des persécutions, a nécessairement exagéré les
faits, et qu'il est inutile et invraisemblable d'attribuer à l'invention personnelle de Foucault des tourments que les soldats
livrés à eux-mêmes n'étaient que trop capables d'imaginer.

Au commencement de septembre, Foucault croyait avoir
converti les vingt deux mille religionnaires que comptait le
Béarn. « Il y en a eu beaucoup, disait-il[5], qui, à l'approche des
« gens de guerre, ont abjuré sans les avoir vus. La distribution
« d'argent en a aussi beaucoup attiré à l'Église. Le Béarnois a

---

[1] *Éclaircissements*, t. I, p. 291.

[2] Le P. Lelong, mentionnant ce livre dans sa *Bibliothèque historique*, n° 6185, dit qu'il est « écrit avec beaucoup d'aigreur « et peu de fidélité, et que des protestans « même s'en sont plaints. »

[3] *Histoire de l'édit de Nantes*; à Delft, chez Adrien Béman, 1695, in-4°, t. III, 3ᵉ partie (5ᵉ vol.), p. 833.

[4] P. 831-837.

[5] *Mémoires*, juillet 1685, p. 125.

… « l'esprit léger, et l'on peut dire qu'avec la même facilité que la
« reine Jeanne les avoit pervertis ils sont revenus à la religion
« de leurs pères. » Cependant les conversions ne s'accomplirent
pas si facilement partout; à Orthez par exemple, il fallut employer les gens de guerre. « Quelques familles opiniâtres avoient
« résolu de ne point changer, quelque chose qui arrivât. » Un
gentilhomme qui était à leur tête fut envoyé à la Bastille.

Foucault s'occupait personnellement de convertir les ministres et les gentilshommes, et il obtenait quelquefois en ce
genre des résultats frappants et dramatiques[1]. Il blâmait nettement la permission de sortir du royaume et de vendre leurs
biens accordée aux ministres[2]. Un faux honneur, selon lui, leur
faisait préférer ce parti; ils se seraient convertis si, sans pouvoir
émigrer ni réaliser leur fortune, ils avaient été obligés de s'éloigner du lieu de leur exercice[3]. Il ne se plaignait pas moins
du peu de concours qu'il trouvait dans le clergé. Les évêques
de Lescars et de Tarbes s'étaient absentés pendant qu'on faisait
« les missions » dans leurs diocèses[4]. Les curés du Béarn étaient
ignorants et souvent de mauvaises mœurs; il aurait fallu faire
parcourir le Béarn par des missions extraordinaires, et les meilleurs prédicateurs n'y auraient pas été trop bons pour tenir la
place des ministres, « qui prêchoient bien. » En attendant, on
mit entre les mains des nouveaux convertis autant de bons
ouvrages qu'on put, l'*Exposition de la doctrine de l'Église catholique* de Bossuet, le *Catéchisme historique* de Fleury, et des livres
de prières en français[5].

Foucault blâma aussi très-hautement qu'on eût conservé des

---

[1] Voyez la conversion du sieur d'Audrehon, *Mémoires*, juillet 1685, p. 121.
[2] *Ibid.* p. 122.
[3] Il s'en convertit en effet un certain nombre. (Voy. *Mémoires*, année 1685 et passim.)
[4] *Mémoires*, 16 août 1685, p. 126.
[5] *Ibid.* février 1685, p. 123.

ministres pour baptiser les enfants des religionnaires, la présence de ces hommes constituant, selon lui, un obstacle aux conversions. Il réclama plusieurs fois en ce sens; mais le gouvernement maintint la mesure, à cause d'un scrupule religieux du roi, de qui « la conscience ne pouvoit souffrir qu'un enfant « baptisé à l'église par un prêtre fût rendu à ses parents pour « être élevé à la R. P. R[1]. » Malgré les réclamations de Foucault, la cour lui renvoya un arrêt du conseil en ce sens; « mais, dit-« il, je n'ai pas jugé à propos de l'exécuter[2]. »

Cette désobéissance fut probablement ignorée du roi et ne l'empêcha pas de prendre plaisir aux lettres de l'intendant qui racontaient les progrès de la conversion dans le Béarn. Foucault envoya à la cour un mémoire[3] intitulé *Relation des conversions faites en Béarn*, dans lequel, dit Rulhière, qui l'a vu aux archives du Louvre, il « ne parle ni de violences ni de dra-« gonnades. On n'y entrevoit pas qu'il y ait eu un seul soldat « dans le Béarn. La conversion générale paroît produite par un « effet de la grâce divine. Il ne s'agit que d'annoncer les inten-« tions du roi; que d'instruire des gens qui s'empressent à « demander d'être instruits... Tous courent aux églises catho-« liques pour chanter le *Te Deum*, et l'on solemnise cette heu-« reuse réunion par des feux de joie, au bruit du canon et aux « acclamations unanimes de *Vive le roi*[4]! » Louvois félicita plusieurs fois Foucault de ses succès, et le P. La Chaise lui écrivit, le 1ᵉʳ juillet 1685, que le roi prenait plaisir à lire ses rela-« tions, et même que Sa Majesté les gardoit[5]. » Louvois écrivait, le 30 août suivant, à M. de Boufflers : « MM. les intendans me

---

[1] *Mémoires*, 15 juin 1685, p. 120.
[2] *Ibid.* juillet 1685, p. 125.
[3] Dépêche de Louvois à Foucault, du 16 juillet 1685, p. 511.
[4] Rulhière, *Éclaircissements*, t. I. p. 292.

Ce mémoire de Foucault a été cherché sans succès aux Archives de l'Empire, qui ont reçu les pièces contenues autrefois aux archives du Louvre.

[5] *Mémoires*, p. 121.

INTRODUCTION.

« paroissent attachés à procurer la même chose que ce qui s'est
« passé en Béarn, de quoi, sans miracle, ils ne viendront point
« à bout[1]. »

Ces rapides succès firent illusion à la cour, en lui donnant
à penser qu'il ne restait plus de protestants en France. On
peut croire qu'ils contribuèrent à la détermination qui fit,
dans le mois d'octobre suivant, révoquer complétement l'édit
de Nantes.

Les états de Béarn, pour remercier Foucault d'avoir purgé
leur pays de l'hérésie, firent frapper en son honneur une médaille dont la légende portait ces mots : *Religio restituta in Benear-
nia publicis civitatum deliberationibus*, tandis que le revers représentait les députés des villes qui venaient signer leur abjuration
sur l'autel[2]. La ville de Pau fit de grandes réjouissances avec
Te Deum, feu d'artifice et harangue solennelle à l'intendant par
un nouveau converti[3]. Quant à Louis XIV, il ne se contenta
pas de le féliciter par une lettre directe dont l'original est annexé aux Mémoires; il voulait, pour le récompenser, le nommer
intendant en Languedoc à la place de d'Aguesseau, qui se re-
tirait devant les persécutions[4]; mais le chancelier Le Tellier
fit changer cette destination. Ce fut Bâville, intendant à Poitiers, qui passa en Languedoc, et Foucault fut nommé à Poitiers, en remplacement de Bâville.

Foucault partit pour le Poitou, précédé de régiments de
dragons que, suivant une dépêche de Louvois[5], Sa Majesté y
faisait marcher « pour y être employés à porter les religion-

---

[1] Dépêche publiée par Rulhière, *Éclaircissements*, t. I, p. 303.

[2] *Éloge de Foucault*, ouvr. cité, p. 229.

[3] Voy. la substance de cette harangue,
Histoire de l'édit de Nantes, t. III, 3ᵉ partie
(t. V), p. 840.

[4] Vie de M. d'Aguesseau, dans les
Œuvres complètes du chancelier d'Aguesseau,
t. XIII, p. 54.

[5] Dépêche à Foucault, du 15 août
1685, p. 512.

« naires à se faire instruire. » A son arrivée à Poitiers, le 7 septembre, une grande partie des conversions était déjà opérée par son prédécesseur. Foucault n'eut qu'à compléter l'œuvre. Tous les réformés de Châtellerault se convertirent d'un coup par délibération de leur consistoire; mais ce fut la seule ville du Poitou qui prit ce parti d'ensemble. Les gentilshommes de Luçon, au nombre d'une centaine, résistèrent, et Foucault n'en put emporter que dix-huit[1]. Louvois, qui à cette époque lui écrit coup sur coup, lui recommande surtout la conversion de la noblesse[2], que Sa Majesté « souhaite encore plus que celle « du peuple. » Le roi veut qu'on use avec beaucoup de modération de la permission accordée de loger des gens de guerre chez les gentilshommes ; « Sa Majesté ne veut point absolu-« ment que l'on loge chez ceux qui sont d'une qualité distin-« guée, non plus que ceux qui sont dans le service ou qui y « ont des enfants, à moins qu'ils ne fussent convaincus d'avoir « retiré des meubles des religionnaires, auquel cas ils doivent « être regardés comme déchus de leurs priviléges. » Quand il ne reste plus qu'un très-petit nombre de religionnaires opiniâtres dans un endroit, il est inutile de les charger de logements excessifs[3]; mieux vaut faire semblant de n'y avoir pas d'attention. On les réduira plus tard, en les mortifiant dans l'imposition des tailles ou dans les logements des troupes qui passeront par étapes, et, s'ils sont gentilshommes, en les inquiétant sur leurs titres de noblesse. Louvois recommande aussi à Foucault « de

---

[1] *Mémoires*, p. 129, 130.

[2] Dépêches du 12 septembre et surtout du 2 octobre 1685, p. 512, 515.

[3] Dans une dépêche du 16 octobre 1685 (p. 517), Foucault est réprimandé pour avoir logé une compagnie et demie de dragons, à Poitiers, chez une femme seule. Il est vrai que, dans les Mémoires (p. 146), Foucault accuse Louvois d'avoir ordonné des violences semblables. Le duc de Noailles, qui commandait en Languedoc, mit dans quelques logements jusqu'à cent hommes à la fois. (Rulhière, *Éclaircissements*, t. I, p. 316.)

INTRODUCTION.

« ménager les gros marchands, de manière qu'ils ne soient point
« portés à cesser leur commerce ni à quitter leur demeure[1]. »

Enfin, au mois d'octobre 1685, l'édit de Nantes fut expressément révoqué. Foucault reçut l'édit révocatoire accompagné d'une instruction du roi et d'une dépêche de Louvois, statuant sur plusieurs points d'exécution et décidant que les ministres, auxquels le nouvel édit accordait la permission de se retirer, ne pourraient ni disposer de leurs immeubles[2], ni emmener avec eux leurs enfants âgés de plus de sept ans, et que dorénavant il y aurait lieu de supprimer les ministres qu'on avait établis pour les baptêmes et les mariages, lesquels devraient se faire à l'église catholique.

La dernière clause de l'édit révocatoire jeta beaucoup de confusion et de trouble dans l'affaire des conversions. Elle portait expressément que, jusqu'à ce qu'il plût à Dieu de les éclairer, les réformés qui n'avaient pas abjuré pourraient vivre tranquilles sans être troublés ni empêchés sous prétexte de religion, à condition de ne faire aucune manifestation de leur culte. Les religionnaires espérèrent que cette clause allait faire cesser la persécution, et les nouveaux convertis, auxquels les « opiniâtres » reprochaient leur peu de courage, cessèrent d'aller à la messe. Foucault demanda à Louvois qu'on l'autorisât à faire le procès, « comme à des perturbateurs du repos
« public, » à ceux qui interprétaient ainsi l'édit et semaient des discours contraires à son esprit[3]. Louvois lui répondit que c'était inutile, « puisqu'il n'y avoit qu'à donner des logemens

---

[1] Dépêche de Louvois à Foucault, du 14 septembre 1685, p. 514. Le 21 octobre suivant, il faisait la même recommandation à Marillac, intendant à Rouen. (Rulhière, *Éclaircissements*, t. I, p. 332.)

[2] Au commencement de 1687, les biens des ministres qui étaient sortis en 1685, avec la permission du roi, furent saisis et leurs revenus confisqués. (Voy. dépêche de Louvois à Foucault, du 27 janvier 1687, p. 534.)

[3] *Mémoires*, fin d'octobre 1685, p. 137.

INTRODUCTION.

« à ceux qui ne se voudroient pas convertir, pour les détromper
« en peu de temps[1]. » Revenant, quelques jours plus tard[2], sur
le même sujet, à l'occasion de religionnaires qui, sous prétexte
du dernier article de l'édit, avaient eu l'insolence d'apporter
des requêtes à Foucault, Louvois lui expédia copie d'une instruction qu'il avait envoyée, « par ordre de Sa Majesté, » au
duc de Noailles, commandant en Languedoc pour le duc du
Maine, gouverneur de cette province. Il faut, disait-il, dans les
commencements, avoir plus de sévérité et mettre plus de gens
de guerre chez les religionnaires, « pour les mieux détromper de
« la fausse idée qu'ils ont prise de l'édit. » Il est bon cependant
de se défier des dénonciateurs, et « d'essayer d'empêcher que
« le zèle trop ardent de quelques ecclésiastiques, ou l'aversion
« que les provinciaux ont les uns contre les autres, ne les portent
« à exagérer ou à donner des avis entièrement faux. » Mieux vaut
fermer les yeux en beaucoup de cas et ne punir que les scandales
publics. A l'égard de la noblesse, le logement ne doit être que
le dernier moyen. Il faut essayer auparavant de la prendre en
détail, de l'inquiéter sur ses titres, sur les violences qu'elle
pourra avoir commises, etc. « En un mot, Sa Majesté désire
« que l'on essaye par tous moyens de leur persuader qu'ils ne
« doivent attendre aucun repos ni douceur chez eux, tant
« qu'ils demeureront dans une religion qui déplaît à Sa Ma-
« jesté; et on doit leur faire entendre que ceux qui voudront
« avoir la sotte gloire d'y demeurer des derniers pourront en-
« core recevoir des traitemens plus fâcheux s'ils s'opiniâtrent
« à y rester[3]. »

---

[1] Dépêche à Foucault, du 8 novembre 1685, p. 519.

[2] Dépêche du 20 novembre 1685, p. 521.

[3] Dépêche de Louvois au duc de Noailles, du 6 novembre 1685, p. 522. Rulhière, *Éclairciss*. t. I, p. 344, cite une autre dépêche de Louvois au duc de

INTRODUCTION.

Vers le même temps, Foucault fit un discours aux religionnaires du haut Poitou. Nous ne dirons rien de cette curieuse pièce qui s'explique assez par elle-même et qu'on trouvera tout entière aux Mémoires[1]. Son auteur remarque seulement qu'il en résulta peu de conversions.

Se conformant aux ordres qu'il avait reçus d'examiner les titres de la noblesse religionnaire, Foucault taxa d'office à la taille vingt-six « prétendus gentilshommes » d'un seul coup[2]. Ils réclamèrent si fort, que leurs plaintes parvinrent jusqu'au roi. Ils prétendaient que, « sans avoir examiné leurs titres ni même « les avoir fait assigner pour les représenter, » l'intendant les avait mis brusquement à l'imposition de la taille. Louvois lui écrivit à ce sujet en termes fort durs[3]. Foucault s'empressa de se justifier et d'envoyer un mémoire pour servir de réponse aux placets qu'on avait présentés au roi[4]. Le résultat fut qu'on mit en prison les deux « plus séditieux » d'entre ceux qui les avaient présentés, « pour les punir de la supposition qu'ils « avoient faite par leurs placets[5]. »

Le roi ayant décidé que les parlements poursuivraient les relaps, c'est-à-dire les nouveaux convertis qui, en danger de mort, refuseraient les sacrements de l'Église, Foucault fit remarquer à Louvois qu'on ferait mieux de le charger de ces poursuites, qui avaient été exercées auparavant par M. de Bâville, « ces exemples n'étant utiles qu'autant qu'ils sont prompts, et « le Poitou étant fort éloigné de Paris[6]. » La commission qu'il

---

Noailles, du 5 novembre, qui disait les mêmes choses en termes différents.

[1] *Mémoires*, 2 novembre 1685, p. 139 et suiv. Comparez ce discours à ceux que firent à Rouen le marquis de Beuvron et l'intendant Marillac, dans Floquet, *Histoire du parlem. de Norm.* t. VI, p. 147.

[2] *Mémoires*, p. 138.

[3] Dépêche du 8 novembre 1685, p. 519.

[4] *Mémoires*, 15 novembre 1685, p. 146.

[5] Dépêche de Louvois à Foucault, du 22 novembre 1685, p. 524.

[6] *Mémoires*, novembre 1685, p. 147.

demandait lui fut sans doute accordée, car, à quelques mois de là, le 9 avril 1686, il raconte avoir jugé au présidial de Poitiers et condamné à être traîné sur la claie le cadavre d'une femme qui, après avoir abjuré depuis trois mois, avait refusé les sacrements avant de mourir, malgré les instances de son curé[1].

Cependant le bas Poitou comptait encore une certaine quantité de gentilshommes qui ne se convertissaient pas, malgré les espérances que Foucault en avait données[2]. Louvois patienta d'abord, et ordonna à l'intendant de prendre cette noblesse en détail, en l'attaquant dans ses titres. « L'intention de « Sa Majesté est de suivre cette voie-là pendant un mois, au- « paravant que d'en prendre de plus dures[3]. » Mais la patience lui échappa avant que le mois fût écoulé, et, le 17 novembre, il écrivait à Foucault: « Le roi m'a commandé de vous faire « savoir que son intention est que les dragons du régiment « d'Asfeld, qui sont chez les gentilshommes de la R. P. R. du « bas Poitou, y demeurent jusqu'à ce qu'ils se soient convertis, « et qu'au lieu d'y vivre avec le bon ordre qu'ils ont fait jus- « qu'à présent, l'on leur laisse faire le plus de désordre qu'il se « pourra, pour punir cette noblesse de sa désobéissance[4]. » Les ordres se succèdent alors avec une extrême vivacité, pour faire saisir et administrer les biens des émigrés de manière à ce qu'ils n'en pussent tirer aucun revenu, faire raser leurs maisons après quatre mois d'absence, mettre en prison ceux qui

---

[1] *Mémoires*, p. 155. Cette pratique de traîner les cadavres des relaps sur la claie ne fut abolie que treize ans plus tard, au moment où la rigueur des poursuites se relâcha. (Voyez à cet égard une circulaire de Pontchartrain aux intendants, du 5 juin 1699, dans Depping, *Correspondance administrative sous Louis XIV*, t. IV, p. 432.)

[2] Dépêches de Louvois à Foucault, des 22 septembre et 10 octobre 1685, p. 515, 516.

[3] Dépêche du 28 octobre 1685, p. 518.

[4] P. 521.

INTRODUCTION.

ont vendu leur fourrage pour éviter d'entretenir les troupes, et, en général, ceux qui n'ont plus de quoi les nourrir; envoyer les plus opiniâtres dans des châteaux forts, etc.[1]

En janvier 1686, Foucault regardait tout le Poitou comme converti[2], à l'exception de cinq ou six cents fugitifs et prisonniers. Il ne s'agissait plus que de maintenir les conversions. Pour forcer les réunis d'aller à la messe, on aurait été en droit de punir de l'amende ceux qui négligeaient de s'y rendre, en s'autorisant de l'exemple de la reine Jeanne, qui avait envoyé en prison les catholiques quand ils faisaient leur devoir; mais Foucault manda à Louvois qu'il valait mieux « se servir du « ministère des dragons, » et le roi approuva ce procédé[3]. Foucault réclama aussi contre les prédicateurs qu'on avait pris parmi les Pères de l'Oratoire pour les envoyer dans la province; ils avaient la prétention de ne prêcher que dans les villes et refusaient d'aller dans les bourgs et villages. « La vie « scandaleuse des curés dans plusieurs paroisses » offrait encore un obstacle considérable à la sincérité des conversions, et Foucault obtint des ordres pour envoyer trois d'entre eux dans le séminaire de Richelieu[4].

Cependant la conversion n'empêchait pas l'émigration. Le 19 février 1686, Louvois avait écrit à Foucault qu'il serait à propos de prendre des mesures dès le printemps pour empêcher la désertion des nouveaux convertis; « mais, ajoutait-il, Sa Ma-

---

[1] Voy. les dépêches de Louvois à Foucault des deux derniers mois de 1685.

[2] L'affaire des conversions semblait si bien terminée, que, le 27 avril 1686 (p. 527), Louvois témoignait, de la part du roi, un véritable étonnement que deux gentilshommes habitant à la campagne, dans le diocèse de Luçon, ne fussent pas encore convertis. Il recommandait à Foucault « de tenir la main à ce que cela « finisse au plus tôt. »

[3] *Mémoires*, p. 152. Dépêche de Louvois à Foucault, du 6 mars 1686, p. 526; les Mémoires (p. 155) datent mal à propos cette dépêche du 10 mars.

[4] *Mémoires*, février 1686, p. 152.

INTRODUCTION.

« jesté croit qu'il vaudroit mieux en laisser passer quelques-
« uns que d'établir une contrainte qui ruineroit entièrement
« le commerce[1]. » Le 3 mars suivant[2], Seignelay revint sur le
même sujet, et donna des ordres précis à Foucault pour qu'il
envoyât sur les côtes des hommes de confiance qui pussent
empêcher les embarquements.

L'année se passa ainsi avec assez de calme, sans qu'on
pressât trop vivement les nouveaux convertis de s'approcher
des sacrements, de peur de profanation[3]. Foucault remarque
que la maladie du roi avait refroidi le zèle des nouveaux convertis, mais que la nouvelle de sa guérison l'a réchauffé[4]. Il
trouve aussi que l'on prenait des voies sûres pour convertir les
gentilshommes en leur donnant des pensions, en plaçant leurs
enfants, et en mettant les opiniâtres à la taille[5].

Le 18 octobre 1686, Louvois écrivit à Foucault[6] que le comte
de Tessé avait proposé au roi une ordonnance pour mettre des
inspecteurs à la porte des églises, afin de s'assurer si les nouveaux convertis allaient à la messe et aux catéchismes; mais que
Sa Majesté ne l'avait pas approuvé, et qu'elle « ne désire pas que
« l'on fasse rien qui sente l'inquisition ni qui puisse augmenter
« l'aversion que les nouveaux convertis ont pour notre reli-
« gion. » Le seul parti à suivre est de punir très-sévèrement
ceux qui causent des scandales publics, de prendre les autres
par la douceur et d'obliger les enfants à aller aux catéchismes.

Le 8 décembre suivant, une instruction secrète du roi[7] confirma, en la développant, la lettre précédente. Il paraît que
l'idée du comte de Tessé n'était pas restée partout à l'état de

---

[1] P. 526.
[2] *Mémoires*, p. 154.
[3] *Ibid.* 18 juillet 1686, p. 158.
[4] *Ibid.* 1er juin 1686, p. 157. Cependant le roi n'était pas guéri, puisqu'il subit « la grande opération » à la fin de l'année.
[5] *Ibid.* 31 octobre et fin de 1686, p. 161, 171.
[6] P. 530.
[7] Annexée aux Mémoires, p. 161.

INTRODUCTION. CLXIII

projet, car « Sa Majesté ne juge pas à propos que l'on continue « à mettre des inspecteurs à l'entrée des églises pour con- « noître ceux des nouveaux convertis qui les fréquentent ou « non. » On doit s'attacher à empêcher les assemblées et à poursuivre les ministres qui se seraient glissés dans les provinces, punir seulement ceux qui font ostentation de résistance et laisser les autres tranquilles. Le roi renonce à empêcher l'émigration et ordonne de retirer les gardes-côtes et de laisser sortir ceux qui voudront s'en aller, mais sans les informer de la liberté qu'on leur laisse à cet égard. Il est même à désirer que les plus entêtés sortent; seulement on saisira les biens de ceux qui s'en vont. On veillera aussi sur la conduite des ecclésiastiques envers les nouveaux convertis ; on les empêchera de les effrayer par des menaces[1] et de divulguer l'aversion qu'ils trouvent chez eux pour les sacrements ; on se défiera des rapports auxquels le zèle des curés et des missionnaires peut les emporter, et l'on signalera les curés ignorants ou de mauvaises mœurs.

Foucault trouva cette instruction « très-bonne en elle-même; » mais il pensait que, « comme il ne faut pas compter qu'elle « demeure secrète, elle porte les caractères d'un relâchement « très-préjudiciable aux affaires de la religion[2]. »

Le peu de religionnaires de la province qui n'avaient ni voulu se convertir ni pu gagner les pays étrangers étaient en prison à Poitiers. Sur les ordres de Louvois, on envoya les hommes dans des châteaux forts et les femmes dans des couvents.

Au commencement de 1687, on cessa de garder les côtes, et, comme Foucault l'avait prévu, il en résulta parmi les nouveaux

---

[1] Voyez une dépêche de Louvois, du 8 décembre 1686, p. 531, où il réprimande Foucault d'avoir envoyé des dragons à la réquisition de deux curés qui menaçaient les nouveaux convertis de leurs paroisses; les deux prêtres furent relégués dans des couvents.

[2] *Mémoires*, 8 décembre 1686, p. 161. Le 14 août suivant (*Mémoires*, p. 181), Foucault écrivit à Louvois dans le même sens.

INTRODUCTION.

convertis un refroidissement pour les exercices de la religion catholique. Ils reprirent courage jusqu'au point de tenter de se réunir dans des lieux isolés, pour entendre soit des ministres rentrés clandestinement, soit des prédicants improvisés, souvent de simples ouvriers que l'inspiration individuelle suscitait au milieu d'eux[1]. C'est le commencement de ce qu'on a nommé les *assemblées au désert*. La première eut lieu près du bourg de Pouzauges; elle était presque entièrement composée de cardeurs de laine, métier dans lequel, comme le remarque Foucault[2], le calvinisme avait commencé en France. Louvois ordonna immédiatement à l'intendant d'en faire un châtiment si sévère que l'exemple en retînt les autres, de faire raser les maisons où ces assemblées se seraient tenues, et d'empêcher « la continuation d'un désordre qui obligeroit Sa Majesté d'en- « voyer tant de troupes dans le pays, que les peuples en seroient « entièrement ruinés[3]. » Mais Foucault fit observer à Louvois que la déclaration de juillet 1686 portait bien la peine de mort contre ceux qui auraient fait partie des assemblées, mais non la démolition des maisons, et qu'il n'était pas permis aux juges d'ajouter des peines à celles qui étaient édictées par les lois, « au-dessus desquelles, remarque-t-il, M. de Louvois ne faisoit « pas scrupule de se mettre[4]. » Cette réclamation avait pour cause un arrêt du conseil qui avait commis Foucault pour connaître de toutes les affaires de religion. On lui donna aussi l'ordre « d'accabler de troupes les lieux dont les habitans avoient « assisté aux assemblées, » et de « charger extraordinairement « les communautés ou villes tout entières, afin que chacun

---

[1] Dépêche de Louvois à Foucault, du 23 décembre 1686, p. 532.

[2] *Mémoires*, février 1687, p. 174.

[3] Dépêches des 24 et 25 janvier 1687, p. 533.

[4] *Mémoires*, p. 175. Voy. l'article 5 de la déclaration du 1ᵉʳ juillet 1686, dans Isambert, *Anciennes lois françaises*, t. XX, p. 5.

INTRODUCTION. CLXV

« connoisse combien il est de conséquence de ne point assister
« à de pareilles assemblées et de ne pas souffrir qu'il s'en fasse
« dans sa communauté[1]. »

En vertu de ce principe, Foucault proposa d'envoyer une
compagnie de cavalerie dans les bourgs de Pouzauges et de
Moncoutant, dont les habitants, « anciens catholiques, n'a-
« voient fait aucun mouvement pour empêcher les assemblées
« des nouveaux convertis, n'en avoient donné aucun avis et n'a-
« voient voulu en administrer aucuns témoins[2]. »

Le procès de l'assemblée de Pouzauges fut entamé par Foucault, assisté des officiers du présidial de Fontenay-le-Comte.
« Les prisonniers, dit-il, demandent grâce et promettent de
« vivre en bons catholiques, mais c'est pour avoir la vie. » Louvois était du même avis[3] : « Sa Majesté, dit-il, ne veut point que
« l'on ait égard aux témoignages de repentir... Elle désire que,
« sans les écouter, vous leur fassiez leur procès. » Le prédicant
fut pendu, deux autres condamnés aux galères, et un quatrième
banni à perpétuité. Louvois trouva ce jugement trop doux, et
prétendit que le roi avait été « surpris de voir que tous les com-
« plices de ce crime n'aient pas été condamnés à mort, suivant
« l'article 5 de la déclaration [du 1er juillet 1686], et particu-
« lièrement que l'on en ait condamné un à un bannissement
« perpétuel hors du royaume, puisque c'est donner aux mauvais
« convertis ce qu'ils désirent que de leur permettre de sortir[4]. »
Mais Foucault ne crut pas que ce fût par ordre du roi qu'on

---

[1] Dépêches de Louvois à Foucault, des 9 et 11 février 1687, p. 534.

[2] Ces rigueurs ne sont pas les seules qu'on ait déployées contre Moncoutant; On en peut voir l'origine dans les dépêches de Louvois à Foucault, des 13 et 26 décembre 1685, p. 524, 525, et la continuation dans deux dépêches de Pontchartrain, des 15 février et 24 juin 1702, Correspondance administr. sous Louis XIV, t. IV, p. 507 et 516.

[3] Mémoires, février 1687, p. 176, et dépêche de Louvois du 14 février, p. 535.

[4] Dépêche du 4 mars 1687, p. 535.

l'eût taxé de trop de douceur; il déclare que c'est « de son « propre fonds » que Louvois a tiré ce reproche[1]. Pour se disculper, il écrivit à Louvois que rien de tout cela ne serait arrivé si l'on avait intercepté à la poste les lettres pastorales des ministres émigrés, qui entretenaient le zèle protestant des nouveaux convertis. Déjà depuis un an il avait proposé cet expédient; mais Louvois lui répondit « que le roi ne voulait pas que, « sous quelque prétexte que ce fût, le dépôt sacré de la poste « fût violé, » dépôt, ajoute Foucault, « beaucoup plus sacré « pour Louvois que celui de la religion[2]. »

Déjà, vers la fin de 1686, les rigueurs s'étaient relâchées, sauf la poursuite des assemblées sur laquelle on ne faiblit pas; il en fut de même à la fin de 1687, et le roi envoya aux commandants et intendants des provinces l'ordre secret de ne plus se mêler des conversions et de laisser agir les curés et les missionnaires pour en achever l'ouvrage. A l'occasion de ce relâchement, qui lui paraissait de nature à tout compromettre, Foucault ne put s'empêcher d'envoyer à son père un mémoire destiné à l'archevêque de Paris, M. de Harlay, où il critique ce qu'on fait et indique ce qu'on devrait faire. Il demande expressément qu'on en revienne « aux voies, non pas de force « et de violence, mais de contrainte un peu plus que morale. » Nous n'avons pas besoin d'analyser cette pièce, qui est comprise aux Mémoires[3]. On voit, à la persistance avec laquelle Foucault insiste sur la saisie des lettres des ministres émigrés, quelle importance il attachait à cette question. Ce mémoire ne fut pas remis à l'archevêque de Paris; Foucault père le jugea trop dangereux, à cause du blâme qu'il jetait sur la conduite des ministres, et il donna conseil à son fils de « ne s'avancer en

---

[1] *Mémoires*, p. 175. — [2] Dépêche du 27 avril 1686, p. 527, et *Mémoires*, février 1687, p. 176. — [3] Fin 1687, p. 210 et suiv.

INTRODUCTION.

« rien, pour n'être garant de rien en chose à nuire, » et de se borner à exécuter les ordres qu'on lui enverrait[1].

Foucault ne renonça pourtant pas à faire parvenir son avis à la cour. Dans le courant de 1688, il écrivit à Louvois qu'il avait « remarqué avec regret que les religionnaires du Poitou ne « se sont presque tous convertis que par les dragons et par la « prison, et que les nouveaux convertis n'ont paru faire leur « devoir de religion que par la crainte du châtiment... qu'il ne « falloit point se relâcher; que ce qu'ils faisoient par contrainte « tourneroit dans la suite en habitude; ce qui est certain, « ajoute-t-il, c'est qu'aucun nouveau converti n'a été forcé de « s'approcher des sacremens par prison ni par logement de « dragons[2]. » En effet, le gouvernement entrait de plus en plus dans la voie de la douceur. Après avoir commencé par fermer les yeux sur l'émigration, il allait plus loin, et faisait ouvertement embarquer les religionnaires qui ne voulaient pas se convertir. Foucault l'atteste : « on en a embarqué un grand nombre « à la Rochelle, où ils ont été reçus par leurs frères avec des « acclamations extraordinaires. » Mais il n'approuve pas que le gouvernement ait pris ce parti, « qui a dépeuplé les provinces[3]. »

Défense avait été faite[4] aux nouveaux convertis de faire les fonctions de maîtres d'école jusqu'en 1688. Le 14 janvier 1688, une nouvelle dépêche de Louvois prescrivit à Foucault de ne laisser rentrer dans ces fonctions que ceux qui en seraient dignes, et d'exhorter les évêques à n'accorder d'autorisation qu'en connaissance de cause[5].

---

[1] Voy. aux Mémoires, p. 215, cette remarquable lettre du 5 janvier 1688.

[2] Mémoires, avril 1688, p. 222.

[3] Ibid. septembre 1688, p. 236. L'expulsion des opiniâtres fut continuée; on en trouve des traces jusqu'en 1705, dans la Correspondance admin. sous Louis XIV, t. IV, p. 413, 457.

[4] Dépêche de Louvois à Foucault, du 6 mars 1687, p. 535.

[5] Voy. Mémoires, 14 janv. 1688, p. 216. et la dépêche de Louvois, p. 538.

INTRODUCTION.

Les biens des consistoires protestants et ceux des religionnaires émigrés donnèrent lieu aussi, en 1688, à une correspondance de Foucault et à des actes du gouvernement qui ne sont pas exposés dans les Mémoires sans quelque confusion, à cause d'une erreur de date qui s'y est glissée[1]. Nous allons tâcher de rétablir ici les faits dans leur ordre exact. Deux édits des 15 janvier 1683 et 21 août 1684[2] avaient réuni aux hôpitaux la plus grande partie des biens des consistoires. Foucault reçut, dans le courant de 1687[3], l'ordre « de s'aboucher avec les « évêques de Poitiers, de la Rochelle et de Luçon, pour conférer « de l'usage qu'on pourroit faire des revenus des biens saisis « sur les religionnaires fugitifs, » et aussi de ce qui restait des biens des consistoires. Des mémoires qu'ils envoyèrent résulta une déclaration du roi, de janvier 1688[4], réunissant ces biens au domaine et en appliquant les revenus à entretenir des maîtres et maîtresses d'écoles gratuits pour les lieux où on le jugerait à propos, et des établissements religieux « pour l'avan- « tage des nouveaux convertis. » En exécution de cet édit, Foucault saisit par ordre du roi les biens des religionnaires fugitifs[5]. Mais il les trouva grevés d'une infinité de saisies et d'oppositions, tant de créanciers légitimes que de créanciers simulés qui voulaient en faire passer le produit aux émigrés. Foucault fut d'avis de renvoyer ces affaires devant la justice ordinaire, et de ne pas se laisser aller, comme on le faisait, à rendre les biens des pères aux enfants, qui en envoyaient les revenus à l'étranger. Cependant cette fois encore il ne fut pas écouté. Un édit de décembre 1689, attribué par Rulhière au désir de con-

[1] Voy. le texte des Mémoires, p. 224, note 1.
[2] Isambert, Anciennes lois françaises, t. XIX, p. 413 et 455.
[3] Et non pas au mois de mai 1688, comme il l'a écrit par erreur.
[4] Isambert, t. XX, p. 54.
[5] Mémoires, janvier 1688, p. 217.

jurer les troubles qu'on redoutait au commencement de la guerre, rendit les biens des fugitifs à leurs plus proches héritiers regnicoles, à condition qu'ils ne pourraient les aliéner pendant cinq ans[1]. Mais Foucault ne se tint pas pour battu; dix ans plus tard[2], il réclamait encore contre la facilité avec laquelle on transmettait les biens des fugitifs à leurs enfants.

La cour ne se départit de son système de relâchement que lorsqu'il s'agit des assemblées au désert. En février 1688[3], il s'en fit plusieurs dans le haut Poitou, aux environs de Saint-Maixent. Les protestants s'y montraient fort exaltés, et provoquèrent l'autorité en avertissant eux-mêmes Foucault, par « un billet non signé, » des assemblées qu'ils allaient tenir. Faute de ministres réguliers, qu'ils appelaient de l'étranger, ils avaient pour prédicant un jeune homme de quinze ans, nommé Magnan, qui leur lisait des psaumes et des sermons. Foucault, ayant pris avec lui ses domestiques et une compagnie de dragons, tomba sur une de ces assemblées, à Grandry. Elle se tenait dans un pré entouré d'un ruisseau et d'une haie, et des hommes armés en gardaient la barrière. Ils voulurent résister et firent feu sur un détachement de dragons qui s'avançait pour les reconnaître. Foucault pénétra aussitôt avec ses dragons et fit tirer sur les révoltés. Il y en eut sept ou huit de tués ou blessés, et le reste mit bas les armes. On fit une quarantaine de prisonniers, dont six furent pendus, trente et un allèrent aux galères, et deux femmes furent condamnées au fouet. Quant au jeune homme qui avait prêché, on le fit enfermer dans un séminaire pour y être châtié et élevé dans la religion catholique.

Cette prompte répression valut à Foucault les félicitations

---

[1] Isambert, t. XX, p. 96; Rulhière, *Éclaircissements*, t. II, p. 158.

[2] *Mémoires*, avril 1699, p. 329.

[3] *Ibid.* p. 218.

INTRODUCTION.

de Louvois : « Le roi, écrit le ministre, a approuvé la diligence
« avec laquelle vous vous êtes porté sur les lieux, et que, s'il
« arrive encore que l'on puisse tomber sur de pareilles assem-
« blées, l'on ordonne aux dragons de tuer la plus grande partie
« des religionnaires qu'ils pourront joindre, sans épargner les
« femmes, afin que cela les puisse intimider, et empêcher
« d'autres de retomber en semblable faute. » Le roi veut aussi,
toujours selon Louvois, qu'on mette une ou deux compagnies
de dragons à subsister pendant un mois, « en pure perte, » dans
les paroisses où les assemblées ont eu lieu, afin « de faire con-
« noître aux peuples l'intérêt qu'ils ont non-seulement de ne
« se pas trouver à de pareilles assemblées, mais encore d'em-
« pêcher qu'aucun d'eux n'y assiste, ou, s'ils ne le peuvent pas
« faire, d'en déclarer les coupables et de les arrêter[1]. »

Les assemblées se tenaient sur les confins du Poitou, de
l'Angoumois et de la Saintonge, dans l'espérance que l'action
administrative serait moins prompte et moins efficace sur la
frontière de trois généralités. Pour remédier à cet inconvénient,
Louvois donna un commandement spécial en ces lieux à M. de
Saint-Frémont, lieutenant-colonel des dragons de la reine,
afin « d'essayer de tomber sur les assemblées qui s'y pourroient
« faire[2]. »

A la fin de 1688, il ne paraît plus d'assemblées; le calme
était rentré dans la province, et s'y maintenait par la terrible
réputation de l'intendant[3]. Foucault ne s'occupa plus de la
question religieuse que pour disputer à l'évêque de Poitiers la

[1] Dépêche de Louvois à Foucault, du 1ᵉʳ mars 1688, p. 539; *Mémoires*, p. 219.
[2] Dépêche de Louvois à Foucault, du 26 mars 1688, p. 540.
[3] Cette réputation est attestée par Foucault lui-même, qui raconte par deux fois (*Mémoires*, fin 1685 et novembre 1688, p. 148, 238) que le bruit courut, à Paris, que les religionnaires l'avaient assassiné. Aujourd'hui même, le souvenir de Foucault et de sa terrible administration n'est pas éteint en Poitou.

prérogative d'exhorter la noblesse huguenote à changer de religion[1], et pour demander à Louvois de continuer à entretenir des missionnaires en 1689. C'est alors que des circonstances dont nous avons parlé plus haut le portèrent à demander son changement de l'intendance de Poitiers à celle de Caen.

A Caen, Foucault trouva les choses à peu près dans l'état où il les laissait en Poitou, sauf que les religionnaires étaient moins nombreux en basse Normandie que dans cette dernière province. La besogne des conversions et de la surveillance des nouveaux convertis y fut toujours la même. On y rencontre quelques épisodes intéressants, comme celui de mademoiselle de Brasnay, que l'influence de sa mère faisait toujours retomber dans le calvinisme, mais qui, une fois qu'elle y fut soustraite, finit, de son plein gré, même un peu malgré Foucault, par se faire carmélite[2]. Mais toutes les femmes n'offraient pas la même prise à la conversion : en 1703, les filles de Colleville, ancien conseiller au parlement de Rouen, religionnaire zélé, passèrent par-dessus les murs du couvent des Ursulines de Caen, où on les instruisait; « le roi a jugé à propos de faire « mettre le père dans le château de Caen jusqu'à ce qu'il ait « représenté ses filles[3]. »

La répression des assemblées occupa Foucault à Caen comme à Poitiers; seulement elles étaient moins considérables en basse Normandie. Quatre cents personnes étaient le maximum des assistants à celles qui se tinrent du côté d'Athis et de Condé-sur-Noireau et qu'il eut à poursuivre en mars 1689. Le jour de Noël 1690, il surprit une assemblée de seize personnes dans une maison particulière; il en fit arrêter six. Le cas était trop peu grave pour l'application rigoureuse des édits qui pu-

[1] *Mémoires*, novembre 1688, p. 239. — [2] *Ibid.* fin de 1690, p. 271. — [3] *Ibid.* p. 354.

nissaient de mort ceux qui seraient « surpris faisant des assem-
« blées ou quelque exercice de la R. P. R[1]. » Aussi proposa-t-il
de les juger aux termes de l'ordonnance, « attendu la consé-
« quence, » mais de faire commuer leur peine. C'est ce qui fut
fait. Un homme et quatre femmes furent condamnés à être
pendus; mais on fit seulement raser et mettre au couvent les
femmes et l'homme fut envoyé aux galères. Cependant, selon
Foucault, cet homme « qui avoit prêté sa maison, entonnoit
« les psaumes et lisoit les prières, méritoit d'être pendu quand
« le roi auroit fait grâce aux autres. » Une aventure toute pareille arriva un an plus tard. Foucault eut à juger une assemblée qui s'était tenue dans une maison particulière à Tinchebray; il condamna le maître de la maison à mort. La peine
fut commuée, contre son avis, en celle des galères perpétuelles[2].

La guerre renaissant en 1689 rendit l'espérance aux religionnaires. Ils pensaient que le prince d'Orange allait les délivrer et les venger, et Foucault eut à faire le procès à un homme
qui avait écrit une lettre en ce sens[3]. Ce fut bien pis en 1692,
après la bataille de la Hougue et l'incendie des vaisseaux échoués
qui s'ensuivit. Depuis ce moment, les religionnaires de basse
Normandie « montroient de la mauvaise volonté par leurs dis-
« cours et par leurs actions. » Foucault reçut du contrôleur
général Pontchartrain l'ordre de les surveiller. Mais il fut en
même temps obligé de contenir les catholiques de Caen, qui
voulaient les brûler dans leurs maisons, persuadés que le dé-
sastreux incendie des vaisseaux n'était arrivé que « par l'intel-
« ligence des religionnaires avec les Hollandois et le prince
« d'Orange. » En cette occasion, il se montra actif et énergique :

---

[1] Déclaration du 1ᵉʳ juillet 1686, article 5.

[2] *Mémoires*, décembre 1691, p. 279.

[3] *Ibid.* mars 1689, p. 249.

INTRODUCTION.

il accourut en toute hâte de la Hougue à Caen pour prévenir ces violences; ses ordres sévères suffirent à les empêcher, tandis qu'il faisait venir près de lui les principaux religionnaires pour les tranquilliser et les assurer de la protection du roi [1].

En 1693, il constata une des grandes difficultés auxquelles la révocation de l'édit de Nantes devait donner lieu: c'est que, les nouveaux convertis ne pratiquant pas exactement les exercices de la religion catholique, les curés refusaient de les marier, et alors ils se faisaient entre eux des promesses de mariage sur la foi desquelles ils vivaient ensemble. « Il en arrivera, dit « Foucault, que ces mariages seront déclarés clandestins. C'est « un désordre auquel on n'a point pourvu [2]. » Ce désordre fut en effet très-grand, et on n'y pourvut qu'un siècle plus tard, par l'édit de tolérance du 19 novembre 1787, dont l'objet principal fut de rendre l'état civil aux protestants [3]. Nous avons vu aussi une autre conséquence de la révocation: c'est qu'il fut impossible d'établir la juridiction consulaire à Caen, en 1694, par suite de la désertion des marchands, dont la plupart étaient religionnaires.

Après quelques années passées dans le *statu quo*, le gouvernement recommença, en 1698, à s'occuper des protestants. Foucault reçut, en octobre, l'ordre de désarmer les nouveaux convertis, à la réserve des gentilshommes. Le 13 décembre suivant parut une déclaration du roi qui reprit de nouveau la question. Rulhière prétend que cet édit, inspiré par le cardinal de Noailles, avait pour but de mettre un terme aux persécutions [4]. En effet, sauf la confirmation des peines portées contre les assemblées et contre l'exercice de la R. P. R. il ne

[1] *Mémoires*, p. 293.
[2] *Ibid.* avril 1693, p. 298.
[3] Voy. Rulhière, *Éclaircissements, passim*.
[4] *Ibid.* t. II, p. 82.

contenait aucune mesure coercitive pour forcer les nouveaux convertis à pratiquer la religion catholique. On les obligeait seulement, « par des condamnations d'amendes, même par de « plus grandes peines, suivant l'exigence des cas[1], » à faire baptiser leurs enfants à l'église et à les envoyer au catéchisme. Cependant l'apparition de cet édit ne fut pas sans effrayer les nouveaux convertis : « des esprits inquiets semèrent des bruits « que le roi les contraindroit enfin de fréquenter les églises et « les sacremens. » Un mercier de Caen vendit « toute sa boutique « et ses meubles, jusques à son lit, » pour passer dans les pays étrangers. Foucault le fit arrêter, et s'entendit avec l'évêque de Bayeux afin de rassurer les autres et de « pratiquer les moyens « convenables pour les attirer à l'Église par les voies les plus « douces[2]. »

Quelques jours après la déclaration du 13 décembre, une autre déclaration, datée du 29[3], fit un pas de plus dans la même voie. Nous avons vu plus haut que les biens des fugitifs, d'abord confisqués, avaient été rendus, par un édit de décembre 1689, à leurs héritiers regnicoles. L'édit du 29 décembre 1698 rouvrit les portes de la France aux fugitifs, ainsi qu'à leurs enfants émigrés ou nés à l'étranger, qui voudraient faire abjuration dans les six mois, et leur promit, sous cette condition, la restitution de leurs biens. Foucault écrivit au secrétaire d'état, Châteauneuf, pour se plaindre que cette ordonnance, quoique juste en apparence, « produit un grand inconvénient « par rapport à la religion, la plupart de ceux à qui le roi ac- « corde ces biens étant aussi calvinistes que ceux qui les ont « abandonnés. » Il demandait qu'au moins on fît une enquête à cet égard, ou mieux encore, qu'on laissât les biens en éco-

---

[1] Art. 10 et 12. Isambert, *Anciennes lois françaises*, t. XX, p. 314.

[2] *Mémoires*, janvier 1699, p. 327.

[3] Isambert, t. XX, p. 322.

INTRODUCTION. CLXXV

nomat pendant un an avant de les rendre aux nouveaux héritiers, pour s'assurer d'ici là de la sincérité de leur conversion[1]. Il ne paraît pas qu'on ait eu égard à ces observations. En attendant, les religionnaires ne voulurent pas se soumettre à l'obligation qui leur était imposée par la déclaration du 13 décembre précédent, d'envoyer leurs enfants aux instructions religieuses. Foucault mit un des récalcitrants en prison, et fit prendre plusieurs enfants pour les envoyer aux séminaires des nouveaux catholiques[2].

Les voies de douceur convenues entre Foucault et l'évêque de Bayeux étaient des conférences qui eurent lieu en décembre 1700, dans l'église Saint-Jean de Caen; l'intendant les ouvrit par un discours qui est joint aux Mémoires[3], et dans lequel il engage les réformés à abjurer leurs erreurs, en leur montrant les conversions opérées dans le reste de la France, la volonté bien arrêtée du roi et l'impuissance des gouvernements étrangers à les secourir. Les nouveaux convertis avaient la permission de soumettre leurs doutes à un ecclésiastique chargé de les éclairer. Mais des discussions s'ensuivirent; ceux qui portèrent la parole ne le firent point, suivant Foucault, « dans « l'esprit de chercher la vérité; » ils eurent recours « à des sub« tilités de l'école pour faire perdre de vue le véritable état de « la question; » ils s'arrêtèrent « à des minuties qui ne vont « point à l'essence de la religion et qui ne peuvent frapper que « des esprits foibles. » Aussi se crut-il obligé, le 6 janvier 1701, de mettre un terme aux discussions par un discours, également joint aux Mémoires[4], dans lequel il ne craignit pas d'aborder les questions théologiques. Les conférences furent changées en simples instructions, après lesquelles les nouveaux

[1] *Mémoires*, 24 avril 1699, p. 329.
[2] *Ibid.* p. 331.
[3] P. 337.
[4] P. 339.

convertis eurent seulement la permission de proposer leurs doutes en particulier.

Passé cette époque, il n'est plus question des religionnaires dans les Mémoires de Foucault.

Nous voici au terme de cette longue analyse. Nous avons cru qu'il était utile de présenter, réunis en ordre systématique, les faits dispersés au hasard de l'ordre chronologique dans les documents que nous publions. Essayons de les résumer ici en quelques mots qui caractérisent les intendances successives de Foucault. A Montauban, il fut l'homme de Colbert et porta l'ordre dans la police et dans les finances de cette généralité vaste et médiocrement atteinte jusqu'à lui par l'action du pouvoir central; il y prit part à l'importante affaire de la régale. A Pau, il continua d'abord le même genre d'action et travailla à réformer le parlement de Béarn; mais bientôt l'influence de Louvois, qui s'était déjà fait sentir dans les dernières années de l'intendance de Montauban, l'emporta tout à fait, et Foucault ne s'occupa plus que des conversions; cette affaire remplit les intendances de Pau et de Poitiers. Elle ne l'absorbe plus exclusivement dans l'intendance de Caen, et il y reprend le train ordinaire de l'administration. Mais la main de Colbert ne se faisait plus sentir, et Foucault ne fut qu'un instrument passif des expédients financiers qui, à partir de 1690, marquent la fin du règne de Louis XIV. La guerre toucha les côtes de la basse Normandie, et les Mémoires nous font assister au grand désastre de la Hougue. Enfin Foucault vieillit; les dernières années de ses Mémoires s'en ressentent et perdent progressivement de leur intérêt. Mais dans la partie la plus vivante, de 1674 à 1694 environ, ils nous ont donné un spectacle qu'offrent trop rarement les histoires générales et les mémoires de cour; ils nous ont montré en relief et au premier plan les choses telles qu'elles se passaient dans la vie ordinaire des provinces et dans le contact immédiat du gouvernement et de l'administration avec le pays. C'est là ce qui leur communique un intérêt si vif et ce qui en fait un monument unique parmi les documents qui éclairent l'histoire du règne de Louis XIV.

MÉMOIRES

DE

NICOLAS-JOSEPH FOUCAULT.

MÉMOIRES

DE

NICOLAS-JOSEPH FOUCAULT.

1550 — 1641.

Nicolas Foucault, mon bisaïeul, naquit à Poissy en l'année 1550. Il décéda à Paris le 1ᵉʳ mai 1626, est inhumé en l'église de Saint-Germain-le-Vieil, où il a fondé un obit. On doit dire des vigiles le jour de la Toussaint, et une grande messe le jour des Morts.

Il a eu deux femmes. De la première, nommée Charlotte Charpentier, est issu un fils nommé Claude, qui naquit à Poissy en 1580, et décéda à Paris le 21 septembre 1651, et est aussi inhumé à Saint-Germain-le-Vieil.

De son second mariage, avec Élisabeth Alain, sont issus deux fils, Nicolas et Noël, et plusieurs filles, la dernière desquelles est Élisabeth, religieuse à Maubuisson, où elle est décédée le 13 septembre 1679.

De Claude et de Louise Brodier, veuve de Thierry Mignot, sont issus trois enfants: un fils, nommé Joseph, et deux filles, Élisabeth et Geneviève; le mariage de Claude est du 30 mai 1607; sa femme est morte le 14 septembre 1617, inhumée à Saint-Germain.

Joseph est né le vendredi 2 juin 1612, et baptisé en l'église Saint-

Germain-le-Vieil par M. de Mesnil, conseiller au Parlement et curé de ladite paroisse.

Mon père aimoit tendrement Louise Mignot, sa sœur, fille du premier lit de Louise Brodier sa mère, qui, suivant ce qu'il en dit dans les mémoires de sa vie, étoit une fille accomplie en beauté et en mérite.

Marie Métezeau, ma mère, fille de Clément Métezeau, intendant des bâtimens du roi, inventeur de la digue de la Rochelle, et de Jeanne Maillard, est née le 10 janvier 1621, et baptisée dans la paroisse de Saint-Paul.

Le 6 février 1641, mon père a épousé ma mère; elle est décédée le 4 novembre 1670, après avoir eu huit enfans.

Claude Foucault, mon aïeul, a été pourvu, en 1613, de la charge de grand maréchal féodal de l'abbaye de Saint-Denis[1], dont il avoit traité avec Isaac Mahault, par M. l'abbé de Lorraine, abbé de Saint-Denis. Cet office est un fief héréditaire auquel sont attribués plusieurs droits. Il assiste à la procession et au service le jour de Saint-Denis, et tient de la main gauche un côté de la chappe de l'abbé, et de la droite un bâton orné de diamans. Il avoit autrefois un pain et demi par jour, six-vingts boisseaux d'avoine par an, trois chopines de vin, mesure de Saint-Denis, par jour, et plusieurs autres rétributions; mais, par non-usage pendant les guerres, ces droits se sont perdus, et les abbés et religieux s'en sont emparés.

Claude Foucault, mon aïeul, ayant résigné cet office entre les mains de M. le prince de Conti, abbé de Saint-Denis, lors prisonnier à Vincennes[2], en faveur de Joseph Foucault, mon père, en 1650,

---

[1] V. Du Cange, v° *Marescallus abbatis*.

[2] Armand de Bourbon, prince de Conti, second fils d'Henri de Bourbon, prince de Condé, avait été destiné, dans sa jeunesse, à l'état ecclésiastique, et eut, en 1642, les abbayes de Saint-Denis, de Cluny, de Lérins et de Molême. Après la mort de son père, en 1646, il renonça à l'église, prit part aux guerres de la Fronde, et devint généralissime de l'armée opposée à celle que le prince de Condé, son frère aîné, commandait pour la reine et Mazarin. Ils se réunirent ensuite contre le cardinal, et furent arrêtés au Palais-Royal avec le duc de Longueville, leur beau-frère, et emprisonnés à Vincennes, puis à Marcoussis et

M. le prince de Conti lui en a accordé des provisions et y a ajouté la survivance en ma faveur. J'y ai été reçu le 14 juillet 1651.

Mon père a vendu cet office à M. l'abbé Faure, le 17 novembre 1679.

Il a été supprimé lors de l'union de la manse abbatiale de l'abbaye de Saint-Denis à la maison de Saint-Cyr[1].

1641 — 1652.

Le 17 novembre 1641, ma mère est accouchée de son premier enfant, qui fut une fille, nommée Claude, neuf mois huit jours après que mon père l'eut épousée.

Le 8 janvier 1643, je suis venu au monde sur les quatre heures du matin, jour auquel il fit des vents extraordinaires. Ma mère fut en travail pendant trois heures. J'ai été baptisé à Saint-Eustache le 12 janvier, et ai eu pour parrain Claude Foucault, mon grand-père, et pour marraine Poncette Maillard, femme de M. Resneau, tante de ma mère. J'ai été nommé Nicolas. — *Vid.* le mémoire écrit de la main de M. Polard, le registre de mon père et autres mémoires.

J'ai eu trois nourrices et deux fois la petite vérole; la deuxième, à dix-huit mois, fort violente. J'étois d'une complexion fort délicate.

J'ai appris à lire, avant sept ans, du sieur Tessier, prêtre de Saint-Eustache, et ensuite du sieur Chenu, prébendier de Saint-Germain-l'Auxerrois, qui avoit enseigné la philosophie à mon père, lequel m'enseigna aussi à écrire et la grammaire.

Le 22 août 1646, ma mère est accouchée d'une fille, nommée Marie Élisabeth. Elle mourut malheureusement quelques jours après par la faute de sa nourrice, et a été enterrée dans l'église de Verrières.

Le 4 mai 1648, ma mère est accouchée d'une fille, qui fut nommée

---

au Havre-de-Grâce. Ils sortirent de cette dernière prison le 13 février 1651. Le prince de Conti ne se démit de ses abbayes qu'en 1654.

[1] Voy. *Hist. de la maison royale de Saint-Cyr*, par Th. Lavallée. Paris, Furne, 1853, p. 106 à 109.

Marie-Anne, baptisée à Saint-Eustache. Elle a épousé M. Petit de Villeneuve, conseiller en la cour des aides.

1652.

Le 18 février 1652, j'ai été mis pensionnaire au collége de Lisieux, au sortir des mains de M. Chenu, mon précepteur, chez le P. Mezière, régent de sixième, où je demeurai jusqu'au mois d'octobre de la même année, que j'en fus retiré et mis chez le sieur Savary, qui tenoit des pensionnaires, dans la rue Bourtibourg, pendant les guerres civiles, et qui, ensuite, retourna au village de Picpus, où il demeuroit auparavant. J'en sortis à la Saint-Remy 1655, pour aller au collége de Clermont, où j'entrai en cinquième. Je fus plusieurs fois empereur[1], et remportai le troisième prix de prose sous le P. Barbereau, sous lequel j'achevai mes humanités. J'ai été plusieurs fois empereur, et remportai des prix dans toutes mes classes. J'eus le premier prix de prose en troisième et fus de la tragédie. En 1659, j'entrai en rhétorique sous les PP. Dozenne et Davouy. Mon père me retira, en 1660, du collége des Jésuites, et m'envoya en celui de Navarre, faire ma philosophie sous M. Léger. J'y soutins une thèse latine à la fin de l'année de logique, et devois soutenir un acte à la fin des deux années et le dédier à M. Colbert; mais je tombai malade d'une fièvre qui m'en empêcha. Ayant achevé ma philosophie, je pris le degré de maître ès arts[2] et étudiai en théologie pendant l'année 1663, sous les PP. Guichard, grand maître de Navarre, et du Saussoy.

Sur la fin de 1664[3], je quittai la théologie pour étudier en droit,

---

[1] On appelait, dans les colléges, *empereur d'Orient* et *empereur d'Occident* les élèves qui avaient les deux premières places de la classe.

[2] Le degré de maître ès arts était le début des grades universitaires. On le conférait à la suite de la thèse de philosophie.

[3] Foucault commet ici une erreur de date. Plus loin, il nous apprend lui-même que ce fut en 1663, au mois d'août, qu'il finit sa théologie. On doit donc lire ici 1663 au lieu de 1664, et, dans la phrase suivante, 1664 au lieu de 1665. Il est impossible de douter de cette rectification, lorsque, plus loin, on voit Foucault plaider au Parlement dès le commencement de 1665.

et allai, en 1665, prendre des licences à Orléans. Je continuai ensuite l'étude du droit, ayant le P. du Quesnoy pour répétiteur, et ensuite le P. de Marville, célèbre professeur de l'université de Valence. Étant venu à Paris pour un procès, mon père l'y retint et il demeura auprès de moi pendant six mois.

Je fus reçu avocat au parlement de Paris, où je fus présenté au serment par M. de Gomont, célèbre avocat, et reçu par M. le premier président de Lamoignon.

Clément Métezeau, père de ma mère, est décédé le 28 novembre 1652, et a été inhumé à Saint-Paul, lieu de la sépulture de ses pères.

En 1652, Joseph, mon frère puîné, mourut de la petite vérole. Il naquit le 5 octobre 1649, et fut baptisé à Saint-Eustache. Il est inhumé à Saint-Germain-le-Vieil, près de son grand-père.

1653.

Au mois de juin 1653, mon père a été pourvu d'une charge de secrétaire du roi[1].

Le 20 août, j'ai été confirmé et tonsuré[2], dans l'église de Saint-Germain-l'Auxerrois, par M. de Gelas, évêque de Valence[3], auquel Jean-François de Gondi, archevêque de Paris, en avoit donné le pouvoir, et le nom de Joseph a été ajouté à celui de Nicolas, qui est mon nom de baptême.

1654.

Le 8 février 1654, ma mère accoucha d'un troisième garçon nommé Joseph. Il a été élevé chez M. Savary, à Picpus. Il est mort le 25 janvier 1664, et a été inhumé à Saint-Germain-le-Vieil.

---

[1] Le 19 juin, selon La Chesnaye des Bois. C'était un office attaché aux chancelleries des cours souveraines, pour signer leurs actes. Foucault père devint plus tard secrétaire du Conseil d'état.

[2] La tonsure était l'entrée dans les ordres ecclésiastiques. Il n'en fallait pas davantage pour être capable de jouir d'un bénéfice. On pouvait la recevoir dès l'âge de sept ans.

[3] Charles-Jacques de Gelas de Leberon, évêque de Valence en 1624, mort en 1654.

1655.

Marie Jassaud, ma femme, est née le 14 juin 1655. Elle est fille de Nicolas Jassaud, maître des requêtes, et de Marie de Flandres.

Le 20 août 1655, ma mère est accouchée d'une fille qui a été nommée Anne. Elle a fait profession dans l'abbaye de Jarcy[1], le 9 janvier 1674. Je lui ai donné en mon nom 100ᵗᵗ de pension viagère. Le roi l'a nommée à l'abbaye de Jarcy, par la mort de Claude, sa sœur aînée, le 19 décembre 1675.

1658.

Le 24 février 1658, mon père a eu un brevet de conseiller d'état et a prêté le serment accoutumé.

1659.

Madame Desnos, ma tante, est morte le 13 janvier 1659.

Le 26 avril 1659, Claude Foucault, ma sœur aînée, a fait profession de religieuse dans le monastère de l'Assomption, dit des Haudriettes[2], et, par le contrat de dotation dudit jour, il a été stipulé de donner 10,000ᵗᵗ, savoir : 6,000ᵗᵗ argent comptant et 200ᵗᵗ de rente rachetable de 4,000ᵗᵗ.

Le même jour, il a été passé un acte par-devant les mêmes notaires entre les mêmes parties, par lequel les 10,000ᵗᵗ ont été réduits à 8,000ᵗᵗ, dont 4,000ᵗᵗ comptant et 4,000ᵗᵗ faisant le principal de 200ᵗᵗ de rente, lesquels 200ᵗᵗ ont été rachetés audit monastère de l'Assomption, moyennant 4,000ᵗᵗ, le 22 août 1679.

Le 2 mai 1673, les religieuses de l'Assomption ont consenti, par un acte devant notaire, que les 200ᵗᵗ de pension fussent payés à l'abbesse de Jarcy, sa vie durant.

---

[1] Jarcy ou Gercy en Brie, près Brie-Comte-Robert, abbaye de femmes de l'ordre de Saint-Augustin. (Voy. *Gallia christiana*, t. VII, col. 623, sqq.)

[2] *Répétition.* « Claude Foucault, ma sœur « aînée, a fait profession de religieuse dans « le monastère de l'Assomption, dit des « Haudriettes, le 7 avril 1659. »

Le 10 mars 1673, Claude Foucault a été nommée, par le roi, abbesse de Jarcy, sur la démission de Françoise de Péréfixe de Beaumont[1], abbesse de ladite abbaye, à la réserve de 1,500ᴸ de pension. Le brevet est signé Arnault de Pomponne.

1661.

Le 23 juillet 1661, j'ai soutenu une thèse de logique et de morale au collége de Navarre, sous M. Léger, professeur de philosophie dans ledit collége, dédiée à Saint-Sébastien.

M. l'abbé de Crusy-Clermont, mort évêque de Fréjus[2], soutint la même thèse et répondit alternativement avec moi.

1662.

Le 24 février, le général des cordeliers a envoyé à mon père des lettres de confraternité et d'association aux suffrages et prières de l'ordre.

Le 1ᵉʳ août, mes lettres d'écolier juré[3] m'ont été expédiées par M. Tavernier, recteur de l'Université.

Le 24 octobre 1662, ma mère est accouchée d'une cinquième fille, qui a été nommée Catherine-Angélique. Elle a été élevée à Maubuisson, d'où elle a passé à Jarcy. Elle a épousé M. d'Avaray[4].

1663.

Le 30 juillet, M. du Saussoy, professeur en théologie du collége de Navarre, m'a donné un certificat d'étude en théologie depuis la Saint-Remy 1662 jusqu'au mois d'août 1663, ayant pris le traité de l'Incarnation.

---

[1] Françoise de Beaumont de Péréfixe, sœur de Hardoin de Péréfixe, archevêque de Paris, ancien précepteur de Louis XIV.

[2] Antoine-Benoît de Clermont-Crusy, évêque de Fréjus, sacré en 1676, mort en 1678.

[3] On appelait *écolier juré* celui qui avait étudié cinq ans à l'université de Paris et qui en avait lettres et certificat du recteur.

[4] Catherine-Angélique Foucault épousa, le 6 novembre 1691, Claude-Théophile de Béziade, marquis d'Avaray, qui devint lieutenant général des armées du roi, ambassadeur en Suisse, chevalier de l'ordre du Saint-Esprit, et mourut le 6 avril 1745. Elle mourut le 28 avril 1728.

MÉMOIRES

1664[1].

Le 30 septembre ont été expédiées mes lettres de licencié en droit canon et civil dans l'université d'Orléans.

Le 26 novembre, j'ai été reçu avocat au parlement de Paris, présenté par M. de Gomont, ancien et célèbre avocat.

1665.

Le 30 mars, j'ai plaidé une cause à la Tournelle, pour Le Vasseur père, intervenant dans le procès intenté par son fils contre Marguerite Muloté, sa femme. L'arrêt a évoqué le principal, ordonné que les accusés se représentassent en état d'ajournement personnel pour subir l'interrogatoire, et que la Muloté sera tirée de l'abbaye de Sainte-Périne et mise en une maison d'honneur pour y demeurer pendant l'instruction du procès, et qu'elle sera visitée par médecins, chirurgiens et matrones qui dresseront procès-verbal de sa grossesse.

Le 30 mars 1665, j'ai plaidé une cause en la grand'chambre, pour les enfans de Rose Brussac, parties intervenantes dans la cause de ladite *de* Brussac, se prétendant femme de feu M. le duc de Noailles, et M. le duc de Noailles, son fils; par l'arrêt, sur la demande de Rose de Brussac et sur l'intervention des enfans, les parties ont été mises hors de cour, et néanmoins, pour certaines considérations, la cour a adjugé 30,000[lt] aux enfans[2].

Le 17 juillet, j'ai plaidé une cause à la Tournelle, pour Charlotte

---

[1] Il faut nécessairement supposer que les deux alinéa qui suivent se sont passés en 1664, et que Foucault a simplement oublié de noter l'année; car on a vu plus haut qu'en 1663 il étudiait, non pas en droit, mais en théologie.

[2] Il faut éclaircir ce que cette exposition offre d'obscur. François, deuxième du nom, seigneur de Noailles, comte d'Ayen, etc. était mort en 1643. Son fils, Anne, obtint, en 1663, l'érection du comté d'Ayen en duché-pairie. D'après l'Histoire généalogique et chronologique des pairs de France, par le P. Anselme (t. IV, p. 795), «François, deuxième du nom, «comte de Noailles, eut cinq enfants, trois «garçons et deux filles, d'une demoiselle «du Limosin, laquelle, après sa mort, se «voulut dire sa veuve et ses enfants légi-«times; mais elle perdit son procès, par «arrêt du parlement de Paris du 20 mars «1666.»

Dieupart, femme de Pierre Bouloche, appelante comme d'abus de la célébration de son mariage. Il y avoit beaucoup d'incidens criminels dans ce procès. L'arrêt ordonne plusieurs décrets et appoints sur l'appellation comme d'abus.

Le 20 août, j'ai plaidé une cause aux requêtes du Palais, pour Augustin Grandin et Antoinette Grandin, sa fille, contre Pierre Rousseau, garde du corps, qui demandoit 20,000# de dommages et intérêts procédans de l'inexécution des articles de mariage arrêtés entre les parties, ensemble la restitution d'un diamant et de la bourse, or et argent que ledit Rousseau avoit ci-devant donnés à ladite Grandin. Sur ces demandes, la cour a ordonné la restitution du diamant, de la bourse, et de l'or et de l'argent, et a condamné Augustin Grandin et sa fille à payer 1,000# à Rousseau, pour tous dommages et intérêts, sans dépens entre les parties.

Le roi ayant établi des commissaires pour travailler à la réformation de la justice[1], M. Colbert me fit nommer, par le roi, secrétaire de cette commission, aux appointemens de 4,000# par an. Mon père les a toujours touchés. Lorsque j'ai été avocat général du grand conseil, j'ai eu voix délibérative dans cette commission. Cette commission a fini.

1666.

Le 30 août, M. Deffita m'a vendu sa charge de procureur du roi des requêtes de l'hôtel[2], moyennant 50,000# que mon père lui a payés au moyen d'une rente de 2,500# due par M. de Bellièvre, dont il a fait transport audit sieur Deffita, par contrat du 17 septembre 1666.

---

[1] Sur cette commission, dont le travail aboutit à l'ordonnance civile d'avril 1667, voy. Chéruel, *Histoire de l'administration monarchique en France*, t. II, p. 254 et suiv.

[2] Les requêtes de l'hôtel du roi constituaient une juridiction royale exercée par les maîtres des requêtes, et connaissant de certaines affaires privilégiées qui lui étaient attribuées par les ordonnances. Une de ces attributions était tout ce qui concernait les sceaux de grande et de petite chancellerie; c'est pourquoi le procureur du roi des requêtes de l'hôtel était en même temps procureur général des chancelleries du royaume.

Loret, dans sa gazette en vers de 1666, a fait mention de ma réception dans cette charge[1].

Le 1ᵉʳ septembre, j'ai été pourvu de la charge de procureur du roi des requêtes de l'hôtel ès causes qui s'y traitent à l'ordinaire, de procureur général ès causes qui s'y traitent au souverain, et de procureur général en la chancellerie de France et en toutes les autres chancelleries du royaume, sur la résignation de M. Deffita, auquel le roi donna, par le crédit de M. Colbert et la recommandation de mon père, la charge de lieutenant criminel, vacante par la mort de M. Tardieu, qui fut tué et sa femme, par des voleurs[2], le jour de Saint-Barthélemi 1666, pour la somme de 150,000ᵗᵗ, quoiqu'elle valût 200,000ᵗᵗ, à condition qu'il me laisseroit celle de procureur général des requêtes de l'hôtel pour 50,000ᵗᵗ, quoiqu'il en eût refusé 80,000ᵗᵗ.

---

[1] Loret ne rédigeait plus la *Muse historique* en 1666. Il avait pour successeur un certain Mayolas de la Gravette, auquel un autre poëte journaliste, nommé Charles Robinet, se mit à faire concurrence sous le pseudonyme de Du Lorens*. Tous deux parlent de la réception de Foucault. Voici d'abord les vers de Mayolas de la Gravette :

Monsieur Foucault, très-éclairé,
Aux bonnes choses préparé,
Avocat rempli d'éloquence,
Dont le génie et la science
Font qu'il agit bien prudemment,
Adroitement et justement,
Est aussi choisi pour la charge
Que vous trouverez à la marge** ;
Et je jure en cet entretien
Qu'il s'en acquittera fort bien,
Et qu'il imitera son père
Que maint bel esprit considère
Pour sa personne et pour l'emploi

Qu'il a receu de nostre roy,
Pour, dans la chambre de justice,
De greffier y faire l'office,
Qu'il fait valoir fidèlement,
Depuis son establissement.

(*Muse historique*, du 4 septembre 1666, in-fº; bibl. Sainte-Geneviève.)

Voici les vers de Robinet :

Un autre habile personnage,
Éclairé, vigilant et sage,
Et qui harangue comme il faut
(C'est monsieur l'avocat Foucault,
Dont le mérite est ample et large),
Lui succède*** dedans sa charge,
Qu'il exercera bien, je croy,
Sçavoir de procureur du roy,
Charge que l'on fait aux requestes
Où se trouvent de bonnes testes.

(*Gazettes de Du Lorens*, lettre en vers du 11 septembre 1666, in-fº; Bibl. imp. L 500, L.)

[2] Boileau a parlé de Tardieu et de sa mort, satire x, v. 250 et suiv.

* Nous devons ces renseignements à l'obligeance de M. Ravenel, conservateur des imprimés à la Bibliothèque impériale.
** En marge : « procureur du roy aux requestes de l'hostel. »
*** A M. Deffita.

DE NICOLAS-JOSEPH FOUCAULT.

J'ai été reçu dans cette charge sans examen, messieurs les maîtres des requêtes, président M. de Bercy, doyen des doyens, m'en ayant dispensé, les quatre quartiers assemblés, le 3 septembre.

Le 4 septembre, j'ai été installé par M. Foullé, maître des requêtes, tenant le sceau dans la chancellerie du Palais, en qualité de procureur général des chancelleries du royaume[1]. Il me fit prendre place à sa droite, sur un siége à dos, après que les lettres eurent été enregistrées par l'audiencier, le garde-rôle ayant dit, après la lecture, qu'il croyoit qu'elles devoient être enregistrées auparavant à la grande chancellerie, nonobstant quoi on passa outre.

Par arrêt du Conseil d'état, Sa Majesté y étant, donné à Vincennes le 1er septembre 1666, il a été ordonné que la qualité de procureur général ès causes et procès dont la connoissance appartient aux maîtres des requêtes comme juges souverains, ensemble celle de procureur général en la chancellerie de France et en toutes les chancelleries du royaume, sera employée dans les provisions de la charge qui seront expédiées au profit du sieur Foucault, conjointement avec la qualité de procureur du roi pour les affaires ordinaires, sur lequel arrêt lettres patentes ont été expédiées en forme d'édit au mois de septembre 1666, registrées aux registres de l'hôtel le 3 septembre.

Le 3 septembre 1666, après avoir rendu visite à M. de Montmort, doyen des quatre quartiers et des maîtres des requêtes de quartier, j'ai pris occasion que tous les quartiers étoient assemblés pour une affaire qui les concernoit. M. Foullé présenta mes lettres de provision et un arrêt du conseil qui confirmoit le pourvoi en la charge de procureur général du roi aux requêtes de l'hôtel, en la possession et jouissance des droits, prérogative et séance de la charge de procureur général des chancelleries de France, dont la qualité avoit été omise dans les provisions de ceux qui l'avoient possédée ci-devant. Il se forma quelque difficulté sur le mot d'inspection qui se trouve dans l'arrêt, par lequel il étoit dit, « pour avoir inspection sur ce qui concerne le sceau, » M. d'Ormesson et quelques autres de MM. les maîtres des requêtes

---

[1] Voy. plus haut note 2, p. 9.

en ayant demandé l'explication, et sur la séance, pour savoir quelle elle seroit; l'un et l'autre fut réglé, et l'on me fit prêter le serment, après m'avoir dispensé de l'interrogatoire, parce que j'avois plaidé.

Le 20 septembre, il m'a été expédié une commission de procureur général de la recherche de la noblesse[1], pour toutes les provinces du royaume, à l'exception de Paris, aux appointemens de 1,500ᴴ.

Incontinent après que j'ai eu la commission de procureur général de la recherche de la noblesse, du 20 de septembre 1666, M. Chapellier, ancien avocat général de la cour des aides de Paris, a trouvé bon que j'allasse travailler chez lui à l'examen des productions des assignés pour représenter leurs titres, et a prié M. Charruau, son ancien substitut, de venir travailler avec nous. Je lui ai donné 1,000ᴴ par an, ce qui a duré jusqu'au dernier décembre 1669.

Le 10 octobre 1666, M. le chancelier Séguier m'a expédié des lettres de conseiller d'état[2], et j'ai prêté le serment entre ses mains, étant procureur général des requêtes de l'hôtel.

Le.... 1666, j'ai été commis procureur du roi dans la recherche de ceux qui ont bâti des maisons dans les faubourgs de Paris au delà des bornes prescrites par la déclaration de 1644[3].

1667.

Le 20 février, il m'a été expédié des lettres de maitre ès arts dans l'université de Paris, qui devoient être datées du 5 août 1662, que j'ai pris le bonnet de maître ès arts.

---

[1] Un arrêt du conseil du 22 mars 1666 avait ordonné de rechercher les usurpateurs des titres de noblesse. Les commissaires départis en étaient chargés dans les provinces, et ils devaient soumettre le résultat de leur examen à une commission établie à la suite du conseil du roi. C'est devant cette commission que Foucault fut nommé procureur général.

[2] C'était un titre purement honorifique et ne donnant aucune entrée au conseil.

On appelait ceux qui en étaient pourvus *conseillers à brevet*.

[3] Cette recherche avait lieu en vertu de l'*édit du toisé*, du 15 mars 1644 (Isambert, *Anc. lois françaises*, t. XVII, p. 38), ordonnance qui avait soulevé des troubles à son apparition, et que l'on peut considérer comme une des causes de la Fronde. (Voy. Sainte-Aulaire, *Hist. de la Fronde*, t. I, p. 146.)

Le 17 novembre 1667, le roi m'a accordé une pension de 1,200ᵗᵗ, à prendre sur le domaine, pour en jouir tant que je serai procureur général des requêtes de l'hôtel.

Les épices de la charge de procureur général des requêtes de l'hôtel ont monté, année commune, pour les conclusions, à 1,300ᵗᵗ, dont il en a été payé le tiers à M. du Tillet, avocat du roi, auquel, en cette qualité, il est dû.

1668.

Le 2 avril 1668, Marianne Foucault a été mariée à M. Petit de Villeneuve, conseiller à la cour des aides.

1669.

Au mois d'avril, mon père a mis la première pierre du bâtiment que les religieuses de Popincourt ont fait construire.

En 1669, Poncette Maillard, veuve de M. Resneau, tante de ma mère, est décédée. Madame Baudouin, ma tante, et ma mère, sa sœur, ont été ses légataires universelles; elle m'a légué 6,000ᵗᵗ que mon père a reçus. Ils ont été employés à l'acquisition des livres de M. Dubois, avocat au grand conseil, que j'ai payés.

Au mois de juillet, il a été publié un édit portant règlement de l'âge requis pour entrer dans les charges de judicature, des parentés et alliances des officiers, et pour la fixation des prix des charges[1]. Cet édit a été dressé par mon père, et M. le premier président de Lamoignon en faisoit tant de cas qu'il le regardoit comme l'édit le mieux dressé qui eût été porté au parlement depuis un siècle.

1670.

Mon père a été commis à l'exercice de la charge de secrétaire du conseil, saisie et décrétée sur le sieur Catelan, en la chambre de justice; la commission est du 7 janvier 1670.

---

[1] Cet édit est du mois d'août 1669. (Voy. Isambert, *Anc. lois françaises*, t. XVIII, p. 325.)

Le... janvier 1670, M. Langlois, avocat, m'a prêté 3,500 # que je lui ai rendus.

Le 30 mai 1670, fête du Saint-Sacrement, j'ai porté le dais à la procession de la paroisse de Saint-Eustache. Il m'en a coûté 80 # pour l'offrande, présent à l'œuvre, quêteuse et menus frais.

Le 15 juin 1670, il a été passé, entre mon père, ma mère et moi, un acte sous seing privé, en forme de compte, par lequel mon père a reconnu qu'il avoit touché, depuis le mois de septembre 1666, tant sur mes gages de ma charge de procureur général des requêtes de l'hôtel que des pensions et appointemens des commissions extraordinaires que j'ai exercées, particulièrement de procureur général de la recherche de la noblesse et de secrétaire de la réformation de la justice, ensemble des 6,000 # qui m'ont été légués par madame Resneau, lesquelles sommes touchées par mon père se sont trouvées monter à 50,000 #, et, pour en demeurer quitte par mon père et par ma mère, ils m'ont, de leur part, tenu quitte des 50,000 # qu'ils ont payés à M. Deffita pour le prix de la charge de procureur général aux requêtes de l'hôtel.

Cet acte, fait double, a été reconnu par-devant notaire, par toutes les parties, le 22 octobre 1670 ; et, le 11 avril 1674, j'ai déposé celui que j'avois entre les mains chez Beauvais, notaire.

Le 24 octobre 1670, Marie Métezeau, ma mère, a fait son testament, par lequel elle veut que ses obsèques soient modestes, et en laisse la disposition, aussi bien que des prières, à mon père. Elle donne à Claude Foucault, son aînée, religieuse à l'Assomption, une pension viagère de 150 # ; elle donne une croix de diamans de 4,000 # à madame de Villeneuve ; à Anne, seconde fille, une croix de 1,000 #, et à Angélique, troisième fille, une pareille croix de 1,000 #. Elle fait encore quelques autres legs particuliers à ses amis. Elle se rapporte à son mari de la récompense de ses domestiques ; et, après les legs acquittés, elle veut que sa succession soit partagée en six parts, dont j'en prendrai trois, et, en cas que les trois autres enfants aimassent mieux retenir les quatre quints des propres que de prendre les trois autres portions, en ce cas elle me fait son légataire universel et me donne généralement tout ce qu'elle peut me donner par la coutume[1]. Elle fait mon père son exécuteur testamentaire.

Ma mère est morte le 4 novembre 1670, à quatre heures du soir: les frais funéraires montent à 4,275# 15ˢ.

1671.

Le 30 mars 1671, j'ai obtenu des lettres d'indult[2] sur l'abbaye de Saint-Martin de Pontoise, en faveur du sieur Croste, en qualité de procureur général des requêtes de l'hôtel.

Le 23 avril 1671, j'ai été pourvu de la charge d'avocat général du grand conseil[3], sur la résignation de M. de Marillac; elles ont été registrées au grand conseil le 6 mai, et j'y ai été reçu et prêté le serment sans subir l'interrogatoire.

J'ai acheté cette charge 97,000#, par contrat du 25 mars 1671. Le contrat est quittancé à commencer la jouissance le 1ᵉʳ avril 1671, aux gages de 1,500# et de 400# de pension.

Le 22 avril, il m'a été expédié des lettres de dispense d'âge; il falloit avoir trente ans et je n'en avois que vingt-huit.

J'ai continué la fonction de procureur général de la recherche de la noblesse depuis que j'ai été reçu avocat général au grand conseil et ai eu voix délibérative dans la commission de la réformation de la justice.

---

[1] Pour l'intelligence de ce testament, qui soulevait une des questions controversées de la coutume de Paris, voy. la coutume, art. 295, Claude de Ferrière sur cet article, gl. 1, nᵒˢ 22 et suiv. et Ricard, *Traité des donations*, 3ᵉ partie, nᵒˢ 1056, 1063 et 1460.

[2] L'indult était un privilége accordé aux officiers de haute judicature, pour requérir, sur un évêché ou sur une abbaye, un bénéfice vacant, pour eux-mêmes, s'ils étaient capables de le recevoir, ou pour un tiers qu'ils désignaient.

[3] Il y avait au grand conseil deux avocats généraux qui servaient par semestre. Sur cette cour souveraine, qui faisait originairement partie du Conseil d'état, et en fut détachée par Charles VIII, dans son ordonnance du 2 août 1497, voy. Chéruel, *Hist. de l'admin. mon. en France*, t. I, p. 129 et 346.

Le grand conseil ayant été complimenter le roi sur ses conquêtes, j'ai porté la parole pour le parquet[1].

1672.

Le 1ᵉʳ janvier, j'ai passé ma procuration *ad resignandum* de la charge de procureur général des requêtes de l'hôtel à M. Maboul, en exécution du traité fait avec lui de ladite charge, moyennant 78,000ᴸ, dont il s'est obligé de payer 38,000ᴸ comptant. Le même jour, je lui ai rendu les provisions en main.

Le 28 février, j'ai acheté le *Tractatus tractataum*, en vingt-huit volumes[2], 550ᴸ, des sieurs Guignard et Villiers, libraires; il contient un grand nombre de petits traités particuliers dont plusieurs sont devenus très-rares. Ce recueil a été fait par l'ordre du pape Grégoire XIII, et a été imprimé à Venise en 1584.

Le 20 octobre 1672, le roi m'a accordé des lettres patentes portant établissement d'une pension de 600ᴸ, à prendre sur le fonds du revenant-bon des gages des officiers du grand conseil; cette pension m'a été donnée en qualité d'avocat général du grand conseil.

Le 22 novembre 1672, les lettres ont été registrées à la chambre des comptes.

Je n'ai été payé des appointemens des commissions de la réformation de la justice et de la recherche de la noblesse que jusqu'en 1672.

---

[1] Foucault se trompe ici de deux ans. Ce n'est pas en l'an 1671, mais en 1673, qu'eut lieu cette cérémonie. Voici le passage de la Gazette de 1673 qui s'y rapporte:

« Le 20 (octobre 1673) le grand conseil vint féliciter Sa Majesté sur son heureux retour, étant présenté par le marquis de Seignelay, secrétaire d'état. Le président Barentin, qui portoit la parole pour cette compagnie, fit un très-beau discours, et le sieur Foucault, qui en est avocat général, un compliment qui fut des mieux reçu de Sa Majesté, et applaudi de toutes les personnes de qualité présentes à cette action. »

[2] Cet ouvrage, cité le plus souvent comme Foucault le nomme, a pour titre exact : *Tractatus universi juris in unum congesti, XVIII materias XXV voluminibus comprehendentes, curante F. Ziletto, Venet. 1584, in-f°*. C'est par erreur que Foucault lui attribue vingt-huit volumes au lieu de vingt-six, tables comprises.

1673.

Le 6 janvier 1673, mon père a payé à M. de Villeneuve 5,000ᴸ sur les 10,000ᴸ qu'il s'étoit obligé de lui payer par son contrat de mariage, lorsqu'il passeroit à une charge plus considérable que celle de conseiller de la cour des aides, dans laquelle cependant ledit sieur de Villeneuve est mort.

Le .. mars 1673, mon père a acheté la charge de secrétaire du conseil 300,000ᴸ, dont le roi lui a donné 50,000ᴸ et fait remise de la première année du droit annuel montant à 1,888ᴸ 18ˢ.

Les gages sont de 14,070ᴸ, gages de conseiller d'état 1,500ᴸ, acquit patent[1] pour les expéditions du roi 3,000ᴸ, sept minots et demi de sel. Les droits de ces charges étoient autrefois considérables; ils ont été réduits à 10ᴸ par arrêt et 6ᴸ par commission. La qualité de conseiller d'état est attribuée à ces charges.

Le 10 mars 1673, Claude Foucault, ma sœur ainée, a été pourvue de l'abbaye royale de Jarcy-en-Brie, sur la résignation de madame de Beaumont, à la charge de 1,500ᴸ de pension viagère.

Ma sœur est morte le 17 décembre 1675, et Anne Foucault, sa sœur, a été pourvue de la même abbaye, n'ayant que vingt et un ans.

1674.

Le roi, par sa déclaration du (30 novembre 1673)[2], s'étant relâché de la rigueur de l'ordonnance du .... qui règle l'âge et le temps de service pour parvenir aux charges de judicature, moyennant la finance qui seroit réglée, j'ai consigné aux parties

---

[1] Les acquits patents étaient des ordres ou mandements du roi pour faire payer comptant par ses trésoriers une certaine somme. On les nommait ainsi parce qu'ils étaient expédiés en parchemin à la grande chancellerie sous forme de lettres patentes.

[2] Isambert, Anc. lois françaises, t. XIX,
p. 121; règlement dans lequel le roi, par des considérations surtout fiscales, se relâche de la rigueur des édits de 1665, août 1669 et février 1672, sur l'âge requis pour entrer dans les charges de judicature. C'était trente-sept ans pour les maîtres des requêtes, et Foucault n'avait que trente et un ans en 1674.

casuelles[1] 150,000 ͭͭ pour une charge de maître des requêtes, suivant la fixation, et 16,938 ͭͭ de dispenses, savoir : cinq années et quelques jours d'âge, n'ayant pour lors que trente et un ans, pour sept années cinq mois et quelques jours de service qui me manquoient, à raison de 2,000 ͭͭ pour chaque année de manque. On m'a tenu compte des quatre années de service de procureur général des requêtes de l'hôtel.

Depuis cette consignation, le roi a créé huit charges de maître des requêtes par son édit du mois de janvier 1674, qui sont demeurées aux revenus casuels sans être levées, jusques au 15 février, que M. Colbert fit entendre à mon père qu'il se présentoit une occasion favorable d'établissement pour moi, qui étoit de prendre une desdites huit charges de maître des requêtes, qu'il me feroit nommer à une intendance, de trois qui vaquoient, à mon choix; mon père m'envoya chercher au grand conseil et me fit cette proposition, que j'acceptai. Le soir même, mes provisions furent portées à Versailles pour être scellées. Mon père y apprit que MM. de Ménars, Bercy et Morant avoient demandé trois de ces charges et avoient été agréés; M. de Villeneuve, conseiller à la cour des aides, mon beau-frère, refusa d'en prendre une.

Deux jours après, M. Colbert me présenta au roi. Je lui dis que je venois l'assurer de mes respects et de ma fidélité à son service. Il me répondit qu'il étoit bien aise que je prisse une des nouvelles charges, étant persuadé que je le servirois bien dans tous les emplois qu'il me confieroit, et qu'en toutes rencontres il me donneroit des marques de son affection; que M. Colbert me diroit les avantages qu'il avoit joints à ces charges. Je fus ensuite rendre compte à M. le chancelier d'Aligre de ce qui se passoit; il scella mes provisions et mes dispenses extraordinairement.

Dispense d'âge et de service du 18 février 1674, moyennant 16,938 ͭͭ dont le roi me fit remise.

---

[1] On appelait parties casuelles les droits et deniers publics provenant de la vénalité des offices, et, par dérivation, le bureau où on les payait.

Le même jour, j'ai prêté le serment entre les mains de M. d'Aligre, chancelier.

Le 23 février, mon nom a été publié aux chambres du parlement, pour l'enregistrement de mes dispenses. Le dernier février, elle a été registrée, toutes les chambres assemblées.

J'ai ensuite visité M. le premier président, les trois plus anciens présidens au mortier et toute la grand'chambre, et, le 3 mars, j'ai été reçu à la grand'chambre, où j'ai seulement pris place sans assister à aucun jugement de procès, attendu que je n'avois pas dix années de service en compagnie souveraine.

Le dernier février, la commission d'intendant de Montauban a été expédiée en mon nom, à la place de M. de Brou[1].

La commission d'intendant de Montauban a été accompagnée de lettres du roi pour M. le maréchal d'Albret[2], gouverneur de Guyenne, pour le parlement de Toulouse dans le ressort duquel est la généralité de Montauban, pour la cour des aides de Montauban, pour les présidiaux et les principales villes de la généralité et pour l'exécution de l'édit de Nantes, pour les trésoriers de France et pour M. de Bournazel, sénéchal de Quercy.

J'ai reçu avec ma commission d'intendant une commission particulière du roi pour faire exécuter ce qui reste à faire dans la généralité de Montauban, concernant l'édit de Nantes, celui de 1629 et autres donnés en conséquence.

Le 3 mars, j'ai été reçu au parlement.

Le 4 mars, j'ai visité tous MM. les maîtres des requêtes, et, le 5, j'ai prêté le serment aux requêtes de l'hôtel, président M. de Bercy.

Le 5 mars, j'ai pris séance aux requêtes de l'hôtel.

Le 14 mars, j'ai assisté au conseil pour la première fois.

---

[1] Denis Feydeau, seigneur de Brou, intendant de Montauban, puis de Rouen, mort le 10 novembre 1691.

[2] César Phébus d'Albret, comte de Miossens, maréchal de France en 1653, gouverneur de Guyenne en 1670, mort à Bordeaux le 3 septembre 1676.

Le 30 mars, j'ai été prendre place au grand conseil, M. Barentin président.

Le 4 avril 1674, commission à M. Foucault pour exécuter ce qui reste à faire dans la généralité de Montauban, concernant l'édit de Nantes.

Le 20 février 1674, j'ai emprunté de M. Le Fouin, greffier du conseil, 30,000 ## à constitution, dont il a été payé le 10 août 1679, par les mains de M. Charpentier, de mes deniers.

Le 3 avril, M. Pirot, payeur des rentes, m'a prêté 10,000 ##; rendus.

Le 15 avril 1674, mon père et moi avons passé un acte sous seing privé, par lequel nous nous sommes quittés respectivement de tout ce que nous pouvions prétendre l'un à l'encontre de l'autre, savoir, de ma part, tant des arrérages, loyers, fruits et revenus des biens de la succession de ma mère, qu'autres deniers qu'il pourroit avoir reçus pour moi, et de celle de mon père pour mes pensions, nourritures, alimens, entretiens, tant de moi que de mes domestiques et équipages, même pour la somme de 16,000 ## que j'ai déclaré devoir à la communauté d'entre mon père et ma mère, pour partie du prix de la charge d'avocat général au grand conseil, dont mon père me fait la remise, au moyen de quoi je lui cède de ma part et transporte 14,000 ## qui me restent dûs par M. Maboul du prix de la charge de procureur général aux requêtes de l'hôtel; cet acte a été reconnu devant notaires, le 29 avril 1674.

Le 16 avril, M. Gilbert, conseiller au parlement, m'a prêté 12,000 ## par un acte sous signature privée, apporté par ledit sieur Gilbert, le 31 mars 1676, chez Beauvais, notaire, et reconnu par ledit sieur Foucault, par devant ledit Beauvais et Clément, son compagnon.

Le 10 septembre 1681, lesdits 12,000 ## ont été par moi remboursés ès mains du sieur Vallin, tuteur onéraire des enfants mineurs de M. Gilbert.

Le même jour, M. Barentin, président au grand conseil, m'a prêté 3,300 ## sur billet; rendus.

Le 19 avril 1674, j'ai payé 1,500ᴴ au greffier des requêtes de l'hôtel pour mon droit d'entrée.

Le . . . .[1] j'ai vendu la charge d'avocat général au grand conseil à M. le président de Maupeou, pour son fils, moyennant 120,000ᴴ, et le même jour, et par-devant le même notaire, le fils me passe une obligation de 5,000ᴴ, dans laquelle il déclare que c'est à sa prière que j'ai consenti que le contrat ne portât que 120,000ᴴ, et qu'il est convenu avec moi de m'en payer 125,000ᴴ, M. Bailly ayant vendu la sienne 130,000ᴴ.

M. de Maupeou étant mort[2], le père et son frère depuis ont refusé de me payer ces 5,000ᴴ, mon débiteur étant mort insolvable et endetté.

J'ai eu un procès avec M. Maboul, en 1674, au sujet des gages et pensions attribués à la charge de procureur général des requêtes de l'hôtel que je lui ai vendue et dont il prétend qu'il n'avoit pu jouir, attendu que la pension de 1,200ᴴ étoit personnelle pour moi. Nous convînmes d'arbitres pour nous juger; savoir, MM. Barentin, de la Margrie et de Besnard Rezé. Ce procès a été jugé par la sentence arbitrale du 28 janvier 1675.

Le 12 novembre 1674, mon père a emprunté de M. Le Fouin, greffier du conseil, sous le nom d'Euldes, tant en son nom que se faisant fort de moi, 21,000ᴴ, dont il a passé contrat de constitution de 1,050ᴴ de rente.

Les appointemens d'intendant de Montauban sont de 18,300ᴴ, y compris ceux du secrétaire et des hocquetons. Je n'ai été payé que de huit mois de l'année 1674, M. de Brou, à qui j'ai succédé, étant demeuré à Montauban jusqu'au 1ᵉʳ mai de la même année.

J'ai reçu, pendant l'année 1674, de mes appointemens d'intendant, de mon père et pour gratifications, 24,664ᴴ, en ce non compris les deux sommes empruntées de MM. Gilbert et Pirot.

---

[1] D'après le Dictionnaire de la noblesse, de La Chesnaye des Bois, t. IX, p. 631, Pierre de Maupeou, fils aîné du président, fut reçu avocat général au grand conseil le 6 juin 1674.

[2] Il mourut le 20 octobre 1679.

La dépense de l'année 1674 monte à 39,681 ʰ, en ce compris les 10,000 ʰ de M. Pirot, qui ont été employés en achat de vaisselle d'argent qui a coûté 10,432 ʰ.

Le 29 avril 1674, M. Colbert m'a expédié un passe-port de mes hardes[1] à Montauban, sans payer aucuns droits.

Je suis parti le 1ᵉʳ mai de Paris, et ai pris la route de Bordeaux pour voir M. de Sève, qui en étoit intendant et qui l'avoit été de la généralité de Montauban, et pour prendre ses instructions sur les affaires de cette généralité.

Je passai à Orléans où M. de Ménars, beau-frère de M. Colbert[2] et intendant de cette généralité, me fit un accueil très-gracieux et prévenant.

J'ai passé par Poitiers, où M. de Marillac étoit intendant.

Je suis arrivé à Bordeaux le 12 mai. M. de Sève m'avoit envoyé une chaloupe à douze rameurs, qui m'a conduit de Blaye à Bordeaux en deux heures. J'allai descendre chez lui, où il voulut que je logeasse. Nous conférâmes sur l'état des affaires de la province. Le lendemain il me mena chez M. le maréchal d'Albret, qui me fit beaucoup d'honnêteté et me dit qu'il feroit toutes les [avances] pour m'engager à mieux vivre avec lui que n'avoit fait M. de Brou, mon prédécesseur. Je payai cette marque de bonté de beaucoup d'encens, dont M. de Sève m'avoit averti qu'il étoit fort avide. M. de Sève étoit généralement aimé et estimé dans la province; il n'en étoit pas de même du maréchal auquel on ne se fioit pas. M. le maréchal me rendit le lendemain matin ma visite, et nous invita, M. de Sève et moi, à dîner chez lui.

J'allai rendre visite à M. de Montagu, lieutenant général de la

---

[1] Il était levé, dans l'intérieur du royaume, sur les marchandises, et en général sur les objets mobiliers qui voyageaient, des droits d'octroi, péages, pontonnages, etc. dont une partie au moins était un reste des *telonea* féodaux. Mais le contrôleur général des finances pouvait accorder des passe-ports pour dispenser du payement de ces droits, sauf aux fermiers à les décompter.

[2] Colbert avait épousé, en 1648, Marie Charon, fille de Jacques Charon, seigneur de Ménars.

province et gouverneur du château Trompette, à M. le premier président d'Aulède, et à MM. les présidens à mortier. J'ai dîné chez le premier président. J'ai été voir aussi M. le procureur général de Pontac. J'ai été chercher M. l'archevêque de Bordeaux, mais il ne voyoit personne. Il s'était démis un pied et étoit au lit. Il m'a envoyé le jour même un gentilhomme me faire compliment.

M. le maréchal d'Albret écrivit à mon père une lettre très-gracieuse sur mon sujet.

J'ai reçu des visites de tout le parlement et de la noblesse à Bordeaux.

On étoit à Bordeaux en crainte d'une descente des Hollandois, qui avoient une flotte considérable en mer.

Je suis parti de Bordeaux le 15 de mai, et suis venu coucher à Langon. M. de Sève m'a donné une barque à onze rameurs qui m'y a conduit, et a pris soin de la faire remplir de rafraîchissemens. Le sieur de Breteuil, qui étoit auprès de M. de Sève, m'a accompagné jusques à Langon par son ordre. Les consuls de Langon m'ont présenté le vin de la ville.

J'allai voir en chemin madame la comtesse de la Selve, en son château de Grignon. J'ai couché le 15 à Castelgeloux[1], dépendant du duché d'Albret.

Le 20 mai, je suis arrivé à Montauban, où je reçus les complimens de tous les corps ecclésiastiques et séculiers de la ville.

Nota. — Voir la lettre de M. Charpentier à mon père, datée de Montauban, le 21 mai 1674, pour la suite du voyage jusques à Montauban.

J'ai été descendre, en arrivant à Montauban, chez M. d'Alliés, qui m'a très-bien régalé. J'ai couché chez lui un jour, et le lendemain dans la maison que la ville donne aux intendans, appartenant à un gentilhomme nommé M. de Montbeton.

En attendant un secrétaire de Paris, je me suis servi du sieur Temple, qui avoit été à M. Pellot.

[1] On écrit aujourd'hui Casteljaloux.

M. d'Ossonne, premier président de la cour des aides, m'a rendu la première visite, et, ne m'ayant pas trouvé, j'ai été le voir.

M. Bertier, autrefois grand prédicateur, étoit évêque de Montauban, lorsque j'y suis arrivé. Je lui ai trouvé l'esprit fort baissé et ne faisant plus de fonction épiscopale.

Je n'ai point assisté à la procession du saint sacrement, parce qu'il auroit fallu aller après le premier président de la cour des aides, ce que M. Pellot et M. de Sève n'ont point voulu faire.

M. le maréchal d'Albret, gouverneur de la province, a fait une convocation d'arrière-ban, sur l'avis qu'il a eu que les Espagnols avoient des desseins sur la frontière et d'assiéger Bayonne, et, sur ce qu'il m'en a mandé, j'ai envoyé chercher des canons, des grenades, des armes, des boulets et autres munitions de guerre à Toulouse et dans les villes de mon département, que je lui ai envoyés. Je lui ai aussi envoyé un grand nombre de gentilshommes en bon équipage, avec 500 hommes de milice, dont Montauban en a fourni 200.

J'ai envoyé à M. le maréchal d'Albret deux mille sacs de blé et pareille quantité d'avoine, et en ai fait faire provision d'autant de sacs à Auch et à Montauban.

L'arrière-ban et les milices[1] convoqués pour la défense des côtes, en cas de descente des ennemis, m'a d'abord donné beaucoup d'occupation. La noblesse des généralités de Bordeaux et de Montauban

---

[1] Dans la signification rigoureuse du mot, l'arrière-ban s'appliquait à la convocation des arrière-vassaux ou vassaux médiats du roi, par opposition au ban, qui désignait les vassaux immédiats. Telles sont encore les expressions dont se servent les lettres patentes du 11 août 1674 : « Nous « mandons et ordonnons à tous nobles... « vassaux, tenant de nous des fiefs et arrière-fiefs, sujets à notre ban et arrière-« ban... » (Isambert, Anc. lois françaises, t. XIX, p. 139.) Mais dans le langage ordinaire on ne citait que l'arrière-ban, et l'on désignait sous ce nom la convocation de la noblesse tout entière, mandée par le roi pour servir dans ses armées. On donnait le nom de milices aux troupes que fournissaient les paroisses ou qui étaient levées par ordre du roi dans les généralités, par opposition aux troupes réglées, qui se recrutaient par enrôlements volontaires.

formoient un corps de 400 à 500 hommes, et les milices 10,000. La dépense qui a été faite pour cette levée a été inutile, les Espagnols n'ayant point assiégé Fontarabie, et les Hollandois n'ayant pas fait de descente à Bayonne, comme on l'appréhendoit, le port étant sans défenses.

J'ai été obligé de régaler la noblesse qui a passé par Montauban et sur la route de Bayonne, lorsque je m'y suis transporté.

Dans le voyage que j'ai fait à Bayonne, j'ai couché le 16 juin[1] dans un village nommé Mugron, dont étoit originaire un secrétaire de M. le chancelier d'Aligre, qui en est devenu seigneur et en a porté le nom.

Je suis venu à Cahors pour la première fois le... juin 1674. Le sieur Fouillac, grand vicaire de M. Sevin, évêque de Cahors, est venu à un quart de lieue m'offrir sa maison; les consuls sont venus au-devant de moi; on a tiré le canon; les habitans étoient sous les armes sur le pont, et ont fait plusieurs salves. M. Charpentier en a eu tant de frayeur en passant sur le pont, entre une double haie de mousquetaires, qui firent une salve, qu'elle lui causa une foiblesse dont il ne revint qu'après une diète et un sommeil de douze heures à l'évêché; j'y ai soupé et couché. J'ai visité quelques écluses de la rivière du Lot, et suis retourné à Montauban pour exécuter des ordres que m'a envoyés M. Colbert.

Un consul de Nogaro, où j'ai couché le 14 juin 1674, et qui est médecin, me dit, dans sa harangue, que le roi m'avoit envoyé dans la province pour la purger de tous les fainéans et gens de mauvaise vie, et qu'au sentiment d'Hippocrate, [ce qui] formoit les humeurs peccantes étoit l'oisiveté. Je gardai mon sérieux, mais les assistans ne se crurent pas obligés à la même gravité.

De Nogaro, j'ai couché le 15 juin à Grenade, où je trouvai les rues jonchées de soldats de milice, qui dormoient d'ivresse ou de fatigue.

---

[1] Il y a erreur sur le quantième du mois; car, quelques alinéa plus loin, les Mémoires nous apprennent que le 16 juin Foucault était à Dax.

Au mois de juin 1674, je me suis rendu à Dacqs[1], à la prière de M. le maréchal d'Albret et de M. de Sève, pour prendre des mesures avec eux sur les munitions de guerre et de bouche qu'il falloit tirer de la généralité de Montauban, y ayant disette de grains dans celle de Bordeaux. J'avois déjà fait voiturer 6,000 setiers de blé à Dacqs. J'ai demandé sur cela les ordres à M. Colbert.

Je suis arrivé le 16 à Dacqs, où j'ai été descendre chez M. le maréchal d'Albret, arrivé nouvellement de Bayonne, qui est venu au-devant de moi; et, après un entretien d'une demi-heure sur le sujet de mon voyage, je l'ai quitté pour aller voir M. de Sève, avec lequel je soupai et me suis entretenu sur nos affaires communes.

M. l'évêque d'Acqs m'est venu voir; c'étoit l'abbé de Fromentière. Les consuls sont aussi venus le 16. Tous les gentilshommes de la généralité de Montauban, qui étoient à Dacqs, et le présidial en corps, sont venus me voir. J'ai dîné avec M. de Sève, et, après dîner, M. le maréchal d'Albret m'est venu voir. *Vid.* le reste dans la suite de la lettre de M. Charpentier à mon père, du 27 juin 1674.

J'ai été de retour de Bayonne à Montauban le 25 juin 1674, et y ai solemnisé par des réjouissances publiques la prise de Besançon.

J'ai mandé à M. Colbert que la guerre avec l'Espagne avoit ruiné le commerce dans la province. Il s'étoit seulement entretenu dans les passages des Pyrénées, nonobstant la guerre avec la Hollande, jusques à la rupture ouverte avec l'Espagne, qui a fait fermer les passages, les habitans des Pyrénées françoises et espagnoles ayant le privilége de continuer entre eux le commerce, nonobstant les déclarations de guerre entre les deux nations, tant que leurs intérêts les y engagent et qu'ils le jugent à propos.

La convocation de la noblesse et leur passage ont encore beaucoup coûté, aussi bien que la levée des milices, les consuls s'étant servis des deniers de la taille pour cette dépense. Les villes se sont rachetées de l'établissement de la jurande des arts et métiers[2]. On

---

[1] Ancienne orthographe de Dax. La forme primitive était *la ville d'Acqs*.

[2] Les offices de jurandes avaient été établis par un édit de mars 1673, dans

DE NICOLAS-JOSEPH FOUCAULT.   27

a encore fait des taxes pour les francs-fiefs des procureurs, greffiers et autres, les revenans-bons et la marque du papier[1].

Au mois d'avril 1674, il a été établi un droit sur le papier[2]. J'ai fait visiter par mes subdélégués tous les moulins à papier de mon département, qui se sont trouvés monter à dix; et chez les marchands, il ne s'est trouvé que six mille rames de papier.

L'édit de la marque du papier a été révoqué[3].

Je suis retourné à Montauban sur la fin de juin, où j'ai travaillé au recouvrement des droits de franc-fief[4], M. Colbert ayant cette affaire fort à cœur.

Le recouvrement des taxes des francs-fiefs dans la généralité de Montauban avoit été commencé par M. de Brou; les trois rôles étoient de 594,000 #, en trois forfaits, y compris les taxes des procureurs; j'ai achevé ce recouvrement.

Quoiqu'il n'y eût plus de descente à craindre, M. le maréchal d'Albret n'a pas voulu renvoyer la noblesse et les milices chez eux,

---

un but fiscal, pour subvenir aux frais de la guerre de Hollande.

[1] Foucault confond dans une rédaction défectueuse des choses tout à fait distinctes. Les « procureurs, greffiers et autres » n'ont rien de commun avec les taxes des francs-fiefs, et probablement ils ne sont mentionnés ici que par rapport à la marque du papier, et aux édits des 19 mars et 2 juillet 1673 qui les astreignaient à se servir de formules imprimées pour leurs actes de procédure. Quant à la taxe des revenans-bons, nous n'avons trouvé aucun renseignement à son égard.

[2] Isambert, *Anc. lois françaises*, t. XIX, p. 135. Cet édit a deux objets : l'établissement d'un impôt sur le parchemin et le papier qui se fabriquaient dans le royaume, et la révocation de deux déclarations, des 19 mars et 2 juillet 1673, qui forçaient les « huissiers, procureurs et autres ministres de justice, » à employer, dans leurs procédures, des formules imprimées sur papier timbré.

[3] Par un édit d'août 1674, cité dans Depping, *Corresp. admin. sous le règne de Louis XIV*, t. III, introd. p. XVII.

[4] Le droit de franc-fief était payé au roi par les roturiers à cause des fiefs et biens nobles qu'ils possédaient. Il n'était pas levé annuellement, ou, du moins, après l'avoir tenté en 1655, on y avait renoncé en 1656. (Isambert, t. XVII, p. 335-7.) Mais de temps en temps on recherchait les roturiers possesseurs de fiefs, et on les taxait à trois années de revenu pour vingt ans de possession. Par deux édits, de novembre 1656 et mars 1672, le roi leur offrit la faculté de se racheter et de libérer leurs biens. Les poursuites ordonnées par Colbert avaient pour but d'activer ce rachat

et leur a même assigné des quartiers aux environs de Bayonne. Cependant, M. Colbert m'a mandé de faire payer les droits de francs-fiefs aux gentilshommes[1] convoqués et qui ne servent point dans les troupes réglées; et, d'autre côté, le parlement de Toulouse et celui de Bordeaux donnent à ces gentilshommes et aux commandans des francs-fiefs[2] des surséances à toutes poursuites civiles et criminelles contre eux; MM. d'Aguesseau et de Sève en ont donné de générales, ce qui ne s'étoit jamais fait, l'usage ayant été jusques à présent de ne les accorder que sur le certificat du secrétaire d'état ayant le département de la guerre; et il a fallu fournir à la subsistance de ces troupes. Les villes les plus petites ont fourni trois hommes; celle du second ordre, cinq, et les capitales, dix. Les bourgs ont voulu passer pour villes, et toutes les villes ont fait des efforts pour se mettre au-dessus de leurs classes. Il n'y a pas un homme qui n'ait coûté 50#, et beaucoup qui sont revenus aux villes 150 et 200#, les miliciens ayant été habillés et armés de pied en cap.

Les ennemis n'ont pas donné le moindre indice qu'ils voulussent faire une descente. C'est une terreur panique de la cour, fondée sur des avis de personnes suspectes.

Le 2 juin, la ville de Toulouse m'a député trois de ses capitouls pour me faire compliment sur mon arrivée dans la province. Je leur ai donné à dîner le lendemain.

M. Bertier, évêque de Montauban, est mort le 28 juin 1674, âgé de soixante et dix ans. J'en ai donné avis à M. Colbert.

Au mois de juin, M. de Sève m'a demandé de l'argent de nos recettes, pour employer aux affaires du roi dans la conjoncture présente.

M. Caulet, évêque de Pamiers, est venu me voir à Montauban.

M. Colbert m'a mandé, au mois de juin 1674, de me servir de sub-

---

[1] L'expression de *gentilshommes* n'est pas tout à fait exacte; les droits de francs-fiefs n'étaient pas dus par les nobles de race, mais seulement par les roturiers, pour les héritages qu'ils possédaient noblement. Les roturiers étaient sujets à l'arrière-ban à cause de ces mêmes biens.

[2] *Sic.* Lisez : des milices.

délégués[1] le moins que je pourrois. J'ai dans mon esprit prévenu sa lettre. Ils avoient abusé de la confiance de M. Pellot, qui signoit des ordonnances à leur rapport, et, s'ils l'ont fait paroître présent à toutes les affaires, ils lui ont fait rendre beaucoup de mauvais jugemens.

Le frère de Haynault est venu, au mois de juillet 1674, à Montauban, pour me servir de sous-secrétaire.

Au mois de juillet 1674, les habitans de Cahors ont proposé à M. Colbert de transférer la cour des aides qui y avoit été établie.

Le 30 mai, je reçus une plainte du sieur de Cahusac, lieutenant principal du présidial[2] de Montauban, contre le sieur de la Chaise, conseiller du même siége, dont il me dit avoir reçu un soufflet, et me requit de me transporter au présidial pour en informer, et, quoique cette affaire fût de la compétence du parlement de Toulouse, cependant, comme c'étoit une violence publique, je me transportai au présidial, où j'entendis plusieurs témoins, et, quoiqu'ils eussent vu l'action, cependant, comme ledit sieur de Cahusac n'étoit pas bien voulu dans sa compagnie, la preuve ne fut pas complète, et je pris le parti d'accommoder l'affaire, La Chaise étant un homme de mauvaise réputation, de beaucoup d'esprit, et à qui M. Pellot, dont il avoit été subdélégué, entreprit de faire le procès, mais il n'y réussit pas. J'ai accommodé cette affaire, les parties m'ayant remis leurs intérêts.

Au mois d'août 1674, le roi a rendu un arrêt qui ordonne au sieur de la Chaise, conseiller au présidial de Montauban, de se défaire de sa charge pour avoir donné un soufflet, en présence de plusieurs officiers du siége, au sieur de Cahusac, lieutenant particulier. Cet arrêt a été donné sur mon avis; ledit La Chaise étoit un homme

---

[1] L'intendant commettait des subdélégués, afin de le remplacer pour une affaire spéciale ou d'une manière permanente, dans une ville ou dans un bourg de sa généralité. Il était à sa discrétion de les nommer comme de les révoquer. Un édit d'avril 1704 créa, il est vrai, des subdélégués en titre d'office; mais ils furent supprimés plus tard par un autre édit d'août 1715.

[2] Un lieutenant principal, ou plus exactement un lieutenant général de présidial, était un magistrat à peu près correspondant à ce que serait aujourd'hui le vice-président d'un tribunal de première instance.

de très-mauvaise vie et grand scélérat. M. Pellot lui avoit fait son procès pour concussions et malversations commises par lui dans la fonction de son subdélégué.

Au mois de décembre 1674, j'ai proposé à M. de Louvois de ne point mettre de gens de guerre en quartier d'hiver dans Négrepelisse, appartenant à M. de Turenne; il m'a mandé que l'intention du roi étoit que, sans distinction, je distribuasse les troupes dans toutes les paroisses. Il étoit brouillé avec M. de Turenne. D'autre part, M. Colbert m'écrivit, de son propre mouvement, que le roi trouveroit bon que j'exemptasse de logement la terre de Négrepelisse, qui étoit la seule que possédât M. de Turennne, qui avoit bien mérité cette distinction. Pour accorder les deux ministres, je mis quelques places de l'état-major dans Négrepelisse; mais c'étoit des places mortes[1] qui ne coûtèrent rien à la paroisse, et cette affaire n'eut point de suite.

Au mois de décembre 1674, on a proposé de me marier à la fille unique de M. Donneville, président au mortier de Toulouse; mais il vouloit qu'on l'assurât de son rappel à Toulouse, et le roi étoit trop indisposé contre lui pour oser en faire la proposition. Il avoit été exilé pour avoir parlé avec trop de chaleur contre la vérification de quelques édits, et avoir fait un parti dans le parlement contre le sieur de Fieubet, premier président.

Il y a eu du désordre dans l'hôpital de Beaulieu, près Figeac, ordre de Malte : cinq religieuses se sont révoltées contre madame de Vaillac, leur abbesse. M. Sevin, évêque de Cahors, les a excommuniées et a envoyé à l'abbesse un règlement auquel elles ont refusé de se soumettre. Le grand prieur de Saint-Gilles, de qui dépend cette maison, a prétendu que c'étoit une entreprise de la part de M. de Cahors, qu'il n'étoit point en droit de faire des règlemens dans une maison dépendant de l'ordre de Malte. Le roi m'a ordonné de prendre connoissance de ces contestations, et j'ai été commis, par arrêt du conseil, pour me transporter dans ce monastère, entendre toutes les parties, dresser mon procès-verbal de leurs contestations et envoyer

[1] C'est-à-dire des places qui n'étaient pas occupées.

le tout avec mon avis au conseil. *Vid.* le procès-verbal et l'avis. Il y avoit huit religieuses opposées à l'abbesse; mais trois sont rentrées dans l'obéissance. Leur vue étoit de se faire transférer dans une maison du pays de Foix, où elles iroient former une nouvelle communauté.

En 1674, j'ai fait construire des écluses sur la rivière du Lot pour la rendre navigable. Cette dépense a monté à 56,666^{tt} et a porté également sur les généralités de Bordeaux et de Montauban.

M. Charpentier n'a jamais voulu prendre connoissance des affaires qui regardent la finance et le roi, mais seulement de celles des particuliers[1].

1675.

Anne Foucault, ma troisième sœur, a fait profession à Jarcy, le 28 janvier 1675. Je lui ai donné 100^{tt} de pension en mon nom.

Au mois de janvier 1675, M. Charpentier, chanoine de Saint-Germain-l'Auxerrois, qui étoit venu avec moi à Montauban, est retourné à Paris.

Gendron est arrivé dans le même temps à Montauban, pour me servir de secrétaire.

Au mois de janvier 1675, j'ai fait faire, par ordre du roi, des réparations aux bains et chemins de Barége. La dépense a monté à 1,200^{tt}. Ces réparations ont été faites à l'occasion du voyage que M. le duc du Maine, fils naturel du roi et de madame de Montespan, conduit par madame de Maintenon, y a fait, pour l'allongement des nerfs d'une jambe dont il est boiteux.

Au commencement de février 1675, le vice-sénéchal d'Auch a arrêté un ouvrier faux monnoyeur, trouvé saisi de quatre pistoles et de quinze écus blancs faux. J'ai envoyé à M. Colbert un projet d'arrêt qui me commettoit pour lui faire le procès.

Le 17 avril 1675, j'ai proposé de créer une élection dans le pays

---

[1] A la fin de l'année 1674, on trouve l'alinéa suivant, non achevé : « Le roi ayant envoyé des troupes en quartier d'hiver « dans la généralité de Montauban, je n'ai « pas cru en devoir.... »

de Foix, dont le roi tireroit des secours plus considérables que ceux qu'il reçoit, les deniers qui se lèvent sur les communautés[1] de ce pays tournant, pour la plus grande partie, au profit de ceux qui en sont les administrateurs; cela n'a pas été suivi.

Au mois d'avril 1675, j'ai fait arrêter, à Cahors, des faux monnoyeurs et fabricateurs de faux papier timbré auxquels j'ai fait le procès.

Au mois d'avril 1675, j'ai informé, par ordre du roi, des vexations que faisoit M. le marquis de Foix[2], gouverneur du pays de Foix, les trois états en ayant porté des plaintes à Sa Majesté. J'ai envoyé cette information à M. Colbert. Il a été relégué à Sisteron, et a reçu ordre de se défaire de son gouvernement.

Le 15 juin 1675, j'ai jugé, au présidial de Montauban, des pêcheurs du lieu de Redon, sur la Garonne, qui ont assassiné deux archers du domaine. Deux ont été condamnés, par contumace, à la roue, et un troisième à être pendu, et a été exécuté. Il auroit subi la même peine que les deux autres, s'il n'avoit été sexagénaire.

Le... juin, j'ai condamné deux dragons du régiment de Tessé à être pendus, pour avoir tué un consul et un habitant de Beaumont qui avoient voulu[3] violer la femme de leur hôte.

Mon père a épousé en deuxième noce, le 20 juillet 1675, mademoiselle Bossuet, sœur de M. l'évêque de Condom; point de communauté; 2,000ᴸ de rente annuelle de douaire préfix, 3,000ᴸ d'ameublement une fois payés; n'est point demeuré de minute chez Beauvais, notaire, qui a passé le contrat demeuré double pour chacune des parties; mademoiselle Bossuet n'avoit aucuns biens.

Ce mariage n'a pas été heureux. MM. Bossuet n'y avoient pas consenti; les enfans de M. Foucault n'avoient pu l'empêcher. Les humeurs du mari et de la femme devinrent incompatibles. La femme

---

[1] Appelées, dans le langage actuel, les communes.

[2] Jean Roger de Foix, dit le marquis de Foix, nommé gouverneur de la province de Foix en 1672. Il devint plus tard capitaine des cent-suisses du duc d'Orléans, frère de Louis XIV.

[3] Il y a là une omission évidente. On doit probablement rétablir : «qui avoient «voulu [les empêcher de] violer...»

avoit tiré de son mari deux billets, l'un une année avant le mariage, et du 16 juillet 1674, de la somme de 20,000ᵗᵗ payable au porteur; l'autre du 15 janvier 1676, de 30,000ᵗᵗ, payable à M. Chevalier.

Le divorce s'étant mis dans le ménage, la femme demanda en 1677 le payement de ces billets, dont déclaration avoit été faite à son profit; elle demanda aussi d'être séparée d'habitation. Toute l'année 1677 se passa en procédures pour le payement de ces billets jusques au commencement de 1678, que M. le duc de Chevreuse entreprit, par ordre de M. Colbert, d'accommoder les parties, et leur fit passer une transaction par laquelle la femme se retira de la maison de son mari pour entrer en telle autre, particulière ou religieuse, qu'elle voudra choisir. On lui donne 3,000ᵗᵗ comptant, pour l'ameublement stipulé par son contrat de mariage, et, pour demeurer quitte des 50,000ᵗᵗ portés par lesdits deux billets, ensemble du douaire de 2,000ᵗᵗ, on lui donne la somme de 30,000ᵗᵗ en propriété comptant, qui seront employés en acquisition de rentes sur la ville, sans qu'elle en puisse disposer ni en recevoir le rachat du vivant de son mari, qu'en sa présence et de son consentement. J'ai copie des deux contrats, collationnée par les notaires qui les ont passés.

Au moyen de ces conventions, les deux billets de 50,000ᵗᵗ ont été rendus à M. Foucault; la transaction est du 30 octobre 1678.

Lesdites rentes sur la ville ont été remboursées à madame Foucault, du consentement de mon père, et commuées en d'autres rentes aussi sur la ville, par contrat du... avril 1682. J'en ai les copies.

Au mois de juillet, j'ai été visiter les ouvrages faits par M. Riquet pour la communication des mers par un canal qui traverse tout le Languedoc. Je fis ce voyage dans une barque que ledit sieur Riquet avoit fait préparer. Il m'accompagna dans ce voyage et me régala magnifiquement. M. de Froidour, grand maître des eaux et forêts, a fait la description de ce canal, qui a été imprimée [1].

---

[1] *Lettre de [Louis] Froidour, grand maître des eaux et forêts de Toulouse, contenant la relation et la description des travaux qui se font en Languedoc pour la communication des deux mers.* Toulouse, 1672, in-8°.

Le 11 septembre 1675, j'ai proposé à M. Colbert de me donner M. d'Héricourt, conseiller au présidial de Soissons, pour procureur du roi de la commission du domaine, à la place du sieur Auvinet, incapable de cette fonction ; ce qui a été accordé.

Au mois d'octobre 1675, j'ai proposé à M. Colbert de faire le procès au sieur Thevenin, commis au recouvrement des taxes faites sur les notaires, pour les frais excessifs qu'il faisoit sans donner de quittances.

Le 23 novembre 1675, M. de Villeneuve [étant] chagrin du deuxième mariage de mon père, j'ai passé un acte devant notaire, par lequel je lui ai payé 8,000ᵗᵗ pour l'indemniser des avantages qu'il prétendoit m'avoir été faits par le testament de ma mère et de ce que les effets qui lui avoient été donnés par son contrat de mariage avoient été évalués à un trop haut prix, ce qui nous exposoit à un procès.

Nota. — Ces 8,000ᵗᵗ m'ont été depuis rendus au moyen du partage des biens de mon père, par acte du 6 février 1685, passé devant notaires.

J'ai fait un voyage à Paris à la Saint-Martin de 1675 pour me marier.

Le 17 novembre, mon contrat de mariage avec Marie de Jassaud a été passé, étant intendant à Montauban. M. de Jassaud, doyen des maîtres des requêtes, et Marie de Flandre, ses père et mère, lui ont donné 120,000ᵗᵗ, dont le tiers entrera en communauté. Le douaire est de 4,000ᵗᵗ par chacun an, le préciput de 10,000ᵗᵗ. Mon père me donne 100,000ᵗᵗ en avancement d'hoirie ; je déclare que la charge de maître des requêtes m'appartient et la moitié dans les biens délaissés par ma mère. Mon mariage a été célébré le 24 novembre 1675, dans l'église de Saint-Louis, île Notre-Dame, paroisse de M. de Jassaud[1].

Le même jour 17 novembre, M. et madame de Jassaud m'ont cédé les effets suivans pour demeurer quittes desdits 120,000ᵗᵗ : savoir, 24,000ᵗᵗ à eux dus par M. de Bagnols, conseiller au Châtelet ;

---

[1] Marie de Jassaud survécut dix ans à son mari : elle mourut le 25 septembre 1731.

50,000ᵗᵗ dus par les officiers de la chancellerie et secrétaires du roi; 20,000ᵗᵗ à eux dus par M. de Valcourt; plus 8,000ᵗᵗ d'argent comptant, et enfin 900ᵗᵗ de rente qu'ils se sont constitués; toutes lesquelles sommes font celle de 120,000ᵗᵗ, et lesdits sieur et dame de Jassaud m'ont remis tous les titres desdites sommes cédées.

Claude Foucault, mon aînée, abbesse de Jarcy, est morte le 17 décembre 1675.

Elle a porté 200ᵗᵗ de pension qu'elle avoit à l'Assomption, à Jarcy, suivant le consentement des religieuses de l'Assomption, porté par l'acte du 2 mai 1673. Elle a été nommée par le roi à l'abbaye de Jarcy, par brevet du 20 mars 1673, sur la résignation faite en sa faveur par madame de Beaumont, moyennant 1,500ᵗᵗ de pension. Ma sœur a été transférée de l'ordre de Saint-Augustin dans celui de Saint-Benoît[1]; le pape ayant d'abord refusé de donner des bulles sur la nomination du roi, le grand conseil a permis à ma sœur de prendre possession en vertu du brevet, et de jouir des fruits de l'abbaye, à la charge de la réitérer lorsqu'il aura plu au pape lui accorder des bulles. L'arrêt est du 18 mai 1673.

Le... décembre, le roi a donné à Anne Foucault, ma sœur puînée, l'abbaye de Jarcy, vacante par la mort de Claude, sa sœur aînée, décédée le 17 décembre de la même année, à la charge de la pension de 1,500ᵗᵗ en faveur de madame de Beaumont, que payoit son aînée. Mon père a remercié le roi le 28 décembre 1675.

J'ai fait faire pendant le cours de cette année et les suivantes plusieurs ouvrages sur la rivière du Lot pour la rendre navigable; il y a été construit onze écluses.

M. le marquis de la Valette ayant prétendu que M. de Fontrailles, oncle de sa femme, étoit tombé en démence, et que ses domestiques disposoient de sa personne et de ses biens, a obtenu un arrêt du conseil qui me commet pour interroger ledit sieur de Fontrailles et le

---

[1] Foucault veut probablement dire au contraire, « de l'ordre de Saint-Benoît dans celui de Saint-Augustin, » car c'était à ce dernier ordre qu'appartenait l'abbaye de Jarcy. (Voy. *Gallia christiana*, tome VII, col. 623.)

faire visiter par des médecins. Je l'ai interrogé sur le fait de la religion et sur l'administration de ses biens, et il m'a répondu fort sensément sur tous les interrogatoires, ne m'ayant paru aucun dérèglement dans son esprit; il s'est seulement emporté sur le fait de sa sœur et surtout sur son avidité pour ses biens, mais il m'a prié de ne point faire rédiger ce qu'il m'a dit à son égard dans mon interrogatoire. Il a été maintenu dans la jouissance de son bien, sur mon avis, par arrêt du conseil. Il en avoit été dépossédé par des arrêts précédens. Les médecins n'ont trouvé en lui aucune cause de dérangement d'esprit. Il y a eu une assemblée de parens qui l'ont reconnu sain d'entendement[1].

M. Fouquet, évêque d'Agde, ayant été relégué à Villefranche de Rouergue, y composoit des gazettes[2] qu'il faisoit distribuer par ses émissaires dans la province, et les envoyoit par tout le royaume. Comme il étoit parent de ma femme, je l'ai fait avertir et averti moi-même de cesser ce commerce, de quoi il n'a tenu compte. J'ai écrit à M. de Châteauneuf pour le prier d'obtenir du roi qu'il fût retiré de Villefranche. Il a été envoyé à Tournus, en Bourgogne.

Les troupes ont fait beaucoup de désordres dans leurs quartiers, cette année, à Cahors, à Villefranche, à Auch; et j'ai été obligé de punir plusieurs officiers et de faire pendre des cavaliers, dragons et soldats.

---

[1] « Louis d'Astarac, marquis de Marestang, de Fontrailles et autres lieux, sénéchal d'Armagnac, servit avec distinction ès guerres de Flandres, de Catalogne et d'Italie. Il fut depuis impliqué dans les intrigues de la cour contre le gouvernement, et particulièrement dans la conjuration du seigneur de Cinq-Mars contre le cardinal de Richelieu, fut porteur du traité fait par M. Gaston, duc d'Orléans, avec le roi d'Espagne, et ne revint en France qu'après la mort du cardinal et avoir fait son accommodement. Il fit une donation de tous ses biens, étant à Paris le 4 mars 1677, à Jean-Paul de Rochechouart de Barbasan, son petit-neveu, et mourut le 16 juillet suivant, sans avoir été marié. — Sa sœur, Paule d'Astarac, épousa : 1° en 1640, Roger de Boussolts, comte d'Espanan, baron de Luc, lieutenant général des armées du roi, mort en 1646; 2° Louis-Félix de Nogaret, marquis de la Valette, lieutenant général des armées du roi, mort en 1695. » (*Histoire généalogique et chronologique, etc.* par le P. Anselme, 3ᵉ édit. t. II, p. 624.)

[2] Ces gazettes, qu'on appelait *gazettes à la main*, étaient des libelles manuscrits. (Voy. Chéruel, *Hist. de l'adm. monarch. en France*, t. II, p. 280.) Depping, *Corresp. admin. sous le règne de Louis XIV*, t. II, introd. p. xxxvii, xxxviii, donne de curieux

DE NICOLAS-JOSEPH FOUCAULT.   37

J'ai fait aussi des exemples sur des gentilshommes qui exerçoient des violences sur les peuples, surtout dans le voisinage des Pyrénées, et sur des notaires et sergens faussaires.

1676.

Le 5 janvier, ma femme est arrivée à Montauban; elle y a été reçue avec les cérémonies ordinaires; M. d'Arquinvilliers étoit avec elle.

Le 8 janvier 1676, j'ai remercié le roi, par une lettre, de l'abbaye de Jarcy qu'il a donnée à ma sœur Anne.

Le père de la Chaise, confesseur du roi, a fait en sorte que le roi n'a point nommé de religieuse à Jarcy, comme il est de l'usage à chaque mutation. Angélique, ma quatrième sœur, y a été nommée.

Le 26 janvier, mon père a vendu, à M. Coquille, sa charge de secrétaire du conseil 400,000#, et celle de secrétaire du roi, à M. Piques, 52,000#.

Le 18 mars 1676, j'ai envoyé à M. Colbert le jugement que j'ai rendu au présidial de Cahors[1] contre un habitant du lieu de Pruines en Rouergue, qui a assassiné son seigneur d'un coup de mousqueton. Il a été condamné à être rompu vif et exécuté.

Dans le même mois de mars, les habitans d'Asprières ont aussi comploté d'assassiner leur seigneur. Ils ont tué quatre de ses domestiques.

Le 7 avril, ma femme a fait une fausse couche d'un enfant jugé mâle et de trois mois.

Le 11 avril 1676[2], mon père a épousé en secondes noces mademoiselle Bossuet, dont il a eu fort sujet de se repentir.—*Vid.* les actes et mémoires de ce mariage.

Le 15 avril, j'ai fait mes complimens à mon père sur son second mariage.

exemples de ce que ces pièces contenaient. (Voy. aussi P. Clément, *Hist. de Colbert*, p. 395.)

[1] Le texte dit Caen au lieu de Cahors, et cette erreur est un indice de l'époque à laquelle les mémoires ont été écrits.

[2] Erreur d'année, ce mariage a été déjà raconté à la date du 20 juillet 1675.

Mon père m'a proposé, au mois de juillet, de traiter d'une charge de président au grand conseil.

Au mois de juillet 1676, j'ai fait reléguer deux gentilshommes qui avoient fait un syndicat[1] avec plusieurs autres gentilshommes pour ne point reconnoître les juges ordinaires dans les procès qu'ils auroient et pourroient avoir contre M. l'évêque de Conserans.

Le 12 août 1676, j'ai envoyé à M. Colbert le jugement que j'ai rendu, avec sept gradués, contre des faux monnoyeurs et fabricateurs de faux timbre de papier marqué dans le Quercy; le nommé Seguy, arpenteur de Montpezat, a été condamné à être pendu et exécuté; il a tout avoué à la question. Cinq des fabricateurs de Cahors ont été condamnés par contumace à être pendus. Le nommé Douvrier, professeur en médecine de l'université de Cahors, étoit un de ces cinq; j'ai proposé le sieur Senault, habile médecin, pour remplir sa place. La fausse monnoie et le faux timbre se faisoient publiquement à Cahors, où les juges ne faisoient aucune diligence pour les faire prendre et punir.

Le 19 août, j'ai rendu un deuxième jugement, par lequel le nommé Jean Passementier, de Cahors, qui avoit fabriqué les faux moules du papier timbré, a été condamné aux galères perpétuelles, et le fils de Seguy, aux galères pour trois ans.

La ferme du papier marqué a augmenté, par ce jugement, de 9,000^{tt}.

Les récollets établis dans le bourg de la Roque en Quercy ont demandé au roi d'être transférés à Cahors. J'ai été commis, par arrêt du conseil, pour dresser procès-verbal des raisons de leur demande et de celles de l'opposition des consuls de Cahors, et non-seulement j'ai été d'avis que ces religieux demeurassent à la Roque, mais même que l'on délivrât, s'il étoit possible, la ville de Cahors d'une partie des couvens qui en dévorent les habitans.

Au mois de septembre 1676, le roi a donné une déclaration pour l'établissement d'un hôpital général dans les villes et gros bourgs du royaume. M. l'évêque de Montauban et moi avons envoyé à M. de

---

[1] C'est-à-dire une association.

Châteauneuf un projet de lettres patentes pour commencer ces établissemens par la ville de Montauban.

Le 15 octobre, j'ai proposé à M. de Louvois et à M. de Châteauneuf d'établir une garnison dans le château de Foix, pour empêcher les courses de la garnison de Puycerda dans le pays de Foix, le gouverneur de Puycerda ayant même envoyé des ordres à plusieurs villages dépendans du pays de Foix d'envoyer leurs contributions.

Le 27 novembre, j'ai jugé au présidial de Villefranche en Rouergue le procès criminel aux sieurs d'Albignac, sieur de Ferrière, de Cantobre et leurs complices, pour meurtres, assassinats, violences publiques, exactions et oppressions commises dans la ville de Nant, dont ils ont été déclarés atteints et convaincus par le jugement. C'est madame d'Alègre, dont M. de Seignelay avoit épousé la fille[1], qui avoit engagé M. Colbert à faire purger ses terres de ces brigands, et qui m'avoit fait renvoyer la connoissance de cette affaire. Le sieur de Cantobre fut arrêté à Montpellier et conduit par le sieur de Clérac, grand prévôt de Guyenne, à Nant, où je lui ai instruit et à ses complices le procès[2].

Il y avoit un notaire complice pour avoir passé de faux actes, qui avoit cent six ans; il ne fut pas jugé à cause de son grand âge.

J'ai condamné aux galères cinq Bohêmes au présidial de Montauban, au mois de novembre.

Au mois de décembre 1676, j'ai jugé avec les commissaires de la chambre du domaine le procès instruit au nommé Du Sol, lieutenant de la justice de Castel-Ferrus, et à quatre notaires, fameux faussaires qui tenoient à Castel-Ferrus bureau ouvert de faussetés. Il y avoit preuve de plus de sept cens qui ont rempli de procès toutes les juridictions de Gascogne, et même le parlement de Toulouse.

---

[1] Le marquis de Seignelay y avait épousé, le 28 février 1675, Marie-Marguerite d'Alègre, fille unique de Claude-Yves, marquis d'Alègre, et de Marguerite Gilbert de Roquefeuil.

[2] Cette affaire paraît faire double emploi avec une autre dont il sera question le 9 novembre 1677; probablement Foucault a reçu la délégation pour en connaître en 1676 et a jugé en 1677.

Le seigneur de Castel-Ferrus les protégeoit. Ils avoient fait un faux codicille en sa faveur, qui a donné lieu à un grand procès à Toulouse. J'ai instruit aussi son procès pour d'autres faussetés et pour exactions dans sa terre.

Au mois de décembre 1676, j'ai jugé avec les officiers du présidial de Villefranche le procès instruit au sieur Bastide, consul de Montauban, pour malversations commises dans la fonction de cette charge; il a été banni pour trois ans de la généralité de Montauban, déclaré incapable d'exercer aucune charge de judicature publique ni municipale, et condamné de se défaire dans six mois de celle d'assesseur criminel au présidial de Montauban, dont il étoit pourvu. Ce jugement a été suivi d'un règlement que j'ai fait et que le roi a agréé pour l'administration des affaires de la ville. Ledit Bastide m'avoit récusé, mais sa récusation a été jugée frivole par arrêt du conseil.

En attendant ce règlement, j'ai fait surseoir à l'élection des consuls. Le sieur de Rabasteins, juge mage de Montauban, a obtenu une ordonnance de M. de Montaigu, lieutenant de roi de basse Guyenne, qui porte qu'il sera passé outre à l'élection. J'en ai donné avis à MM. Colbert et de Châteauneuf, le 13 janvier 1677[1].

La nommée Réalle, qui se disoit fille de M. de Turenne, a présenté un placet au roi pour être reconnue telle; mais, ce placet m'ayant été renvoyé, j'ai trouvé qu'elle étoit fille d'un maître de poste de la ville de Tonneins, en Agénois, et qu'elle étoit tombée dans une aliénation d'esprit. Je l'ai fait enfermer dans l'hôpital de Montauban.

Les habitans des Pyrénées françoises qui habitent la frontière jouissent d'un ancien privilége qui est de recevoir du sel que les Espagnols apportent de Cardonne et d'Aragon pour leurs bestiaux. Les fermiers généraux ont prétendu que ce commerce se portoit au delà des bornes marquées par les priviléges qu'ils appellent des lies et passelies[2]. J'ai

---

[1] Le texte porte 1717 par une erreur évidente, qui semble indiquer que les Mémoires ont été écrits au plus tôt en 1717.

[2] On désignait par les mots de *lies et passelies* ou *passeries* la liberté de commerce dont jouissaient les habitants de la fron-

été commis, par arrêt du conseil, pour, en présence du sieur du Ruau Pallu, fermier général, régler les bornes de ce privilége, avec un commissaire député par le roi d'Espagne. Ce privilége s'exerce même en temps de guerre entre les deux nations, ce qui est arrivé dans le temps même que M. le maréchal de Navailles assiégeoit Puycerda, qui n'est éloigné de Saint-Girons et de Couzerans que de treize lieues. J'ai travaillé avec le commissaire espagnol et ai envoyé à M. Colbert mon procès-verbal. Le conseil a confirmé le règlement provisionnel que je fis au mois de..... 1676, du consentement du directeur du convoi de Bordeaux[1].

1677.

Au mois de janvier 1677, j'ai reçu ordre du roi d'informer de la mort prétendue violente du nommé Martin, valet de Sainte-Croix, fameux empoisonneur. Son père, son frère et quelques autres parens ont été entendus et donnent des indications qui méritent d'être suivies.

Le 22 février, à quatre heures quarante-deux minutes du soir, ma femme est accouchée, à Montauban, d'un premier fils, qui a été tenu sur les fonts par deux pauvres, et nommé Nicolas-Joseph. Le 15 mars 1678, les cérémonies du baptême ont été suppléées, ayant été ondoyé le jour de sa naissance.

Le 28 février, mon père m'a proposé de traiter avec M. d'Argouges de la charge de premier président de Bretagne, moyennant 100,000``. Elle a 6,000`` d'appointemens du roi, et 12,000`` de la province lorsque les états se tiennent.

---

tière française avec leurs voisins d'Espagne, et aussi l'étendue de terrain où s'exerçait cette liberté. (Voy. dans l'État de la France de Boulainvilliers, le mémoire de l'intendant de Guyenne, et ici, la dépêche de Colbert à Foucault en date du 8 juillet 1682.)

[1] On appelait à Bordeaux *droit de convoi* une perception fiscale levée sur le sel et sur plusieurs autres denrées. On présume que ce droit tirait son nom de ce qu'il aurait été établi après la reprise de la Guyenne sur les Anglais en 1453, et qu'on en aurait appliqué le produit à l'entretien de navires armés pour convoyer les bâtiments marchands le long des côtes et les protéger contre les attaques des Anglais.

Le 28 février 1677, mon père m'a cédé des effets pour la somme de 100,000 ₶ qu'il m'a promis par mon contrat de mariage.

Le 7 avril 1677, j'ai congédié le nommé Gendron que M. de Châteauneuf m'avoit donné pour secrétaire, qui prenoit à toutes mains et sans aucun ménagement. Il répondit aux reproches qu'un de ses amis lui faisoit qu'il n'étoit pas venu en Gascogne pour y apprendre la langue[1].

Au mois d'avril 1677, j'ai été commis par arrêt du conseil, avec deux trésoriers de France de Montauban, pour achever la confection du papier terrier des domaines du roi[2].

Le 3 mai 1677, j'ai porté ma plainte à M. de Châteauneuf du manque de respect que le sieur de Rabasteins avoit marqué pour moi dans un *Te Deum*, où il avoit refusé de se lever et de me suivre avec les autres officiers du présidial après la cérémonie achevée. Il a reçu ordre de me venir faire des excuses en présence du premier président de la cour des aides, du vicaire général de M. l'évêque, et des consuls, mais il s'est tenu caché pour ne pas exécuter cet ordre.

Le 27 juin 1677, j'ai reçu une lettre de cachet, par laquelle le roi témoigne au sieur de Rabasteins qu'il est mal satisfait de la conduite qu'il a tenue à l'égard de M. l'évêque de Montauban et au mien, et lui enjoint de se mieux comporter à l'avenir, à peine d'être interdit des fonctions de sa charge.

Le sieur Laffitau, procureur du roi du présidial de Montauban, ayant offert aux habitans de Moissac de les faire exempter de quar-

---

[1] *Répétition.* « Au mois d'avril j'ai été obligé de me défaire d'un secrétaire nommé Gendron que M. de Châteauneuf m'avoit donné, l'ayant convaincu de plusieurs exactions faites de plusieurs particuliers dont il exigeoit de l'argent, même des communautés. »

[2] On appelait *terrier* ou *papier terrier*, en style de droit féodal, le recueil des foi et hommage, aveux et dénombrements, déclarations et reconnaissances passés à une seigneurie par les vassaux, censitaires, emphytéotes et justiciables. Le domaine royal possédait dans toute l'étendue de la France une foule de seigneuries détachées, dans l'administration desquelles il s'était glissé une grande confusion. Pour y mettre de l'ordre, Mazarin résolut, en 1659 (règlement du 26 mars), de faire faire un terrier complet des domaines du roi. C'est ce travail que Colbert fit continuer. (Voy. notre introduction.)

tier d'hiver, moyennant 1,500ᵗᵗ, le roi l'a interdit des fonctions de sa charge au mois d'octobre 1677.

J'ai jugé le procès le 7 novembre, au présidial de Villefranche, aux nommés Pujol frères, célèbres voleurs et meurtriers dans les montagnes de Rouergue, à Aubrac, du côté de l'Auvergne. Il n'y en a eu qu'un de pris, qui a été exécuté sur les lieux. — *Vid.* le jugement[1].

Dans le même mois, j'ai condamné au présidial de Villefranche deux faux monnoyeurs, l'un à être pendu et l'autre aux galères, et un soldat à être pendu à Moissac, pour avoir exigé de l'argent de son hôte et volé dans une foire.

Le 9 novembre, j'ai jugé au présidial de Villefranche le procès criminel à trois gentilshommes nommés d'Albignac frères, et leurs complices, pour meurtres, assassinats, violences publiques et autres crimes commis dans la ville de Nant, située dans le haut Rouergue, en vertu d'un arrêt du conseil du 27 novembre 1676. Le chevalier d'Aire a été condamné à être rompu vif, Ferrière d'Arrigas et la Talvègne, d'avoir la tête tranchée, et plusieurs de leurs complices à être pendus, d'autres aux galères, leurs maisons démolies. L'exécuteur de la haute justice ayant mal fait son devoir, un des pendus fut tiré vif de la potence, et ayant été au cabaret pour réparer ses forces, quelques-uns des archers qui avoient assisté à l'exécution le reconnurent et lui demandèrent si ce n'étoit pas lui qui venoit d'être pendu. Il leur répondit que c'étoit son frère, auquel il ressembloit; mais un d'eux ayant regardé à son col et y ayant trouvé les marques de la corde, ils reprirent ce misérable et l'allèrent remettre au gibet dont il s'étoit tiré. Ils étoient apparemment ivres, mais, s'ils n'avoient pris la fuite, je les aurois fait punir. Le château de Cantobre a été rasé. Un notaire, âgé de plus de cent ans, avoua qu'il n'avoit jamais passé un acte véritable; on l'amena dans une bière; je ne voulus pas le faire pendre.

---

[1] Voy. sur cette affaire, un extrait d'une lettre de Foucault à Colbert, du 21 mai 1677, tiré des Mélanges Colbert (*collection verte*), t. 177 bis, p. 349. Nous le donnons dans notre appendice.

M. Caulet, évêque de Pamiers, a refusé et fait refuser l'absolution aux officiers et cavaliers qui ont passé l'hiver dans son diocèse, s'ils ne rendoient aux communautés ce qu'ils ont reçu de leur quartier d'hiver; et sur ce qu'ils ont représenté qu'ils n'avoient rien pris que suivant les ordres du roi, il leur a répondu qu'il valoit mieux quitter le service de la guerre que d'être à charge aux peuples.

Au mois de décembre 1677, M. de Châteauneuf m'a envoyé un arrêt du conseil qui enjoint à M. Caulet, évêque de Pamiers, de faire enregistrer à la chambre des comptes son serment de fidélité dans deux mois, pour le lui faire signifier, ce que j'ai fait. Il n'a rien répondu; il s'est contenté de m'écrire que l'arrêt lui avoit été signifié.

Le sieur Coras, ministre de Montauban, étant converti[1], j'ai proposé au roi de donner 600 ͫ de pension à ses deux filles. Leur père avoit 800 ͫ de pension du clergé.

Le roi, ayant prétendu être en droit de nommer des prieures aux monastères de l'ordre de Sainte-Claire, a nommé la dame de Savignac au monastère de Puget en Quercy. J'ai été commis pour la mettre en possession, et y ayant envoyé le sieur de la Boissière, président en l'élection de Cahors, pour exécuter cet ordre, il a été obligé de faire faire ouverture des portes et a eu de la peine à se garantir de la fureur de plusieurs filles qui lui ont jeté du sable et de la chaux dans les yeux, et qui l'ont chassé à coups de pierres et de bâton. Ces violences, précédées par celles qu'elles faisoient journellement à la dame de Savignac, leur ont été inspirées par deux cordeliers qui gouvernoient cette maison, sujette à la juridiction des cordeliers. J'ai fait informer de ces violences et mandé à la cour qu'il étoit à propos de transférer dans d'autres couvens quatre religieuses, chefs du parti contraire à l'abbesse, et qui entretiennent les autres dans la révolte aux ordres du roi. Cet ordre m'a été depuis envoyé, et les deux cordeliers ont été envoyés dans le couvent de leur ordre

---

[1] Il était converti depuis 1665. (Voy. lettre de l'intendant Pellot à Colbert, du 14 janv. 1665, dans Depping, *Corresp. adm. sous le règne de Louis XIV*, t. IV, p. 309.)

à Auch. Ayant reconnu l'extrême aversion et même le mépris que toutes les religieuses de Puget avoient pour la dame de Savignac, j'ai proposé à M. de Châteauneuf de la tirer de cette maison et d'y envoyer une autre supérieure du même ordre et dont elles connoissent le mérite. J'ai proposé la dame de Camas, religieuse aux Sainte-Claire de Cahors, fille du doyen des trésoriers de France de Montauban.

1678.

Le 11 mars 1678, j'ai payé à M. Langlois de Monthyon 3,500 ₶ que je lui devois par acte sous seing privé du 5 janvier 1671, reconnu devant notaire le 6 des mêmes mois et an.

Le 30 mars 1678, mon père a vendu à M. Pussort, conseiller au conseil royal, la maison qu'il avoit à Fontainebleau, appelée le Pavillon de l'hôtel de Guise, que M. le duc de Guise avoit donnée à mon père, cette vente faite pour le prix de 4,000 ₶. Mon père m'a dit plusieurs fois que M. Pussort s'étoit engagé à me remettre cette maison par son testament, ce qui n'a pas été fait, cette maison ayant passé à ses héritiers après sa mort.

Le 23 avril, ma femme est accouchée à Montauban d'une première fille. Elle a été tenue sur les fonts par deux pauvres et a été nommée Marie. Elle est venue au monde fort contrefaite par la faute de sa mère qui, pour ne pas devenir trop épaisse, se faisoit serrer le corps à force. Elle est religieuse à Jarcy.

Au mois de mars 1678, j'ai fait saisir, en vertu de l'arrêt du conseil du 27 novembre 1677, tous les revenus de l'évêché de Pamiers qui sont dans le département de Montauban, et, comme il y en a une partie située en Languedoc, j'ai envoyé à M. Daguesseau une copie collationnée de cet arrêt. M. de Pamiers ayant appris cette saisie, il a fait venir celui qui étoit chargé de la faire, pour lui représenter qu'il ne pouvoit, sans offenser Dieu mortellement, exécuter cette commission, ce qui m'a obligé de mander à M. de Châteauneuf la nécessité qu'il y avoit d'empêcher que ledit sieur évêque ne prenne connoissance des affaires où le roi a intérêt et qu'il n'entre à l'avenir aux états dont il est président-né.

Le 16 mai, j'ai reçu un ordre du roi qui interdit à M. de Pamiers l'entrée aux états du pays de Foix.

Au mois de mai 1678, les jésuites ont entrepris de rebâtir le collége de Montauban, ruiné pendant les guerres et pour les fortifications faites en 1652. Le roi les a aidés.

Au mois de juin 1678, il y a eu des contestations entre les officiers du présidial de Montauban et les trésoriers de France pour le rang dans l'église lors des cérémonies. Avant l'établissement de la cour des aides à Montauban, le présidial marchoit avant le bureau des finances, mais le roi ayant réglé que, lorsqu'il y a une compagnie supérieure dans une ville, le bureau des finances la suit immédiatement aux processions et aux *Te Deum*, le présidial qui avoit précédé le bureau souffroit impatiemment ce changement et ne se trouvoit point aux cérémonies. M. l'évêque de Montauban s'en plaignit à la cour, qui m'envoya un ordre au mois de juillet pour obliger le présidial à marcher après le bureau.

Le 26 août 1678, M. de Pomponne, secrétaire d'état, m'a écrit une lettre très-gracieuse par laquelle il me remercie de la manière honnête dont j'ai traité les affaires qui concernent l'établissement des bureaux des saisies mobiliaires qu'il avoit procurés au public [1].

Le sieur de Sigognac, gentilhomme de la religion prétendue réformée, de Montauban, qui avoit été commis par le roi pour juger avec les intendans des contraventions aux édits de pacification dans l'étendue de la généralité de Montauban, étant décédé, j'ai proposé à

---

[1] Il s'agit ici de bureaux publics établis par un édit de septembre 1674 (Isambert, t. XIX, p. 146) pour remédier à l'inconvénient des séquestres et gardiens insolvables ou infidèles, et en général incapables de répondre des objets saisis et placés sous leur surveillance. Par cet édit, le roi accorde à M. de Pomponne, secrétaire d'état, la faculté d'établir des bureaux dans toutes les villes et bourgs du royaume, « pour mettre en sûreté toutes « les saisies mobiliaires, et les déposer ès « mains de commis fidèles et capables d'en « répondre, » et lui abandonne « pour quel- « ques années tout ce qui pourra provenir « dudit établissement. »

M. Le Tellier, chancelier, la personne du sieur d'Alteyrac, gentilhomme de Montauban, pour remplir sa place.

Au mois d'août 1678, j'ai fait commettre le sieur de Villemade, gentilhomme de Montauban, pour remplir la place de conseiller de la religion prétendue réformée, vacante par la mort du sieur de Sigognac, pour juger avec moi les affaires qui concernent l'exécution des édits de pacification.

La déclaration de la paix avec les Hollandois[1] a été publiée au mois de novembre.

Il est arrivé quelque désordre sur le sujet des tailles dans les paroisses de la généralité de Montauban qui confinent à l'Auvergne, dans le mois de novembre 1678. Pour punir les révoltés, on y a envoyé le régiment de cavalerie de la Rablière.

Le 15 décembre 1678, j'ai reçu une lettre de M. de Louvois qui me marque que le roi a résolu de réduire les compagnies des régimens de cavalerie qui sont dans la généralité de Montauban à 40 hommes et de réformer les cornettes. M. du Saussoy, brigadier de cavalerie, a été chargé de cette réforme.

Le 24 décembre, j'ai reçu une pareille lettre pour les dragons.

Au mois de décembre, j'ai demandé à M. de Châteauneuf et à M. Colbert un arrêt pour faire le procès aux coupables de quinze meurtres, commis dans le haut Rouergue depuis six mois.

Il s'est fait pendant cette année et la suivante une recherche contre les consuls qui ont traité de l'étape avec les troupes.

Au mois de décembre 1678, j'ai condamné en trois années de bannissement le nommé Mazard, pour avoir fabriqué de la fausse poudre, quoique les anciennes ordonnances le condamnent à mort[2].

La cour des aides de Montauban ayant voulu prendre connoissance des affaires qui regardent les dettes des communautés, j'en ai écrit à M. le chancelier Le Tellier, qui m'a envoyé un arrêt qui en attribue la juridiction aux intendans et l'interdit aux cours des aides. J'en ai

---

[1] La paix avait été signée à Nimègue, dans la nuit du 10 au 11 août 1678.

[2] Cet alinéa est raturé dans le manuscrit.

aussi écrit à M. Colbert auquel j'ai fait voir que j'ai fait revenir des sommes considérables aux villes de la généralité dans lesquelles j'ai envoyé des commissaires pour faire rendre les comptes aux consuls. Une seule communauté a été déchargée de 60,000 ͱ.

1679.

Au mois de janvier, j'ai reçu une déclaration qui défend la saisie des bestiaux, même pour les deniers du roi[1].

J'ai aussi reçu un arrêt du conseil qui exclut les habitans de la religion prétendue réformée des charges politiques de la ville de Montauban, et ai proposé à la cour d'en rendre un pareil pour toutes les autres villes.

Le 22 février 1679, j'ai mandé à M. Colbert que je croyois à propos de permettre le cours des monnoies étrangères dans le royaume, mais qu'il se débitoit un grand nombre de pièces de 4 sols fausses dans mon département, qu'on pourroit réduire cette monnoie, qui est d'un bas aloi, à 3 sols 4 deniers. Il a été réglé par un arrêt la quantité de pièces de 4 sols qui peuvent entrer dans les payemens.

Le 26 avril, j'ai mandé à M. de Châteauneuf que M. l'évêque de Rodez donnoit son consentement à l'établissement d'un couvent d'Ursulines dans la ville d'Entraigues, dont le seigneur pourvoiroit à la subsistance, et que j'attendois les ordres pour cet établissement. L'ordre pour cet établissement m'a été envoyé.

Madame la duchesse d'Arpajon ayant prétendu que l'on avoit voulu empoisonner son mari fort avancé en âge, elle en a fait informer et emprisonner des domestiques contre lesquels il s'est trouvé de grands indices. Il demeuroit au château de Sévérac en Rouergue. M. d'Arpajon est décédé le 26 avril 1679, et par son testament il a exhérédé

---

[1] Il résulte de la correspondance de Colbert (circulaire du 6 janvier 1679, dans Depping, *Corresp. admin.* t. III, p. 37), que la déclaration n'était pas aussi absolue que le prétend Foucault. La saisie pour les deniers du roi n'était pas complétement interdite; mais il était recommandé aux officiers du fisc de l'éviter autant que possible. (Sur toute cette question, voy. notre introduction.)

le fils du marquis d'Arpajon, son fils, et a institué sa fille son héritière universelle, ce qui a produit de grands procès dans la suite [1].

J'ai été commis après la mort de M. d'Arpajon pour apposer le scellé à Sévérac où il est décédé, mais le juge mage de Rodez l'avoit fait et travailloit à l'inventaire lorsque je m'y suis transporté. M. le marquis d'Ambres [2] avoit envoyé le lieutenant de ses gardes avec cinquante hommes pour se saisir du château, mais je les ai fait retirer.

Le roi m'a renvoyé au mois de...... les contestations entre madame la duchesse d'Arpajon, mademoiselle d'Arpajon et madame la marquise d'Arpajon au sujet du séquestre des biens de la succession de M. le duc d'Arpajon. Le fond du procès a duré pendant longues années, et enfin les biens ont été adjugés à mademoiselle d'Arpajon, en vertu du testament de son père.

Au mois d'avril, j'ai fait présent à M. Fouillac des Conciles du Louvre [3], du père Labbe, en reconnoissance des médailles et des voyages qu'il a faits pour voir les manuscrits de Moissac et autres curiosités [4].

Au mois d'avril, j'ai été commis par arrêt du conseil pour faire le procès au sieur Garrisson, ci-devant greffier du bureau des finances de Montauban, pour soustraction d'actes de nomination et de cautionnement de quelques commis aux recettes des tailles. C'étoit le plus riche religionnaire de la ville de Montauban.

---

[1] Le 24 avril 1659, Catherine-Henriette d'Harcourt, alors âgée de trente-sept ans, était devenue la troisième femme de Louis, duc d'Arpajon, âgé de plus de soixante ans. L'année suivante, elle mit au monde un enfant qui mourut au berceau, et, le 17 mai 1660, le fils du duc d'Arpajon et de sa première femme, Jean-Louis d'Arpajon, fut exhérédé par son père. Il mourut avant lui, laissant un fils. En 1661, la duchesse d'Arpajon devint mère d'une fille, au profit de laquelle le duc d'Arpajon exhéréda encore son petit-fils. C'est ce qui donna lieu au procès dont parle Foucault.

[2] François de Gelas de Voisins, marquis d'Ambres, lieutenant général de la Haute-Guyenne, avait épousé, en 1660, Charlotte de Vernon de Bonneuil, veuve de Jean-Louis d'Arpajon, fils du duc d'Arpajon.

[3] Désignation ordinaire d'un ouvrage dont le titre exact est : *Conciliorum omnium generalium et provincialium collectio regia.* Parisiis, e typographia regia, 1644. In-fol. 37 volumes.

[4] Voy. l'introduction.

Au mois de mai, la paix avec l'Empereur a été publiée.

Le 28 juin 1679, j'ai mandé à M. Colbert que le chevalier de Brouès, prévenu d'une infinité de crimes, pour lesquels il étoit intervenu plusieurs jugemens de mort, et entre autres un de M. Pellot, contre lui, continuoit de commettre des vols et des violences dans l'Armagnac, d'avoir même volé l'argent de la recette; j'avois donné plusieurs ordres aux vice-sénéchaux de l'arrêter, mais qu'ils n'avoient osé le faire, ledit Brouès marchant toujours accompagné de plusieurs coupe-jarrets; et sachant qu'ils étoient enfermés dans le château du sieur de Saint-Léonnard, l'un de leurs complices, je m'y suis transporté moi-même, et après qu'ils ont eu fait mine de se vouloir défendre et soutenir un siége, ils se sont tous rendus, et je les ai fait conduire en prison. J'ai proposé d'établir un vice-sénéchal à Montauban. M. Colbert, sollicité par M. l'archevêque de Toulouse, parent de Saint-Léonnard, a assoupi cette affaire et a été le seul du conseil qui n'a pas approuvé que je me suis transporté moi-même devant le château.

Au mois de juin 1679, j'ai fait emprisonner le sieur de Saint-Léonnard, gentilhomme, accusé de plusieurs crimes, et entre autres d'avoir enlevé l'argent de la taille, sur les grands chemins, des mains des consuls qui le portoient à Montauban. Il se tenoit dans son château et se mettoit en défense contre les prévôts. J'allai l'y assiéger moi-même et le fis mettre en prison. J'envoyai les informations et le procès-verbal de capture à M. Colbert et à M. de Châteauneuf, secrétaire d'état de la province. M. Colbert prévint M. de Châteauneuf et rapporta l'affaire devant le roi, ayant été sollicité par M. de Carbon, archevêque de Sens et de Toulouse [1], parent de Saint-Léonnard, avec lequel il traitoit une affaire importante et qui lui tenoit au cœur pour sa famille. Le procès fut renvoyé par arrêt du conseil devant les juges ordinaires.

Le 12 juillet 1679, j'ai mandé à M. Colbert qu'il étoit convenable

[1] Jean de Montpezat de Carbon, archevêque de Toulouse, puis de Sens en 1674, mort en 1685.

et même nécessaire d'achever le bâtiment commencé par M. Bertier, évêque de Montauban, pour le logement de l'évêque, les religionnaires ayant démoli l'ancienne maison épiscopale, qui même avoit été enfermée dans les fortifications de la ville. J'ai évalué la dépense à faire à 20,000 ₶.

Au mois de septembre 1679, j'ai proposé à M. Colbert de planter des arbres le long de la rivière du Tarn, hors la ville, pour conserver le terrain que la rivière emportoit et pour faire un cours sur une esplanade.

J'ai fait arrêter, par ordre de la cour, le vicomte de Vaillac, accusé d'un assassinat qualifié dans la ville d'Agen, et d'avoir enlevé la femme d'un de ses parens, au mois de novembre 1679.

Le 9 novembre, j'ai justifié le président Caulet, frère de M. de Pamiers, et son fils, auprès de M. de Châteauneuf. On les accusoit de donner de mauvais conseils audit sieur évêque, ce qui ne s'est pas trouvé véritable.

J'ai fait chanter, le 20 décembre, le *Te Deum* pour la paix générale[1].

En exécution d'un arrêt du conseil, j'ai jugé avec les commissaires du domaine de Montauban un insigne faussaire nommé Catalan, dit Fabre; il faisoit un commerce public de faux actes qu'il fabriquoit lui-même, qu'il a débité dans le comtat d'Avignon, dans le Lyonnois, le Dauphiné, Provence et Languedoc, qui ont donné lieu à une infinité de procès. Il avoit fabriqué plusieurs dénombremens. Il a été condamné à être pendu; préalablement appliqué à la question, il a tout avoué. Il avoit tiré de la seule ville de Montauban 1,500 ₶ de deux gentilshommes.

Le roi a fait imposer sur toutes les paroisses de la généralité de Montauban 66,000 ₶, pour le bâtiment de la maison épiscopale de Montauban.

M. l'évêque de Vabres[2] ayant, de son autorité privée, fait sortir de

[1] Les derniers traités qui achevèrent la paix de Nimègue sont d'octobre 1679.

[2] Louis de Baradat.

Saint-Affrique les Cordeliers, le roi m'a envoyé un ordre pour les y rétablir.

Le sieur Posterle, exempt de la prévôté de l'hôtel[1], ayant servi en cette qualité MM. Tallemant, Hotman, Le Jay, Pellot et de Sève, intendant de Guyenne, j'ai prié M. de Châteauneuf de m'envoyer un pareil ordre pour le faire servir auprès de moi dans les occasions où j'en aurai besoin. Il m'a envoyé cet ordre.

On a travaillé pendant le cours de cette année à rendre la rivière du Lot navigable; c'est le sieur de la Feuille qui a donné les dessins et fait les plans des ouvrages.

J'ai proposé de réparer les deux ponts de Cahors qui menaçoient ruine, et qui auroient coûté plus de 200,000 ⁜ s'ils étoient tombés; qu'on pourroit les réparer moyennant 40,000 ⁜.

Le 1ᵉʳ septembre, mon père, ayant choisi sa sépulture à l'Assomption, a passé un contrat avec [les religieuses], par lequel elles lui ont accordé un caveau dans leur nouvelle église, moyennant 1,300 ⁜ qui leur ont été payés.

Le 3 décembre, ma femme est accouchée à Paris d'une troisième fille, nommée Marianne, morte à Paris le 20 mai 1685, et est inhumée à l'Assomption.

J'ai proposé le mariage de ma sœur Angélique avec M. de Montbrun[2], lors conseiller au parlement de Toulouse et depuis président. Il a épousé depuis la sœur de M. d'Armenonville en troisièmes noces.

M. Desnos, qui avoit épousé la sœur de mon père et qui jouissoit

---

[1] On appelait *exempts*, dans l'ancienne organisation militaire, des cavaliers exemptés du service de simple soldat et chargés, comme nos sous-officiers, de commander en l'absence ou par délégation des capitaines et des lieutenants. La prévôté de l'hôtel du roi était un tribunal ayant juridiction dans la maison du roi et soin de la police à la suite de la cour. Les gardes de la prévôté de l'hôtel formaient une compagnie et procédaient, sous le commandement de leurs exempts, à des arrestations et autres actes à opérer en exécution des ordres du roi et des arrêts du conseil.

[2] Jean-Louis de Laurency, marquis de Montbrun, président à mortier au parlement de Toulouse, épousa Marguerite-Thérèse Fleuriau d'Armenonville.

du don mutuel qu'ils s'étoient fait, étant décédé, j'ai eu pour ma part, dans la succession de ma tante, 2,660ᵗᵗ.

Au mois de...... j'ai prêté cinq louis d'or à M. le duc d'Elbeuf[1], qu'il ne [m'a] pas rendus.

M. le cardinal Portocarrero, ayant passé en Guyenne, fut visité par le sieur Caulet, neveu de l'évêque de Pamiers, et ce cardinal ayant appris que son revenu étoit saisi, il dit au neveu qu'il pourroit tirer sur lui telle lettre de change qu'il voudroit, et qu'il l'acquitteroit.

M. de Châteauneuf m'a envoyé l'arrêt du parlement de Paris qui reçoit le procureur général appelant comme d'abus des ordonnances rendues par M. l'évêque de Pamiers. Je le lui ai fait signifier.

Au mois de février [1680][2], M. l'évêque de Pamiers a donné une nouvelle ordonnance d'excommunication contre les pourvus en régale de bénéfices dans son diocèse; elle a été suivie d'une autre par laquelle il ordonne des processions et des prières pour apaiser la colère de Dieu sur son diocèse. Il a excommunié le sieur Patarin, pourvu en régale d'un canonicat de Pamiers, au mois de mars.

Au mois d'avril, il a monté en chaire, revêtu de ses habits pontificaux, pour renouveler et publier lui-même les excommunications qu'il avoit déjà fulminées contre les pourvus en régale, leurs fermiers, sous-fermiers, procureurs et autres, au nombre desquels il a ajouté les commissaires et exécuteurs des ordres de Sa Majesté. J'ai écrit à M. l'archevêque de Toulouse pour faire lever cette excommunication, mais j'ai mandé à M. de Châteauneuf qu'il étoit bien nécessaire que le roi prît d'autres voies pour prévenir les suites de l'opiniâtreté dudit sieur évêque.

---

[1] Charles de Lorraine, troisième du nom, duc d'Elbeuf, pair de France, gouverneur de Picardie, né en 1620, mort à Paris le 4 mai 1692.

[2] Ce qui suit anticipe sur l'année 1680 des mémoires, et fait double emploi avec le morceau qui vient ci-dessous, intitulé *Affaires de la régale*; mais nous n'avons pas craint de nous écarter de l'ordre chronologique adopté, et de laisser quelques répétitions, afin de donner autant que possible, dans son ensemble et dans ses détails, cette importante affaire.

J'ai reçu ordre de faire arrêter le sieur de la Borde, promoteur de Pamiers; mais il n'a pas paru dans la ville.

J'ai fait signifier à M. de Pamiers deux arrêts du parlement de Paris, qui reçoivent M. le procureur général appelant comme d'abus des ordonnances d'excommunication rendues par M. de Pamiers. Le premier arrêt ordonne la suppression du libelle qu'il a fait publier contre le droit de régale; le second reçoit appelant comme d'abus le procureur général, des ordonnances qu'il a rendues contre les pourvus en régale dans son diocèse, après les avoir communiquées à M. l'archevêque de Toulouse. J'ai écrit à M. de Châteauneuf que je croyois à propos que M. de Toulouse allât lui-même à Pamiers pour rassurer les peuples par sa présence, et qu'il y réitérât la levée de l'excommunication.

M. l'évêque de Pamiers est mort le 10 août[1]. Incontinent après sa mort, le sieur d'Aubarède, archidiacre et nommé vicaire général, le siège vacant, quoique Sa Majesté eût nommé le sieur Paucet à l'archidiaconé, comme vacant en régale, est monté en chaire le 18 août, et auroit renouvelé les excommunications prononcées par le défunt évêque contre les pourvus en régale, nonobstant la signification des arrêts du parlement de Paris, faite le 13. M. l'archevêque de Toulouse, qui pouvoit le faire mettre en prison, s'est contenté de faire dresser procès-verbal de cette entreprise par le sieur de Malenfant, mon subdélégué, sur lequel procès-verbal j'ai mandé à M. de Châteauneuf qu'il étoit bien nécessaire que le parlement décrétât, mais que le plus court remède étoit d'envoyer un évêque à Pamiers. Les anciens chanoines ont fait courir le bruit qu'il avoit été fait des miracles après la mort de M. de Pamiers, ayant prêché qu'il ne falloit pas prier Dieu pour son âme, mais l'invoquer comme un saint. En effet, le peuple se jeta sur le corps et le dépouilla de ses vêtemens qui furent déchirés et emportés comme des reliques, ayant même jeté des pierres aux régalistes. J'ai enjoint aux officiers des lieux de contenir le peuple. J'ai même mandé à M. l'archevêque d'envoyer un

[1] La Gazette de France dit le 7.

ecclésiastique sur les lieux, qui eût caractère pour pouvoir réprimer l'insolence de ces chanoines révoltés.

Sur le fondement des ordonnances du père d'Aubarède, les curés ont chassé scandaleusement de leurs églises les fermiers de l'évêché et du chapitre, et les empêchent, par toutes sortes de voies, d'exploiter leurs fermes.

Le 29 août, j'ai reçu un ordre du roi qui relègue le P. d'Aubarède à Gergeau, et suis parti le lendemain matin pour me rendre à Pamiers, pour faire élire un vicaire général. J'y ai trouvé les esprits fort préoccupés que le roi alloit abandonner le droit de régale, depuis que les anciens chanoines ont fait courir des copies d'un bref du 17 juillet dernier, par lequel le pape mande à défunt M. de Pamiers que Sa Majesté envoie à Rome M. le cardinal d'Estrées pour lui faire connoître ses sentimens sur la régale, et l'exhorte à persévérer dans la défense des droits de son église. L'éloignement du P. d'Aubarède, qui a obéi à l'ordre du roi, étoit nécessaire pour désabuser le peuple. J'ai dressé un procès-verbal, qu'il faut voir, de ce que j'ai fait à Pamiers, et ai été d'avis de reléguer le P. Rech, nommé, conjointement avec d'Aubarède, vicaire général, le sieur Charlas, prêtre séculier, qui a travaillé à toutes les ordonnances, lettres et écrits qui ont paru sous le nom de M. de Pamiers, et qui étoit alors l'unique conseil des anciens chanoines, comme aussi le nommé Gaudé, vicaire perpétuel de Notre-Dame-du-Camp, qui s'est ouvertement déclaré le persécuteur des pourvus en régale, après quoi il falloit ordonner à tous les régalistes de se rendre incessamment à Pamiers, pour y desservir leurs bénéfices, étant en plus grand nombre que les anciens chanoines.

J'ai trouvé, dans les papiers du P. d'Aubarède, un mémoire en forme de journal de ce qui s'est passé au sujet de la régale depuis le 12 janvier dernier jusqu'au dernier jour de juillet. Il étoit fait mention, dans ce journal, de deux évêques que M. l'archevêque de Toulouse assure être MM. de Rieux et de Lectoure. J'ai marqué encore qu'il falloit éloigner un chanoine d'Alby, nommé Ferrier, chez qui se sont assemblés et s'assembloient journellement les gens de la cabale pour prendre leur résolution sur les affaires de la régale. C'étoit un homme savant, mais factieux, auquel M. l'archevêque d'Alby n'a jamais voulu donner d'emploi dans son diocèse.

J'ai découvert l'imprimeur qui a imprimé le traité de la régale de M. de Pamiers. J'ai été d'avis que le parlement fît informer contre lui, et ai prié M. de Châteauneuf d'écrire à M. l'archevêque de Toulouse d'agir avec un peu plus de fermeté qu'il ne faisoit. Il avoit rendu une ordonnance par laquelle il commettoit un ecclésiastique pour faire fonction de grand vicaire, comme il en avoit le pouvoir par le concile de Trente, faute par le chapitre de s'être assemblé pour en nommer un; mais ledit sieur archevêque n'a pas voulu faire signifier cette ordonnance, sous prétexte qu'il avoit appris que l'affaire de la régale s'accommodoit à Rome.

Vid. toute la suite de mes lettres de 1680 à M. de Châteauneuf.

Le 4 septembre 1680, j'ai mandé à M. Colbert que je m'étois transporté à Pamiers pour faire exécuter l'ordre du roi qui enjoint au P. d'Aubarède, soi-disant vicaire général de Pamiers, le siége vacant, de se rendre à Gergeau. Ce religieux avoit renouvelé les excommunications prononcées par le défunt évêque contre les pourvus en régale. Tous les corps ecclésiastiques et séculiers adhéroient aux maximes du défunt évêque, à la réserve des jésuites et des cordeliers, les officiers séculiers et le peuple n'osant communiquer avec les pourvus par le roi, parce que les prédicateurs le défendoient dans leurs sermons et que les confesseurs leur refusoient l'absolution; à quoi j'ai ajouté que le moyen le plus efficace de rétablir la paix dans ce diocèse étoit d'y envoyer au plus tôt un évêque.

Au mois de septembre 1680, j'ai fait un second voyage à Pamiers, pour y faire arrêter un ancien chanoine et en faire partir d'autres, relégués en plusieurs villes éloignées. J'ai mis en possession le vicaire général nommé par M. l'archevêque de Toulouse.

J'ai fait arrêter, à Pamiers, un imprimeur accusé d'avoir imprimé le traité de la régale qui a paru sous le nom de M. l'évêque de Pamiers.

Le parlement de Paris a rendu un arrêt portant que le chapitre de Pamiers s'assemblera pour nommer un vicaire général à la place des PP. Aubarède, Rech et Cerles, non valablement nommés par le chapitre, sinon qu'il en sera nommé un par M. l'archevêque de Toulouse; ayant reçu ordre de faire en sorte que le chapitre ne s'assemblât point, afin que, ce droit de nommer étant dévolu à M. l'archevêque, il puisse nommer M. de Léon, nommé à l'évêché de Pamiers, pour vicaire général. Cerles a été nommé vicaire général par les réformés.

1679.

AFFAIRES DE LA RÉGALE[1].

Le 15 février 1679, j'ai mandé à M. de Châteauneuf que M. l'évêque de Pamiers avoit fait distribuer aux curés de son diocèse des copies latines et françoises d'un bref du pape concernant la régale.

Le 3 mai 1679, j'ai reçu un arrêt du conseil pour faire saisir les revenus de l'évêque de Pamiers, et ai proposé de les employer aux dépenses et charges ordinaires et réglées de l'évêché, et d'appliquer le reste à la subsistance des nouveaux convertis du diocèse.

Le 13 août 1679, le roi ayant eu avis que le cardinal Portocarrero, passant en France, avoit vu l'évêque de Pamiers, je mandai à M. de Châteauneuf, qui m'avoit écrit pour en savoir la vérité, que ce cardinal, ayant été visité par M. Caulet, neveu de l'évêque, lui avoit offert sa bourse et d'acquitter ponctuellement les lettres de change qu'il tireroit sur lui, ayant appris que les revenus de son évêché avoient été saisis.

Le même jour, j'ai reçu ordre de faire saisir les revenus du chapitre de Pamiers, et d'établir pour séquestre le sieur Anceau, receveur des tailles de l'élection de Comminges.

M. l'évêque de Pamiers ayant rendu plusieurs ordonnances au sujet

---

[1] Le morceau qui suit n'offre pas le caractère morcelé du reste des mémoires. C'est probablement le brouillon d'un travail que Foucault envoya au duc de Beauvilliers, qui lui avait demandé des renseignements sur cette affaire. (Voy. plus loin, aux mémoires, la lettre de Foucault au duc de Beauvilliers, du 1ᵉʳ mai 1694.)

de la régale, le parlement de Paris en a reçu l'appel comme d'abus, interjeté par le procureur général, de ces ordonnances.

Le 20 septembre 1679, j'ai envoyé à M. de Châteauneuf une copie des informations que j'avois fait faire contre un curé et deux vicaires du diocèse de Pamiers, accusés d'avoir dit dans leurs prônes que les pourvus en régale étoient excommuniés, et d'avoir été dans les maisons de leurs paroissiens leur défendre d'administrer des vivres à ceux qui levoient des dîmes pour lesdits pourvus en régale.

Au mois de février 1680, M. l'évêque de Pamiers a rendu une ordonnance d'excommunication contre les pourvus en régale dans le diocèse de Pamiers, et ensuite une autre par laquelle il ordonne des jeûnes, des processions et des prières pour apaiser la colère de Dieu sur son diocèse. Il y a du venin dans les motifs de cette ordonnance, que j'ai envoyée à M. de Châteauneuf.

Le 28 mars 1680, j'ai envoyé à M. de Châteauneuf copie de l'ordonnance d'excommunication donnée par M. l'évêque de Pamiers contre le sieur Patarin, pourvu en régale du doyenné dans l'église de Pamiers.

Le 4 avril, M. l'évêque de Pamiers est monté en chaire dans sa cathédrale, revêtu de ses habits pontificaux, et a renouvelé et publié lui-même les excommunications qu'il avoit déjà fulminées contre les pourvus en régale, leurs fermiers, sous-fermiers, procureurs et autres, au nombre desquels il a ajouté les commissaires et exécuteurs des ordres de Sa Majesté et de ceux que j'ai donnés en conséquence. J'ai écrit à M. l'archevêque de Toulouse pour lever cette excommunication, de quoi j'ai rendu compte à M. de Châteauneuf, et lui ai marqué qu'il étoit bien nécessaire que le roi prévînt par d'autres voies les suites que la résistance opiniâtre que ledit sieur évêque témoigne publiquement à ses ordres pouvoit produire.

Le .. avril, j'ai reçu ordre du roi de faire arrêter le sieur Laborde, promoteur de l'évêché de Pamiers; mais il se tenoit caché.

Le 1er mai 1680, j'ai reçu deux arrêts du parlement de Paris qui reçoivent le procureur général appelant comme d'abus des ordonnances d'excommunication rendues par M. l'évêque de Pamiers contre les pourvus en régale et contre les commissaires exécuteurs des ordres du roi, et les lui ai fait signifier.

Le 8 mai 1680, j'ai mandé à M. de Châteauneuf qu'ayant conféré avec M. l'archevêque de Toulouse sur les moyens d'empêcher les mauvaises suites que pourroient produire les excommunications que M. l'évêque de Pamiers alloit tous les jours publiant lui-même dans les paroisses, même les plus éloignées, de son diocèse, nous étions convenus que ledit sieur archevêque lèveroit nommément par une ordonnance toutes les excommunications dans lesquelles les personnes sont marquées, comme le sieur Patarin et autres, et qu'à l'égard de celles prononcées indéfiniment contre les fermiers et autres qui donnent assistance aux pourvus en régale, il les lèveroit en général et nommeroit des confesseurs auxquels pourroient s'adresser ceux à qui ledit sieur évêque en auroit refusé; à quoi j'ai ajouté à M. de Châteauneuf que, pour rassurer les peuples et lever le scrupule que ces excommunications pouvoient avoir jeté dans les esprits, j'estimois à propos que ledit sieur archevêque allât lui-même à Pamiers et qu'il en réitérât la levée.

Au mois de mai 1680, j'ai reçu ordre de faire sortir de la ville de Pamiers les Ursulines que M. l'évêque de Pamiers y avoit établies.

Le 8 juin 1680, j'ai fait signifier à M. l'évêque de Pamiers et publier deux arrêts du parlement de Paris, dont l'un ordonne la suppression du libelle[1] qu'il a fait publier contre le droit de régale, et l'autre qui reçoit M. le procureur général appelant comme d'abus de son ordonnance d'excommunication contre les pourvus en régale. Nonobstant lesquelles significations faites le 8 juin, ledit sieur évêque a excommunié, le 17, huit pourvus en régale pour avoir pris posses-

---

[1] L'arrêt du parlement est du 3 avril 1680 (*Arrêt de la cour de parlement contre un libelle intitulé Traité de la Régale. Du 3 avril 1680.* Paris, François Muguet, 1680; in-4°). Le titre exact du « libelle » est : *Traité de la Régale, imprimé par ordre de M. l'évêque de Pamiers;* in-12, Cologne (Toulouse), 1680 (P. Lelong, *Bibl. histor.* n° 7621). Le parlement de Paris connaissait seul des affaires relatives à la régale, en vertu de l'ordonnance d'avril 1667, tit. XV, art. 19.

sion de leurs bénéfices, et un de leurs fermiers pour s'être mis en possession des fruits.

Le parlement a reçu le procureur général appelant comme d'abus des dernières ordonnances de M. l'évêque de Pamiers, au commencement d'août 1680; ce prélat est tombé dangereusement malade et est mort le [7 août].

Le 21 août 1680, j'ai mandé à M. de Châteauneuf que, quoiqu'il y eût lieu de croire que la mort de M. l'évêque de Pamiers rendroit le repos au diocèse qu'il laisse vacant, et mettroit les pourvus en régale dans la jouissance paisible de leurs bénéfices, cependant j'avois été informé que le sieur d'Aubarède, soi-disant archidiacre et vicaire général le siége vacant, quoique le roi ait nommé le sieur Paucet à l'archidiaconé comme vacant en régale, étoit monté en chaire dans l'église du Camp[1] le 18 août, et avoit renouvelé les excommunications fulminées par le défunt évêque, quoique le 13 dudit mois on lui eût signifié le dernier arrêt qui reçoit le procureur général appelant comme d'abus; à quoi j'ai ajouté que cette entreprise faite par un ecclésiastique sans autorité ni caractère légitime méritoit d'être réprimée; que M. l'archevêque avoit estimé qu'il suffisoit d'en faire dresser procès-verbal par le sieur de Malenfant, mon subdélégué à Pamiers, lequel j'ai envoyé à M. de Châteauneuf; que je croyois nécessaire que le parlement décrétât contre ce prétendu vicaire général et fît informer des faits contenus en ce procès-verbal pour arrêter le cours des entreprises de ce prétendu vicaire général et des chanoines qui l'ont élu; mais que le remède le plus efficace étoit de donner promptement à cette église un évêque dont la pureté de la doctrine et l'autorité légitime pût rétablir le repos dans les consciences et faire rentrer chacun dans le devoir, ledit d'Aubarède et ceux de sa cabale ayant mis en pratique toutes sortes d'illusions pour abuser le peuple par des miracles supposés, et ayant prêché qu'il ne falloit pas prier pour l'âme du défunt, mais l'invoquer comme un saint; et, en effet, la populace se jeta sur le corps et le dépouilla de ses vête-

[1] Notre-Dame-du-Camp, à Pamiers.

mens, qui furent déchirés et emportés comme des reliques, ayant même jeté des pierres aux régalistes. J'ai écrit aux officiers des lieux de réprimer ces emportemens et d'en empêcher les suites. J'ai aussi écrit à M. l'archevêque qu'il étoit bien à propos d'envoyer à Pamiers, avec caractère et pouvoir pour contenir les esprits révoltés. J'ai encore mandé que je me rendrois à Pamiers, si ces désordres continuoient, pour y apporter les remèdes convenables.

Le sieur d'Aubarède ayant continué de renouveler les excommunications données par le défunt évêque, et les curés du diocèse chassant scandaleusement de leurs églises les fermiers de l'évêché et du chapitre, et les empêchant d'exploiter leurs fermes, j'en ai donné avis à la cour, et M. de Châteauneuf m'a envoyé, le 22 août, un ordre du roi qui relègue le P. d'Aubarède à Gergeau[1], et me mande de prendre des mesures, avec M. l'archevêque de Toulouse, pour l'élection d'un vicaire général à Pamiers.

M'étant transporté dans la ville de Pamiers, j'ai trouvé les esprits préoccupés que le roi abandonnoit les droits de régale, depuis que les anciens chanoines ont fait courir des copies d'un prétendu bref du 17 juillet 1680, par lequel le pape mande à M. l'évêque de Pamiers que Sa Majesté envoie à Rome M. le cardinal d'Estrées pour lui faire connoître ses sentimens sur le fait de la régale, et l'exhorte à persévérer dans la défense des droits de son église, lui promettant toute sorte de protection. J'ai envoyé à M. de Châteauneuf une copie de ce bref, et lui ai mandé que le P. d'Aubarède étoit parti pour Gergeau deux jours après que l'ordre de sa relégation lui a été envoyé.

J'ai envoyé en même temps à M. de Châteauneuf un procès-verbal de l'état du diocèse que j'ai fait sur les lieux, et ai proposé d'éloigner le P. Rech, ancien chanoine, qui prétendoit avoir été élu vicaire général conjointement avec le P. d'Aubarède, qui pourroit continuer d'excommunier les pourvus en régale, comme aussi le sieur Charlas[2],

[1] Jargeau.
[2] Antoine Charlas, né vers 1630, dans le diocèse de Comminges, d'abord instituteur des enfants du président Caulet, à

prêtre séculier demeurant à Pamiers, qui a travaillé à toutes les ordonnances, lettres et écrits qui ont paru sous le nom dudit sieur évêque, et qui étoit pour lors l'unique conseil des anciens chanoines; qu'il y avoit aussi le nommé Gaudé, vicaire perpétuel de Notre-Dame-du-Camp, qui s'est ouvertement déclaré le persécuteur des pourvus en régale, qu'il seroit encore très à propos d'éloigner du diocèse de Pamiers; qu'il faudroit de plus enjoindre à tous les régalistes de se rendre à Pamiers pour y servir assidûment et avec édification leurs bénéfices, étant en plus grand nombre que les anciens chanoines.

J'ai trouvé parmi les papiers du P. d'Aubarède un mémoire en forme de journal de ce qui s'est passé au sujet de la régale depuis le 12 janvier 1680 jusqu'au dernier jour de juillet. Il y est fait mention de deux évêques que M. l'archevêque de Toulouse assure être MM. de Rieux et de Lectoure, étant les seuls évêques qui fussent à Toulouse le jour marqué dans ledit journal.

J'ai encore mandé qu'il y avoit à Toulouse un chanoine d'Alby, nommé Ferrier, chez qui se sont toujours assemblés et s'assembloient journellement les gens de la cabale pour prendre les résolutions de ce qu'ils avoient à faire; que c'étoit un homme savant, mais factieux, auquel M. l'archevêque d'Alby n'a voulu donner aucun emploi, connoissant son esprit; qu'il étoit encore à propos de l'éloigner; que j'avois découvert l'imprimeur qui a imprimé à Toulouse le traité de la régale qui a paru sous le nom de M. de Pamiers, et que, si le roi désiroit être informé par quel ordre et comment cette impression a été faite, il n'y auroit qu'à ordonner à M. le procureur général du parlement de Paris d'en faire informer, et j'ai proposé le sieur d'Héricourt pour faire l'information.

Toulouse, puis placé, par son frère l'évêque, comme supérieur des séminaires du diocèse de Pamiers. Il paraît avoir été l'âme de la résistance à la régale. En 1679, il publia un livre, *Causa regaliæ penitus explicata*, qui fut condamné au feu par arrêt du parlement de Toulouse. A la mort de Caulet, le chapitre s'adjoignit Charlas; mais, Foucault ayant voulu s'emparer de sa personne, il se cacha et s'enfuit à Rome, où il mourut en 1698, après avoir employé le reste de sa vie à écrire contre le gallicanisme et en faveur des doctrines ultramontaines.

J'ai prié aussi M. de Châteauneuf d'écrire à M. l'archevêque de Toulouse d'agir avec un peu de fermeté dans cette affaire et d'appuyer les pourvus en régale de son autorité.

J'ai écrit à la cour que, les choses n'étant pas disposées à Pamiers à élire un chanoine pourvu en régale pour vicaire général, M. l'archevêque de Toulouse devoit commettre un ecclésiastique du diocèse de Toulouse pour faire cette fonction à Pamiers jusqu'à ce que la contestation fût réglée; mais que, quoiqu'il eût rendu cette ordonnance, il m'avoit mandé, depuis deux jours, qu'ayant reçu avis que l'affaire de la régale s'accommodoit à Rome, il n'avoit pas cru devoir envoyer un vicaire général à Pamiers jusqu'à ce qu'il eût reçu de nouveaux ordres du roi; sur quoi j'ai représenté que ces marques de crainte et ces ménagemens faisoient prendre cœur aux anciens chanoines et les rendoient plus hardis à faire de nouvelles entreprises contre les pourvus en régale et contre les droits du roi, d'autant plus qu'un des principaux points de l'instruction qui m'avoit été envoyée et que j'avois communiquée audit sieur archevêque étoit qu'en cas [que les] anciens chanoines refusassent d'appeler les régalistes pour élire un vicaire général, il étoit du devoir de M. l'archevêque d'en nommer un, le pouvoir de le faire lui étant donné par le concile de Trente; qu'ainsi son ordonnance dont j'ai envoyé la copie étoit canonique et régulière, ayant été donnée après trois sommations faites de la part du sieur Le Juge, chanoine pourvu par le roi, aux anciens chanoines de s'assembler.

Le 18 septembre 1680, j'ai mandé à la cour que j'avois surpris depuis trois jours un paquet renfermant une lettre de Rome qu'un marchand de Toulouse, nommé Cazes, envoyoit à Pamiers au sieur Charlas, qui étoit le conseil du défunt évêque, et continuoit de l'être des chanoines réguliers. Cette lettre étoit en forme d'instruction de ce qu'il y avoit à répondre à la lettre que messieurs du clergé avoient écrite au roi, lors de la dernière assemblée. Il y étoit aussi parlé des prétendus miracles faits par ledit défunt évêque, dont un ecclésiastique du diocèse de Saint-Pons, le sieur Rauchy, est venu faire enquête à Pamiers. Celui qui a écrit cette lettre de Rome se nomme Dorat, archiprêtre de la ville d'Acqs en Foix, et avoit été envoyé à Rome par le défunt évêque pour agir dans les affaires qu'il y a toujours eues, et particulièrement dans celle de la régale. J'ai donné ordre qu'on interceptât toutes les lettres qui seroient adressées audit Charlas, qu'il seroit à propos d'éloigner de Pamiers.

M. l'archevêque de Toulouse ayant commis le sieur Fortassin pour vicaire général à Pamiers, j'ai reçu des ordres de la cour, par un courrier exprès qui me l'a amené à Pamiers où j'étois, pour le mettre en possession de cet emploi, ce que j'ai fait nonobstant la déclaration du P. Coudol, ancien chanoine, à la signification de l'ordonnance de M. l'archevêque de Toulouse, qu'il en étoit appelant au pape, ce qui m'a obligé de faire signifier ce matin[1] au P. Coudol l'ordre du roi pour l'envoyer à Saumur. Il est parti deux heures après. C'est ce que j'ai mandé à M. de Châteauneuf par le retour de son courrier, le 25 septembre 1680.

Le même jour, j'ai écrit à la cour que je n'oubliois rien pour engager les anciens chanoines à venir faire le service avec les pourvus en régale, qu'il y en avoit trois fort ébranlés et sur lesquels je pouvois presque compter, mais que les autres étoient fort opiniâtres, nonobstant l'exemple du P. Coudol et celui du P. Rech que j'ai fait arrêter à mon arrivée à Pamiers et qui est présentement en chemin de la ville d'Acqs.

J'ai fait chercher l'imprimeur du traité de la régale, aussi bien que le sieur Rauchy.

J'ai mandé à la cour qu'au moyen des ordres du roi que j'ai fait exécuter, il y aura peu à appréhender dans la suite de la mauvaise volonté de ceux qui sont opposés au droit de régale, les deux chapitres ayant entièrement changé de face, et les chanoines qui les composent reconnoissant l'autorité de M. l'archevêque de Toulouse et le pouvoir de son vicaire général, le siége vacant à Pamiers; qu'il ne restoit plus qu'à éloigner les PP. Gavaret et Bartholomé, dont les

[1] Foucault extrait sans doute cette phrase de sa lettre à M. de Châteauneuf.

bénéfices ont été impétrés en régale et qui sont les restes des débris du chapitre de la cathédrale, ces deux religieux étant les seuls qui occupent présentement la maison où le défunt évêque avoit établi son chapitre et le faisoit vivre en communauté, ce qui étoit d'autant plus nécessaire que, quoique lesdits Gavaret et Bartholomé ne soient plus du corps du chapitre, ils ne laissent pas de le représenter dans leur parti et pourroient même agir en qualité de vicaires généraux, comme a fait le P. d'Aubarède, quoique dépossédé; qu'il y avoit aussi un prêtre séculier, nommé Grattecap, ancien promoteur, qu'il seroit dangereux de laisser dans le diocèse, étant fort attaché à ces deux réformés; que M. l'archevêque m'avoit fait de grandes plaintes contre le sieur Cazeneufve, professeur de théologie dans l'université de Toulouse, qui est un des conseils des anciens chanoines, et que l'on prétend avoir travaillé, avec le sieur Ferrier, aux mémoires et lettres qui ont paru sous le nom dudit sieur évêque; il seroit aussi à propos de le reléguer;

Qu'il y a aux environs de Pamiers, dans le lieu de Sabure, le sieur abbé Caulet, frère dudit défunt évêque, qui assistoit les réformés de sa bourse, et auquel il seroit bien nécessaire d'envoyer un ordre pour se retirer dans la ville de Montclar, près Montauban, dont il est le prieur, n'ayant aucun bénéfice ni autres biens dans le diocèse de Pamiers.

M. le juge mage de Pamiers m'a envoyé, le 21 octobre 1680, un exprès me donner avis que le P. Cerles[1], l'un des trois réformés qui restent de l'ancien chapitre de Pamiers, a fait afficher aux portes des églises de Pamiers une ordonnance par laquelle il défendoit aux ecclésiastiques et aux peuples du diocèse de reconnoître le vicaire général envoyé par M. l'archevêque. J'ai rempli du nom de Cerles une lettre de cachet pour l'éloigner du diocèse, mais que[2] je croyois nécessaire de le faire arrêter en cas qu'il parût, car il s'étoit tenu caché pendant le séjour que j'ai fait à Pamiers, aussi bien que Charlas

---

[1] Jean Cerles, né à Aubin, au diocèse de Rodez, en 1634, mort en 1691.

[2] Ce sont toujours des extraits de lettres que Foucault intercale dans son récit, et c'est ce qui cause ces fautes de rédaction.

qui travaille toujours dans un lieu retiré à dresser les actes du parti ; y ayant des curés dans les montagnes qui leur donnent retraite, ils peuvent passer en un quart d'heure en Espagne.

Le provincial des frères prêcheurs m'a écrit qu'il avoit envoyé à Pamiers pour faire sortir le prieur et les religieux du couvent que cet ordre y a, qui refusoient de reconnoître le sieur Fortassin pour vicaire général, et qu'il y en a envoyé d'autres en leur place, ce qui produira un bon effet dans le diocèse.

Quoique je fusse parti pour me rendre à Montpellier, suivant les ordres de la cour, pour travailler à une ordonnance de règlement pour les tailles réelles, les ordres pour les affaires de Pamiers m'y ont été adressés, ayant pris des mesures pour recevoir promptement les lettres de la cour. J'ai mandé qu'on arrêtât le nommé Pech, accusé d'avoir imprimé le traité de M. de Pamiers sur la régale. Il a été en effet arrêté, et lui ayant fait prêter interrogatoire, il a absolument nié que ce fût lui. Il a seulement avoué qu'il étoit imprimeur ordinaire de M. de Pamiers, que c'est à lui que s'adressa celui qui fit imprimer à Agen l'acte en forme de lettre que ledit sieur évêque écrivit à M. l'archevêque de Toulouse, ainsi qu'il paroît par le journal trouvé dans les papiers du P. d'Aubarède. J'ai cherché moi-même, dans tous les endroits de son imprimerie et de sa boutique, des caractères, du papier ou d'autres choses qui pussent servir à sa conviction, mais je n'ai rien trouvé. J'ai chargé le promoteur de l'archevêché de chercher des témoins et des indices qui puissent nous découvrir si c'est Pech qui a imprimé les actes et mémoires qui ont paru sous le nom de M. de Pamiers. Pour le marchand qui servoit d'entrepôt au commerce de Charlas avec Dorat, qui étoit à Rome, on a trouvé, en examinant de nouveau la suscription effacée de la lettre de Rome qui lui étoit adressée, qu'il se nomme Veisses et non pas Cazes. J'ai envoyé chez lui pour l'arrêter, mais il étoit absent de la ville. J'ai laissé des ordres pour s'en saisir et pour l'obliger à découvrir ses correspondances et à nous donner la clef de ses chiffres.

Le 6 novembre 1680, j'ai fait signifier à madame de Mirepoix, au sieur Caulet, prieur de Montclar, et aux PP. Bartholomé, Gavaret et à Grattecap, les ordres de leur relégation; à quoi ils ont obéi.

M. de Châteauneuf m'ayant mandé de lui faire savoir ce que c'étoit que le nommé Guigues, secrétaire de feu M. de Pamiers, je lui ai écrit qu'il étoit hors du diocèse et qu'on ignoroit ce qu'il étoit devenu, mais que, pendant quinze jours que j'ai passés à Pamiers, où je me suis informé de tous les agens et correspondans de l'évêque, je n'ai trouvé ce Guigues dans aucun mémoire.

Le sieur Fortassin m'ayant mandé que le P. Rousse confessoit toutes les personnes de son voisinage qui sont dans la cabale des réformés, j'ai proposé à la cour de le faire sortir du diocèse, aussi bien que cinq curés qui sont les plus opiniâtres à ne point reconnoître le sieur Fortassin pour grand vicaire général, et qui retiennent dans le parti du P. Cerles un grand nombre de curés du diocèse qui paroissoient disposés à l'abandonner. Ils se nomment : Paignon, curé de Siguier; Augé, curé d'Axiat; Albaignac, curé de Rabat; Estèbe, curé de Montaillou de Prades, et Dombès, curé de Bonnac.

Le P. Cerles a continué de rendre des ordonnances, et le sieur Fortassin de les casser.

Le 13 novembre 1680, j'ai demandé permission d'aller à Paris, et ai proposé à M. de Châteauneuf de s'adresser, en mon absence, au sieur de Malenfant, juge mage de Pamiers, pour les affaires de la régale, lui répondant de son exactitude, de sa fidélité et de son zèle pour le service du roi.

Le 14 novembre 1680, j'ai proposé à M. de Châteauneuf les sieurs Destail, lieutenant particulier au présidial de Pamiers, pour premier consul; Martin Bourgeois, pour second; Dalliot, marchand, pour le troisième, et Las Cazes, procureur, pour le quatrième et dernier; ayant jugé à propos, dans la conjoncture des affaires de la régale, de choisir des personnes sûres et hors de soupçon de cabale, pour remplir les charges municipales de la ville de Pamiers.

Je lui mande encore que j'ai appris que le nommé Guigues s'est retiré en Provence.

Le sieur Gavaret ayant été surpris affichant une ordonnance du P. Cerles, il demeure d'accord, par l'interrogatoire que je lui ai fait prêter, qu'il a fait une faute; mais il n'a jamais voulu me déclarer les complices de sa faute et de la cabale, ni me dire qui a imprimé l'ordonnance qu'il a affichée.

A l'égard de Pech, M. l'archevêque de Toulouse m'a mandé qu'il ne pouvoit avoir de preuves qu'il eût imprimé pour M. de Pamiers, et qu'il étoit fort protégé à Toulouse.

Il a paru dans ce temps un bref du pape, à Pamiers et à Toulouse, au bas duquel est une lettre pastorale du P. Cerles, ce qui a donné lieu au parlement de Toulouse de rendre un arrêt portant défenses aux évêques de son ressort de recevoir aucun bref de Rome qu'il ne soit accompagné de lettres patentes du roi; [il] a décrété prise de corps contre Cerles et Gavaret, et ordonné qu'à la requête du procureur général il seroit publié monitoire pour découvrir ceux qui ont affiché ce bref. C'est ce que j'ai mandé à la cour le 20 novembre 1680.

M. de Châteauneuf m'a mandé, le.. novembre 1680, que le roi n'avoit pas jugé à propos, dans la conjoncture des affaires de Pamiers, que je quittasse la province.

Le 27 novembre 1680, j'ai envoyé à M. de Châteauneuf le mémoire du chapitre de Pamiers, par lequel il demande que, la plus grande partie des canonicats et des prébendes étant remplie par des pourvus en régale, il soit mis fin à l'économat; que leurs raisons me paroissoient bonnes.

J'avois reçu ordre d'adresser ceux de la cour pour les relégations à M. le marquis de Mirepoix[1], gouverneur du pays de Foix, mais il m'a prié de les adresser à M. le juge mage de Pamiers; mais le roi a désiré qu'il se chargeât de les faire exécuter.

Le provincial des jacobins avoit changé tous les religieux du cou-

---

[1] Gaston Jean-Baptiste de Lévis et de Lomagne, marquis de Mirepoix, maréchal de la foi, sénéchal de Carcassonne et de Béziers, gouverneur des pays et comtés de Foix, d'Onezan et d'Andorre, dont il prêta serment le 27 janvier 1678, mourut le 6 mai 1687.

vent de Pamiers, sur la lettre que je lui avois écrite; mais, le prieur qu'il avoit nommé à la place de celui qui étoit suspect n'ayant pas mieux fait son devoir que son prédécesseur, je lui ai mandé par un exprès à Brives, où il faisoit sa visite, de venir à Toulouse pour y choisir dans le couvent qui y est établi, ou dans un autre, un prieur qui soit approuvé par M. l'archevêque de Toulouse, pour l'envoyer à Pamiers; à quoi j'ai ajouté, suivant les ordres de la cour, qu'il eût grande attention à la doctrine qui s'enseigne par les professeurs de philosophie dans le couvent de Pamiers.

Le 28 novembre 1680, j'ai écrit à la cour que le dernier bref du pape et la lettre pastorale du P. Cerles ont fort enflé le courage des curés dont j'avois proposé la relégation, et avoient fait revenir du côté de ce prétendu vicaire général la plupart de ceux qui s'étoient soumis aux ordonnances du sieur Fortassin; que M. de Mirepoix avoit fait arrêter quelques-uns de ces curés, mais que je croyois à propos que le parlement de Paris commît le juge mage de Pamiers pour faire le procès aux plus mutins d'entre eux, particulièrement contre ceux qui prêchent ouvertement contre le droit de régale et qui cherchent à émouvoir les peuples.

Le 5 décembre 1680, j'ai mandé à la cour que, M. le marquis de Mirepoix ayant fait arrêter, de son autorité privée, un curé et un vicaire du diocèse de Pamiers, cela avoit produit un mauvais effet, la plupart des autres curés regardant cette capture comme une violence et étant sur le point d'abandonner leurs cures; sur quoi j'ai représenté que ces sortes d'emprisonnemens de curés, faits sans ordre du roi, dans un pays de montagnes et dans la conjoncture présente où le bref du pape vient d'être rendu public dans toutes les paroisses, pouvoient avoir des suites fâcheuses; que j'estimois qu'il falloit y aller avec un peu plus de circonspection, et tâcher, comme on avoit fait dans le commencement, de prendre ces curés par les voies de la douceur et des promesses qui en avoient fait revenir un grand nombre qui avoient reconnu le sieur Fortassin pour vicaire général; mais qu'enfin le remède le plus efficace contre tous ces désordres étoit d'envoyer promptement un évêque à Pamiers[1], tout ce qu'on pourra faire jusqu'à ce qu'il y en ait un, par la seule force de l'autorité séculière, ne pouvant servir qu'à aigrir les esprits dans une matière où les peuples croient leurs consciences intéressées à se conduire par les mouvemens de leurs curés et ne reconnoître d'autre supérieur ecclésiastique que celui auquel leurs pasteurs sont soumis; et, quoiqu'il paroisse à propos de se saisir du P. Cerles, il faut néanmoins prendre garde qu'il ne sera pas plutôt arrêté qu'il paroîtra un autre vicaire général, déjà élu par avance par les anciens chanoines, qui ont depuis longtemps prévu le cas de leur détention ou de leur relégation, et qui se sont substitué les uns aux autres le vicariat général, et à leur défaut aux curés de leur cabale, en sorte que, le successeur du P. Cerles se trouvant curé, il engagera tous les autres à s'unir plus étroitement à lui, et par ce moyen le vicariat général se perpétuera dans la cabale.

Le .. décembre 1680, j'ai reçu deux arrêts du parlement de Paris avec une instruction pour leur exécution. Le premier ordonne que les chanoines de Pamiers s'assembleront pour nommer un vicaire général, et cette instruction porte que je prendrai des précautions pour empêcher le chapitre de s'assembler à l'effet d'élire un vicaire général, afin que, faute de s'être assemblés, le droit de faire cette nomination soit dévolu à M. l'archevêque de Toulouse. Le second arrêt commet le juge mage de Pamiers pour informer de la publication et affiche du dernier bref du pape.

A l'égard du premier arrêt, j'ai reçu ordre de le faire signifier au chapitre, et, faute par les chanoines de vouloir s'assembler, et sur le désistement du sieur Fortassin, l'instruction de la cour porte que M. l'archevêque de Toulouse nommera M. l'évêque de Léon[2], nommé par le roi à l'évêché de Pamiers, pour vicaire général; sur quoi j'ai représenté qu'il étoit bien nécessaire que ledit sieur évêque de Léon

---

[1] Cosme Boyer, évêque de Lombez, nommé au siége de Pamiers le 6 septembre 1680, avait refusé.

[2] Pierre Le Neboux de la Brosse, évêque de Saint-Pol-de-Léon.

vint incessament à Pamiers, parce que, jusqu'au temps de son arrivée, le diocèse demeurera sans vicaire général, et il pourroit survenir des affaires sujettes à inconvénient par ce défaut.

Il a été tiré une lettre de change de 6,000ᵗᵗ sur Jean, banquier de Toulouse, au profit de défunt M. l'évêque de Pamiers; elle a été envoyée à Paris.

Le 10 décembre 1680, je me suis rendu à Pamiers, où ayant vu le sieur Paucet, qui est à la tête du chapitre et qui est fort intelligent, je lui ai fait voir l'arrêt du parlement de Paris qui ordonne que le chapitre s'assemblera pour nommer un vicaire général; et sur ce qu'il m'a représenté qu'il étoit difficile que le chapitre pût faire une nomination valable, y ayant trois chanoines anciens et légitimement pourvus qui sont absens, et qu'il est de l'ordre d'appeler, j'ai été bien aise qu'il m'ait opposé cette raison, qui est très-valable, et je lui ai marqué que, cela étant, les chanoines présens pouvoient se dispenser de procéder à cette nomination, nonobstant la signification qui leur seroit faite de cet arrêt, et que je me chargeois de rendre compte à Sa Majesté des raisons qui les empêchoient de l'exécuter; qu'ils n'avoient qu'à demeurer dans le silence; en suite de quoi je leur ai fait signifier ledit arrêt, de sorte que, sans que le chapitre soit informé que l'intention du roi n'est pas qu'il nomme un vicaire général, le droit de le faire sera dévolu à M. l'archevêque, qui, après la huitaine expirée, nommera M. de Léon.

Ce projet a réussi, nonobstant les avis de quelques chanoines qui croyoient que c'étoit faire préjudice au droit de la régale et à ceux qui sont pourvus en vertu de ce droit, de ne pas exécuter l'arrêt du parlement, et les choses se sont passées sans bruit et sans qu'on ait pénétré les intentions de la cour.

Je me suis ensuite rendu à Toulouse, où j'ai trouvé M. l'archevêque malade de la fièvre, et nous sommes convenus que, pour rendre valable l'ordonnance de nomination de M. de Léon, M. le juge mage de Pamiers, qui a fait signifier, le 10 décembre, à la requête de M. le procureur général, l'arrêt du parlement au chapitre, retireroit, le 19, du secrétaire dudit chapitre, un certificat portant que les chanoines n'avoient fait aucune nomination, en exécution dudit arrêt, en suite de quoi M. l'archevêque nommeroit, le 22, M. l'évêque de Léon. J'ai mandé à la cour que je ne croyois pas que l'on pût trouver rien à dire à cette procédure, et que M. l'archevêque pourroit seulement commettre un ecclésiastique pour pourvoir aux besoins pressans du diocèse de Pamiers, en cas que M. de Léon ne puisse venir incessamment à Pamiers; que, lorsque M. l'archevêque aura rendu son ordonnance de nomination et qu'elle aura été publiée, M. le juge mage mettra à exécution l'arrêt qui ordonne qu'il sera par lui informé de la publication et affiche du dernier bref du pape.

A quoi j'ai ajouté qu'il ne s'étoit rien passé de particulier à Pamiers pendant le séjour que j'ai fait à Pamiers[1], les curés opposés à la régale étant toujours unis au P. Cerles, dont je ne voyois qu'un évêque qui les pût détacher.

L'expédition des affaires ordinaires du diocèse de Pamiers a été sursise à Rome pendant quelque temps, depuis la mort de M. de Pamiers.

Le roi a donné aux jésuites de Pamiers la chaire de philosophie qu'avoient les jacobins. J'ai proposé de faire donner 500# de pension au professeur, savoir : 300# par les états de Foix et 200# par le roi. J'en ai écrit au P. de la Chaise.

Ayant eu avis que le nommé La Buquette, garçon imprimeur, que l'on prétend avoir aidé à Pech à imprimer le traité de la régale, s'étoit retiré à Bordeaux, chez le nommé Lacour, imprimeur, j'ai écrit, le 18 décembre 1680, à M. de Ris, et lui ai envoyé un mémoire des faits sur lesquels il falloit l'interroger. On prétend qu'il pouvoit donner beaucoup de lumière sur cette affaire. Je l'ai mandé à M. de Châteauneuf, qui m'a envoyé un ordre du roi pour la nomination des consuls de Pamiers.

Je lui ai aussi écrit que le couvent des jacobins de Pamiers étoit composé de religieux très-affectionnés au service du roi et soumis aux ordres de M. l'archevêque.

[1] Il veut dire à Toulouse.

Le 26 décembre, j'ai mandé à M. de Châteauneuf que les arrêts du parlement ont été exécutés, et que M. l'archevêque a nommé M. l'évêque de Léon pour faire les fonctions de vicaire général, ce qui s'est fait sans aucune opposition de la part du vicaire général de la cabale.

M. l'archevêque m'a mandé qu'il avoit reçu ordre du roi de nommer un vicaire général à Pamiers à la place de M. l'évêque de Léon.

Il y a eu de la jalousie entre M. le marquis de Mirepoix et M. le juge mage de Pamiers, sur l'adresse et l'exécution des ordres du roi au sujet de la régale; j'ai écrit à M. de Châteauneuf pour les engager à agir de concert, étant tous deux fort zélés pour les intérêts du roi, mais que le juge mage méritoit une protection particulière, ayant depuis un an abandonné les fonctions de sa charge pour vaquer aux affaires de la régale et fait de grandes dépenses, ce qui mérite que le roi y ait égard.

On a mandé à M. de Châteauneuf et à moi que quelques curés du pays de Foix avoient donné trente-six pistoles à une personne qu'on ne nomme point, pour n'être point inquiétés pendant un mois au sujet des affaires de la régale. J'ai mandé à M. de Mirepoix et à d'autres personnes sur les lieux de tâcher de découvrir la vérité de ce fait.

Le P. Cerles a fait imprimer et afficher des ordonnances aux portes de la ville de Pamiers et à Toulouse, plus hardies, et que l'on peut dire encore plus insolentes, que les précédentes. M. le juge mage a fait une procédure contre le curé de Bonnac, qui alloit débitant ces ordonnances chez les curés du diocèse. J'ai mandé à la cour que cela méritoit bien que le parlement de Paris lui fît faire le procès comme à un perturbateur du repos public. M. l'archevêque a fait aussi arrêter l'afficheur de ces ordonnances à Toulouse, que j'ai ordonné qu'on amenât à Montauban où il sera plus sûrement qu'à Toulouse, où la cabale, qui y est très-forte, trouve toujours des moyens de faire donner des avis par ses émissaires dans les prisons, et de leur faire parler par des gens qui les encouragent à ne rien déclarer de leurs secrets.

On ne trouve point de preuve contre Pech, imprimeur, que l'on prétend avoir imprimé le traité de la régale, et M. de Ris m'a mandé que son garçon n'a point paru à Bordeaux.

J'ai mis en liberté le nommé Vaisselié, que M. l'archevêque avoit fait arrêter, l'ayant soupçonné d'avoir affiché à Toulouse la dernière ordonnance du P. Cerles, ayant vérifié que ledit Vaisselié n'étoit arrivé à Toulouse que le 18 janvier 1681.

Le parlement de Toulouse a rendu un arrêt contre le P. Cerles, et, quoique le précédent n'ait pas empêché que son ordonnance n'ait été affichée à Toulouse en plein jour, cet arrêt ne laissera pas de produire un bon effet.

Pendant que j'étois à Montpellier, travaillant au règlement des tailles réelles, j'ai eu quelques avis que les ordonnances du P. Cerles pourroient bien avoir été imprimées à Avignon, aussi bien que les autres pièces contre la régale, et que le vice-légat favorisoit cette impression, ce qui m'a obligé d'en parler à M. Morand, intendant de Provence, qui étoit à Montpellier, pour tâcher d'éclaircir ce soupçon et de surprendre l'imprimeur et ceux qui le mettent en besogne.

Pendant que j'étois à Montpellier, j'ai reçu avis, par une lettre du 8 mars 1681, qu'il avoit encore paru à Toulouse un nouveau bref du pape et qu'il y avoit été affiché.

Le 19 mars 1681, j'ai reçu, à une journée de Montpellier, deux lettres de M. de Châteauneuf, l'une adressante au sieur Ragot, archidiacre d'Aleth, et l'autre pour moi, qui m'ordonne de faire saisir les papiers dudit Ragot, qui concerneront la régale. J'ai commis une personne intelligente pour le faire.

Le 25 mars, j'ai reçu un ordre de la cour qui relègue le sieur Ragot à Morlaix. Il ne s'est trouvé aucun papier chez lui qui concerne la régale, mais seulement des mémoires des principales actions de défunt M. l'évêque d'Aleth[1], dont ledit sieur Ragot écrivit la vie.

---

[1] Nicolas Pavillon, évêque d'Aleth, mort en 1677, à l'âge de quatre-vingts ans. Il avait, comme Caulet, refusé de signer le formulaire et résisté à l'établissement de la régale dans son diocèse.

Le même jour, j'ai mandé à M. de Châteauneuf que je ne doutois point qu'il ne fût informé que le parlement de Toulouse fait le procès au P. Cerles et qu'il sera bientôt en état d'être jugé. On est persuadé qu'il paroîtra encore quelque chose de nouveau de la part dudit Cerles avant les fêtes de Pâques, et j'ai donné ordre, en passant à Toulouse, qu'on tâchât de surprendre quelqu'un de ces porteurs de paquets qui renferment les imprimés des brefs et d'ordonnances, car pour lors on ne les affichoit plus.

Dans ce temps il a été présenté au pape une supplique par le P. Cerles; c'est une pièce bien hardie et pleine de suppositions.

Le 17 avril 1681, j'ai mandé à M. de Châteauneuf que le parlement de Toulouse avoit jugé le P. Cerles le 16, et l'avoit condamné à avoir la tête tranchée. Cet arrêt fera un grand éclat dans la province et contiendra dans le devoir les gens de la cabale. Cet arrêt a été exécuté par effigie dans la grande place de Toulouse, avec un grand appareil et un concours extraordinaire de peuple. Cette exécution sera réitérée à Pamiers et dans les principaux lieux du diocèse où ses ordonnances ont été affichées.

J'ai appris que cet arrêt et son exécution réitérée a ramené beaucoup de curés à la soumission aux ordres de M. l'archevêque. L'arrêt de mort contre Cerles a été exécuté à Pamiers[1]; mais, les gens de la cabale ayant fait évader l'exécuteur, qui s'étoit venu cacher à Montauban, je l'ai fait prendre et conduire à Pamiers, où le juge mage de Pamiers l'obligera à faire le devoir de sa charge.

Le 6 août 1681, j'ai envoyé à M. de Châteauneuf une copie de l'acte de protestation que le P. Cerles, nommé par M. de Pamiers, a fait afficher aux portes des évêques assemblés à Toulouse pour nommer les députés qui doivent assister à l'assemblée générale du clergé, contre ces deux assemblées provinciale et générale.

1680.

Le parlement de Bordeaux a jugé le procès du vicomte de Vaillac,

[1] Exécuté par effigie. (Voy. notre introduction.)

contradictoirement, à la Réole; il a été condamné à mort et exécuté au mois de janvier 1680.

Au mois de janvier, M. Colbert m'a écrit pour me prier de faire une recrue de soldats pour le régiment de Champagne, dont M. de Blainville, son fils, étoit colonel[1].

Au mois de mars 1680, il a été créé, sur mon avis, un vice-sénéchal[2] à Montauban, dont six archers, qui seront créés, résideront à Cahors.

Au mois de mai, M. de Louvois est venu à Baréges pour y prendre les bains; je l'ai accompagné jusqu'à Saint-Gaudens.

Au mois de juin 1680, M. d'Aguesseau, intendant de Languedoc, et M. de Ris, intendant de Bordeaux, sont venus, par ordre du roi, à Montauban, pour conférer avec moi sur le règlement que M. Colbert a proposé au roi de faire pour les tailles réelles[3], Montauban étant le centre des trois départemens; notre conférence n'a duré que quinze jours.

J'ai proposé à M. Colbert, dès l'année dernière, de faire l'arrondissement des élections, en leur donnant à chacune les paroisses les plus voisines du centre et les plus convenables par des échanges, ce qui faciliteroit extrêmement le recouvrement des tailles. Je lui ai envoyé les cartes de la position présente des élections.

Le 17 juillet 1680, j'ai envoyé à M. Colbert le travail que j'ai fait avec la carte de la généralité de Montauban pour l'arrondissement des élections.

Au mois de juillet 1680, j'ai envoyé plusieurs Bohèmes et faux monnoyeurs aux galères.

---

[1] Armand Colbert, marquis de Blainville et d'Ormoy, quatrième fils de Colbert. Il fut tué à la bataille d'Hochstett, le 13 août 1704.

[2] Les vice-sénéchaux présidaient le tribunal de la sénéchaussée et correspondaient ainsi, dans les pays de droit écrit, aux lieutenants généraux des bailliages. Ils avaient en outre des attributions de police. (Sur la création du vice-sénéchal du Quercy, voyez, dans notre Appendice, les dépêches de Colbert à Foucault, des 12 juillet et 21 septembre 1679, 14 mars et 2 mai 1680.)

[3] Sur les tailles réelles, voyez notre introduction.

J'ai beaucoup travaillé pendant les trois années précédentes et la courante à la vérification des dettes des communautés, qui a fini au mois d'août 1680. Il a été rendu des arrêts qui règlent les termes des payemens.

Au mois d'octobre, M. Colbert m'a envoyé un arrêt qui exclut les religionnaires de tous emplois de recettes des deniers du roi[1].

Le 18 décembre 1680, j'ai mandé au P. de la Chaise que j'avois eu avis que ma sœur abbesse de Jarcy étoit dans le dessein de quitter son abbaye, et que je le suppliois de ne pas permettre que des personnes qui abusent de sa jeunesse pour enlever ce bénéfice à ma famille en obtiennent le don sur sa démission.

Le chapitre général des religieux carmes, tenu à Montauban en 1680, a statué que je serois reconnu et mis au nombre des principaux bienfaiteurs de l'ordre, pour avoir rebâti la moitié de leur église de Montauban avec la sacristie, donné un tabernacle, une chaire très-belle, un retable, et fait faire d'autres ouvrages, ce qui a été confirmé par une délibération prise dans le chapitre provincial tenu à Alby le 5 mai 1681, dont il m'a été envoyé un extrait en parchemin, signé du provincial et des définiteurs.

1681.

Le 1ᵉʳ janvier 1681, je suis parti pour Montpellier avec M. de Ris. Nous y sommes arrivés le 8, et y avons trouvé M. d'Aguesseau, M. d'Herbigny, intendant de Dauphiné, et M. Morand, intendant de Provence. Nous y avons travaillé au règlement des tailles réelles; j'y ai mené M. de Redon, conseiller en la cour des aides de Montauban. Ce travail a duré deux mois et a été achevé. M. de Ris, qui alloit à Paris, a été chargé de le présenter à M. Colbert. Ce règlement n'a point eu d'exécution.

Au mois de février 1681, j'ai fait le voyage de Montpellier avec

[1] Voy. la dépêche de Colbert à Foucault, du 18 octobre 1680, dans notre Appendice.

M. de Ris, pour travailler aux tailles réelles. — *Vid.* la relation de ce voyage.

Le 26 février, ma femme est accouchée à huit heures du soir d'une fille, à Montauban. Elle a été nommée Marie-Angélique par deux pauvres, aux noms de M. Jassaud d'Arquinvilliers et de mademoiselle Foucault, ma sœur.

Le 23 avril, j'ai envoyé à M. le chancelier un projet d'arrêt pour l'établissement de six docteurs agrégés et d'un professeur en droit françois dans la faculté de droit de l'université de Cahors. M. le chancelier avoit cru de pouvoir choisir un des quatre professeurs en droit pour remplir la chaire du droit françois; mais je lui ai représenté que ces professeurs sont tous renfermés dans l'étude du droit romain, et que j'avois jeté les yeux sur le sieur Dolive, conseiller de la cour des aides depuis vingt ans, qui entend parfaitement les ordonnances et tout ce qui a rapport au droit françois, homme riche et qui se passeroit d'appointemens et de rétribution s'il le falloit. Il est fils d'un professeur en droit qui s'est acquis de la réputation. Il a été nommé pour remplir cette chaire.

M. le chancelier m'a envoyé des règlemens pour le rétablissement de l'étude du droit dans l'université de Cahors, et des arrêts du conseil pour l'établissement d'un professeur en droit françois et de six docteurs agrégés à la faculté de droit.

Le dernier avril, j'ai condamné au présidial de Montauban un faux monnoyeur, nommé Gardebosc, aux galères perpétuelles.

Le 18 juin, j'ai proposé à M. Colbert d'établir un écuyer à Montauban pour mettre à cheval les jeunes gentilshommes, et d'imposer sur toute la généralité 500# pour lui louer une maison à Montauban.

J'ai proposé, au mois de juin, à M. le chancelier de réformer les colléges fondés dans la ville de Cahors, qui sont dans une grande confusion.

Le..... 1681, j'ai mandé à M. de Châteauneuf que j'avois engagé les professeurs de l'université de Cahors à consentir à l'agrégation du collége des jésuites à leur université, à l'exemple de ce qui a été fait à Toulouse, et je lui ai envoyé un projet de lettres patentes pour confirmer ladite agrégation.

Au mois de juin 1681, j'ai fait travailler le sieur Piquié aux cartes géographiques des élections de la généralité de Montauban, pour en rendre le ressort régulier. Je les ai envoyées à M. Colbert avec celles des monts Pyrénées.

Au mois de juillet 1681[1], j'ai envoyé à M. Colbert deux cents manuscrits de l'abbaye de Moissac; il a donné aux chanoines 1,200 ₶. applicables en des ornemens.

Le 23 juillet 1681, j'ai proposé à M. de Louvois de faire venir de Roussillon deux compagnies de cavalerie dans le haut Rouergue et dans le haut Quercy, pour seconder les missionnaires ecclésiastiques[2].

Le 6 août 1681, j'ai écrit une lettre au P. de la Chaise, par laquelle je lui ai mandé les bonnes dispositions où je trouvois être les ministres et principaux religionnaires de Montauban pour leur retour à l'Église romaine; que leur conversion attireroit infailliblement celles de toutes les villes de Quercy, du Rouergue et du bas Languedoc, qui ne cherchoient qu'une porte honnête pour rentrer dans l'Église; qu'ils demandoient, pour cet effet et pour sauver leur honneur, qu'on fît une conférence où les points controversés seroient agités, et ceux qui sont les plus considérés et les plus accrédités dans le parti m'ont assuré que c'étoit la seule voie qui pût faire réussir le grand projet des conversions; que celles de rigueur, de privation des emplois, les pensions et les grâces seroient inutiles.

---

[1] Foucault commet ici une confusion. Ce qui est de juillet 1681, c'est l'ordre donné par Colbert (dépêche à Foucault du 16 juillet 1681) d'offrir des ornemens à l'abbaye de Moissac. Mais l'envoi des manuscrits avait eu lieu trois ans plus tôt, en 1678. (Voy. notre introduction.) On en trouve la confirmation dans le passage suivant de l'Essai historique sur la bibliothèque du Roi (par Leprince), 1782, in-12, p. 204 : « L'année 1678 vit entrer « dans la bibliothèque du ministre les ma- « nuscrits tirés des archives de l'abbaye de « Moissac par M. Foucault, commissaire « départi en la généralité de Montauban, « et envoyés à Paris par le même inten- « dant. »

[2] Louvois n'y consentit pas. (Voy. dans notre Appendice, sa dépêche à Foucault du 7 août 1681.)

Ayant fait depuis la même proposition à M. le chancelier Le Tellier, dans un voyage que je fis à Paris, il la rejeta absolument, disant qu'une pareille assemblée auroit le même succès que le colloque de Poissy, que le pape trouveroit mauvais que l'on fît une pareille conférence sans sa participation, et me défendit d'en parler au roi. Sa timidité naturelle, dans une entreprise qu'il jugeoit périlleuse, est peut-être cause que l'ouvrage des conversions, qui auroit pu réussir par les conférences, soutenues d'autres moyens doux, a causé la ruine d'un si grand nombre de religionnaires et la perte du commerce et des arts.

Au commencement de septembre 1681, j'ai eu avis que la peste étoit à Barcelone.

Le 9 septembre 1681, M. Charpentier, fondé de ma procuration, a remboursé M. Le Fouin, conseiller au parlement de Paris, des 21,000 ᵗᵗ que mon père et moi avions empruntés de M. Le Fouin, greffier du conseil, son père, et 800 ᵗᵗ d'intérêts; ces 21,800 ᵗᵗ faisant partie des 51,729 ᵗᵗ que ledit sieur Charpentier avoit reçus, comme procureur fondé de moi et ma femme, de MM. les officiers de la grande chancellerie et secrétaires du roi, lesdits 51,729 ᵗᵗ étant de la dot de ma femme et reçus, le 9 septembre 1681, desdits sieurs secrétaires du roi.

Le 13 septembre, madame Foucault, tante de mon père, religieuse à Maubuisson, est décédée; c'étoit une sainte fille; mon père a fait l'histoire de sa vie. Elle étoit née le 3 avril 1607; elle a fait ses vœux le 25 février 1629.

J'ai fait mon voyage à Paris au commencement de novembre 1681, et ai été de retour à Montauban le 15 mars.

Le 22 décembre 1681, M. du Gué de Bagnols m'a payé 24,000 ᵗᵗ qu'il devoit à M. de Jassaud, mon beau-père, et que ledit sieur de Jassaud avoit donnés à ma femme par notre contrat de mariage, et de plus 2,320 ᵗᵗ d'arrérages que devoit ledit sieur de Bagnols.

M. Daussonne, premier président de la cour des aides de Montauban, a prétendu que les consuls devoient l'aller voir avant moi dans les occasions où ils nous doivent rendre visite, ce qui ne s'est jamais pratiqué, mes prédécesseurs et moi ayant toujours été visités les premiers.

J'ai reçu, pendant cette année et les suivantes, des arrêts pour exclure les religionnaires des charges publiques et des emplois dans les villes.

1682.

Le . . février, j'ai été prendre place à la grand'chambre, et y ai opiné[1], ayant servi quatorze ans en compagnie souveraine.

Le 2 mars 1682, mon père a acquis une grande maison, sise sur le quai de l'École, appelée l'hôtel de la Grateuse, faisant face sur ledit quai et sur la rue Saint-Germain-l'Auxerrois, de Jean Huzé, trésorier des gardes-du-corps de M. le duc d'Orléans, moyennant la somme de quatre-vingt-trois mille livres.

Au mois de mai 1682, M. Colbert, évêque de Montauban, et moi, avons proposé à M. de Châteauneuf d'établir, dans Montauban, une maison où l'on pût retirer les filles nouvellement converties, et nous avons jeté les yeux sur celle de la Visitation, les religieuses de cet ordre de Toulouse offrant d'envoyer six de leurs religieuses auxquelles elles payeroient leurs pensions pour commencer cet établissement, même de donner 6,000 ₶ pour entreprendre un bâtiment pour les loger, n'y ayant que des Ursulines et des Urbanistes[2] à Montauban, qui ne sont point en état de recevoir des pensionnaires.

Le 24 juin 1682, j'ai mandé à M. le chancelier que j'avois condamné en 1,000 ₶ d'amende un gentilhomme qui avoit réfugié des Bohêmes dans sa maison, et que j'estimois à propos de donner une

---

[1] Par suite de l'origine commune des compagnies souveraines, toutes issues de la *cour du roi*, les maîtres des requêtes étaient censés conseillers du parlement de Paris, et y étaient reçus comme tels au bout d'un certain temps de grade. Cependant, depuis 1600, il avait été décidé qu'ils n'y pourraient siéger plus de quatre à la fois. (Voy. la Roche-Flavin, *Traité sur les treize parlemens de France*, in-fol. Bordeaux, 1617, p. 31.)

[2] Religieuses de Sainte-Claire, ainsi nommées du pape Urbain qui leur a donné la règle.

déclaration qui renouvelât les dispositions des anciennes ordonnances, qui ordonnent la perte de la justice et la réunion au domaine des fiefs des gentilshommes qui donneront retraite aux Bohèmes dans leurs châteaux, et j'ai envoyé le projet de cette déclaration à M. le chancelier [1].

Au mois de juillet 1682, j'ai été commis, par arrêt du conseil, pour juger, au présidial de la Rochelle, le procès que M. Le Bret, intendant de Limoges, a instruit au sieur Lambert, président en l'élection d'Angoulême, pour fausse monnoie; mais cet accusé et ses complices ont trouvé tant d'appui auprès des officiers du présidial, qu'il a été renvoyé absous.

J'ai fait une fête à Montauban pour célébrer le jour de la naissance de monseigneur le duc de Bourgogne, au mois d'août 1682. On en a fait une relation [2].

---

[1] *Déclaration du roy contre les vagabons et gens appelez Bohêmes et Bohêmiennes et ceux qui leur donnent retraite. Registrée en parlement le 4 aoust 1682.* Paris, François Muguet, 1682, in-4°.

[2] « Le 30 du mois dernier, le marquis d'Ambres, lieutenant du roi de la province, accompagné des consuls, et le sieur Foucault, intendant de la généralité de Montauban, à la tête du présidial, se rendirent à la cathédrale, où se trouva la cour des aides en robes rouges, et ils y assistèrent au *Te Deum* chanté en musique.

Le soir il y eut un feu d'artifice, où le roi étoit représenté sur un trône, monseigneur le dauphin un peu plus bas sous un pavillon, et monseigneur le duc de Bourgogne au-dessous. Il y avoit aux quatre coins du théâtre quatre figures qui, après l'ouverture du feu, se détachèrent pour mettre leurs armes aux pieds du jeune prince.

« Dans les espaces entre ces figures, il y avoit des devises, dont les corps étoient trois lys de différente grandeur. Un torrent descendant d'une montagne, dont les eaux étoient reçues dans un bassin, duquel sortoit un jet qui les renvoyoit aussi haut que leur source; un soleil avec deux parélies; trois aigles, dont l'une fort grande étoit élevée dans les nues, l'autre moins grande voloit au-dessous, et la troisième venoit d'éclore; les espaces qui étoient entre les figures et les devises étoient remplis par des branches de laurier et d'olivier entrelacées.

« Ce feu commença par quatre soleils qui jetèrent quantité de feux, et il fut tiré au bruit du canon et suivi d'un grand repas que les consuls donnèrent dans l'hôtel de ville.

« Tous les habitans firent aussi des feux devant leurs maisons, et les jésuites firent un feu d'artifice qui fut tiré au bruit de la mousqueterie.

« Le lendemain, les consuls firent jouer

Au mois de novembre, le clergé a fait un avertissement pastoral aux religionnaires du royaume; il a été envoyé à Montauban, où il leur a été signifié.

Au mois de novembre 1682, les officiers de la religion prétendue réformée du présidial de Montauban ont reçu ordre de se défaire de leurs charges. Je le leur ai fait signifier.

Le 9 décembre, j'ai envoyé à M. Colbert plusieurs actes curieux que j'ai tirés des archives de l'abbaye de Moissac, dont le plus ancien est une bulle du pape Sergius, de 1009, par laquelle il exhorte les chrétiens à venir rétablir avec lui le saint sépulcre que le roi de

« un autre feu d'artifice sur l'eau, et, durant ce divertissement, il y eut un petit combat entre deux espèces de galères sur lesquelles étoit toute la jeunesse de la ville, et qui brilloient par un très-grand nombre de lumières. Cette fête se termina par un souper que le sieur Foucault donna avec toute la magnificence possible.

« Le 1ᵉʳ du mois de septembre, cet intendant voulut se distinguer et fermer les réjouissances par une fête entière. Il fit, le matin, armer quinze cents habitans de la ville, commandés par des bourgeois et divisés en quatre compagnies d'infanterie et une de cavalerie, qui, en bel équipage et fort bon ordre, défilèrent devant lui, la cavalerie le sabre à la main, et les officiers d'infanterie, aussi, la pique et les drapeaux déployés.

« Il fit dresser, pour cette milice et pour tout le peuple, plusieurs tables devant son hôtel, qui furent toujours couvertes et bien remplies, et entre ces tables il y avoit une fontaine de vin, qui ne cessa point de couler jusques au soir.

« Alors les troupes se rendirent à une petite île qui se forme, près du grand pont, par la jonction du Tarn et du Tes-

« cou, et ils bordèrent entièrement cette île du côté de la rivière, l'infanterie sur les ailes et la cavalerie au milieu.

« Il y avoit en cette île un feu d'artifice, il y en avoit un autre sur la rivière; et tout y parut en feu à l'entrée de la nuit, de même qu'au palais épiscopal, qu'à l'hôtel du sieur Foucault, qu'aux terrasses et les balcons, et jusqu'aux toits des maisons de la ville et des faubourgs, éclairés par une infinité de bougies, de lanternes et d'autres lumières.

« On aperçut à ces clartés, en éloignement sur la rivière, quantité de barques ajustées en petites machines toutes brillantes et de différentes figures, dont les unes étoient des cœurs enflammés, du milieu desquels il partoit souvent un grand nombre de fusées volantes. Il y avoit un double rang de lampes de plusieurs couleurs sur les bords, à la pointe et à la poupe, et au haut du mât un fanal avec quantité de lanternes aussi de différentes couleurs, mêlées parmi les cordages ornés de banderoles de taffetas gris de lin blancs, avec quantité de devises.

« A mesure que ces machines commençoient, on entendoit des concerts de vio-

Babylone avoit détruit à la suscitation des juifs, qui souffroient impatiemment les fréquens pèlerinages que les chrétiens faisoient dans la Terre-Sainte. Cette bulle est le seul acte qui ait paru de ce pape[1].

Le 19 décembre, ma femme est accouchée d'une quatrième fille à Montauban; elle a été nommée Marie-Thérèse par deux pauvres. Elle est décédée et enterrée à Pau dans l'église de Saint-Martin, le 19 septembre 1684. Le parlement assista au convoi.

Au mois de décembre, mon père a congédié le sieur Brossart, précepteur de mon fils, qu'il accusoit de manque d'assiduité et de dissipation à des occupations frivoles.

Au mois de décembre 1682, j'ai proposé à M. le chancelier Le Tellier et à M. de Châteauneuf la démolition du temple de Montauban, sur des contraventions aux édits qui défendent aux ministres de recevoir à leur cène des nouveaux convertis, les temples de Bergerac et de Montpellier ayant été démolis sur ce fondement.

J'ai rendu un jugement avec les officiers du présidial de Montauban

« lons, de tambours et d'autres instrumens « qui étoient dans chacune des mêmes bar- « ques, remplies de la jeunesse de la ville.

« Quand les unes et les autres se furent « jointes, elles se rangèrent sur deux « lignes, se saluèrent par quelques dé- « charges, et on but ensuite la santé de « monseigneur le duc de Bourgogne, « parmi une infinité de cris de joie, et on « tira un grand nombre de fusées.

« La cavalerie et l'infanterie qui étoient « dans l'île y répondirent par leurs mous- « quets, et, en même temps, la petite « flotte se mit sur une ligne et s'avança en « bon ordre vers l'île, témoignant y vouloir « aborder. Cela donna lieu à un combat « fort divertissant, qui finit au bruit des « bombes pour signal du feu d'artifice.

« Il commença à jouer par tout ce qu'il « y a de plus ingénieux et de plus nouveau « dans l'artifice.

« Les fusées volantes atteignoient, de la « rivière d'où elles étoient lancées, celles « qui étoient parties du clocher des carmes, « et les unes et les autres, en retombant, « traçoient une grande variété de chiffres « et d'étoiles mêlés d'une pluie de feu.

« Cependant on entendoit le bruit du « canon et des bombes, et des concerts de « hautbois, de flûtes, de trompettes et de « tambours.

« Le sieur Foucault, pour terminer la « fête avec toute la magnificence possible, « donna encore un grand régal à tout ce « qu'il y avoit de personnes de considéra- « tion de la ville. »

(*Gazette de 1682*, p. 650 à 654.)

[1] Cette bulle, qui est conservée aux manuscrits de la Bibliothèque impériale, *Chartes de Baluze, bulles*, n° 2, a été publiée par M. Lair, dans la Bibliothèque de l'École des Chartes, 4° série, t. III, p. 246.

contre le sieur de Capdeville, gentilhomme d'Armagnac, convaincu d'avoir donné retraite dans ses châteaux à des Bohêmes. — *Vid.* le jugement.

J'ai reçu une ordonnance de 4,000 ᵗᵗ pour les deux voyages que j'ai faits à Montpellier pour le règlement des tailles réelles, et à la Rochelle pour le jugement du procès du sieur Lambert.

En 1682, le roi a établi des compagnies de jeunes gentilshommes; j'en ai envoyé de la haute Guyenne à Tournay cent soixante : cent d'ancienne noblesse, et les autres issus de parens vivant noblement. Il en est encore parti depuis pour Metz.

Les religionnaires de la haute Guyenne ont tenu, par permission du roi, un synode à Saint-Antonin en Rouergue. J'en ai envoyé à M. de Châteauneuf les procès-verbaux, qui m'ont été remis par les commissaires devant lesquels ce synode a été tenu.

J'ai fait ôter la charge de châtelain[1] de Caussade au nommé Calvet, descendant du fameux Calvet, official de Montauban, qui, ayant abjuré la religion catholique, établit la religion prétendue réformée dans la province.

1683.

Les 6 et 7 janvier 1683, j'ai donné avis à M. le chancelier et à M. de Châteauneuf des violences commises par les gardes de M. le marquis d'Ambres dans les communautés et surtout à Moissac, où il les avoit envoyés pour obliger les habitans à nommer les consuls qu'il leur ordonnoit d'élire. J'ai aussi donné le même avis à M. Colbert, et peu de jours après ils m'ont envoyé, par un courrier exprès, des ordres pour anéantir tout ce que M. d'Ambres avoit fait, et rétablir les

---

[1] Mot très-mal écrit. Nous croyons lire *chastelain*. M. Adhelm Bernier, qui donne cet alinéa dans les fragments de Foucault qu'il a publiés, a lu *chancelier*. S'agit-il d'un de ces châtelains royaux ou prévôts qui étaient juges au premier degré de la justice royale, ou bien d'un de ces chanceliers qui avaient la garde du sceau dans les sénéchaussées, vigueries et autres siéges du Languedoc? Il y avait à Caussade une justice royale d'où dépendaient trois autres siéges subalternes.

habitans des paroisses dans la liberté de se choisir des consuls, ce qui a été exécuté.

Au mois de janvier, on a proposé de marier mademoiselle Foucault, ma sœur, au fils de M. Petit, premier médecin de M. le Dauphin.

Au mois de janvier 1683, M. de Grandmaison, intendant des eaux et fontaines de Paris, m'a accordé quatre lignes d'eau pour ma maison de la rue de Richelieu.

Le .. janvier 1683, j'ai fait signifier l'avertissement pastoral du clergé au consistoire de Montauban; cette signification a été faite avec douceur et charité de notre part et reçue avec respect par le consistoire.

Au commencement de février 1683, le parlement de Toulouse ayant décrété de prise de corps les ministres de Montauban pour contraventions aux édits, j'ai mandé à M. le chancelier, à MM. les ministres, à M. l'archevêque de Paris et au P. de la Chaise, que ce décret n'avoit causé aucune émotion parmi les religionnaires, et que l'on pouvoit sans aucun danger faire démolir leurs temples. Ils se sont contentés de ne point paroître dans les rues les dimanches, à l'heure du prêche.

Au mois de février 1683, le roi a donné une déclaration qui unit aux hôpitaux les biens des consistoires.

M. de Seignelay m'a mandé que l'intention du roi étoit d'établir dans la marine des compagnies de jeunes gentilshommes, et m'a chargé d'en chercher, âgés au moins de seize ans.

J'ai condamné les nommés Le Mercier et Daniel à être pendus, pour avoir exigé de l'argent des marchands et notaires, sous prétexte de commissions qu'ils supposent avoir pour faire exécuter les règlemens pour les manufactures et le papier timbré; ils faisoient voir une commission de M. Colbert et un cachet qu'ils avoient fait graver aux armes du roi, avec lequel ils marquoient les étoffes, donnant même des lettres de maîtrise. Les principales concussions ont été commises à Alby et dans plusieurs villes du Languedoc, n'ayant demeuré que huit jours dans mon département.

Le 6 mai, Marie-Anne, ma sœur, est accouchée de Marianne, sa fille aînée, qui a été faite religieuse à Pincourt, le 5 mai 1698.

Le [12] mai, M. de Jassaud du Gué[1], frère de ma femme, a épousé madame Foucher, âgée de plus de quarante ans et nièce de M. de Mâcon, dont il a eu de grands biens. Elle a fait un fidéi-commis de la plus grande partie de son bien à M. le président de Jassaud, qui l'a gardé pour lui.

M. Colbert m'a mandé de chercher quelque personne capable d'écrire l'histoire de la province, ce que je n'ai pu trouver[2].

Le 23 juin 1683, j'ai mandé à M. de Châteauneuf, à M. le chancelier et au P. de la Chaise, que le temple de Montauban a été démoli en exécution de l'arrêt du parlement de Toulouse; que cette démolition avoit été faite en présence du commissaire nommé par le parlement, en dix-neuf heures, après les trois jours donnés aux religionnaires pour le faire, expirés. Ils ont fait paroître en cette occasion une soumission entière. Cette démolition a été faite naturellement et sans préméditation dans l'octave du Saint-Sacrement. J'ai mandé qu'il étoit juste de leur donner un ministre pour baptiser leurs enfans, ainsi qu'il avoit été fait à Montpellier, non l'un de ceux de Montauban, afin d'effacer entièrement les vestiges de l'exercice de la religion prétendue réformée qui vient d'être aboli, mais tel autre qu'on voudra choisir dans la province, qui soit sans emploi.

J'ai fait publier l'arrêt du conseil qui défend aux ministres des

---

[1] Guillaume de Jassaud, seigneur de la Borde, Vernon et du Gué, conseiller en la grand'chambre du parlement de Paris, mort le 6 décembre 1718. Sa femme mourut sans enfants en 1699, et il se remaria; l'évêque de Mâcon dont elle avait hérité était Michel Colbert de Saint-Pouange, mort en 1676.

[2] La circulaire de Colbert aux intendants, pour les inviter à rechercher et à lui signaler les savants qui pourraient écrire l'histoire des provinces, est du 16 juin 1683. Elle a été publiée dans Depping, *Corresp. admin.* t. IV, p. 606. Foucault ne sut trouver personne pour remplir le vœu du ministre. « Mais, ajoute « M. Chéruel (*Hist. de l'admin. monarch.* « *en France*, t. II, p. 348), la savante con-« grégation des bénédictins de Saint-Maur « devait bientôt répondre à cet appel. »

églises interdites d'établir leur domicile plus près de six lieues desdites églises.

Le 7 juillet, j'ai mandé à M. de Châteauneuf que j'avois fait signifier l'avertissement pastoral du clergé au consistoire de l'Isle-Jourdain, et que, comme il n'y a que sept familles composées de vingt-cinq ou trente âmes, dans cette ville, religionnaires, et que l'on vient de six à sept lieues à la ronde les dimanches au prêche de ladite ville, le temple n'étant pas assez grand pour contenir tous ceux qui y viennent, j'étois d'avis de faire démolir ce temple, ceux du voisinage ayant été interdits.

J'ai été aussi d'avis d'admettre à Caussade les PP. récollets, n'y ayant que l'église paroissiale, et les religionnaires étant en plus grand nombre que les catholiques.

Au mois de juillet, le temple de Montauban a été démoli par arrêt du parlement de Toulouse, suivi d'un ordre du roi; les religionnaires ayant refusé de l'exécuter, cette démolition a été faite par les catholiques en sept heures de temps. Pendant cette démolition les boutiques ont été ouvertes, et les religionnaires n'ont marqué aucune inquiétude. Ce temple avoit été bâti en 1609; l'évêque envoyoit demander aux ministres par quelles rues il leur plaisoit que la procession passât le jour du Saint-Sacrement.

Les religionnaires de Montauban, depuis la démolition de leur temple, alloient à celui de Villemade, qui n'est qu'à un quart de lieue de Montauban. Il y a eu partage, entre le commissaire catholique et le religionnaire, sur la démolition de ce temple; j'ai mandé qu'il étoit à propos de le faire juger.

Le 9, j'ai fait signifier l'avertissement pastoral du clergé aux consistoires de Villemade et de Réalville, diocèse de Cahors.

Au mois de juillet 1683, j'avois 48,000 ## à la caisse des emprunts.

Au mois d'août, mon père a pensé à traiter pour moi, avec M. Pellot, de la charge de premier président de Rouen.

J'ai envoyé à M. de Seignelay vingt-quatre jeunes gentilshommes, pour servir en qualité de gardes dans la marine, le 9 août.

Le 9 août, j'ai mandé à M. Colbert que, s'il avoit agréable de m'envoyer les mémoires des négociations faites à Rome par le ministère de M. le cardinal d'Estrées, et dont MM. de Croissy et de Châteauneuf doivent avoir les mémoires, je lui ferois une relation exacte de ce qui s'est passé à Pamiers au sujet de l'affaire de la régale, en ayant ramassé les mémoires. Il ne me les a pas envoyés[1].

Le 10 août, je suis parti de Montauban avec le sieur de la Feuille, pour aller faire la visite de la rivière de Garonne, avec M. de Ris, intendant de Bordeaux, depuis Bordeaux jusqu'à Toulouse, pour voir les ouvrages qu'il faut faire pour rétrécir son lit dans les endroits où il est trop étendu, et la mettre en état de navigation pendant toute l'année.

Le 22 août, j'ai mandé à M. Colbert que je me suis rendu à Langon, près Bordeaux, où M. de Ris m'attendoit, et qu'avec le sieur de la Feuille nous sommes remontés par la rivière jusques à l'embouchure du canal de la communication des mers dans la Garonne, à une demi-lieue de Toulouse.

Le dernier jour d'août, nous avons fait célébrer dans l'église de Montauban un service solennel pour le repos de l'âme de la défunte reine[2].

J'ai proposé à plusieurs ministres d'accepter l'emploi de venir à Montauban pour y baptiser les enfans, mais ils l'ont refusé par deux raisons : la première, parce que l'arrêt qui leur permet de faire ces baptêmes ne leur donne pas la liberté de consoler les malades, et la seconde, qu'il leur donne un magistrat pour assister à ces baptêmes. J'avois même proposé aux habitans de la religion prétendue réformée de nommer eux-mêmes un ministre, ce qu'ils ont refusé aux conditions de l'arrêt du conseil. J'ai mandé à M. de Châteauneuf que je croyois qu'il étoit à propos que le roi leur nommât un ministre pour faire ces baptêmes, et que, faute par les religionnaires de faire

---

[1] Voyez, dans notre Appendice, la dépêche de Colbert à Foucault, du 19 août 1683, c'est la dernière qu'il lui ait écrite.

[2] La reine Marie-Thérèse d'Autriche était morte le 30 juillet.

baptiser leurs enfans par ce ministre, ils seroient portés à l'église pour y être baptisés. Ils les portoient à Villemade, et souvent les enfans mouroient en chemin. J'ai proposé au roi le sieur Bories, ancien ministre de la ville de Layrac; le roi l'a agréé, et il a été deux mois à Montauban sans baptiser un enfant, les pères ayant envoyé leurs enfans baptiser à Villemade. J'ai proposé de rendre un arrêt portant défenses aux ministres des lieux voisins de Montauban d'administrer le baptême aux enfans des religionnaires de Montauban, à peine d'interdiction de leur exercice.

Le 6 septembre, M. Colbert est décédé. Mon père et moi lui avions l'obligation de nos établissemens. Il a donné du relief à notre famille par les charges et les emplois qu'il nous a procurés. C'est le plus grand ministre pour les finances et la police du royaume qui ait jamais été.

M. Colbert est mort le 7 septembre[1], et M. Le Pelletier a été nommé contrôleur général le même jour.

J'ai fait mes complimens à MM. de Croissy, de Seignelay et Le Pelletier.

M. de Louvois a été nommé surintendant des bâtimens après la mort de M. Colbert, au mois de septembre. Je lui en ai fait mon compliment.

Le 8 septembre, j'ai reçu un arrêt du conseil pour faire remettre aux greffes des bailliages et sénéchaussées les registres des baptèmes, mariages et mortuaires des consistoires des lieux interdits.

Le 15 septembre, j'ai envoyé à M. de Seignelay cent quarante-trois jeunes gentilshommes pour gardes de la marine.

Le clergé a fait un avertissement pastoral aux religionnaires, qui a été signifié aux consistoires de mon département, dans le mois de septembre.

Au mois de septembre, j'ai établi un hôpital général à Cahors.

J'ai proposé au roi, de concert avec M. Le Jay, évêque de Cahors, de créer une chaire de mathématiques dans l'Université de Cahors,

[1] Foucault se trompe ici d'un jour; il vient de donner la date juste, qui est le 6.

et pour cet effet de supprimer les deux chaires des arts[1], ceux qui les professent n'entrant que trois ou quatre fois l'année, et n'ayant que peu d'écoliers, qui vont tous au collége des jésuites. J'ai même trouvé moyen d'engager ces deux professeurs des arts de se démettre volontairement de leurs chaires en faveur des PP. jésuites, en se réservant une partie de leurs gages et les honneurs attribués aux régences. Je leur en ai fait passer un acte.

Au mois de novembre, j'ai fait instituer une chaire de mathématiques dans le collége des jésuites de Cahors.

Le 11 novembre, j'ai proposé à M. Le Pelletier M. d'Hautesserre, conseiller en la cour des aides de Montauban, pour remplir la charge de procureur général de la même compagnie, vacante par la mort du sieur du Roc. L'agrément lui en a été accordé.

Au mois de novembre, les religionnaires des Cévennes ont tenté d'engager ceux de Montauban dans leur révolte, ce qu'ils ont refusé, nonobstant les sollicitations des nommés Caussade et Verdier, avocats séditieux. J'ai mandé à M. de Châteauneuf qu'il faudroit les reléguer.

Au mois de décembre, le roi a restreint le pouvoir accordé aux intendans de subdéléguer, tant en matière civile que criminelle. J'ai envoyé à M. de Châteauneuf un mémoire des inconvéniens de cette restriction. J'en ai envoyé autant à M. le chancelier.

Dans la fin de cette année, le roi a rendu des arrêts qui ont exclu du consulat les habitans de la religion prétendue réformée de plusieurs communautés où le consulat étoit mi-parti.

En 1683, j'ai fait planter un cours à Montauban et bâtir une porte de la ville.

1684.

Au commencement de janvier 1684, le roi ayant retiré M. du Bois, intendant de Béarn, dont tous les ordres de la province lui avoient fait des plaintes, Sa Majesté, par la protection de M. le chancelier Le Tellier, l'a envoyé à Montauban, et moi à Pau. M. du Bois a été le

[1] On nommait ainsi les cours de philosophie.

premier intendant en Béarn et n'en faisoit les fonctions que sur une lettre de cachet. M. de Croissy m'en a envoyé une pareille, qui m'ordonne simplement de passer en Béarn à la place de M. du Bois que Sa Majesté envoie à Montauban, pour exécuter par moi les arrêts du conseil et autres ordres qui me seront envoyés. Cette lettre est du 4 janvier 1684 et est accompagnée d'une lettre de M. de Croissy.

J'ai été proposé pour la charge de premier président de Bordeaux, vacante par la mort de M. d'Aulède; mais il falloit donner 200,000ᵗ de brevet de retenue, ce qui ne me convenoit pas.

Le 12 janvier 1684, j'ai écrit au roi pour l'assurer que je continuerai d'apporter la même application au bien de son service et au soulagement des peuples en Béarn comme j'ai fait à Montauban.

J'ai aussi écrit à M. Le Pelletier, à M. de Châteauneuf et à M. de Croissy[1], en réponse de l'avis qu'ils m'ont donné de ce changement d'emploi et des termes gracieux de leurs lettres.

J'ai encore écrit, le 19 janvier, à M. le duc de Grammont[2], pour lui demander sa bienveillance.

Le 19 janvier 1684, j'ai assisté au *Te Deum* chanté dans la cathédrale de Montauban pour la naissance de M. le duc d'Anjou[3].

Au même mois, j'ai reçu ordre de défendre aux carmes déchaussés de Cahors de reconnoître le P. Charles de Saint-Bruno pour général de leur ordre, attendu qu'il a été élu au préjudice de l'exclusion que le roi lui avoit donnée; à quoi il a été obéi.

Le 26 janvier, j'ai prié M. Le Pelletier de m'envoyer une commission de procureur du roi du domaine en Béarn, en faveur de M. d'Héricourt, dont je lui ai marqué le mérite et les services depuis dix-huit ans dans les affaires du domaine et des eaux et forêts en Languedoc et en haute Guyenne.

---

[1] Claude Le Pelletier, contrôleur général après la mort de Colbert; Balthazar Phélypeaux, marquis de Châteauneuf, et Charles Colbert, marquis de Torcy et de Croissy, secrétaire d'état.

[2] Antoine-Charles de Grammont avait succédé, en 1673, à son frère aîné dans le gouvernement de Navarre, Béarn et Saint-Jean-Pied-de-Port. Il devint duc de Grammont après la mort de son père en 1678, et mourut à Paris le 25 octobre 1720.

[3] Il était né le 19 décembre 1683.

Le 26 janvier, j'ai écrit à M. de Croissy pour demander au roi en ma faveur la même grâce qu'il avoit accordée à M. du Bois, qui est de loger dans le château de Pau.

Au mois de janvier 1684, M. le chancelier Le Tellier m'a envoyé un arrêt portant exemption en faveur des sujets du roi du pays de droit écrit de prendre des lettres de bénéfice d'âge et d'inventaire[1].

J'ai condamné le nommé Roquaire aux galères, au présidial de Cahors. Le roi lui a accordé des lettres de commutation de peine, à laquelle il a préféré de servir aux galères.

M. l'évêque de Lescar[2] s'étant fait députer de la province pour un sujet assez léger, et le roi en ayant été informé, M. Le Pelletier m'a écrit par ordre de Sa Majesté, le .. février 1684, de lui dire que le roi n'approuvoit pas cette députation; mais il étoit parti, lorsque j'ai reçu cet ordre, il y avoit quinze jours, et je l'ai mandé à M. Le Pelletier.

M. du Bois-Baillet étant arrivé le 9 février à Montauban, nous nous sommes instruits réciproquement de l'état des affaires des deux départemens. J'ai demandé à M. le chancelier de faire agréer au roi que j'occupasse dans le château de Pau l'appartement où logeoit M. du Bois, ce qui m'a été accordé.

Je suis arrivé à Pau le 1ᵉʳ mars.

J'ai été logé dans le château de Pau, meublé des meubles de la couronne.

M. de la Vie, premier président de Pau, avoit été relégué à Fontenay en bas Poitou, l'année précédente, pour malversations commises dans la fonction de sa charge, et surtout pour avoir pris des présens qui étoient des contributions[3]. Il m'a écrit de Fontenay,

---

[1] On appelait ainsi des lettres royaux de petite chancellerie nécessaires dans les pays coutumiers pour l'émancipation des mineurs et pour l'acceptation des successions sous bénéfice d'inventaire. Les pays de droit écrit avaient toujours prétendu être exempts de l'obligation d'en prendre, et l'arrêt dont il est question ici ne fit que leur reconnaître ce droit, que des édits bursaux avaient tenté de leur enlever.

[2] Dominique Desclaux de Mesplées.

[3] C'est-à-dire des cotisations faites pour le gagner.

à mon arrivée à Pau, une lettre d'honnêtetés à laquelle j'ai répondu.

J'avois mandé à M. Le Pelletier que j'aurois besoin d'un arrêt général qui me subrogeât à M. du Bois-Baillet pour juger toutes les affaires qu'il avoit instruites jusques à son départ. Il m'a seulement envoyé, le 6 mars, deux arrêts, l'un pour achever la réformation du domaine et le papier terrier, et l'autre pour la vérification des dettes des communautés; et, à l'égard des autres affaires, il m'a mandé qu'il m'enverroit un arrêt particulier pour chaque affaire.

Le 9 mars 1684, j'ai donné avis à M. de Croissy de mon arrivée à Pau, où je n'avois trouvé aucun arrêt du conseil ni ordre du roi pour travailler aux affaires de la province.

Le 15 mars, M. Le Pelletier m'a envoyé deux arrêts du conseil, l'un pour achever la réformation du domaine de Béarn et le papier terrier, et l'autre pour la vérification des dettes des communautés.

Je lui ai demandé un arrêt général qui me subrogeât à toutes les affaires particulières dont M. du Bois a connu.

Il m'a accordé M. d'Héricourt pour procureur du roi de ses commissions.

La connoissance des affaires de la religion en Béarn a été interdite au parlement de Pau par l'édit du mois d'avril 1668, et a été renvoyée, par le règlement du conseil du 15 septembre 1670, à M. le comte de Guiche, lors gouverneur du Béarn, et à M. d'Aguesseau, intendant de Bordeaux; l'article 8 de ce règlement portant que, par provision, le sieur comte [de] Guiche connoîtra de toutes les contestations qui naîtront sur l'exécution dudit édit du mois d'avril 1670[2]. pour icelles juger par provision seulement, et pour le définitif conjointement avec ledit sieur d'Aguesseau; et comme je n'avois aucune commission pour connoître de ces sortes d'affaires, et que M. le duc de Grammont avoit établi un subdélégué à Pau pour les juger, j'ai mandé à M. de Croissy que je ne croyois pas convenable que, Sa Majesté ayant un commissaire dans la province, les affaires fussent

[1] Erreur, pour 1668.

traitées devant un commissaire de M. de Grammont; que j'attendois sur cela les ordres du roi.

Je me suis rendu assidu au parlement de Pau[1] pour examiner les abus qui s'y commettoient dans l'administration de la justice, dont j'ai donné avis dans la suite à M. le chancelier.

Le 15 mars, j'ai envoyé à M. le chancelier un règlement qui a été fait au parlement sur plusieurs chefs, dont le plus important va à décharger l'audience des défauts que l'on avoit accoutumé d'y prendre, ce qui consommoit la plus grande partie du temps destiné aux affaires contradictoires; il a été arrêté que ces défauts seront pris au greffe, suivant le titre V de l'ordonnance de 1667[2].

Au mois de mars 1684, M. le maréchal de Bellefonds me manda que le roi avoit résolu de faire faire une algarade[3] aux Espagnols, et me pria de lui amener le plus grand nombre de gentilshommes du Béarn que je pourrois.

Le 22 mars 1684, j'ai rendu compte à M. de Louvois de l'expédition que M. le maréchal de Bellefonds a faite à Roncevaux, où il a marché avec deux mille hommes par ordre du roi, qui lui avoit mandé d'aller faire une algarade aux Espagnols. M. le maréchal m'en donna avis et me pria de lui mener le plus de gentilshommes que je pourrois rassembler. Je lui en menai deux cents de Béarn et de Navarre. Nous allâmes la veille reconnoître les chemins. Nous côtoyâmes les montagnes pendant une heure de chemin et ne trouvâmes que très-peu de neige. Nous passâmes dans des villages où tout étoit fort tranquille. On nous fit boire du vin de Péralte, qui est excellent et qui se conserve dans des vaisseaux de bois de cerisier.

M. le maréchal chargea un gentilhomme de pousser plus avant sur la route de Roncevaux, pour voir si les neiges trop hautes n'a-

---

[1] Le parlement de Pau fut constitué par la fusion des deux conseils souverains de Pau pour le Béarn, et de Saint-Palais pour la Navarre, lors de la réunion définitive du Béarn à la couronne, en octobre 1620.

[2] Article 3 du titre cité.

[3] De l'espagnol *algara*, *algarada*, venant de l'arabe *al-gârah*, qui signifie une course, une incursion sur le territoire ennemi. (*Dict. ar. lat.* de G.-G. Freytag. t. III, p. 301.)

voient point rendu le chemin impraticable; mais il se contenta de faire une demi-lieue et revint dire à M. le maréchal qu'il n'avoit point trouvé de neige, et que le chemin jusques à Roncevaux étoit très-praticable, qu'il n'avoit trouvé ni troupes réglées ni milices sur la montagne. Cependant, étant partie le lendemain de Saint-Jean-Pied-de-Port à quatre heures du matin, notre petite troupe n'arriva qu'à dix heures du soir, ayant trouvé trois pieds de neige à deux lieues de Roncevaux. J'y arrivai le premier par un accident : je montois un cheval d'Espagne fort vigoureux et qui souffroit impatiemment la neige qu'il avoit jusques au ventre, et je craignois, par les efforts qu'il faisoit pour en sortir, qu'il ne se jetât dans le précipice qui étoit sur notre droite, car nous étions fort serrés par la montagne sur la gauche, le chemin n'ayant pas plus de quatre pieds de large. Je jugeai donc à propos de descendre de cheval; et je n'eus pas plus tôt mis pied à terre que le cheval, sans hésiter, se jeta dans le penchant du précipice et descendit jusques au fond, en sorte que je fus obligé de faire à pied une lieue de chemin dans la neige. Il y avoit vingt soldats commandés pour ranger la neige et faciliter le chemin. J'avançai jusques à eux pour les faire diligenter, et il ne nous parut sur les hauteurs que quelques pelotons de paysans armés de fusils, qui auroient pu, s'ils avoient osé, nous disputer le passage; mais ils se contentèrent d'être spectateurs de notre marche. Vingt hommes auroient pu nous empêcher de passer. Le plus grand obstacle qui s'y trouva fut M. de la Valade, lieutenant du roi de Navarrenx, qui, étant d'une prodigieuse grosseur et hors d'état de se donner de lui-même et sans aide aucun mouvement, avoit cru de son honneur d'être du voyage, quoi que M. le maréchal et tous ses amis eussent pu lui dire; il s'étoit fait porter par des Suisses de la garnison de Navarrenx qui se relayoient, et, comme ils alloient très-doucement et faisoient de temps en temps des pauses, cela retarda notre marche, et on le fit partir au retour deux heures avant le jour pour éviter un pareil inconvénient.

Les états de Navarre, qu'ils appellent junte, étoient assemblés à Pampelune, à six petites lieues de Roncevaux, dont ils nous envoyèrent offrir les clefs. Mais M. le maréchal de Bellefonds n'avoit pas ordre de faire cette conquête, et nous n'avions d'ailleurs que deux mille hommes de troupes, et il y avoit plus de dix mille habitans dans Pampelune; ainsi on se contenta de les assurer de l'affection que le roi avoit pour eux.

J'arrivai le premier à Roncevaux, où je trouvai les religieux de l'abbaye qui sortoient de l'église où ils avoient été remercier Dieu de ce que les François n'avoient pu passer à Roncevaux; ils furent donc dans une grande surprise de nous voir. Je leur fis entendre en latin que nous venions les visiter, par ordre du roi, comme ses sujets, et pour leur offrir toute protection; qu'ils avoient pour fondateur un roi de France et qu'ils n'avoient aucun sujet de rien appréhender de notre venue. Ils se rassurèrent donc et donnèrent ordre, autant que la précipitation de notre arrivée le put permettre, à la réception de M. le maréchal et à notre logement. M. de Bellefonds étant arrivé leur confirma ce que je leur avois dit. Il trouva un mauvais souper, préparé chez le prieur où il étoit logé, de volaille étique et qui venoit d'être tuée, avec un assaisonnement d'ail et de safran, dont personne ne mangea. Heureusement j'avois fait charger sur des mulets des pâtés, langues et bonne provision de viandes froides, qui vinrent fort à propos et qui furent bientôt expédiées; mais ce qui parut le plus extraordinaire et, en même temps, le plus agréable, c'est que nous fûmes servis à table par une demi-douzaine de très-belles filles, qui s'acquittèrent de très-bonne grâce de leur emploi. Je logeai chez le sous-prieur, chez lequel je vis une très-jolie fille qui disparut un moment après que je fus arrivé. Ce bon sous-prieur fit garde toute la nuit à la porte de la chambre où je couchois, qui étoit la sienne et où apparemment il avoit son trésor.

Le lendemain matin nous entendîmes la messe dans l'église de l'abbaye, où l'on nous fit voir les armes de Roland et la chaîne qui a donné lieu aux armoiries de Navarre, et nous partîmes de Roncevaux à sept heures du matin. Une partie de nos régimens avoit couché à un bourg appelé Bourguet. Tout revint en bon ordre par un autre chemin, où nous ne trouvâmes pas de neige. Tous les soldats étoient chargés de jambons et de barricots de vin que leurs hôtes leur avoient donnés, car c'est le pays des jambons, et je ne reçus aucune plainte d'exactions des soldats.

J'ai mandé à M. de Louvois cette expédition pour en rendre compte au roi et assurer Sa Majesté du zèle de ses sujets, et de la bonne volonté de ceux de la Navarre espagnole de rentrer sous son obéissance, comme à leur prince légitime, successeur de Charlemagne, leur fondateur. J'ai envoyé à M. de Louvois les noms des gentilshommes de Béarn et de Navarre qui ont suivi M. de Bellefonds.

Cette algarade n'a eu aucun retour de la part des Espagnols. J'ai cependant ordonné aux milices de notre frontière de se tenir sur leurs gardes, et ai recommandé au commandant de Saint-Jean-Pied-de-Port d'observer les démarches des Espagnols et de m'en donner avis.

Il est vrai qu'un mois après notre expédition, j'ai eu avis que trois cents hommes de troupes réglées gardoient les passages de la haute Navarre et qu'ils ont......[1]

Au mois de mars 1684, la chambre des comptes de Pau ayant fait saisir les revenus de M. l'évêque d'Oloron, faute d'avoir rendu sa foi et hommage des terres qu'il possède dans la mouvance du roi, elle s'est plainte à M. le chancelier des menaces faites à son huissier de le battre en faisant cette saisie. M. d'Oloron s'est plaint de sa part du mépris que la chambre des comptes marquoit en toute rencontre avoir pour lui et des injustices qu'elle lui faisoit. M. le chancelier m'a renvoyé leurs lettres pour les accommoder, ce qu'il ne m'a pas été difficile de faire à mon avénement dans la province, où cet évêque étoit peu considéré.

Le 22 avril 1684, j'ai mandé à M. le chancelier qu'ayant été très-souvent au parlement depuis mon arrivée dans la province, j'avois trouvé qu'il y avoit trois bureaux, à deux desquels on travailloit aux affaires civiles, et au troisième aux affaires criminelles; qu'il n'y a qu'un seul président, qui est M. de Gassion, qui préside aux au-

---

[1] Le reste de l'alinéa manque dans le manuscrit.

diences et au premier bureau, ce qui m'empêche d'aller au deuxième et à la Tournelle[1]; que de quatre présidens créés pour le parlement, M. de la Vie, premier président, est relégué; M. de Marca est hors d'état de présider et est retiré à la campagne; M. Desquile, le dernier, n'a que trente ans et ne peut présider de dix ans; que ce défaut de présidens causoit un préjudice notable au bien de la justice; s'il arrivoit même que M. de Gassion tombât malade, le parlement se trouveroit sans président, et je me trouverois hors d'état d'aller au palais; que les deux bureaux où je ne puis aller ont autant de besoin d'être éclairés que le premier.

Je l'ai assuré que je donnerois tous mes soins pour établir la discipline dans l'intérieur de la compagnie; que j'avois fait en sorte que les officiers du parlement obligent leurs enfans de fréquenter le barreau pour se rendre capables de succéder aux charges de leurs pères;

Qu'à l'égard de la distribution de la justice, les usages de la procédure sont extraordinaires et abusifs; que les plus sensés des officiers conviennent qu'il est de l'avantage des peuples et de l'intérêt même du parlement de recevoir l'ordonnance de 1667; que les états la demanderont;

Qu'il y a encore un grand bien à établir dans la province, c'est d'établir une jurisprudence fixe sur les matières du fond, ayant trouvé dans plusieurs affaires, au jugement desquelles j'ai assisté, qu'il y a des arrêts de préjugé pour et contre, et que jusqu'à présent il n'y a eu aucune certitude ni maxime dans les arrêts de ce parlement; que

---

[1] On appelait *bureaux* dans les anciens parlements les séances secrètes dans lesquelles les conseillers réunis entendaient les rapports et délibéraient sur les affaires. Pourquoi l'intendant, qui avait entrée au parlement comme maître des requêtes, ne pouvait-il pénétrer dans les bureaux qui n'avaient pas de président? On peut supposer qu'il en était empêché par une question de préséance : étant, en vertu de son titre de maître des requêtes, membre du parlement de Paris, et par conséquent supérieur aux conseillers du parlement de Pau, l'intendant ne consentait pas à se trouver sous la présidence d'un simple doyen pris parmi les conseillers de ce dernier parlement.

l'on pourroit faire une assemblée de cinq ou six officiers des plus éclairés et mieux intentionnés de la compagnie, et de quelques personnes intelligentes du corps des états, avec lesquels je pourrois travailler à dresser des mémoires pour faire un bon règlement, tous les ordres de la province le désirant.

Je lui ai aussi mandé qu'il n'y avoit point eu encore d'occasion d'exécuter le règlement pour les requêtes civiles, concernant le titre XXXV de l'ordonnance de 1667, n'y en ayant encore eu aucune de présentée depuis qu'il a été envoyé; ce règlement étoit bien nécessaire, et devoit diminuer le nombre des affaires qui étoient jugées deux fois au parlement.

M. le chancelier a répondu à cette lettre que ce que je lui mandois au sujet du manque de présidens et de la variété de la jurisprudence dans les jugemens étoit à considérer; qu'il faudroit que je prisse des mesures pour faire entrer les états dans cette affaire, et faire tenir des conférences avec moi et aucuns des anciens du parlement.

J'ai reçu un ordre du roi, du 21 avril 1684, sur ce qu'au préjudice du passe-port que le comte de Melgar a donné au marquis de la Meilleraye, il l'avoit fait arrêter prisonnier dans le Milanez. Sa Majesté m'ordonne de faire arrêter tous les sujets du roi d'Espagne qui passeront dans l'étendue de mon département, sans avoir aucun égard aux passe-ports qu'ils pourroient avoir de Sa Majesté, et que je lui en donne aussitôt avis; et depuis cette lettre j'en ai reçu une autre du 16 mai 1684, portant exception des courriers qui seront dépêchés par l'empereur au comte de Mansfeld, son ambassadeur à la cour d'Espagne, et qui seront munis de passe-ports ou de billets de M. le marquis de Louvois.

M. Le Pelletier m'a envoyé, au mois d'avril, un arrêt du conseil pour vérifier et mettre en ordre les titres qui sont dans les archives de la Chambre des comptes de Pau, et pour obliger les particuliers qui en ont en leur possession de les rapporter au garde desdites archives. Il m'avoit auparavant envoyé le projet de cet arrêt pour avoir mon avis sur ses dispositions; j'avois aussi estimé nécessaire de régler la forme de la présentation et apurement des comptes, comme aussi celle de la réception des foi et hommage, aveux et dénombremens.

J'avois proposé à M. Le Pelletier, par ma lettre du 6 avril 1684, de faire payer au sieur d'Héricourt, procureur du roi du domaine, une somme de 1,200 ## ou de 1,000 ##, pour rétribution de son travail, sur le fonds de lods et ventes¹ de deux terres vendues depuis peu et qui sont dans la mouvance, pour soulager les finances du roi; mais il m'a répondu que le roi accordera volontiers une gratification au sieur d'Héricourt en considération de ses services, mais que son intention n'est pas d'assigner ces sortes de gratifications sur les droits de lods et ventes qui lui appartiennent, et dont elle peut gratifier ceux que bon lui semble, et il m'a envoyé, le 29 mai, une ordonnance de 1,000 ## pour ledit sieur d'Héricourt, sur le domaine de Béarn.

Au mois d'avril 1684, mon père m'a invité de venir à Paris, voulant faire le partage de ses biens entre ses enfans.

Le 17 mai 1684, je suis venu à Pontacq avec M. l'évêque de Tarbes, pour travailler aux conversions; il y en avoit encore pour lors cinq cents; nous en avons, en deux jours, converti une centaine.

Au mois de mai, j'ai fait créer un vice-bailli pour servir dans le ressort du parlement de Navarre.

Au mois de mai, mon père a congédié le sieur Brossart, précepteur de mon fils², et a mis mon fils chez du Catel, qui tient des enfans en pension dans le faubourg Saint-Antoine.

Au mois de mai 1684, M. de Croissy, secrétaire d'état des affaires étrangères, m'a proposé au roi pour l'ambassade de Constantinople, mais le roi lui a dit que je serois plus utile à son service, dans la conjoncture des affaires de la religion, en France qu'à Constantinople.

---

¹ *Jus ratæ emptionis.* Les lods (*laudes*) étaient, en droit féodal, une redevance que le vassal payait au seigneur pour lui faire agréer l'aliénation d'un fonds qui était dans sa mouvance. Les lods et ventes sont devenus aujourd'hui les droits de mutation.

² Il y a ici un double emploi probable avec erreur de date. Foucault a déjà placé le même fait en décembre 1682.

M. le chancelier m'ayant particulièrement recommandé de réformer les abus qui se commettoient dans le parlement de Pau, dans la distribution de la justice, et d'empêcher les injustices et la corruption, je lui ai rendu compte de tout ce que j'y ai remarqué. Il a renvoyé mes lettres à M. Pussort[1], pour en faire rapport au roi; et comme j'avois mandé à M. le chancelier que M. de Cazaux, procureur général, avoit enlevé la femme d'un avocat, qu'il tenoit chez lui, sans que les plaintes du mari aient pu l'obliger à la lui rendre, ma lettre a été au roi par M. Pussort. Le roi et M. le chancelier étoient d'avis de lui enjoindre de se défaire de sa charge, et ce pendant interdit; mais M. Pussort représenta que cet avis lui paroissoit trop fort, que, dans un pays éloigné comme le Béarn, il falloit tâcher de ramener les esprits par des menaces avant que de frapper le coup. On revint aux opinions et il passa à l'avis de M. Pussort, et l'arrêt.....

Le 1er juin 1684, j'ai écrit à M. le chancelier que, quoique par le règlement du 28 février 1682 il soit porté que les informations et autres pièces secrètes des procès criminels seront portées au greffe du parlement, je n'ai pu obliger jusqu'à présent M. le procureur général à y satisfaire; qu'il refuse d'y remettre les informations qui lui sont envoyées par les procureurs du roi des parsans[2], qui sont des

---

[1] Henry Pussort, mort en 1697, doyen du conseil d'état et conseiller au conseil royal des finances, était, dit Saint-Simon, « frère de la mère de M. Colbert, et le dic-« tateur de toute cette puissante famille. »

[2] Cantons de Béarn. Nous devons à l'obligeance d'un savant distingué, M. Bascle de Lagrèze, conseiller à la cour impériale de Pau et correspondant du ministère de l'instruction publique et des cultes, de curieux renseignements sur ce sujet très-peu connu. Nous les reproduisons ici :

« Les historiens de Béarn ne se sont « pas donné la peine d'expliquer le mot « de *parsans*, et les auteurs étrangers, en « recherchant son origine, sont tombés « dans d'étranges bévues. Ainsi Davity, « dans son Histoire des peuples du monde, « a dit, en parlant des Béarnais, que « ce « peuple descend des Persans, et qu'il « reste encore des capitaines qu'ils ap-« pellent Persans. »

« Le mot *parsan*, en béarnais *parsau*, « dérive du latin *pars*. Le Béarn était an-« ciennement divisé en parsans ou cantons. « Cette division était civile, financière, « militaire, et le nombre des parsans va-« riait selon la division.

« 1° Les parsans civils étaient au nombre « de treize. Chacun avait un *procureur du* « *parsan* chargé d'informer d'office ou à la « réquisition des parties et de remettre les

officiers établis au nombre de treize dans le Béarn, divisé en autant de cantons, pour faire les informations, et qui sont obligés de les envoyer au procureur général pour être décrétées, sous prétexte qu'avant l'ordonnance de 1667 et le règlement de 1682 il étoit de l'usage de les garder au parquet et d'y donner des conclusions sans ordonnance de *soit montré*, quoique ce règlement déroge à tous usages contraires, de sorte qu'il est au pouvoir du procureur général, homme très-peu appliqué aux fonctions de sa charge et auprès duquel les sollicitations sont toutes-puissantes. Je l'ai exhorté plusieurs fois, sans me commettre avec lui, de se conformer à ce règlement, et, comme je vois qu'il ne tient compte de mes remontrances, j'en ai donné avis à M. le chancelier, afin qu'il l'oblige à exécuter ce règlement. Ces procureurs du roi des parsans n'envoient ordinairement que les informations où il y a des parties instigantes, et tirent souvent de l'argent de celles qu'ils font d'office sans partie civile et qu'ils suppriment.

M. le chancelier m'a envoyé, le dernier juin 1684, un arrêt du conseil qui oblige le procureur général du parlement de remettre au greffe les informations qu'il retenoit, avec une lettre qui l'accompagnoit. Je lui ai fait signifier l'arrêt et remis la lettre, et sur-le-champ il a fait venir le greffier au parquet pour dresser un inventaire desdites informations, qui se sont trouvées en grand nombre, pour les en tirer et s'en charger.

J'ai écrit une autre lettre à M. le chancelier, le 8 juin 1684, que

« informations au parlement. Leurs sièges étaient à Sauvestre, Monein, Oloron, Aspe, Salies, Ossau, Montaner, Sauveterre, Pau, Vicbilh, Orthez, Nay et Navarrenx.

« 2° Le nombre des parsans pour la finance était de six, savoir : Vicbilh, Orthez et Sauveterre, Oloron, Pau et Navarrenx. Chaque parsan financier avait un receveur de tailles, qui percevait les deniers de la donation faite au roi.

« 3° Les parsans militaires étaient au nombre de trente. Ils fournissaient chacun une compagnie de milice. Ces trente compagnies étaient commandées par autant de capitaines, qu'on appelait *capitaines des parsans*. La réunion de ces compagnies formait le régiment des *bandes béarnaises*, fort de trois bataillons de dix compagnies chacun ; savoir : celui de Morlanne, celui d'Orthez et celui d'Oloron. »

le plus grand obstacle que je trouvois aux mouvemens que je me donnois, pour établir une bonne discipline dans le parlement, venoit de M. le procureur général, qui entretient le désordre dans le palais, où il ne venoit que pour troubler les bureaux dans la visite des procès, passant continuellement d'une chambre à l'autre sans y être appelé, et seulement pour distraire les juges en leur tenant des discours frivoles et leur donnant du tabac, ou pour solliciter des affaires dans lesquelles ses parens ou ses amis ont intérêt; que je lui avois plusieurs fois remontré qu'il ne doit entrer dans les bureaux que pour voir si les juges sont assidus à leurs charges, lorsqu'il a des remontrances à faire ou lorsqu'il y est mandé; mais tous mes avis ont été inutiles; qu'il abandonnoit la poursuite des affaires criminelles où il n'y a point de partie, laissoit des années entières des accusés dans les prisons sans instruire leur procès; qu'il avoit un clerc de la religion prétendue réformée dont il n'a jamais voulu se défaire, quelques instances qu'on lui ait faites, et qu'il continuoit de mener une vie scandaleuse avec la fille d'un avocat.

J'ai aussi mandé à M. le chancelier qu'il se présentoit beaucoup d'affaires, concernant les contraventions aux édits et règlemens faits au sujet de la religion prétendue réformée, pour lesquelles les parties se pourvoient devant moi; mais que, comme je n'avois aucune commission pour connoître de cette nature d'affaires, dont la connoissance avoit été renvoyée, par arrêt du conseil du 15 février 1670, à défunt de M. le comte de Guiche, lors gouverneur du Béarn, et à M. d'Aguesseau, qui en étoit intendant, pour les juger conjointement, je le suppliois de me marquer la conduite que je devois tenir à cet égard avec M. le duc de Grammont, qui a succédé à M. le comte de Guiche et qui a nommé ici un subdélégué pour connoître des affaires de la religion.

Le 17 juin 1684, M. le chancelier m'a envoyé la copie d'une [lettre] qu'il écrivoit à M. de Cazaux, par laquelle il lui mandoit que, s'il ne satisfait au règlement concernant la remise des informations au greffe, il sera interdit; que, s'il ne met hors de chez lui son clerc religionnaire et n'en prenne un catholique, dans vingt-quatre heures du jour de la réception de cette lettre qu'il m'adresse pour la lui remettre, Sa Majesté le destituera de sa charge. M. le chancelier ajoute qu'il a appris qu'il laisse des années entières des prisonniers dans les prisons sans faire aucune diligence pour terminer leurs procès, ce qui a fort déplu à Sa Majesté; qu'il voit l'intérêt qu'il a de changer de conduite.

L'arrêt me fut envoyé, portant qu'il remettroit au greffe des procès criminels qu'il retenoit depuis longtemps sans en poursuivre l'instruction, qu'il congédieroit son secrétaire; mais M. le chancelier y ajouta une lettre, comme je l'avois seulement proposé, qui le menaçoit de le faire punir sévèrement si, dans le mois, il ne se défaisoit de cette fille, Sa Majesté ayant fort à cœur l'amendement ou le châtiment de cet officier.

Il arriva dans ce temps un fait singulier à l'occasion de la fille d'un avocat. M. l'évêque de Lescar, homme aussi extraordinaire que le procureur général, tantôt vivoit en intelligence avec lui et tantôt ils étoient brouillés. M. de Lescar me vint trouver un jour pour me faire part d'un dessein qu'il avoit, et me demander mon avis sur son exécution. Il me dit qu'il y avoit [longtemps?] que sa conscience lui reprochoit sa condescendance pour le procureur général, sur la vie scandaleuse qu'il menoit, n'ayant pu l'obliger à mettre hors de chez lui la fille d'un avocat qu'il entretenoit; qu'il étoit résolu, avant que d'en venir aux monitions canoniques, d'avoir recours au parlement, et de demander l'assemblée des chambres pour se disculper envers la compagnie, s'il étoit obligé d'agir par les voies canoniques. Je crus donc devoir profiter de la conjoncture de leur brouillerie pour le bien de la justice et de l'ordre, et approuvai la résolution de M. de Lescar, en lui disant qu'il ne pouvoit trop tôt la mettre à exécution.

Les chambres s'étant assemblées deux jours après, M. de Lescar adressa la parole, moi présent, à M. de Cazaux, et, autant peut-être pour le mortifier que pour le corriger, lui fit un narré de tous les désordres de sa vie, et conclut par supplier la compagnie de trouver bon qu'en cas que M. de Cazaux ne rendît pas cette fille à son père, il se servit des voies canoniques dont l'Église se sert contre les adultères publics.

M. de Cazaux, après avoir entendu patiemment et paisiblement M. de Lescar, se leva en pied, et, après l'avoir remercié des égards qu'il avoit eus pour lui et de ses prudens et charitables avis, il lui promettoit de renvoyer cette fille à son père, pourvu qu'il s'engageât par serment, devant la compagnie, de ne la point prendre pour lui.

Cette réponse excita l'indignation des graves magistrats et la risée de la jeunesse. Ainsi finit cette scène à Pau, mais elle eut [du retentissement] à la cour, car, l'ayant mandé à M. le chancelier, il en fit rire le roi, mais en même temps il y eut un ordre expédié, portant que M. de Cazaux viendroit rendre compte au roi de ses actions.

Cet ordre a produit un grand bien dans le parlement, où chacun s'est observé. Le changement que j'ai remarqué dans la conduite des officiers a répondu à mon attente.

Le 18 juin, j'ai mandé à M. le chancelier que la décence des habits s'observoit présentement dans le parlement de Pau, et que la discipline s'y rétablissoit.

Le sieur de Brossé, avocat général, ayant refusé de se charger, sur le registre du greffier, des informations et procès criminels, suivant l'ordonnance de 1670, sous prétexte que cela ne se pratiquoit point à Pau, j'en ai averti M. le chancelier le 22 juin.

Le 23 juin, M. Pussort m'a écrit qu'il étoit persuadé que l'on devoit à mes soins et à ma bonne conduite l'esprit de réformation que commençoient de prendre les officiers du parlement de Pau, et de ce qu'ils se relâchoient de l'opiniâtreté qu'ils avoient toujours témoignée pour conserver leurs anciens usages, quoique vicieux ; que, sur le rapport qu'il avoit fait au roi de mes lettres que M. le chancelier lui avoit renvoyées, il y avoit eu des ordres expédiés contre M. de Cazaux ; que M. le chancelier lui avoit marqué être fort satisfait de ma manière d'agir.

Depuis ce temps les états et le parlement ont offert de recevoir l'ordonnance de 1667, sur ce que je leur ai plusieurs fois représenté que c'étoit leur intérêt, parce qu'ils en exécutoient déjà une partie au moyen des déclarations particulières qu'on leur avoit envoyées, portant abrogation de plusieurs de leurs usages, et qu'étant, par ce moyen, obligés de la recevoir par parcelles, ils auroient plus tôt fait et feroient mieux leur cour de la recevoir en son entier; que c'étoit même le moyen d'obtenir de Sa Majesté des modifications convenables à la situation du pays et à l'état des justiciables.

Le 22 juin 1684, j'ai mandé à M. le chancelier que le parlement de Pau refusoit d'enregistrer le cahier des états, suivant la coutume, parce que le nouveau syndic refusoit d'y faire enregistrer l'acte de sa nomination et de prêter le serment au parlement, n'y ayant point de règlement qui l'y oblige; que, comme je voyois que ces prétentions respectives alloient donner lieu à des députations, je m'étois chargé, du consentement des parties, de lui proposer d'écrire au procureur général du parlement et au syndic des états de me remettre les titres de leurs prétentions, pour en dresser procès-verbal et [le] lui envoyer avec mon avis.

Le 23 juin 1684, M. le chancelier m'a mandé de tenir la main à l'exécution des arrêts qui condamnent à l'amende les sergens qui s'ingèrent de signifier des arrêts, même du conseil, sans être scellés; que les hoquetons servans près les intendans ne doivent pas non plus le faire; qu'outre la règle, l'honneur du sceau y est intéressé.

Le 18 juin 1684, j'ai mandé à M. le chancelier que, les habitans du Béarn de la religion prétendue réformée étant exclus de toutes charges et emplois, ceux qui n'élèvent pas leurs enfans aux armes et au commerce les font étudier en droit, et les envoient à Pau pour y être reçus avocats et en faire la fonction, en sorte que, d'environ deux cents avocats qui composent le barreau de ce parlement, il y en avoit au moins cent cinquante de la religion prétendue réformée, et même c'étoient les plus employés, et que, comme il s'en présentoit tous les jours pour être reçus, j'avois empêché qu'ils ne l'aient été jusqu'à ce que je fusse informé des intentions du roi sur ce sujet; qu'il sembloit convenable que les avocats catholiques fussent plus forts, au moins du tiers en nombre, que ceux de la religion prétendue réformée; que j'attendrois sur cela ses ordres, et que cependant je continuerois de faire surseoir à la réception de ceux qui se présenteroient.

Par la même lettre, je lui ai mandé que la déclaration concernant la décence des habits des magistrats s'observoit exactement dans le parlement de Pau, et que le bon ordre s'y établissoit insensiblement.

Ma femme est accouchée à quatre heures et demie du soir, à Pau, dans le château, le 20 juin, d'une fille qui a été nommée Henriette. Elle est née dans le lit où est né le roi Henri IV. Elle a été élevée dans son berceau, que madame de ..... petite-fille de sa nourrice, nous avoit prêté. Elle a été tenue sur les fonts par deux pauvres.

Au mois de juin, la charge de premier président de Rouen ayant vaqué par la mort de M. Pellot, mon père a désiré que je la demandasse, mais elle a été donnée à M. de Ris.

Le 6 juillet, j'ai envoyé à M. Le Pelletier le procès-verbal que M. de Ris et moi avons fait de la rivière de Garonne jusqu'à son embouchure dans le canal de communication des mers. La plus grande affaire étoit depuis Agen jusqu'à l'embouchure dudit canal, le lit de ladite rivière étant fort plat et fort large dans toute cette étendue, et changeant toutes les années de lit, ce qui étoit difficile à guérir; car, depuis Agen jusqu'à Langon, les eaux des rivières de l'Aveyron, du Tarn, de la Baise, du Lot, et de plusieurs autres petites rivières et ruisseaux qui se jettent dans la Garonne, depuis et même au-dessus de Moissac, la grossissent et la rendent navigable dans les plus basses eaux.

Le 6 juillet 1684, M. le chancelier m'a mandé que, depuis que je suis en Béarn, on commence à s'apercevoir que les choses qui regardent la justice y prennent un bon chemin, par ma patience et mon application; cependant qu'il recevoit des lettres des gens du roi, par lesquelles ils se plaignent que je ne les traite pas avec assez d'honnêteté et que je me déclare contre eux; que je dois éviter de me commettre personnellement avec eux, et que je me contente, après leur avoir fait connoître honnêtement leurs défauts, de l'avertir s'ils ne se corrigent pas, et qu'il y sera incessamment pourvu.

J'ai répondu à M. le chancelier, le 16 juillet, que j'ai, suivant la règle qu'il m'a prescrite, évité de me commettre personnellement avec les officiers du parlement, lorsque je leur ai représenté ce qui étoit de leur devoir; que j'ai commencé par les officiers du parquet, parce que j'ai reconnu que le mauvais exemple qu'ils donnoient étoit en partie cause du peu de discipline qui s'observoit dans la compagnie; mais ces officiers souffrent impatiemment et prennent à injure qu'on relève leurs manquemens. Je l'ai fait avec tout le ménagement, et, si j'avois manqué de civilité pour eux, ils ne viendroient pas manger, comme ils font très-souvent, chez moi, par où l'on peut juger du caractère des esprits du pays.

A l'égard du sieur de Cazaux, il m'avoit mandé que le roi a été informé de sa vie scandaleuse; qu'il entretenoit une fille depuis long-temps au vu de toute la province, quoiqu'il ait fait en dernier lieu ses pâques, qui sont les seules qu'il ait faites depuis vingt ans; que le roi lui avoit ordonné de me mander que si, dans tout le mois de juillet, Sa Majesté n'apprenoit qu'il ait quitté cette fille, non-seulement il l'abandonneroit à son évêque, pour procéder contre lui par les censures prescrites par les canons, mais encore que Sa Majesté le fera punir sévèrement; qu'afin qu'il ne puisse prétendre cause d'ignorance des intentions du roi, qu'il faut que je lui fasse voir cette lettre; que j'aie à l'informer de ce que ledit sieur de Cazaux aura fait, afin qu'il en rende compte au roi, Sa Majesté ayant fort à cœur l'amendement ou le châtiment de cet officier.

C'est l'évêque de Lescar qui a donné cet avis à M. le chancelier.

J'ai fait voir cette lettre à M. de Cazaux, et il m'a promis de rompre tout commerce avec cette fille, de la renvoyer chez son père ou de la mettre dans un couvent; c'est ce que j'ai mandé à M. le chancelier.

Le 9 juillet 1684, j'ai reçu une ordonnance du roi avec une lettre de M. de Courtenvaux, pour faire sortir des troupes tous les Espagnols qui s'y trouvent enrôlés, et empêcher qu'il n'y en soit admis à l'avenir, et ai envoyé cette ordonnance aux commandans des garnisons de Navarrenx et de Saint-Jean-Pied-de-Port.

Le 20 juillet 1684, j'ai mandé à M. le chancelier que, m'étant particulièrement appliqué, depuis que je suis dans la province, à insinuer au parlement l'intérêt qu'il avoit, aussi bien que les justiciables, à recevoir l'ordonnance de 1667, j'y avois enfin réussi, nonobstant la grande résistance que j'ai trouvée dans les esprits, prévenus que cette ordonnance ne pouvoit être exécutée dans leur ressort sans avilir et ruiner entièrement leurs charges; que le parlement avoit pris une délibération depuis trois jours, par laquelle ils ont résolu de s'y soumettre et de supplier Sa Majesté d'agréer seulement que les articles qui sont d'impossible exécution dans le Béarn et dans la Navarre, à cause de la pauvreté de ces pays, en soient retranchés; mais qu'étant nécessaire que les états se joignent au parlement pour faire la même demande, et comme ils doivent s'assembler au commencement du mois de septembre, je prendrai ce temps pour les disposer à faire cette démarche, après laquelle je croyois qu'il étoit de la justice et de la bonté du roi de permettre au parlement et aux états de nommer des députés des deux corps, pour examiner en quoi consistent ces articles d'impossible exécution, d'autant plus que les intérêts du parlement et ceux des peuples peuvent être différens et même opposés. Je pourrois assister aux conférences qui se tiendront à cet effet, pour tâcher de concilier les esprits et leur faire sentir leurs véritables intérêts.

J'ai écrit à M. le chancelier, le 23 juillet 1684, que le sieur de Sales, conseiller au parlement de Pau, ayant été volé d'une somme de 3,500 ᵗᵗ par de jeunes gens qui ont forcé sa maison de nuit, l'un d'eux a été condamné à être rompu vif; mais, comme il avoit accusé un de ses complices qui est d'une des plus considérables familles de la ville, les parens ont suborné un capucin qu'ils lui ont fait donner pour l'assister à la mort, et l'ont engagé à décharger ce jeune homme pour sauver l'honneur d'une famille, quoiqu'il l'eût accusé à la confrontation, devant et après la question; et, pour empêcher que l'arrêt ne fût mis à exécution, ces mêmes parens ont fait absenter les jurats qui sont obligés par le devoir de leur charge de faire préparer tout ce qui est nécessaire pour l'exécution des criminels condamnés, et de donner main-forte; en sorte qu'à neuf heures du soir rien n'étoit prêt pour cette exécution, et, sur l'avis que j'en reçus, je me rendis au palais, où je trouvai les juges assemblés et qui étoient sur le point de donner un arrêt pour faire recevoir la rétractation du condamné et le renvoyer dans les prisons, ce qui tendoit à faire évader le condamné, et m'obligea d'envoyer chercher les jurats et de leur ordonner de tenir toutes choses prêtes pour l'exécution, qui fut faite à dix heures du soir.

J'ai mandé ce que dessus à M. le chancelier, et lui ai marqué la nécessité qu'il y avoit d'établir une compagnie de prévôt des maréchaux pour tenir la main aux exécutions.

M. le chancelier m'a mandé, le 31 juillet, que le roi y feroit considération, et il a été depuis établi un prévôt des maréchaux à Pau.

Par la même lettre du 23 juillet, j'ai mandé à M. le chancelier que le parlement m'avoit prié de lui représenter que, quoique dans tous les parlemens du royaume les officiers qui servent pendant les vacations ont des gages affectés à ce service, néanmoins il n'y a point eu de fonds fait pour la chambre des vacations du parlement de Pau.

Le 30 juillet 1684, j'ai écrit à M. le chancelier, pour lui représenter que, le mauvais état de la santé de mon père ne lui permettant pas de vaquer à ses affaires, et, ayant un grand intérêt de prendre des mesures et des précautions pour en empêcher le dépérissement, je le suppliois d'obtenir du roi la permission que je fisse un voyage à Paris; que ce voyage ne seroit pas même inutile pour les intérêts du roi et ceux de la province; que je n'y séjournerois que deux mois dans un temps de vacations, pendant lequel toutes les affaires publiques demeurent en suspends; que ce voyage me mettra en état de lui rendre un compte plus exact de l'état du Béarn et de la Navarre que je ne pourrois faire par mes lettres; que je ne partirois point que les états, qui doivent s'assembler au 1ᵉʳ septembre, n'aient arrêté de demander l'ordonnance de 1667.

Ce congé m'a été accordé, et, m'étant rendu à Paris vers la fin du mois d'août, je me suis rendu à Fontainebleau, où la cour étoit, et ayant demandé au roi une audience particulière, pour lui rendre compte de l'état des affaires du Béarn, il me l'a accordée pour le lendemain. Il n'étoit pas encore l'heure qu'il m'avoit donnée qu'il demanda si j'étois arrivé, et, étant entré dans son cabinet, il me dit d'abord que j'avois affaire à des esprits bien difficiles à gouverner. Je lui répondis qu'ils étoient fort soumis, que la mémoire d'Henri IV leur étoit précieuse, et que j'osois dire à Sa Majesté que leur vénération et leur amour qu'ils avoient pour ce grand roi avoient passé en la personne de son petit-fils. Le roi m'interrompit et me dit qu'ils avoient raison de l'aimer, car il avoit aussi beaucoup d'affection pour eux. Je demandai au roi la permission de les en assurer de sa part, étant certain que cette marque de bonté pour eux augmenteroit encore leur zèle pour son service, et me rendroit de plus en plus facile l'exécution de ses ordres, ce que le roi me permit très-affectueusement; à quoi j'ajoutai qu'avec des manières douces et de la raison on les persuadoit, mais que la rigueur étoit un grand obstacle au succès des affaires qu'on avoit à traiter avec eux. Le roi reprit que c'est par cette conduite qu'il[1] avoit révolté les Béarnois, mais qu'il s'attendoit que ma prudence et mes manières, opposées à la sienne, répareroient le mal qu'il avoit fait. Je lui rendis compte ensuite des affaires de la religion du Béarn et du plan que j'avois fait pour faciliter la conversion des religionnaires. Je lui montrai la carte que j'avois fait faire du Béarn, avec la situation des villes et bourgs où il y avoit des temples; je lui fis voir qu'il y en avoit un trop grand nombre et qu'ils étoient trop proches les uns des autres, qu'il suffiroit d'en laisser cinq, et j'affectai de ne laisser subsister que les temples, justement au

[1] Le roi désigne évidemment du Bois-Baillet, prédécesseur de Foucault dans l'intendance du Béarn.

nombre de cinq, dans lesquels les ministres étoient tombés dans des contraventions qui emportoient la peine de la démolition du temple, dont la connoissance étoit renvoyée au parlement, en sorte que, par ce moyen, il ne devoit plus rester de temples en Béarn. Le roi approuva donc le retranchement des temples et la réduction à cinq.

Je dis aussi à Sa Majesté que j'avois engagé le parlement à recevoir l'ordonnance de 1667, et que je m'étois chargé d'assurer Sa Majesté qu'il lui donneroit cette marque de sa soumission; qu'il la supplioit seulement d'avoir égard à ses remontrances sur quelques articles qui ne pouvoient pas convenir à la province, ni s'accommoder à ses us et coutumes.

Le roi me témoigna une grande satisfaction des mesures que je prenois pour la conversion des religionnaires, ne doutant point qu'elles n'eussent le succès qu'il en attendoit;

Qu'il me savoit gré d'avoir engagé le parlement à recevoir l'ordonnance de 1667, et qu'il me feroit expédier tous les édits, déclarations et arrêts du conseil dont je pourrois avoir besoin pour l'exécution de tout ce que je lui avois proposé; que je n'avois qu'à remettre à M. le chancelier mes mémoires, et qu'il lui diroit de me donner incessamment mes expéditions, pour mettre à fin des projets si utiles au bien de la religion et à la justice. Cette audience dura une heure et demie, et, ayant fait appeler les ministres, il leur fit le récit de tout ce que je lui avois dit, et leur parla de moi plus avantageusement que je ne méritois. Il recommanda à M. le chancelier de m'expédier, mais il voulut communiquer mes mémoires à MM. Le Pelletier, contrôleur général des finances, pour les impositions et les dépenses des états, de Croissy, que les affaires de la religion regardent aussi bien que le règlement des états, et M. Pussort, pour la réception de l'ordonnance.

Ces messieurs examinèrent donc mes mémoires, m'entendirent plusieurs fois pendant cinq mois et me retinrent à Paris; et, au commencement de février 1685, j'en partis chargé des édits et arrêts que j'avois demandés, après avoir pris congé du roi, qui me renouvela les assurances de la satisfaction qu'il avoit de mon application aux affaires du Béarn, par rapport à son service et au bien de la religion.

J'ai reçu permission d'aller à Paris par une lettre de cachet du 7 août 1684. J'ai été de retour à Pau le 22 février 1685.

Par la déclaration du 21 août 1684, le roi a uni les biens des consistoires de la R. P. R. aux hôpitaux, ce qui a été d'un grand secours pour la subsistance des pauvres.

Le mardi 17 septembre 1684, Thérèse, ma seconde fille, est décédée à Pau, et a été inhumée dans l'église de Saint-Martin; le parlement assista en corps à ses funérailles, ayant à sa tête M. le président de Gassion, et a conduit le deuil.

M. du Bois avoit rendu un si grand nombre de mauvaises ordonnances, et particulièrement sur les déclarations que les communautés doivent donner des biens nobles qu'elles possèdent, que les états s'en sont plaints au roi et ont demandé que je procédasse à une nouvelle vérification de ce qu'il a fait, pour épargner aux communautés les frais des poursuites au conseil, sur l'appel de ses ordonnances. M. Le Pelletier m'a renvoyé leur requête pour avoir mon avis, mais je n'ai pas cru devoir me charger de ce travail.

Il y avoit plus de cent cinquante avocats de la religion prétendue réformée au parlement de Pau, qui n'ont point pris de licence. J'ai mandé à M. le chancelier que j'avois empêché que le parlement continuât d'en recevoir jusqu'à nouvel ordre du roi, et qu'il étoit bon que le nombre des avocats catholiques excédât au moins d'un tiers celui des religionnaires.

J'ai fait rendre un arrêt du conseil portant défenses de recevoir aucuns avocats au parlement, de la religion prétendue réformée.

J'ai fait aussi révoquer le subdélégué que M. le duc de Grammont avoit nommé en Béarn, les gouverneurs n'en devant point avoir.

En 1684, j'avois 30,000ᵗᵗ sur le clergé du diocèse de Cahors, et 20,000ᵗᵗ à la caisse des emprunts.

1685.

Le 30 janvier, M. de Croissy m'a envoyé un arrêt du conseil qui défend la bassette.

Le 30 janvier 1685, M. de Croissy m'a envoyé un arrêt du conseil portant que les ministres seront employés dans les rôles des tailles à proportion de leurs biens.

Le 22 février 1685, j'ai été de retour de Paris à Pau.

Le 22 février 1685, j'arrivai à Pau, où tous les corps me témoignèrent à l'envi la joie qu'ils avoient de mon retour. Il n'y eut que ceux sur qui les réformes devoient tomber dans le parlement et dans les états, qui, dans le fond de leur âme, m'auroient autant aimé à Paris qu'à Pau, mais ils n'en témoignèrent rien au dehors.

Je portai au parlement, deux jours après mon arrivée, les édits et déclarations concernant les affaires de la religion, dont je lui avois fait renvoyer la connoissance, et, après qu'ils eurent été registrés et publiés, je fis, sans perte de temps, signifier aux consistoires des temples proscrits l'arrêt qui en ordonne la démolition dans le mois, ce qui a été exécuté avec soumission, quoiqu'ils en soient très-consternés, ce que je mandai à M. le chancelier par ma lettre du 5 mars 1685.

Je fis attaquer, après la démolition de ces quinze temples, les cinq restans par le procureur général, pour contravention aux édits et arrêts du conseil. Leur procès fut bientôt fait, et les arrêts qui en ordonnèrent la démolition furent [exécutés] sans perdre de temps, en sorte qu'en moins de six semaines il ne resta pas un temple dans tout le Béarn. Leur démolition engagea les ministres de sortir de la province, et, par leur désertion, ces faux pasteurs me laissèrent le champ libre aux conversions.

Le 22 février, M. Le Pelletier m'a mandé que le roi n'approuvoit pas la députation, faite par l'abrégé des états de Béarn, de la personne de M. l'évêque de Lescar pour un fait fort léger, et que je lui fisse entendre qu'il eût à ne point partir pour la cour.

Le 3 mars, M. de Croissy m'a envoyé un arrêt du conseil[1], qui fait défenses aux seigneurs de la R. P. R. d'admettre à l'exercice de ladite religion, dans leurs maisons ou châteaux, aucunes personnes qu'ils n'aient fait leur domicile pendant un an dans l'étendue de leurs justices.

Le 10 mars, j'ai reçu ordre de me transporter dans l'abbaye de Pontault, pour y rétablir l'ordre.

Par l'édit du mois d'août 1669 et la déclaration du 14 juillet 1682, il est défendu aux religionnaires de sortir du royaume sans permission. Le 10 mars 1685, M. de Croissy m'a envoyé une lettre de cachet, pour observer les gentilshommes et empêcher qu'ils n'y contreviennent.

Le 15 mars, j'ai proposé à M. de Croissy d'obtenir du roi la pension de 1,200 ll, que Sa Majesté accorde à toutes les maisons de nouvelles catholiques, à celle de Caen[2], fondée par madame la marquise de Saint-Chaumont[3], qui lui a donné 10,000 ll, non suffisans pour cet établissement.

Le roi avoit réservé, par sa déclaration donnée sur mon avis, cinq temples pour tout le Béarn; les religionnaires demandèrent qu'ils fussent agrandis, étant trop serrés pour les contenir tous; c'étoit l'avis de M. de Croissy, mais je m'y suis opposé, et ils n'ont point été augmentés.

Au mois de mars 1685, il a été établi un vice-sénéchal en Béarn, sur ma représentation. J'ai proposé le sieur Palaiseau, gentilhomme, pour remplir [la place].

Le 5 avril, j'ai écrit à M. de Harlay, archevêque de Paris, que les quinze temples du Béarn condamnés ont été démolis, que des cinq qui restent j'en ai fait interdire deux pour des contraventions aux

---

[1] Cet arrêt du conseil est du 5 février 1685. (Isambert, *Anc. lois franç.* t. XIX, p. 490.)

[2] C'est Pau qu'il faut lire. Cette erreur de lieu prouve que les Mémoires ne furent écrits que dans la vieillesse de l'auteur.

[3] Suzanne Charlotte de Grammont, mariée à Henri Mitte, marquis de Saint-Chaumont, était tante du duc de Grammont, gouverneur de Béarn.

édits, que j'espérois que les trois restans auroient bientôt la même destinée; que cependant j'ai fait faire une mission par des jésuites dans une petite ville du diocèse de Lescar, qui a produit plus de trois cents conversions; que le moyen d'achever l'ouvrage des conversions étoit d'obliger tous les ministres des temples interdits de s'éloigner au moins de dix lieues du Béarn, attendu qu'il n'a que onze lieues de long sur sept à huit lieues de large. Je lui ai écrit en faveur de l'abbé d'Arboucave [1].

Le 5 avril, j'ai écrit au P. de la Chaise en faveur de l'abbé d'Arboucave, neveu de M. l'évêque de Tarbes, et lui ai rendu témoignage du zèle et des soins qu'il avoit pris pour les conversions. Mon témoignage et ma recommandation lui a valu l'évêché de Dax.

Le 5 avril, j'ai mandé à M. Pussort que, depuis mon retour en Béarn, il s'y est converti cent cinquante-trois chefs de famille, qui, avec leurs enfans, composent plus [de] huit cents âmes.

Le 5 avril 1685, j'ai mandé à M. le chancelier qu'une des principales raisons que les religionnaires opposoient aux missionnaires est que le roi permettoit que l'on fît encore profession de la R. P. R. dans son royaume, ce qui marquoit la nécessité de leur ôter les cinq temples qui leur restoient en Béarn, ce qui, joint aux missions et aux gratifications, achèveroit sans doute, dans peu, l'ouvrage des conversions; qu'il y avoit déjà ceux de Jurançon autrefois à Pau et celui d'Ossau interdits, qu'il y avoit des preuves de contravention aux édits dans les trois autres; que, depuis deux mois que j'étois de retour dans la province, il s'étoit converti onze cents personnes y compris les enfans, qu'il y avoit beaucoup de gentilshommes ébranlés et qui seroient déterminés par des pensions.

Les cinq derniers temples ont été démolis par arrêt du parlement de Pau.

Le 11 avril 1685, j'ai demandé à M. le chancelier une déclaration interprétative de celle du 31 janvier 1682, qui veut que les enfans

---

[1] Bernard d'Abadie d'Arboucave.

bâtards soient élevés à la religion catholique, en ce qu'elle porte la clause *de quelque âge qu'ils soient,* plusieurs officiers du parlement croyant, sur le fondement de cette disposition, qu'un bâtard de vingt-cinq ans, qui a toujours fait profession de la R. P. R., en doit faire abjuration; mais qu'il y avoit tout lieu de juger, par les motifs de cette déclaration, que cette disposition ne s'étend pas aux bâtards qui avoient atteint l'âge de quatorze ans lorsque la déclaration a été donnée; en effet, les motifs sont de pourvoir à l'éducation des enfans bâtards, comme il a été pourvu à celle des enfans exposés. J'estimerois donc qu'il faudroit donner une nouvelle déclaration, portant que les bâtards qui auroient passé quatorze ans lorsqu'elle a été donnée seront obligés de choisir, devant les juges des lieux, la religion qu'ils entendroient professer.

Je lui ai mandé par la même lettre que le parlement avoit, le jour précédent, décrété prise de corps contre le ministre de Garlin, qui est un des cinq exercices réservés en Béarn, pour plusieurs contraventions aux édits et déclarations; qu'il n'en restoit plus que deux que j'espérois devoir être bientôt interdits sur de pareilles contraventions; après quoi les conversions iront vite, ayant remarqué que leur nombre augmente à proportion que celui des exercices de la R. P. R. a diminué.

Le 12 avril, M. de Croissy m'a envoyé deux arrêts; le premier, qui défend aux habitans des villes et communautés de Béarn et de Navarre de faire aucune députation hors du pays sans m'en avoir fait connoître les raisons et le besoin et avoir eu mon consentement.

Le 18 avril 1685, j'ai demandé à M. de Louvois des ordres en blanc pour faire loger une ou plusieurs compagnies dans les villes remplies de religionnaires, étant certain que la seule approche des troupes produira un grand nombre de conversions; que je tiendrai si bien la main à ce que les soldats ne fassent aucune violence, que je me rendrai responsable des plaintes qu'il en pourroit recevoir. Il est à observer que le roi n'avoit pas envoyé des troupes en Béarn par rapport aux affaires de la religion, mais pour former le camp que

Sa Majesté avoit résolu d'établir sur la frontière d'Espagne. M. de Louvois m'ayant envoyé plusieurs ordres en blanc, il s'est converti six cents personnes dans cinq villes ou bourgs, sur le simple avis que les compagnies étoient en marche.

Le roi a fait envoyer à tous les intendans des ordres d'envoyer à MM. les secrétaires d'état un mémoire de tous les colléges qui sont dans leur département.

J'ai reçu un arrêt du conseil, du 30 avril, portant injonction aux ministres et proposans qui se trouveront dans les lieux où l'exercice public de la R. P. R. aura cessé à l'occasion des procès mus pour raison des contraventions aux édits et déclarations du roi, [qu'ils] seront tenus de s'en éloigner au moins de trois lieues. Cet arrêt m'a été envoyé par M. de Croissy.

J'ai été commis par arrêt du conseil, au mois d'avril 1685, pour procéder à la vérification et récolement des inventaires des titres et chartes de la chambre des comptes de Navarre, en présence de deux officiers de la chambre.

J'ai fait établir à Pau un séminaire pour y former des ecclésiastiques aux ministères de la religion.

Les temples de Bellac et de Saint-Gladie ont été les derniers démolis.

Le 30 mai 1685, M. de Croissy m'a envoyé un arrêt du conseil qui défend aux ministres des temples interdits et [aux] proposans de se tenir plus près de six lieues desdits endroits. Cet arrêt est nommément rendu pour le Béarn.

M. de Croissy ayant proposé d'envoyer en Béarn des ministres pour baptiser les enfans de ce qui reste de religionnaires, je lui ai mandé que, dans la disposition présente d'une conversion générale dans très-peu de temps, ce seroit exposer ceux qui chancèlent et endurcir les opiniâtres que de leur envoyer un ministre, qui rassureroit les premiers et confirmeroit les autres dans leur opiniâtreté; que dans ma dernière tournée j'avois converti cinq mille âmes, et qu'avant le 15 de juin il s'en convertiroit pour le moins autant, en sorte que j'espérois que dans deux mois l'ouvrage des conversions seroit achevé dans le Béarn. La reine Jeanne donna une ordonnance ecclésiastique portant défense aux prêtres et aux moines de baptiser les enfans.

Au mois de mai, il a été écrit une lettre anonyme à M. le chancelier, remplie d'invectives contre moi, et surtout on m'y taxoit de prendre des présens. Il m'a renvoyé cette lettre avec des témoignages d'estime pour moi et de satisfaction de ma conduite.

Le 15 juin, M. de Croissy m'a mandé que le roi n'avoit pas approuvé que les baptêmes des enfans des prétendus réformés se fissent par les curés, parce que sa conscience ne pouvoit souffrir qu'un enfant baptisé à l'église par un prêtre fût rendu à ses parens pour y être élevé à la R. P. R., et m'a envoyé un arrêt qui me permet de choisir un ou deux ministres pour faire faire lesdits baptêmes dans la maison de ville, en présence du juge ou consul du lieu.

Il ajoute, par le dernier article de sa lettre, qu'il m'a proposé au roi pour l'ambassade de Constantinople, mais que Sa Majesté a jugé que ma présence étoit nécessaire en Béarn pour y achever ce que j'y avois si bien commencé.

Le 16 juin, il m'a envoyé un arrêt du conseil qui défend de recevoir des libraires de la R. P. R.

J'ai fait faire l'abjuration du calvinisme au sieur Goulard, ministre d'Oloron, dans la cathédrale de la ville, en présence de M. l'évêque et de plus de huit mille personnes de l'une et de l'autre religion. Il leur a rendu un si bon compte des motifs de sa conversion, que plusieurs religionnaires, touchés des vérités que les ministres avoient toujours pris grand soin de leur cacher et qu'il leur a nettement et fidèlement exposées, se sont convertis avec lui, et la plus grande partie des autres m'ont promis de se faire instruire, après leur avoir fait entendre que l'intention du roi n'étoit pas qu'ils embrassassent la religion romaine sans la connoître, mais bien qu'ils en examinassent sans prévention les dogmes et les principes.

La plus grande partie des habitans de la R. P. R. d'Oloron se sont convertis depuis la conversion de leur ministre, et les autres se font instruire. C'est ce que j'écris à M. de Croissy, et que M. de Cazaux apportoit tous les obstacles qu'il pouvoit, aussi bien que sa femme, religionnaire, aux conversions.

Le 1ᵉʳ juillet 1685, le P. de la Chaise m'a mandé que le roi prenoit plaisir à lire mes relations et mes lettres concernant les conversions du Béarn, et même que Sa Majesté les gardoit.

J'ai mandé à M. de Croissy, le 12 juillet, qu'il y avoit à présent seize mille âmes convertis dans le Béarn, et que ce qui restoit suivroit bientôt.

Le 14, je lui ai mandé que les habitans de la R. P. R. de Pau s'étoient convertis par délibération dont je lui ai envoyé l'acte; que nous avions jugé au parlement les ministres de Pau qui avoient contrevenu aux édits, et qu'ils avoient été condamnés au bannissement du ressort du parlement pour cinq ans.

Les religionnaires d'Orthez ont envoyé un courrier au roi pour savoir si les intentions de Sa Majesté étoient d'abolir absolument l'exercice de la R. P. R. dans le Béarn. J'ai prié M. de Croissy de ne nous point envoyer de ministres pour baptiser les enfans nés dans la R. P. R. et de nous renvoyer M. de Lescar, avec des missionnaires, pour instruire les nouveaux convertis, aussi bien qu'à MM. les évêques d'Oloron et de Dax. Il faut même une mission extraordinaire qui parcoure tout le Béarn, et les meilleurs prédicateurs n'y sont pas trop bons pour tenir la place de leurs ministres, qui prêchoient bien. Tous les curés du Béarn sont ignorans et souvent de mauvaises mœurs; qu'il falloit encore établir des vicaires. J'ai proposé de mettre le député d'Orthez à la Bastille.

Il y a eu trois mille huit cents religionnaires d'Orthez qui se sont convertis, de quatre mille qu'il y avoit; ce qui m'a obligé de mander à MM. les ministres qu'ils pouvoient assurer le roi de la conversion totale du Béarn, de vingt-deux mille qu'il y avoit n'en restant pas mille; que les gentilshommes commençoient à se détacher.

Le sieur d'Audrehon, ministre de Lembeye, m'étant venu voir, me dit qu'il sentoit de grands mouvemens dans son cœur pour embrasser la religion catholique, mais qu'il avoit encore besoin d'un mois pour prendre sa résolution; sur quoi, l'ayant fait entrer dans la chapelle du château de Pau, où M. l'évêque d'Oloron recevoit l'abjuration d'un ancien avocat de Pau et où il y avoit beaucoup de monde, je lui demandai s'il ne sentoit rien dans son cœur qui le sollicitât, à la vue de son véritable pasteur, de s'aller jeter entre ses bras. Il m'avoua qu'il se sentoit ému, et dans le moment je le pris par le bras et le conduisis vers l'autel, où il se mit à genoux devant M. l'évêque, qui lui donna l'absolution. Cette action fut d'une grande édification.

J'ai proposé de rechercher la noblesse des gentilshommes opiniâtres religionnaires; mais M. de Croissy a mis le trouble dans les consciences des nouveaux convertis en m'envoyant un arrêt du conseil qui établit un ministre pour baptiser les enfans des religionnaires, la province étant à la veille d'en être entièrement purgée; que ces enfans doivent être portés à l'église; que c'est renouveler l'exercice de la R. P. R. en Béarn[1].

Il [a] encore été fait une chose contraire au bien de la religion, ayant été permis au sieur de la Placette, ministre de la ville de Nay, de sortir du royaume avec sa famille et de vendre ses biens, la plupart des ministres aimant mieux, par le principe d'un faux honneur, sortir du royaume, lorsqu'ils en ont la permission, que d'y demeurer. Ils se convertiroient s'ils étoient obligés de s'éloigner du lieu de leur exercice sans sortir du royaume et sans pouvoir vendre leurs biens. En effet, il s'en étoit converti six depuis deux mois, qui auroient passé en Hollande et en Angleterre, s'ils en avoient pu obtenir la permission. La femme et les enfans du sieur de la Placette étoient disposés à se convertir lorsque cette permission leur a été donnée.

Les nouveaux convertis ont demandé le livre de M. de Meaux, *De l'Exposition de la doctrine de l'Église catholique*; j'ai mandé qu'on en fît venir.

---

[1] Rédaction évidemment empruntée à une lettre.

DE NICOLAS-JOSEPH FOUCAULT.

Au mois de février[1], M. Cramoisy, libraire, m'a envoyé, par ordre de M. de Louvois, cinq mille cent dix volumes de l'Exposition de la doctrine de l'Église, de M. de Meaux; du Catéchisme historique de M. l'abbé Fleury; de l'Explication des parties de l'office et des cérémonies de la messe, et des Courtes prières et ordinaire de la messe, pour distribuer aux nouveaux convertis.

Le 18 juillet, j'ai mandé au roi l'état des conversions de la province. — *Vid.* la lettre au registre des lettres de 1685.

A M. Foucault, conseiller en mes conseils, maître des requêtes ordinaires de mon hôtel et commissaire départi pour l'exécution de mes ordres en Béarn.

Monsieur Foucault, j'ai été bien aise d'apprendre, par votre lettre du 18 juillet, le bon effet qu'ont produit vos soins et votre application à tout ce qui pouvoit procurer la conversion de mes sujets de la religion prétendue réformée dans toute l'étendue de ma province de Béarn, et vous ne devez pas douter que ce service ne me soit d'autant plus agréable que le succès en est très-avantageux à notre religion et d'un fort bon exemple pour les autres provinces de mon royaume. Sur ce, je prie Dieu qu'il vous ait, Monsieur Foucault, en sa sainte garde. Écrit à Versailles, le 2ᵉ jour d'août 1685.

LOUIS.

COLBERT[2].

J'ai écrit à M. le chancelier, le 22 juillet, que le sieur de Saint-Pau, ministre converti, qui a beaucoup de talent pour le barreau, désireroit se faire recevoir avocat, aussi bien que le sieur Goulard, ministre d'Oloron; qu'ils lui demandoient une dispense du temps d'étude. M. le chancelier m'a envoyé ces dispenses. L'exemple de ces deux ministres et la grâce que le roi leur a faite en a fait revenir trois autres à l'Église.

---

[1] L'indication du mois est erronée. Les grandes conversions n'avaient pas encore commencé en février 1685. Il faut lire juillet, août ou septembre

[2] Colbert de Croissy, frère du grand Colbert.

Le 26 juillet, M. de Croissy m'a donné avis que le roi avoit donné ordre d'arrêter le sieur Dusseau, député des religionnaires du Béarn, et m'a envoyé six lettres de cachet pour reléguer les gentilshommes que je jugerois à propos.

M. de Mesplées, évêque de Lescar, bien loin de m'aider et de prendre part à l'ouvrage des conversions de son diocèse, n'a rien oublié pour les éloigner. Il avoit écrit de Paris aux gentilshommes les plus considérables du parti d'entrer dans quelque accommodement, et leur avoit offert de ménager en leur faveur, dans l'assemblée du clergé, un relâchement sur les points qui leur font peine, et ils avoient si bien pris confiance sur cette promesse, qu'ils vouloient attendre la réponse de M. de Lescar, avant de se déterminer; de sorte que, pour réparer le mal, je fus obligé d'assembler au château de Pau tous les chefs des principales familles de la R. P. R. de Pau, et de leur faire entendre qu'il n'y avoit point de tempérament à espérer sur les articles de notre créance; qu'un concile général avoit décidé tous les points contentieux et établi les véritables dogmes que l'on devoit suivre; que le clergé de France ne pouvoit donner atteinte à ses saintes décisions; que le roi même, comme protecteur de la religion, emploieroit son autorité pour les faire observer. Je leur fis, sur ce sujet, un discours auquel la plus grande partie parut se rendre, et quoiqu'ils eussent tous résolu, avant l'assemblée, de ne s'engager à aucune réponse positive qu'ils n'eussent reçu celle de M. de Lescar, néanmoins ils me prièrent de leur accorder un quart d'heure pour délibérer sur ce que je leur avois proposé; ce que leur ayant permis, je les laissai en liberté de délibérer sur la résolution qu'ils avoient à prendre et me retirai. Leur délibération ne dura qu'un quart d'heure et aboutit à me demander un mois de temps pour s'instruire. Je retranchai la moitié du terme, et nous [nous] séparâmes tous contens.

Ils n'attendirent pas que le terme fût expiré, et ils se convertirent tous par une délibération unanime dans laquelle ils reconnurent que leurs pères n'avoient pas eu de motif légitime pour se séparer de la communion de l'Église romaine. J'envoyai au roi leur délibération.

Nota. Voir l'édit de révocation de celui de Nantes, et surtout le dernier article.

M. de Torcy m'a envoyé, au mois de juillet, un arrêt du conseil portant l'établissement d'un ministre pour baptiser les enfans de la R. P. R., mais je n'ai pas jugé à propos de l'exécuter.

Depuis le 22 février que j'ai été de retour de Paris à Pau, jusques au mois d'août, il s'est converti plus de quinze mille âmes. Il y en a eu beaucoup qui, à l'approche des gens de guerre, ont abjuré sans les avoir vus. La distribution d'argent en a aussi beaucoup attiré à l'Église. Le Béarnois a l'esprit léger, et l'on peut dire qu'avec la même facilité que la reine Jeanne les avoit pervertis ils sont revenus à la religion de leurs pères.

La ville d'Orthez a été la dernière à se convertir. J'y ai envoyé des gens de guerre qui les ont réduits. Ils m'avoient demandé quinze jours pour se faire instruire, mais c'étoit pour attendre le retour d'un courrier qu'ils avoient envoyé à la cour pour demander la liberté de faire l'exercice de leur religion. Ce terme expiré, ils me demandèrent encore huit jours pour donner le temps à leur courrier d'arriver. Je leur refusai, et, de quatre mille religionnaires qu'il y avoit à Orthez, il s'en convertit deux mille avant l'arrivée des troupes, en sorte que, pendant le séjour que j'y fis avec des missionnaires, ils se convertirent tous, à la réserve de vingt familles opiniâtres et qui avoient résolu, quelque chose qui arrivât, de ne point changer. Ils avoient à leur tête un gentilhomme nommé Brasselaye, qui étoit aussi allé à la cour et qui a été mis à la Bastille.

De vingt-deux mille religionnaires qu'il y avoit en Béarn, il s'en est converti vingt et un mille jusques à la fin de juillet 1685.

Le 3 août, j'ai mandé à M. le chancelier que le parlement a rendu depuis huit jours un arrêt contre le nommé Jean Pedelabat, du lieu de Garlin, convaincu d'avoir sollicité publiquement et en particulier les religionnaires à demeurer fermes dans leur religion, pour raison de quoi il a été condamné au bannissement hors du royaume pour vingt ans et en 600ᵗᵗ d'amende. Six jours après son arrêt rendu, il m'a fait dire qu'il vouloit se convertir; ce qu'il fit hier avec toute sa famille. Sa conversion, celle de sa femme et d'un nombre d'enfans, mérite tout ce que j'ai demandé à M. le chancelier.

Le 5 août, j'ai envoyé à M. Le Pelletier le jugement que j'ai rendu avec les officiers du sénéchal de Tarbes contre des écoliers qui ont assassiné un employé aux fermes du roi. Il y en a eu deux condamnés à être pendus et exécutés par effigie.

La vie scandaleuse du sieur de Cazaux, l'opiniâtreté de sa femme et de la dame de Bas, femme du doyen du parlement de Pau, dans le calvinisme, ont retenu beaucoup de personnes.

J'ai fait donner la charge de procureur du roi en la vice-sénéchaussée de Béarn au sieur Goulard, ministre converti d'Oloron.

M. de Croissy m'a envoyé, le 16 août, des ordres du roi en blanc pour reléguer les gentilshommes opiniâtres. J'avois fait assembler la veille une partie de la noblesse de la R. P. R. pour leur faire entendre les intentions du roi. Il y eut une douzaine de gentilshommes qui se convertirent; les autres demandèrent quinze jours pour se faire instruire. Je lui ai renouvelé mes remontrances sur la permission donnée aux ministres de sortir du royaume et de vendre leurs biens.

J'ai mandé, le 16 août, à M. de Louvois que des gentilshommes de la R. P. R. de Béarn se convertissoient en nombre; que M. de Boufflers avoit été témoin du retour à l'Église de douze, à la tête desquels était le comte de Viala, l'un des plus qualifiés gentilshommes de la province. Plusieurs ont demandé quinze jours pour s'instruire, en sorte que je ne serai point en obligation des ordres de relégation que M. de Croissy m'a envoyés, l'instruction et la patience devant couronner l'ouvrage. Je lui ai envoyé un mémoire des grâces que plusieurs de ces gentilshommes demandent. Il est à remarquer que MM. les évêques de Lescar et de Tarbes ont été absens de leurs diocèses pendant tout le temps des missions.

Le 18 août, j'ai mandé à M. l'archevêque de Paris qu'il étoit bien nécessaire de donner des pensions aux ministres convertis, et d'empêcher ceux qui ne le sont pas de sortir du royaume.

M. de Croissy s'est plaint de ce que j'avois écrit à M. l'archevêque de Paris et au P. de la Chaise sur le sujet de la permission aux ministres de sortir du royaume; mais je me suis justifié en lui mandant que je m'adressois toujours directement à lui; qu'il étoit le premier informé par mes lettres de ce qui se passoit; qu'il est vrai que je leur avois communiqué ma peine sur ce sujet, mais du temps après lui avoir écrit, et que M. Dalon, premier président, ne manquoit point tous les ordinaires de leur écrire.

Le 27 août, il s'est converti quatre-vingt-dix-sept femmes dans la petite ville de Salies. Je fis aussi plusieurs conversions d'hommes en présence de M. le marquis de Boufflers.

Il restoit trois à quatre cents personnes à convertir lorsque je suis parti du Béarn. J'ai converti avant mon départ le sieur Damigrand, ministre sans contredit le plus considéré de la province par son éloquence et par sa capacité. Il avoit quatre-vingt-cinq ans, et il prêchoit avec la même vigueur qu'il faisoit à quarante. Il y avoit cinquante ans qu'il faisoit la fonction de ministre, et il y avoit longtemps que je travaillois à le ramener à l'Église. Il me vint trouver le matin du 26 août 1685, avec son gendre, pour faire son abjuration. J'ai mandé à M. Le Pelletier, le jour même, qu'il étoit bien important de lui accorder une bonne pension. Il a rendu raison des motifs de sa conversion devant plusieurs gentilshommes qui m'avoient demandé quinze jours pour se faire instruire.

J'ai proposé au P. de la Chaise et à M. Le Pelletier de demander au roi un fonds pour bâtir une nouvelle église à Pau, sous l'invocation de saint Louis, qui serviroit de monument perpétuel à la piété du roi et à son zèle pour la religion. Le roi Louis XIII avoit donné 6,000 ₶ aux religionnaires de Pau, en 1620, pour acheter une place pour bâtir un temple, en leur ôtant l'église paroissiale, qui est la chapelle du château, que la reine Jeanne leur avoit donnée, l'ancienne n'étant pas assez grande pour contenir tous les anciens et nouveaux catholiques, en août 1685.

J'ai été nommé intendant de Poitou dans le mois d'août de cette année; le roi m'avoit nommé intendant en Languedoc, mais M. le chancelier Le Tellier fit changer cette destination. Je suis arrivé à Poitiers le 7 septembre.

Un grand nombre de gentilshommes sont venus, la veille de mon départ de Pau, se convertir en ma présence.

Le sieur Vidal, avocat à Pau, porta la parole pour les autres religionnaires qui se réunirent à la communion catholique.

Le sieur de Sault, gentilhomme de Béarn, de la R. P. R., a été mis à la Bastille pour mauvais discours, sur mon avis.

Il y a eu vingt-deux mille conversions en Béarn.

J'ai engagé le parlement à recevoir l'ordonnance de 1667, que le roi leur envoyoit par parties.

Le roi ayant, par arrêt du conseil du 28 septembre 1688[1], réuni à son domaine le puits d'eau salée situé dans la paroisse de Seize, en basse Navarre, avec défenses aux habitants du pays de se servir du sel d'Espagne, quelques séditieux ont fait courir le bruit que le roi vouloit établir la gabelle dans la Navarre, et ont excité une sédition qui a été apaisée par l'emprisonnement de deux de ces séditieux, auxquels j'ai proposé de faire le procès. J'ai fait le procès à ces séditieux, dont deux ont été pendus et deux condamnés aux galères perpétuelles.

Le 4 septembre, le roi a rendu un arrêt portant que tous seigneurs, gentilshommes ou autres personnes de la R. P. R. ayant hautes justices, pleins fiefs de haubert ou simples fiefs, ne pourront dorénavant, en conséquence des articles 7e et 8e de l'édit de Nantes, continuer de faire l'exercice de ladite religion dans leurs châteaux ou maisons, si lesdites justices ou fiefs n'ont été érigés avant ledit édit et ne se trouvent encore possédés sans interruption par les descen-

[1] Date fausse, puisqu'en 1688 Foucault n'était plus en Béarn; c'est probablement 1685 qu'il faut lire.

dans en ligne directe ou collatérale de ceux qui en jouissoient dans le temps dudit édit.

Je suis arrivé à Poitiers le 7 septembre, et y ai trouvé M. de Bâville qui m'attendoit et qui m'a donné toutes les instructions des affaires du Poitou. M. de Bâville logeoit dans la maison de Pinet, receveur général, condamné à être pendu par M. Rouillé du Coudray, mais il la fit donner par le roi au séminaire de Poitiers. J'en ai loué une appartenant à M. Barentin, conseiller au parlement.

M. de Vaubourg, qui avoit passé par Poitiers pour aller en Béarn, est aussi revenu sur ses pas. Je lui ai donné toutes les lumières que j'avois de l'état du Béarn.

Lorsque je suis arrivé en Poitou, il y avoit encore quatre-vingts familles de religionnaires à Poitiers, et cent soixante à Châtellerault. J'ai mandé à M. de Louvois que je ferois tout ce que je pourrois pour les convertir par délibération des consistoires.

Le 16 septembre, j'ai mandé à M. de Louvois qu'il ne restoit pas cent familles de la R. P. R. dans le haut Poitou; qu'il s'en est converti un grand nombre dans le bas pays depuis mon arrivée; qu'il y avoit deux cent cinquante familles religionnaires dans la ville de Pouzauges, dont le temple a été démoli depuis un mois; que ces familles ont été presque toutes converties, à quoi ont beaucoup contribué les soins de M. le marquis de Toucheprés, qui en est seigneur, qui a même voulu que l'on mit des dragons chez ses métayers.

J'ai reçu un arrêt du conseil du 15 septembre, portant défenses à tous chirurgiens et apothicaires faisant profession de la R. P. R. de faire aucun exercice de leur art par eux ou par personnes interposées, à peine de 1,000 ⋕ d'amende.

Au mois de septembre, j'ai engagé les religionnaires de Châtellerault à prendre une délibération pour se réunir à l'Église romaine. C'est la seule ville de Poitou qui ait pris ce parti.

Les sieurs de Nancla, lieutenant-colonel du régiment de Sainte-Maure, et Thévenin, capitaine dans le même régiment, ont pris la résolution de se convertir, et j'ai mandé à M. de Louvois qu'ils demandoient la permission d'aller en Saintonge, d'où ils sont, pour tâcher d'engager leurs familles à changer avec eux, et qu'il falloit causer leur congé de la nécessité d'aller vaquer à leurs affaires.

Au mois d'octobre 1685, j'ai fait assembler à Luçon tous les gentilshommes de la R. P. R. au nombre de plus de cent, auxquels je fis une exhortation pour les obliger à se convertir; mais je n'en pus gagner que dix-huit. Ils s'étoient assemblés la veille dans une prairie, où ils se promirent les uns aux autres de ne point changer de religion, et, pour s'engager encore davantage, ils signèrent tous une requête au roi qui fut dressée sur-le-champ, et élurent des députés pour la porter.

Dans ce même mois, l'édit de Nantes a été révoqué.

M. de Louvois m'a envoyé copie de cet édit, le 16 octobre 1685, avec une lettre qui explique de quelle manière il doit être exécuté.

ÉDIT QUI RÉVOQUE CELUI DE NANTES[1].

Louis, par la grâce de Dieu, roi de France et de Navarre, à tous présens et à venir, salut.

Le roi Henri le Grand, notre ayeul de glorieuse mémoire, voulant empêcher que la paix qu'il avoit procurée à ses sujets après les grandes pertes qu'ils avoient souffertes par la durée des guerres civiles et étrangères ne fût troublée à l'occasion de la R. P. R. comme il étoit arrivé sous les règnes des rois ses prédécesseurs, auroit, par son édit donné à Nantes au mois d'avril 1598, réglé la conduite qui seroit à tenir à l'égard de ceux de ladite religion, les lieux dans lesquels ils en pourroient faire l'exercice, établi des juges extraordinaires pour leur administrer la justice, et enfin pourvu, même par des articles particuliers, à tout ce qu'il auroit jugé nécessaire pour maintenir la tranquillité dans le royaume et pour diminuer l'aversion qui étoit entre ceux de l'une et de l'autre religion, afin d'être plus en état de tra-

---

[1] Bien que cet édit ait été mainte fois imprimé, nous le donnons ici tel qu'il est aux mémoires de l'intendant Foucault, parce qu'il est nécessaire que le lecteur l'ait sous les yeux pour bien comprendre ce qui suit.

vailler, comme il avoit résolu de faire, pour réunir à l'Église ceux qui s'en étoient si facilement éloignés; et comme l'intention du roi notredit ayeul ne put être effectuée à cause de sa mort précipitée, et que l'exécution dudit édit fut même interrompue pendant la minorité du feu roi notre très-honoré seigneur et père, de glorieuse mémoire, par de nouvelles entreprises desdits de la R. P. R. elles donnèrent occasion à les priver de divers avantages qui leur avoient été accordés par ledit édit; néanmoins le roi notredit feu seigneur et père, usant de sa clémence ordinaire, leur accorda encore un nouvel édit à Nîmes, au mois de juillet 1629, au moyen duquel la tranquillité ayant de nouveau été rétablie, ledit feu roi, animé du même esprit et du même zèle pour la religion que le roi notredit ayeul, auroit résolu de profiter de ce repos pour essayer de mettre son pieux dessein à exécution; mais, les guerres avec les étrangers étant survenues peu d'années après, en sorte que, depuis 1635 jusques à la trêve conclue en l'année 1684 avec les princes de l'Europe, le royaume ayant été peu de temps sans agitation, il n'a pas été possible de faire autre chose pour l'avantage de la religion que de diminuer le nombre des exercices de la R. P. R. par l'interdiction de ceux qui se sont trouvés établis au préjudice de la disposition des édits et par la suppression des chambres mi-parties, dont l'érection n'avoit été faite que par provision. Dieu ayant enfin permis que nos peuples jouissent d'un parfait repos, et que nous-mêmes, n'étant pas occupés du soin de les protéger contre nos ennemis, ayons pu profiter de cette trêve que nous avons facilitée à l'effet de donner notre entière application à rechercher les moyens de parvenir au succès du dessein des rois nosdits ayeul et père, dans lequel nous sommes entrés dès notre avénement à la couronne, nous voyons présentement, avec la juste reconnoissance que nous devons à Dieu, que nos soins ont eu la fin que nous nous sommes proposée, puisque la meilleure et la plus grande partie de nos sujets de ladite R. P. R. ont embrassé la catholique; et d'autant qu'au moyen de ce l'exécution dudit édit de Nantes et de tout ce qui a été ordonné en faveur de ladite R. P. R. demeure inutile, nous avons jugé que nous ne pouvions rien faire de mieux pour effacer entièrement la mémoire des troubles, de la confusion et des maux que les progrès de cette fausse religion ont causés dans notre royaume, et qui ont donné lieu audit édit et à tant d'autres édits ou déclarations qui l'ont précédé ou ont été faits en conséquence, que de révoquer entièrement ledit édit de Nantes et les articles particuliers qui ont été accordés en suite d'icelui et tout ce qui a été fait depuis en faveur de ladite religion. Savoir faisons que nous, pour ces causes et autres à ce nous mouvans, et de notre certaine science, pleine puissance et autorité royale, avons par ce présent édit perpétuel et irrévocable supprimé et révoqué, supprimons et révoquons l'édit du roi notredit ayeul, donné à Nantes au mois d'avril 1598, en toute son étendue, ensemble les articles particuliers arrêtés le 2 mai ensuivant et les lettres patentes expédiées sur iceux et l'édit donné à Nîmes au mois de juillet 1629, les déclarons nuls et comme non avenus, ensemble toutes les concessions faites tant par iceux que par d'autres édits, déclarations et arrêts aux gens de ladite R. P. R. de quelque nature qu'elles puissent être, lesquelles demeureront pareillement comme non avenues, et en conséquence voulons et nous plaît que tous les temples de ceux de ladite R. P. R. situés dans notre royaume, pays, terres et seigneuries de notre obéissance, soient incessamment démolis.

Défendons à nosdits sujets de la R. P. R. de plus s'assembler pour faire l'exercice de ladite religion en aucun lieu ou maison particulière, sous quelque prétexte que ce puisse être, même d'exercice réel ou de bailliage, quand bien lesdits exercices auroient été maintenus par des arrêts de notre conseil.

Défendons pareillement à tous seigneurs, de quelque condition qu'ils soient, de faire l'exercice dans leurs maisons et fiefs, de quelque qualité que soient lesdits fiefs, le tout à peine, contre tous nosdits sujets qui feroient ledit exercice, de confiscation de corps et de biens.

Enjoignons à tous ministres de ladite R. P. R. qui ne voudront pas se convertir et embrasser la religion catholique, apostolique et romaine, de sortir de notre royaume et terres de notre obéissance quinze jours après la publication de notre présent édit, sans y pouvoir séjourner au delà, ni, pendant ledit temps de quinzaine, faire aucun prêche, exhortation ni autre fonction, à peine des galères.

Voulons que ceux desdits ministres qui se convertiront continuent à jouir, leur vie durant et leurs veuves après leurs décès, tandis qu'elles sont en viduité, des mêmes exemptions de taille et logement de gens de guerre dont ils ont joui pendant qu'ils faisoient la fonction de ministre, et en outre nous ferons payer auxdits ministres, aussi leur vie durant, une pension qui sera d'un tiers plus forte que les appointemens qu'ils touchoient en qualité de ministres, de la moitié de laquelle pension leurs femmes jouiront aussi après leur mort, tant qu'elles demeureront en viduité.

Que si aucuns desdits ministres désirent se faire avocats ou prendre les degrés de docteurs ès loix, nous voulons et entendons qu'ils soient dispensés des trois années d'étude prescrites par nos déclarations, et qu'après avoir subi les examens ordinaires et par iceux été jugés capables, ils soient reçus docteurs en payant seulement la moitié des droits que l'on a accoutumé de percevoir pour cette fin en chacune Université.

Défendons les écoles particulières pour l'instruction des enfans de ladite R. P. R. et toutes les choses généralement quelconques qui peuvent marquer une concession quelle qu'elle puisse être en faveur de ladite religion.

A l'égard des enfans qui naîtront de ceux de ladite R. P. R. voulons qu'ils soient dorenavant baptisés par les curés des paroisses, enjoignons aux pères et mères de les envoyer aux églises à cet effet-là, à peine de cinq cents livres d'amende et de plus grande s'il y échet, et seront ensuite les enfans élevés en ladite religion catholique, apostolique et romaine, à quoi nous ordonnons bien expressément aux juges des lieux de tenir la main.

Et pour user de notre clémence envers ceux de nos sujets de ladite R. P. R. qui se sont retirés de notre royaume, pays et terre de notre obéissance avant la publication de notre présent édit, nous voulons et entendons qu'en cas qu'ils y reviennent dans le temps de quatre mois, du jour de ladite publication, ils puissent et leur soit loisible de rentrer dans la possession de leurs biens et en jouir tout ainsi et comme ils auroient pu faire s'ils y étoient toujours demeurés, et au contraire que les biens de ceux qui, dans ce temps-là de quatre mois, ne reviendront pas dans notre royaume ou pays et terres de notre obéissance qu'ils auroient abandonnés, demeurent et soient confisqués en conséquence de notre déclaration du 20 du mois d'août dernier.

Faisons très-expresses et itératives défenses à tous nos sujets de ladite R. P. R. de sortir, eux, leurs femmes et enfans, de notredit royaume, pays et terres de notre obéissance, ni d'en transporter leurs biens et effets, sous peine, pour les hommes, des galères, et de confiscation de corps et de biens pour les femmes.

Voulons et entendons que les déclarations rendues contre les relaps soient exécutées selon leur forme et teneur.

Pourront au surplus lesdits de ladite R. P. R. en attendant qu'il plaise à Dieu les éclairer comme les autres, demeurer dans les villes et lieux de notre royaume, pays et terres de notre obéissance, et y continuer leur commerce et jouir de leurs biens, sans pouvoir être troublés ni empêchés sous prétexte de ladite R. P. R. à condition, comme dit est, de ne point faire d'exercice ni de s'assembler sous prétexte de prières ou de culte de ladite religion de quelque nature qu'il soit, sous les peines ci-dessus de confiscation de corps et de biens[1].

Si donnons en mandement à nos amés et féaux les gens tenant nos cours de parlement, chambres de nos comptes et cour des aides, baillis, sénéchaux, prévôt et autres, nos justiciers et officiers qu'il appartiendra et à leurs lieutenans, qu'ils fassent lire, publier et enregistrer notre présent édit en leurs cours et juridictions, et icelui

---

[1] Cette dernière clause fut entendue par les protestants comme leur accordant une sorte de liberté de conscience; mais Foucault ne l'entend pas ainsi. (Voy. plus bas.)

entretenir et faire entretenir, garder et observer de point en point, sans y contrevenir ni permettre qu'il y soit contrevenu en aucune manière, car tel est notre plaisir. Et afin que ce soit chose ferme et stable à toujours, nous avons fait mettre notre scel à cesdites présentes.

Donné à Fontainebleau, au mois d'octobre l'an de grâce mil six cent quatre-vingt-cinq, et de notre règne le quarante-troisième.

Collationné :

LE TELLIER.

A M. Foucault, conseiller en mon conseil d'état, maître des requêtes ordinaires de mon hôtel, intendant en la généralité de Poitiers.

Monsieur Foucault, ayant fait expédier un édit par lequel, et pour les causes et raisons importantes que vous y verrez déduites, j'ai ordonné la suppression et révocation de l'édit de Nantes et de toutes les concessions faites en faveur de ceux de la R. P. R. tant par ledit édit que par d'autres édits, déclarations et arrêts donnés depuis en conséquence, et décerné plusieurs choses concernant ladite religion, et voulant que cet édit soit inviolablement gardé et observé, je vous adresse copie collationnée d'icelui, et je l'accompagne de cette lettre pour vous dire que mon intention est que vous ayez à tenir la main, dans l'étendue de votre département, à l'exécution et exacte observation de cet édit et de tout ce que vous y verrez être de mes volontés, particulièrement pour ce qui regarde la prompte démolition des temples qui se trouveront dans l'étendue de votre département, et pour faire que les ministres obéissent ponctuellement à ce qui leur est enjoint par ledit édit dans le temps qui y est marqué, comme aussi pour empêcher que ceux de ladite religion ne sortent de mon royaume, à l'exception des ministres qui ne voudront pas se convertir, auxquels, afin qu'ils puissent se retirer et sortir de mon royaume et terres de mon obéissance sans être arrêtés par ceux qui sont préposés pour empêcher la désertion de ceux de la R. P. R. je désire que vous leur expédiiez et fassiez délivrer des certificats conformes au modèle ci-joint; et ne doutant pas que vous ne vous appliquiez avec un soin particulier et selon que l'affaire le mérite à tout ce que je vous recommande par la présente comme la chose du monde que j'ai le plus à cœur, je ne vous la ferai plus longue que pour prier Dieu qu'il vous ait, Monsieur Foucault, en sa sainte garde. Écrit à Fontainebleau le xviie octobre 1685.

LOUIS.

LE TELLIER.

A Fontainebleau, le 17e octobre 1685.

Monsieur,

Vous serez pleinement informé, tant par la copie que je vous adresse de l'édit que le roi a nouvellement fait expédier que par la lettre de Sa Majesté qui l'accompagne, de ses intentions et de ce qu'elle désire de vos soins pour l'exacte observation et exécution de cet édit; c'est pourquoi je n'y ajouterai rien que pour vous dire que dans les certificats que vous expédierez aux ministres qui voudront se retirer, vous ne compreniez que leurs personnes, celles de leurs femmes et de leurs enfans de l'âge de sept ans et au-dessous, l'intention de Sa Majesté étant que leurs enfans qui auront plus de sept ans restent dans le royaume, et qu'ils ne disposent pas de leurs immeubles. Vous aurez agréable de me donner avis de tout ce qui se passera en exécution de cet édit dans votre département qui sera de conséquence, et dont il sera besoin que Sa Majesté soit informée, afin que je puisse lui en rendre compte.

Je suis,

Monsieur.

Votre très-humble et très-affectionné serviteur,

DE LOUVOIS.

P. S. Quoique je sois bien persuadé que, puisque par l'édit du roi dont je vous adresse copie Sa Majesté ordonne que les enfans qui naîtront des religionnaires seront portés à l'avenir aux églises catholiques, vous comprenez bien que les ministres établis pour les baptêmes et mariages qui ne se voudront pas convertir devront sortir du royaume comme les autres, j'ai cru qu'il ne pouvoit être que bien à propos de vous marquer que c'est l'intention du roi.

Le 27 octobre, j'ai mandé à M. de Louvois que M. le marquis de la Millière, gentilhomme qualifié de 20,000 ʰ de rente, devoit faire son abjuration en présence des gentilshommes qui devoient s'assembler en haut Poitou, pour leur servir d'exemple.

Cette assemblée n'a pas produit beaucoup de conversions, mais elle a ému les esprits et ébranlé plusieurs gentilshommes qui ont eu honte de se déclarer publiquement.

La noblesse du bas Poitou a envoyé un député à la cour, pour se plaindre de ce qu'au préjudice de l'édit qui révoque celui de Nantes, qui porte que les religionnaires ne pourront être troublés dans la jouissance de leurs biens, on les inquiète par des logemens de gens de guerre. J'ai reçu plusieurs requêtes sur ce sujet. Ils croyoient que l'intention du roi étoit qu'on les laissât vivre et mourir dans leur religion. Plusieurs convertis cessoient d'aller à la messe. La noblesse du haut pays vouloit aussi faire une députation; mais M. de Vérac[1] a fait arrêter et conduire à Angoulême le sieur des Minières, gentilhomme séditieux, suivant l'ordre du roi que je lui ai remis en blanc.

Il est certain que cet article de l'édit qui révoque celui de Nantes cause un grand préjudice aux affaires de la religion, arrêtant le progrès des conversions et affligeant les nouveaux convertis auxquels les opiniâtres reprochent qu'ils ont manqué de courage.

J'ai mandé à M. de Louvois qu'on pourroit lever ces impressions, en chargeant les intendans d'informer contre ceux qui sèment des discours contraires à l'esprit de l'édit et aux intentions du roi, et leur faire le procès comme à des perturbateurs du repos public. Je lui en ai même envoyé un projet d'arrêt.

[1] Olivier de Saint-Georges, marquis de Coué-Vérac, nouveau converti, lieutenant général et commandant pour le roi en Poitou. Mort en juin 1704.

MÉMOIRES

M. de Saint-Georges, frère de M. de Vérac, a été le premier qui a déclaré hautement, dans cette assemblée, qu'il vouloit embrasser la religion romaine. J'ai mandé à M. de Louvois qu'il mériteroit une pension.

Tous les ministres du Poitou, après la révocation de l'édit de Nantes, ont pris le parti de passer en Angleterre et en Hollande. J'ai expédié des certificats à dix-sept.

J'ai taxé d'office vingt-six prétendus gentilshommes dans six élections.

Le 31 octobre, M. le chancelier Le Tellier est mort[1], et M. Boucherat a eu sa place.

Au mois d'octobre, M. de Vieuxbourg[2], petit-fils de M. Boucherat, tomba malade de la petite vérole à Poitiers. J'en fis prendre de grands soins, dont M. Boucherat me fit de grands remerciemens.

A Fontainebleau, ce 12 octobre 1685.

Je vous suis bien obligé, monsieur, du soing[3] que vous aues bien voullu prendre de minformer de la disposition ou vous aues trouue mon petit fils le marquis de Vieilbourg. J'apprens mesme que vous luy auez fait lhonneur de le visiter et dordonner auec bonté quon en eut bien du soing en votre absence. Je vous avoue, monsieur, que je suis très sensible a toutes les assistances que vous luy aues rendu. Comme je laime beaucoup, estant fort sage et de bonne conduite, auec courage, jespere que dans sa profession il pourra se rendre digne des graces que Sa Maieste luy a fait lhonneur de luy faire jusques a present et de luy auoir donne un regiment et conserué la lieutenance generale de Niuernois que son pere auoit. Je souhaitte que sa sante soit bient tost restablie pour se rendre au seruice qu'il

---

[1] D'après Dangeau, c'est le 30 octobre que le chancelier Le Tellier mourut.

[2] Louis de Vieilbourg, marquis de Miennes en Nivernois, lieutenant de roi de cette province, colonel d'infanterie, avait épousé Anne-Françoise de Harlay, petite-fille du chancelier Boucherat. Il fut tué dans une sortie au siége de Namur, le 18 juillet 1695.

[3] Les lettres précédentes n'étaient que des expéditions; mais, celle-ci étant autographe dans le manuscrit, nous avons cru devoir respecter l'orthographe de l'original.

DE NICOLAS-JOSEPH FOUCAULT. 139

doit et ou il a esté jusques a present assidu. Son regiment est en Languedoc, et Mr de Basuille, son proche parent, veut bien en auoir soing en son absence, ayant permission de se restablir auant dy pouuoir aller. Je puis vous asseurer de sa parfaite reconnoissance et que je suis plus que personne auec respect et estime

Votre tres humble et tres obeissant
seruiteur,

BOUCHERAT.

Je vous supplie de ne point permettre que mon petit fils ne sorte de Poitiers que vers le xxviij ou le xxx, et quil naye este bien purgé, pour sen aller en une de ses terres en Niuernois ou il a permission daller quelque temps auant de se rendre a son regiment qui est en Languedoc. Je remercie par lettres M. le lieut. general.

Le roi a établi une maison de nouvelles catholiques à Poitiers, au mois d'octobre.

Mon fils a commencé ses études à Poitiers, en 1685, au mois d'octobre. Je lui ai donné un précepteur qui le conduisoit tous les jours au collége des Jésuites.

Il a été malade au mois de novembre d'une difficulté d'urine et jetoit du pus.

Le 2 de novembre, j'ai fait assembler à Poitiers les religionnaires du haut Poitou, pour les exhorter à se convertir. Il y eut peu de conversions. — *Vid.* le discours.

DISCOURS FAIT AUX GENTILSHOMMES DE LA R. P. R. DU HAUT POITOU,

LE 2 NOVEMBRE 1685,

À POITIERS, DANS LA CHAMBRE DE L'AUDIENCE DU PRÉSIDIAL.

Il n'y a personne parmi vous qui ne connoisse l'importance du sujet qui vous a fait assembler ici, et qui ne soit pleinement convaincu que vous pouvez aujourd'hui rendre au roi le plus grand service que vous ayez été et que vous serez en état de lui rendre de votre vie. Vous savez en quels termes ce grand prince a exprimé le violent désir qu'il avoit de voir tout son royaume réuni sous une même communion; et si son zèle l'a porté à dire qu'il donneroit volontiers un de ses bras pour la conversion de ses sujets, ne serez-vous pas persuadés que l'acquisition à l'Église romaine de tout ce qu'il y a de gentilshommes ici lui seroit, sans comparaison, plus agréable que ne l'ont été toutes les conquêtes que ce même bras toujours victorieux a fait depuis quinze années? Seroit-il possible, messieurs, que ces démonstrations d'une amour toute paternelle et véritablement dignes du petit-fils de saint Louis n'excitassent aucun mouvement de reconnoissance dans vos cœurs, mais d'une reconnoissance qui répondit à la nature et à la grandeur de l'obligation?

Car, enfin, c'est une illusion qui ne peut venir que d'une préoccupation aveugle, de vouloir distinguer les obligations de la conscience d'avec l'obéissance qui est due au roi, dans une occasion où ces deux devoirs sont inséparables, puisque Sa Majesté agit uniquement pour l'intérêt de la religion. Faites, s'il vous plaît, réflexion que vos ancêtres ont témoigné autant d'attachement à l'Église romaine que vous avez depuis montré d'aversion pour elle. Sachez que c'est en reconnoissance de cet attachement que le Saint-Siége a permis à la noblesse de posséder des dîmes, qui sont le partage des ecclésiastiques et que nous pouvons dire, en passant, n'avoir jamais été celui de vos ministres, qui, dans l'invasion générale des biens de l'Église, ont, par un effet de la Providence divine, respecté le patrimoine des véritables pasteurs de Jésus-Christ. Or peut-on dire que l'Église romaine fût pour lors dans d'autres sentimens que ceux où elle est aujourd'hui? vos pères n'étoient-ils pas lors catholiques romains? C'est donc le malheur du siècle passé qui les a ravis à l'Église; il faut que le bonheur de celui-ci répare leur perte, et que votre conversion mette le comble à la félicité du plus glorieux règne qui ait été depuis l'établissement de la monarchie françoise.

Le roi, comme prince très-chrétien, comme fils aîné de l'Église, est protecteur de la religion, et, dans cette qualité, obligé à en conserver la pureté dans son royaume et à détruire toutes les sectes qui y sont opposées; c'est à quoi il travaille heureusement depuis la fin de la guerre qu'il a si glorieusement terminée contre les ennemis de l'État, et dans laquelle il paroît visiblement que Dieu a favorisé ses armes pour le mettre en état de combattre l'hérésie, car c'est, dorenavant, de ce titre que nous devons qualifier votre religion depuis l'édit qui en a entièrement aboli l'exercice en France.

Vous ne devez pas vous plaindre des moyens dont le roi s'est servi pour l'anéantir. Il faut poser pour fondement que votre religion étoit seulement tolérée et non pas approuvée en France; ainsi l'exercice a pu en être interdit; que l'édit de Nantes avoit été extorqué plutôt qu'accordé, joint qu'il n'étoit que provisionnel, et par conséquent sujet à être révoqué. Si l'on a eu recours aux gens de guerre pour exciter les conversions, ils n'ont été employés que contre ceux qui ont refusé de se faire instruire des véritables sentimens de l'Église romaine; mais, au fond, il étoit nécessaire que [le roi] s'en servît comme du seul moyen capable de combattre les préventions de la naissance et d'une longue habitude dans une religion commode, indépendante et qui flatte les sens. Les empereurs chrétiens ont fait revenir à l'Église les hérétiques par des voies beaucoup plus rudes dans les premiers siècles de l'Église; mais que diriez-vous si l'on suivoit, à votre égard, les mêmes voies qui ont été pratiquées contre les catholiques lors de la naissance de votre religion, si l'on vous traitoit comme l'Espagne traite ceux qui se sont séparés de l'Église catholique? et n'appréhendez-vous point d'irriter, par votre opiniâtreté, un prince également pieux et puissant qui peut regarder sa puissance absolue comme un moyen que Dieu lui a donné pour faire régner la véritable religion dans son royaume, qui sait beaucoup mieux se faire obéir que les princes dans les états desquels l'inquisition est établie, et qui, ne voulant rien que de juste, est en possession de ne trouver aucune résistance à tout ce qu'il entreprend?

C'est, messieurs, avec beaucoup de peine que je me vois obligé de vous faire entrevoir les malheurs qui vous menacent et que nous vous conjurons tous de vouloir détourner. Votre religion n'a point d'assez profondes racines pour résister aux secousses et aux agitations qu'on lui donne. Ne voyez-vous pas clairement que c'est l'esprit de Dieu qui souffle et qui forme les orages qui l'ont mise par terre? Si vous étiez dans le vaisseau des élus, il résisteroit aux tempêtes, et tant de milliers d'âmes qui sont revenues au port feroient encore profession de votre prétendue réforme.

Nous venons d'apprendre, par une relation de ce qui s'est passé tout nouvellement en Languedoc, que cent soixante mille âmes viennent d'y abjurer tout nouvellement leurs erreurs, que toute la noblesse et quinze ministres ont pris le même parti.

Qu'attendez-vous donc, messieurs, après cette défection générale de votre parti, après ce nombre innombrable de conversions, pour revenir à nous? Il y a de la témérité de se vouloir défendre lorsqu'on n'est plus en état de le faire et que la déroute est universelle. N'est-il pas temps enfin que vous vous déterminiez à suivre un exemple que vous n'avez pas voulu donner? celui de M. le marquis de Vérac, dont la vertu est au-dessus de l'envie et dont le roi vient de reconnoître le mérite et récompenser le zèle et les services, n'est-il pas capable de vous toucher? Vous ne trouverez point dans la suite une porte aussi honorable que celle qu'on vous ouvre présentement pour sortir de votre engagement et pour rentrer dans l'Église, et vous vous repentirez dans peu d'avoir sacrifié vos biens et votre repos à un faux honneur qui vous attirera de véritables disgrâces.

Les gentilshommes du bas Poitou qui, à la réserve de quelques-uns qui ont pris le bon parti, avoient paru si unis dans leur opiniâtreté lors de l'assemblée qui s'est tenue à Luçon, se détachent tous les jours et sont obligés d'avouer qu'une vaine honte les avoit retenus.

Quelle gloire seroit-ce pour vous de prendre, avant sortir d'ici, une généreuse résolution de vous convertir, par une prudente et authentique délibération! Mais à quel danger vous exposez-vous si vous vous séparez dans des sentimens qui irritent les puissances du ciel et de la terre contre vous et qui attirent leur courroux sur vos personnes et sur vos familles? Si ce malheur vous arrive, chacun déplorera votre endurcissement, mais vous ne serez plaints de personne. Faites réflexion à l'état où vous êtes et profitez du dernier avertissement que le roi vous donne par ma bouche. Que s'il vous reste quelque doute sur les véritables sentimens de l'Église romaine que vos ministres vous ont déguisés jusqu'à présent, vous avez, dans cette ville, M. l'évêque de Poitiers, qui n'a pas moins de lumières et de connoissances pour vous conduire dans la voie du salut qu'il témoigne de zèle et de passion de vous y voir rentrer.

Au reste, messieurs, j'apprends que plusieurs personnes toujours disposées à se laisser tromper par les fausses apparences, et qui sont des interprètes suspects de l'édit qui révoque celui de Nantes, expliquent malicieusement et étendent, contre l'esprit de la loi, une clause que le roi a eu la bonté d'y faire insérer pour la sûreté de ceux de votre religion et pour le bien du commerce, et prétendent en tirer cette conséquence, que Sa Majesté les laisse en liberté de conscience, dans le temps qu'elle la leur ôte formellement en ordonnant la démolition de tout ce qui reste de temples en France et qu'elle en bannit tous les ministres; c'est sur ces points essentiels de l'édit que ces aveugles commentateurs devroient ouvrir les yeux et attacher leurs pensées, et je ne doute pas, messieurs, que, plus éclairés et de meilleure foi qu'eux, vous n'y ayez fait de plus justes et de plus solides réflexions.

Le 2 novembre, l'aînée[1] de mes filles mourut à Poitiers de la petite vérole; elle avoit nom Angélique. Elle étoit née le 25 février 1681.

RÉPONSE DE FOUCAULT PÈRE[2].

A Verrière, ce 9 novembre [16]85.

Le dernier édit qui révoque celui de Nantes me paroît un contretemps aux affaires de la religion p. r. Il produira bien

LETTRE DE FOUCAULT A SON PÈRE.

A Poitiers, ce 3° novembre 1685.

Les gentilshommes de la R. P. R. du haut Poitou s'assemblèrent hier ici au palais. Je leur fis entendre les intentions

[1] Angélique n'était que la seconde fille de Foucault; l'aînée était Marie, née le 23 avril 1678. (Voy. plus haut, p. 45.)
[2] Écrite en marge et difficile à lire.

des relaps qui se cantonneront dans leurs maisons et serviront de ministres à leurs familles, et l'on ne sauroit parer à cet inconvénient que par une déclaration interprétative.

Il est bon que M. Pussort soit informé de ce bon office; mais il faut que ce soit par tout autre que par vous, et que son fermier lui en donne avis. Il a son secrétaire, M. Hersan, qui est trésorier de France au bureau de Poitiers; il faudroit voir si vous ne pourriez rien pour lui, cela plairoit fort à son maître. Il faut tâcher de conserver son amitié par toutes voies. Si M. Boucherat ne l'avoit exclu par son antiquité, on lui auroit dû donner sa place, et, s'il venoit à manquer, l'on peut enfreindre de suivre l'ordre du tableau; mais, en tout cas, ce chancelier-ci ne le poussera pas comme faisoit le défunt[1], qui étoit mordant et à qui un bon mot n'échappoit jamais. Il le respectera, au contraire, car tout le monde demeure d'accord que

du roi et leur représentai le mieux qu'il me fut possible combien ils avoient intérêt de s'y conformer. Il y eut peu de conversions; mais il y en a beaucoup d'ébranlés et qui se font une fausse honte de renoncer publiquement à une religion où ils sont exhortés par les chefs de parti à persévérer. J'en ai taxé d'office aux tailles une trentaine. Il ne me reste plus que deux élections où les départemens ne sont pas encore faits. J'ai diminué la paroisse de M. Pussort, qui est la plus soulagée de toutes. Ses métayers ne payent presque point de taille. J'ai cru qu'il étoit plus à propos de lui laisser donner avis de cette diminution par son homme d'affaires que de le lui donner moi-même.

L'aînée des filles que j'ai ici mourut hier; il y avoit trois semaines qu'elle étoit malade. Son mal a commencé par la petite vérole et a fini par un flux hépathique. Ce sont des pertes qui deviennent fréquentes dans ma [famille]. Dieu conserve ce qui reste!

Ce sera un grand repos pour vous et un grand avantage pour votre famille, si vous pouvez être une fois défait des papiers de la chambre de justice.

Nous attendons tous les jours des nouvelles de l'événement de la maladie de

---

[1] Le chancelier Le Tellier.

M. Pussort primera au conseil, n'y ayant personne qui en approche. Au surplus, M.....[1] avoit donné d'étranges impressions de vous au défunt, dont il lui échappoit toujours quelque petit mot, car il se laissoit étrangement prévenir. Dieu lui fasse paix!

J'avois prévu que cette clause, qui m'a paru d'abord mal entendue, pourroit faire des embarras. Je crois vous en avoir écrit quelque chose. Je ne doute pas que l'on n'envoie une déclaration interprétative. Il n'eût pas été mal à propos que vous eussiez fait vos observations sur les inconvéniens dont l'exécution peut être suivie, car le sens littéral du dernier article paroit directement opposé à la continuation des conversions, tout cela faute d'explication ou par trop de précipitation, car absolument tant plus l'on examinera cette dernière clause, plus elle se trouvera contraire aux intentions du roi qui sont d'achever (?)[2] et d'empêcher qu'il n'y ait des relaps. La suite le va faire voir si l'on n'y remédie[3].

M. le chancelier. Il sera difficile, s'il vient à manquer, de bien remplir cette place. M. Pussort l'occuperoit dignement et relèveroit fort le cœur à la famille de M. Colbert. Je n'oserois en mon particulier espérer que ce bien nous arrive.

La dernière clause de l'édit de révocation de celui de Nantes nous fait un grand désordre ici et arrête les conversions.

Je vous assurerai, s'il vous plaît, de mes respects.

F.

J'oubliois de vous marquer qu'il est assez à propos de faire mettre deux petites épitaphes à vos deux enfans, l'une à Pau, l'autre à Poitiers; elles ne contiendroient que deux lignes : une telle, fille d'un tel et de..... ses père et mère.

Ces monumens, qui subsistent longtemps, peuvent être, dans la suite, de quelque usage pour les familles, pour des cas que l'on ne sauroit pas prévoir.

F[OUCAULT].

Le 8 novembre, M. de Louvois m'a mandé que, le roi ayant été informé que, depuis la révocation de l'édit de Nantes, les religionnaires qui ne se sont pas convertis croient qu'en vertu de la dernière

---

[1] Nom illisible, peut-être du Trône.
[2] Mot illisible, lu par conjecture.
[3] Suit un alinéa où nous n'avons pu lire que ces mots : « le retardement de la « quittance de l'affaire de Montargis aura « donné lieu à divertir ce fonds. »

clause de ladite révocation ils ne peuvent être pressés de changer de religion, Sa Majesté désire qu'on apporte plus de sévérité pour les obliger à se faire instruire et qu'on y contraigne les gentilshommes et les roturiers par logement de gens de guerre; que j'informe contre ceux qui insultent les nouveaux convertis, sous prétexte qu'ils se sont trop pressés de changer de religion, pour être punis par des condamnations d'amendes et par la prison; qu'au surplus on se serve le plus qu'on pourra des voies de la douceur et des exhortations contre le gros des nouveaux convertis, pour les engager à faire leur devoir de religion; qu'il faut faire représenter les titres aux gentilshommes dont la noblesse est douteuse, et faire informer contre les véritables gentilshommes qui ont commis des vexations, et qu'enfin on leur fasse à tous entendre qu'ils n'auront ni paix ni douceur chez eux jusqu'à ce qu'ils aient donné des marques d'une sincère conversion.

Le 8 novembre, j'ai fait mes complimens à M. Boucherat sur sa promotion à la dignité de chancelier. Il a été nommé le 1er novembre 1685.

Le 10 novembre, le sieur Paulmier, ministre de Saint-Maixent, et des plus accrédités par sa suffisance dans la province, a été le premier qui se soit converti. J'ai proposé à M. de Louvois de lui faire donner une pension; il avoit 600^{tt} d'appointemens à Saint-Maixent.

Le 15 novembre, j'ai écrit à M. de Louvois pour me justifier des plaintes que plusieurs gentilshommes de la R. P. R. avoient faites, que je leur envoyois des compagnies de dragons entières chez eux et que je les imposois aux tailles.

Nonobstant ces plaintes, M. de Louvois a mandé à M. de Vérac d'envoyer la moitié d'une compagnie dans une seule maison, et il a fallu faire vendre leurs meubles lorsque les vivres et le fourrage a été consommé; c'est ce que je n'avois jamais voulu souffrir.

Le roi n'a pas voulu que l'on envoyât des gens de guerre chez M. d'Olbreuse, frère de madame la duchesse de Zell[1].

[1] Éléonore Desmier, fille d'Alexandre Desmier, seigneur d'Olbreuse, avait épousé, en 1665, Georges-Guillaume de Brunswick, duc de Zell et de Lunebourg.

Le roi a écrit aux parlemens que son intention étoit que ceux qui ne se mettroient pas en devoir de recevoir les sacremens lorsqu'ils seroient en danger de leur vie fussent punis de la peine des relaps, ce qui a été fait pour remédier aux inconvéniens de l'article de l'édit de révocation de celui de Nantes, dont ils infèrent que le roi veut qu'on les laisse vivre et mourir dans leur religion.

Mais j'ai mandé à M. de Louvois que, le Poitou étant fort éloigné de Paris, il sera difficile que le parlement puisse faire des exemples, qui ne sont utiles qu'autant qu'ils sont prompts; que c'est la raison qui a porté Sa Majeté, nonobstant la déclaration de 1679 et l'édit de 1680 adressés au parlement, d'ordonner, par un arrêt du 8 juin 1682, que le procès seroit fait par M. de Bâville aux relaps du Poitou. J'ai envoyé à M. de Louvois un projet d'arrêt pour m'attribuer une pareille connoissance.

Au mois de novembre, le sieur Rocas, ministre du Breuil, s'est converti à l'âge de 86 ans. C'est le deuxième de la province qui ait pris ce parti, tous les autres ayant passé en Hollande et en Angleterre.

Le 29 novembre, j'ai reçu un ordre du roi pour faire arrêter le sieur de la Massaye et l'envoyer au château d'Angers. Il s'étoit signalé par ses menées auprès des gentilshommes de la R. P. R. Il ne s'est pas trouvé chez lui.

M. le marquis de Mauzé, qui se tient en Aulnis et qui a des terres en Poitou, m'est venu prier de ne lui point envoyer de logemens de gens de guerre, et qu'il alloit faire son abjuration à Paris.

M. de Louvois m'a mandé, par sa lettre du 17 novembre 1685, que l'intention du roi est que les dragons demeurent chez les gentilshommes de la R. P. R. du bas Poitou jusqu'à ce qu'ils soient convertis, qu'on leur laisse faire le plus de désordre qu'il se pourra.

Le 22 novembre 1685, M. de Louvois m'a mandé que le roi avoit accordé une pension de 900 ⁒ au frère de M. de Vérac, sur ce que je lui ai écrit.

Le 27 novembre 1685, M. de Louvois m'a mandé de faire donner trois pistoles aux cavaliers de la R. P. R. qui se convertiront, et deux à chaque soldat.

Le roi a envoyé M. d'Asfeld en Poitou, au mois de novembre 1685, pour loger les troupes chez les religionnaires.

Au mois de novembre, il a couru un bruit à Paris que les religionnaires de Poitou m'avoient assassiné.

Le 27 novembre 1685, ma femme est accouchée d'un deuxième fils, tenu sur les fonts par M. Dugué et par mademoiselle Foucault, ma sœur. Il a été nommé Guillaume, du nom de son parrain. Il a été nourri à Poitiers. Quand j'ai quitté Poitiers, en 1689, je l'ai laissé entre les mains d'une bourgeoise de Poitiers. J'ai mis Henriette dans l'abbaye de Saint-Jean, et la dernière fille à Dissais[1]. Peu de temps après je fis venir le garçon et la dernière fille à Paris, où elle fut envoyée à Jarcy, et le garçon conduit à Nanterre, le 15 juin 1690.

M. de la Massaye s'étant absenté, M. de Louvois m'a mandé, par sa lettre du 10 décembre 1685, que, s'il ne se présente dans peu de temps, il faudra faire raser sa maison.

M. de Villette, parent de madame de Maintenon, s'est converti à Niort, le 20 décembre 1685[2].

Il y a eu deux cent onze gentilshommes qui se sont convertis depuis le 20 novembre jusqu'au 20 décembre.

Le 27 décembre 1685, M. de Louvois m'a mandé de faire mettre en prison les religionnaires chez lesquels il n'y aura plus de quoi nourrir les dragons, et faire raser les maisons de ceux qui s'absenteront.

Au mois de décembre, M. de Vérac a envoyé des dragons chez les gentilshommes de la R. P. R. du Poitou.

Au mois de décembre, j'ai reçu des ordres de M. de Louvois, de

---

[1] Maison de campagne que Foucault avait louée.

[2] « Le roi donne au marquis de Villette, cousin germain de madame de Maintenon, et chef d'escadre, une pension de 3,000 ᴸ. Il s'est converti depuis peu. » (*Journal de Dangeau*, 10 mars 1686.)

faire raser quelqu'une des maisons de gentilshommes de la R. P. R. qui refuseront de s'instruire. J'en ai fait raser une appartenant au sieur de Chambray.

Au mois..... 1685, j'ai demandé au roi deux régimens d'infanterie, pour s'en servir en cas de besoin contre les religionnaires opiniâtres et séditieux.

Je n'ai pas été d'avis que l'on fît le procès aux relaps qui se sont convertis.

Le roi [a] accordé, sur mes remontrances, 158,320tt de diminution sur les impositions du Poitou, pour 1686, dont il y en a 50,000tt pour les nouveaux convertis.

1686.

Le 1er janvier, M. de Louvois m'a envoyé un arrêt du conseil qui défend aux médecins de la religion prétendue réformée d'exercer leur profession.

Le 8 janvier, j'ai reçu une lettre de cachet pour faire transférer la dame de Vervant, du couvent des Ursulines d'Angoulême dans l'abbaye de Puyberland, en Poitou; depuis, elle a été conduite à l'abbaye de la Trinité de Poitiers, et ensuite au Port-Royal à Paris.

Le roi ayant été informé que les ministres qui sont sortis du royaume, en exécution de l'édit du mois d'octobre dernier, ont résolu d'y revenir, déguisés en marchands et en cavaliers, pour séduire les nouveaux convertis, que ceux qui servoient de ministres dans une province doivent aller dans une autre qui en soit fort éloignée, Sa Majesté désire que je n'oublie rien pour en découvrir quelqu'un, pour en faire une punition qui prévienne leur mauvais dessein.

Le 9 janvier, M. de Louvois m'a envoyé un ordre du roi, sur mon avis, pour envoyer le sieur de la Chauvinière, gentilhomme de la R. P. R. du Poitou, au château de Pierre-Encise, cela pouvant contribuer à sa conversion.

M. de Louvois m'a écrit, le 12 janvier, que, le roi ayant considéré que la plus grande partie des soldats suisses et autres étrangers de la R. P. R. ne se convertissoient que pour jouir de la gratification de deux pistoles qui leur a été payée jusques à présent, et que, quand ils étoient retournés dans leur pays, il est bien difficile qu'ils s'empêchent de retourner à leur religion, Sa Majesté a résolu de ne leur plus rien donner, et de m'en donner avis afin que je me conforme à ses intentions.

Le roi ayant ci-devant fait des défenses aux carmes déchaussés de son royaume de reconnoître les supérieurs généraux dudit ordre étant à Rome, et ayant appris que le chapitre général se devoit tenir après Pâques, et que ces défenses pourroient empêcher les carmes déchaussés françois de se trouver audit chapitre général, Sa Majesté leur ordonne de s'y trouver, et désire que je leur fasse savoir ses intentions portées par une lettre de cachet du 11 janvier 1686.

Ayant proposé au roi de faire raser la maison du sieur de Chambray, gentilhomme de la R. P. R. du Poitou, l'un des plus séditieux de la province, et qui s'est absenté, M. de Louvois m'a écrit, le 14 janvier, que Sa Majesté approuvoit cette proposition, pour obliger, par cet exemple, ceux qui se sont absentés à revenir.

Le 19 janvier, M. de Vérac m'a mandé que mademoiselle sa fille s'étoit convertie, mais non madame de Vérac, sa femme.

Le roi avoit établi, en 1676, une commission à l'Arsenal, pour la réformation des abus des étapes. M. Le Pelletier m'a envoyé un arrêt du conseil, du 20 janvier 1686, qui supprime cette chambre.

J'ai reçu une lettre de M. de Louvois, du 20 janvier, pour faire mettre la dame de la Forest dans un couvent de la ville de Poitiers, pour y demeurer jusques à ce qu'elle soit convertie.

Par une lettre de M. de Louvois, du 22 janvier, il me mande que, le roi ne jugeant pas à propos de disposer des biens des religionnaires fugitifs, Sa Majesté désire que je prenne soin de les faire administrer de manière que lesdits religionnaires absens n'en puissent tirer aucun revenu, et [qu'ils] ne se dissipent point, et que je sois en état de rendre compte au roi de ce en quoi consistent les fonds et les revenus desdits biens, lorsque Sa Majesté le demandera.

Il y avoit dans Châtellerault . . . . .[1] qui faisoient profession de la R. P. R. Au 24 janvier, il n'y avoit plus que quatre personnes, que j'ai fait mettre en prison, et huit, absentes, qui ont passé dans les pays étrangers. Il y avoit trois ministres très-habiles.

Le sieur de la Roche-Logerie étoit un des plus entêtés religionnaires; il disoit qu'il auroit souhaité endurer le martyre pour sa religion.

Le nommé Bureau, libraire de Poitiers, s'étant converti peu de temps avant sa mort, sa veuve a demandé au roi la permission d'envoyer en Hollande les livres à l'usage de la R. P. R. que son mari lui a laissés, et la permission d'imprimer les psaumes en françois, de la traduction du P. Adam, jésuite, et ceux de Don Antoine, roi de Portugal, de la traduction de Du Ryer; ce qui lui a été accordé.

M. de Louvois m'a écrit une lettre le 31 janvier, portant que, le roi ayant été informé, par les officiers des galères, que plusieurs des soldats qui y ont été condamnés pour désertion ont eu le nez coupé si près qu'ils sont incapables de résister à la fatigue de la mer, Sa Majesté désire que l'on ne coupe aux déserteurs que l'extrémité du bout du nez, pour les marquer seulement, et d'en avertir les majors des troupes.

Au mois de janvier, j'ai obtenu du roi 3,000 ⁱⁱ, pour donner aux filles du séminaire des nouvelles catholiques de Poitiers le moyen d'acheter une maison, pour les mettre en état de loger les nouvelles catholiques.

M. l'abbé de Quincé a été nommé évêque de Poitiers au mois de janvier; mais, sa santé ne lui ayant pas permis de se charger du fardeau de l'épiscopat, il a remis son brevet au roi et est mort peu de temps après; c'étoit un homme de vertu et d'un grand mérite[2].

---

[1] En blanc dans le manuscrit.

[2] On lit dans le Journal de Dangeau, à la date du 10 novembre 1685 : « Le roi « donna à l'abbé de Quincé l'évêché de « Poitiers; » et à la date du 8 avril 1686 : « Je sus que l'évêque de Tréguier avoit été « nommé à l'évêché de Poitiers que l'abbé « de Quincé a remis au roi, à cause que « ses indispositions l'empêchent de faire « les fonctions de l'épiscopat. »

Au mois de janvier, j'ai fait planter des arbres le long de la rivière du Clain, depuis l'abbaye de Saint-Cyprien, dans l'étendue de six cents toises, pour servir de promenade aux habitans de Poitiers, et l'année suivante j'ai fait revêtir le côté de la rivière.

Au mois de janvier, tous les religionnaires de Poitiers et de Châtellerault étoient convertis, et il en restoit dans la province environ cinq à six cents prisonniers ou fugitifs qui ne l'étoient pas.

Au commencement de février 1686, il ne restoit pas cinq cents religionnaires en Poitou, encore tous fugitifs ou prisonniers.

Le sieur Bérard, prêtre, avoit un talent particulier pour élever des perdrix. Il les faisoit couver par des poules; il les rassembloit au son d'un petit tambour pour les repaître, et il les conduisoit devant lui, partout où l'on vouloit, comme des poules d'Inde. J'en ai fait conduire par ce prêtre à Chambord, à Versailles et à Meudon.

Le sieur de Saint-Philbert, gentilhomme des plus considérables en biens, s'est converti aussi bien que la dame de la Lourrie, ce qui a attiré un grand nombre de conversions. La prison éloignée a plus attiré de gentilshommes à l'Église que les dragons; c'est la prison qui a converti le sieur de Gagemont.

La reine Jeanne de Navarre faisoit condamner à l'amende les catholiques qui alloient à la messe; mais j'ai mandé à M. de Louvois qu'il valoit mieux se servir du ministère des dragons pour obliger [les] nouveaux convertis d'aller à la messe les dimanches, que de la voie de l'amende dont il restoit des vestiges dans les suites.

Les prêtres de l'Oratoire, que M. l'évêque de Poitiers avoit fait venir pour faire la mission dans son diocèse, ont refusé d'aller prêcher dans les bourgs et villages, prétendant qu'ils avoient été envoyés pour prêcher seulement dans les villes. Je l'ai écrit à M. de Louvois.

J'ai mandé à M. de Louvois qu'un obstacle considérable aux conversions, dans plusieurs paroisses, étoit la vie scandaleuse des curés, que les évêques ne peuvent ranger à leur devoir par des procédures régulières, à cause des appels comme d'abus de leurs ordonnances. Je lui ai envoyé les noms de trois de ces curés pour les envoyer dans le séminaire de Richelieu, qui est très-réglé; c'est le seul moyen de les mettre à la raison. Cet ordre m'a été envoyé.

J'ai demandé à M. de Louvois un arrêt qui me commette pour faire le procès aux religionnaires qui se mettent en devoir de quitter le royaume, et lui ai mandé que j'allois faire l'instruction de celui du sieur de la Massaye.

Le 8 février 1686, M. de Louvois m'a envoyé plusieurs exemplaires de la manière dont on doit faire usage du remède trouvé par le prieur de Cabrières pour les descentes, Sa Majesté l'ayant rendu public depuis la mort dudit prieur[1].

J'ai reçu un ordre du roi, du 8 février 1686, pour faire conduire au château de Pierre-Encise les sieurs de Vesançay, de Mauroy et de Gagemont, gentilshommes de la R. P. R. du Poitou, attendu leur opiniâtreté à ne se point convertir.

Ayant proposé à M. de Louvois de faire assister de quelque argent les religionnaires fugitifs qui reviendroient en France, il m'a mandé, par sa lettre du 13 février, que le roi ne juge pas à propos de leur faire distribuer de l'argent par son ordre, à cause des plaintes que pourroient faire ceux qui se sont convertis de bonne grâce, qu'ils seroient moins bien traités que les autres; mais que le roi trouvera bon que j'emploie jusques à 150 ou 200 pistoles à cela, comme si c'étoit de mon argent, et que, sur le mémoire que j'en enverrois de mois en mois, il m'en feroit rembourser.

Le 28 février 1686, j'ai écrit à M. Le Pelletier que la dépense à faire pour les réparations et augmentations des églises du seul diocèse de Poitiers où il y a des nouveaux convertis, qui contient presque les deux tiers du Poitou, reviendroient à 46,485#, et qu'il faudroit un second fonds pour les diocèses de la Rochelle et de Luçon.

---

[1] « Le prieur de Cabrières, qui étoit venu à la cour pour donner au roi tous ses secrets, mourut ici. Le roi a une partie de ses remèdes, mais il y en a beaucoup de perdus par sa mort. » (*Journal de Dangeau*, 26 novembre 1685, à Versailles.)

Le roi ayant établi des ateliers publics pour faire travailler les pauvres aux chemins, M. Le Pelletier a augmenté, sur mon avis, le fonds destiné pour le Poitou de 20,000 ʰ, au mois de février 1686.

J'ai reçu un ordre du roi du 2 mars 1686, pour envoyer madame de Vérac, femme de M. de Vérac, lieutenant général du haut Poitou, dans un monastère.

J'ai reçu une lettre de M. de Seignelay, du 3 mars 1686, par laquelle il me marque que l'intention du roi est d'empêcher les religionnaires de sortir du royaume, aussi bien que les nouveaux convertis, et que, pour cet effet, il faut établir des gens de confiance sur les côtes de Poitou, qui puissent empêcher leur embarquement; que le roi pourvoira à cette dépense. Je lui ai envoyé un état de ce qui restoit encore de religionnaires en Poitou.

Le 4 mars 1686, M. de Louvois m'a mandé que l'intention du roi étoit de faire augmenter les églises du Poitou, qui, par la quantité de nouveaux convertis, ne peuvent contenir ceux qui doivent assister au service divin, Sa Majesté désirant, pour cet effet, que je fasse faire au plus tôt les plans, devis et marchés nécessaires, et que je lui envoie un état de ce [que] cela devra coûter pour mettre cette année les églises en l'état porté par lesdits devis, le tout de concert avec MM. les évêques, et de régler la dépense de manière qu'elle n'engage Sa Majesté qu'à ce qui sera absolument nécessaire pour que les habitans de chaque paroisse puissent avoir le couvert.

Le 4 mars, M. de Louvois m'a écrit que, le roi ayant été informé que, dans plusieurs paroisses où il y a des religionnaires, les curés qui, auparavant leurs conversions, pouvoient se passer de vicaires, ne pouvoient plus le faire, Sa Majesté désiroit que je conférasse avec MM. les évêques pour savoir comment on pourroit pourvoir à ces besoins, soit en obligeant les gros décimateurs à entretenir des vicaires, ou en chargeant les curés qui ont un revenu suffisant de le faire, ou les habitans d'y contribuer; que, si aucun de ces moyens ne se trouve praticable, Sa Majesté veut bien entrer dans cette dépense, et que j'aie à lui mander sur cela mon avis.

M. de Louvois m'a écrit, le 10 mars 1686, que le roi ne vouloit pas que l'on contraignît les nouveaux convertis à aller à la messe par amende, mais qu'on envoie loger chez eux des gens de guerre.

Au mois de mars 1686, le roi établit un séminaire à Poitiers, et prit pour cet effet la maison bâtie par Pinet, receveur général des finances de Poitiers, que M. Rouillé fit pendre pour ses concussions. M. de Bâville avoit occupé cette maison depuis qu'elle avoit été confisquée, et la fit donner aux prêtres de Saint-Lazare pour le séminaire.

Le 9 avril 1686, j'ai jugé au présidial de Poitiers et condamné à être traîné sur la claie le cadavre d'une femme du lieu de la Motte, qui, ayant abjuré l'hérésie depuis trois mois, a refusé, avant de mourir, étant en pleine connoissance et liberté d'esprit, de recevoir les sacremens, nonobstant les instances de son curé.

M. Le Pelletier m'a écrit, le 14 avril 1686, que le roi trouvoit bon, suivant mon avis, que je fisse distribuer aux pauvres du Poitou le bled que M. de Bezons, intendant d'Orléans, avoit fait voiturer à Châtellerault, par forme d'aumône, et que, pour éviter que les intendans des autres provinces ne demandassent de pareilles grâces pour les pauvres de leur département, je pourrois faire entendre aux peuples que ce soulagement que l'on procure aux pauvres provient d'une amende dont Sa Majesté m'a permis de disposer en leur faveur.

Le 22 avril 1686, M. de Barbezieux m'a envoyé une ordonnance du roi portant que les cavaliers, dragons et soldats qui se marieront à l'avenir, seront déchus de l'ancienneté qu'ils auront acquise jusques au jour de leur mariage.

Au mois d'avril 1686, le sieur Bérard, vicaire de la paroisse de..... qui élevoit des perdreaux pour les jeter dans le parc à Versailles, en a porté, par mon ordre, à M. de Louvois pour Meudon.

Madame de Vérac a été mise dans un couvent, au mois d'avril 1686.

Madame de Vervant, qui avoit été transférée de l'abbaye de Puyberland en celle de la Trinité de Poitiers, étoit retenue de se convertir par la crainte qu'elle avoit de son mari, qui étoit passé en Angleterre, et qui lui écrivoit des lettres menaçantes sur ce changement de religion. C'étoit un homme très-violent qui avoit épousé [en premières noces] la sœur de madame de Vervant, violentée par sa mère, et qui mourut le jour même de ses noces par la frayeur qu'on lui avoit donnée de l'humeur de M. de Vervant. Madame de Vervant promit de se convertir s'il paroissoit qu'elle y eût été contrainte, et pour cet effet elle fut conduite à Paris par mademoiselle Foucault, ma sœur, et mise au couvent du Port-Royal, où elle a fait son abjuration.

Le 18 mai 1686, j'ai proposé à M. Le Pelletier de faire donner par le roi au sieur Paulmier, ministre exemplairement converti, la charge de conseiller au présidial de Poitiers [vacante] par la mort du sieur Rapaillon, en perte d'office, et qui n'a laissé ni veuve ni enfans.

Le 19 mai 1686, M. le chancelier Boucherat m'a mandé qu'il étoit informé que les règlemens faits pour les chancelleries près les compagnies supérieures et celles des présidiaux, bailliages et sénéchaussées, n'y étoient pas exécutés, mais que les officiers créés pour les exercer n'y faisoient aucune résidence, et que le sceau du roi n'y étoit point tenu avec dignité. Il me marque de lui faire savoir si, dans tous les siéges de la généralité de Poitiers, il y a des officiers pourvus des offices créés par l'édit de 1557[1] et autres suivans, et de leur faire représenter leurs provisions pour voir si les noms ne sont point en blanc ou s'ils n'ont point été rayés pour en substituer d'autres.

Le roi ayant résolu de venir à Baréges, dont les eaux avoient été jugées propres au mal qui a produit l'opération qu'on lui a faite, M. de Louvois m'a mandé, le 22 mai 1686, de faire raccommoder les chemins de son passage. Ce voyage n'a pas été fait[2].

Au mois de mai 1686, j'ai rendu un jugement au présidial de Poitiers contre six religionnaires qui ont été arrêtés en l'île de Ré,

[1] Nous ne trouvons, ni en 1557, ni après, aucun édit auquel on puisse appliquer ce qu'indique ici Foucault. Peut-être y a-t-il une erreur de date, chose assez fréquente dans ses mémoires.

[2] Sur le projet de voyage du roi à Baréges, voy. le Journal de Dangeau, du 21 au 27 mai 1686, et, dans notre appendice, les dépêches de Louvois des 22 et 27 mai 1686.

voulant passer à l'étranger. J'ai condamné aux galères perpétuelles deux gentilshommes et un avocat, et trois femmes au bannissement perpétuel, qui n'est pas une peine pour des fugitifs; aussi ai-je proposé au roi de faire mettre ces trois femmes dans des couvens. On a voulu dire que la confiscation de corps et de biens, qui est la peine indite par l'édit de révocation de celui de Nantes contre les religionnaires qui quitteroient le royaume, étoit la mort; mais elle ne peut être entendue que du bannissement perpétuel, qui est une véritable confiscation de corps et de biens, la peine de mort demandant une prononciation plus expressive et qui ne doit point être équivoque; autrement, les femmes seroient condamnées à des peines plus fortes que les hommes.

Au mois de mai, j'ai fait distribuer, par ordre du roi, des bleds aux pauvres de Poitou.

Le 1er juin 1686, j'ai écrit à M. l'archevêque de Paris que le fonds pour les missionnaires du Poitou étoit épuisé; que le clergé pourroit nous secourir d'un fonds pour continuer nos missions; qu'on pourroit tirer des missionnaires de la province, sans en faire venir d'étrangers; que la maladie du roi avoit refroidi le zèle des nouveaux convertis, mais que sa guérison l'a réchauffé.

J'ai écrit une pareille lettre à M. le chancelier le 10 juin 1686.

J'ai condamné au sénéchal[1] de Fontenay le cadavre d'une femme nouvelle convertie et qui avoit refusé, en pleine connoissance, de recevoir les sacremens avant mourir, à être traîné sur la claie. J'ai demandé la confiscation de ses biens pour ses enfans, qui font leur devoir.

Ayant fait mettre en prison le nommé Tesnon, nouveau converti, qui avoit gardé chez lui sa mère, sa fille, son beau-frère et deux de ses valets, religionnaires, et qui avoit déclaré à mon subdélégué qu'il ne les feroit point convertir, M. de Vérac, nouveau lieutenant de roi du haut Poitou, envoya ses gardes le tirer, à force ouverte, de la pri-

---

[1] *Sic.* Il veut dire à la sénéchaussée.

son, parce que ce Tesnon étoit fermier de M. Le Coq, beau-frère de M. de Vérac. J'en ai porté mes plaintes à M. de Louvois, qui ne m'a procuré aucune satisfaction de cette entreprise.

Au mois de juin, j'ai obtenu un fonds pour faire travailler aux réparations du palais de Poitiers, dont la salle est très-grande.

Le 18 juillet 1686, j'ai rendu des témoignages favorables de la conversion du sieur Paulmier, ministre de Saint-Maixent, pour le faire distinguer dans la distribution des pensions du clergé. Il avoit 600# d'appointemens comme ministre; M. Pélisson[1] m'a mandé que le roi lui avoit accordé 400# de pension, et que le clergé lui donneroit le surplus de ce qui est accordé aux ministres convertis par l'édit qui supprime celui de Nantes.

Je lui ai mandé que nos nouveaux convertis faisoient leur devoir, qu'on ne les pressoit pas de s'approcher des sacremens, crainte de profanation; qu'il n'avoit pas paru qu'il s'en fût commis aucune depuis leur réunion.

Le .. juillet 1686, j'ai reçu un ordre du roi, par le canal de M. de Croissy, pour envoyer à Arles le sous-prieur de l'abbaye de Saint-Cyran. Il étoit accusé de grandes correspondances et intrigues avec des personnes suspectes d'opinions nouvelles.

M. de Seignelay m'avoit mandé, au mois de juillet 1686, qu'il falloit empêcher les ânes de couvrir les cavales au-dessus de treize paumes, mais je lui marquai que ce seroit ruiner absolument le haut Poitou, attendu que le commerce des mulets est ce qui y porte beaucoup d'argent, et que les paysans se déferoient de leurs grandes cavales, s'il ne leur est pas permis de les faire couvrir par des ânes. Les mulets qui en viennent se vendent, à neuf mois, jusques à 150#, et étant aussitôt enlevés aux foires par les Auvergnats et les Béarnois, au lieu que les poulains à pareil âge ne se vendent au plus que 25 à 30 écus, encore faut-il qu'ils soient de belle espérance. Le même

---

[1] Pélisson, l'ancien commis de Fouquet, « étoit maître des requêtes; il avoit « soin des économats et étoit chargé de « quelques pensions pour les nouveaux « convertis. » (*Journal de Dangeau*, 7 février 1693.)

avis avoit été donné à M. Colbert, qui jugea à propos de laisser les choses en l'état où elles étoient, c'est-à-dire de laisser la liberté aux paysans de faire couvrir leurs cavales par des ânes, de quelque hauteur qu'elles soient. J'ai cependant fait couper et même confisquer plusieurs petits chevaux.

J'ai proposé à M. Le Pelletier, par ma lettre du 7 août 1686, de faire des gratifications aux receveurs des tailles qui ménagent leurs paroisses; et, comme j'ai remarqué, dans la visite que je venois de faire des élections, que le sieur Besse, receveur des tailles de Poitiers, et le sieur du Coudray, receveur des tailles de Mauléon, avoient apporté beaucoup d'application à soulager les paroisses et à diminuer les frais, j'ai proposé à M. Le Pelletier de leur donner à chacun mille livres, ce que le roi a eu agréable.

J'ai reçu une lettre de M. de Seignelay, du 23 août 1686, par laquelle il me mande que le roi a été informé que, dans plusieurs villes et bourgs du Poitou, il y a un grand nombre de vagabonds et gens sans aveu qui commettent des vols et autres crimes, et que, comme ces sortes de gens doivent être arrêtés et conduits aux galères sans autre forme de procès, Sa Majesté désire que je donne les ordres nécessaires aux prévôts de les faire arrêter, afin qu'on les puisse faire attacher aux premières chaines qui iront aux galères.

Le 22 octobre 1686, le roi m'a permis d'aller faire un voyage à Paris.

Les nouveaux convertis, ayant toujours peine à s'approcher des sacremens, en ont moins à entendre la prédication; mais la plupart des curés n'ont pas de talent pour les prêcher convenablement, et j'ai proposé à M. de Louvois d'envoyer des prédicateurs bons controversistes, que l'on distribueroit dans les cantons où il y a nombre de convertis, et surtout dans les lieux où il y avoit des temples, qui prêcheroient les dimanches à la manière des ministres, c'est-à-dire qui expliqueroient l'Évangile et feroient des prières à la fin de leurs sermons, comme il se pratique en plusieurs endroits. Ils s'accoutumeront, par cette méthode, aux mystères de notre religion.

Le 24 octobre, M. de Louvois m'a mandé que le roi vouloit bien entretenir, jusques à la Pentecôte, douze ou quinze prédicateurs extraordinaires dans les paroisses du Poitou où il y a des religionnaires.

Les 28 et 31 d'octobre 1686, j'ai proposé au roi de faire croiser, sur les côtes de Saint-Michel en l'Erme, une chaloupe pour empêcher les religionnaires de sortir du royaume, [.....][1] et me prie de faire acheter cette chaloupe et d'y mettre neuf hommes pour la conduire.

Le dernier octobre 1686, j'ai mandé à M. de Seignelay que le roi avoit pris une voie sûre d'assurer la conversion des gentilshommes, en leur donnant des pensions et plaçant leurs enfans.

Le 4 novembre, je suis parti pour Paris, et ai été de retour à Poitiers le 1ᵉʳ janvier 1687.

Je demandai audience au roi pour lui rendre compte des affaires de la religion, la veille de l'opération qui lui fut faite, et dont il n'avoit communiqué la résolution qu'à peu de personnes. Il me dit qu'il ne pouvoit me la donner le lendemain, et, lorsqu'il commença à être visible, et que j'allai lui faire mon compliment sur sa convalescence, il me dit : « Vous voyez présentement la raison qui ne m'avoit pas permis de vous donner audience. » Je lui répondis : « Sire, cette raison m'a fait trembler dans ce temps-là, pour le mal que Votre Majesté a souffert ; mais le courage avec lequel elle a affronté l'opération m'en a fait espérer l'heureux succès qu'elle a eu[2]. »

Le roi, sur ma représentation, a accordé des gratifications à mes subdélégués pour les peines et les dépenses qu'ils ont faites à l'occasion des conversions.

Le 24 novembre, M. de Montespan m'a écrit une lettre, par la-

---

[1] Il y a quelque chose d'oublié, qui rend le reste peu intelligible. « Et me prie » indique peut-être une réponse ministérielle.

[2] La grande opération fut faite au roi le 18 novembre 1686. (Voy. *Récit de la grande opération faite au roi Louis XIV, en 1686*, par M. Le Roi, bibliothécaire de la ville de Versailles, dans le tome V des Mémoires de la société des sciences naturelles de Seine-et-Oise.)

quelle il m'a offert 20,000 écus sur le bruit qui a couru que je voulois traiter de la charge de premier président à Toulouse.

Au mois de novembre 1686, le roi a rendu un arrêt qui ordonne que tous les procès concernant les saisies et régies des biens des religionnaires ou nouveaux convertis qui sont sortis du royaume soient jugés par les intendans.

M. de Louvois m'a recommandé, par sa lettre du 6 décembre 1686, le sieur de la Cour, chargé de la régie des droits à prendre sur les chevaux de louage du royaume. Cette affaire a donné lieu à bien des vexations par les extensions qu'on y a données et par la rigueur avec laquelle ces droits ont été levés.

Le 8 décembre 1686, il a été expédié et envoyé, dans toutes les provinces où il y a des religionnaires, une instruction adressée aux commandans et aux intendans, par laquelle le roi leur prescrit la conduite qu'ils doivent tenir à l'égard desdits religionnaires pour l'exécution des édits, déclarations, arrêts du conseil et ordres de Sa Majesté. Cette instruction, qui leur recommande surtout la modération dans les punitions qu'ils seront obligés de faire, est très-bonne en elle-même, mais il ne faut pas compter qu'elle demeure secrète; et [elle] porte le caractère d'un relâchement très-préjudiciable aux affaires de la religion, dans un temps où les cœurs des nouveaux convertis ne sont pas encore fortifiés dans la communion avec l'Église romaine, et seront infailliblement déterminés à reprendre leur créance, persuadés par leurs ministres et par les relaps que le roi n'entend point qu'ils soient contraints d'aller à l'église. Cette instruction doit être jointe au mémoire, avec la lettre que j'ai écrite à mon père, le 21 décembre 1687.

« Le Roi, ayant été informé des mauvais effets que produisent les
« diverses manières dont on use à l'égard des nouveaux convertis dans
« les différentes provinces de son royaume, a trouvé bon de faire
« dresser la présente instruction, afin qu'étant envoyée à tous ceux
« qui y commandent et aux commissaires départis en icelles, leur

« conduite puisse devenir uniforme à l'égard desdits nouveaux con-
« vertis.

« L'intention de Sa Majesté est que les gouverneurs et ses lieute-
« nans généraux ou commandans pour elle dans les provinces de
« son royaume, et les commissaires départis en icelles, tiennent la
« main avec la dernière exactitude à empêcher qu'il ne se fasse au-
« cune assemblée desdits nouveaux convertis, et que, s'il s'y en fait
« quelques-unes, les coupables en soient punis des peines portées par
« les édits et déclarations de Sa Majesté.

« Qu'ils n'oublient aucun soin ni diligence pour essayer de faire
« arrêter les ministres ou prédicans qui pourroient s'être glissés dans
« les provinces; qu'ils fassent pour cet effet payer exactement les
« récompenses promises par la déclaration de Sa Majesté, du 1er juillet
« de cette année, à ceux qui donneront moyen de faire arrêter les-
« dits ministres, et tiennent la main à ce que lesdits ministres ainsi
« arrêtés, ou ceux qui, ne l'étant point, se seroient voulus mêler de
« prêcher, soient punis conformément aux susdites déclarations de
« Sa Majesté.

« Qu'ils n'apportent pas moins de soin pour empêcher qu'aucun
« de ceux qui pourroient n'être pas convertis sincèrement ne fassent
« des assemblées chez eux pour y lire la Bible ou y chanter des
« prières, et ne se mêlent d'empêcher les autres nouveaux convertis
« de s'affermir dans les pratiques de la religion catholique; et Sa Ma-
« jesté trouve bon qu'ils fassent punir par prison, par amende ou par
« logement de gens de guerre, ceux qui auroient commis de pareilles
« fautes, desquelles il ne seroit pas possible d'avoir assez de preuves
« pour leur faire faire leur procès par les juges ordinaires. Elle trouve
« bon même que ceux qu'ils soupçonneront d'être mal intentionnés,
« et capables de détourner lesdits nouveaux catholiques de faire leur
« devoir, soient par eux relégués dans des villes de l'étendue de leur
« gouvernement toutes catholiques, et où il n'y ait personne capable
« de se laisser séduire à leurs mauvais discours. A l'égard des femmes,
« Sa Majesté leur permet de les envoyer dans des couvens avec la par-

« ticipation des évêques, lesquels couvens ils observeront de choisir
« fort éloignés de la demeure ordinaire desdites femmes, afin qu'elles
« soient moins en état d'y faire du mal, et en même temps plus mor-
« tifiées d'être éloignées de leurs habitudes et de leurs parens.

« Sa Majesté ne juge point à propos que les ecclésiastiques qui
« seront employés par les évêques pour prêcher et instruire lesdits
« nouveaux convertis mêlent parmi leurs exhortations aucunes me-
« naces pour les porter à fréquenter les églises ni à s'approcher des
« sacremens; et Sa Majesté aura bien agréable que lesdits gouver-
« neurs et lieutenans généraux ou commandans, et lesdits commis-
« saires départis dans ses provinces, excitent en particulier les évêques
« de leur département à donner de tels ordres aux ecclésiastiques
« qu'ils envoyeront dans leurs diocèses ou à leurs curés, qu'il n'arrive
« plus que les susdits ecclésiastiques menacent lesdits nouveaux con-
« vertis dans leurs exhortations.

« Sa Majesté ne juge pas non plus à propos que l'on continue à
« mettre des inspecteurs à l'entrée des églises pour connoître ceux
« des nouveaux catholiques qui les fréquentent ou non, et elle estime
« qu'il vaut mieux attendre du temps, et des instructions que les évê-
« ques prendront soin de leur faire donner, que les nouveaux catho-
« liques soient persuadés de fréquenter les églises, que de les y faire
« aller par force et par la crainte d'une prompte punition.

« Sa Majesté ne juge pas à propos que lesdits gouverneurs, com-
« mandans ou intendans, donnent à connoître qu'ils ayent reçu cet
« ordre de Sa Majesté, mais bien qu'ils se conduisent à cet égard de
« manière qu'il paroisse que ce relâchement vient plutôt de leur
« manque de soin et de la distraction que leur cause le reste des affaires
« dont ils sont chargés, que d'un exprès commandement de Sa Majesté.
« Il ne peut être que bon, pour cet effet, que ceux dans les dépar-
« temens desquels il y a de ces inspecteurs établis ne les retirent
« point tous à la fois, et qu'ils ne fassent ce qui leur est prescrit à cet
« égard qu'en quatre ou cinq semaines, retirant les uns sous prétexte
« qu'ils ont des assurances de la bonne conduite des nouveaux con-

« vertis d'un district, et les autres parce qu'ils supposeront avoir reçu
« quelques plaintes de la conduite de ceux qu'ils avoient chargés de
« ces emplois-là. Ils pourront, en même temps qu'ils en retireront
« quelques-uns, ordonner à ceux des anciens catholiques qu'ils esti-
« meront les plus zélés de leur proposer d'autres gens pour remplir
« ces emplois, afin que le bruit ne se répande point qu'ils doivent
« les supprimer tout à fait.

« En même temps que lesdits gouverneurs, commandans et com-
« missaires départis exécuteront ce que dessus, ils doivent observer
« de prendre des mesures pour être parfaitement informés du nom
« de ceux desdits nouveaux convertis qui seroient assez indiscrets
« pour se vanter qu'ils ne vont jamais à la messe, qui mangeroient
« de la viande avec ostentation les jours défendus, et qui prendroient
« soin de répandre qu'ils sont comme ils étoient auparavant leur abju-
« ration, et se feroient en un mot une gloire de donner un mauvais
« exemple, l'intention de Sa Majesté étant que ces sortes de gens soient
« punis avec la dernière sévérité, afin que l'exemple qui sera fait en
« leurs personnes contienne les autres et les empêche de tenir une
« pareille conduite, en sorte que des punitions éclatantes, faites de
« temps en temps à très-peu de gens, portent les nouveaux convertis
« qui ne le sont pas de bonne foi à se conduire de manière qu'ils ne
« causent aucun scandale.

« Le Roi, ayant reconnu le préjudice considérable qu'a causé au
« commerce le soin que l'on a pris de garder les côtes et les frontières
« pour empêcher les nouveaux convertis de sortir du royaume, a ré-
« solu d'en faire retirer les gardes petit à petit, en sorte que, sous pré-
« texte de la difficulté que les bâtimens de mer auroient à tenir la mer
« dans la saison de l'hiver, et de la trop grande fatigue que la garde
« exacte qui a été faite par le passé dans les passages par terre cause
« aux troupes et au peuple, il ne se fasse plus aucune garde pour
« empêcher la désertion desdits nouveaux convertis dans la fin du
« mois de janvier prochain.

« L'intention de Sa Majesté est que ceux des commandans de ses

« provinces auxquels la présente instruction sera envoyée, qui auront
« des ports de mer dans l'étendue de leur commandement, retirent
« peu à peu entre ci et ce temps-là les troupes qu'ils ont logées sur
« lesdites côtes, en sorte qu'il n'y en ait plus aucunes dans la fin
« dudit mois de janvier prochain.

« Ils se serviront des prétextes qu'ils jugeront à propos pour retirer
« lesdites troupes, soit parce qu'il y aura trop longtemps que les
« lieux où elles sont en seront chargés, soit parce qu'il y manquera
« du fourrage, et ils observeront de tenir sur cela une telle conduite
« que le bruit ne puisse pas se répandre dans les pays où ils comman-
« dent que les gardes ont été levées en exécution des ordres de Sa
« Majesté.

« Ils ne se mettront point en peine de rien faire dire à ceux qui
« commanderont lesdits bâtimens de mer que Sa Majesté a entretenus
« jusques à présent sur lesdites côtes, parce qu'elle aura soin de leur
« faire donner les ordres qui seront nécessaires pour l'exécution de
« ce qui est en cela de sa volonté.

« En même temps que la discontinuation des gardes qui se sont
« faites sur les côtes donnera plus de facilité de sortir du royaume à
« ceux qui en ont bien envie, les commissaires départis dans les pro-
« vinces doivent renouveler leurs soins pour faire saisir les biens de
« ceux qui s'en absenteront, empêcher qu'ils n'en puissent disposer,
« et mettre Sa Majesté en état de connoître, dans la fin du mois de
« mars prochain, en quoi consisteront dans leurs départemens les
« biens de ceux qui se sont absentés depuis le mois d'octobre de
« l'année dernière, et qui sortiront entre ci et ledit mois de mars
« prochain des terres de son obéissance, afin que Sa Majesté le
« puisse appliquer aux usages que sa piété et sa prudence lui inspi-
« reront.

« L'intention du Roi est que toujours les peines ordonnées par sa
« déclaration du 29 avril 1686 [1], contre les cadavres et les héritiers

[1] En voici le texte :
« Louis, etc. quoique les soins que nous « avons pris pour la conversion de nos « sujets de la R. P. R. aient heureusement

« de ceux qui, à l'article de la mort, refuseront avec scandale les
« sacremens et déclareront qu'ils veulent mourir dans la religion pro-
« testante, soient exécutées avec la dernière ponctualité, et que les
« commissaires départis prennent le même soin de l'administration

« réussi, par la bénédiction que Dieu y a
« donnée, la plus grande partie de ceux
« qui ont abjuré leur erreur ayant profité
« des bonnes instructions qui leur ont été
« données, et rempli les devoirs de bons
« catholiques, nous apprenons néanmoins
« avec regret qu'aucuns de ceux qui ont
« fait abjuration ont refusé dans l'extré-
« mité de leurs maladies, par des sug-
« gestions secrètes, de recevoir les sacre-
« mens de l'Église, et, après avoir dé-
« claré qu'ils persistoient dans la R. P. R.
« qu'ils avoient abjurée, étoient morts
« dans leur erreur; et d'autant qu'il est
« nécessaire d'agir contre la mémoire de
« ceux qui ont abusé de la profession pu-
« blique qu'ils avoient faite de se réunir à
« l'Église catholique, et qui ont été assez
« malheureux de mourir dans cet état,
« nous avons estimé devoir prescrire à nos
« juges la manière dont ils doivent pour-
« suivre et punir un tel crime, et les peines
« qui seront ordonnées contre ceux qui
« reviendront en santé après avoir fait pa-
« reil refus et déclaration. A ces causes, etc.
« voulons et nous plaît que, si aucuns de
« nos sujets de l'un et de l'autre sexe qui
« auront fait abjuration de la R. P. R. ve-
« nant à tomber malades, refusent aux cu-
« rés, vicaires et autres prêtres de recevoir
« les sacremens de l'Église, et déclarent
« qu'ils veulent persister et mourir dans
« la R. P. R., au cas que lesdits malades
« viennent à recouvrer la santé, le procès
« leur soit fait et parfait par nos juges, et
« qu'ils les condamnent, à l'égard des

« hommes, à faire amende honorable, et
« aux galères perpétuelles, avec confisca-
« tion de biens; et à l'égard des femmes et
« filles, à faire amende honorable et être
« enfermées, avec confiscation de leurs
« biens; et quant aux malades qui auront
« fait abjuration et qui auront refusé les
« sacremens de l'Église, et déclaré auxdits
« curés, vicaires ou prêtres, qu'ils veulent
« persister et mourir dans la R. P. R. et se-
« ront morts dans cette malheureuse dispo-
« sition, nous ordonnons que le procès sera
« fait aux cadavres ou à leur mémoire, en la
« manière et ainsi qu'il est porté par les ar-
« ticles du titre XXII de notre ordonnance
« du mois d'août 1670 sur les matières
« criminelles, et qu'ils soient traînés sur la
« claie, jetés à la voirie et leurs biens con-
« fisqués. Voulons que sur les avis donnés
« à nos juges par les curés, vicaires ou
« prêtres, auxquels les refus auront été
« faits, et sur la déclaration des malades de
« vouloir mourir dans la R. P. R. nonobs-
« tant leur abjuration, et qu'ils seront morts
« en cet état, nosdits juges informent des-
« dits refus et déclarations, et, en cas qu'il
« n'y ait point de juge royal dans le lieu
« où ils seront décédés, que les juges des
« seigneurs ayant haute justice en infor-
« ment, pour les informations être envoyées
« aux greffes de nos bailliages et sénéchaus-
« sées d'où ressortissent les juges desdits
« seigneurs, pour y être procédé à l'entière
« instruction et au jugement desdits procès,
« et, en cas d'appel, en nos cours de par-
« lement. »

« des biens de ces sortes de gens-là que Sa Majesté leur a prescrit ci-
« dessus à l'égard de ceux qui sont déjà sortis du royaume ou qui en
« sortiront ci-après. Mais l'intention de Sa Majesté n'est point que l'on
« prononce cette peine contre ceux qui par une mort subite auront
« été privés des sacremens, ou parce que, les accidens de la maladie
« ne les ayant pas laissés dans leur bon sens, ils n'auront pas été en
« état de satisfaire à leur devoir sur cela.

« En un mot, cette punition ne doit être mise à exécution que
« contre ceux qui, par le scandale avec lequel ils auront refusé les
« sacremens, l'auront rendue absolument nécessaire à leur égard, et
« lesdits commissaires départis doivent exciter de bouche les évêques
« de leur département, ou, en leur absence, leurs grands vicaires, à
« donner de telles instructions aux curés de leurs diocèses, qu'ils ne
« mènent de juges ni de notaires chez les nouveaux convertis qui
« seront en danger de mort qu'à la dernière extrémité et en cas
« seulement que les malades et leurs parens voulussent se faire un
« honneur dans le public de refuser les sacremens; et lesdits curés
« doivent être avertis que, tant qu'ils pourront cacher l'aversion que
« lesdits nouveaux convertis mourans témoigneront de s'approcher
« des sacremens, il vaut beaucoup mieux qu'ils le fassent que de le
« publier par des procédures.

« Il sera de l'industrie desdits commissaires départis d'avertir de
« bouche de ce qui est en cela de l'intention du Roi les premiers pré-
« sidens et procureurs généraux des parlemens de leur département,
« aussi bien que les principaux juges en première instance, afin que
« le désir d'exécuter les ordres qu'ils croyent avoir ci-devant reçus et
« les avantages qu'ils pourroient en tirer en multipliant ces sortes de
« procédures ne les portent point à agir avec trop de chaleur; et
« lesdits commandans et commissaires départis s'expliqueront néan-
« moins de sorte qu'ils ne voient point que l'intention du Roi ne soit
« pas que l'on n'exécute plus la déclaration du 29 avril dernier, mais
« bien qu'elle ne le doit être que contre ceux lesquels, par le scandale
« de leurs déclarations et par les discours de leurs familles, auroient

« pris un trop grand soin de faire éclater les mauvais sentimens dans
« lesquels ils sont morts.

« Sa Majesté s'attend que l'exécution de ce qui est expliqué ci-
« dessus de ses intentions mettra en état la plupart des nouveaux
« convertis, qui sont assez malheureux pour ne l'être encore que de
« nom, de vaquer à leur commerce et à leurs affaires avec plus de
« tranquillité qu'ils n'ont fait jusques à présent ; que la douceur qu'ils
« y trouveront, et l'impossibilité de jouir de leurs biens quand ils
« seront passés en pays étrangers, ôtera à beaucoup le désir qu'ils
« avoient de sortir du royaume, et que, s'il y en a quelques-uns qui
« ne laissent pas de prendre ce parti, ce sera des gens tellement en-
« têtés sur le fait de la religion dans laquelle ils ont été élevés, qu'ils
« ne pourroient manquer d'exciter des séditions dans le royaume et
« nuire beaucoup à la parfaite conversion de ceux qui y resteront.

« Sa Majesté recommande surtout auxdits commandans et com-
« missaires départis de donner tout leur soin pour faire que les
« enfans desdits nouveaux convertis ne manquent point d'assister aux
« catéchismes et instructions qui se feront dans leurs paroisses, les
« jours que le travail nécessaire à l'entretien de ceux qui en auront
« besoin ne les en détournera point.

« Sa Majesté estime que rien ne sera plus propre, pour l'exécution
« de ce que la présente instruction contient de ses volontés, que les
« continuels voyages que lesdits commandans et commissaires départis
« feront dans les communautés où il y a le plus de nouveaux catho-
« liques, lesquels même ils se pourront partager entre eux, s'ils le
« jugent ainsi à propos, afin de les pouvoir visiter plus souvent.

« Ils doivent, dans ces voyages, affecter dans les discours qu'ils
« auront avec les principaux nouveaux convertis de leur insinuer qu'il
« n'y a de parti pour eux que de s'instruire de bonne foi ; que, s'ils
« savoient qu'il y eût quelqu'un dans la communauté qui ne fît pas
« bien son devoir, et qui, par exemple ou par discours, détournât les
« autres de le faire, ils en feroient un tel exemple que personne ne
« seroit assez hardi pour tenir dans la suite une pareille conduite.

« Ils doivent affecter de caresser ceux qui paroîtront être bien
« intentionnés et convertis de bonne foi, et leur faire tous les plai-
« sirs qui pourront dépendre d'eux, en sorte que les discours qu'ils
« tiendront aux uns et les bons traitemens qu'ils feront aux autres
« puissent également contribuer à contenir chacun dans son devoir.

« Ils doivent s'abstenir, dans ces visites, d'ajouter une entière créance
« à ce que les curés ou les missionnaires pourront leur dire, l'expé-
« rience ayant fait connoitre que la plupart desdits curés agissent par
« passion, et que le trop grand zèle des missionnaires que l'on envoye
« dans lesdits pays leur fait souvent se tromper dans leur jugement;
« et, comme ils n'ignorent pas les aversions que les provinciaux ont
« les uns pour les autres, ils ne doivent rien oublier pour essayer de
« ne point devenir les ministres de la passion de ceux qui, sous pré-
« texte de leur donner des avis, se voudroient mettre en état de
« venger leurs querelles particulières.

« Sa Majesté a fait avertir dès l'année passée les archevêques et évê-
« ques de son royaume que Sa Majesté les appuyeroit de son autorité
« pour ôter les curés de leurs diocèses, qui seroient de mauvaises
« mœurs ou que leur ignorance rendroit incapables d'instruire les nou-
« veaux convertis. Sa Majesté apprend avec déplaisir qu'il en reste
« encore plusieurs de mauvaise qualité dans des paroisses où il y a
« beaucoup de nouveaux convertis. Elle aura bien agréable que lesdits
« commandans et commissaires départis ayent une attention particu-
« lière, dans les visites qu'ils feront dans lesdites communautés, à s'in-
« former secrètement des mœurs desdits curés et de la satisfaction que
« les nouveaux convertis les mieux intentionnés témoigneront avoir
« d'eux, afin qu'ils puissent, lorsqu'ils verront les archevêques ou évê-
« ques des diocèses desquels lesdits curés seront, leur en faire rapport
« et les exciter, le plus honnêtement qu'il leur sera possible, à changer
« ceux desdits curés qu'ils auront reconnus n'être pas propres à ins-
« truire lesdits nouveaux catholiques.

« Comme rien n'est plus important que le sens de ce qui est con-
« tenu en la présente instruction, afin que les mal intentionnés nou-

« veaux convertis ne soyent point en état d'en abuser pour inspirer de
« mauvais sentimens à ceux desdits nouveaux convertis qui le sont de
« bonne foi, Sa Majesté recommande bien particulièrement à ceux aux-
« quels ladite instruction sera envoyée, de ne la communiquer à per-
« sonne et de la tenir enfermée en lieu où ils puissent répondre à Sa
« Majesté qu'elle ne sera point vue.

« Sa Majesté recommande aux commandans desdites provinces de
« concerter avec les commissaires départis en icelles la manière dont
« tous les points contenus en ladite instruction seront exécutés, en
« sorte que chacun agissant de concert puisse mieux réussir à la par-
« faite exécution des saintes intentions de Sa Majesté, qui n'ont pour
« but que l'entière réunion de ses sujets à la religion catholique et le
« maintien de la tranquillité, si nécessaire au bonheur des peuples
« soumis à son obéissance.

« Fait à Versailles, le VIIIe décembre 1686.

« LOUIS.

« LE TELLIER[1]. »

Le .. décembre 1686, M. de Bas, doyen du parlement de Pau, m'a mandé que sa femme s'étoit convertie, et qu'il eût souhaité que ce grand œuvre eût été mon ouvrage.

En 1686, le père Dupin, jésuite, a commencé l'histoire de la religion dans le Béarn, mais la mort ne lui a pas permis de l'achever.

Il y a eu, en 1686, une grande mortalité dans les paroisses du bas Poitou; il y avoit la moitié des habitans de morts dans quelques-unes où j'ai passé. On prétend que ce sont les excessives et longues chaleurs qui l'ont causée; elles sont bien mauvaises dans les pays de marais.

Y ayant eu disette de grains en Poitou, en 1686, j'ai proposé à M. le Pelletier, contrôleur général, d'en faire venir d'Orléans. Il a écrit à M. de Bezons de m'envoyer pour 2,000 écus, ce qui a été

---

[1] Contre-seing de Louvois.

exécuté. Je l'ai fait débiter dans les endroits qui en avoient le plus de besoin.

En 1686, j'ai reçu ordre d'imposer les gentilshommes religionnaires à la taille, ce qui a produit beaucoup de conversions.

Il y a eu des ordres précis, dans tout le cours de l'année 1686, de veiller sur les côtes du Poitou à ce que les religionnaires ne sortent point du royaume.

On a fait démolir trente-huit temples en Poitou.

Le roi a accordé 45,000 ₶ pour l'augmentation des églises du diocèse de Poitiers, dans les paroisses où il y a des nouveaux convertis, et, au mois d'août 1687, elle a encore accordé 6,000 ₶ pour ce qui reste à faire. Le diocèse de Luçon a eu en son particulier 20,000 ₶ pendant 1685 et 1686.

Le sieur de la Chauvinière, gentilhomme du bas Poitou, est celui qui a paru le plus opiniâtre et qui s'est remis volontairement en prison à Niort. Son fils s'est converti; le père a été envoyé à Pierre-Encise.

Les femmes et filles de la R. P. R. craignoient plus les couvens que les dragons, et il s'en est beaucoup converti de celles que les dragons n'avoient pu convertir, qui n'ont pu résister à l'aversion qu'elle avoient pour les couvens.

La moitié des habitans de Niort étoit de la R. P. R. M. de Villette, parent de madame de Maintenon, et M. de Fontmort, président du bailliage, s'étant convertis, ont beaucoup contribué à la réunion des deux parties des habitans sous une même communion.

Le sieur de la Primaudaye, qui paroissoit à la tête du parti, s'est converti. Je m'étois attaché à chercher les moyens de l'attirer à l'Église, et, par les ménagemens que j'ai gardés avec lui, il s'est converti et [a] attiré beaucoup de gentilshommes et d'autres personnes, par son exemple, à l'Église. Madame de la Forest, sœur de M. Dangeau, est du nombre, et son exemple a déterminé la conversion de beaucoup de femmes.

1687.

Au commencement de janvier 1687, le roi a envoyé des ordres pour faire retirer les frégates qui croisoient sur les côtes du Poitou, de Bretagne et d'Aunis, aussi bien que les gardes qui étoient sur les côtes pour empêcher les religionnaires de sortir du royaume, ce qui a causé du refroidissement parmi les religionnaires aux exercices de la religion, ayant cru que le roi se relâchoit et toléroit leur sortie. Pour empêcher le mauvais effet de ces ordres exécutés avec trop de précipitation, j'ai continué de faire faire la garde, mais avec moins d'exactitude, et elle n'a cessé de se faire qu'à la fin du mois de janvier.

Le 11 janvier 1687, M. de Louvois m'a envoyé des ordres pour envoyer six religionnaires, prisonniers à Poitiers, à Pierre-Encise, et cinq dans la citadelle de Besançon; et les femmes, moitié dans des couvens du diocèse de Beauvais, et moitié dans des couvens de celui d'Amiens.

Ayant mandé à M. de Louvois qu'il s'étoit fait une assemblée de nouveaux convertis du côté de Pouzauges, il m'a écrit, le 24 janvier 1687, que, si le fait se trouve véritable, je fasse promptement un châtiment si sévère de ceux qui se seront assemblés, que l'exemple qui en sera fait retienne les autres.

Le 25 janvier, il m'a écrit une autre lettre pour faire le procès à ceux qui se seront assemblés, et pour faire raser les châteaux et maisons où ces assemblées auront été faites.

Le 27 janvier, autre lettre pour faire saisir les biens des ministres sortis du royaume par permission du roi en 1685.

Le 25 janvier 1687, j'ai proposé de donner des vicaires aux curés qui ont un trop grand nombre de paroissiens, et surtout de nouveaux convertis, pour suffire à leur instruction, comme aussi des maitres d'école dans les paroisses où il est nécessaire d'en avoir d'habiles à instruire les enfans des mystères et des obligations de la religion.

J'ai fait chanter, au mois de janvier 1687, des *Te Deum* en actions de grâces pour la santé du roi, et des prières pour sa conservation.

Au mois de janvier 1687, j'ai fait partir, suivant les ordres du roi, dix-huit femmes religionnaires pour le diocèse de Beauvais, où elles doivent être mises dans des couvens. J'ai mandé à M. de Louvois qu'il en partiroit encore dix-huit incessamment pour le diocèse d'Amiens, et qu'il y en avoit encore douze à éloigner du Poitou, pour lesquelles j'attendrois les ordres du roi. J'ai reçu ces ordres, qui envoyent ces douze femmes à Besançon et à Lyon. Il y en a une, nommée la dame de Passau, qui s'est convertie à la veille de son départ.

Au mois de janvier 1687, j'ai fait unir le collége de Pigareau[1] à celui des jésuites de Poitiers. Les seigneurs de Pigareau ont fondé ce collége. M. le marquis de Clérembault, dont le nom est de Gillier, est à leurs droits comme seigneur de Pigareau. Ce collége est très-ancien. On a donné 200 ᴴ de pension au principal, et 50 ᴴ à chacun des deux boursiers, leur vie durant. Le roi a donné 3,000 ᴴ pour mettre les bâtimens en état de loger les écoliers nouveaux convertis.

M. l'évêque de Poitiers auroit souhaité que ce collége, sous le nom de séminaire, eût demeuré sous son inspection; mais le père de la Chaise n'a point voulu passer cet article, disant que les évêques n'ont aucun droit d'inspection sur les colléges des jésuites, et que celui de Pigareau ne porteroit point le nom de séminaire. M. de Clérembault demandoit aussi que la cession du collége fût faite à condition d'une fondation de quelques prières; à quoi le père de la Chaise s'est encore opposé, les fondations de prières étant absolument défendues par leurs constitutions, ce qui a été inviolablement exécuté.

J'ai engagé l'Université à consentir à l'union du collége de Pigareau à celui des jésuites. Il y avoit des oppositions, les jésuites ayant

---

[1] Le P. Anselme écrit *Puygarreau*. Le marquis de Clérembault se nommait René Gillier de Puygarreau.

des ennemis à Poitiers comme dans les autres villes du royaume, y ayant partout des jansénistes.

Il y a eu information de commodité et incommodité faite par le lieutenant général de Poitiers.

Le 1ᵉʳ février, M. de Louvois m'a envoyé une ordonnance de 2,400 ₶, pour l'entretien des vicaires dans huit paroisses du diocèse de Poitiers, et des maîtres d'école dans les petites villes et bourgs qui ne sont pas en état de les gager.

Le 4 février 1687, j'ai mandé à M. de Louvois qu'il avoit été arrêté trente à quarante personnes qui s'étoient embarquées avec le sieur de la Chauvinière, gentilhomme du Poitou. On a prétendu que c'est le sieur de la Roche-Giffart, gentilhomme qualifié, qui a des terres sur les confins de Bretagne et de Poitou, qui a sollicité le sieur de la Chauvinière et beaucoup d'autres religionnaires de passer en Angleterre, où il a passé par permission du roi, et qui jouit d'une pension considérable sur le bien qu'il a donné à sa fille en la mariant à M. de Thianges.

Les religionnaires qui se sont assemblés près Pouzauges et qui sont prisonniers demandent grâce, et promettent de vivre en bons catholiques, mais c'est pour avoir la vie. Ce sont presque tous cardeurs de laine. C'est par les gens de ce métier que le calvinisme a commencé en France.

Les anciens catholiques des bourgs de Pouzauges et de Moncoutant n'ayant fait aucun mouvement pour empêcher les assemblées des nouveaux convertis, n'en ayant donné aucun avis, et n'ayant voulu administrer aucun témoin de ces assemblées, j'ai proposé au roi d'y envoyer une compagnie de cavalerie.

M. de Louvois m'a écrit, le 9 février, que l'intention du roi est que l'on accable de troupes les lieux dont les habitans ont assisté aux assemblées, et m'envoie un arrêt pour leur faire le procès.

Autre lettre, du 14 février, qui ne veut pas que l'on ait égard aux témoignages de repentir qu'ont donnés quatre nouveaux convertis, arrêtés pour s'être trouvés aux assemblées d'auprès Pouzauges, et que le roi désire qu'on leur fasse le procès.

M. de Louvois m'avoit mandé qu'il falloit faire démolir les maisons des religionnaires qui s'étoient assemblés près Pouzauges; mais je lui ai marqué que la déclaration du mois de juillet 1686 portoit bien peine de mort, mais non pas la démolition des maisons, et qu'il n'étoit pas permis aux juges d'ajouter des peines à celles portées par les lois, au-dessus desquelles M. de Louvois ne faisoit pas scrupule de se mettre.

J'ai enfin reçu, après avoir longtemps attendu, l'arrêt du conseil qui me commet pour juger, avec les officiers du siége de Fontenay, les nouveaux convertis qui se sont assemblés du côté de Pouzauges. De quatre accusés qui étoient prisonniers, le nommé Bigot, qui faisoit fonction de ministre dans ces assemblées, a été condamné à être pendu, deux envoyés aux galères, et le quatrième banni à perpétuité, le tout suivant qu'ils ont été trouvés plus ou moins coupables[1]. Bigot, pendant l'instruction du procès, même sur la sellette, avoit paru repentant; cependant il a repris ses erreurs lorsqu'il a entendu la lecture de son jugement. Il n'a point fait de profession publique de la religion dans laquelle il mouroit, il a seulement chanté un psaume; mais, comme il avoit la voix foible, le chant du *Salve* par le peuple l'a étouffée et on ne l'a point entendue. Il n'a accusé aucun gentilhomme, ministre, ni autre personne de marque; et quoique j'aie mandé à M. de Louvois, par ma lettre du 22 février, jour de ce jugement, que j'avois cru qu'il suffisoit, pour l'exemple, de condamner le prédicant à la mort, les autres pouvant s'être laissé entraîner dans ces assemblées, cependant il a trouvé que j'avois été trop indulgent, et que je devois condamner les quatre que j'ai jugés à la mort. Je n'ai pas cru que ce fût par ordre du roi qu'il m'ait taxé de trop de dou-

---

[1] *Répétition :* « Au mois de février, j'ai fait le procès à des religionnaires du bas Poitou qui avoient fait des assemblées où il y avoit eu des prêches faits par un maître d'école qui a été pendu, deux condamnés aux galères, et un quatrième banni. »

Le Journal de Dangeau, des 31 mai et 21 juin 1713, nous apprend qu'à la paix d'Utrecht Louis XIV accorda à la reine Anne la liberté des galériens français protestants, même de ceux qui étaient condamnés pour d'autres causes que la désobéissance.

ceur, et suis persuadé que c'est de son propre fond qu'il a tiré ce reproche. Je lui ai encore marqué qu'il ne falloit pas chercher ailleurs la cause de cette licence que dans les lettres pastorales que les ministres sortis du royaume écrivoient aux nouveaux convertis; mais il étoit beaucoup moins touché de l'intérêt de la religion que du profit immense que lui apportoit le port des lettres étrangères, et le prétexte dont il se servoit étoit de dire qu'il falloit bien se garder de violer le dépôt des lettres, beaucoup plus sacré pour lui que celui de la religion.

J'ai envoyé à M. le chancelier, le même jour, une copie de ce jugement.

Le.. février 1687, j'ai jugé, avec les officiers du siége de Fontenay, contre des nouveaux convertis qui s'étoient assemblés plusieurs fois en bas Poitou, au nombre de cent personnes, et [avoient] fait pendant la nuit l'exercice de la R. P. R. Le nommé Bigot, promoteur et le prédicant de cette assemblée, a été condamné à être pendu; deux de ceux qui s'étoient le plus signalés dans cette assemblée, aux galères perpétuelles, et le quatrième, moins chargé que les trois autres, au bannissement à perpétuité. Cet exemple étoit nécessaire pour arrêter une licence qui commençoit à gagner les paroisses du bas Poitou où il y a des nouveaux convertis.

Le 12 février 1687, j'ai demandé à M. Le Pelletier un fonds de 4 à 5,000 ª au delà de celui qui a été donné par le roi, pour le distribuer aux pauvres.

Au mois de février, j'ai reçu ordre de faire transporter à Versailles les orangers de la Meilleraye et de Verteuil, que M. le duc Mazarin a donnés au roi. M. de Louvois a voulu, nonobstant les représentations que je lui ai faites, les faire voiturer par les neiges et les glaces. Ils sont arrivés sans feuilles à Versailles et plusieurs morts. Je lui avois mandé que le roi pouvoit prendre des villes en hiver, mais non pas faire sortir des orangers de leurs serres.

La dépense de la conduite des orangers de Verteuil et de la Meilleraye, à Versailles et à Fontainebleau, a coûté 9,000 ª.

J'ai pensé, au mois de février, à l'acquisition de la terre de Mareuil, en bas Poitou. Elle vient de la maison de la Marck, et a été adjugée à madame la duchesse de Duras.

Le 3 mars 1687, j'ai mandé à M. de Louvois que le chevalier de Curzay mène une vie scandaleuse, ayant une femme dans sa maison, dont il a eu plusieurs enfans dont un a été baptisé sous son nom; qu'il commet beaucoup de violences dans son canton, dont il est difficile d'avoir la preuve, parce qu'il est fort redouté. On l'accuse d'avoir mis la nuit le feu dans une maison vendue sur lui par décret. M. l'évêque et son curé lui ayant fait plusieurs sommations de chasser cette femme, ses parens n'ont pu l'obliger d'aller servir à Malte, et j'ai été d'avis de le reléguer dans quelque province éloignée du Poitou, et de faire mettre la femme qu'il a chez lui dans un couvent de repenties, les juges ordinaires n'osant pas entreprendre de lui faire le procès.

Le 8 mars 1687, j'ai proposé à madame de Maintenon de faire entrer à Saint-Cyr la demoiselle de la Haye, noble, sans bien, et qui n'avoit que quinze ans.

J'ai reçu une lettre [de M. de Louvois], du 11 mars 1687, pour envoyer à Pierre-Encise plusieurs religionnaires qui s'étoient cachés et qui ont été arrêtés, et les femmes dans des couvens des diocèses de Meaux et de Noyon.

M. de Châteauneuf m'a demandé, par sa lettre du .. mars 1687, l'arrêt du conseil du 1er septembre 1687[1], rendu sur l'avis de M. de Bâville, qui donne la préséance aux gentilshommes des baronnies et châtellenies du bas Poitou sur les sénéchaux et juges des seigneurs hauts justiciers, dans les assemblées et cérémonies publiques. Je lui ai répondu que je ne l'avois point trouvé parmi les papiers de l'intendance, et qu'il devoit s'adresser à M. de Bâville qui, apparemment, l'avoit emporté.

Au mois de mars 1687, j'ai obtenu du roi le don d'une charge de conseiller au présidial de Poitiers, vacante aux parties casuelles, en

---

[1] Erreur de date; d'ailleurs, Foucault avait remplacé Bâville en Poitou depuis le mois de septembre 1685.

faveur du sieur de Chaseaux, élu à Poitiers, en considération des services qu'il a rendus dans l'ouvrage des conversions. J'ai demandé à M. le chancelier la grâce de le dispenser de venir se faire recevoir à Paris, attendu le besoin que j'en avois pour l'intérêt de la religion. C'est celui de tous les officiers du présidial de Poitiers qui a le plus de probité et d'intelligence, et dont je me suis servi le plus utilement dans toutes sortes d'affaires, étant très-zélé pour le bien public.

Au mois de mars, j'ai affermé la terre de Dissais, appartenant à l'évêché de Poitiers, de M. de Saillant, évêque de Poitiers.

Le.. mars, il m'a été donné une ordonnance sur le trésor royal, de 4,590 ħ, pour remboursement des frais faits à l'occasion des religionnaires arrêtés et auxquels le procès a été fait.

Le 10 avril 1687, j'ai envoyé quinze femmes huguenotes à Paris, pour les faire mettre dans des couvens.

Le 14 avril 1687, j'ai reçu un ordre du roi pour faire mettre aux filles repenties de Poitiers la femme que le chevalier de Curzay entretient chez lui, et pour le reléguer à Montbrison. J'ai mandé à M. de Louvois qu'il supplioit le roi de lui accorder la grâce d'aller à Malte, où il pourroit subsister, n'en ayant pas le moyen à Montbrison.

Le 16 avril 1687, j'ai fait partir pour Noyon seize femmes et filles religionnaires.

Le roi a accordé, sur ma représentation, aux filles de la congrégation de Notre-Dame de Châtellerault, 6,000 ħ à prendre sur les biens saisis des religionnaires, et 600 ħ de pension sur le trésor royal; c'est ce que m'a mandé M. de Louvois par sa lettre du 26 avril 1687.

Parmi les femmes de la R. P. R. qui devoient être conduites dans des couvens éloignés du Poitou, il s'en est trouvé trop âgées et infirmes pour souffrir la fatigue de ces voyages. Le roi a trouvé bon qu'à mesure qu'elles recouvreront leurs forces on les mette dans des couvens du Poitou, par la lettre de M. de Louvois du 29 avril 1687.

Le 3 mai 1687, j'ai proposé à M. le chancelier d'établir un professeur de droit françois dans la faculté de droit de l'Université de

Poitiers, comme il y en a dans les autres universités du royaume, et d'en faire pourvoir le sieur Jardel, ancien avocat, consommé dans les affaires du palais.

Par une lettre de M. de Saint-Pouanges, du 13 mai 1687, en l'absence de M. de Louvois, il me mande que le roi désire que je fasse arrêter le sieur des Minières, gentilhomme de la R. P. R. qui tient une mauvaise conduite, et que je l'envoie dans le château de Saumur.

L'office de sénéchal de robe longue à Fontenay-le-Comte, en bas Poitou, a été créé en faveur de Michel Tiraqueau, frère d'André qui a écrit[1], à condition qu'il demeureroit supprimé par sa mort, ce qui est arrivé. Cet office est demeuré supprimé pendant dix-sept années, après lequel temps le roi l'a fait revivre en faveur de Pierre Brisson, lieutenant particulier de Fontenay, frère de M. Brisson, président au parlement de Paris[2], originaire de Fontenay. Il a passé, par sa mort, à ses enfans, jusques à Barnabé Brisson, dernier titulaire, par le décès duquel il a vaqué aux revenus casuels. M. Le Pelletier m'a demandé à quelle somme on pourroit taxer cet office, et je lui ai mandé qu'il pouvoit l'être à 12 à 13,000ᵗ, attendu qu'il a peu de gages, d'émolumens et de fonctions, les partageant avec les autres officiers du siége.

Au mois de mai 1687, j'ai fait arrêter, par ordre du roi, le marquis de Faur, accusé d'avoir maltraité les habitans de ses terres et de plusieurs violences, et entre autres d'avoir été lui-même enlever un paysan dans sa maison et de l'avoir fait attacher à un poteau, où il lui a fait donner les étrivières, pour n'avoir pas voulu lui déclarer le lieu où s'étoit retiré le fermier judiciaire[3] du Vigean pour éviter ses violences.

---

[1] Érudit et jurisconsulte, né à Fontenay-le-Comte, en 1480, mort en 1558.

[2] Né à Fontenay-le-Comte, mort président du parlement de Paris, le 15 novembre 1591. Son frère, Pierre Brisson, sénéchal à Fontenay-le-Comte, mourut en 1590. Il a laissé, comme le président, des ouvrages d'histoire et d'érudition.

[3] On appelait fermier judiciaire celui auquel le bail d'un héritage saisi réellement avait été adjugé par autorité de justice.

Les gentilshommes de la R. P. R. qui m'ont paru les plus opiniâtres sont les sieurs de Gagemont, de Choisy, capitaine du château de Chefbretonne appartenant à M. le comte de Roye, des Minières, de la Chauvinière. Le sieur des Minières a été conduit à Saumur, et le sieur de Gagemont à Pierre-Encise.

M. de Louvois m'ayant envoyé un fragment de lettre qui lui donnoit avis qu'un curé de Poitiers, nommé Gautier, étoit le correspondant des religieuses de la Fougereuse et de toutes les personnes suspectes de jansénisme dans la province, c'est ce que j'ai vérifié, et [j'ai] appris que le jansénisme a été introduit dans le monastère de la Fougereuse par des directeurs, et qu'il s'y est entretenu par le commerce que les religieuses ont eu avec la cabale de Paris. J'ai mandé à M. de Louvois que ce Gautier étoit un homme dangereux; qu'il avoit souvent des conférences avec les jansénistes de Poitiers; que M. de la Hoguette, pendant qu'il étoit évêque de Poitiers, lui avoit défendu de confesser d'autres personnes que ses paroissiens, mais qu'il n'avoit laissé d'en confesser d'autres paroisses. Il entretenoit aussi commerce avec dom Bataille, sous-prieur de l'abbaye de Saint-Cyran, qui a été envoyé par ordre du roi dans le couvent des Bénédictins de Poitiers. J'ai mandé qu'il falloit éloigner ledit Gautier de la province.

Le roi a, sur ma représentation, accordé 3,000# aux filles de l'Union chrétienne de Poitiers, pour acheter une maison au mois de mai 1687.

Les missionnaires ont travaillé fort utilement pour les conversions.

Au mois de juin 1687, la veuve d'un ministre de Châtellerault s'étant cachée dans la maison d'un de ses proches pour éviter d'être recherchée pour la religion, les officiers de Châtellerault, en ayant eu avis, se sont transportés dans cette maison, et, sur le bruit qu'elle entendit, elle s'alla jeter dans un puits, d'où elle fut retirée et conduite aux filles repenties de Poitiers.

Les biens des religionnaires fugitifs ou emprisonnés s'affermant à vil prix par la difficulté qu'il y a de trouver des fermiers, qui appréhendent le retour desdits religionnaires, j'ai proposé de les réunir au domaine du roi pour y demeurer incommutablement acquis après le temps réglé par les ordonnances, pendant lequel les religionnaires pourront se convertir et le roi pourra leur rendre leurs biens. Les créanciers pourroient aussi, pendant ce temps, faire leurs diligences pour être payés.

Le 24 juillet 1687, j'ai proposé à M. Le Pelletier de faire venir à Poitiers M. d'Héricourt, pour travailler avec moi au papier terrier du Poitou. Il y a travaillé à Montauban et en Béarn.

Le 14 août 1687, j'ai mandé à M. de Louvois que j'exécutois, avec le plus d'exactitude qu'il étoit convenable, le contenu dans l'instruction qu'il m'avoit donnée, mais que j'appréhendois qu'elle ne donnât lieu à un grand relâchement [chez] les nouveaux convertis dans l'exercice de la religion, et que j'en voyois déjà les commencemens.

Le corps des marchands de Poitiers ayant fait faire une statue du roi pour mettre sur la porte de la juridiction consulaire, elle a été trouvée trop grande pour cet emplacement et digne d'être mise dans une place publique, ce qu'ayant proposé au corps des marchands, ils y ont consenti, et je l'ai fait élever sur un piédestal dans la plus grande place de la ville, le jour de saint Louis 1687. (*Vid.* la relation.)

RELATION DE CE QUI S'EST PASSÉ A L'ÉRECTION DE LA STATUE DU ROY

DANS LA VILLE DE POITIERS, LE VINGT-CINQUIÈME AOUST 1687[1].

Les anciens, qui vouloient que les siecles à venir ne perdissent rien des grands hommes que le ciel fait naistre de temps en temps, pour servir de modele aux autres, ne se sont pas contentez de celebrer leurs heros dans les écrits immortels qu'ils nous ont laissez, ils ont voulu encore nous en donner l'image sensible, et, par le moyen

---

[1] Comme cette relation, intercalée dans le texte des mémoires, y est imprimée et non manuscrite, nous avons cru devoir en respecter scrupuleusement l'orthographe. Elle forme une brochure de 32 pages petit in-4°. Au bas du titre se trouve la mention suivante : *A Poitiers, chez Jean Fleuriau, imprimeur ordinaire du Roy, de l'Université et de Monseigneur l'Évêque, et Jean-Baptiste Braud, marchand libraire, rue des Cordeliers, à l'image de saint Joseph. — Avec permission.*

des statues et des medailles qu'ils leur ont consacrées, les presenter à nos yeux aussi bien qu'à nos esprits. C'est par là que nous connoissons encore aujourd'huy ceux qui vivoient il y a plus de deux mil ans, et que dans ces precieux restes et ces debris de l'antiquité nous prenons plaisir de considerer comment estoient faits ces grands hommes, que les Grecs et les Romains nous ont tant vantez.

La France, qui s'estoit un peu negligée sur ce sujet jusqu'à present, commence enfin à se réveiller, et à prendre le bon goût des anciens sous un regne heureux qui fait refleurir les beaux-arts; et comme elle n'a jamais eu de heros plus digne de l'immortalité que Louis le Grand, elle n'a jamais eu aussi tant d'émulation qu'elle en fait paroître à luy eriger des statues, et à faire fraper des medailles qui puissent conserver à tous les siecles sa figure et les traits de son visage, et faire voir à ceux qui viendront après nous cet air de majesté qui anime sa personne, et qui est meslé de tant de douceur.

M. le maréchal de la Feuillade est le premier qui a donné l'exemple de lui faire élever des statues. Cette vive ardeur qu'il a pour la gloire du roy lui a inspiré un nouveau dessein pour contribuer à la rendre immortelle : il vient de luy élever avec la derniere magnificence une statue qui sera le monument éternel des victoires de son prince, et en même temps celui de son zèle et de sa reconnoissance[1].

C'est à son imitation que les villes et les provinces ont demandé instamment la permission d'eriger de semblables monumens, qui leur puissent mettre devant les yeux ce qu'elles ont de plus profondément gravé dans le cœur. La ville de Poitiers a esté de ce nombre, et, pour mieux faire éclater son zele, elle a usé d'une diligence extrême, afin que, si elle ne peut pas l'emporter sur les autres villes pour le reste, elle ait au moins cet avantage de les devancer dans l'execution. Voici comment la chose s'est passée :

Les marchands, qui font un corps considerable dans la ville, touchez d'une juste reconnoissance des bienfaits qu'ils reçoivent tous les

---

[1] Le monument élevé par le maréchal de la Feuillade à la gloire de Louis XIV fut inauguré à Paris le 28 mars 1686.

jours du roy, par la protection qu'il donne aux arts et au commerce, ont cru qu'il estoit de leur devoir de donner quelques marques exterieures de cette reconnoissance, en élevant une statue du roy sur la porte du lieu où ils s'assemblent pour rendre la justice. Mais M. Foucault, intendant de la province, leur ayant inspiré d'en faire un monument public et de l'eriger dans une place, où, estant plus en vue, elle feroit plus d'honneur à leur zele, ils ont suivi le conseil qu'il leur a donné, et ont bien voulu faire la dépense de ce monument, qu'ils ont élevé avec tout le succez qu'on en pouvoit attendre.

Ce monument est une statue du roy en pied, dans une attitude noble, majestueuse et digne du heros qu'elle represente. On y remarque son air et ses traits, autant que le cizeau est capable de les exprimer. Il est représenté habillé à la romaine, avec un manteau royal semé de fleurs de lys, qui lui pend derriere les epaules. Cette statue est posée sur un piédestal d'une tres-belle architecture, enrichi de sculpture et de tous les ornemens qui y conviennent. Quatre termes, representans des esclaves des differentes nations subjuguées, soûtiennent les quatre coins de l'architrave, et font voir dans des airs et des attitudes particulieres des sentimens differens. Les quatre faces du piédestal sont occupées par quatre ovales qui renferment des tables de marbre noir où sont gravées les inscriptions, le tout à une distance de huit pieds, entouré d'une balustrade de fer doré. Enfin, ce monument est tel, qu'il y a sujet d'aplaudir au zele de ceux qui l'ont erigé, et à l'habileté de celuy qui l'a executé. C'est le sieur Girouard[1], dont le merite a cela de particulier, qu'il n'est pour ainsi

---

[1] Jean Girouard, né à Poitiers vers 1660, mort en 1720. Il fut sans doute élève de son père, qui était maître sculpteur établi à Poitiers. Outre la statue en pierre de Louis XIV, on lui attribue quelques autres monuments de sculpture dans la même ville et dans les autres de la province, notamment à Saint-Maixent. Il travailla aussi en Bretagne.

La statue colossale de Louis XIV, œuvre de Girouard, a été gravée dans le temps par J. Dolivar, et dessinée en 1699 pour l'amateur Gaignières. (Voy. la topographie de la Vienne, au cabinet des estampes de la Bibliothèque impériale.) Elle a été détruite le 18 août 1792. La tête seule est encore conservée au musée des antiquités de l'Ouest, à Poitiers, avec une partie du

dire éleve que de lui-même, puisque c'est seulement sur les beaux morceaux qui nous restent des anciens qu'il s'est formé dans une grande jeunesse, et qu'il a merité d'être employé aux travaux de Versailles, où il a fait voir l'excellent naturel qu'il a pour la sculpture [1].

Les marchands ayant fait ce qui dépendoit d'eux, le corps de ville, au nom de tous les habitans, a cru qu'il estoit de son devoir de seconder leur zele, et ayant choisi la plus belle place de la ville pour poser cette statue, a voulu se signaler par de grandes réjouissances le jour qu'elle a esté élevée, et a commencé par decorer la place, qui estoit autrefois le vieux Marché, et qu'on doit appeler désormais la PLACE ROYALE.

Quatre arcs de triomphe la fermoient aux quatre rues qui y aboutissent; le premier estoit dédié au roy par cette inscription :

LUDOVICO MAGNO
BELLI PACISQUE ARBITRO.

A

LOUIS LE GRAND
L'ARBITRE DE LA PAIX ET DE LA GUERRE.

Il estoit composé de trois portiques, un grand et deux moindres de chaque côté, et élevé dans toutes les règles et les proportions de l'architecture : la corniche, qui estoit soûtenue sur quatre pilastres d'ordre corinthien, portoit un buste du roy élevé sur un trophée d'armes, avec cette inscription :

NUNC UNA IN SEDE MORANTVR
MAJESTAS ET AMOR.
ON PEUT VOIR MAINTENANT ENSEMBLE
ET L'AMOVR ET LA MAIESTÉ.

modèle en terre qui servit à l'exécution de l'œuvre.

Nous devons ces renseignements à l'obligeance de M. Th. Arnauldet, du cabinet des estampes de la Bibliothèque impériale;

ils sont extraits d'une histoire des artistes poitevins qu'il prépare en ce moment.

[1] On ne trouve pas trace du nom de cet artiste dans les anciennes descriptions de Versailles.

Ce buste estoit accompagné de deux figures de femme à demy couchées, dont l'une representoit la France appuyée sur l'écusson de ses armes, jettant un regard tendre vers le buste, avec cette inscription tirée d'Horace :

SERVS IN COELVM REDEAS!

PLAISE AV CIEL VOUS LAISSER
LONG-TEMPS DESSVS LA TERRE.

Dans l'autre, la ville de Poitiers estoit representée dans la même attitude, avec cette inscription du même poëte :

HIC AMES DICI PATER ATQVE PRINCEPS!

AIMEZ QU'ICY L'ON VOUS REVERE
COMME UN MONARQUE
ET COMME UN PERE.

Sur les deux portiques, deux grands tableaux occupoient l'espace qui est entre leur cintre et l'architrave; l'un representoit la discorde enchaînée, avec ce mot :

PACE, TERRÆ, MARIQVE IMPERATA.

LA PAIX DONT ON JOUIT
IL L'A DONNÉE EN MAISTRE.

L'autre representoit l'heresie expirante, avec ce mot :

EXTINCTA TOTO REGNO HÆRESI.

DE L'ESTAT PAR SES SOINS
L'HERESIE EST BANNIE.

Quantité de festons et de cartouches remplis de devises ornoient agréablement les autres endroits de cet arc de triomphe.

Le second, qui répondoit à celui-cy, estoit de la même structure, dedié à Monseigneur, avec cette inscription :

DIGNO LODOICI MAGNI FILIO
DELPHINO AVGVSTO.

A

L'AUGUSTE ET DIGNE FILS
DE
LOUIS LE GRAND.

Le buste de ce prince estoit élevé sur le fronton, avec ce mot :

GENTIS DELICIÆ.

DV PEVPLE IL FAIT L'AMOUR
ET LES DELICES.

Aux deux costez estoient Mars et Minerve, avec ces inscriptions :

TANTO MARS GAVDET ALVMNO.
VLTRICEM AGNOSCE MINERVAM.

DE MARS ET DE PALLAS
IL EST LE DIGNE ELEVE.

Sur les deux petits portiques estoient, dans de grands tableaux, ces deux devises :

Un tournesol élevé sur les autres fleurs d'un parterre, tourné à l'ordinaire du costé du soleil, avec ce mot :

ASPICIT, ET FORMAM SIMVL INDVIT.

SANS CESSE IL LE REGARDE
ET LUY DEVIENT SEMBLABLE.

Pour dire que Monseigneur se forme sur les exemples du roy, qu'il a toujours devant les yeux, comme le modele de bien regner.

Un buste qu'une main polit et perfectionne :

SERO PERFECTIOR EXIT.

L'ART ET LE TEMPS
LE RENDENT PLVS PARFAIT.

Pour dire que Monseigneur, sous la conduite d'un si grand maître, devient tous les jours plus accompli, et qu'il en sera de luy comme d'un ouvrage qui a été longtemps sous la main d'un habile ouvrier, lequel attire l'admiration, dès qu'il commence à paroître.

Le troisième estoit dedié à Madame la Dauphine, avec cette inscription :

AVGVSTÆ LODOICI MAGNI
NVRVI.

A
L'AUGVSTE BELLE-FILLE
DE
LOUIS LE GRAND.

Le buste de cette princesse estoit élevé sur le fronton, et la devise suivante faisoit comprendre qu'elle fait la joye et le bonheur de ce royaume. C'estoit un cep de vigne, chargé de beaucoup de raisins, avec ce mot :

MVLTO POPVLIS DAT GAVDIA PARTV.

SA FECONDITÉ FAIT
D'VN GRAND PEVPLE LA JOYE.

Le quatrième estoit erigé aux enfans de France. Leurs trois bustes en faisoient le principal ornement. L'inscription estoit :

AMANTISSIMIS LODOICI MAGNI
NEPOTIBVS.

AUX
TRES-AIMABLES PETITS-FILS
DE
LOUIS LE GRAND.

Comme ils sont d'un sang qui n'est pas capable de se démentir, toute la France les regarde avec des yeux pleins d'esperance pour un heureux avenir. C'est ce qu'on a tâché d'exprimer dans la devise suivante par un grand arbre qui en a un moindre auprès de luy, lequel pousse trois rejettons avec ce mot :

MAGNVS ERIT MENSVRA MINORVM.

ILS POURRONT QVELQVE IOVR
ATTEINDRE SA HAVTEVR.

Ces quatre arcs de triomphe faisant déjà un très-bel effet dans la place, on songea à l'orner de quantité de theatres pour la musique, pour les trompettes et pour les spectateurs. Celuy de la musique representoit le mont Parnasse. Apollon, élevé sur un piédestal, sembloit animer les muses qui estoient placées en différens endroits du theatre à celebrer les louanges du roy, et les assuroit de l'aveu et de la protection de ce monarque par cette inscription :

ILLI MEA CARMINA CVRÆ.

MES VERS ONT LE BONHEUR
DE PLAIRE A CE HEROS.

Au haut du theatre des trompettes estoit une Renommée, la trompette à la main, avec ce mot :

NIL MORTALE LOQUAR.

JE CHANTE UN HEROS IMMORTEL.

Pour dire que ce qu'elle publieroit du roy deviendroit l'admiration de tout l'univers et l'entretien de tous les siecles.

Le corps des marchands ayant la meilleure part à la feste, il estoit juste qu'il s'y trouvast, et qu'il fût placé commodément. Pour cela, ils firent dresser un theatre qui servoit à la decoration de la place, comme les autres : Mercure, le dieu du negoce, y estoit élevé sur une pyramide, sur laquelle on avoit peint des trophées des divers instrumens dont se servent les marchands. Quatre figures, representant des arts, occupoient les quatre coins; le tout accompagné d'inscriptions et de devises qui convenoient au sujet. Toute la place estoit environnée de theatres, qui, outre leur decoration particulière, estoient agreablement ornez d'une quantité prodigieuse de personnes de l'un et de l'autre sexe, que le bruit de la feste avoit attiré de plus de trente lieues à la ronde. Celuy des ecoliers parut fort brillant; les jesuites, dont on connoist le zele pour la gloire du roy, souhaitant qu'ils entrassent dans cette feste, et qu'ils contribuassent autant qu'ils pourroient à luy donner de l'éclat, les avoient fait dresser depuis longtemps à l'exercice des armes, et en avoient fait une milice aussi propre qu'elle estoit bien reglée; de sorte que ce fut un spectacle fort agreable de les voir tous rangez en bon ordre sur le theatre qu'on leur avoit préparé, qui estoit bordé de demy-piques et de drapeaux de differentes couleurs, et qui faisoient une face tres-agreable.

Comme la statue qui donnoit lieu à cette solemnité ne doit pas faire seulement l'ornement de la ville, mais que les habitans la regardent encore comme leur dieu tutelaire, puisqu'elle les met par là d'une maniere plus particuliere sous la protection du prince, on avoit tâché de rendre cette pensée dans les devises suivantes, qu'on avoit attachées en divers endroits de la place.

Une fontaine jaillissante au milieu d'un parterre, avec ce mot:

DITAT ET ORNAT.

ELLE EN FAIT LA RICHESSE
AINSI QVE LA BEAVTÉ.

Chacun sçait de quel secours est une fontaine dans un parterre, outre l'embellissement qu'elle luy procure.

Une colonne qui soutient une voûte, avec ce mot:

NVNQVAM SIC SVFFVLTA CADET.

CET APPUY POVR TOVIOVRS
LA MET EN SEVRETÉ.

Un soleil sur un champ couvert d'épics, avec ce mot:

ASPECTV FOECVNDAT.

PAR SES HEVREVX REGARDS
ELLE DEVIENT FECONDE.

Et parce que la place a changé de nom depuis l'erection du monument, et qu'elle s'appellera désormais la PLACE ROYALE, on avoit exprimé ce changement par cet embleme qu'on avoit peint à toutes les entrées de la place.

Une figure d'homme couronné, qui donne la main à une figure de femme en signe d'alliance, avec ce mot :

REGIO DECORAT NOMINE.

IL L'HONORE D'VN NOM AVGVSTE.

Cette figure de femme represente la place que la statue du roy, figurée par cet homme couronné, honore du nom de PLACE ROYALE, son erection estant une espèce d'alliance qu'elle contracte avec elle.

Toutes ces decorations ayant esté executées avec tout le soin possible, on ne songea plus qu'à se préparer à la feste, qui commença la veille par un acte de philosophie dedié au roy. Cette action fut d'autant plus belle, que les eloges du roy y eurent autant de part que la philosophie, et que les ecoliers qui avoient fait paroitre leur esprit et leur capacité allerent, après l'acte fini, chez M. l'intendant, luy porter en pompe la these de satin, où estoit le portrait du roy, estant precedez des trompettes et des haut-bois, et celuy qui la portoit estant environné des drapeaux des compagnies de chaque classe.

Le soir, toutes les cloches commencerent à sonner, et leur carillon se joignant au bruit du canon et à celuy des trompettes et des tambours qu'on avoit disposez sur les tours et les lieux les plus élevez de la ville, annoncerent agreablement la feste du lendemain.

La religion et la pieté la commencerent; le clergé, composé de six chapitres, de vingt-deux paroisses et d'un grand nombre de communautez religieuses, s'estant assemblé dans l'église cathedrale avec tous les corps de ville, M. l'intendant s'y rendit à la teste du presidial, qui étoit ce jour-là en robe rouge, et fut suivi ou prevenu d'une affluence extraordinaire de peuple. L'eglise, toute vaste qu'elle est, se trouva parfaitement bien decorée et illuminée par les soins de M. l'abbé Du Soucy, chanoine de la cathedrale et conseiller d'eglise.

La messe y fut celebrée par M. Rabereul, doyen de l'église de Saint-Pierre, avec beaucoup de solemnité, qui fut suivie d'un *Te Deum*, pour remercier Dieu des faveurs particulières que la pieté du roy et son affection paternelle pour ses sujets attirent sur la France. On y eut le plaisir d'entendre une fort belle musique, composée des plus belles voix de la province, et de plusieurs autres que M. l'intendant avoit fait venir des provinces voisines; le R. P. Chesnon, jesuite, y prononça un tres-beau panegyrique du roy. Il prit pour texte ces paroles de saint Mathieu, qui ne peuvent estre plus naturelles à son sujet : « De qui est cette image? On luy répondit que c'estoit celle de « Cesar. Alors il leur dit : Rendez donc à Cesar ce qui est à Cesar, et « à Dieu ce qui est à Dieu[1]. » Il commença d'abord par expliquer la difference qui se trouve entre le culte qu'on rend à Dieu et celuy qu'on rend aux souverains de la terre, et fit connoître à tout le monde que, si Louis le Grand ne possede pas ces perfections infinies qui ne conviennent qu'à Dieu seul, il a pourtant receu toutes celles qui en approchent davantage, et qui le rendent sur la terre l'image la plus sensible de la divinité. Ensuite, voulant interesser tout le monde à cette ceremonie, il fit voir qu'il estoit de la reconnoissance de la ville d'eriger cette statue à Louis le Grand, en sorte qu'il seroit à souhaitter que toutes les villes du Poitou en pussent faire autant, en reconnoissance des graces que la province reçoit de Sa Majesté, et surtout du retablissement de la religion. Secondement, qu'il est de la gloire de la ville d'avoir cet ornement, qui doit estre le monument eternel de la fidelité qu'elle a toujours eue pour son prince. Enfin, qu'il est de son interest d'attirer, par ce gage de son zele et de son attachement pour le roy, la faveur et la protection singuliere de Sa Majesté. Ces trois parties furent solidement prouvées, et remplies de plusieurs beaux traits de l'Écriture, de l'histoire ecclesiastique et de la vie du roy, dont il fit l'eloge avec tous les agrémens que peut souffrir l'eloquence chrestienne. Cette action finie, tous les corps se retirerent,

---

[1] « Cujus est imago hæc? Dicunt ei : « saris. Tunc ait illis : Reddite ergo Cæ- « Cæsari quæ sunt Cæsaris, et quæ sunt « Dei Deo. » Math. 22. (*Note du texte.*)

excepté les troupes latines (j'appelle ainsi la milice du college), qui, ayant assisté à cette ceremonie avec toute la devotion que pouvoit souffrir l'équipage guerrier où elles estoient, se rendirent à la PLACE ROYALE en tres-bon ordre et avec une contenance fiere, saluerent la statue du roy d'un air qui n'avoit rien d'enfant, mais qui marquoit que le cœur avoit beaucoup de part à cette action, et ensuite, après y avoir fait l'exercice avec toute la justesse des troupes bien disciplinées, cette milice fit place à une autre qui ne fut pas moins agreable à voir : ce fut celle des bourgeois, qui, s'étant rangez chacun sous son drapeau, se rendirent, après disné, à la place, au bruit du tambour, des fiffres, des haut-bois, et dans tout l'appareil d'une milice bien reglée. La statue estant le premier objet de leurs regards, le fut aussi de leurs respects; elle fut saluée à plusieurs reprises par la décharge du canon et de la mousqueterie, par le bruit des tambours et les fanfares des trompettes interrompues de temps en temps par des cris de VIVE LE ROY, qui perçoient les nues et faisoient retentir partout un bruit confus. Après le mouvement des troupes et les devoirs rendus à la statue par le corps des marchands, qui estoient là en robe de ceremonie, M. l'intendant, à la teste du corps de ville, apres avoir fait trois tours autour de la place, precedé par les trompettes et les tambours, mit le feu à un bucher qu'on avoit preparé, et voulut bien qu'on donnât un flambeau au juge des marchands, comme une reconnoissance publique des soins que ce corps avoit pris pour l'erection de ce monument. Là redoublerent les cris et les acclamations du peuple, le tonnerre du canon et des mousquets, qui ne finit qu'avec le feu du bucher; un concert de trompettes attira ensuite l'attention de tout le monde, qui s'estoit dissipée dans le fracas et le tumulte de la feste, et prepara à une symphonie admirable de violons, flutes et haut-bois, qui fut suivie d'un grand concert de voix et d'instrumens : un eloge du roy en fit la matiere. Ce concert dura jusqu'à la nuit, qui fut la plus eclairée et la plus brillante qu'on puisse voir. Il est difficile de se representer, sans l'avoir veu, le bel effet que peut produire une illumination qui regne dans les quatre costés d'une place de cinquante toises en quarré, depuis le premier etage jusqu'au toit. A cette illumination se joignit celle d'un tres-beau feu d'artifice, dont voicy le dessein.

Sur un theatre de quinze pieds de haut et d'autant de large paroissoit un trophée d'armes, illuminé et élevé sur un piédestal, dont les quatre faces estoient quatre tableaux illuminez. Dans l'un estoit peint Jupiter, son foudre à ses pieds, avec ce mot qui luy servoit d'inscription :

IRACVNDA PONIT FVLMINA.

C'EST UN VAINQVEVR DESARMÉ.

Pour marquer la paix que le roy a donnée à l'Europe, lorsqu'il estoit plus en estat que jamais de faire la guerre. L'autre representoit Pluton avec un air effaré, avec ce mot :

HVNC ETIAM PHLEGETON TIMET.

QVE IE CRAINS CE NOVVEL ALCIDE.

Alcide alla jusqu'aux enfers enchaîner Cerbere, s'il est permis de se servir de la fable pour expliquer de solides veritez; l'enfer vient de sentir de grands effets de la puissance du roy et a raison de le craindre.

Le troisième tableau faisoit voir Vulcain dans son attelier, tout prest à travailler, avec ce mot :

SI BELLARE PARAT.

I'ATTENDS QV'IL DECLARE LA GVERRE.

On fait allusion, dans ce tableau, aux armes qu'il forgea pour Enée, et il temoigne qu'il est prest de travailler pour un monarque chez qui il ne trouve pas moins de pieté et de courage que chez le heros de Virgile.

Le quatrième tableau representoit Mars, la main sur la garde de son épée, avec ce mot :

CVM IVSSERIT.

PREST A SVIVRE EN TOVS LIEVX
LES ORDRES DE LOVIS.

Pour marquer l'estat où est le roy de faire de nouvelles conquestes.

Le theatre qui portoit cette machine estoit soûtenu de huit pilastres très-bien ornez. Après qu'on eut laissé quelque temps aux spectateurs, dont la place, les echaffaux, les fenestres, les balcons et jusques aux toits des maisons estoient remplis, pour considerer la disposition et l'ordonnance de ce feu, on le fit jouer d'une maniere agreable et terrible tout ensemble. C'estoit un beau spectacle de voir partir, à plusieurs reprises, un gros de fusées volantes qui semoient l'air d'un million d'étoiles; mais c'estoit quelque chose d'assez affreux que le bruit redoublé des boëtes, des pétards et de la decharge continuelle des pots à feu qui ecartoient admirablement tous ceux qui se trouverent dans le voisinage. L'heureux succez de ce feu d'artifice fournit pendant une demi-heure beaucoup de plaisir au peuple, et finit trop tost à son gré; mais la feste ne finit pas pour cela; elle fut continuée chez M. l'intendant.

La PLACE ROYALE n'offrant plus d'autre spectacle qu'une illumination vive, qui auroit agreablement fixé les regards pendant toute la nuit si on ne s'estoit attendu encore à d'autres plaisirs, les plus honnestes gens se rendirent à son hostel et furent arrestez à la porte par un nouvel objet. C'estoient trois longues tables disposées en triangle, couvertes de viandes, abandonnées à la discretion du peuple. Elles estoient dressées dans une petite place dont la figure est triangulaire, et où l'on abordoit par trois rues, à l'entrée desquelles il y avoit des arcades ornées de festons; les officiers de M. l'intendant, placés au milieu de ces trois tables, avoient soin de les servir à mesure qu'on les dégarnissoit, et de faire retirer ceux qui avoient soupé, pour faire place aux autres; tandis que ceux qui n'en pouvoient approcher alloient se consoler à une fontaine jaillissante de vin, qui couloit depuis le matin à l'entrée de son hostel.

Ce spectacle ayant diverti quelque temps la compagnie, elle entra, à la faveur d'une nouvelle illumination, qui faisoit voir de tous costez cette maison en feu, dans deux grandes sales éclairées comme le reste; quatre tables, de vingt-cinq couverts chacune, furent trouvées servies et furent occupées par toutes les dames, que les hommes voulurent servir. La symphonie, qui dura pendant le repas, remit dans une assiette tranquille les esprits de ceux qui avoient esté étourdis pendant tout le jour du mélange confus du bruit des tambours, du canon, du feu d'artifice et des acclamations continuelles du peuple, et on y goûta d'autant plus de plaisir que tout s'y passa sans la confusion ordinaire dans ces sortes de festes.

Le souper fini, la compagnie crut traverser une basse-cour pour passer au jardin; mais, comme si elle se fût évanouie par enchantement, les dames furent agreablement surprises de se trouver sur une terrasse ornée de fleurs et de deux fontaines jaillissantes, par laquelle on descendoit dans un grand et magnifique salon qu'elles n'avoient jamais veu, tout disposé pour le bal. Ce salon estoit formé par un carré de trente-deux arcades de 15 pieds de hauteur; il estoit de 50 pieds de long sur 40 de large, et son plat-fonds élevé de 30 pieds; mais, par le moyen d'une perspective pratiquée dans le jardin, on avoit fait paroître dans le bout une galerie fort longue et fort éclairée qui y faisoit un tres-bel accompagnement. Toutes les arcades estoient ornées de festons de fleurs et de piliers qui les soûtenoient couverts de miroirs. L'espace qui étoit depuis le cintre des arcades jusqu'au plat-fonds est fermé par de très-riches tapisseries, et dans la principale face estoit élevé un buste du roy de 3 pieds de haut, environné d'un soleil, dont le tour et les rayons estoient couverts de lumiere, accompagné de fleurs de lys et d'LL couronnées sans nombre; le tout disposé avec des lumieres vives; ce qui faisoit une illumination de plus de deux mille brillans. Dans la face du salon opposée à celle où estoit le buste, et au-dessus de l'arcade qui faisoit l'ouverture de la galerie, on avoit mis sous un dais un fort beau portrait du roy, de la main de Mignard. Ce fut dans cette sale que plus de quatre-vingts dames qui avoient soupé chez M. l'intendant, et toutes celles qui vinrent après souper, soûtinrent parfaitement bien la réputation où les Poitevines sont de bien danser. Les amphitheatres qui avoient esté dressez derriere et le long des arcades furent bientôt remplis par toutes les personnes qui eurent la curiosité de voir cette assemblée, dont madame FOUCAULT fit tres-bien les honneurs. Il y eut profusion de confitures et de toutes sortes de rafraichissemens, et il ne manquoit à la satisfaction de tout le monde qu'une de ces longues nuits des pays du nord, qui pût faire durer le plaisir plus longtemps. Toute cette nuit se passa en réjouissance, aussi bien que les trois jours suivans, pendant lesquels la maison de M. l'intendant demeura ouverte, pour satisfaire la curiosité du peuple, que la nouvelle structure du salon y attiroit en foule. On peut dire que le peuple n'a pas eu besoin d'être excité, et que sa joye couloit de source, paroissant que l'amour qu'il a pour un roy si digne d'estre aimé estoit ce qui l'animoit.

Le lendemain, 26, les officiers du présidial, à la teste desquels estoit M. de Razes, president, qui ne laisse echapper aucune occasion de signaler son zele pour la gloire et le service du roy, ne croyant pas avoir suffisamment rempli leur devoir en assistant au *Te Deum* que fit chanter M. l'intendant dans l'eglise cathedrale, en firent chanter un autre dans l'eglise des Cordeliers. L'action fut solemnelle et fut suivie d'une feste que donnerent les jesuites apres midy, dont voicy le détail :

Toute la ville s'y estant rendue sur le bruit de ce qui s'y devoit faire, on trouva un theatre élevé dans la court, orné de tres-belles decorations et chargé d'acteurs fort proprement vestus. La première action qu'on donna aux spectateurs fut l'explication d'un tableau enigmatique que M. l'intendant avoit fait faire à Paris. Ce tableau, qui estoit d'une extraordinaire grandeur, representoit Hercule sortant des enfers et traînant après luy Cerbere, qu'il avoit enchaîné. Sa massue qu'il tenoit de la main droite estoit garnie de six medailles qui representoient ses plus glorieux travaux : quelques furies sembloient luy insulter et s'opposer à son dessein, tandis que Jupiter, sur un nuage, luy applaudissoit de cette action. Iris, deesse de l'admiration, en marquoit son étonnement, et la Justice, la balance à la main, sembloit en peser le prix et la valeur. Cette enigme fut expliquée sur l'or, le soleil et le diamant. Les rapports qu'on y trouva parurent assez fideles, et les six medailles des travaux d'Hercule fournirent une tres-belle occasion de parler du roy, à la gloire de qui se rapportoit toute la feste. Mais le veritable mot estoit la statue qu'on luy avoit erigé. M. de Carcassonne, fils de M. l'intendant, en fit l'explication, et fit voir qu'Hercule, sortant des enfers, estoit la statue sortant de la carriere; que les furies qui sembloient luy insulter estoient les divers outils et instrumens dont le sculpteur s'estoit servi pour la faire; que Jupiter, roy des dieux, qui paroissoit applaudir à Hercule, estoit là pour signifier l'agrément qu'il a plu à Sa Majesté de donner au dessein des marchands; que Thémis marquoit la presence des magistrats qui assistoient à la ceremonie; et que l'Iris signifioit l'admiration des peuples, qui voyoient avec une extrême joye le portrait ressemblant d'un prince dont l'auguste presence fait la joye et le bonheur de tous ceux qui ont l'honneur de l'approcher. Ensuite, s'étendant sur l'explication particuliere des six medailles qui estoient peintes sur la massue d'Hercule, il trouva des rapports si justes entre les travaux de ce heros fabuleux et les glorieuses actions du roy, qu'il satisfit parfaitement l'assemblée, qui estoit des plus nombreuses.

Cette enigme expliquée, on en proposa une autre. C'estoit Amphion qui jouoit du luth, et qui, par son harmonie, faisoit remuer les arbres et les plaçoit en droite ligne sur le bord d'une rivière. La ville de Thebes paroissoit dans l'éloignement, et des muses, sur le haut d'un rocher, luy montroient la lyre d'Orphée parmi les constellations du ciel, afin de l'animer et de l'exciter à continuer un jeu qui faisoit de si beaux effets. Cette enigme fut expliquée sur la trompette, dont le son range des troupes en bataille, et le fleuve qui paroissoit dans le tableau donna occasion à celuy qui parloit de toucher le passage du Rhin, et de dire de très-belles choses à la gloire du heros qui conduisoit cette celebre action. Le véritable mot estoit LE COURS. C'est une promenade que M. l'intendant a fait faire sur les bords de la riviere du Clain, aux portes de la ville, qui n'avoit aucun de ces sortes d'embellissemens.

La compagnie, ayant écouté avec plaisir l'explication de ces deux enigmes, fut regalée d'une piece de theatre où l'on representa LOUIS le Grand comme le plus grand des roys. Pour le faire plus agreablement et d'une maniere qui fût plus du genie et du tour de la poësie, on crut devoir representer le roy et les princes ses voisins sous l'idée et le nom des dieux de l'antiquité, avec qui ils ont des rapports plus singuliers. Le roy y parut sous le nom d'Apollon, que les anciens confondoient avec le soleil, symbole de notre grand monarque. Pluton, dieu des richesses, des enfers et des marais, figura les Hollandois et les peuples des Pays-Bas. Jupiter representa l'empereur, à cause de l'aigle imperiale, et Neptune supposa pour les Genois, les Algeriens et les autres peuples maritimes.

Le Destin, qui, dans l'idée des anciens, avoit un droit de souveraineté sur tous les autres dieux, qui estoient soumis à ses arrêts, declara d'abord qu'il vouloit se defaire de la suprème puissance en faveur d'Apollon et luy donner le premier rang sur Pluton, sur Neptune, sur Mars, sur Jupiter même. Il luy fit ensuite remporter sur eux à peu près les mêmes victoires que le roy a remportées sur ses ennemis; de maniere que les endroits les plus eclatans d'une si belle vie s'y virent parfaitement et d'une maniere tres-naturelle, quoyque sous des symboles étrangers. Après tous ces triomphes, Apollon parut formant un arc en ciel et donna la paix aux autres dieux, pouvant continuer à faire la guerre, pour marquer la paix que le roy a accordée si genereusement à toute l'Europe. Tous la receurent avec joye. On finit par luy decerner des arcs de triomphe et des statues dans les places publiques. Cette action estoit de cinq actes, meslée de plusieurs entrées de ballet. Elle fut suivie de la distribution des prix que donna M. l'intendant, et qu'il s'est engagé de donner toutes les années, avec une condition qui doit tenir lieu au collége d'une extrême faveur, c'est qu'on y prononcera tous les ans, le jour de saint Louis, un panegyrique du Roy.

Les jours suivans furent employez à chanter des *Te Deum*, et à des prieres publiques pour la conservation et la prosperité de Sa Majesté. Madame de Navailles, abbesse de Sainte-Croix, estant d'une famille dont le zele s'est signalé heureusement pour la gloire du roy, ne s'est pas oubliée dans cette occasion. Apres avoir fait decorer et illuminer son eglise avec beaucoup de soin et d'éclat, elle fit chanter le 27 une messe et un *Te Deum* où assisterent tous les corps de ville, et où la beauté de la musique, qui estoit excellente, ceda à l'éloquence du R. P. Dubois, jesuite, qui prononça un panegyrique du roy avec un succez qui surprit l'assemblée, n'ayant eu que vingt-quatre heures pour s'y preparer, tant il est vrai qu'il n'y a rien d'impossible quand on est animé du zele de la gloire du roy. Cette ceremonie fut d'autant plus belle qu'elle fut suivie d'une aumône generale. Le bureau des finances, le corps de ville, le chapitre de Saint-Hilaire, madame l'abbesse de la Trinité et le corps des marchands, qui a voulu faire la clôture de la feste, en ont aussi fait chanter en musique, auxquels M. l'intendant a assisté. Enfin, tous ont voulu signaler leur zele dans cette occasion, jusqu'aux ecoliers de droit, qui, ayant eu permission de s'assembler et d'entrer dans la réjouissance publique, ont esté, en corps et sous les armes, rendre leurs devoirs à la statue, aupres de laquelle ils ont fait tirer un feu d'artifice.

C'est par là qu'a fini la feste, mais non pas la joye du peuple, qui sera tous les jours renouvellée par la veue de l'objet qui la cause. Cette joye paroist peinte sur le visage de tous ceux qui, passant sur la Place Royale, ne manquent pas de regarder la statue du roy. Ce qu'il y a de surprenant, c'est que, quoyqu'il y ait eu, pendant quatre jours que la feste a duré, un concours infini de peuple dans la ville, dont on a fait monter le nombre des seuls etrangers à plus de vingt mille personnes, il n'y est pas arrivé le moindre desordre parmi le tumulte et la confusion dont ces sortes de réjouissances sont ordinairement accompagnées.

INSCRIPTIONS DES QUATRE FACES DU PIÉDESTAL
QUI SOÛTIENT LA STATUE DU ROY
ÉLEVÉE DANS LA PLACE ROYALE DE POITIERS

Pour la première face :

LUDOVICO MAGNO
Populorum votis ac felicitati
CONCESSO ET SERVATO,
Ob artes restauratas
Et amplificatum commercium,
MERCATORUM
PICTAVIENSIUM
COMMUNITAS
In æternum memoris animi specimen,
Vnanimi totius civitatis consensu ac plausu,
ERIGI CURAVIT,
Anno reparatæ salutis 1687.

Pour la face opposée à la première :

A LA GLOIRE
DE
LOVIS LE GRAND
Que le ciel a accordé aux vœux
De ses peuples
Et qu'il a conservé pour leur félicité.
LE CORPS DES MARCHANDS
DE POITIERS
A consacré ce monument d'éternelle reconnoissance,
Pour le rétablissement des arts et du commerce,
Du consentement de tous les ordres de la ville
Et aux acclamations du peuple,
L'an du salut 1687.

Pour la seconde face :

IMMORTALI
LVDOVICI MAGNI
GLORIÆ
Hoc perenne monimentum
IN VETERI FORO
Quod deinceps felici commutatione
REGALIS PLATEA
NVNCVPABITVR,
Ad æternam posteritatis memoriam
Positum est;
IGNATIO FRANC. DE SAILLANT
Pictaviensi episcopo,
NICOLAO JOSEPHO FOUCAULT
Libell. suppl. magistro, provinciæ præfecto;
PETRO DECHASAUD
Vrbis majore inchoatum,
JACOBO RABEREUL
Successore perfectum.
Anno reparatæ in Gallia catholicæ religionis secundo.

Pour la face opposée à la seconde :

CE MONUMENT ETERNEL
A ESTÉ ELEVÉ
A LA GLOIRE DE
LOVIS LE GRAND
DANS LE MARCHÉ VIEUX
Qui par un heureux changement sera desormais nommé
LA PLACE ROYALE;
IGNACE FRANÇOIS DE SAILLANT
Estant eveque de Poitiers,
NICOLAS JOSEPH FOUCAULT,
Maistre des requestes, intendant de la province.
L'ouvrage fut commencé PIERRE DE CHASAVD
Estant maire de la ville, et achevé sous JACQUES
RABEREVL, son successeur.
La seconde année de l'entier retablissement de la
Religion catholique dans toute la FRANCE[1].

---

[1] A ces inscriptions, imprimées dans la brochure, Foucault en a joint d'autres, manuscrites, qu'il avait sans doute demandées au P. Menestrier, et qui ne servirent pas.

On lit sur le dos de cette pièce, d'une

VERS CHANTEZ À LA LOUANGE DU ROY

LORSQU'ON ELEVA SA STATUE DANS LA PLACE ROYALE DE POITIERS.

LE DIEU DU CLAIN,

REVEILLÉ PAR UN BRUIT DE TAMBOURS ET DE TROMPETTES.

Quel bruit guerrier vient troubler mon repos ?
D'où vient que sur ces bords éloignés des allarmes

écriture qui paraît être celle du père de Foucault :

1687.

Inscriptions faites par le P. Menestrier, jésuite, pour mettre aux quatre costés de la base de la statue posée à l'honneur du roy, en la ville de Poitiers, par la communauté des marchands.

INSCRIPTIONS
POUR LES QUATRE FACES DU PIÉDESTAL
DE LA STATUE DU ROY
DRESSÉE À POICTIERS PAR LES CORPS DES MARCHANDS.

I.

Ludouico Magno,
Quod
Amplificatis regni finibus,
Pacata Europa,
Assertis utrobique prouinciis,
Animum studiumque adjecerit
Ad restituenda mercaturæ compendia,
Perenne obseruantiæ monimentum
Poss.
Negotiatores Augustoritenses.

II.

Optimo Principi
Qui,
Præ animi magnitudine
Nihil tenue spirans,
Terrarum oras Oceano dissociatas
Et longis intervallis dissitas gentes

Suis mancipauit obsequiis ;
Concessoque subditis commercio,
Erectis officinis, instructis onerariis,
Stabilitis rationum priuatarum exedris,
Prouincias omnes
Galliæ stipendiarias esse voluerit,
Beneficii memores Pictavii nundinatores.

III.

Regi augustissimo,
Saorum amori, terrori hostium,
Omnium admirationi gentium,
Ob purgata prædonibus maria,
Exstructa naualia, armatas classes,
Et securitati commeantium
Importuosas substructionibus, aggerum mole,
Arenarum egestione commodiores redditas.*
Omnia mercatorum corpora
Augustoriti Pictonum licite nundinantia
D. S. P. statuere.

IV.

Posterorum memoriæ
Et æternitati regii nominis
Spirantem in marmore
Ludouici Magni effigiem
Solenni ritu
Licitatores Pictauienses
Devoti obsequiis Majestatique ejus
Inter publicos ciuium plausus
Erigi curarunt.

(Le jour et le mois.)

Anno R. S. M. D. C. LXXXVII

* Sic. On ne voit pas à quoi se rapporte *importuosas* et *redditas* ; il y a sans doute un mot d'oublié.

Le tambour vient mesler le bruit affreux des armes
  Au doux murmure de mes eaux?

Quelle divinité se présente à mes yeux?
Quel est cet air, ce port et cette noble audace?
Je croyois que la Paix regnoit seule en ces lieux:
  D'où vient que Mars a pris sa place?

Peuples qu'on voit ici lui dresser des autels,
    Aymez vous encor les allarmes?
    Le redoutable dieu des armes
    Est-il le seul des immortels
    Qui pour vous ait des charmes?

(Le chœur des peuples répond à la surprise du dieu du Clain, et, lui faisant connoître Louis sous la figure du dieu Mars, prend occasion de chanter les louanges de ce monarque.)

VNE VOIX.

Sortez, fleuve, sortez de votre étonnement,
  Reconnoissez l'égarement
Qui vous fait de Louis méconnoistre l'image.
    Ce héros a du dieu Mars
    L'activité, le courage;
    Partout à ses estendars
    La victoire ouvre un passage;
      Mais toujours sa fierté
      Le cède à sa bonté.

VNE AUTRE VOIX.

Ce n'est pas seulement l'arbitre de la guerre,
Pour qui ce peuple heureux celebre un si beau jour:
S'il fait sur des ingrats éclater son tonnerre,
Il est l'aimable autheur du repos de la terre,
Et de tout l'univers la terreur et l'amour.

(Le chœur repete ces trois derniers vers.)

DEUX VOIX ENSEMBLE.

Redoutez, fiers ennemis,
  Sa main foudroyante:

Reverez, peuples soumis,
Sa main bien-faisante.

(Le chœur repete ces quatre vers.)

VNE VOIX.

Hors de ses heureux estats
Regne notre auguste maître.

VNE AUTRE.

Dans les plus lointains climats
Sa vertu le fait connoistre.

TOUTES DEUX ENSEMBLE.

Il peut, quand il luy plait, le plus doux des vainqueurs,
Désarmer tout d'un coup et les mains et les cœurs.

(Le chœur repete ces deux vers.)

VNE VOIX.

Qu'il est heureux, qu'il est aimable!

VNE AUTRE.

Qu'il est grand, qu'il est redoutable!

TOUS ENSEMBLE.

Que le peuple est fortuné,
A qui le ciel l'a donné!

VNE VOIX.

Il est le ferme appui de la foible innocence.

VNE AUTRE.

Le Parnasse luy doit des honneurs immortels.

VNE AUTRE.

La discorde aux enfers gémit sous sa puissance.

VNE AUTRE.

Il vient de rétablir le culte des autels.

TOUS ENSEMBLE.

C'est peu que sa valeur sur la terre et sur l'onde
Signale ce héros par mille exploits divers;
Sa vertu, sa bonté, sa sagesse profonde
    Le font triompher des enfers.

LE DIEU DU CLAIN.

J'approuve avec plaisir l'ardeur de votre zele :
Chantez, peuples, chantez ce heros glorieux;
Publiez ses exploits, portez jusques aux cieux
    Le bruit de sa gloire immortelle.
A ces traits éclatans, à ces faits inouïs
    Je reconnois *Louis*.

LE CHOEUR.

A ces trais éclatans, à ces faits inouïs
    Tout l'univers connoist *Louis*.

VNE VOIX.

C'est peu que notre zele eclate en ce beau jour,
Il faut porter plus loin le respect et l'amour
Que dans nos cœurs charmez a fait naistre sa gloire :
    Qu'un monument à sa memoire
Aux siècles à venir fasse voir le heros
    Dont la fidele histoire
Prend soin de publier les glorieux travaux.

LE CHOEUR.

    Qu'il dure ce monument,
Qu'à l'abry des lauriers il brave les orages,
Qu'il fasse de ces lieux le plus bel ornement!
    Qu'il soit incessamment
L'objet de nos respects, celui de nos hommages!
    Qu'il laisse aux siècles à venir
Du bonheur de nos jours un heureux souvenir!

Ces vers ont été mis en musique par M. Pain, maistre de la musique de Saint-Hilaire de Poitiers, avec un succez qui répond à l'idée qu'il avoit déjà donnée plusieurs fois de son habileté[1].

A Paris, le 19 décembre 1687.

Monsieur,

C'est bien tard vous remercier de la relation curieuse que vous avez eu la bonté de m'envoyer de ce qui se passa à Poitiers le jour de saint Louis, pour la ceremonie de l'erection de la statue du roy, dont je rendis neantmoins soigneusement compte à Sa Majesté, aussi bien que des succez que Dieu continue de donner au zele et à la prudence avec lesquels vous portez toûjours vos nouveaux convertis à ne se point relascher dans leurs devoirs.

Je vous suis tres obligé, Monsieur, de ce que vous voulez bien prendre part aux graces dont le roy honore mon frère[2], au delà de ses esperances et de mes desirs. Faites-moy la justice d'estre persuadé de mon extreme reconnoissance, et de croire qu'on ne peut estre plus parfaitement que je suis,

Monsieur,

Vostre tres humble et tres obéissant serviteur,

DE LA CHAIZE s. j.

Je croy, Monsieur, enfin l'afaire du college de Pigareau finie; ce sera à vous à y mettre un bon nombre de jeunes gens à instruire. Je puis vous assurer que nos peres s'y appliqueront avec soin, et qu'on en voira bientost le succez.

M. FOUCAUT.

---

[1] Le texte imprimé finit ici; le manuscrit reprend par une lettre autographe du P. de la Chaise.

[2] « M. de la Chaise prêta le serment de « capitaine [des gardes] de la porte, charge « qu'il a achetée de M. de Saint-Vallier. « Il n'y a pas longtemps que cette charge-« là prête serment entre les mains du « grand-maître de la maison. Le roi lui a « donné 100,000ᵗᵗ pour lui aider à la payer, « et un brevet de retenue de 200,000 ᵗᵗ. » (*Journal de Dangeau*, 28 novembre 1687.)

Le roi a accordé, sur ma représentation, au sculpteur qui a fait la statue, l'exemption de logement de gens de guerre.

M. de la Feuillade a lu cette relation au roi, qui a paru très-content de cette fête. J'avois dessein de faire graver cette statue et d'en faire une médaille, mais on ne l'a pas jugé à propos.

J'ai fondé les prix de la tragédie pour tout le temps que je serai intendant en Poitou.

On m'a écrit de Bordeaux, de Pau et de plusieurs endroits, pour avoir le modèle de la statue que j'ai fait élever au roi à Poitiers.

Au mois d'août 1687, il a été envoyé dans des couvens du diocèse de Chartres sept femmes de la R. P. R. et dans ce temps il ne restoit plus dans le Poitou que des religionnaires septuagénaires que j'ai fait mettre dans des couvens.

Le roi ayant envoyé des commissaires de son conseil, conseillers d'état et maîtres des requêtes, pour connoître les abus qui se commettent dans la perception des droits d'aides, MM. de Ribeyre et Chamillart sont venus à Poitiers quelques jours après la fête de l'érection de la statue du roi. Je les ai régalés à Dissais. Ils sont partis de Poitiers pour Paris le 18 septembre 1687. — *Vid.* la lettre de M. Le Pelletier du 12 juin.

J'ai vu pour la première fois M. Chamillart en Poitou, et depuis j'ai entretenu avec lui un commerce très-intime.

Au mois de septembre 1687, M. le duc Mazarin, ayant en vue de faire renfermer et subsister les pauvres de ses terres, a proposé au roi l'établissement d'un hôpital général à Saint-Maixent, auquel il offre de contribuer. M. de Louvois m'a écrit de me rendre à Saint-Maixent et de faire assembler les corps de ville pour prendre les expédiens et les mesures nécessaires pour parvenir à cet établissement. J'ai proposé à M. de Louvois d'unir à cet hôpital une aumône que les pères religieux bénédictins font tous les jours, à la porte de l'abbaye, aux pauvres qui se présentent, ce qui entretient la fainéantise et la mendicité; mais ces bons pères se sont opposés à cette union, parce qu'ils font cette aumône comme il leur plaît, et sans en rendre compte à personne. Si elle étoit unie à un hôpital, on trouveroit peut-être qu'ils ne la font pas aussi forte qu'elle doit l'être, et on les obligeroit de la faire aux termes de sa fondation[1].

Au mois de septembre 1687, M. Le Pelletier a envoyé des fermiers généraux dans les provinces du royaume, pour faire exécuter le tarif de l'année 1667, veiller à la conduite des commis et employés, se faire représenter les registres et observer tout ce qui se passera dans la levée des droits des fermes générales[2]. M. Le Bel de Courville a eu le département du Poitou; M. Le Pelletier m'a écrit, le 9 octobre 1687, pour lui donner les secours dont il aura besoin, et examiner s'il se conduit suivant les intentions du roi.

Au mois d'octobre 1687, les louis d'or ont été réduits à 11 ʰ 5ˢ, et les écus d'or à 5ʰ 16ˢ 6ᵈ. M. Le Pelletier m'en a envoyé l'arrêt.

M. Le Pelletier m'a écrit, le 29 octobre 1687, que, le roi ayant résolu que les droits de l'amirauté, qui ont été reçus jusques à présent par les commis des fermiers généraux, et la distribution des congés, se fassent dorenavant par des commis particuliers de M. l'amiral[3], il me charge de chercher des personnes fidèles, dans chaque port, pour faire la levée de ces droits, et de régler leurs appointemens par rapport à leur recette.

Le roi ayant accordé à mademoiselle de Bacular une pension de 600ʰ, sur le témoignage que j'ai rendu de sa bonne conduite par rapport à la religion, j'ai sollicité M. de Louvois, au mois d'octobre 1687, de la faire payer.

---

[1] *Répétition* : « M. le duc de Mazarin a proposé au roi d'établir un hôpital à Saint-Maixent; j'en ai été d'avis, et d'y employer l'aumône que l'abbaye des Bénédictins de Saint-Maixent fait aux pauvres trois fois la semaine, cette aumône servant plutôt à entretenir la fainéantise qu'à nourrir les véritables pauvres. Toutes les communautés religieuses qui distribuent du pain aux pauvres mendians, quelques jours de la semaine, l'envoient présentement, sur mes sollicitations, à l'hôpital général. »

[2] Voy. *Journal de Dangeau*, 8 mai 1687, et notre introduction.

[3] Le comte de Toulouse, fils légitimé de Louis XIV et de madame de Montespan.

Mon fils est entré au collége des Jésuites, en la sixième classe, le 22 octobre; c'est le P. Rendil qui l'a conduit de Poitiers. Ils furent menés par mon père au collége.

Le 29 octobre 1687, ma femme est accouchée d'une fille qui a été nommée .... le parrain est le chevalier de Jassaud, la marraine madame du Gué. C'est le huitième enfant; il en reste quatre.

Le .. octobre 1687, j'ai fait un écrit particulier avec mes sœurs pour le partage des biens de mon père.

Le 20 novembre 1687, j'ai demandé au roi une pension de 800ᶧᶧ, en faveur de M. Fumée, lieutenant général de Châtellerault, en considération de tous les soins qu'il a pris et des dépenses qu'il a faites pour les conversions, ayant une nombreuse famille et peu de bien.

Le 25 novembre, M. Feydeau, intendant de Pau, m'a mandé que les états de Béarn et de Navarre vouloient élever une statue au roi, à Pau, à l'imitation de celle érigée à Poitiers. Je lui ai proposé le sculpteur de Poitiers.

Au mois de novembre 1687, mon fils a été malade à l'extrémité, et n'a été soulagé qu'en vidant un grand et gros ver.

Le 8 décembre 1687, j'ai proposé[1] au roi d'établir des maîtresses d'école dans le Poitou, savoir : treize dans le diocèse de Poitiers, huit dans celui de Luçon, et six dans la partie du diocèse de la Rochelle de la généralité de Poitiers, et qu'il suffiroit de leur donner 40 écus à chacune. Les filles de la maison des nouvelles catholiques de Poitiers ont offert d'en fournir ce nombre.

Le roi a désiré savoir s'il y avoit en Poitou des maisons religieuses établies depuis 1660. J'ai mandé à M. de Louvois, par ma lettre du 11 décembre 1687, qu'il n'y en avoit point.

Sur la fin de 1687, le roi a envoyé des ordres aux commandans et aux intendans des provinces de laisser agir les curés et les missionnaires, pour achever l'ouvrage des conversions. — Nota. Vid. ma

---

[1] Cette proposition est une réponse à une dépêche que Louvois avait adressée à Foucault, en date du 21 octobre précédent. Nous la donnons dans notre appendice.

lettre à mon père, du 27 décembre 1687, servant de mémoire pour M. l'archevêque de Paris.

Le 29 décembre 1687, j'ai envoyé à M. de Harlay, archevêque de Paris, un mémoire, dans lequel je lui ai représenté que le refroidissement de la cour sur les affaires de la religion avoit causé un si grand relâchement dans la conduite des prétendus réformés, qu'il étoit à craindre que tout ce qui avoit été fait jusques à présent pour les convertir et assurer leur conversion ne devînt inutile. Je lui ai proposé les remèdes que l'on pourroit apporter au mal, par ce mémoire qu'il faut joindre à cet article dans le grand mémoire. Mon père n'a pas jugé à propos de rendre cette lettre à M. l'archevêque, attendu le peu de fond qu'il y avoit à faire sur son secret, et que je lui marquois que MM. les ministres auroient pu faire entendre au roi que l'ouvrage des conversions étoit consommé.

A Poitiers, ce 29 décembre 1687.

Je me fais un fort grand plaisir de rendre compte à M. l'archevêque de ce qui se passe ici au sujet des affaires de la religion, et des moyens qui me paroissent les plus sûrs et les plus convenables pour remettre les esprits des nouveaux convertis dans la bonne situation où ils ont paru être pendant quelque temps. Il auroit été à souhaiter qu'il eût plu à Dieu de se servir de la voix des curés et des missionnaires pour rappeler les religionnaires à l'Église romaine, et que l'on n'eût point été obligé d'y employer l'autorité temporelle; mais, puisque la Providence a voulu se servir du roi pour commencer un aussi grand ouvrage, il faut croire qu'elle lui en a réservé la consommation. Il est visible, certain et de notoriété publique, que les moyens dont on s'est servi pour assurer à l'Église romaine les conquêtes qu'on lui avoit faites ont produit l'effet qu'on en avoit attendu; ces moyens étoient de les observer pour les engager d'aller à la messe, et de leur faire entendre que, s'ils faisoient une profession publique de n'y point aller, on seroit obligé de les faire punir comme des athées; on augmentoit leurs tailles, sans néanmoins les accabler, quand ils ne donnoient pas des marques d'une sincère conversion; on les distinguoit des vrais convertis et des anciens catholiques dans les logemens de gens de guerre; on leur ôtoit leurs enfans lorsqu'ils ne les envoyoient point aux cathéchismes; on ne souffroit point qu'ils mangeassent de la chair les jours défendus; on intercoptoit les lettres pastorales que les ministres leur envoyent des pays étrangers et qui répandent un venin contre lequel il n'y a pas de contre-poison; les passages étoient tenus fermés pour les empêcher de quitter le royaume. Enfin la cour permettoit de se servir de toutes les voies, non pas de force et de violence, mais de contrainte un peu plus que morale, pour les obliger à faire profession de la religion qu'ils ont embrassée. Et en effet, le succès a justifié cette conduite; il y en avoit très-peu qui ne vinssent à la messe et qui n'envoyassent leurs enfans aux instructions. Il n'y a eu que les plus opiniâtres qui ont tenté de sortir du royaume, et ceux qui n'ont pu y réussir se sont fait une excuse de l'impossibilité, et s'étoient insensiblement apprivoisés avec les anciens catholiques et accoutumés aux pratiques de l'Église; leurs esprits étoient enfin presque calmés, lorsqu'il a paru un changement subit dans la conduite de la cour, dont les ressorts se sont tout à coup relâchés, et il faut que « l'on[1] ait fait entendre au roi que les conversions étoient suffisam- « ment affermies et qu'il n'y avoit qu'à laisser agir l'Église pour en- « tretenir les bonnes dispositions où le bras séculier avoit mis les « choses. On a envoyé des ordres dans les provinces de se reposer sur « le zèle et sur les soins des curés et des missionnaires, » et, quelque secrets qu'aient été tenus ces ordres, l'exécution les a rendus publics. Ceux qui sont plus attachés au parti qu'à la religion, croyant que la cour avoit des raisons particulières et pressantes qui l'obligeoient à ce relâchement, ont repris cœur et ont mis tout en usage pour réveiller ceux qui avoient pris le parti du repos; les ministres et les plus mutins des religionnaires, qui ont passé dans les pays étran-

---

[1] Nous guillemettons les passages marqués d'un trait par le père de Foucault.

gers, leur ont écrit des lettres fortes, dans lesquelles ils leur ont fait entendre que la face des choses alloit changer, et qu'il n'y avoit qu'à couler le temps et à profiter de la liberté de conscience que le roi leur donnoit; car c'est par de tels discours qu'ils ont abusé ces esprits crédules, et le mal a tellement gagné, que très-peu de convertis se sont défendus de donner créance à ces bruits; le plus grand nombre a cessé d'aller à la messe et ne s'en est pas caché, et la licence est venue à un tel point, qu'il semble qu'on doive leur tenir compte de ce qu'ils ne font pas publiquement l'exercice de la religion qu'ils professent dans le cœur. Voilà le mal tel qu'il est et sans exagération; mais, quoiqu'on en connoisse la cause et les conséquences, le remède n'est pourtant pas facile à apporter, parce qu'il n'est plus temps de reprendre la voie de la sévérité, et que tel qui, dans le commencement, faisoit son devoir de religion parce qu'il le voyoit faire aux autres, étant présentement gâté par le mauvais exemple et par la suggestion, souffriroit le martyre pour la défense des erreurs auxquelles il a renoncé. Cependant, il est important de faire connoître aux peuples que le zèle du roi pour la religion ne s'allentit point, et, pour cet effet, on pourroit, pour effacer les mauvaises impressions données par les ministres, et pour réparer le mal qu'un peu trop de précipitation à croire l'ouvrage des conversions achevé a pu causer, on pourroit, dis-je, écrire une lettre circulaire aux intendans des provinces, portant que, sur les bruits que des personnes mal intentionnées à la religion et au service du roi ont répandus dans les endroits du royaume où il s'est fait des conversions, que Sa Majesté entendoit que l'on n'obligeât pas les nouveaux réunis de faire profession de la religion romaine, etc. son intention étoit que ses édits et déclarations donnés sur le fait de la religion fussent ponctuellement exécutés, et ceux qui y contreviendroient punis; que ceux qui feroient profession de ne point aller à la messe et détourneroient les autres d'assister aux offices divins fussent pareillement punis; que, lorsque les pères et autres personnes ayant des enfans sous leur conduite refuseroient de les envoyer aux instructions, ils seroient tirés de leurs mains et mis, aux dépens desdits pères et autres, dans des colléges et dans des couvens. Il faudroit aussi renouveler les défenses et les peines contre ceux qui se mettroient en état de quitter le royaume, et faire garder exactement les ports et passages pour leur en faire perdre l'envie. Il seroit aussi à propos de confisquer les biens des fugitifs et les réunir au domaine du roi, car, si Sa Majesté les donne à leurs enfans ou à leurs proches, ils leur en feront tenir le revenu ; c'est ce qui se pratique par la plus grande partie des confiscataires; et le roi ayant uni ces biens à son domaine sera au moins pendant dix années, qui est le temps après lequel ils demeureront incommutablement acquis à Sa Majesté, en état de les rendre à ceux qui reviendront dans le royaume et se mettront en état d'obtenir le pardon de leur désertion; par le moyen de ces confiscations, on forcera ces fugitifs de retourner en France, faute de pouvoir subsister dans les pays étrangers, ce qu'ils ne feront pas tant que les possesseurs de leurs biens leur feront tenir de l'argent. On pourroit encore permettre d'intercepter les lettres qu'écrivent les ministres et qu'il est facile de connoître, étant imprimées et faisant des paquets d'un assez gros volume; cela ne troubleroit point le commerce et ne violeroit point le droit des gens, qui sont les raisons dont on se sert pour empêcher qu'elles ne soient ouvertes, parce qu'on les ouvriroit en présence des personnes à qui elles seroient adressées. Cet article est très-important, toutes les maisons des nouveaux convertis étant remplies de ces lettres qui portent le titre de pastorales et qui sont lues avec autant de dévotion que leurs prières. Il faudroit aussi faire emprisonner les gentilshommes qui se signalent par leur mauvais exemple dans leurs cantons, et qui détournent leurs voisins, et surtout le peuple, qui les imite volontiers, d'aller à l'église; c'est une grande punition pour eux de leur ôter leurs enfans, et le moyen d'empêcher qu'ils ne quittent le royaume, mais il faut mettre ces enfans chez d'anciens catholiques, y ayant toujours quelque erreur qui reste dans la créance des nouveaux convertis. J'oubliois d'observer que, comme ordinairement les nouveaux catholiques et souvent les anciens trouvent leur compte à acheter à vil prix les immeubles de ceux qui se mettent en état de quitter le royaume, qu'ils payent comptant, il seroit bien à propos d'ordonner que les biens immeubles dont les nouveaux convertis disposeroient par donation, échange ou vente volontaire, seront sujets à confiscation, en cas qu'ils sortent du royaume dans l'année de la disposition qu'ils en auront faite. On pourroit aussi enjoindre aux maires et consuls des villes et aux officiers de justice dans les bourgs et villages, d'empêcher que les marchands et artisans ne puissent vendre tous les effets et marchandises qui composent le fonds de leur commerce non plus que leurs meubles, et ordonner la confiscation, au profit des hôpitaux, des lieux et des choses vendues sur ceux qui les auront achetées, en cas de désertion dans les six mois du jour de la vente. Enfin il faut faire connoître que le roi, bien loin de se relâcher et de fermer les yeux à la mauvaise conduite des faux réunis, leur donnera des marques de son indignation.

Voilà en quoi consiste le mal, et le remède qu'on y peut apporter, qui, peut-être, ne produira pas d'abord tout l'effet qu'on en doit attendre; mais, pourvu qu'on ait patience et qu'on ne se relâche point, je répondrois du succès, qui m'est garanti par celui que la première conduite a eu; si l'on ne se sert du remède proposé, il y a danger que le mal n'empire, « rien n'étant plus dangereux que l'habitude en « matière de religion; et vous pouvez assurer M. l'archevêque que « l'on flatte le roi si on lui fait entendre le mal moins grand que je « l'ai marqué ci-dessus. » Je ne vous représente point la conséquence de ce que M. l'archevêque a voulu que je lui fisse savoir, mais il nous témoigne tant de bonté que je ne puis hésiter de prendre une entière confiance en lui. Surtout je ne puis assez répéter que la facilité que les nouveaux convertis ont de recevoir des lettres des pays étrangers sera un obstacle invincible à leur véritable conversion, mais vous savez combien il est dangereux de toucher cette corde.

Agréez, s'il vous plaît, les assurances de mes respects.

F.

DE NICOLAS-JOSEPH FOUCAULT.

Le 5 janvier 1688.

J'ai lu et relu plus d'une fois avec attention le mémoire ci-joint; il est fort bon entre deux amis, mais très-dangereux à être communiqué au ministre et à tout ce qui en approche. Ils ne cherchent qu'à faire leur cour aux dépens de qui que ce soit, et sacrifient sans scrupule tout ce qui peut, par sa ruine, leur attirer quelque mérite; en un mot, c'est faire le procès au ministre que de le rendre suspect de flatter le prince et de lui faire entendre les choses autrement qu'elles ne sont. On ne pardonne point de telles offenses, et la seule défiance en est mortelle. Monsieur notre archevêque parle trop pour en faire son confident; l'épreuve seroit trop forte que de lui recommander de n'en rien dire. Ce seroit le vrai moyen de le faire parler et d'ajouter que l'on lui auroit fort recommandé de n'en rien dire. Contentez-vous de donner vos avis par les formes et par le canal ordinaire, quand on vous en demandera. Ne vous avancez de rien et vous ne serez garant de rien en chose à nuire, mais exécutez promptement et ponctuellement. Réservez-leur l'honneur de toutes choses, ils en sont passionnément jaloux; encore avec toutes les précautions que vous y voudrez prendre, vous aurez assez de peine à vous conserver avec des esprits d'un si difficile gouvernement. Je vous renvoie votre mémoire, dont je n'ai rien voulu garder; voyez quelques endroits à côté desquels j'ai fait des traits et ne le laissez voir à personne.

F[OUCAULT.][1]

M. de Seignelay m'ayant mandé que le roi jugeoit à propos d'établir un maître pour enseigner les langues angloise et hollandoise dans les ports de mer, pour les enseigner aux enfans des marchands, je lui ai proposé le bourg de la Chaume, qui est un petit port très-

[1] Cette note est de la main du père de Foucault. Ce dernier parle à plusieurs reprises des mémoires de son père, et le ton de cette note, à la fois prudente et sévère, doit en faire vivement regretter la disparition.

fréquenté par les étrangers. Cet établissement ôtera aux marchands qui ont des enfans en état d'entrer dans leur commerce [l'obligation] de les envoyer en Angleterre et en Hollande.

J'ai fait saisir, en vertu d'un ordre que M. de Seignelay m'a envoyé, les terres et effets de M. Le Coq, conseiller au parlement de Paris; mais M. de Vérac, son beau-frère, en a demandé la mainlevée à M. de Louvois, qui ne manquera pas de la lui donner. Je l'ai mandé à M. de Seignelay.

M. Le Pelletier, ayant formé le dessein de faire un règlement général pour la levée[1], a écrit à tous les intendans de travailler aux mémoires nécessaires pour le faire. J'y ai travaillé et lui ai envoyé le mien.

L'édit de révocation de celui de Nantes, par l'article 6, veut que, si un ministre qui a abjuré veut se faire avocat ou prendre des degrés, il sera dispensé des trois années d'étude. J'ai proposé à M. le chancelier d'accorder la même grâce au sieur Moriceau, ci-devant proposant de la Rochelle. Cette grâce assurera les conversions.

M. Charpentier a requis plusieurs bénéfices, en vertu de mon indult de maître des requêtes.

J'ai fait un voyage à Paris en 1687.

1688.

Le roi ayant résolu d'établir des maîtres et maîtresses d'école dans toutes les provinces du royaume, et Sa Majesté désirant employer à cette dépense les biens des consistoires, elle m'a ordonné, par une lettre du 12 janvier 1688, de prendre connoissance de ce en quoi consistent les biens desdits consistoires dans le Poitou, et d'en envoyer un état à M. de Louvois.

M. de Louvois m'a écrit, le 14 janvier 1688, que le roi ayant ordonné, après la révocation de l'édit de Nantes, que les maîtres et maî-

---

[1] Il s'agit de la levée des milices. Le règlement fut promulgué le 29 novembre 1688. (Isambert, *Anciennes lois françaises*, t. XX, p. 66.)

tresses d'école qui auroient abjuré l'hérésie n'en pourroient faire les fonctions jusques en 1688, pour leur donner le temps de s'instruire, et que Sa Majesté étant informée qu'il y a encore beaucoup de ces nouveaux convertis auxquels il seroit dangereux de confier l'instruction des enfans, et qu'il ne convient pas de leur en donner une exclusion générale, elle m'ordonne d'exhorter de sa part MM. les archevêques et évêques de ne donner leur approbation qu'à ceux et celles dont ils seront bien assurés de la religion et de la capacité, et de préférer toujours les anciens aux nouveaux catholiques.

Le 29 janvier 1688, j'ai écrit à M. le chancelier pour le prier de donner au sieur d'Héricourt un examinateur, à Toulouse, du livre qu'il a composé sous le titre de l'Histoire de l'académie de Soissons, en latin, avec quelques lettres aussi latines [1], les affaires et sa santé ne lui permettant pas de faire le voyage de Paris, M. le chancelier ayant accordé la même grâce à M. d'Hautesserre, procureur général de la cour des aides de Montauban, pour les œuvres posthumes de son père [2]. M. le chancelier lui a donné M. Fermat [3], conseiller au parlement de Toulouse.

Le .. janvier 1688, j'ai représenté à M. de Louvois qu'ayant fait saisir, par ordre du roi, les biens des religionnaires de mon département, il y avoit eu un grand nombre de saisies et d'oppositions par des créanciers légitimes ou simulés; que je croyois qu'il les falloit renvoyer devant les juges ordinaires; que j'estimois que le roi pourroit confisquer ces biens pour les pouvoir rendre à ceux qui, dans les dix ans qu'il en auroit été compté à la chambre des comptes, pourroient revenir dans le royaume, auquel cas le roi pourroit leur faire rendre leurs biens saisis; mais que, si le roi donnoit leurs biens à leurs enfans,

---

[1] *De Academia Suessionensi cum epistolis ad familiares, Juliani Hericurtii*; Montalbani, 1688, in-8°.

[2] Antoine Dadin de Hauteserre, professeur de droit à Toulouse, composa plusieurs écrits de droit canonique et un ouvrage donné depuis sa mort, intitulé : *Défense de la juridiction ecclésiastique contre les traités de Ch. Févret et d'autres*. Il mourut en 1682, âgé de plus de quatre-vingts ans.

[3] Samuel de Fermat, fils du grand mathématicien.

les revenus leur en seroient infailliblement envoyés dans les pays où ils seroient.

[Au mois de janvier,] mon père a proposé de marier ma sœur Angélique à M. de Melziers, neveu de la marquise de Crussol, homme de mœurs douces, mais sans emploi, et dont la fortune dépendoit de madame de Crussol. On lui a proposé d'ailleurs M. d'Anfreville, lieutenant général des armées navales; mais ces deux propositions n'ont pas eu de suite [1].

Le 8 février 1688, M. Le Pelletier, contrôleur général des finances, m'a envoyé un arrêt du conseil pour faire le procès à un officier de l'élection de Poitiers, prévenu d'avoir altéré le rôle de la paroisse de Loin.

M. le chancelier m'ayant mandé qu'il se commettoit beaucoup d'abus dans l'école de droit de l'université de Poitiers, je lui ai répondu, le 14 février 1688, qu'il étoit vrai que les écoliers qui étudioient en philosophie dans les colléges des Jésuites et de Saint-Pierre, qui sont les deux seuls colléges de Poitiers, étudioient en droit dans le même temps; que le remède étoit d'obliger le préfet des classes du collége des Jésuites et le professeur de philosophie du collége de Saint-Pierre de donner au professeur en droit un mémoire des écoliers qui prennent des leçons de philosophie; à quoi l'on pourroit ajouter l'obligation aux écoliers qui s'inscrivent sur le registre des professeurs de droit de se soumettre d'être déchus de leurs matricules en cas qu'il se trouve qu'ils aient étudié en philosophie et en droit en même temps.

Le 22 février 1688, il s'est fait des assemblées de religionnaires dans le haut Poitou, du côté de Saint-Maixent, en plusieurs endroits, au nombre de deux mille, mille cinq cents et mille en même temps. Je reçus même à Poitiers un billet non signé par lequel on me don-

---

[1] *Répétition* : « Au mois de janvier 1688, on a proposé M. d'Anfreville, chef d'escadre, pour épouser ma sœur Angélique, et M. de Melziers, capitaine réformé de dragons, neveu de madame la marquise de Crussol, qui lui faisoit des avantages considérables; mais ces propositions n'ont pas eu d'effet. »

noit avis, de leur part, de ces assemblées. Ils publioient hautement qu'ils viendroient faire l'exercice de leur religion sur les ruines de leurs temples, et menaçoient les curés de les exterminer. Je me rendis sur les lieux, après avoir écrit à M. de Vérac, qui m'accusa de terreur panique, accompagné de mes domestiques et d'une compagnie de dragons, qui heureusement faisoit sa revue dans le voisinage de ces assemblées. Nous tombâmes sur la plus proche, qui étoit de mille cinq cents personnes, dans un pré environné d'un ruisseau et d'une haie et dont la barrière étoit gardée par dix hommes armés, qui tirèrent sur un lieutenant et dix dragons que j'avois détachés pour les reconnoitre, ce qui m'obligea d'entrer avec les dragons et les gens qui m'avoient suivi et de faire tirer sur ces révoltés. Il y en eut sept [ou] huit tués ou blessés, ce qui obligea les autres de mettre les armes bas. Je fis prendre le prédicant et une quarantaine des plus notés, dont [six?] ont été pendus, trente et un ont été envoyés aux galères et deux femmes condamnées au fouet.

M. de Louvois me manda que le roi étoit satisfait de mes diligences et qu'il approuvoit les exemples que j'ai faits, et ajoute qu'en cas qu'il se fasse de pareilles assemblées, on fasse main basse sur tous ceux qui s'y trouveront, sans épargner les femmes[1].

Le lendemain de cette première assemblée, il y en eut une autre que je dissipai encore. Il y eut quatre hommes tués sur la place et deux pendus. Ils s'étoient mis en défense.

La cour vouloit chasser tous les religionnaires du royaume. Ce seroit un mauvais parti, surtout après le relâchement. J'ai été d'avis qu'on les privât des grâces et qu'on leur envoyât des missionnaires.

Nota. — *Vid.* la lettre que j'ai écrite à M. de Louvois, le 23 février 1688, sur l'assemblée de Grandry, celles des 25 et 29 février.

J'ai aussi donné avis à M. le chancelier de ces assemblées.

J'ai reçu ordre de condamner aux galères perpétuelles trente et un hommes et deux femmes, de ceux qui s'étoient trouvés à l'assem-

---

[1] Voyez dans notre appendice, la dépêche de Louvois, en date du 1ᵉʳ mars 1688.

blée de Grandry et à celle du lendemain. Les hommes qui étoient trop âgés pour servir sur les galères et les vieilles femmes sont demeurés en prison. A l'égard des garçons de quinze ans, je les ai fait mettre au séminaire de Poitiers pour y être châtiés.

Au mois de février 1688, le roi a fait un fonds de 5,000ᴸ pour l'entretien des missionnaires de Poitou et de Loudun, pendant ladite année, ainsi qu'il a été fait l'année dernière.

Le 12 mars 1688, M. Le Pelletier m'a écrit une lettre au sujet des subdélégués des intendans qui font souvent des procédures irrégulières, et me mande qu'ils ne doivent rien prendre des parties, que le roi les récompensera.

Le 20 mars, la nouvelle église bâtie par ordre du roi à Châtellerault, attendu que les églises paroissiales ne pouvoient contenir le grand nombre de nouveaux catholiques, fut bénite par M. de Saillant[1], évêque de Tréguier, nommé à l'évêché de Poitiers. Je fis les honneurs de la cérémonie.

Nota. — Il faut avoir recours aux mémoires des conversions du Poitou.

J'ai reçu une lettre de M. de Louvois, le dernier mars 1688, par laquelle il me mande que, le roi ayant été informé qu'il se fait des assemblées de religionnaires sur les confins de Poitou, de Saintonge et d'Angoumois, Sa Majesté avoit résolu d'y envoyer M. de Saint-Frémont pour essayer de tomber sur ces assemblées, Sa Majesté voulant que je sois averti qu'elle l'envoie en ces quartiers, afin que je puisse lui donner les instructions et les avis nécessaires pour le mettre en état d'exécuter les ordres dont il est chargé.

M. de Louvois n'étoit pas content de ce que M. de Vérac n'étoit pas venu me trouver aussitôt que je lui ai donné avis des assemblées qui se sont tenues du côté de Saint-Maixent.

Sur ce qui a été représenté au roi, que M. le marquis de Vérac ne payoit point la pension de sa femme enfermée depuis dix-huit mois

---

[1] François-Ignace de Baglion de Saillant.

dans le monastère de Sainte-Marie de Limoges, M. de Croissy m'a mandé, de la part de Sa Majesté, d'avertir ledit sieur de Vérac de satisfaire incessamment à cette pension, et, à son refus ou négligence, de faire saisir ses revenus [1].

Au mois de mars 1688, les vents ayant causé de grands dommages aux couvertures et aux murailles de la principale église de Niort, j'en ai informé M. de Louvois, qui m'a mandé que le roi avoit fait fonds de 5,000♯ pour être employés à ces réparations.

Le 1er avril 1688, j'ai envoyé à M. Le Pelletier, suivant son ordre, l'état des officiers dont j'ai accoutumé de me servir pour subdélégués, avec un mémoire de la qualité des affaires dont ils connoissent, ne leur donnant point de subdélégation générale; que je les taxe rarement et selon leur travail, mais que, puisqu'il me mande que le roi veut pourvoir au remboursement des dépenses qu'ils pourront faire pour les affaires de Sa Majesté et du public, je lui enverrai, à la fin de chaque année, un mémoire des affaires auxquelles ils auront vaqué.

J'ai jugé au présidial de Poitiers, en vertu d'un arrêt du conseil, le procès fait à deux élus qui ont fait des changemens et des radiations dans un rôle des tailles de l'élection de Poitiers, malgré les oppositions des collecteurs. — Nota. *Vid.* le jugement.

Le roi a accordé une gratification de 1,500♯ au sieur Paulmier, ministre de Saint-Maixent, sur les témoignages que j'ai rendus, à diverses reprises, à M. Le Pelletier, de son zèle pour les conversions; c'étoit le seul ministre converti en Poitou qui y travaillât.

Le 29 avril 1688, j'ai représenté au roi que les réparations du collége de Pigareau uni à celui des Jésuites de Poitiers coûteroient 10,000♯, savoir : 6,000♯ présentement, et les 4,000♯ restant lorsque les réparations seroient avancées et que l'on pourroit prendre le fonds

---

[1] La marquise de Vérac était enfermée comme religionnaire opiniâtre. Elle persista ainsi jusqu'à la fin; et en 1705, après la mort de son mari, son fils obtint pour elle la permission du roi de se retirer en Angleterre. (Voy. la lettre de Pontchartrain à Vérac fils, du 11 mars 1705, dans Depping, *Corresp. adm.* t. IV, p. 458.)

de ces 4,000ᴸᴸ sur les biens des religionnaires, si Sa Majesté ne veut pas les faire prendre sur son trésor royal, ce collége étant très-nécessaire pour recevoir et loger les nouveaux convertis.

J'ai remarqué avec regret que les religionnaires du Poitou ne se sont presque tous convertis que par les dragons et par la prison, et que les nouveaux convertis n'ont paru faire leur devoir de religion que par la crainte du châtiment; je l'ai mandé à M. de Louvois, et qu'il ne falloit point se relâcher, que ce qu'ils faisoient par contrainte tourneroit, dans la suite, en habitude; ce qui est certain est qu'aucun nouveau converti n'a été forcé de s'approcher des sacremens par prison ni par logemens de dragons.

J'ai envoyé au roi des pois verts dans le mois d'avril; M. Bontemps[1] m'a mandé qu'il les avoit mangés avec les dames et qu'il l'avoit chargé de m'en remercier.

Au mois d'avril, ma nièce, fille ainée de M. de Villeneuve, a fait profession à Pincourt[2]. Le père Hubert, de l'Oratoire, a prêché. Elle étoit plus propre pour le monde que pour le couvent.

Le 8 mai 1688, j'ai envoyé à M. le chancelier l'acte que tous les officiers du présidial de Poitiers ont passé devant notaire pour me rendre arbitre de tous leurs différens.

M. de Tarnault, fils d'un conseiller du parlement de Bordeaux qui fut tué dans la dernière sédition de Bordeaux[3], ayant été relégué à Bordeaux par ordre du roi, se mit en chemin de Paris sans permission, et en passant par Ruffigny, à quatre lieues de Poitiers, il eut quelques paroles avec le maître de la poste qu'il tua d'un coup de pistolet, et prit le chemin de Poitiers. Le fils du maître de la poste le suivit avec un fusil, mais il ne put l'atteindre, et [M. de Tarnault] gagna Poitiers, où il se réfugia dans ma maison. Le fils du mort écrivit

---

[1] Premier valet de chambre du roi.

[2] C'est Popincourt qu'il faut lire. On voit dans le Dictionnaire de la noblesse de La Chesnaye des Bois, t. XI, p. 280, que cette famille avait une chapelle et une sépulture aux religieuses annonciades de Popincourt.

[3] Voy. sur M. de Tarnault père l'addition de Saint-Simon au Journal de Dangeau, t. I, p. 174.

à M. de Louvois, mais il ne put lui dire le nom du courrier, qu'il ne connoissoit point. J'accommodai l'affaire moyennant 3,000 ħ, et je mandai à M. de Louvois cet accommodement, lui disant, comme il étoit vrai, que ce maître de poste étoit un insolent, qui avoit tiré un coup de pistolet sur ce courrier et qui s'étoit fait des affaires avec plusieurs autres; que son fils, en justice, n'auroit peut-être rien eu, et que je lui faisois donner 3,000 ħ. Je ne mandai point le nom de M. de Tarnault à M. de Louvois, qui approuva l'accommodement.

Ayant reçu des ordres du roi pour faire arrêter le sieur de Regnier, gentilhomme de la religion, qui vendoit tous ses meubles et prenoit des mesures pour sortir du royaume avec toute sa famille, le lieutenant de la maréchaussée de Saint-Maixent a reçu de l'argent dudit sieur de Regnier pour le laisser évader avec sa femme, deux garçons et sept filles, n'ayant laissé dans sa maison que son aîné pour achever de vendre ce qui y restoit; j'ai fait informer contre ce lieutenant et ses archers, et ai envoyé l'information à M. de Louvois.

Le nommé Magnan, père de ce jeune homme qui avoit lu les psaumes et les sermons à Grandry, est venu me trouver pour m'assurer qu'il vouloit être instruit des principes de la vraie religion, pour en faire une sincère profession lorsqu'il seroit convaincu qu'il y pourroit faire son salut. C'est ce même Magnan qui écrivoit en Hollande à un de ses amis qu'il avoit envoyé son fils dans les assemblées qui se faisoient en Poitou pour y lire des sermons, et dont M. de Barillon, ambassadeur en Angleterre, a envoyé la copie des lettres au roi, par lesquelles il faisoit un détail fort étendu et fort pathétique de ce qui s'étoit passé dans les assemblées qui avoient précédé celle de Grandry, et prioit son ami qu'on envoyât un ministre en Poitou. J'ai remis ledit Magnan entre les mains d'un missionnaire habile pour l'instruire, sans lui donner à entendre que j'eusse connoissance des lettres qu'il a écrites en Hollande, ne sachant pas si l'intention du roi est que je l'interroge pour savoir à qui il écrivoit ces lettres, et tâcher de découvrir les particularités de ce commerce. C'est ce que j'ai demandé à M. de Louvois.

Au mois de mai[1], j'ai reçu des ordres de la cour de m'aboucher avec MM. les évêques de Poitiers, de la Rochelle et de Luçon, pour conférer sur l'usage que l'on pourroit faire des revenus des biens saisis sur les religionnaires fugitifs. Le roi a donné une déclaration sur nos mémoires pour distribuer cet argent aux nouveaux convertis, aux maîtres et maîtresses d'école, aux missionnaires.

Le 30 mai 1688, M. de Louvois m'a mandé que le roi me permettoit de m'absenter pour quinze jours de mon département.

Le roi a envoyé M. de Ribeyre[2] et M. de Pomereu[3], pour visiter les bureaux des fermes de Poitou, afin de connoître la nature des droits qui s'y lèvent, la manière de les percevoir, si les tarifs sont certains, etc. — *Vid.* l'Instruction.

MM. de Pomereu et de Ribeyre ont été trois jours à Poitiers, où je leur ai donné toutes les lumières que j'avois sur ce qui regarde le commerce de la province, et de ce qui se pratiquoit dans les traites foraines de la Charente[4]. Ils sont partis pour la Rochelle; c'est ce que j'ai mandé à M. Le Pelletier le 24 juin, et lui ai demandé la permission d'aller vaquer à mes affaires pendant trois semaines à Paris, qui m'a été accordée. J'ai été de retour à Poitiers au commencement d'août 1688.

M. de Louvois m'a mandé, au mois de juillet 1688, que le roi avoit jugé à propos de faire mettre en liberté le sieur marquis de Fort, et m'a envoyé l'ordre pour l'envoyer à M. des Bories, lieute-

---

[1] Foucault commet ici une erreur de date. La déclaration du roi dont il parle est de janvier 1688 (Isambert, *Anc. lois franç.* t. XX, p. 54), et par conséquent les conférences qui l'ont préparée doivent être reportées plus haut, peut-être en mai 1687.

[2] Antoine de Ribeyre, né en 1632, intendant de Limoges en 1671, de Touraine en 1672, et de Poitou en 1689, où il succéda à Foucault; mort en 1712.

[3] Auguste Robert de Pomereu, prévôt des marchands de Paris en 1676, intendant en Bretagne en 1689; il mourut en 1702.

[4] Les *traites foraines* étaient l'ancien nom des droits de douanes. La *traite de Charente* était un droit particulier levé sur les vins, eaux-de-vie et autres marchandises qui entraient dans la Saintonge, l'Aunis, etc. ou qui en sortaient. Le bureau principal en était établi à Tonnay, gros bourg sur la Charente, à une lieue et demie de Rochefort.

nant de roi d'Angoulême, pour le faire sortir du château où il étoit détenu.

Le 14 août, j'ai porté au présidial un règlement entre les officiers, que j'ai fait en vertu d'un arrêt du conseil. — *Vid.* le discours, il est ci-joint. Ils avoient, au mois d'avril précédent, passé un acte par lequel ils se sont soumis d'en passer par mon avis, sur lequel interviendroit arrêt du conseil qui autoriseroit le règlement que je ferois, comptant qu'au cas qu'il survienne quelques difficultés dans l'exécution, je les réglasse. L'acte qu'ils ont passé est sans restriction. Tous les officiers avoient des contestations et des prétentions les uns contre les autres. M. Pussort a apostillé de sa main le projet de ce règlement que je lui avois envoyé.

DISCOURS PRONONCÉ A LA CHAMBRE DU CONSEIL DU PRÉSIDIAL DE POITIERS

LE 14 AOÛT 1688.

Messieurs,

Je vous apporte enfin ce règlement attendu et désiré depuis si longtemps par tous les gens de bien de la province. Personne ne peut mieux connoître les avantages de la paix et du repos que ceux qui ont ressenti les effets de la guerre et du trouble pendant quarante années; et je vous avoue, Messieurs, que c'est avec une extrême satisfaction que j'ai vu, par avance, vos esprits disposés à recevoir et goûter cette paix que le roi vous envoie par mon ministère.

Que si, nonobstant l'application que j'ai apportée depuis deux ans à chercher la décision de vos différens dans les conférences que j'ai eues avec vous et dans les actes et les écritures de votre procès, mes foibles lumières m'ont fait tomber dans quelque erreur, vous devez croire qu'il n'est rien échappé aux profondes connoissances et à la pénétration de M. le chancelier, qui est entré dans la discussion et dans l'examen de chaque article, et qui vous a marqué l'esprit et les intentions du conseil sur les questions qui vous partagent. Il faut donc espérer que ce règlement, auquel vous vous êtes soumis lorsqu'il n'étoit qu'un projet, deviendra une loi sacrée et inviolable pour vous, présentement qu'il est revêtu du caractère de l'autorité royale, et que vous n'aurez pas moins de zèle pour son exécution que vous avez témoigné d'impatience de le recevoir.

C'est à quoi vous devez être encore plus animés par l'intérêt du public que par celui de vos charges, puisque, ne pouvant douter que toute la province n'ait souffert de la guerre civile qui règne depuis tant d'années dans votre compagnie, vous devez être bien aises que ceux qui sont soumis à votre juridiction partagent avec vous les fruits d'une paix d'où dépend le repos des familles, et que vous ne pouvez trop chercher à conserver.

Le doyen de la faculté de droit a répondu à mon discours en latin.

Le sieur de Razes, président, et son fils n'ont pas été contens du règlement. M. de Pomereu, qui logeoit chez lui à Poitiers, est son protecteur auprès de M. le chancelier.

Le 16 août, j'ai mandé à M. le chancelier que j'avois porté au siége présidial de Poitiers le règlement qu'il avoit approuvé et fait homologuer par un arrêt du conseil; que je l'avois fait lire à la chambre du conseil en présence de tous les officiers assemblés, et ensuite publier à l'audience, où ils ont tous assisté, pas un d'eux n'ayant témoigné qu'il y eût aucune disposition dont il eût sujet de se plaindre.

Le roi faisant de nouvelles levées a fait écrire aux intendans de chercher des gentilshommes ou officiers qui n'ont point d'emploi pour lever des compagnies. Sa Majesté donne 5,250^{tt} pour mettre sur pied une compagnie de trente-cinq maîtres[1], et pour une compagnie d'infanterie de quarante-cinq soldats 900^{tt} et les armes. C'est ce que m'a écrit M. de Louvois, le 31 août 1688. Le roi a augmenté toute son infanterie jusques à quarante-cinq hommes par compagnie.

En termes de guerre, *maître* désignait un cavalier.

DE NICOLAS-JOSEPH FOUCAULT. 227

Au mois [d'août], j'ai fait ériger une statue au roi dans la place de Poitiers[1]. — *Vid.* la relation et l'imprimé du sujet de la tragédie.

J'ai donné pour les prix de la tragédie[2] vingt-sept volumes, savoir : sept pour la rhétorique, sept pour la seconde, sept pour la troisième et trois pour chacune des autres classes.

DEMETRIUS,

TRAGÉDIE TIRÉE DE TITE-LIVE, JUSTIN, POLYBE, ETC.[3]

Demetrivs, fils de Philippe V, roy de Macedoine, fut envoié en ôtage à Rome où il merita par ses belles qualités l'estime et l'amitié des plus considerables de la Republique. Son pere ayant eté depuis accusé dans le senat, il le justifia par son credit et lui conserva ses estats. A son retour en Macedoine, les peuples charmés de ses vertus exprimerent leur amour et leur joye par des eloges si eclatans que Persée son frere ainé en conçut une violente jalousie et resolut de le perdre. Il ne fut pas difficile d'y reussir auprès d'un pere soupçonneux, ennemi des Romains et jaloux de la reputation de son fils. On aposta de faux temoins, et ce prince se laissant surprendre à la calomnie arrêta la perte de son fils et s'en defit par un genre de mort

---

[1] Foucault confond la statue de 1687 et la tragédie de 1688.

[2] La tragédie accompagnait la distribution des prix à la fin de l'année scolaire. Celle qu'on représenta au collège des Jésuites de Poitiers en 1688 était, selon toute vraisemblance, de l'intendant Foucault lui-même; c'est pourquoi il fit les frais des prix, et c'est pourquoi aussi le canevas de cette pièce fait partie des mémoires.

[3] Cette pièce, à ce que nous apprend le titre, a été « représentée à Poitiers, dans « le collège royal de la compagnie de Jé- « sus, à la distribution des prix donnés par « monseigneur de Foucault, intendant de « la province, le... jour d'août 1688, à « deux heures après midi. » — Nous suivons cette fois encore l'orthographe de l'imprimé. — L'histoire de Démétrius est contenue dans Tite-Live, liv. XL, c. xxxiv, liv; Justin, liv. XXXII; Polybe, liv. XX, XXIV; Diod. Sic. edit. Argentor. IX, p. 407; Plutarque, *Vie de Paul-Émile*, viii. (Voy. Mommsen, *Rœmische Geschichte*, 2ᵉ édit. t. I, p. 732-733.)

dont l'histoire ne convient pas. Mais ayant depuis reconnu l'innocence de Demetrius il mourut de regret du parricide qu'il avoit commis.

Pour accomoder cet evenement au theatre et en faire une piece reguliere, on y a changé quelques circonstances par le droit que donne la poësie. On donne à Philippe le dessein de se choisir un successeur pour avoir occasion de rappeller à la cour ses deux enfans, l'aîné de son gouvernement et l'autre de Rome où il etoit en ôtage. On fait accompagner celui-ci d'un ambassadeur de Rome qui puisse appuyer les pretentions de ce prince, qui est dans les interests de cette Republique, dont on peint les maximes et la politique. Persée n'y est point le persecuteur de son frere, quoiqu'il soit son rival et passionné pour le trône. On rejette l'horreur de la trahison sur ses amis qui, ayant interêt eux-mêmes dans la perte de Demetrius, le ruinent dans l'esprit du roy par une noire calomnie. On peint Demetrius comme un prince vaillant qui a sauvé les etats de son pere à la tête des armées aussi bien que dans le senat de Rome. On le fait mourir avec plus d'eclat et par un effort de generosité. On a rapproché la mort du pere de celle du fils pour rendre l'action plus tragique et les passions plus vives.

ACTE I.

Demetrius, inquiet au milieu des applaudissemens de la cour, decharge son cœur à Arbate, son confident, et lui decouvre les sujets qu'il a de craindre que la couronne ne luy echappe, à cause de la haine violente que le roy, son pere, a eu de tous temps contre les Romains, et de l'ombrage que luy donne ce nouvel ambassadeur, dont le senat l'a fait accompagner à son retour. Arbate le rassure, luy rappelant les grands exploits qu'il a fait pour l'etat, à Rome et au camp, et qui semblent luy promettre sûrement la couronne. La vue de Persée, nouvellement arrivé, les oblige de se retirer. Ce prince vient s'informer de Porus, du systeme de la cour avant que d'y paroître en public. Ce confident luy fait un caractère si avantageux du prince Demetrius, que la jalousie s'empare de son cœur : quelque chose que luy dise cet ami pour eteindre cette passion, le merite de son frere, la faveur du peuple, le credit de l'ambassadeur luy font craindre un mauvais sort. Il salue le roy, qui sort du palais, il en est reçu avec beaucoup de temoignages d'amitié, et il reçoit ordre d'aller se reposer en son appartement.

Cependant Philippe, effrayé d'un songe qui semble luy predire le malheur de sa maison, en fait confidence à Didas, son favori, qui s'efforce de luy ôter de l'esprit ce noir présage, et le confirme dans la resolution de se choisir un successeur.

ACTE II.

Philippe propose l'affaire dans son conseil; les sentimens y sont partagés. Euphorbe, ennemi secret de Demetrius, se declare pour Persée, faisant valoir le droit d'aînesse et la haine qu'il a contre les Romains. Amintas prend le parti de Demetrius, dont les services sont si considerables, qu'il semble que ce sera luy rendre plutôt la couronne que la luy donner. Le roy, plus incertain qu'auparavant, les renvoie sans rien conclure. Partagé entre l'un et l'autre, il aime dans Persée la haine qu'il a contre les Romains, et craint dans l'autre le merite, la faveur du peuple, le ressentiment, etc. Enfin, malgré ces considerations et la promesse qu'il avoit faite à sa seconde femme en mourant, d'elever son fils sur le trône, il proteste qu'il ne choisira jamais un ami des Romains. Quintius luy fait demander audience. Cet ambassadeur, selon les ordres du senat, le prie d'avoir egard, en son choix, aux inclinations de la Republique, son alliée, qui porte Demetrius. Le roy, s'abandonnant à sa haine et à sa jalousie, s'emporte contre les Romains qui osent entreprendre sur l'autorité des souverains, et donner atteinte à ce qu'ils ont de plus cher. Quintius justifie d'abord avec moderation la conduite du senat, mais, se voyant poussé avec trop de hauteur, il prend à son tour toute la fierté que luy donne l'autorité de Rome et la grandeur du caractère dont il est revêtu. Philippe se retire avec indignation et laisse l'ambassadeur songer aux moyens de soutenir le choix de Rome.

ACTE III.

Philippe, sûr ou de se venger de la fierté des Romains, ou d'avoir un pretexte d'exclure Demetrius, appelle ses deux enfans, leur fait le caractère de la tyrannie, de la politique et de la domination de Rome, les fait eux-mêmes arbitres de leur sort, et veut que la couronne soit la recompense de celuy qui le defera de Quintius et de ce qu'il y a de Romains en Macedoine. Demetrius se revolte à cette proposition, represente l'infamie de cette action, s'offre de venger son pere à la tête d'une armée, mais proteste qu'il n'achetera jamais le trône par une lâcheté. Philippe, irrité de cette generosité, se retire en lui reprochant son peu d'amour pour sa patrie et sa honteuse alliance avec ses ennemis. Demetrius, qui n'avoit jamais pu penetrer dans les sentimens de Persée, le sonde sur cette proposition; celui-ci, sachant ce qu'il a dans l'âme, luy repond assez sechement.

L'emulation cause entre eux de l'aigreur ; ils se separent apres quelques paroles un peu fieres de part et d'autre. Persée, demeuré seul, admire malgré lui la generosité de son frere. Mais sans doute la passion violente qu'il sent pour le trône l'auroit emporté dans son cœur, si Porus ne lui eût donné de l'horreur d'un coup si lâche et ne luy eût fait esperer que l'indignation du roy contre Demetrius feroit pencher la balance de son côté. A peine est-il entré dans ces sentimens genereux, qu'Euphorbe et Didas, qui voyent leur perte assurée dans l'elevation de Demetrius, qui avoit sujet de ne les aimer pas, viennent le tenter et luy offrir un secours d'amis tout devoués à le servir pour l'elever au trône. Ce prince accepte leurs services, pourvu que le crime n'y soit pas attaché. Ces deux ministres ensuite, prenant le crime sur eux, prennent aussi ensemble des mesures pour perdre Demetrius dans l'esprit du roy.

ACTE IV.

L'ambassadeur, venant d'apprendre la cruelle proposition du roy, sollicite Demetrius à se saisir par force du trône qui va luy echapper. Mais, trouvant un fils qui, tout maltraité qu'il est, demeure inebranlable en son devoir, il prend le parti de rassembler les Romains des garnisons prochaines. Demetrius le conjure de ne rien entreprendre sur une vie à laquelle il attache la sienne. Apres le depart de l'ambassadeur, le prince se sent combattu de diverses pensées, mais le devoir l'emporte sur les ressentimens. Arbate vient luy apprendre qu'on l'a noirci aupres du roy ; la surprise où le jette cette nouvelle luy fait eviter la presence de son pere, lequel vient declamer contre la perfidie pretendue de son fils et l'envoie chercher pour le confondre en sa presence. Euphorbe allume cependant son courroux, et l'exhorte à nommer au plus tôt Persée pour son successeur ; Demetrius paroit, on lui reproche sa perfidie, on luy donne un ecrit signé de sa main où est contenue sa trahison et le traité fait avec les Romains pour detrôner son pere ; Demetrius nie que ce soit son ecriture, se justifie de cet attentat, mais trouvant l'esprit du roy si prevenu, il se retire outré de douleur. Ces deux accusateurs, feignant de redouter la colere du prince, demandent la permission de se retirer. Le roy les rassure par la resolution qu'il prend de le desheriter, et afin de couronner Persée sans aucun danger de revolte, on donne ordre de preparer un sacrifice, pour retenir les peuples dans le devoir par une ceremonie si religieuse.

ACTE V.

On commence le sacrifice par une musique et un concert. Le grand sacrificateur va consulter les Dieux. Il apprend que l'un ne montera au trône que quand l'autre aura perdu la vie par une main romaine. Cet oracle jette la frayeur dans les esprits et surtout dans celui du roy, qui croit que ce malheur ne peut tomber que sur Persée. On interrompt le sacrifice; tandis que le roy deplore son sort et rappelle le songe qu'il avoit eu, Amintas vient à la hâte porter la nouvelle de la revolte du peuple qui, soutenu de l'ambassadeur et des Romains, est sur le point de forcer le palais afin d'enlever Demetrius. Philippe s'en prend à ce prince, qui sort brusquement, protestant qu'il va prouver qu'il n'est pas un traître. Didas le suit avec ordre de s'en saisir. Persée s'echappe malgré le roy pour donner les ordres necessaires. Philippe delibere avec Amintas et Euphorbe, s'il faut user de douceur ou de severité, et ce qu'il faut faire de Demetrius. Tandis qu'on examine les moyens les plus sûrs, Porus l'avertit, de la part de Persée, qu'un gros de cavaliers sorti du palais a mis en fuite les rebelles et que le bruit court que Demetrius est à la tête de ces braves. Le roy surpris voit arriver Arbate qui, hors d'haleine, s'écrie que Demetrius expire; ce fidele ami luy fait le recit de la mort de Didas et d'Euphorbe, des combats et de la blessure mortelle de son fils, et du desir qu'il a de rendre le dernier soupir dans le sein d'un pere. On le voit aussitôt porté par des soldats, accompagné de Persée en pleurs. Ce mourant tâche par des sentimens tendres de flechir son pere et expire à ses yeux. Philippe, se regardant comme le meurtrier de son fils, entre en fureur contre luy-mème, veut se tuer, mais etant retenu par Persée il tombe mort de douleur sur le corps de son fils.

ACTEURS DE LA TRAGÉDIE.

MM.

PHILIPPE, roy de Macedoine................ Isaac Babaud (de Confolens).
PERSÉE, fils ainé de Philippe................ Félix Augier (de Montmorillon).
DEMETRIVS, second fils de Philippe......... Jean Rigoumier (de Poitiers).
QVINTIVS, ambassadeur de Rome............ Gaspard Charrier (de Poitiers).
EUPHORBE, ministre d'état................. Ioachin Mondot (de Bellac).
AMINTAS, second ministre d'état........... François Allard (de Poitou).
DIDAS, favori du roy et capitaine des gardes.... François Dallouhé (de Poitiers).
PORVS, jeune seigneur, confident de Persée.... Marc-Antoine Lousseaume (de Poitiers).
ARBATE, jeune seigneur, confident de Demetrius. Jean Girard (de Poitou).
PHORBAS, grand sacrificateur.............. Gaspard Riguet (de Poitiers).

La scène est à Philippes, ville de Macedoine.

BALLET

OÙ L'ON REPRESENTE LES DIEUX QUI SE DISPUTENT LA GLOIRE D'AVOIR LE PLUS CONTRIBUÉ
À DONNER AU ROY LE GLORIEUX SURNOM DE GRAND.

PROLOGUE.

L'ouverture du ballet, qui servira de prologue à toute la pièce, se fera par quatre divinités, *Mars, la Paix, Themis et la Religion*, qui viennent disputer ensemble la gloire d'avoir le plus contribué à donner au roy le glorieux surnom de *Grand*. Mars entre precedé de deux trompettes, et furieux de ce qu'on ose luy disputer cet honneur; la Paix pretend l'en exclure puisque Louis le Grand l'a banni de la France; Themis et la Religion se mettent de la partie, et pretendent emporter l'avantage. L'emulation naît entre eux; chacun publie les grandes choses que Louis le Grand a fait en sa faveur; enfin, pour terminer le different, on convient de donner la preference à celui qui reussira le mieux dans une fête qu'on fera à son honneur. Tous s'y accordent et vont se preparer à l'envi à remporter l'avantage.

ACTEURS DU PROLOGUE.

MM.

MARS	François Devois (de Poitiers).
LA PAIX	Jean Orré (de Poitiers).
THEMIS	Charle de Brouilhac (de Poitou).
LA RELIGION	Charle Fontenettes (de Poitiers).

PREMIÈRE PARTIE.

MARS.

Ire Entrée. — Mars conduit quatre guerriers qui portent chacun un bouclier sur lequel est peinte une devise sur les conquêtes de Louis le Grand.

IIe Entrée. — Vulcain amène des forgerons qui ont forgé les bombes, carcasses, mortiers et autres armes extraordinaires qui ont rendu le roy formidable.

IIIe Entrée. — Neptune, avec quatre tritons, vient rendre temoignage des combats de mer.

IVᵉ Entrée. — Des peuples vaincus avouent qu'ils ont contribué malgré eux à la gloire de Louis le Grand.
Vᵉ Entrée. — La Fortune, la Victoire, la Gloire et la Renommée, qui sont à la solde de Louis, publient qu'il n'est jamais plus grand que durant la guerre.

DEUXIÈME PARTIE.

LA PAIX.

Iʳᵉ Entrée. — La Paix conduit les Grâces, qui ont trouvé le secret de faire triompher Louis le Grand du cœur de ses sujets, comme Mars l'avoit fait triompher des etrangers.
IIᵉ Entrée. — Apollon amène quatre sciences, la Mathematique, la Poësie, l'Histoire et la Philosophie, qu'un règne pacifique fait fleurir jusqu'à le disputer à l'antiquité.
IIIᵉ Entrée. — Pallas conduit quatre arts qu'on a perfectionné durant la paix, la Peinture, la Sculpture, la Musique et les Exercices militaires.
IVᵉ Entrée. — L'Opera, la Danse, la Manufacture veulent aussi trouver place, puisqu'ils contribuent à la gloire du roy.
Vᵉ Entrée. — Le Commerce, Thetis qui represente la jonction des deux mers, des Rivières transportées et changées en jets d'eau et cascades, conduits par Neptune et Protée, couronnent les merveilles d'un règne pacifique.

TROISIÈME PARTIE.

THEMIS

Iʳᵉ Entrée. — La Justice revient du ciel, precedée de quatre nymphes qui portent les marques de sa dignité.
IIᵉ Entrée. — La Discorde, la Chicane, la Fraude et l'Usure veulent se maintenir en possession, mais la Justice les relègue aux enfers.
IIIᵉ Entrée. — L'Union, la Droiture, la Bonne Foi et la Conscience viennent au secours de la Justice, et la font triompher avec eclat sous les auspices de Louis le Grand.
IVᵉ Entrée. — Des Nations viennent avouer, les unes, que la justice du roy les a retablies aux depens de ses conquêtes, les autres, qu'elles ont senti la justice quand elles n'ont pas voulu se reduire à la raison.

Ve Entrée. — Des Sujets du roy publient qu'ils ne veulent point d'autre juge qu'un roy qui sait se condamner lui-même en sa propre cause.

QUATRIÈME PARTIE.

LA RELIGION.

Ire Entrée. — La Religion conduit des sacrificateurs pour retablir le culte divin et rendre Louis aussi grand dans le ciel qu'il l'est sur la terre.
IIe Entrée. — Quatre vices se presentent : le Duel, le Blasphème, la Debauche et l'Atheisme. La Religion les punit et les chasse honteusement.
IIIe Entrée. — L'Heresie paroit avec ses Furies. Elle expire à la vue du portrait du roy que lui presente la Religion.
IVe Entrée. — La Science, la Force, la Prudence et la Liberalité s'offrent d'effacer les vestiges de l'heresie.
Ve Entrée. — Des Nations etrangères avouent qu'elles sont obligées à LOUIS LE GRAND qui, malgré leur eloignement, les a eclairé des lumières de la verité.

BALLET GENERAL.

Tous les Monarques qui ont porté autrefois le nom de Grand viennent feliciter le Roy, et reconnoissent qu'aucun d'eux n'a porté si justement ce glorieux titre.

DANSERONT AU BALLET

ET FERONT LES RECITS DANS LES INTERMÈDES :

MM. CLAUDE LAUVERGNAC (de Poitou).	MM. CHARLE DE SEVRET (de Poitou).
GASPARD RIGUET (de Poitiers).	FRANÇOIS DEVIGES (d'Angoumois).
JEAN DUPUY (de Niort).	JACQ.-IGN.-FRANÇ. DE BRILHAC (de Poitiers).
MICHEL REILY (de Dublin).	RENÉ DE SONAY (de Touraine).
NICOLAS FRENCH (d'Hibernie).	JEAN MERCIER (de Poitiers).
NICOLAS REED (de Dublin).	LOUIS ROUX (de Poitiers).
ALEXANDRE-MATTH. DE CHASAUD (de Poitou).	PIERRE FALLOUX (de Poitiers).
	JEAN DE VERNON (de Poitiers).
CHARLE DE BROUILLAC (de Poitou).	BENJAMIN DE LA BEAUSSE (de Poitiers).
FRANÇOIS D'AYRON (de Poitou).	JEAN ROYER (de Poitiers).

FERONT LA HARANGUE A MONSEIGNEUR L'INTENDANT :

M. PIERRE FALLOUX. | M. FRANÇOIS DEVOIS.

M. de Louvois m'a mandé, le 7 septembre 1688, que le roi jugeoit à propos de faire sortir les femmes dont les maris sont convertis des maisons religieuses où elles ont été mises, pour les enfermer dans les séminaires des nouvelles catholiques; je lui ai envoyé un mémoire des noms des femmes qui sont dans ce cas.

Ayant mandé à M. de Louvois que la dame de la Guiménière, depuis son retour en Poitou, détourne les nouveaux convertis de faire leur devoir de catholiques, il m'a écrit, par sa lettre du 9 septembre, que l'intention de Sa Majesté étoit que je la fisse conduire au port le plus voisin pour y être embarquée, et que je lui fasse faire défense de rentrer dans le royaume sur peine de la vie.

Le 11 septembre 1688, j'ai envoyé à M. de Louvois une copie de la délibération que les habitans de Saint-Maixent ont prise pour l'établissement d'un hôpital à Saint-Maixent, avec un projet de lettres patentes pour ledit établissement, M. le duc Mazarin ayant offert 8,000 ᵗᵗ pour faire les bâtimens dont on aura besoin et pour acheter des meubles.

Le 20 septembre, j'ai mandé à M. de Louvois que j'avois eu avis qu'il y avoit, dans les gardes du roi d'Angleterre, un nommé Pierre Philippon, natif de Châtellerault, dont il falloit se défier; qu'il avoit un zèle pour la religion calviniste qui le rendoit capable de tout entreprendre, ayant dit souvent, à Châtellerault, pendant qu'il y étoit, qu'il se sacrifieroit volontiers pour elle. Il est d'un naturel féroce et intrépide. J'ai su que deux de ses beaux-frères, habitans de Châtellerault, jugent, par les lettres qu'il leur écrit en termes embarrassés et ambigus, qu'il avoit quelque mauvais dessein, dont j'ai cru devoir informer M. de Louvois, l'avis me paroissant trop important pour être négligé.

Madame de Villeneuve et mademoiselle Foucault, mes sœurs, sont venues me voir en Poitou, où elles sont demeurées jusqu'au mois de novembre 1688.

Au mois de septembre, j'ai fait un voyage à la Rochelle et à Rochefort avec mes sœurs, où nous avons été parfaitement régalés par M. Begon[1], et par M. Millet[2], gouverneur de la Rochelle[3].

La cour a pris le parti de faire sortir du royaume les religionnaires, ce qui a dépeuplé des provinces. On en a embarqué un grand nombre à la Rochelle, où ils ont été reçus par leurs frères avec des acclamations extraordinaires. On avoit commencé par les désarmer.

Le 16 octobre 1688, le roi a rendu une ordonnance pour obliger les nouveaux convertis, depuis cinq ans, de faire porter leurs armes chez le magistrat, consul ou échevin, à peine des galères. — *Vid.* l'ordonnance qui est ci-jointe. — M. de Vérac les a fait mettre dans des maisons particulières; il falloit les faire porter dans les hôtels des villes les plus prochaines où elles auroient été conservées. D'ailleurs, l'ordre n'ayant pas été tenu secret, il ne s'est trouvé que très-peu d'armes et en mauvais état chez les religionnaires.

Au mois d'octobre, j'ai fait un voyage à Rochefort pour prendre, avec M. Begon, intendant de la Rochelle, des mesures pour empêcher les nouveaux convertis de sortir du royaume.

Le 30 octobre, ma femme est accouchée d'une fille à Poitiers; M. le chevalier de Jassaud et madame du Gué ont été parrain et marraine[4].

Mon père avoit eu dessein, au mois d'octobre, de retirer mon fils du collége de Clermont et de l'envoyer dans le collége Mazarin; mais, lui ayant représenté les inconvéniens de ce changement, il s'est rendu à mes raisons.

M. de Louvois m'ayant mandé que le roi désireroit qu'on établit dans les provinces des régimens de milice, surtout dans les provinces maritimes, pour servir à la défense des côtes, et où il conviendroit, et que j'eusse à lui mander ce qu'on pourroit mettre de soldats sur pied en Poitou, je lui mandai, le 13 novembre 1688, que cette vue

---

[1] Michel Begon, intendant de la marine et de la généralité de la Rochelle; mort en 1710.

[2] Guillaume Millet de Jeurs, lieutenant général de Brouage et des pays d'Aunis, de la Rochelle et îles voisines; mort en 1690.

[3] Une répétition, identique pour le reste, ajoute : « M. Arnoul nous a bien ré- « galés à Rochefort. »

[4] Foucault a déjà indiqué la naissance de cette fille, le 29 octobre de l'année précédente, en lui assignant les mêmes parrain et marraine.

étoit très-bonne et que l'on pourroit mettre en régiment 6,000 hommes d'infanterie, et tous anciens catholiques, mais que, pour le savoir avec plus de certitude, il faudroit ordonner aux maires des villes et aux syndics des bourgs et villages d'envoyer un état exact des noms, de l'âge et de la qualité des personnes qui peuvent porter les armes dans chaque paroisse; mais que, pour tirer le fruit que le roi attend de ces levées, il seroit nécessaire d'envoyer des cadets des compagnies que le roi entretient, pour dresser ces nouveaux soldats, n'y ayant point de gentilshommes et très-peu d'anciens officiers qui soient capables de les instruire. Les villes pourroient fournir 3,000 hommes qui, pour la plupart, ont des fusils, mousquetons ou hallebardes; mais les paysans n'en ont point.

A l'égard de la cavalerie, il seroit plus difficile d'en lever, n'y ayant que les gentilshommes et les officiers qui aient des chevaux.

Le roi a rendu une ordonnance[1] pour la levée de milices dans le royaume, où le Poitou est employé pour un régiment de 15 compagnies de 50 hommes chacune, ce qui fait 750 hommes. L'élection de la Rochelle, qui fait la neuvième du Poitou, y a été comprise pour une compagnie et demie, sur la représentation que j'en ai faite, quoiqu'elle ait un intendant particulier.

J'ai proposé à M. le chancelier Boucherat la personne de M. Fileau, avocat du roi, pour remplir la charge de professeur en droit françois dans l'université de Poitiers; je l'ai installé. — *Vid.* le discours suivant.

DISCOURS PRONONCÉ DANS L'UNIVERSITÉ DE POITIERS
LE 24 NOVEMBRE 1688,
JOUR DE L'INSTALLATION DE M. FILEAU.

Vous avez pu connoître, par la lecture des lettres qui viennent de vous être présentées, les intentions du roi sur le fait de l'établissement d'une chaire de professeur en droit françois dans l'université de Poitiers. Rien ne peut mieux vous faire comprendre combien Sa

---

[1] Règlement du 29 novembre 1688.

Majesté a à cœur de voir fleurir l'étude de ce droit dans votre université que le choix qu'elle a fait de M. Fileau pour l'enseigner. Il en a puisé les connoissances dans une source de lumières qui a éclairé, pendant une longue suite d'années, le barreau de Poitiers et vos écoles, et la mémoire de feu M. Fileau sera aussi longtemps honorée à Poitiers que les ouvrages qu'il a laissés au public y seront lus [et] estimés. C'est donc un présent que le roi vous fait lorsqu'il vous donne l'héritier de l'esprit et de la capacité de ce digne avocat du roi, pour remplir une chaire qui demande un homme consommé dans la connoissance de l'un et l'autre droit, de toutes les parties du droit françois, ce qu'il a si bien pratiqué dans le parquet; et ses leçons auront d'autant plus de poids qu'il les aura tirées de la jurisprudence de juges instruits dans un siége qui connoît et [aime également][1] la justice.

Ainsi, Messieurs, le roi a lieu d'espérer de l'heureuse alliance qui se fait aujourd'hui entre le droit françois et la loi civile qu'elle produira de parfaits magistrats, et que les officiers qui seront reçus à l'avenir dans les charges y entreront tous instruits de ce qu'ils doivent savoir, ce qui ne s'apprenoit autrefois que par une longue pratique, souvent aux dépens des justiciables et au grand préjudice de la justice.

A l'ouverture des séances du présidial de 1688, le sieur de Razes, lieutenant général, a fait un discours dans lequel on m'a averti qu'il avoit avancé des propositions qui ont scandalisé ses auditeurs, entre autres que l'on ne pouvoit pas douter que le roi ne fût le chef visible de l'église gallicane, et parlant ensuite du pape, qu'il n'avoit retenu de la succession de saint Pierre que le seul nom de sainteté. J'en ai informé M. le chancelier et M. de Louvois, qui m'ont écrit de lui faire une réprimande [2].

Au mois de novembre, il a couru un bruit à Paris que j'avois été

---

[1] Deux mots presque illisibles. Ce discours n'est qu'en brouillon, et il est difficile de le rétablir absolument.

[2] *Répétition* : « Le.. novembre 1688, le « sieur de Razes, lieutenant général, a fait « l'ouverture des audiences, et dans sa ha- « rangue a avancé des propositions héréti- « ques et injurieuses au pape, ce qui a scan-

fort blessé par des gens de la religion. M. l'archevêque de Paris l'a dit à mon père.

M. de la Hoguette, évêque de Poitiers, [avoit] prétendu assembler la noblesse huguenote, sur les ordres du roi qui m'ont été adressés, et les exhorter à changer de religion; mais j'ai soutenu que cela m'appartenoit; son départ pour Sens, dont il a été nommé archevêque, a fini le différend. Ma prétention étoit la mieux fondée. Cela est arrivé au mois de novembre 1688[1].

Le roi a envoyé des commissaires du conseil à Poitiers en 1688, pour la réformation de la justice et la recherche et punition des crimes que les juges ordinaires ont laissés impunis[2]. — Le mémoire est ci-joint.

MM. les commissaires du conseil envoyés pour la réformation de la justice en Poitou sont arrivés à Poitiers le 10 décembre 1688, et sont venus souper chez moi, où étoient MM. de Fieubet, Bignon, de Marillac et l'abbé Pelletier, conseillers d'état, de Marle, Mélian, Larcher, d'Herbigny, maîtres des requêtes, et La Briffe, aussi maître des requêtes et procureur général, et M. Bignon fils, substitut.

Ils ont été trois jours à attendre les officiers et ministres de la chambre et leurs domestiques, les eaux s'étant trouvé débordées dans toutes les rivières et les ruisseaux depuis Limoges jusques à Poitiers.

Le lundi 13, tous les commissaires se sont rendus au palais dans la chambre du conseil que j'avois fait préparer sur les dix heures, et M. de Saillant, évêque de Poitiers, ayant fait avertir qu'il étoit en état

« dalisé son auditoire. J'en ai donné avis à « M. de Harlay, archevêque de Paris, mais « il n'a pas jugé à propos d'en parler au « roi. »

[1] Erreur probable de date. M. de la Hoguette avait quitté le siége de Poitiers pour celui de Sens depuis 1685. L'évêque de Poitiers, en 1688, était M. de Saillant.

[2] « Le roi a nommé MM. de Fieubet, « Bignon, Marillac et l'abbé Pelletier, con- « seillers d'état, MM. de Marle, d'Arnoton, « de Caumartin, de Maupeou d'Ableiges, « d'Ormesson, de Soisy, d'Herbigny et « Larcher, qui sont maîtres des requêtes, « pour aller tenir les grands jours en Poi- « tou, Aunis, Saintonge, Angoumois, Pé- « rigord et Limousin. M. d'Arnoton n'ira « point, parce qu'il fait la visite des forêts « de Monsieur; M. Mélian ira à sa place. « M. de Fieubet est président de la com- « mission. » (*Journal de Dangeau*, 8 août 1688.)

de célébrer la messe, tous MM. les commissaires sont sortis de la chambre en bonnet carré et en ordre, et ont passé entre deux haies de peuple, retenu par des archers du prévôt de l'Ile[1] et ceux du prévôt provincial de Poitou, pour se rendre à la chapelle qui étoit tapissée et dans laquelle il avoit été mis un tapis de fleurs de lis depuis le sanctuaire jusques à la porte. Il y avoit, à la droite en entrant, un grand pupitre sur lequel étoit M. de Fieubet, ayant un carreau de velours noir avec un galon d'or; derrière lui et sur la même ligne étoient les trois autres conseillers d'état et M. Larcher, maître des requêtes. A la gauche étoient MM. de Marle, plus ancien maître des requêtes et garde des sceaux, de Creil, Mélian, Foucault et d'Herbigny, ayant tous des carreaux. M. le procureur général avoit un banc derrière tous les commissaires, entre les deux rangs, et un carreau, et derrière lui étoit un autre banc où étoient les substituts, les greffiers et les sieurs Boucot et...[2], secrétaires du roi, et deux huissiers du conseil avec les huissiers des requêtes de l'hôtel et autres ministres de la chambre.

Au haut siége étoient les chanoines réguliers de l'abbaye de la Selle, qui commencèrent la cérémonie par le *Domine salvum fac regem*. M. l'évêque étant arrivé à l'autel ayant sa chasuble, la crosse en main et la mitre en tête, salua M. le président et ensuite toute la compagnie, et dit l'oraison pour le roi; après quoi il célébra une messe basse, après laquelle il donna la bénédiction. Étant descendu de l'autel, il salua M. le président et toute la compagnie, et l'on se retira, dans le même ordre qu'on étoit venu, dans la chambre du conseil. M. l'évêque avoit été convié de venir prendre sa place dans la chambre par M. de Fieubet, de la part de la compagnie, mais il le remercia. On lui auroit donné place au-dessus du doyen des maîtres des requêtes. Il n'y a point eu de remerciement, en forme

---

[1] Abréviation pour prévôt de l'Ile de France. Ce personnage et le prévôt provincial de Poitou étaient l'un et l'autre des prévôts des maréchaux, chargés de veiller, avec leurs archers, à la sûreté publique. Ceux du premier accompagnaient les commissaires envoyés en Poitou pour la réformation de la justice.

[2] Nom resté en blanc dans le manuscrit.

de compliment, de la part de M. de Fieubet à M. l'évêque. La séance, qui n'a été que d'une demi-heure dans la chambre du conseil, a été employée au rapport d'un procès qui n'étoit pas instruit et que l'on a seulement retenu.

Les commissaires se sont retirés du palais dans le même ordre qu'ils étoient venus, et ont été dîner chez M. de Fieubet, qui les en avoit conviés.

Le 18 décembre, j'ai été au palais pour assister au jugement du sieur de Fontenelle, qui a été condamné à avoir la tête tranchée, pour avoir tué son frère et deux archers qui se mettoient en devoir de l'arrêter. Le meurtre de son frère n'étoit pas prémédité.

Le 22, nous avons condamné un paysan à être pendu, pour meurtre, et un autre aux galères pour neuf ans, pour avoir tué son frère dans la colère et sans préméditation.

Le même jour, nous avons entériné deux lettres de grâce pour des homicides involontaires.

M. de Louvois m'a envoyé, le 27 décembre 1688, une ordonnance du roi, pour faire saisir les biens situés dans son royaume appartenans aux Hollandois ou à ceux qui les assistent[1].

Au mois de décembre 1688, le roi a mis à quarante maîtres les compagnies de cavalerie et de dragons.

Le dernier décembre 1688, j'ai mandé à M. de Louvois qu'il étoit nécessaire d'entretenir des missionnaires en Poitou pendant 1689, comme il avoit été fait pour 1688; que ces missionnaires ont fait beaucoup de fruits, mais que leur moisson n'est pas achevée.

M. Le Pelletier ayant inspiré au roi d'établir des magasins de blés dans les provinces, pour empêcher les peuples de souffrir de la disette dans certaines années, j'ai reçu ordre d'examiner en quels endroits on pourroit faire ces établissemens, et ai proposé Luçon, Maillé et Niort. Les marchands de blé que j'ai consultés sur la quantité de blés qui pouvoient sortir de la province, année commune, sans que les

---

[1] Louis XIV avait déclaré la guerre aux Hollandais le 3 décembre.

peuples en souffrent, m'ont assuré qu'on pouvoit compter sur trente mille tonneaux. Cette vue, qui auroit été si utile aux peuples, n'a pas été suivie, par les difficultés qui s'y sont trouvées, dont la principale est que les blés ne sont pas de garde en Poitou, ne pouvant passer deux ans. Il faudroit détruire un grand nombre de moulins sur les rivières de Charente et de Sèvre. Le sieur Le Prevost avoit été envoyé par M. Le Pelletier pour travailler à l'établissement de ces magasins, qui auroient coûté trop d'argent. La rivière de Charente n'est pas navigable pendant l'été.

Le roi ayant voulu faire établir des magasins de grains dans quelques endroits du Poitou, j'ai mandé à M. Le Pelletier qu'il y avoit un obstacle insurmontable à l'exécution de ce dessein: c'est que les blés ne se gardent point en Poitou, la vermine s'y mettant au bout d'un an et souvent plus tôt, suivant les saisons; les seigles y sont moins sujets que les fromens.

J'ai reçu un arrêt du conseil avec une lettre de M. Le Pelletier, concernant la jauge des vaisseaux à mettre les boissons, pour faire un règlement. — (*Vid.* la lettre et l'arrêt.)

M. de Louvois, dont la mort de M. Colbert n'avoit pu éteindre la haine qu'il lui avoit portée pendant sa vie, ne laissoit échapper aucune occasion d'en faire ressentir les effets aux personnes qui avoient été attachées à lui; [il] m'a souvent donné des marques de cette rancune. C'étoit d'ailleurs un homme qui se prévenoit aisément et très-souvent mal à propos en bien et en mal.

Le sieur de l'Orme de la Massaye[1], qui se faisoit un honneur d'avoir

---

[1] La Chronologie historique militaire de Pinard (t. VIII, p. 82) le nomme Henri Amproux, comte de la Massays. Il était entré au service comme lieutenant au régiment de Picardie en 1672, et s'était distingué dans toutes les campagnes jusqu'en 1688, ce qui explique sans doute la faveur dont il fut l'objet de la part de Louvois. Colonel du régiment de l'Ile de France en 1689, inspecteur général d'infanterie en 1690, il se trouva à la bataille de Fleurus, au siège de Mons, etc. Nommé brigadier des armées du roi le 28 avril 1694, il fut nommé lieutenant général en bas Poitou, par provisions du 17 mai suivant, après la démission de cette charge donnée le même mois par Alexandre de Baudéan de Parabère, comte

été conduit à l'église par la main de M. de Louvois, et qui au fond n'étoit point converti, avoit deux nièces, nouvelles catholiques, qui étoient chez une tante qui les élevoit très-mal; ce qui m'obligea de les faire mettre dans un couvent. Le sieur de la Massaye ayant mandé que ses nièces, qui étoient fort jeunes, étoient bien élevées et instruites chez leur tante, et que même il se chargeroit, si le roi le trouvoit bon, de leur éducation, M. de Louvois, sans s'informer de moi si ce qu'on lui mandoit étoit véritable, me manda d'envoyer ces deux filles chez le sieur de la Massaye, et, nonobstant les représentations que je lui fis par plusieurs [de] mes lettres, il fallut obéir, et il eut la petitesse de me mander que le roi vouloit que je les envoyasse par un homme à moi, sans que le sieur de la Massaye les envoyât chercher. Il ne pouvoit pas croire que j'eusse aucune mauvaise volonté contre le sieur de la Massaye. Je ne le connoissois que comme faisant sa demeure en Poitou, et nous n'avions jamais eu rien à démêler ensemble. M. de Louvois porta plus loin son animosité : il m'écrivit que le roi vouloit que je diminuasse la paroisse de Montchamp, appartenant au sieur de la Massaye, de 500ᴉᴉ de taille pour 1689, sans aucune connoissance de l'état de cette paroisse, qui avoit été soulagée l'année précédente et qui étoit une des moins chargées de l'élection. En vain je lui représentai que ce que le roi pouvoit faire par grâce, je ne pouvois le faire sans injustice; toutes mes remontrances furent inutiles. Pour mettre le comble à ses préventions en faveur dudit la Massaye, il obligea M. le comte de Parabère, homme de grande naissance et de service, de se défaire de sa charge de lieutenant de roi du bas Poitou, en faveur dudit la Massaye; et ce qui paroîtra plus surprenant, c'est qu'il s'adressa à moi pour engager M. de Parabère à demander la permission de se défaire de sa charge, sous prétexte qu'il étoit du service du roi qu'il n'y eût qu'un lieutenant de roi dans le Poitou; et

de Pardaillan, lieutenant général des armées du roi. Le comte de la Massays continua à servir dans les armées d'Italie et de Catalogne; il se démit de son régiment en 1698, et se retira en Poitou, où il mourut au mois de janvier 1706, possédant encore la charge de lieutenant général du bas Poitou.

M. de Vérac, qu'il avoit aussi mis sous sa protection, étoit lieutenant de roi en haut Poitou.

Ayant fait informer par mon subdélégué de Thouars contre un sergent de Saint-Loup accusé d'un nombre infini de concussions, nommé de Poix, il s'est pourvu au parlement de Paris, qui a ordonné que les charges et informations seroient apportées, ce qui a été fait, n'y ayant point de partie civile. J'ai fait casser cet arrêt par un arrêt du conseil et renvoyer l'accusé devant moi pour continuer son procès. J'ai fait signifier cet arrêt à M. le procureur général du parlement, qui a cessé ses poursuites. J'avois envoyé cet arrêt et écrit à M. le procureur général, qui m'a répondu fort honnêtement.

Le roi ayant déclaré la guerre aux Hollandois, mille chevaux ont été envoyés en Poitou en quartier d'hiver.

1689.

Au commencement de 1689, le roi a fait fondre toute l'argenterie qui lui étoit inutile[1], et les courtisans, pour faire leur cour, ont envoyé leur vaisselle d'argent à la Monnoie.

On a pensé à l'ambassade de Constantinople pour moi au commencement de cette année, mais le roi ne l'a pas voulu pour des motifs qui me sont honorables[2].

Le 14 janvier 1689, M. Le Pelletier m'a écrit que j'eusse à faire surseoir les ouvrages des ateliers publics, le roi ayant jugé plus à propos d'employer ce fonds à des dépenses plus pressantes et plus utiles pour le bien de l'État.

Le 17 janvier 1689, M. de Seignelay m'a mandé que, le roi désirant faire travailler aux fortifications des îles d'Oleron et de Ré, à Brouage

---

[1] C'est le 3 décembre 1689 seulement que Louis XIV prit la résolution de faire fondre son argenterie. La date la plus ancienne des récépissés de la Monnaie est du 12 décembre 1689, et la plus récente du 19 mai 1690. (Voy. *Journal de Dangeau*, t. III, p. 33.)

[2] *Répétition* : « M. de Croissy a parlé au « roi de l'ambassade de Constantinople pour « moi, mais Sa Majesté a dit que je lui étois « nécessaire dans les provinces de son « royaume. Elle vaquoit par la mort de « M. Girardin. »

et à Rochefort, Sa Majesté désire que j'envoie à M. Begon les ouvriers du Poitou dont il aura besoin. M. Begon m'a écrit sur le même sujet.

J'étois intendant en Poitou, où ayant reçu plusieurs dégoûts de la part de M. Louvois qui étoit ennemi déclaré de tous les amis de M. Colbert et de ceux qui étoient attachés à sa famille, je priai M. de Seignelay de me tirer de Poitiers; il a obtenu du roi de m'envoyer à Caen.

Le 25 janvier, il m'a été expédié une commission d'intendant en la généralité de Caen, à la place de M. de Gourgues.

J'ai entretenu un commerce d'amitié intime avec M. le comte de Pardaillan, lieutenant général du bas Poitou, pendant que j'ai été intendant de la province. C'étoit un très-honnête homme, que M. de Louvois n'aimoit pas et qu'il a bien maltraité pour favoriser M. de Vérac, lieutenant général du haut Poitou.

J'avois proposé à M. de Louvois de faire travailler à la carte géographique du Poitou; mais M. de Louvois m'a répondu qu'il n'y avoit que trop de cartes des provinces du royaume, dont les ennemis pourroient dans les temps tirer plus d'avantage que nous.

M. de Louvois m'a écrit, le 2 février 1689, que le roi avoit nommé M. de Ribeyre pour me relever en Poitou, et qu'après l'avoir informé de l'état des affaires de cette province j'irois prendre possession de l'emploi que Sa Majesté m'a accordé. M. Le Pelletier m'a mandé la même chose le 5 février, ajoutant, par sa lettre du 10 février, qu'il est nécessaire que je me rende incessamment à Caen, parce que les mouvemens des troupes qu'il doit y avoir dans peu de temps y requièrent indispensablement ma présence; que, si je viens à Paris, il faut que ce soit en poste et y faire peu de séjour. C'est dans ce temps que le prince d'Orange passa en Angleterre, et que M. de Louvois crut qu'il venoit faire une descente sur les côtes de Normandie[1].

---

[1] La phrase de Foucault est rédigée de manière à faire prendre le change sur ce qu'il veut dire. Il semblerait que Louvois eût des doutes sur l'expédition pour laquelle le prince d'Orange s'était embarqué, et qu'il craignît qu'elle ne fût dirigée

M. le chancelier Boucherat m'a aussi mandé ce changement d'intendance et M. de Châteauneuf.

Le 19 février 1689, la faculté de droit de l'université de Poitiers est venue me complimenter sur mon départ de la province, M. Razes, doyen, portant la parole en latin. J'y ai répondu. —(*Vid.*le discours.)

« Quod me, viri clarissimi, ex hac provincia discedentem vestro
« dolore prosequimini, id vero mihi perhonorificum esse censeo;
« imo, si verum dicere liceat, aliqua etiam ex parte debitum. Non
« quidem ob egregias illas dotes, quas, amore potius quam judicio
« ducti, in me agnoscitis, sed ob eam potissimum rationem, quod et
« litteras semper amaverim, et litteratos, quo in numero principem
« locum obtinetis, maximi fecerim, summoque studio complexus
« fuerim. Vicem itaque rependitis, si doctorum hominum fautorem
« egregium, maximumque admiratorem, docti homines, non sine ali-
« quo dolore amittitis. Verum dabo operam ne omnino amittatis:
« nam, etsi me regia jussa modo e conspectu vestro eripiunt, at certe
« nihil vos ex animo meo deinceps auferet. Sed quæ me cumque
« tellus habebit, profecto habebit et vestri memorem et uniuscujusque
« vestrum inservire commodis cupientem. »

J'ai fait cette réponse, à la faculté de droit de l'université de Poitiers, au discours que le sieur Razes, leur doyen, m'a fait sur mon départ de Poitiers, le 19 février 1689.

J'ai passé par Rouen pour aller à Caen. M. Chamillart m'y attendoit; il m'a donné beaucoup de mémoires sur la généralité, qu'il connoissoit mieux que celle de Rouen. J'ai vu aussi M. de Ris, premier président.

Je suis arrivé à Caen le 7 mars 1689. M. de Gourgues, mon prédécesseur, m'y attendoit chez M. l'évêque de Bayeux, fort impatient

contre la basse Normandie. Le rapprochement des dates montre qu'il n'en peut être ainsi : le prince d'Orange débarqua en Angleterre le 15 novembre 1688; on ne pouvait donc douter, le 10 février suivant, du but de son expédition ; mais on pouvait craindre qu'il n'en projetât une autre contre la basse Normandie, et c'est sans doute là ce que Foucault a voulu dire.

de mon arrivée. Nous eûmes le soir une conférence d'un quart d'heure, et le lendemain nous la reprîmes pendant une heure, assez superficiellement, sur les affaires de la généralité. Il n'a pas réussi dans cette intendance[1].

Les gros meubles que j'ai laissés à Poitiers ont été vendus à M. de Ribeyre 2,106 ##.

J'ai été visité, harangué et complimenté par tous les corps et par la noblesse de Caen.

Le 8 mars 1689, l'université de Caen m'est venu complimenter sur mon arrivée à Caen, le recteur portant la parole. J'ai répondu à son discours. — (*Vid.* le mien en latin; il est ci-joint.)

« Quæ mihi ultro defertis academiæ vestræ officia mallem equidem
« meritus impetrasse quam gratus admittere. Vestram tamen comi-
« tatem in me tantam sequar certe beneficiis quibus non licuit ante-
« vertere. Sane inter præcipuas provinciæ meæ curas illam semper
« esse duxi, ut impense faverem litteris et litteratis hominibus. Vos
« igitur, quorum tam celebris est ac pervagata fama doctrinæ, sic
« vobis persuadeatis velim daturum me operam, ut me ordinis vestri
« perquam studiosum ac plane academicum intelligatis. »

J'ai répondu ce discours à celui de l'université de Caen, le 8 mars 1689.

Le 14 mars, j'ai pris place dans l'académie de Caen, qui n'étoit pas encore établie par lettres patentes; elle étoit tenue chez M. de Segrais. Je fis un discours auquel il fut répondu par le directeur.

M. Le Pelletier m'a mandé que le roi désireroit tirer des secours des villes de la généralité de Caen pour subvenir aux dépenses de la guerre. Je lui ai proposé, par ma lettre du 17 mars 1689, d'augmenter

---

[1] *Répétition :* « Je me suis abouché en passant à Rouen, au mois de mars, avec M. Chamillart, intendant à Rouen, sur les affaires de la généralité de Caen, où il a été élevé, M. son père y ayant été intendant pendant six années. » « Je suis arrivé à Caen le 7 mars à neuf heures du soir, où M. de Gourgues m'attendoit. Comme il vouloit partir le lendemain pour Paris, nous ne pûmes conférer sur les affaires de la généralité que pendant une heure. »

les droits sur les cidres pour un temps, savoir d'un écu sur chaque tonneau, ce qui monteroit à 30,000 ₶ par an, dont les fermiers des aides pourroient faire l'avance, les octrois de la ville qui montent à 145,000 ₶ étant épuisés par les charges.

Le 25 mars 1689, j'ai visité les fortifications des côtes, dont je lui ai rendu compte. Je lui ai proposé de mettre deux frégates en mer pour donner la chasse à un grand nombre de capres[1] sortis de Flessingue, qui sont présentement dans la Manche et qui troublent le commerce de Normandie et de Bretagne.

Le 28 mars, j'ai mandé à M. de Châteauneuf que la demande que [les échevins de Caen] faisoient au roi de la maison du sieur de Brieu, religionnaire qui a quitté le royaume, pour en faire un hôtel de ville, me paroissoit très-favorable, n'y ayant point de lieu à Caen pour tenir les assemblées publiques. Ce sieur de Brieu étoit ministre à Caen et avoit épousé la fille de Dubosc, fameux ministre de la même ville. Ils ont tous deux passé en Hollande avec leurs familles. Brieu a laissé un frère à Caen, qui a plus de cinquante mille écus de bien. La maison que demandoient les échevins de Caen vaut 15,000 ₶ et étoit louée 350 ₶.

Faisant la visite des élections, j'ai passé par Thorigny où j'ai été rendre visite à M. de Matignon, lieutenant général de la province et beau-frère de M. de Seignelay[2].

Suivant les ordres que M. de Gourgues avoit reçus de lever un régiment de milices, j'ai repris ses erremens et y ai trouvé beaucoup de difficultés, chacun cherchant les moyens de s'exempter de ce service, au point qu'une femme m'ayant donné plusieurs raisons toutes mauvaises pour empêcher son fils d'être enrôlé, et voyant que je n'y

---

[1] C'était le nom donné aux navires armés en course.

[2] Jacques Goyon, troisième du nom, sire de Matignon et de la Roche-Goyon, né en 1644, lieutenant général des armées du roi et de la province de Normandie; mort en 1725. Sa nièce, Catherine-Thérèse Goyon, avait été épousée en secondes noces, en 1679, par Jean-Baptiste Colbert, marquis de Seignelay. M. de Matignon n'était pas beau-frère de M. de Seignelay, mais son oncle par alliance.

avois point d'égard, elle se récria : « Eh bien, Monsieur, puisque ces
« raisons ne vous persuadent point, je vous déclare que mon fils est
« bâtard, et, le roi ne voulant point de bâtards dans ses troupes, vous
« devez me le rendre. » Elle prit en même temps plusieurs paysans
de son village à témoin de la vérité du fait qu'elle avançoit.

M. de la Hoguette[1], lieutenant des mousquetaires, commandoit
cette année sur la côte de Normandie. M. Le Pelletier, contrôleur
général, lui écrivit au mois de mars de me proposer l'acquisition
de la charge de président au grand conseil, vacante par la mort de
M. Barentin. Ces charges étoient fixées à 35,000ᴴ, et, comme ce
prix est modique, on l'a augmenté de 10,000ᴴ.

Au mois de mars 1689, M. de Louvois m'a envoyé deux lettres,
l'une prétendue écrite par le sieur de Bellefontaine, gentilhomme
demeurant à Bayeux, nouveau converti, à la femme du nommé Jue,
orfévre de Caen, par laquelle il lui mande qu'elle prenne courage
et que le prince d'Orange vengera dans peu les religionnaires des
tyrannies qu'on leur fait ici, et l'autre adressante à M. l'archevêque
de Paris par le nommé Montagny, qui lui envoie la lettre dudit Bellefontaine.

J'ai été commis par arrêt du conseil pour faire le procès aux auteurs de ces lettres. — (*Vid.* le procès.)

Au mois de mars 1689, ayant été averti que les religionnaires du
côté d'Athys et de Condé-sur-Noireau, qui sont près de trois mille
dans l'espace de cinq à six lieues, s'assembloient au nombre de deux
cents, trois cents et jusques à quatre cents, j'ai proposé à M. de Louvois
d'envoyer une compagnie de dragons pour les contenir, et j'ai fait
arrêter trois personnes accusées d'avoir prêché dans ces assemblées.

Les religionnaires se sont assemblés sur la fin de mars du côté
de . . . . . J'y ai envoyé des dragons, qui leur ont donné l'épouvante,
et cela n'a pas eu de suite.

---

[1] Charles Fortin, marquis de la Hoguette, depuis lieutenant général, capitaine-lieutenant de la première compagnie de mousquetaires ; il fut blessé mortellement à la bataille de la Marsaille, en 1693.

Au mois de mars 1689, M. de Louvois m'a renvoyé un mémoire qui lui avoit été adressé sur la conduite de MM. le comte de Flers et de la Forest frères, surtout par rapport à la religion. Je lui ai mandé qu'ils étoient tous trois fort zélés pour la religion prétendue réformée et même dangereux; que le comte de Flers avoit été mis à la Bastille, s'étant trouvé impliqué dans l'affaire du chevalier de Rohan, et que, faute de preuves suffisantes, il avoit été mis en liberté; qu'un de MM. de la Forest avoit été mis dans le château de Caen pour fait de religion, et que j'estimois qu'il étoit à propos de les éloigner de la province.

Au mois de mars, j'ai envoyé ma fille Henriette, de Poitiers, à l'abbaye de Saint-Jean.

Au mois de mars 1689, le curé du Mesnil-Bonand, diocèse de Coutances, a été mis, par ordre du roi, dans les prisons de Coutances, pour avoir reçu dans sa maison un homme accusé de quelques maléfices qui regardent la personne du roi, et, comme ce fait n'a pas été prouvé, il a été mis en liberté.

Le 15 avril, M. de Vauban est venu par ordre du roi en basse Normandie pour visiter les ouvrages des côtes. Je lui ai fait voir le château de Caen et le tour des murailles de la ville, qu'il a trouvées en mauvais état. C'étoit un véritable Romain ayant[1] la patrie. C'est le premier homme que nous ayons eu pour les fortifications et l'architecture militaire. Il a fait un livre pour l'établissement d'une dîme royale; elle a été établie quelques années après sa mort, mais sans diminution des autres impositions, contre l'esprit de l'auteur[2].

Le 26 avril, nous avons assemblé à Caen la noblesse. Le seul bailliage de Caen a fourni plus de mille cinq cents gentilshommes, les uns bien, les autres mal montés, plus de cinq cents à pied. On en a fait un détachement de trois cents qui, avec trois cents qu'on tirera des deux autres bailliages de basse Normandie, feront un corps de six cents gentilshommes destinés pour la garde des côtes, avec les

---

[1] *Sic*; est-ce pour *aimant*?
[2] Saint-Simon dit la même chose. (*Mémoires*, t. III, p. 395 de l'édition in-12 donnée par M. Chéruel.)

deux régimens de milice qui nous doivent venir de Poitou et de Champagne, et un régiment de troupes réglées.

Au mois d'avril, M. de Matignon a fait assembler la noblesse pour marcher sur la côte. Il a choisi trois cents gentilshommes pour servir et se tenir prêts à marcher à cheval et marcher au premier ordre; mais la noblesse est si fort épuisée d'argent et obérée, que j'ai été obligé de leur donner des provisions sur leurs revenus saisis, suivant un arrêt qui m'en a donné la permission[1].

J'ai passé quinze jours à Vire pour y faire habiller, armer et discipliner le régiment de milices de la généralité, et y juger tous les différens que la plus fine chicane peut inventer entre les paysans des paroisses au sujet de ces enrôlemens.

Ce régiment a passé en . . . . . . et ceux de Poitou et de Champagne sont venus pour garder la côte avec la noblesse normande et un régiment de cavalerie.

Un marchand de boutons, qui étoit chargé de faire la fourniture des boutons pour le régiment de milices, me demanda s'il y avoit engagement de tenir ce qu'il promettoit. C'est dire qu'il n'y a que l'écrit qui oblige les Normands. Ils ne se piquent pas d'honneur.

J'ai fait la levée du régiment de milices de Fontenay, composé de douze compagnies, qui s'est trouvé si beau et capable de servir, qu'il a été commandé pour marcher hors de la généralité et servir en campagne, au mois d'avril 1689.

Au mois d'avril, j'ai fait partir le régiment de milices que j'ai levé dans la généralité de Caen, composé de neuf cents hommes faits, de vingt à trente ans, pour la Guyenne, et on a envoyé à Caen celui de Poitou.

M. le contrôleur général m'a écrit, au mois d'avril, pour porter les habitans de Caen à aider le roi de quelques sommes dans la conjonc-

---

[1] *Répétition* : « Le roi a envoyé des ordres à M. de Matignon pour faire marcher la noblesse sur la côte. L'arrière-ban sera composé de six cents gentilshommes choisis. Je leur ai donné des provisions sur leurs biens saisis pour les mettre en état de servir, la plupart étant obérés. »

ture présente. Je leur ai conseillé d'offrir une augmentation sur leurs octrois, et en même temps j'ai fait connoître à M. Le Pelletier que cette augmentation accableroit la ville, pleine de bonne volonté. Il m'a répondu que le roi étoit content de leur zèle et ne vouloit point faire d'augmentation sur leurs octrois.

M. Le Pelletier, contrôleur général, a envoyé des commissaires pour apporter du remède aux fraudes qui se commettent dans la perception des droits d'aides. M. l'abbé Pelletier[1] est venu dans la généralité de Caen au mois d'avril 1689. On les appeloit des inspecteurs.

Le 25 mai 1689, mon père a fondé un lit à la Charité moyennant une rente de 200^{tt}, au principal de 4,000^{tt}, qui seront employés en rentes sur la ville. Il est stipulé par le contrat de fondation que le malade qui devra remplir le lit sera nommé par mon père, après sa mort par moi et mes descendans mâles, et à leur défaut par les filles, et à leur défaut par mesdames de Villeneuve et par Catherine-Angélique Foucault, depuis le décès de mon père mariée à M. d'Avaray, alternativement. Et, en considération de ce que mon père a abandonné à la Charité les intérêts de ladite rente, constituée dès le 15 novembre 1688, les religieux se sont obligés de célébrer une messe haute des défunts dans leur église après la mort de mon père, et de faire dire une messe basse à perpétuité par chacun an pour le repos de l'âme de mon père et de celle de ma mère, le jour de saint Joseph.

Au mois de juin 1689, j'ai fait planter, sur le bord de la rivière d'Orne, quatre rangées d'ormes, qui y font un très-beau cours. Il a . . . toises de long.

Le 6 juillet 1689, j'accompagnai M. de Seignelay à Thorigny. Il m'en coûta deux chevaux de carrosse pour satisfaire son impatience d'y arriver[2].

Le 18 juillet 1689, j'ai envoyé à M. de Louvois les informations

---

[1] Conseiller d'état.

[2] *Répétition* : « M. de Seignelay ayant « passé à Caen le 6 juillet, je lui ai donné « mon attelage pour le conduire à Tho-« rigny ; deux de mes chevaux moururent « en chemin pour avoir été trop poussés. »

que j'ai fait faire des violences et désordres commis par les gentils-hommes de l'arrière-ban d'Alençon, commandé par M. de la Brizelière.

Le 21 juillet 1689, M. Le Pelletier, contrôleur général des finances, m'a mandé que le roi m'avoit accordé la décharge d'une erreur de 800# faite dans le compte que mon père a rendu de quelques effets de la chambre de justice[1].

J'ai chassé un maître d'hôtel que madame Bernard, nièce de M. Coquille, m'avoit donné, pour voleries qu'il m'a faites et dont il a été convaincu, en juillet 1689.

Le 14 août, j'ai proposé à M. de Châteauneuf de donner aux filles de la Providence, établies à Ducey, la maison où se tenoit le prêche, ce qui leur a été accordé.

On a créé des augmentations de gages et de rentes sur les tailles au mois d'août[2].

On a fait prendre des augmentations de gages aux trésoriers de France, aux présidiaux et aux principaux siéges. Le bureau des finances de Caen en a pris pour 25,000#.

M. Ménage ayant appris que j'avois en ma possession les origines de la langue françoise de M. de Caseneuve, prébendier de la cathédrale de Toulouse, m'a prié de les lui envoyer pour les faire imprimer avec les siennes et me les dédier.

Au mois de septembre, j'ai envoyé à M. Ménage les origines de la langue françoise de Caseneuve, qu'il a fait imprimer. Elles m'ont été dédiées par le sieur Simon de Valhébert, après la mort dudit sieur Ménage[3].

---

[1] *Répétition :* « S'étant trouvé une erreur de calcul de 800# dans un compte que des commis de mon père ont rendu en son nom, et la chambre des comptes ayant voulu faire revenir cette somme au roi, j'en ai écrit à M. Le Pelletier, qui a rendu un arrêt qui l'en décharge. »

[2] On appelait augmentation de gages une addition d'appointements qu'on accordait aux pourvus d'offices, à raison d'un supplément de finances sur le prix desdits offices qui leur était demandé en même temps. C'était, en réalité, un emprunt forcé dont on frappait les fonctionnaires.

[3] Voy. notre introduction.

Mademoiselle Foucault, ma sœur, est arrivée à Caen le 30 août 1689.

Au commencement de septembre 1689, M. Le Pelletier s'est démis volontairement du contrôle général des finances, et il a conservé sa place de ministre d'état. M. de Pontchartrain, que M. Le Pelletier avoit tiré de la première présidence de Bretagne pour le faire intendant des finances, a été nommé contrôleur général.

Au mois de septembre, M. de Pontchartrain, intendant des finances, a été fait contrôleur général, M. Le Pelletier s'étant démis de cette place, et fait une glorieuse retraite. Il a eu plus de crédit depuis son abdication qu'il n'en avoit pendant qu'il étoit en place, ayant fait son fils premier président[1]; son gendre, M. d'Aligre, président à mortier; M. d'Argouges, son autre gendre, conseiller d'état, et son petit-fils d'Argouges, lieutenant civil. Je l'ai fort cultivé depuis sa retraite, et il m'a toujours honoré de sa bienveillance.

Dans le même temps, le roi a donné à M. de Torcy la survivance de la charge de secrétaire d'état de M. de Croissy, son père. M. de Torcy étoit pour lors à Rome. M. de Croissy, qui avoit conservé sa charge de président à mortier, a donné sa démission en faveur de M. de Novion, petit-fils du premier président, et M. de Harlay, procureur général, a été fait premier président, et M. de la Briffe, procureur général. Je leur ai fait à tous mes complimens.

Mon père s'est donné bien des mouvemens pour me faire avoir l'agrément de la charge de président au grand conseil, dont M. de la Briffe étoit obligé de se défaire. Il y avoit beaucoup de concurrence. Le roi l'a donnée à M. Feydeau de Brou, comme plus ancien maître des requêtes, et M. le chancelier Le Tellier[2] a dit à mon père que la première vacante m'étoit assurée. Je lui en ai fait mes remercîmens. M. de la Briffe vouloit me donner la préférence.

Dans la réponse que m'a faite M. de Harlay au compliment que je lui ai fait sur la première présidence, il a souscrit très-humble et

---

[1] Louis Le Pelletier fut premier président du parlement de Paris, de 1707 à 1712.

[2] C'est Boucherat que Foucault veut dire. Le chancelier Le Tellier était mort en 1685.

très-affectionné serviteur. Je n'ai pas voulu relever la chose, mais je doute qu'il ait dû en user ainsi à l'égard d'un maître des requêtes.

Au mois de septembre, j'ai jugé, au présidial de Coutances, le procès criminel que j'avois instruit contre la dame de Taire et son mari, accusés d'avoir fabriqué des lettres sous le nom de M. de Bellefontaine [1]. — (*Vid.* les lettres et le jugement.)

Deux jeunes hommes, âgés l'un de seize ans et l'autre de quatorze, ont été arrêtés à Avranches pour avoir fabriqué un faux ordre de M. de Seignelay, pour tirer de l'argent des curés, sous prétexte de faire prier Dieu pour la santé du roi et la prospérité de ses armes. Le bailliage d'Avranches les a condamnés, savoir : l'aîné à cinq années de galères, et le puîné à pareil temps de bannissement. J'ai représenté à M. de Seignelay que ce châtiment ne convenoit pas à l'âge de ces jeunes gens.

Au mois d'octobre 1689, on a proposé M. le marquis d'Anfreville, chef d'escadre, pour ma sœur. Mon père souhaitoit fort ce mariage [2].

Le roi a fait revenir les régimens de milices dans leurs provinces pour les recruter, armer et équiper.

M. Chamillart ayant été nommé intendant de Rouen en 1688, il m'a consulté, par sa lettre du 12 novembre 1689, sur le traitement que je faisois aux troupes de mon département. Il ajoute, à la fin de sa lettre qu'il m'écrit arrivant de la cour, que j'ai des ennemis et des personnes qui envient mon emploi.

M. de Jassaud, doyen des maîtres des requêtes, mon beau-père, est mort le 17 décembre, âgé de . . . . . [3]

Au mois de décembre 1689, le roi a créé par un édit 1,400,000ᴸ

---

[1] Voy. plus haut, au mois de mars de la même année.

[2] Double emploi probable. Foucault a déjà parlé de cette proposition au mois de janvier 1688.

[3] Nicolas de Jassaud, marquis d'Arquinvilliers, seigneur de Richebourg, de la Lande, etc. conseiller d'état, mourut le 16 décembre 1689, âgé de soixante et dix-huit ans. (Voy. *Dictionnaire de la noblesse*, par La Chesnaye des Bois.)

de rentes viagères sur la ville de Paris, divisées en trois classes. Cette création a été appelée tontine, la part des actionnaires décédés accroissant aux survivans[1]. J'y ai pris deux actions sur le pied de 25 # chacune, dans la dixième classe, suivant mon âge. Mon contrat est du 13 février 1690[2].

Tous les particuliers ayant été obligés de faire porter aux hôtels des monnoies leur argenterie d'une certaine qualité, cet ordre a été exécuté sans peine dans toutes les provinces du royaume. Il y avoit autrefois un hôtel des monnoies à Saint-Lô, qui a été supprimé. M. de Pontchartrain m'a ordonné d'en faire transporter à Rouen les machines et ustensiles; ce qui a été exécuté. On a établi à Caen un bureau de change pour y recevoir l'argenterie et les espèces qui doivent être changées.

Le roi a obligé tous les ecclésiastiques et gens de mainmorte de donner des déclarations de leurs biens pour les amortissemens, quoiqu'ils en fussent exemptés par les déclarations de 1646 et 1689[3].

---

[1] « On parle fort de faire une tontine, » dit Dangeau dans son journal, à la date du 3 octobre 1689; et le 1ᵉʳ décembre suivant il ajoute : « On a publié et imprimé l'édit « du roi portant création de 1,400,000 # « de rentes viagères sur l'hôtel de ville de « Paris, qui seront acquises selon les dif- « férens âges, avec accroissement de l'in- « térêt des mourans au profit des survi- « vans. Il y a quatorze classes : la première, « des enfans jusqu'à cinq ans; la seconde, « depuis cinq jusqu'à dix; la troisième, de « dix jusqu'à quinze, et ainsi des autres « de cinq en cinq ans. Jusqu'à dix ans, « l'intérêt sera payé au denier vingt; de- « puis dix ans jusqu'à vingt ans, au denier « dix-huit; depuis vingt ans jusqu'à trente « ans, au denier seize; depuis trente ans « jusqu'à quarante, au denier quatorze; de- « puis quarante ans jusqu'à cinquante ans, « au denier douze; depuis cinquante ans « jusqu'à soixante ans, au denier dix, et « par delà soixante ans, au denier huit. On « recevra l'argent jusqu'à la fin du mois « d'avril. »

[2] *Répétition :* « Au mois de décembre, je « me suis mis à la tête des habitans de la « généralité de Caen qui ont mis à la ton- « tine. J'y suis entré pour 600 #. »

[3] On appelait amortissement un droit dû par les corps et communautés perpétuels, tant laïques qu'ecclésiastiques, pour obtenir la permission de posséder des biens en mainmorte. On le considérait comme un dédommagement payé à l'état, tant pour le préjudice qu'il éprouvait par la sortie des biens du commerce que relativement à l'exemption de divers impôts dont jouissaient les propriétaires de mainmorte.

La déclaration dont parle ici Foucault

Pendant l'hiver de cette année, j'ai levé des milices dans cette généralité par ordre du roi.

Par l'établissement du quartier d'hiver, il y a eu un cavalier dans toutes les paroisses au-dessus de 500 ₶ de taille et au-dessus jusques à 1,000 ₶, deux dans celles de 1,000 ₶ et au-dessus jusques à 2,000 ₶, et ainsi du reste à proportion.

En 1688, le roi avoit fait travailler à la citadelle de Cherbourg par M. de Vauban. Elle étoit fort avancée lorsque M. de Louvois, pour donner du chagrin à M. de Seignelay plutôt que pour le bien du service, obtint du roi un ordre pour la faire démolir, aussi bien que le château de Valognes, sous prétexte que le prince d'Orange, ayant formé le dessein de faire une descente en Normandie, se saisiroit de cette place. Il étoit mal informé, car le prince d'Orange pensoit à détrôner son beau-père et à descendre en Angleterre. La démolition de Cherbourg étoit achevée lorsque je suis venu en basse Normandie, et il ne m'a resté qu'à régler les comptes des entrepreneurs de la démolition.

J'ai été à Cherbourg, où je n'ai trouvé qu'un chaos de débris de tours, de bastions et de murailles renversées. Il y avoit autrefois un château. M. de Vauban ayant cru le poste important le fit enceindre de fortifications régulières, et la dépense fut considérable; mais à peine furent-elles au cordon que M. de Louvois, ennemi juré de M. de Seignelay, secrétaire d'état de la marine, fit comprendre au roi que cette place étoit commandée par des hauteurs; que, si les Anglois faisoient une descente à la Hougue, ils se rendroient aisément maîtres de cette place; que le prince d'Orange en avoit formé le dessein et devoit être

est du 5 juillet 1689 (Isambert, t. XX, p. 80). Mais il embrouille la question et accuse à tort le gouvernement; car, dans cet édit, le roi ne revenait nullement sur des déclarations antérieures; mais, comme les droits d'amortissement, de même que ceux de franc-fief, ne se levaient pas annuellement, et qu'il n'en avait pas été levé depuis les déclarations de 1641 et du 5 mars 1672 (les dates de 1646 et 1689 données par Foucault sont fausses), le roi ordonna, par la nouvelle déclaration du 5 juillet 1689, une liquidation des biens possédés par l'Église, pour faire payer les droits d'amortissement sur les nouveaux acquêts dus depuis 1672.

incessamment sur cette côte; en sorte qu'il obtint du roi que les fortifications seroient entièrement démolies. On envoya M. d'Artagnan, major des gardes, sur les lieux avec une compagnie des mousquetaires et d'autres troupes, pour s'opposer à la descente du prince d'Orange qui ne songeoit pas à nous visiter, mais à passer en Angleterre, où il étoit appelé et où il fut déclaré roi.

On a commencé à faire des redoutes et des retranchemens sur la côte de la Hougue pour s'opposer aux descentes des ennemis. Dès la fin de 1688 et depuis, on y a travaillé toutes les années. C'est M. de la Hoguette, lieutenant des mousquetaires, qui a fait commencer les ouvrages.

On fit faire aussi beaucoup de redoutes et de retranchemens le long de la côte, depuis Quineville jusques à Cherbourg, qui n'étoient que de sable. On fit bâtir une tour à la Hougue et rétablir celle de Tatihou, mais il falloit faire construire des tours de distance en distance, le long de la côte, comme on a fait en Italie, le plus proche de la mer, en sorte que le canon puisse se croiser.

Madame la duchesse de Guise[1] fut saisie d'une grande frayeur à Alençon, sur la nouvelle qui courut que le prince d'Orange étoit descendu à Cherbourg. Elle partit avec une précipitation qui fit périr une partie de son équipage, croyant que le prince d'Orange alloit arriver à Alençon.

MM. les maréchaux de la Feuillade et de Bellefonds, ne pouvant rien comprendre dans un procès rapporté par M. l'Avocat, maître des requêtes, entre le vice-bailli d'Alençon et les officiers de sa compagnie, ont obligé les parties à passer un compromis par lequel ils ont consenti que je les réglasse, et au pied de ce compromis ils ont fait mettre leur ordonnance portant que les parties produiroient devant

---

[1] Élisabeth d'Orléans, fille du second mariage de Gaston de France, duc d'Orléans, frère de Louis XIII, avait épousé en 1667 Louis-Joseph de Lorraine, duc de Guise, dont elle resta veuve en 1671. Le duché d'Alençon avait été donné en apanage à Gaston, duc d'Orléans, et sa fille Élisabeth en jouit jusqu'à sa mort, arrivée en 1696.

moi leurs titres et diroient leurs raisons, pour être ensuite la sentence arbitrale rapportée au tribunal et homologuée par MM. les maréchaux de France et exécutée au dédit de 1,000ᵗᵗ. Cette clause d'homologation soumettant mon jugement au tribunal qui ne pouvoit pas me renvoyer de plein droit cette affaire, j'ai pris le parti de faire passer un nouveau compromis où il n'a point été fait mention d'homologation au tribunal, et je les ai réglés sur ce nouveau compromis[1].

En 1689, le roi a envoyé des inspecteurs des fermes du roi dans les provinces, qui n'ont rien fait que de la participation des intendans.

1690.

Au commencement de 1690, le roi a créé des offices de procureurs du roi et de greffiers des maisons de villes[2].

Le 5 janvier, j'ai rendu un jugement avec les officiers du présidial de Caen, dans une affaire où il s'agissoit de fabrication de faux plombs[3]

---

[1] *Répétition* : « MM. les maréchaux de la « Feuillade et de Bellefonds, ne pouvant « rien comprendre dans un procès entre le « vice-bailli d'Alençon et les officiers de « sa compagnie que leur avoit rapporté « M. l'Avocat, maître des requêtes, avoient « ordonné aux parties de passer un com- « promis devant moi pour les régler, pour « être ensuite la sentence arbitrale homo- « loguée au tribunal. Mais, comme ç'au- « roit été une subdélégation qu'ils m'au- « roient donnée et qu'un intendant ne « doit point prendre, j'ai éludé l'exécu- « tion de cette ordonnance de renvoi de- « vant moi, sous prétexte des affaires dont « j'étois chargé, contre le sentiment de « M. Rouillé, conseiller d'état, qui croyoit « que je pouvois me charger de l'exécu- « tion de ce compromis sans faire men- « tion dans mon jugement d'homologa- « tion. »

[2] L'édit est de juillet 1690 (Isambert, t. XX, p. 106). Ces procureurs du roi remplissaient des fonctions de contrôle et de surveillance auprès des administrations municipales, tandis que les greffiers en étaient les secrétaires. Ces deux espèces d'offices furent définies dans un arrêt du conseil du 14 juillet 1691 (Isambert, t. XX, p. 133); mais, les villes les ayant rachetés, un édit de décembre 1691 (*ibid.* p. 145) en prononça la réunion aux corps des villes et communautés.

[3] Il s'agissait de sceaux de plomb appliqués comme le sont aujourd'hui ceux des douanes, et témoignant que les gardes jurés avaient visité, mesuré et contrôlé les marchandises.

trouvés à six pièces d'étoffe exposées en vente à Caen par deux ouvriers; mais il s'est trouvé tant de défauts dans la procédure, par la faute du sieur Duchesne, commis des manufactures, que tous les juges ont été d'avis de renvoyer les accusés absous; mais, comme cette affaire m'a paru importante et qu'on ne peut pas douter que ces plombs ne soient faux, j'ai engagé les juges à ordonner un plus amplement informé, mais que, pour avoir de nouvelles preuves, il falloit changer ce commis.

Le roi ayant jugé à propos de faire porter à la Monnoie l'argenterie d'une certaine qualité, même celle des églises, cela a été exécuté dans les diocèses de Bayeux, de Coutances et d'Avranches.

Le 14 janvier, Loyson, qui avoit servi pendant seize ans près de moi en qualité de garde de la prévôté de l'hôtel, est mort à Caen, et a laissé une femme qui a fait la fortune de ses filles[1] par des voies honteuses. L'aînée a épousé un M. de Beaumont, conseiller au Châtelet, qui par les intrigues et le commerce de sa femme est devenu très-riche.

Ayant été commis par arrêt du conseil pour instruire et juger au présidial de Caen le procès d'un nommé La Reigle, accusé d'avoir passé des religionnaires dans les îles de Jersey et de Guernesey, il s'est trouvé encore convaincu d'avoir étranglé dans un grand chemin un homme d'affaires de M. Pellot et de l'avoir volé. Il a été condamné à être roué le 3 février 1690, et a reconnu ses crimes.

Les brigues et cabales qui se sont formées dans la faculté de droit de l'université de Caen, au sujet de la nomination d'un professeur à la place du sieur Halé, décédé, ayant engagé M. le chancelier Boucherat de [me] commettre pour assister à l'assemblée où cette élection devoit être faite, j'ai trouvé effectivement que la plus grande partie des professeurs s'étoit liée pour empêcher le sieur de Vaucouleurs, trop exact observateur des règlemens pour eux,

---

[1] Sur mesdemoiselles Loyson et leur conduite, voir l'addition de Saint-Simon au journal de Dangeau, à la date du 8 février 1708 (t. XII, p. 74), et le recueil Maurepas (mss. Biblioth. impér.), t. IX, p. 211.

d'être nommé, la plus saine partie ayant concouru à sa nomination. C'est ce que j'ai mandé à MM. le chancelier et de Châteauneuf, le 6 mars 1690.

Le 2 avril 1690, j'ai reçu une lettre de mon père, écrite d'une main empruntée, par laquelle il me marque qu'il est attaqué d'une hydropisie déclarée par l'enflure de ses jambes.

A Paris, ce dimanche 2 avril 1690.

Comme ma maladie augmente toujours, et que, par les signes qui paroissent, le printemps n'aura point assez de force pour y résister, j'en fais ma méditation principale et mon plus ordinaire entretien. Dans cette vue, je n'hésiterai point à vous dire que l'hydropisie se déclare par les enflures des jambes et des pieds. Je comprends bien que, suivant l'usage avec lequel on traite ordinairement avec les malades pour les consoler, on veut donner à ces tumeurs des causes étrangères pour m'en ôter l'idée de l'esprit, dans l'opinion que l'on a que l'appréhension des suites qu'elles peuvent avoir pourroit faire impression sur mon esprit et augmenter mon mal; mais croyez-moi qu'il y a trop longtemps que je suis au monde pour n'en pas connoître les misères et les chagrins, et que c'est une grande miséricorde de Dieu de me laisser un peu de jugement, et du temps suffisamment pour songer à sa conscience et faire pénitence des offenses que nous avons commises contre sa divine bonté; voilà une confession de foi très-sincère, croyez-y davantage qu'à quoi que l'on vous en puisse dire d'ailleurs; mais, comme je me suis affermi contre toutes les foiblesses auxquelles les hommes sont sujets dans de pareilles occasions, auxquelles le mot de terrible de toutes les choses les plus terribles convient si proprement, aussi, mon fils, j'exige de vous que vous résistiez à de semblables tentations que votre bon naturel, qui m'est si fort connu, pourroit vous inspirer, et qu'ayant toujours dans toute la conduite de votre vie fait paroître beaucoup de générosité, vous n'abandonniez pas votre propre exemple par cette inégalité si difforme et donnassiez lieu de soupçonner qu'il y eût en cela de la sincérité.

En voilà bien assez, mon fils, pour s'expliquer sur une matière si peu agréable, et qui me touche pourtant si peu que je n'ai point fait de scrupule, me trouvant légèrement incommodé de la main, d'emprunter celle de M. Avice, ecclésiastique des Quinze-Vingts, et qui a été élevé chez feue madame Resneau, votre tante, qu'elle aimoit singulièrement, pour vous écrire la présente. Je l'emploie chaque jour comme mon médiateur envers Dieu, dont il s'acquitte avec une singulière charité.

J'aurois bien voulu en demeurer là pour cette fois, mais, comme je crois qu'il me peut bien être permis de mêler quelques avis de vos affaires particulières à ceux que je viens de vous donner, touchant mes sentimens sur les dispositions intérieures dans lesquelles je me trouve, vous saurez donc qu'ayant reçu, avec la lettre que m'apporta un courrier particulier, deux lettres, j'envoyai le tout, sur-le-champ, à M. Charpentier, que je vous renvoie avec son avis porté par son billet, par lequel, entr'autres choses, il me marque que nous attendons avec impatience cet extrait de la chambre des comptes de Rouen, qui est un acte que l'on ne sauroit refuser à qui que ce soit.

J'ajouterai que M. le marquis de Feuquières a pris la peine de passer ici et de me dire, en présence de votre sœur, qu'il venoit s'excuser de ce qu'il ne satisfaisoit au payement de l'année d'arrérages qu'il vous doit, et qu'il n'y a qu'à vous et madame de Bonnelles envers lesquels il soit en demeure pour cette année seulement, ne devant d'ailleurs aucune autre chose; mais que je vous pouvois assurer, comme il m'en a donné parole, qu'au plus tard dans un mois vous seriez entièrement payé, en ayant chargé fort expressément son intendant, qui, assurément, n'y manquera pas.

Je vous ai déjà marqué que le sieur Grandval vous avoit fait signifier, et [à] M. Charpentier, qu'il usoit de la clause des six mois portée par votre bail, et j'apprends aussi qu'il y a un autre logis loué, et qu'il cherche partout un homme pour pouvoir remplir la place qu'il avoit louée; mais, comme vous n'avez point d'obligation d'agréer cette substitution, venant de la main d'un homme qui en use si mal et qui n'a fait aucune honnêteté sur ce changement, on vous renvoie cette proposition pour en décider, ce que vous pourrez faire étant ici.

Votre fils paye sa fête aux jésuites et à ses camarades, aux dépens du cidre et de vos poulardes.

La santé de madame la Dauphine paroît toujours fort incertaine: elle a congédié le sieur Caret[1].

Mandez-nous l'état de votre santé fort promptement; je ne vous recommande pas votre prompt retour[2].

Le 17 avril, M. Le Camus, premier président de la cour des aides de Paris, m'a fait prier par M. de Villeneuve, mon beau-frère, de l'informer du bien de M. le marquis de Flamanville, qui recherchoit sa fille; et sur le compte que je lui en ai rendu, le mariage s'est fait[3].

Au mois d'avril 1690, j'ai fait un voyage à Paris et ai été de retour à Caen au mois de juin suivant.

---

[1] La dauphine (Marie-Anne-Christine-Victoire de Bavière) était malade depuis le mois de janvier 1690. Elle avait d'abord reçu les soins du frère Ange, capucin (Dangeau, 28 janvier, 9 février); elle le quitta à la fin de février. Le 24 mars, Dangeau dit que « le roi a envoyé un « courrier à Caret, qui est à Tournay; il lui « ordonne de venir en diligence. Madame « la Dauphine souhaite fort de le voir et « croit qu'il lui pourra donner quelque « bon remède. » Le 26 mars, jour de Pâques, « Caret arriva sur le soir; elle le « vit un moment, et il sentoit si fort, que « cela lui donna des vapeurs; elle ne put « l'entretenir. On lui donnera un habit « neuf, afin qu'il la puisse voir demain. » Caret ne répondait point de la guérir et voulut un ordre de la dauphine et du roi pour lui donner ses remèdes (Dangeau, 29 mars). Le 30, la dauphine, après avoir pris les remèdes de Caret, reprit les médecins ordinaires, Daquin, Fagon, Petit, Moreau, Duchesne et Férot, et Caret retourna en Flandre. La dauphine mourut le 20 avril.

Ce Caret était italien, et son vrai nom était Caretti. (Voy. sur ce personnage Saint-Simon, *Mémoires*, t. I", p. 356 de l'édit. in-12 donnée par M. Chéruel.)

[2] Alinéa écrit de la main de Foucault père.

[3] Marie Le Camus, fille de Nicolas Le Camus, seigneur de la Grange-Bligny, premier président de la cour des aides, épousa Jean-René Bazon, marquis de Flamanville, lieutenant général des armées du roi.

264   MÉMOIRES

Le . . juin 1670, mon second fils est entré dans le collége de Nanterre.

[Au mois de juillet], le bruit ayant couru à Paris et dans les provinces que le prince d'Orange avoit été tué dans une bataille donnée en Irlande, on en a fait des feux de joie à Caen, sans en pouvoir empêcher les habitans[1].

Le 16 juillet, le roi d'Angleterre, M. le maréchal de Bellefonds et tous les officiers de l'armée qui étoit sur notre côte, composée de seize mille hommes, étoient à Quineville, où ils entendirent beaucoup de roulis de coups de canon sur les sept heures du soir. C'étoit notre flotte qui combattoit contre celle des ennemis. (*Vid.* la relation[2].)

Le . . juillet, le roi d'Angleterre, Jacques, ayant été détrôné par Guillaume de Nassau, prince d'Orange, son gendre, a quitté Londres et a passé en France. Il a pris sa route par Caen, où je l'ai régalé de mon mieux, et lui ai donné ma chaise roulante pour achever son voyage à la cour[3].

---

[1] *Répétition* : « Au mois de juillet, le bruit courut à Paris que le prince d'Orange étoit mort. On en fit des feux de joie, pendant qu'il étoit bien vivant et triomphant en Angleterre. »

Le 30 juillet 1690, Dangeau, qui est avec le dauphin au camp de Klein-Schifferstadt, dit que le roi mande à Monseigneur « que tous les avis d'Irlande portent que quelques Irlandois avec le duc de Tyrconnel se sont ralliés aux François; que M. de Schomberg a été tué, et que le prince d'Orange a été blessé de deux coups dont il est mort deux jours après. » Il rapporte, à la date du 2 août, qu'à Paris on a fait des feux de joie sur la nouvelle de la mort du prince d'Orange, que le roi n'a pas approuvés, mais que les magistrats n'ont pas pu contenir le peuple. Voyez aussi (*Correspondance administrative sous le règne de Louis XIV*, par Depping, t. II, p. 790) une lettre de Pontchartrain à lord Middleton, du 25 mars 1702, dans laquelle il dit : « Vous savez combien le roi désapprouva en 1689 (1690) les réjouissances que firent quelques gens du menu peuple sur le bruit qui se répandit alors de la mort du prince d'Orange. »

Guillaume III fut en effet atteint d'un coup de canon à l'épaule, le 10 juillet, la veille de la bataille de la Boyne. Mais la blessure était légère, et ne l'empécha pas de monter à cheval le lendemain. (Voy. Macaulay, *History of England*, t. VI, p. 14, éd. Tauchnitz.)

[2] Cet alinéa n'est pas à sa place en 1690, et ne peut se rapporter qu'à l'année 1692.

[3] Cet alinéa n'est pas plus exact que le précédent. C'est le 27 novembre 1688

DE NICOLAS-JOSEPH FOUCAULT.

A M. Foucault[1], conseiller d'état, ci-devant secrétaire du conseil, rue de Richelieu, derrière le Palais-Royal, à Paris.

Je n'ai que le temps de vous dire que le roi d'Angleterre a dîné chez moi et que je lui ai donné ma chaise pour le voiturer jusques à Saint-Germain, la sienne s'étant rompue à dix lieues de Caen. M. de Matignon et moi avons été au-devant de lui et avons eu l'honneur de l'accompagner jusques ici. Il m'a ordonné de monter dans son carrosse, où il étoit sur le derrière et M. de Matignon et moi sur le devant. Il ne paroît point consterné du mauvais état de ses affaires. Il y a eu un combat où son aile droite a été battue et mit bas les armes, ce qui a mis l'épouvante dans le reste de l'armée et a obligé le roi de se retirer. Il a gagné Dublin et de là un port, s'est embarqué sur un vaisseau malouin et a passé en France. Voilà le prince d'Orange maître absolu des trois royaumes. Je vous supplie de vouloir bien mander à M. de la Borde, à Saint-Germain, de faire retirer ma chaise, que quelque courrier sera bien aise de trouver pour venir à Caen.

Je vous assurerai, s'il vous plaît, de mes respects.

A Caen, à une heure après-midi, ce 24 juillet 1690.

A Thorigny, ce 25 juillet 1690.

Je vous dois un procès-verbal du passage du roi d'Angleterre dans mon département, n'ayant eu le temps que de vous mander qu'il m'avoit fait l'honneur de dîner chez moi avant-hier. Nous reçûmes avis, M. de Matignon et moi, par une lettre de M. le maréchal d'Estrées, du 20, que le roi d'Angleterre étoit arrivé à Brest le 19, et qu'il pourroit être à Caen le 23. Heureusement je me trouvai à Thorigny, et dans le moment nous envoyâmes partout des ordres pour faire trouver

---

que le roi Jacques avait quitté Londres, après avoir été détrôné par son gendre. Il s'était rembarqué pour l'Irlande en mars 1689. Après la perte de la bataille de la Boyne, le 11 juillet 1690, il fut obligé de revenir en France; il s'embarqua à Kinsale, et arriva à Brest le 20 juillet. Il en partit en poste le 21, et arriva le 26 à Saint-Germain, après avoir passé par Caen.

[1] Cette lettre et la suivante sont adressées à Foucault père.

des chevaux sur sa route. Nous montâmes à cheval le 23 pour aller au-devant de lui, et allâmes dîner à quatre lieues de Thorigny, au Pont-Farcy, pour attendre de ses nouvelles par le retour des courriers que nous avions envoyés au-devant de lui. Sur les quatre heures, celui qui étoit allé au bourg de Villedieu, distant de trois lieues de Pont-Farcy, vint nous dire que le roi étoit arrivé à Villedieu à cheval, sa chaise étant rompue, et qu'il continuoit sa route. Nous remontâmes à cheval et le trouvâmes à une lieue et demie de Pont-Farcy. Nous mîmes pied à terre, et, lorsque nous fûmes à vingt pas de lui, il descendit aussi de cheval et nous dit qu'il étoit bien aise de nous voir, qu'il nous remercioit de la peine que nous avions prise de venir au-devant de lui, et qu'il comptoit d'aller coucher à Caen. Nous lui représentâmes que cela n'étoit pas possible, et qu'il n'y arriveroit qu'à une heure après minuit et qu'il ne pouvoit pas passer Thorigny. Il se rendit à nos raisons, et, après avoir passé de méchans chemins, il monta dans un carrosse que M. de Matignon lui avoit fait venir, et nous ordonna d'y monter avec lui. Nous voulûmes demeurer découverts, mais il nous commanda de nous couvrir. Il nous dit, pendant le chemin, que ce qui l'avoit obligé de repasser en France est que, le prince d'Orange l'ayant forcé de combattre, l'aile droite de son armée avoit été défaite, et que M. de Lauzun lui avoit mandé qu'il croyoit nécessaire pour sa sûreté qu'il gagnât le plus prochain port et se retirât en France, ses troupes n'étant pas en état de résister à celles du prince d'Orange. Cependant l'aile gauche ni l'aile droite[1] n'ont point combattu. Il nous montra le plan de son camp et l'état de ses troupes. Il pouvoit se retirer sous Dublin et s'y poster avantageusement, ayant une armée de vingt mille hommes d'infanterie et de cinq mille chevaux. Cette retraite paroît extraordinaire. Peut-être que les premières nouvelles d'Irlande nous en apprendront la véritable cause. Cependant voilà le prince d'Orange absolument maître, et le roi d'Angleterre paroît aussi insensible au mauvais état de ses affaires que si elles ne le

---

[1] Ceci fait contradiction avec ce qui vient d'être dit quatre lignes plus haut. Peut-être faudrait-il lire ici *le centre* au lieu de *l'aile droite*.

regardoient point. Il raconte ce qu'il en sait en riant et sans aucune altération. Pour revenir à ce voyage, il arriva sur les huit heures à Thorigny. Madame de Matignon, accompagnée de madame de Gacé, sa belle-sœur, et de deux autres dames, vint le recevoir dans la cour. Il les salua toutes quatre. Madame Foucault, n'ayant pu fendre la presse, demeura derrière et ne joignit madame de Matignon que dans la chambre du roi, où M. de Matignon la présenta à Sa Majesté, qui s'avança à elle et la salua. Il vint, après les complimens essuyés avec les dames, se promener dans le parterre, où, après un quart d'heure de promenade, on vint l'avertir qu'on avoit servi. Il se rendit dans la salle où son couvert étoit mis. Il n'y en avoit qu'un pour lui, mais il pria madame de Matignon et les dames de sa suite de se mettre à table, ce qu'il ordonna aussi à M. de Matignon, à un enseigne des gardes que le roi lui a donné et à moi. Il mangea fort bien, pendant le repas causa et rit avec les dames, et but et leur fit boire du vin de Saint-Laurent. M. de Matignon lui donna la serviette devant et après le repas. Il passa ensuite dans un grand et beau salon, où toute sa cour le suivit. M. de Segrais l'entretint de choses agréables et de l'Académie des sciences de Londres, sur lesquelles le roi parla en homme qui connoissoit et aimoit les sciences. M. de Matignon, après une heure de conversation, lui représenta qu'il étoit fatigué et le mena dans sa chambre, où nous l'accompagnâmes tous, même les dames. Il donna le bonsoir à toute sa compagnie et se coucha. Le lendemain il s'est levé à cinq heures du matin, a entendu la messe et est monté en carrosse, et, M. de Matignon et moi lui ayant marqué que nous désirions avoir l'honneur de l'accompagner à Caen, il nous fit monter. Le carrosse l'a mené jusqu'à cinq lieues de Caen, pendant lesquelles il nous a parlé des usages et des manières de vivre des Anglois, de leur politique, des familles qui lui sont attachées, nous disant que le peuple étoit entièrement dans ses intérêts, mais qu'il craignoit le prince d'Orange qui ne pardonnoit point, et qui s'étoit rendu maître par le moyen des troupes étrangères qu'il a fait passer en Angleterre. Ce pauvre prince croit que ses sujets l'aiment encore.

Il trouva ma chaise roulante à Longrais, qui est à cinq lieues de Caen. M. de Matignon et moi montâmes à cheval; je pris les devants et M. de Matignon demeura auprès de lui. J'arrivai une demi-heure avant Sa Majesté à Caen, où je trouvai toute la noblesse à cheval à la porte, et les rues par où il devoit passer bordées de mousquetaires jusqu'à ma porte. J'avois envoyé ordre qu'on lui préparât à dîner, et, en effet, il se mit à table un demi-quart d'heure après qu'il fut arrivé. J'oubliois de vous dire que tout le peuple crioit, *Vive le roi!* et que ma maison étoit pleine de monde. J'eus l'honneur de lui donner la serviette mouillée pour laver ses mains. Il fit mettre à table M. de Matignon, M. de Lévis, maréchal de camp des troupes que le roi de France a envoyées en Irlande, le commandant du château de Caen, l'officier de ses gardes et un milord. Tout le peuple le vit manger du meilleur appétit du monde; il but aussi des liqueurs. Après dîner, je lui présentai la serviette, et pendant le repas un gentilhomme lui servit à boire. Les jésuites le vinrent complimenter.

Le 15 août, j'ai mandé à M. de Châteauneuf qu'il ne se faisoit point de cérémonie où les corps assistent, dans la ville de Caen, qu'il n'y survienne quelque contestation. Les échevins prétendent que les seuls chefs du bailliage sont en droit d'avoir un flambeau, lors des feux de joie; aucun règlement n'en parle; qu'ils ne sont point obligés d'aller prendre le lieutenant de roi du château dans son logis pour assister au *Te Deum;* qu'il ne doit point avoir de prie-Dieu ni de carreau au milieu de l'église, comme on les donne aux gouverneur et lieutenant général de la province. Les échevins se plaignoient aussi que le lieutenant de roi et le major du château de Caen, en son absence, font mettre les bourgeois sous les armes, sans la participation des échevins. J'ai proposé à M. de Châteauneuf de m'envoyer un arrêt du conseil ou un ordre du roi pour prendre connoissance de ces contestations et autres qu'ils peuvent avoir, d'en dresser mon procès-verbal pour être les parties réglées sur mon avis. Cela n'a pas eu de suite.

Au mois d'août, sur les plaintes que les officiers du parlement de

Provence ont portées au roi, des concussions, exactions, prévarications, injustices et débauches de M. Marin de la Chastaigneraye [1], et après qu'elles ont été avérées, il a reçu ordre de donner la démission de sa charge, dont le roi a revêtu M. Le Bret, maître des requêtes, et de l'intendance de la province, à condition de payer au sieur Marin 4,000 ₶ de pension viagère.

Le 6 septembre, j'ai reçu ordre d'empêcher que les nouveaux convertis ne remplissent les charges de maires, d'échevins et de syndics des villes.

Au mois d'octobre 1690, on a proposé au roi de faire un port à la Hougue, qui est l'endroit le plus propre des côtes de Normandie, pour y tenir un grand nombre de vaisseaux commodément et en sûreté. M. de Combes, ingénieur, a été commis pour examiner la commodité et incommodité, et il a trouvé que c'étoit l'ouvrage le plus facile et le plus nécessaire que le roi pût faire pour le salut de ses vaisseaux dans la Manche; mais l'avis n'a pas été agréable à M. de Louvois.

Sur la fin d'octobre 1690, un vaisseau anglois a échoué sur la côte de la paroisse d'Agon, élection de Coutances.

Un autre a aussi échoué, mais un armateur de Granville prétendoit en avoir fait la capture. Le fermier du domaine prétendoit de sa part qu'il appartenoit au roi comme étant échoué.

M. de Pontchartrain m'a écrit d'informer du divertissement des effets trouvés sur le vaisseau anglois échoué sur la côte d'Agon, et pour faire représenter au sieur d'Agon les titres en vertu desquels il prétend que ledit vaisseau lui appartient; j'ai commis le sieur de Bauval pour faire cette information, à laquelle s'est opposé le sieur Hue, lieutenant au siége de l'amirauté de Coutances. La charge de ce vaisseau étoit estimée 250,000 ₶, et ce qui restoit de marchandises, lorsque M. de Bauval s'est transporté sur les lieux, ne valoit pas 50,000 ₶.

[1] Marin de la Chastenelaye, et non de la Chastaigneraye, avait été nommé premier président du parlement d'Aix en 1673. Pierre Cardin Le Bret lui succéda en 1690.

J'ai reçu un arrêt du conseil qui me commet pour informer des divertissemens faits des effets du vaisseau échoué à Agon, ayant donné mon avis que le vaisseau appartenoit au roi.

Les officiers de l'amirauté de Coutances ont beaucoup contribué au pillage des marchandises de ce vaisseau.

Il y a eu aussi un vaisseau échoué à Granville, dont les effets ont été divertis.

Le 20 novembre, madame la duchesse de Tyrconnel, qui venoit d'Irlande, a passé à Caen. Elle alloit joindre son mari, qui étoit auprès du roi d'Angleterre. C'est une femme de mérite. Elle soupa chez moi avec ses deux filles. Cette famille a laissé de grands biens en Irlande qu'elle a sacrifiés à la religion catholique.

Le jour de Noël 1690, il s'est fait une assemblée de quinze ou seize nouveaux convertis dans une maison particulière, où ils ont chanté les psaumes à haute voix et entendu un sermon. J'en ai fait arrêter six, mais ayant demandé à M. de Châteauneuf si l'intention étoit qu'ils fussent condamnés aux peines portées par les déclarations de 1686 et ordonnance de 1689[1], qui est la mort, et lui ayant marqué qu'elles me paroissoient trop fortes pour une assemblée de cette qualité, j'ai proposé, attendu la conséquence, de les juger aux termes de ces ordonnances, mais de faire commuer leurs peines, ce qui a été fait, ayant été commis par un arrêt du conseil pour juger cette affaire au présidial de Caen, et un homme et quatre femmes ont été condamnés à être pendus. Le nommé Trianon, qui avoit prêté sa maison, entonnoit les psaumes et lisoit les prières, méritoit d'être pendu quand le roi auroit fait grâce aux autres; mais sa peine, aussi bien que celle des autres hommes, a été commuée en celle des galères, et les femmes à être rasées et mises au couvent de la Charité de Caen.

Au mois de décembre 1690, j'ai proposé à M. de Pontchartrain de créer un siége d'élection à Saint-Lô.

[1] Déclaration du 1" juillet 1686, art. 5, Isambert, t. XX, p. 5; ordonnance du 12 mars 1689, *ibid.* p. 73.

Madame de Montgommery, nouvelle convertie, mais aussi attachée au calvinisme qu'avant sa conversion, est décédée en son château de Chantelou sans vouloir donner aucune marque de catholicité. Ses domestiques l'ont portée la nuit dans l'église de sa paroisse, où ils l'ont inhumée dans l'endroit le plus honorable, en vertu d'une ordonnance du sieur de Monts, lieutenant général du bailliage. M. l'évêque de Coutances a été d'avis de la faire exhumer et porter le corps dans un autre endroit, mais la difficulté étoit d'y faire consentir les parens; cependant j'ai engagé M. de Montgommery à faire faire cette exhumation, ce qu'il a exécuté.

La dame de Brasnay, veuve d'un gentilhomme de Caen, et fort attachée au calvinisme, avoit une fille très-belle que je fis mettre aux nouvelles catholiques, et un fils que je fis entrer aux mousquetaires. La mère, ayant la liberté de voir quelquefois sa fille, l'empêchoit de se convertir, ce qui m'obligea de faire venir un ordre du roi pour la faire venir à Paris et entrer dans la maison des nouvelles catholiques. La fille se convertit, et, paroissant faire son devoir, elle me pria de la laisser aller chez sa mère, qu'elle espéroit faire rentrer dans la bonne voie; mais, par foiblesse ou par crainte, la fille se pervertit. Sur l'avis que j'en eus, j'envoyai un archer de la prévôté pour la ramener à Caen. Elle se cacha entre deux matelas d'un lit, où elle fut trouvée et ramenée dans la maison des nouvelles catholiques de Caen. Peu de temps après j'allai à Paris, où je reçus une lettre d'elle, par laquelle elle me prioit de faire en sorte que sa mère ne la vît plus, parce qu'elle ne se sentoit pas assez de force pour résister à ses pressantes sollicitations. J'écrivis à la supérieure des nouvelles catholiques que j'apprenois que madame de Brasnay abusoit de la liberté qu'elle lui donnoit de voir sa fille, et que, craignant qu'elle ne la pervertît une seconde fois, je jugeois à propos qu'on ne lui permît plus de la voir. Lorsque je fus de retour à Caen, je trouvai la fille si confirmée dans les bons sentimens qu'elle avoit pris pour la religion catholique, qu'elle étoit l'exemple des plus zélées nouvelles converties, en sorte qu'au bout d'un mois elle me demanda la permission d'entrer dans le couvent des Carmélites. Je lui dis qu'il devoit lui suffire, quant à présent, d'être bonne catholique, et qu'il ne falloit pas aller à pas de géant dans une pareille affaire. Au bout de trois mois, elle me fit de nouvelles instances pour entrer aux Carmélites : je lui demandai encore trois mois. Enfin cela fut conduit par des remises jusques à une année, que je ne pus lui refuser de suivre sa vocation, à condition néanmoins qu'on feroit de nouvelles épreuves avant que de prendre l'habit. M. l'évêque de Bayeux et ce qu'il y avoit de plus habiles missionnaires et ecclésiastiques la virent pendant ce temps, et me rendirent de si bons témoignages de la solidité et des motifs de sa vocation que je consentis qu'elle prît l'habit. Je voulus encore, pour n'avoir rien à me reprocher, qu'elle fît un noviciat de dix-huit mois, après lequel, la voyant plus résolue et plus ferme que jamais, je donnai les mains à sa profession, et lui fis donner 300# de pension[1] par le roi, sa famille n'ayant pas voulu contribuer à sa subsistance. C'est une des meilleures et des plus édifiantes religieuses que j'aie vu. Son frère a quitté les mousquetaires et a repris ses erreurs.

1691.

Le régiment des milices de la généralité de Caen est arrivé à Caen le 22 février, fort délabré et réduit au tiers des soldats. Il a fallu le réparer pour le mettre en état de servir l'année suivante.

Au mois de février, j'ai vendu, par ordre du roi, une prise de sucres faite par un armateur à Granville. Il en est revenu 150,000# au roi, dont il n'auroit point profité si les officiers de l'amirauté avoient fait cette vente.

Au mois de mars 1691, le roi a envoyé des ordres dans les provinces pour convoquer l'arrière-ban.

Un espion du prince d'Orange ayant passé à Caen, je l'ai fait arrêter et l'ai envoyé à la cour. Le roi l'a fait mettre à la Bastille[2].

---

[1] Cette pension ne fut accordée qu'à la fin de 1697. (Voy. plus loin, à cette date.)

[2] Cet alinéa fait probablement double emploi avec celui qui va mentionner, au mois d'avril, une arrestation semblable.

DE NICOLAS-JOSEPH FOUCAULT.

Au mois de mars 1691, j'ai rendu un jugement, avec les officiers de l'élection de Bayeux, contre le sieur Gohier, lieutenant particulier[1] au présidial de Caen, par lequel il a été condamné à être admonesté et en une amende, pour avoir donné des coups de plat d'épée à un commis des aides. Il auroit été condamné à une plus forte peine, mais il avoit paru plus de promptitude et de premier mouvement que de dessein prémédité dans cette action, ayant été rapporté audit sieur Gohier que ce commis avoit maltraité son fils, garde-marine.

J'ai fait rendre un arrêt au conseil, au mois de mars, par lequel il est ordonné que dans la prochaine élection des échevins ils ne sortiront pas tous de charge, mais qu'il en demeurera toujours deux anciens pour instruire les nouveaux élus. J'avois fait rendre un pareil arrêt pour les consuls de Montauban.

Au mois de mars, le roi a créé des gardes jurés des métiers[2] dans toutes les villes et bourgs fermés du royaume. On a aussi établi un droit d'amortissement sur toutes les communautés laïques.

M. Pussort est monté à la place de doyen du conseil, par la mort de M. de Villayer[3]. Je l'en ai félicité.

Au mois de mars, madame de Montespan s'est retirée de la cour avec résolution de n'y plus rentrer et de passer une partie de l'année auprès de l'abbesse de Fontevrault, sa sœur, et l'autre au monastère de Saint-Joseph, à Paris, qu'elle a fait bâtir. On a si peu cru cette retraite volontaire, qu'elle n'a pas plus tôt quitté son appartement à Versailles que le roi en a disposé en faveur de plusieurs dames[4]. Elle

---

[1] Le lieutenant particulier était un magistrat établi dans les siéges royaux, ayant rang après le lieutenant général et présidant en son absence.

[2] Cet édit (Isambert, t. XX, p. 121) remplaçait les jurés électifs des corps de métiers par des jurés en titre d'office, dans le but d'avoir davantage la main sur la police industrielle, et surtout afin de profiter de la finance que l'on payerait pour acquérir ces charges.

[3] Jean-Jacques Renouart, sieur de Villayer, doyen des conseillers d'état, un des Quarante de l'Académie française, mort le 5 mars 1691.

[4] « Madame de Montespan, qui est de-« puis quelques jours à Saint-Joseph, a « fait dire au roi par M. de Meaux que le « parti qu'elle prenoit étoit un parti de re-« traite pour toujours. Elle demeurera une « partie du temps à Fontevrault et l'autre « à Saint-Joseph. Le roi a donné l'appar-

a remis la clef de la cassette qui renferme ses pierreries entre les mains de M. l'évêque de Meaux; en prenant congé de M. le duc d'Orléans, et lui parlant de cet éloignement, il lui dit qu'il eût été bon qu'elle l'eût fait il y a vingt-cinq années.

J'ai été commis, par arrêt du conseil, pour procéder à la vente de trois vaisseaux marchands échoués sur la côte de Carteret. Leur principale charge étoit de sucres et d'épices; il en est revenu 60,000 écus au roi, qui n'en auroit [rien] tiré sans les soins que j'ai pris pour en empêcher la pillage.

J'ai adjugé, en exécution d'un arrêt du conseil, les deux vaisseaux anglois conduits à Granville avec toutes les marchandises dont ils étoient chargés, le grand vaisseau 10,250 ₶ avec ses agrès et canons, et le petit 1,090 ₶, qui est plus qu'ils ne valoient, le grand étant endommagé du dessous. La cassonade blanche a été vendue 24 ₶ 2 ˢ le cent pesant, et la brute ou brune 14 ₶ 2 ˢ, en sorte que la vente tant de ces cassonades que de l'indigo, du coton et du gingembre, montera à 90,000 ₶. Si cette vente avoit été faite par les officiers de l'amirauté, elle n'auroit rien produit au roi et tout auroit été consommé en frais.

J'ai fait aussi la vente des deux vaisseaux échoués à Agon, dont la charge, qui consiste aussi en cassonade, coton et gingembre, presque tous fondus ou pourris, a été très-peu vendue. Le vaisseau, qui avoit coûté 12,000 écus à bâtir, a été vendu à vil prix, le tout par la faute des officiers de l'amirauté qui ont laissé dépérir une partie des marchandises qu'on avoit tirées du vaisseau. Ils pouvoient même sauver le vaisseau en le mettant à flot avec une douzaine de barriques vides; faute de cette précaution, il s'est brisé sur le rivage.

Le 29 avril, j'ai envoyé à M. de Pontchartrain, lors secrétaire d'état

« tement des bains qu'elle avoit à M. le duc « du Maine. » (*Journal de Dangeau*, 15 mars 1691.)

« Madame de Montespan a été quelquefois à Clagny et s'en est retournée à Paris, et elle dit qu'elle n'a point absolument renoncé à la cour, qu'elle verra encore le roi quelquefois, et qu'à la vérité on s'est un peu hâté de faire démeubler son appartement. » (*Ibid.* 15 avril 1691.)

de la marine, l'état au juste du prix des trois vaisseaux anglois vendus à Agon et à Granville, et des marchandises dont ils étoient chargés. Le tout monte à 150,166 ^{tt} 11^s 2^d; et j'ai été d'avis de ne point taxer les salaires des officiers de l'amirauté de Coutances, ayant par leur faute donné lieu au pillage et au dépouillement desdites marchandises, et à la perte d'un grand vaisseau qui avoit coûté 36,000 ^{tt} et dont les débris n'ont été vendus que 3,661 ^{tt}. Ces officiers méritoient même d'être rendus responsables de ces pertes.

J'ai réglé à 600 ^{tt} la taxe pour le sieur de Bauval, que j'ai subdélégué pour l'exécution des arrêts du conseil qui m'ont commis pour connoître de l'échouement et prise desdits vaisseaux et pour la vente de leurs marchandises.

J'ai envoyé à M. de Pontchartrain un mémoire des contraventions que les officiers de l'amirauté de Coutances ont faites aux ordonnances de la marine dans l'occasion de cet échouement, ce qui cause au roi une perte de plus de 50,000 ^{tt}; que le lieutenant de l'amirauté, homme noté, mériteroit que le roi l'obligeât de se défaire de sa charge.

Au mois d'avril, le roi a accordé, sur mon avis, dix minots de sel à l'hôpital de Caen.

Au mois d'avril, on a proposé M. de Bernières, conseiller au parlement de Rouen, pour mademoiselle Foucault; il a 30,000 ^{tt} de rentes et se fait président au mortier.

On a établi un camp de quatre mille hommes à la Hougue, pour s'opposer aux descentes que pourroient faire les Anglois et Hollandois.

Au mois d'avril, M. de Pontchartrain m'a envoyé un ordre pour faire arrêter un homme dont il m'a envoyé le portrait, sur l'avis qu'il a eu que c'étoit un espion envoyé par le prince d'Orange. Il a été arrêté par Charlot, garde de la prévôté de l'hôtel, que j'ai envoyé après lui, mais il s'est trouvé que ce n'étoit pas un espion[1].

---

[1] *Répétition* : « Sur l'avis que j'ai reçu « que le prince d'Orange avoit envoyé un « espion en France et qu'il étoit venu en « Normandie, même passé à Caen, j'ai en- « voyé après lui le sieur Charlot, garde de « la prévôté de l'hôtel, pour le suivre. Il a été

Le.. mai, ma fille aînée a fait profession dans l'abbaye de Jarcy. — *Vid.* le contrat.

La charge de premier président de Rouen ayant vaqué, au mois de mai, par la mort de M. de Ris, je l'ai demandée au roi et en ai écrit à MM. les ministres. Elle a été donnée à M. d'Enneval.

M. de Châteauneuf m'a mandé, au mois de mai, que l'intention du roi [étoit] qu'aucun religieux liégeois ne fût élu provincial, définiteur ni supérieur au chapitre provincial des Carmes, mais que ces places fussent remplies par des François, comme aussi que les pères Albert et François Guidon fussent exclus dudit chapitre, ce que M. l'évêque de Bayeux et moi, à qui ledit ordre a été adressé, avons fait savoir au père de Verthamont, commissaire du général, et aux provincial et définiteurs, le chapitre devant se tenir à Caen ; ce qui a été exécuté.

Au mois de juin, mon père m'a paru, par ses lettres, frappé de la pensée d'une fin prochaine ; il m'en a écrit qui sont pleines de tendresse.

Le 6 juillet, à deux heures après midi, mon père est mort d'une défaillance de nature, à l'âge de quatre-vingts ans, après une maladie de deux mois.

J'ai fait un voyage à Paris incontinent après la mort de mon père, arrivée le 6 juillet.

Après la mort de M. de Louvois, arrivée au mois de juillet 1691, M. Le Pelletier de Souzy[1] ayant été chargé de la direction générale des fortifications des places du royaume, j'ai entretenu un grand commerce avec lui sur les ouvrages qui ont été faits pour la défense des côtes de basse Normandie.

Le roi ayant créé une charge d'avocat du roi au bureau des finances[2] de Caen, j'ai demandé à M. de Pontchartrain, le 19 sep-

---

« arrêté à Paris et mis à la Bastille » (Voy. une autre répétition probable au mois de mars précédent.)

[1] Michel Le Pelletier, seigneur de Souzy, né en 1640, intendant des finances en 1684, directeur général des fortifications du royaume en 1691 ; mort doyen du conseil d'état en 1725.

[2] Les bureaux des finances étaient des juridictions composées d'officiers qu'on

tembre, en quoi consistoient les gages, et le prix auquel le roi la fixe.

Le roi faisant travailler à un règlement pour les tailles, M. de Pontchartrain en envoyoit chaque titre à MM. les intendans pour y faire leurs observations.

Au mois de septembre, M. de Pontchartrain m'a envoyé un arrêt du conseil pour obliger les riverains de la rivière de Dives d'en élargir le canal dans les endroits où il s'est formé des atterrissemens. Cet arrêt a été rendu sur mon avis et après la visite que j'ai faite dans le cours de ladite rivière.

Il est arrivé une petite sédition à Granville, au sujet de l'établissement qu'a voulu faire le traitant de la vente des charges de pourvoyeurs d'huîtres[1], quoique je lui eusse défendu d'aller à Granville que je n'y fusse; mais le lieutenant de roi a apaisé ce désordre, et j'ai été d'avis de supprimer ces charges.

Le roi ayant créé des charges de gardes jurés des corps de marchands et artisans, j'ai engagé, au mois de septembre 1691, lesdits corps de la ville de Caen de se racheter de l'établissement de ces charges en faisant des offres au roi, à l'exemple de la ville de Rouen. Ils ont offert 25,000", et j'ai mandé à M. de Pontchartrain que je les porterois à aller jusques à 30,000", et que je trouvois ces offres plus avantageuses au roi que le prix de la vente de ces charges. Je lui ai envoyé un projet d'arrêt, et l'ai assuré que les autres villes de la généralité de Caen suivroient l'exemple de Caen. Toutes les autres villes n'ont pu fournir que 25,000".

Le débit des charges de procureur du roi et de greffiers des villes a été fait en peu de temps dans cette généralité.

---

appelait trésoriers de France, et connaissant de toutes les affaires qui concernaient le domaine du roi et les droits qui en dépendaient, sauf appel au parlement.

[1] L'édit portant création de pourvoyeurs vendeurs d'huîtres à l'écaille est d'août 1691 (Isambert, t. XX, p. 139). Le motif allégué dans le préambule de cet édit est de pourvoir à l'approvisionnement des villes et de faire cesser le monopole de ce commerce entre les mains de quelques marchands.

Le roi ayant créé des charges de courtiers de vins[1], j'ai mandé à M. de Pontchartrain que, les particuliers qui vendent leur cidre en basse Normandie ne se servant point du ministère de courtiers, je ne croyois pas que cet édit dût avoir son effet dans la généralité de Caen.

La levée des droits d'amortissement dans la généralité de Caen a monté à 298,274^{tt}.

Le rôle pour les rentes constituées étoit de 150,000^{tt}; les frais de ces recouvremens n'ont monté qu'à 1,643^{tt}.

L'ustensile[2] pour [l'armée], imposé en 1691 pour 1692, montoit pour l'infanterie à 97,500^{tt}, et pour la cavalerie à 362,490.

Les habitans des côtes de la basse Normandie, du côté de Coutances, faisant un commerce journalier de marchandises de contrebande avec ceux des îles de Jersey et Guernesey, j'ai proposé à M. de Pontchartrain d'établir une patache armée qui croiseroit depuis Saint-Malo jusques à Cherbourg pour l'empêcher. Les fermiers généraux offrent d'en faire la dépense. Le nommé Le Roux, renommé fraudeur, à qui le juge des traites de Coutances fait le procès, débitoit les bas qu'il tiroit des îles angloises à Mignot, marchand bonnetier demeurant à Paris, et à Jacques Le Locher, marchand à Saint-Malo. J'ai jugé ces fraudeurs, en vertu d'un arrêt du conseil, le 28 novembre 1691, et ai condamné Le Roux, dont la maison servoit d'entrepôt au commerce, à un bannissement pour six ans; les matelots qui ont été pris dans un bateau de l'île de Jersey avec des Anglois, apportant du tabac et autres marchandises, aux galères, et les autres qui ont participé au commerce en des amendes, chacun à proportion qu'il s'est trouvé coupable. Ce jugement a contenu les fraudeurs.

---

[1] Nous ne trouvons à cet égard qu'un édit de 1704 (Isambert, Anc. lois franç. t. XX, p. 457).

[2] On appelait ainsi en termes de guerre les meubles que les habitants étaient obligés de fournir aux soldats qu'ils logeaient. un lit avec des draps, un pot, un verre, une écuelle, place au feu et à la chandelle. Ce droit, dû en nature au passage des troupes, fut converti en un impôt en argent, qu'on leva sur les paroisses où les troupes ne logeaient point.

Le 29 novembre 1691[1], M. d'Avaray, colonel de dragons, a épousé, à Caen, Catherine-Angélique Foucault, ma quatrième et dernière sœur. Les noces ont été faites à Banneville.

Il s'est fait une assemblée de nouveaux convertis à Fresne, près Tinchebray, dont j'ai jugé les coupables au présidial de Caen, le 18 décembre 1691, et, comme il ne s'est trouvé de preuve complète que contre le nommé Richard Onfroy, dans la maison duquel ces assemblées se sont tenues, il a été le seul condamné à mort, ses deux filles condamnées à servir les pauvres dans un hôpital. Il y a eu un plus amplement informé contre ceux qui ont assisté à cette assemblée, faute de preuve, s'étant tenue la nuit; j'ai mandé à M. de Châteauneuf que je croyois à propos de faire exécuter ce jugement en la personne d'Onfroy, étant un opiniâtre et dangereux religionnaire, qui avoit fort maltraité et laissé pour mort un huissier qui avoit voulu dresser un procès-verbal de ces assemblées. La peine a été commuée aux galères perpétuelles, mais il ne s'est pas trouvé en état d'y servir.

Au mois de décembre, j'ai fait accorder les ruines du château de Saint-Sauveur à l'hôpital de Saint-Sauveur [à Caen].

Au mois ..... 1691, le roi a créé une charge de premier président au bureau des finances de Caen; elle a été depuis réunie au corps.

Il a aussi été créé dans le même temps des charges de chevaliers d'honneur dans les présidiaux de Caen et de Coutances, qui ont été levées[2].

---

[1] D'après La Chenaye-Desbois (*Dictionnaire de la noblesse*), c'est le 6 novembre 1691 que ce mariage eut lieu.

[2] L'édit de création de ces officiers est de mars 1691 (Isambert, t. XX, p. 121). On en attribuait un à chaque présidial. Les chevaliers d'honneur siégeaient l'épée au côté, après les présidents, mais avant les conseillers. Ils avaient voix délibérative en matière civile, mais ne participaient pas aux épices et autres émoluments des conseillers, sans doute pour ne pas porter atteinte à leurs droits acquis. En matière criminelle, ils n'avaient voix délibérative qu'à condition d'être gradués. Les avantages de ces offices étaient 400 # de gages, l'exemption du ban et de l'arrière-ban, de la taille et de la curatelle; on ne pouvait les posséder qu'en faisant preuve de noblesse. Nulle part on n'aperçoit plus clairement qu'ici le but purement fiscal des offices imaginés par Pontchartrain. Voyez

Le roi a créé en 1691 des charges de vérificateurs taxateurs de défauts[1], des chevaliers d'honneur.

J'ai proposé à M. de Barbezieux, dans la conjoncture de la guerre, de laisser des troupes à la Hougue, mais que les Irlandois n'étoient pas assez bien disposés pour la France pour leur confier la garde de nos côtes, pour laquelle 3,000 hommes d'infanterie françoise, un régiment de cavalerie ou de dragons, la noblesse et les milices suffiroient.

1692.

Le roi a envoyé en Cotentin douze bataillons irlandois et neuf françois et douze escadrons de cavalerie et de dragons, qui doivent composer la principale partie de l'armée qui doit passer en Angleterre avec le roi Jacques et M. le maréchal de Bellefonds. Ces troupes y sont arrivées dans le mois d'avril. Les Irlandois étoient sans souliers, sans bas, sans chapeaux et sans linge. Ils avoient vendu le linge qui leur avoit été fourni.

J'ai fait fournir du pain à ces troupes pendant un mois, en attendant les munitionnaires, qui ont tardé quinze jours à venir et ont été fort négligens dans les fournitures qu'ils ont faites.

J'ai mandé à M. de Barbezieux que les Irlandois témoignoient de la mauvaise volonté pour le service, et qu'il y avoit du danger de leur confier la garde de la côte, qui seroit plus sûrement entre les mains des troupes françoises, y en ayant assez pour assurer la côte contre les descentes des ennemis.

M. Le Pelletier m'a écrit de la part du roi de faire fournir des che-

---

dans Depping, *Corresp. administr. sous le règne de Louis XIV*, t. II, p. 436, une lettre du chancelier Pontchartrain à Breteau, président du présidial d'Alençon, en date du 24 mai 1706, contenant des instructions sur la tenue du chevalier d'honneur aux séances du présidial. Il doit y assister en habit et en manteau noir, avec le collet et l'épée.

[1] L'édit qui institue des vérificateurs et rapporteurs (non taxateurs) des défauts est de mars 1691. Ils avoient pour mission de vérifier, à la vue des titres et pièces de procédure, si les délais avaient été observés et si les demandes étaient suffisamment justifiées. Ils étaient rétribués au moyen de droits attachés à leurs offices. En 1716 on les supprima, mais en main-

vaux de poste au roi d'Angleterre depuis Falaise jusqu'à Carentan; sa lettre est du 15 avril 1692.

M. de Pontchartrain père m'a écrit, le 16 avril, que le roi d'Angleterre devoit partir incessamment de Saint-Germain pour se rendre en Normandie, et M. Le Pelletier de lui faire préparer des relais jusqu'à Carentan.

J'ai reçu des ordres de la cour, au mois d'avril 1692, pour empêcher qu'on ne fasse de cérémonie au roi d'Angleterre dans les endroits de son passage dans la généralité de Caen.

Le roi d'Angleterre est parti de Paris le 21 avril 1692; le 22 il a couché à la Trappe, où il a séjourné le 23; a couché le 24 à Caen, à l'évêché, où je lui ai donné à souper. Il étoit accompagné du comte de Melfort[1], son premier ministre, qu'il avoit fait chevalier de la Jarretière avant son départ de Paris, et d'un petit nombre d'officiers de sa maison. Le roi lui avoit donné le sieur de Lussey, exempt des gardes[2], pour commander les gardes qu'il lui avoit donnés.

Sa Majesté britannique partit de Caen le 25, alla dîner à Bayeux et coucher à l'île Marie chez M. le maréchal de Bellefonds. J'eus l'honneur de l'y accompagner. Elle y a passé les 26 et 27, et est venue camper à Quinéville, sur le bord de la mer, le 28.

M. le maréchal de Bellefonds m'a mandé, le 21 avril, que les Anglois faisoient de grands préparatifs pour faire une descente en France, par leurs correspondances avec les religionnaires, et qu'ils avoient quatre cents voiles.

M. de Pontchartrain m'ayant envoyé un rôle de 100,000# à imposer sur les corps des arts et métiers, je lui ai mandé, le 19 mai 1692,

---

tenant la perception des droits au profit du roi.

[1] John, lord Melfort, Écossais, frère du duc de Perth. Sur le caractère et l'histoire de ce personnage, voy. Macaulay, *History of England from the accession of James II*, passim.

[2] Chaque compagnie des gardes du corps avait douze exempts, qui portaient un bâton de commandement en ébène garni d'ivoire par les deux bouts. Le Journal de Dangeau n'écrit pas M. de Lussey, mais « le « chevalier de Lucé, exempt de la première « compagnie des gardes du corps françois. »

qu'ils étoient absolument hors d'état de payer cette somme, et que j'étois d'avis qu'elle fût imposée sur toutes les paroisses comme la taille, si le roi étoit déterminé à tirer cette somme.

Le roi avoit donné ordre par écrit signé de sa main à M. le comte de Tourville, vice-amiral, d'attaquer les flottes angloise et hollandoise, fort ou foible, dans la Manche. Il est venu les chercher, et, les ayant trouvées vers le milieu du canal, à la hauteur de Barfleur, il attaqua quatre-vingt-neuf vaisseaux avec quarante-quatre[1]. Il eut d'abord le vent sur eux et coula deux de leurs vaisseaux à fond, et en démâta plusieurs autres; mais, la nuit étant survenue sans que notre flotte eût perdu aucun vaisseau, elle se retira. M. de Tourville prit sa route du côté des îles de Jersey; mais, les ancres n'ayant pu tenir parce que le fond ne se trouva pas bon, il gagna la Hougue, et il arriva à la Hougue le samedi 31 mai, avec seize vaisseaux, les ennemis derrière lui. La veille, M. de Nesmond prit le large avec deux vaisseaux, et il n'y eut que treize vaisseaux qui arrivèrent à la Hougue à la vue des ennemis.

Le Soleil-Royal et deux autres vaisseaux ayant gagné Cherbourg y ont été brûlés par quatre vaisseaux, après une vigoureuse défense. Les autres vaisseaux ont gagné Brest et le Havre.

L'armée navale commandée par M. de Tourville étoit composée de quarante-quatre vaisseaux de ligne, et les ennemis en avoient quatre-vingt-neuf.

Le 31 mai, les Anglois et les Hollandois vinrent brûler les vaisseaux du roi à la Hougue. — (*Vid.* la relation.)

RELATION DE CE QUI S'EST PASSÉ A LA HOUGUE,

AU BRÛLEMENT DE NOS VAISSEAUX, LES 1ᵉʳ ET 2 JUIN 1692.

M. de Tourville arriva à la Hougue avec douze vaisseaux le dernier mai au matin. Il mouilla le soir à la rade à la portée du canon de terre, le fond du bassin de la Hougue étant très-bon pour l'ancrage;

[1] Le combat naval de la Hougue fut livré le 29 mai 1692.

mais M. de Sepville, neveu de M. le maréchal de Bellefonds, qui montoit *le Terrible*, pour avoir voulu ranger de trop près l'île de Tatihou, s'échoua sur une pointe de roche qui paroit de basse mer, et, comme nos vaisseaux pouvoient approcher plus près de terre, le sieur de Combes, qui a dressé les plans pour faire un port à la Hougue, fut leur marquer le mouillage, et, sur les neuf heures au matin du 1er juin, les douze vaisseaux vinrent chacun prendre leur place, les ennemis demeurant toujours mouillés à deux portées de canon du plus avancé en mer de nos vaisseaux.

M. de Tourville accompagné de MM. d'Anfreville et de Villette vinrent trouver le roi d'Angleterre à la Hougue, pour prendre l'ordre de ce qu'ils avoient à faire. Ils proposèrent tous trois d'attendre les ennemis et de se défendre. M. de Villette ayant dit dans son avis que, si le vaisseau qu'il commandoit étoit marchand ou corsaire, il le feroit échouer, mais que, s'agissant des vaisseaux du roi, il croyoit la gloire de Sa Majesté intéressée à les défendre jusqu'à l'extrémité, le roi d'Angleterre et le maréchal de Bellefonds furent sans balancer de ce sentiment, et il fut résolu que nos vaisseaux demeureroient mouillés et attendroient les ennemis. MM. de Tessé, lieutenant général, Gassion et de Sepville, maréchaux de camp, mylord Melfort, MM. de Bonrepaux[1] et Foucault furent présens à cette délibération, et MM. de Tourville, Anfreville et Villette retournèrent chacun à son bord pour donner ordre à tout. M. Foucault y fut avec eux et entra dans le vaisseau de M. de Villette pour savoir si lui ou les autres capitaines avoient besoin de quelque chose. On lui demanda de la poudre, la plupart des vaisseaux n'en ayant pas suffisamment, et même celle qu'ils avoient eue à Brest étant trop foible, ne poussant pas le boulet la moitié si loin que celle des ennemis. Au surplus le vaisseau de M. de Villette étoit en fort bon état, et on assura ledit sieur Foucault qu'aux ancres près les autres étoient de même. On envoya en toute diligence chercher toute la poudre qui étoit dans les magasins

---

[1] François d'Usson, seigneur de Bonrepaux, intendant général de la marine et des armées navales, mort en 1719.

de Valognes et Carentan; mais elle ne servit de rien, car la résolution qui avoit été prise le matin de se défendre à l'ancre fut changée le soir par M. le maréchal de Bellefonds en celle de faire échouer les vaisseaux[1], et ne fut néanmoins exécutée que le lendemain 2 juin, à la pointe du jour, avec beaucoup de précipitation, de désordre et d'épouvante, les matelots ne songeant plus qu'à quitter les vaisseaux et à en tirer tout ce qu'ils purent depuis la nuit du dimanche 1er juin jusques au lendemain sept heures du soir, que les ennemis qui n'avoient fait que rôder autour de nos vaisseaux, sans en approcher à la portée du canon pendant qu'ils les avoient vus à flot, envoyèrent des chaloupes sonder et reconnoître l'état où ils étoient. Voyant qu'il n'avoit

[1] Voici le récit de M. de Villette sur ce changement de résolution et sur le désastre qui en fut la suite :

« Le marquis de Nesmond, avec les cinq « vaisseaux de sa division, avoit déjà paru « devant la Hogue quand le comte de « Tourville y arriva; Périnet et Roque-Per-« sin se rallièrent à lui et augmentèrent par « là une perte qui commençoit à nous pa-« roitre indubitable.

« Le comte de Tourville, qui prétendoit « avoir un ordre assez précis de ne rien « faire, dans l'extrémité où il se trouvoit, « sans avoir consulté le roi d'Angleterre, « le maréchal de Bellefonds et M. de Bon-« repaux, alla le lendemain au matin 31 « à terre, accompagné de MM. d'Anfreville « et de Villette.

« On tint conseil, et l'on auroit conclu « infailliblement à jeter les canons à la mer, « à rendre les vaisseaux assez légers pour « les échouer fort près de terre, à y faire « des batteries et à travailler à des estacades, « si le maréchal de Bellefonds ne s'y étoit « opposé, en assurant que cela ne seroit pas « du goût du roi. On résolut donc de dé-« fendre les vaisseaux avec cent chaloupes

« bien armées, que le maréchal de Belle-« fonds promettoit de nous envoyer.

« Il fut impossible au maréchal de Bel-« lefonds d'armer aucune des cent cha-« loupes qu'il avoit promises, et le second « de juin on n'avoit fait autre chose que « haler les vaisseaux un peu à terre, et « échouer les six plus gros du côté de « l'Îlet, auprès d'un fort qui est à la gauche « de la Hogue, comptant parmi ces six *le* « *Terrible*, qui étoit échoué dès le premier « soir; les six autres du côté des Hoguets, « derrière le fort de la Hogue, dans une « plage où les bâtimens de charge, qui y « étoient en grand nombre, échouoient à « toutes les marées.

« On étoit dans cette disposition quand « on apprit que les trois vaisseaux qui s'é-« toient retirés vers Cherbourg avoient été « brûlés par les ennemis malgré leur ex-« trême résistance, et qu'une partie des « équipages avoit sauté en l'air.

« Sur cette nouvelle, le maréchal de « Bellefonds se rendit volontiers, mais trop « tard, au sentiment des gens expérimen-« tés à la mer. Le marquis de Villette, à la « prière de ce maréchal, et par l'ordre du

été pris aucune précaution pour en défendre l'approche, ils firent avancer, avec la marée basse, une chaloupe qui vint mettre le feu au vaisseau de M. de Sepville, qui étoit le plus avancé en mer et entièrement sur le côté. D'autres chaloupes suivirent cette première avec un brûlot et vinrent brûler les cinq autres vaisseaux, qui étoient échoués sous l'île de Tatihou. On tira à la vérité plusieurs coups de canon du fort sur ces chaloupes, mais ce fut sans effet, de même que les coups de mousquet que nos soldats tirèrent du rivage, et les ennemis ramenèrent leur brûlot n'ayant pas été obligés de s'en servir.

Tout cela se passa à la vue du roi d'Angleterre et de M. le maréchal de Bellefonds, qui étoient au lieu de Saint-Vaast, près la

« comte de Tourville, alla trouver le roi « d'Angleterre pour lui dire qu'il n'y avoit « pas un moment à perdre, si l'on vouloit « sauver les équipages.

« Les ennemis étoient déjà à la portée « du canon des six premiers vaisseaux, « quand le marquis de Villette vint en ti- « rer les matelots, à quoi la diligence et le « bon ordre servirent beaucoup.

« Il mit ensuite le feu à l'*Ambitieux*, dont « les ennemis pouvoient se rendre maîtres, « aussi bien que du *Merveilleux* et du *Fou-* « *droyant*, car ces trois vaisseaux, qui étoient « les plus gros des six, étoient demeurés « droits après l'échouage; mais le comte de « Tourville donna ordre d'éteindre le feu « qui étoit déjà pris à l'*Ambitieux*. Cet « ordre fut exécuté par les officiers de ce « vaisseau avec beaucoup de peine et de « danger. M. de Tourville se flattoit que « quinze chaloupes, dont il n'y en avoit que « huit armées, empêcheroient les ennemis « d'approcher. Il se mit sur le canot de « l'*Ambitieux*, accompagné du marquis « de Villette, de Coetlogon et de Renau « et s'avança pour animer par sa pré-

« sence les chaloupes à faire leur devoir. « Mais que faire avec un si petit nombre, « contre cent cinquante chaloupes enne- « mies, contre une demi-galère, deux ga- « liottes à rames et plusieurs brûlots sou- « tenus par cent vaisseaux de guerre ?

« Le 3, au matin, les ennemis brûlèrent « les six autres vaisseaux de guerre, et si « M. de Villette n'eût pris un soin particu- « lier de jeter des matelots et des soldats « et quelques grenadiers dans les bâtimens « de charge qu'il vit abandonnés, tout au- « roit eu le même sort. On sauva la plus « grande partie de ces bâtimens, non sans « péril, car ce secours fut mené par M. de « Villette sous le feu des ennemis, qui en « faisoient un extraordinaire de canons, de « mousquets et de grenades, et cette nation « insolente, enflée par le succès, n'épargna « pas son roi, qui regardoit ce terrible « spectacle, et lui tira quelques coups avec « connoissance. » (*Mémoires du marquis de Villette*, publiés pour la société de l'histoire de France, par M. Monmerqué, p. 133, un volume in-8°, Paris, Renouard, 1844.)

Hougue, où ils demeurèrent fort longtemps à considérer ce triste spectacle.

Le lendemain, à huit heures du matin, les ennemis revinrent avec la marée du côté de la Hougue, où étoient les six autres vaisseaux échoués sous le canon du fort; ils y envoyèrent plusieurs chaloupes, qui les abordèrent et les brûlèrent avec la même facilité qu'ils avoient trouvée la veille pour les six premiers, nonobstant le feu du canon du fort et celui d'une batterie que M. le chevalier de Gassion avoit fait dresser à barbette, qui seule produisit de l'effet, ayant écarté quelques chaloupes dont elle tua plusieurs hommes.

Lorsque les ennemis eurent mis le feu à ces six vaisseaux, ils eurent l'audace d'avancer dans une espèce de havre où il y avoit vingt bâtimens marchands, deux frégates légères, un yacht et un grand nombre de chaloupes, tous échoués près de terre, et brûlèrent huit vaisseaux marchands, entrèrent dans une gribane[1] et un autre bâtiment qu'ils eurent la liberté et le loisir d'appareiller et d'amener avec eux en criant *Vive le roi*, et sans la mer qui se retiroit ils auroient brûlé ou enlevé tout le reste. La première expédition ne leur avoit pas coûté un homme; il y en a eu peu de tués ou blessés dans celle-ci, quoique les ennemis se soient approchés si près du rivage, qui étoit bordé de mousquetaires, que le cheval du bailli de Montebourg, qui étoit près du roi d'Angleterre, eut la jambe cassée d'un coup de mousquet tiré des chaloupes angloises. Elles s'étoient fait suivre par deux brûlots qui, pour s'être trop avancés, échouèrent sur des pêcheries, et les ennemis y mirent le feu en se retirant.

Il n'y a pas lieu de s'étonner que cette seconde entreprise ait si heureusement réussi pour eux. Il étoit trop tard, après les premiers vaisseaux brûlés, de prendre des précautions pour sauver les autres, la mer ayant été basse pendant la nuit qui fut l'intervalle des deux actions, et par conséquent il n'auroit pas été possible de se servir de nos frégates et de nos chaloupes qui étoient échouées.

---

[1] Grande barque mâtée.

Mais voici la grande faute que l'on a faite et qui a causé tout le mal. C'est de n'avoir pas pris, dès le 31 mai au soir que nos vaisseaux arrivèrent, la résolution de les faire échouer; car, dès ce moment, on auroit commencé par faire jeter les canons dans la mer, faire sortir tous les meubles et ustensiles, ce qui auroit sauvé les canons et allégé tous les vaisseaux, en sorte qu'ils se seroient échoués plus proche de terre et, par conséquent, auroient été mieux couverts et défendus par les batteries des forts et de notre mousqueterie. L'on auroit ensuite fait des estacades avec des vaisseaux marchands coulés à fond, des radeaux, mâts, vergues et chaînes des vaisseaux, qui auroient empêché les brûlots d'en approcher.

Il y avoit deux cents chaloupes que l'on avoit fait venir de tous côtés pour l'embarquement de l'armée destinée pour l'Angleterre, sans compter celles de nos vaisseaux que l'on pouvoit armer et faire soutenir par les deux frégates légères et yacht qui vont à rames et à voiles et ont du canon. On pouvoit encore jeter des grenadiers et des mousquetaires dans les vaisseaux échoués qui, à la réserve de celui de M. de Sepville, ont toujours été droits sur leurs quilles.

Toutes ces défenses, jointes à celle du canon et de la mousqueterie de terre, étoient suffisantes pour écarter les brûlots et les chaloupes des ennemis, et ils auroient été réduits à prendre le parti de canonner nos vaisseaux de loin et, par conséquent, avec peu d'effet. On pourra dire que les ennemis ne nous auroient pas laissé le temps de prendre toutes ces précautions, et qu'ils seroient venus brûler nos vaisseaux dès qu'ils les auroient vus échoués; mais ils n'auroient osé l'entreprendre, s'ils les avoient vus tout à fait sous le canon de nos forts, et la mer couverte de nos chaloupes soutenues par nos frégates, car il ne falloit que les mettre à flot et y faire entrer des matelots et des soldats, et les ennemis nous auroient laissé assez de temps pour faire l'estacade.

Quoi qu'il en soit, il falloit au moins donner les ordres de faire toutes ces choses et ordonner les mouvemens nécessaires pour les faire exécuter; mais M. le maréchal de Bellefonds est demeuré dans une inaction qui a fait perdre courage à tout le monde. Le désordre et la confusion se sont mis parmi les équipages des vaisseaux, les matelots et les soldats n'ayant plus songé qu'à piller et se sauver jusqu'à ce qu'ils aient vu les ennemis approcher. La consternation a même passé aux troupes de terre, les soldats n'ayant donné dans les deux actions aucune marque de courage. On en a vu sortir avec les officiers d'une barque marchande où on les avoit mis, du plus loin qu'ils ont vu une chaloupe des ennemis.

Le roi d'Angleterre a été spectateur de la seconde action avec la même tranquillité d'esprit et sérénité de visage qu'il a fait paroître pendant la première, et n'a jamais été d'avis de faire échouer les vaisseaux.

A l'égard de M. de Bonrepaux, on n'en peut rien dire, étant demeuré dans sa maison pendant les deux expéditions, et il a seulement [été] remarqué qu'il a agi en tout fort mollement depuis qu'il est à la Hougue, et qu'il a toujours été très-mal instruit des forces des ennemis.

Les canons des vaisseaux brûlés ont fort endommagé les parapets des redoutes lorsqu'ils ont tiré et que le feu a pris aux saintes-barbes. Il y a eu des brandons enflammés qui ont mis le feu dans un magasin de la Hougue et qui l'ont pensé porter jusqu'à celui des poudres.

Il se trouvera des canons fondus, et beaucoup parmi ceux qui ne l'ont point été qu'il faudra remettre à la fonte.

Quant aux vaisseaux qui furent brûlés à Cherbourg, quoiqu'ils fussent éloignés de tout secours, le grand feu qu'ils ont fait a tenu les ennemis en respect pendant tout un jour, et ils n'ont péri par les brûlots qu'après une résistance beaucoup plus longue et plus grande qu'on ne pouvoit espérer de l'état où ils étoient.

Il est à craindre que la facilité que les ennemis ont trouvée à venir brûler nos vaisseaux jusques dans les endroits les plus proches de la terre, et le peu de résistance que nous avons faite, ne leur donnent le courage d'entreprendre quelque chose sur nos côtes, et il sera bien nécessaire de laisser deux ou trois mille hommes de troupes réglées avec un régiment de cavalerie ou de dragons que l'on distribueroit dans les villes et bourgs voisins de la côte où les ennemis pourroient tenter une descente. Ces troupes, jointes à la noblesse et aux milices garde-côtes, suffiront pour les en empêcher, mais il ne faut pas laisser les Irlandois en Normandie. Les officiers et les soldats paroissent très-mal intentionnés et parlent avec très-peu de respect du roi d'Angleterre et beaucoup d'estime du prince d'Orange.

Nota. — J'ai envoyé la relation ci-jointe à M. de Pontchartrain.

Le 7 juin 1692, M. de Pontchartrain, lors secrétaire d'état et contrôleur général des finances, m'a écrit une lettre dont voici la copie, sur l'incendie de nos vaisseaux.

A Paris, 7 juin 1692.

Je suis surpris, Monsieur, qu'il me revienne mille différens bruits de divers endroits de ce qui s'est passé à la Hogue et à Cherbourg, et qu'il ne m'en soit venu aucun de votre part, quoique vous dussiez être pour moi un homme de confiance plus qu'aucun autre. Si vous voulez que j'oublie bien absolument ce coupable silence, mandez-moi avec la dernière exactitude tout ce qui s'est fait de bien et de mal; nommez toutes choses par leur nom; n'épargnez personne, depuis le roi d'Angleterre jusqu'au moindre matelot. Il faut que je sache la vérité de toutes choses. L'usage que j'en ferai ne sera que pour moi, et le secret que je vous garderai sera inviolable. Et afin que vos lettres en semblables rencontres ne tombent pas dans les mains de commis, mettez une seconde enveloppe sur laquelle il n'y ait que ces mots : *Pour vous seul.* Adieu, Monsieur.

PONTCHARTRAIN.

M. FOUCAULT.

RÉPONSE.

Puisque vous voulez, Monsieur, que je vous mande la vérité de tout ce qui s'est passé ici depuis que les douze vaisseaux de guerre et l'hôpital qui y ont été brûlés y sont arrivés, je vous dirai qu'ils parurent à la Hougue le samedi 31 mai au matin, le vent étant nord-est. Ils mouillèrent le soir à la rade assez près de terre, et les ennemis au large à deux portées de canon. M. de Tourville, accompagné de MM. d'Anfreville et de Villette, vint trouver le roi d'Angleterre à la Hougue, où l'on tint conseil sur ce qu'il y avoit à faire, avec M. le maréchal de Bellefonds, M. de Tessé, MM. de Gassion, Sepville, Bonrepaux, et moi présent, et il fut résolu que les vaisseaux se défendroient si les ennemis venoient les attaquer. Ce fut le sentiment du roi d'Angleterre et de M. le maréchal, qui dirent qu'il n'étoit ni de la gloire de notre maître ni de l'honneur de la nation de les faire échouer. M. de Villette, lorsqu'on lui demanda son avis, dit que, si le vaisseau qu'il montoit étoit à lui et qu'il fût ou corsaire ou marchand, il échoueroit, mais qu'étant au roi il ne pouvoit proposer d'autre parti que celui de se défendre. Chacun se retira dans la résolution de le faire, et pour cet effet j'envoyai chercher toute la poudre qui est dans les magasins de Valognes et de Carentan pour distribuer aux capitaines qui en avoient besoin. Ils m'en demandoient presque tous, car, outre qu'on ne leur en avoit pas donné suffisamment, celle qu'ils avoient n'étoit que de charbon, ayant été remarqué dans le combat que celle des ennemis poussoit le boulet la moitié plus loin que la nôtre; mais je fus surpris, lorsque j'informai M. le maréchal que ma poudre étoit venue, d'apprendre qu'il avoit changé de dessein et résolu de faire échouer les vaisseaux. En effet, M. de Combes, que j'avois fait venir ici pour l'embarquement, ayant été à la descente de Gênes, eut ordre de marquer les endroits où on les feroit échouer, ce qui fut fait le lundi matin 2 juin, et les ennemis, qui n'avoient osé approcher d'eux pendant deux jours à cause de leur bonne contenance, ne les virent pas plutôt sur le côté qu'ils envoyèrent des chaloupes pour les brûler. Voici ce que l'on dit des motifs de l'échouement. M. de Sepville, neveu de M. le maréchal, vint échouer fort sottement en arrivant à la Hougue sur un rocher assez près de terre, et c'est pour la seconde fois, car il y a quelques années qu'il fit la même manœuvre dans la Méditerranée.

et demeura deux mois prisonnier à Toulon. Or, par l'ordre de l'échouement général, la faute de M. de Sepville se couvroit. On dit encore que M. le maréchal appréhendoit que M. d'Anfreville, son gendre, ne pérît en défendant son vaisseau. Quoi qu'il en soit, vous serez surpris d'apprendre qu'ayant plus de deux cents chaloupes et trois frégates ayant douze canons chacune, allant à la rame, nos vaisseaux aient été brûlés par une chaloupe qui ramena son brûlot n'en ayant pas eu besoin. Il m'a paru qu'en faisant armer ces chaloupes et surtout celles des vaisseaux du roi, et faisant tirer de leurs canons par nos batteries et des troupes dans les vaisseaux et dans les barques de la Hougue, les chaloupes des ennemis n'en auroient pas osé approcher, et c'est ce que j'ai ouï dire à tous les gens du métier. Mais personne ne donna ordre à rien, et ce fut une confusion à faire pitié et qui jeta l'épouvante parmi nos soldats, qui à peine vouloient tirer derrière les parapets de la Hougue et de l'île de Tatihou, et tiroient à deux portées de mousquet sur les ennemis, qui crioient *Vive le roi*, et eurent l'insolence, après avoir brûlé les vaisseaux du roi, de venir mettre le feu aux vaisseaux et barques marchands qui étoient près de terre. Ils avoient même amené deux brûlots, qui échouèrent sur une pêcherie faute d'eau et y mirent le feu. Ils eurent même la permission et le loisir d'entrer dans une belle gribane et un autre bâtiment qu'ils appareillèrent et emmenèrent avec eux pour se récompenser de la perte de leur brûlot. Ils en auroient même emmené d'autres, si le retour de la mer ne les avoit empêchés. Tout cela se passa à la vue du roi d'Angleterre et de M. le maréchal de Bellefonds, qui y assistèrent comme à un feu d'artifice pour une conquête du roi, et il n'y a personne qui n'ait vu leur indolence avec indignation; car pourquoi avoir perdu trois jours sans les employer à faire jeter les canons dans la mer et à en sortir les agrès et ustensiles pour soulager les vaisseaux et les empêcher de crever en échouant? Tous les canons étoient chargés et ont fait beaucoup de désordre aux fortifications lorsqu'ils ont tiré. Il y en a eu même beaucoup de fondus par l'ardeur du feu, et il est à craindre que ceux de fer ne puissent plus servir. On ne pouvoit sans risque se tenir sur le rivage. C'est une grande faute de les avoir laissés sur les vaisseaux. En second lieu, puisqu'on ne vouloit s'opposer à ce que les ennemis les brûlassent, ne falloit-il pas les brûler nous-mêmes, comme ils firent il y a deux ans, lorsqu'ils furent battus? J'oubliois de vous dire que l'on ne donna même aucun ordre pour distribuer de la poudre et des balles aux soldats, qui la nuit de la première expédition n'étoient pas dans les redoutes et retranchemens de la côte, en sorte que, si les ennemis avoient voulu, ils se seroient rendus maitres de l'île de Tatihou. Le seul ordre que je vis donner fut de raser les merlons de la batterie de la Hougue, dont l'usage est de couvrir les canons, de sorte que, si les ennemis avoient mis un vaisseau côté à travers devant cette ouverture, ils auroient démonté notre canon et écrasé tout ce qui auroit paru à cette batterie. M. de Bonrepaux a demeuré dans sa chambre pendant tout ce désordre, dans une fort grande quiétude. Les marins, petits et grands, ne le ménagent pas et le publient très-incapable du métier qu'il fait. Il n'a pas donné avis à M. de Tourville de l'état des ennemis, et il nous disoit tous les jours qu'ils n'avoient pas un vaisseau du premier rang ni quarante assemblés, et cependant il y a près de trois semaines qu'ils étoient quatre-vingt-dix vaisseaux à l'île de Wight. En vérité, le roi est bien à plaindre d'avoir été si mal servi. Pour prévenir le mal et pour y remédier, si M. de Vauvré avoit été chargé des soins qui ont été remis à M. de Bonrepaux, on prétend que tout auroit été autrement. Tous les marins généralement disent des biens infinis de lui, et ce sentiment universel est ordinairement la voix de la vérité. Je ne sais si le roi sera informé sans déguisement de tout ce qui s'est passé, mais je souhaiterois, pour l'amour que j'ai pour sa personne et l'attachement que j'ai à ses intérêts, qu'il en fût bien informé. Je ne me plains de personne et ne veux du mal à qui que ce soit, et je ne vous mande tout ceci que parce que vous l'avez souhaité. Je vous supplie de n'en faire part qu'à M. Le Pelletier de Souzy, qui ne voudra pas me commettre. Je vous renvoie la lettre que vous m'avez adressée pour M. de Villette, qui est parti d'ici devant hier. J'oubliois de vous dire que toutes les chaloupes ont toujours été échouées dans le temps que l'on en pouvoit avoir besoin.

Les vaisseaux brûlés à Cherbourg, quoiqu'éloignés de tout secours, ont tenu longtemps les ennemis en respect et n'ont péri qu'après avoir fait une résistance au delà de ce qu'on pouvoit désirer d'eux.

Les nouveaux convertis ayant, depuis le combat de M. de Tourville et le brûlement de nos vaisseaux, montré de la mauvaise volonté par leurs discours et par leurs actions, j'ai reçu une lettre de M. de Pontchartrain pour les faire observer, et punir ceux qui s'écarteroient de leur devoir. Cette lettre est du 7 juin 1692. Il me recommande de ménager l'exécution de cet ordre avec prudence, et répandre des bruits que les ordres sont de châtier sévèrement, mais éviter autant qu'on le pourra de le faire.

Les habitans catholiques de Caen, ayant appris le brûlement de nos vaisseaux à la Hougue, se sont persuadés que ce malheur étoit arrivé par l'intelligence des religionnaires avec les Hollandois et le prince d'Orange. J'étois pour lors à la Hougue, et, sur l'avis que j'ai reçu que les catholiques menaçoient les religionnaires, qui ne font pas la vingtième partie des habitans de Caen, de mettre le feu à leurs maisons, je me suis rendu en toute diligence à Caen pour prévenir ce désordre. J'ai pour cet effet recommandé au commandant du château de Caen, aux échevins et aux officiers de justice, de contenir les catholiques et de faire punir sévèrement et sur-le-champ les auteurs du désordre, s'il en arrivoit. J'ai même envoyé chercher quelques-uns des principaux religionnaires, que j'ai rassurés, en les assurant de la protection du roi, pourvu qu'ils se conduisent en bons et fidèles serviteurs de Sa Majesté. C'est ce que j'ai mandé à M. de Pontchartrain.

Le roi d'Angleterre a couché à Caen, le 20 juin, pour retourner à Saint-Germain.

Pendant les mois de juin et de juillet, les ennemis ont fait de petites descentes de cinquante hommes sur nos côtes, où ils ont brûlé un moulin et quelques maisons.

M. de Combes, ingénieur, et moi, avons proposé, après que nos vaisseaux ont été brûlés, de faire un port à la Hougue, comme un ouvrage indispensable pour la conservation et salut de nos vaisseaux, le roi n'ayant aucun port dans la Manche. Il coûtera à la vérité trois à quatre millions, mais, faisant des ouvrages pour 500,000ᴸ d'abord, on mettroit toujours ce port en état de défense.

Les fréquentes approches des vaisseaux des ennemis de nos côtes m'ont engagé de proposer au roi de répandre toutes les troupes réglées et les milices le long de nos côtes.

Ayant fait arrêter des voleurs de grand chemin au nombre de sept qui ont été assassiner le nommé La Motte-Bailly, gros marchand de toiles, sa femme et ses enfans, dans sa propre maison, et en ont emporté tout l'argent qu'ils y ont trouvé, j'en ai jugé un, nommé Jonquille, en vertu d'un arrêt du conseil, le 22 juillet 1692, et l'ai condamné à être rompu vif. J'ai sursis au jugement de quatre autres, y en ayant eu trois arrêtés à Paris et qui doivent être envoyés à Caen. Jonquille a tout avoué sur la sellette.

Le 28 août, j'ai envoyé à M. de Pontchartrain le jugement que j'ai rendu au présidial de Caen contre les nommés Potier et Forestier, complices de Jonquille. Ils ont été rompus vifs avec deux de leurs complices.

Il y avoit cette année à la foire de Guibray pour 7,800,000ᴸ de marchandises, dont il s'en est vendu environ les deux tiers.

Le 8 septembre, j'ai fait chanter le *Te Deum* à Caen pour la victoire de Steinkerque[1]. Le sieur de la Croisette, lieutenant de roi du château de Caen, ne s'y trouva pas, parce qu'il prétend avoir un prie-Dieu au milieu du chœur, ce qui n'est dû qu'au gouverneur de la province ou au lieutenant général; aussi les échevins refusèrent-ils de lui en donner un, sur un ordre de M. de Matignon.

---

[1] Gagnée, le 4 août 1692, par le maréchal de Luxembourg contre le prince d'Orange.

Le 2 octobre, j'ai fait le second département des tailles de l'élection de Saint-Lô.

Le 30 décembre 1692, j'ai envoyé à M. de Pontchartrain un projet d'arrêt du conseil qui m'autorise à faire imposer dans les villes et bourgs les sommes nécessaires pour la subsistance des pauvres, attendu la disette des grains, qui a été grande cette année.

Le roi ayant demandé des secours pour subvenir aux dépenses de la guerre, la ville de Caen a offert 40,000 ª à prendre sur une augmentation d'octrois.

Le roi a créé des charges de greffiers conservateurs des registres des baptêmes, mariages et sépultures. J'ai proposé à M. de Pontchartrain de faire tenir ces offices par les juges et greffiers des bailliages royaux, qui sont obligés de parapher ces registres.

Le roi a créé des maires, assesseurs[1] et commissaires des revues. Le lieutenant général de Caen a offert 40,000 ª de [la charge] de maire de la ville.

Il a aussi été créé des notaires apostoliques[2], des médecins du

---

[1] L'édit qui créa des maires et assesseurs héréditaires et en titre d'office dans chaque ville et communauté du royaume, à l'exception de Paris et de Lyon, est d'août 1692 (Isambert, t. XX, p. 158). Il fut suivi, le 5 décembre 1693 (ibid. p. 203), d'un arrêt du conseil réglant les fonctions, rangs et droits de ces nouveaux officiers. Par un édit de mai 1702 (ibid. p. 410), on leur donna encore des lieutenants; et un édit de décembre 1706 (ibid. p. 492) créa des maires et des lieutenants de maires alternatifs et triennaux. Depuis cette époque jusqu'à la révolution de 1789, ces offices furent plusieurs fois abolis et rétablis. (Voy. Depping, *Correspondance administrative sous le règne de Louis XIV*, t. I, Introduction, p. XLIII, et *passim* dans le volume.)

[2] Les notaires apostoliques, primitivement nommés par le pape ou par les évêques, avaient pour fonctions de recevoir les actes en matière bénéficiale. Un édit de décembre 1691 (Isambert, t. XX, p. 143) les institua en titre d'office. Le but principal de cette ordonnance était certainement bursal; mais elle supprima en même temps les nominations ecclésiastiques, qui ne se refusaient à personne et tombaient souvent sur des sujets indignes. Dans la plupart des villes, les notaires royaux rachetèrent ces titres et les réunirent aux leurs. (Voy. dans Isambert, t. XX, p. 173, un édit de février 1693, qui réunit à Paris les offices des notaires apostoliques à ceux des notaires au Châtelet.)

roi[1] et [des charges] de jurés royaux[2], de greffiers de rôles des tailles.

1693.

Le 15 février, j'ai envoyé à M. le chancelier une copie du jugement que j'ai rendu au présidial de Caen, contre le nommé Bardel, célèbre faussaire. Il étoit notaire et a été condamné à mort pour avoir fabriqué des actes de justice et commis un grand nombre de concussions et de vexations sur le peuple, sous le titre d'huissier du Châtelet et en la connétablie, sans provisions. J'ai jugé ce procès en vertu d'un arrêt du conseil.

Le 19 février, M. Charpentier, chanoine de Saint-Germain-l'Auxerrois, décéda à Paris. Il avoit été mis auprès de moi en 1666, lorsque je fus pourvu de la charge de procureur général des requêtes de l'hôtel, et il y avoit demeuré jusques en 1675, qu'il retourna à Paris de Montauban où je l'avois mené. Il a depuis ce temps, et en mon absence, pris soin de mes affaires jusques à sa mort. C'étoit un homme sincère, vertueux, capable et qui m'étoit fort affectionné.

J'ai chargé le sieur Hardy du soin entier de mes affaires, dont il avoit déjà pris connoissance du vivant de M. Charpentier et pour le soulager.

Le 31 février[3], j'ai reçu l'édit et l'arrêt du conseil que M. de Pontchartrain m'a envoyés au sujet de la création des charges de contrôleur, commissaire et trésorier de l'arrière-ban[4].

---

[1] L'édit de création de médecins du roi en titre d'office est de février 1692 (Isambert, t. XX, p. 151). Il s'agissoit de désigner les médecins et chirurgiens qui seraient chargés de ce qu'on appelle aujourd'hui la médecine légale. Depuis 1606 jusqu'en 1692, le premier médecin du roi avait joui du privilège de « commettre « des chirurgiens dans les villes, bourgs « et autres lieux du royaume, pour faire « les visites et rapports. »

[2] Il s'agit sans doute de l'édit de mars 1691 (Isambert, t. XX, p. 121), qui, dans un but purement fiscal, transformait en titres d'offices héréditaires les fonctions électives qui régissaient les corporations de marchands et d'arts et métiers. Les jurés royaux ou jurés-syndics avaient le privilège de visiter, d'auner, peser, mesurer, etc.

[3] Lisez : « le 28 février, » ou « le 31 janvier. »

[4] L'édit est de janvier 1693 (Isambert, t. XX, p. 173).

DE NICOLAS-JOSEPH FOUCAULT. 297

Le roi a créé des charges d'essayeurs d'étain[1].

Il s'est présenté une difficulté au sujet des jugemens que les élus rendent contre les faux-sauniers, qui est de savoir si, les juges ordinaires ne condamnant point aux galères les criminels qui ont passé cinquante-cinq à soixante ans, parce qu'ils ne sont plus en état de servir sur les galères, l'intention du roi n'est pas que les élus ne puissent pas, comme les juges ordinaires, commuer la peine des faux-sauniers. Comme il y a parité de raison, j'ai écrit à M. de Pontchartrain, le 27 avril, [que] mon avis étoit qu'il fût donné aux élus un pouvoir pareil à celui donné aux juges ordinaires, mais que je croyois qu'attendu que les uns et les autres en pourroient faire [abus], j'estimois que Sa Majesté devoit se réserver le droit de commuer toutes les peines.

J'ai renouvelé les défenses portées par les arrêts du conseil, et par mes ordonnances rendues en conséquence, aux communautés de députer au conseil sans ma permission.

Le roi a créé, au mois d'avril, des charges de lieutenant des maréchaux de France[2] dans chaque bailliage.

Au mois d'avril, les habitans [de Caen] ont offert au roi 50,000ʰ pour être déchargés des droits de franc-alleu[3], comme il avoit été fait à Rouen. J'ai mandé à M. de Pontchartrain que Caen avoit payé de

---

[1] L'édit qui érige des essayeurs et contrôleurs en titre d'office des ouvrages d'étain est de mai 1691 (Impr. de François Muguet, Paris, 1691, in-4°); il n'est pas cité par Isambert. Dès l'année 1674, on avait tenté d'imposer sur la vaisselle d'étain un droit fiscal qui avait été fort mal accueilli.

[2] L'édit qui institue un lieutenant des maréchaux et un archer-garde de la connétablie en chaque bailliage et sénéchaussée est de mars 1693 (Isambert, t. XX, p. 175). Les lieutenants des maréchaux jugeaient les différends et contestations entre gentilshommes et autres faisant profession des armes, tant à cause des chasses, droits honorifiques des églises, prééminences des fiefs et seigneuries, que des autres querelles mêlées avec le point d'honneur. On les appelait pour cette raison *juges du point d'honneur*.

[3] Un édit d'août 1692 (Isambert, t. XX, p. 164) avait frappé d'un impôt, montant à la valeur du dixième des propriétés, tous les francs-alleux inféodés en France; les villes obtenaient, moyennant finances, la faculté de s'exempter de cet impôt et des recherches qu'il entraînait.

grandes sommes au roi depuis peu de temps, et qu'il faudroit faire porter cette somme par les propriétaires les plus accommodés des maisons de la ville.

Le produit des droits d'amortissement dans la généralité de Caen, depuis que le recouvrement a commencé, montoit à 349,640ᴧ.

Au mois d'avril 1693, j'ai fait accorder une chaire de droit au sieur de Vaucouleurs.

S. A. R. Monsieur étant arrivé à Pontorson, j'ai pris des mesures avec M. de Nointel, intendant de Bretagne, pour la subsistance de sa maison[1].

J'ai perdu 4,000ᴧ au lansquenet, au jeu de S. A. R., pendant le séjour que j'ai fait à Pontorson.

La plupart des religionnaires qui ont fait abjuration ne pouvant se marier à l'église, les curés refusant de leur administrer le sacrement de mariage s'ils ne font le devoir de catholiques romains, ils se faisoient des promesses de mariage, sur la foi desquelles ils habitoient ensemble; il arrivera que ces mariages seront déclarés clandestins. C'est un désordre auquel on n'a point pourvu.

M. de Bougy, mestre de camp de la cornette blanche[2], après avoir fait son abjuration, a passé en Hollande sous un passeport que le roi lui avoit accordé pour aller prendre des eaux à Aix-la-Chapelle. J'ai fait saisir la terre de Bougy par ordre du roi.

Au mois de mai 1693, on a établi un camp du côté de la Hougue, sous le commandement de M. de Matignon, lieutenant général de basse Normandie.

Le 5 mai 1693, j'ai proposé de faire une redoute à la tête des ponts de Douve, qui défendra l'entrée de Carentan; car, si les ennemis

---

[1] Le roi avait donné, le 3 mai 1693, à son frère, le commandement de toutes les troupes sur les côtes, depuis Dunkerque jusqu'à Bayonne. Monsieur partit de Paris le 28 mai, et arriva le 31 à Vitré, qu'il avait choisi pour son séjour. Mais les vivres et les fourrages commençant à devenir rares à Vitré, il transporta son camp à Pontorson, le 17 juillet, et y resta jusqu'à son départ pour Versailles, où il était de retour le 12 août.

[2] Ce titre équivaut à ce qu'on nommerait aujourd'hui colonel du 1ᵉʳ régiment de cavalerie légère.

s'étoient rendus maîtres de Carentan, il ne seroit pas possible de les chasser de la péninsule de Coutances, qui est un pays de postes, entrecoupé de rivières, de hauteurs, de forêts et de haies, et abondant en grains et en fourrages.

On a fait depuis trois années des redoutes le long de la côte de la Hougue, qui ne sont que de sable et que les vents détruiront. Ce qui a été fait de plus utile, ce sont deux tours, l'une à la Hougue et l'autre dans l'île de Tatihou.

Au mois d'août 1693, j'ai fait bâtir deux maisons dans la rue de la Juiverie et dans celle de ..... qui m'ont coûté 36,000 ℔.

Y ayant eu une grande disette de grains cette année dans tout le royaume, le conseil a voulu être informé de la quantité des blés qui ont été recueillis l'année dernière. J'ai proposé de s'informer des décimateurs de ce qu'ils en ont recueilli; c'est ce que j'ai mandé à M. Pussort, qui a été chargé d'entrer dans ce détail, le 11 septembre.

Depuis cette lettre [à] M. Pussort, j'ai reçu la déclaration du roi[1] qu'il m'a envoyée, qui veut que les intendans nomment des commissaires dans les élections pour vérifier l'état des grains. J'ai reçu aussi un arrêt du conseil qui enjoint aux marchands, laboureurs et fermiers, de vendre leurs blés aux termes de la déclaration du roi; mais tout cela n'a été bon qu'à faire renchérir les blés, les usuriers en ayant fait des magasins, et je me suis bien trouvé d'empêcher les grands amas de blés, mais d'en laisser le commerce libre; ce qui a fait que la basse Normandie a moins souffert de la disette des grains que les autres provinces. J'ai vérifié, dans toutes les élections où j'ai fait ma visite, la quantité de blé qu'il y avoit, mais toutes les déclarations se sont trouvées fautives.

Au mois d'octobre, j'ai fait défense aux amidonniers de Caen de faire de l'amidon jusques à nouvel ordre, attendu la disette des grains.

[1] Déclaration du 5 septembre 1693 (Isambert, *Anc. lois franç.* t. XX, p. 198).

Au mois d'octobre, on a fait un traité pour la finance des lettres de réhabilitation de noblesse[1].

Au mois d'octobre, j'ai établi une monnoie à Caen en exécution des ordres, et ai proposé les anciens officiers de celle de Saint-Lô supprimée, pour y travailler, et ai loué une maison dans le cœur de la ville 700# pour cet établissement.

Le 11 novembre, j'ai mandé à M. de Pontchartrain que j'avois réglé les différends qui étoient entre le préposé à la vente des charges de pourvoyeurs et vendeurs d'huitres et les pêcheurs de Granville, et qu'ils étoient tous contens.

J'ai envoyé à M. Pussort l'état des grains des paroisses de l'élection de Caen, suivant l'estimation des gerbes qui se sont trouvées dans les granges. Il m'a demandé un mémoire du blé qu'il falloit pour nourrir un homme par année; mais il y a beaucoup d'endroits où ils ne mangent que du sarrazin avec du lait. Je lui ai envoyé les états des grains de toutes les élections.

M. Chamillart m'a écrit, le 19 décembre, que l'on vouloit m'envoyer à Rouen à la place de M. Bignon, et qu'il l'avoit empêché. Le fondement de ce changement est la mésintelligence qui étoit entre M. de Matignon et moi, qui se plaignoit de ce que j'avois entrepris M. de Fontenay, son allié, sur des exactions qu'il avoit faites sur le régiment de milices qu'il commandoit. Il se plaignoit aussi que j'avois fait casser un capitaine de la côte, et que je m'étois fait adresser une commission pour un autre, sans lui en rien [dire]. Il est vrai que j'avois fait casser ce capitaine pour malversations commises dans les fonctions de sa charge, mais je n'ai point eu de part à la nomination de son successeur. M. Chamillart nous a raccommodés.

J'ai fait un voyage à Paris sur la fin de 1693.

---

[1] Un édit de décembre 1692 (Isambert, t. XX, p. 172) imposait à ceux qui avaient obtenu des lettres de réhabilitation de noblesse, enregistrées dans les cours des aides, une finance nouvelle pour leur faire sortir leur plein et entier effet à l'avenir.

1694.

Au commencement de 1694, j'ai fait un voyage à Paris.

Le . . janvier 1694, M. de Pontchartrain, secrétaire d'état et contrôleur général des finances, m'envoya un courrier à Caen, chargé d'une lettre par laquelle il me mandoit que le roi lui avoit ordonné de m'écrire de me rendre en poste et en toute diligence à Paris pour une affaire très-importante. Lorsque j'y fus arrivé, il me dit qu'il avoit été mis à la Bastille un Normand qui avoit affiché des placards dans plusieurs places de Paris, séditieux et traitant le roi de tyran et excitant le peuple à s'en défaire. Il me mena chez le roi, qui me dit que je pouvois connoître, par ce qu'avoit dû me dire M. de Pontchartrain, de quelle importance étoit l'affaire qui l'avoit obligé de me mander; qu'il connoissoit assez mon zèle pour ce qui regarde sa personne pour n'avoir pas besoin de l'exciter à faire tout ce qui dépendroit de moi pour découvrir ce que c'étoit que ce prisonnier et ses complices; qu'il me feroit expédier des ordres en blanc pour faire arrêter toutes les personnes que je jugerois à propos, de quelque condition qu'elles fussent, et qu'il remettoit entièrement cette affaire entre mes mains. Sa Majesté me renvoya à M. de la Reynie pour me donner les instructions et mémoires qu'il avoit sur cette affaire.

Je fus voir M. de la Reynie, qui me fit voir les placards, qui avoient été affichés par le nommé Héliard et qui étoient capables d'exciter une sédition. Il y ajouta les copies des interrogatoires qu'il avoit prêtés, et, lorsque je fus chargé de ces pièces, je retournai en poste à Caen, d'où je partis aussitôt pour Coutances, dans le voisinage duquel se tenoit M. le comte de Montgommery, que l'on croyoit s'être servi d'Héliard comme d'un instrument pour afficher ces placards, ayant dit par ses interrogatoires qu'il y avoit un grand seigneur qui le faisoit subsister, qui avoit des livrées jaunes doublées de rouge; ce qui étoit vrai. Étant à Coutances, je m'adressai au sieur de Bauval, mon subdélégué, homme d'esprit et avisé, auquel je fus obligé de prendre confiance. Je lui demandai s'il y avoit un paysan dans quelque paroisse de son élection qu'il sût se nommer Héliard, et quel métier il faisoit. Il me dit qu'il y en avoit un à Coutances qui alloit prendre des taupes dans les jardins des environs, et qu'il avoit ouï dire qu'il étoit absent, mais qu'il connoissoit des gens desquels il pourroit en savoir des nouvelles exactes, sans qu'ils pussent savoir son dessein. En effet, il apprit qu'Héliard étoit du village de Carantilly à trois lieues de Coutances, âgé d'environ soixante ans, preneur de taupes, sujet au vin, d'esprit égaré, ayant fait à Coutances une infinité de folies, les enfans courant après lui. On a souvent été obligé de le faire sortir de l'église à cause des extravagances qu'il y faisoit, parlant souvent d'un grand prince qui le doit mettre à son aise.

M. de la Reynie avoit cru que cet homme n'agissoit pas de son chef, et qu'il étoit l'émissaire de M. de Montgommery, ou de M. de Saint-Martin, de Graville, et je reçus des ordres pour les faire arrêter; le premier se tenoit à Chanteloup, à quatre lieues de Coutances, et M. de Saint-Martin, proche de Touques, généralité de Rouen.

Mais, par les perquisitions que je fis, je trouvai que les placards en question avoient été dictés par Héliard à deux enfans, qu'il n'avoit aucune habitude avec MM. de Montgommery et de Saint-Martin, et que c'étoit un fanatique qui étoit parti de Coutances avec quinze sols d'argent, une douzaine de ces placards et un pot de colle; qu'il avoit été à Rouen afficher des placards en deux endroits, et qu'ensuite il étoit venu afficher les autres à Paris, où il avoit été pris; ainsi je ne fis emprisonner personne, et je mandai à M. de Pontchartrain que cet homme étoit un fol furieux qui n'avoit point eu de complices dans tout ce qu'il avoit fait, et que je croyois que, si le roi ne jugeoit pas à propos de lui faire faire son procès, comme je n'estimois pas qu'on dût le faire, il falloit s'assurer de sa personne avec de grandes précautions, ayant dit souvent que, s'il pouvoit s'échapper, ce seroit pour se défaire du roi. On le resserra donc fort étroitement à la Bastille, où on l'avoit même enchaîné. Il y est mort, il y a quelques années.

Le 21 avril 1694, [M. de Chamillart] m'a écrit une lettre dans laquelle il me propose d'acheter la terre de Magny. La lettre est ci-jointe.

PROJET DE VENTE DE MAGNY.

Ce 21 avril 1694.

Vous allez assez bien, Monsieur, quand vous êtes boiteux, pour croire que le mal n'est pas considérable, puisque vous arrivez à Caen le second jour. Rétablissez votre santé, et faites en sorte de retrouver des jambes pour aller tuer des perdreaux, soit en qualité de marquis de Magny ou sur le compte de votre serviteur; mais d'une façon ou d'une autre il faut que vous en fassiez vos plaisirs. Je ne me dédirai point des conditions; je vous donnerai les paroisses de Magny, Ryes, Tracy, Arromanches et Manvieux réunies, faisant un marquisat, le tout relevant du roi, M. de Matignon indemnisé, sans que vous soyez chargé d'autre chose que de payer le denier vingt-quatre du revenu effectif, et je prendrai en payement pour 140,000# votre charge de maître des requêtes. Si vous êtes tenté, succombez; le plus tôt que vous pourrez sera le mieux; si le cœur ne vous dit rien, mandez-le-moi sans complaisance, l'affaire est trop sérieuse pour en avoir. Je vois que le mal devient général pour les blés; faites un miracle dans le pays où vous êtes: empêchez la malice des Normands. Vous n'êtes point dans une assez grande disette pour qu'il y ait du désordre dans les marchés; si vous le pouvez en faisant fustiger deux ou trois femmes, vous en serez quitte à bon marché.

Trouvez bon que je vous recommande les officiers de Saint-Sauveur-le-Vicomte pour leurs augmentations de gages, et faites-moi le plaisir de leur faire savoir que je vous ai recommandé leurs intérêts.

Tous les généraux se disposent à partir. Nous allons voir recommencer la guerre; Dieu nous donne la paix! Jouissez du calme que vous trouverez cet été dans votre province; on peut se servir de ce langage par comparaison à ce que nous verrons ici. Je fus invité la semaine dernière d'aller à Pontchartrain; je ne pus pas avoir cette complaisance. On est revenu à la charge pour cette semaine, et je m'en vais y passer seul les deux jours que le roi doit être à Choisy. Vous voyez bien que je ne suis pas encore réprouvé.

Adieu, Monsieur, je suis à vous plus que je ne le vous puis dire et sans réserve [1].

Le 8 mai, il y a eu un incendie au bourg de Ducey, élection d'Avranches, qui a consumé presque toutes les maisons. On fait monter la perte à 300,000 ll, se faisant un gros commerce de toiles dans ce bourg. J'ai demandé de la diminution sur les tailles.

Le 22 mai, j'ai mandé à MM. de Pontchartrain et de Barbezieux que j'avois reçu beaucoup de plaintes d'habitants de plusieurs paroisses, des vexations qui leur ont été faites par M. de Fontenay, colonel d'un régiment de milices; qu'il refusoit des garçons bien

---

[1] Les mémoires ne parlent pas autrement de l'acquisition de Magny; mais ils contiennent les pièces suivantes qui s'y rapportent :

« POT DE VIN DE MAGNY.

« Ce 5 janvier 1695.

« Je vous envoie, Monsieur, l'argent que « vous avez avancé pour M. Foucault, et « vous prie de faire donner au porteur le « bureau et le surplus.

« Je suis, Monsieur, avec beaucoup de « passion, votre très-humble et très-obéis-« sant serviteur,

« HENAULT DE CANTOBRE. »

« J'ai reçu, Monsieur, les trois cent vingt « livres que vous m'avez envoyées, que j'a-« vois avancées pour M. Foucault de Nocé.

« Cet argent fait partie du présent fait à « madame Chamillart pour pot de vin de « Magny, une pendule et un bureau.

« A M. le marquis de Nocé.
« rue des Bons-Enfans. »

« ACQUISITION DE MAGNY.

« Ce 10 février 1695.

« Je, notaire au Châtelet, confesse avoir « reçu de M. Foucault, par les mains de « M. de Cantobre, la somme de cent cin-« quante livres pour mes vacations du « contrat de l'acquisition qu'il a faite de « M. Chamillart, une grosse en parchemin « du contrat de ladite acquisition, que j'ai « délivrée à M. Chamillart, et une expé-« dition en parchemin que j'ai délivrée à « M. de Cantobre; plus, il a donné trois « livres douze sols au clerc.

« TORINON. »

« Ce 23 juin 1695.

« J'apprends, Monsieur, que les lettres « d'érection de la terre de Magny en mar-« quisat ont été enregistrées au parlement « de Rouen et à la chambre des comptes. « Ces messieurs aiment ou craignent telle-« ment les intendants qu'ils n'ont pas voulu « prendre de notre argent de peur que cela « ne leur porte malheur. Je me trouve enfaits qui avoient été nommés par les paroisses pour servir dans ce régiment; qu'il avoit envoyé de son autorité privée dans les paroisses des sergens et des soldats qui y ont vécu à discrétion et qui se sont fait payer vingt sols par jour, sur l'ordre signé dudit sieur de Fontenay. J'ai fait retenir ses appointemens[1].

Au mois de mai 1694, M. de Vauban est venu à la Hougue, dont il a visité les fortifications. Il a cru qu'il falloit faire plusieurs redoutes le long de la côte et un camp retranché à la tête de Carentan.

M. le maréchal de Choiseul est arrivé à Caen au mois de mai, pour y commander les troupes qui sont en Normandie.

Il s'est fait quelques attroupemens de paysans en plusieurs endroits, pour empêcher les marchands forains d'enlever les grains dans les marchés; mais ils se sont dissipés et n'ont pas eu de suite.

J'ai entrepris d'achever la réparation du chemin de Lisieux à Caen, pour laquelle le roi a fait un fonds qui a été imposé sur la généralité

« gagé, aussi bien que vous, à de grands
« remercîmens. Mandez-moi, je vous prie,
« comme va l'affaire de Ryes et si vous sui-
« vez l'exécution du traité que j'avois fait;
« c'est une des plus importantes acquisi-
« tions que vous puissiez faire et des plus
« nécessaires. M. de Matignon me mande
« que vous avez passé deux jours ensemble,
« et qu'il doit vous aller voir dans quelque
« temps à Magny. Si c'est au mois d'août,
« je regrette par avance de ne pouvoir être
« de la partie. Il vous en coûteroit des per-
« dreaux, mais nous irions sur les limites.
« Vous ne m'avez point mandé si la pariade
« étoit belle. On m'a dit que l'hiver y avoit
« été fort contraire. C'est du plus loin
« qu'il me souvienne d'avoir reçu de vos
« nouvelles; je ne m'accoutume point à
« votre silence. Adieu, Monsieur; aimez-
« moi toujours autant que je suis à vous.

« CHAMILLART. »

« M. FOUCAULT. »

« 2 octobre.

« Je ne sais si cette lettre vous trouvera,
« mais à tout hasard je suis bien aise de
« vous dire que je prends part à l'affaire
« dont vous me parlez plus que personne
« du monde. M. Chamillart m'en avoit in-
« formé comme d'une chose peu avancée;
« je lui ai écrit qu'il n'avoit qu'à conclure;
« qu'à mon égard il ait à m'envoyer un
« écrit tout dressé de la cession que je dois
« faire, et que je la signerai; je ne fais
« qu'attendre cela. Adieu, je remets à vous
« en dire davantage à votre arrivée en ce
« pays-ci; je vous embrasse de tout mon
« cœur.

« MATIGNON. »

[1] Les affaires de M. de Fontenay avoient déjà brouillé Foucault avec M. de Matignon. (Voy. décembre 1693.)

de Caen, quoique ce chemin soit dépendant des généralités de Rouen et d'Alençon; mais, comme il débouche toutes les marchandises qui viennent de la basse Normandie à Paris, j'ai cru que les peuples de la généralité de Caen gagneroient beaucoup en faisant la dépense de cette réparation. Celle que j'ai faite a monté à ....., et il en avoit été fait par les intendans qui m'ont précédé pour plus de.....

Le roi a créé, par un édit, des colonels, majors et autres officiers de milices bourgeoises des villes et bourgs du royaume. J'ai proposé de les faire prendre par les plus accommodés bourgeois.

Il a été imposé 50,000# sur les trois généralités de Normandie, pour les ouvrages de la Hougue.

M. le duc de Beauvilliers, soupçonné d'attachement au jansénisme, m'a écrit au mois de mars que je lui ferois plaisir de lui envoyer les mémoires de ce qui s'est passé dans l'affaire de M. Caulet, évêque de Pamiers, qui a été commise à mes soins pendant que j'étois intendant à Montauban. Je lui ai envoyé tout ce qui s'est fait pendant la vie et depuis la mort de ce prélat à l'occasion de la régale, et lui ai écrit la lettre ci-jointe, en réponse de la sienne. Elle est ci-jointe.

A M. LE DUC DE BEAUVILLIERS.

Ce 1ᵉʳ mai 1694.

Il est vrai, Monseigneur, que j'ai été un des principaux acteurs dans l'affaire de la régale, l'ayant vu naître pendant que j'étois intendant à Montauban, par la saisie des revenus de l'évêque de Pamiers que je fis en vertu d'un arrêt du conseil, et la plus grande partie des ordres de la cour qui ont été donnés dans la suite m'ayant été adressés; ainsi je puis bien me souvenir des principales circonstances de ce qui s'est passé, mais, comme il y a dix ans que j'ai quitté la Guyenne, je ne puis, sur la foi de ma mémoire, vous rendre un compte bien exact et chronologique des faits portés par le mémoire que vous m'avez fait l'honneur de m'envoyer. Voici donc, en général, ce que je puis répondre à chaque article[1]; mais, si vous désirez, Monseigneur, être parfaitement instruit de toutes les circonstances de cette affaire, j'ai conservé les arrêts du conseil, tous les ordres de la cour, et j'ai pris soin, pendant que j'étois à Montauban, de ramasser toutes les ordonnances et autres actes et mémoires pour et contre la régale que j'ai renfermés dans une cassette qui est à Paris, et que je donne ordre que l'on porte chez M. Chamillart pour vous être présentée. Vous y trouverez, Monseigneur, tout ce que vous cherchez et de quoi satisfaire pleinement votre curiosité; mais oserois-je vous supplier très-humblement que ces mémoires ne soient vus que de vous? Personne ne les a, et vous jugerez qu'il n'est pas à propos que le public en ait connoissance. C'est à vous seul, Monseigneur, que je puis me résoudre de les confier, comme à la personne pour laquelle j'ai un dévouement plus absolu, et dont je suis avec le plus profond respect, etc.

Au mois de juin, le roi a fait construire une tour au Port-en-Bessin. Ce petit port est très-bon pour donner retraite aux bâtimens poursuivis par les corsaires.

M. Chamillart m'a écrit une lettre, le 27 juillet 1694, par laquelle il m'a demandé si l'intendance de Lyon me conviendroit; que j'étois le maître de l'accepter ou de la refuser; que, si je le consultois, je demeurerois à Caen, où il m'aimoit mieux que tout autre, quoique je ne fusse plus dans les mêmes liaisons d'amitié avec M. de Matignon. Je lui ai mandé que je préférois Caen à Lyon, et que je le priois de le dire à M. de Pontchartrain, lors contrôleur général.

J'ai reçu avis de M. le maréchal de Choiseul que les ennemis avoient bombardé le Havre depuis le matin, 28 juillet, jusqu'à midi, et que les bombes n'y ont pas fait grand dommage. Il y avoit [fait] marcher une partie des troupes réglées qui étoient sur nos côtes. Les ennemis se sont retirés à l'île de Wight, les grands vents les ayant obligés de quitter nos côtes.

[1] La réponse à laquelle il est fait allusion est probablement le morceau inséré aux mémoires sous le titre particulier d'*Affaires de la régale*. (Voy. plus haut.)

Les ennemis avoient bombardé la ville de Dieppe avant celle du Havre, et y ont brûlé la plus grande partie des maisons, qui ont été depuis rétablies.

M. de Pontchartrain m'a proposé d'établir une juridiction consulaire à Caen; mais je lui ai représenté que la plupart des marchands de Caen étant religionnaires ont quitté le royaume, ceux qui y sont restés ayant passé à Paris ou à Rouen; que le commerce est présentement peu de chose à Caen, et que les taxes des arts et métiers les ont mis dans l'impuissance de donner aucun secours au roi.

Au mois de juillet, le roi a créé des offices de receveurs des deniers patrimoniaux dans les villes [1].

Au mois d'août 1694, le roi ayant relégué à Bayeux M. l'abbé d'Entraigues, Sa Majesté lui a permis de venir établir sa demeure à Caen.

J'ai proposé à M. Le Pelletier de faire construire une douzaine de tours depuis la Pintrerie jusqu'à Quinéville, qui seroient d'une bien meilleure défense et des ouvrages bien plus solides que les redoutes qui y ont été construites.

Ayant entrepris de faire le procès au sieur de Sainte-Marie, lieutenant général de Valognes, pour concussions, violences et malversations par lui commises, il a fait entendre à M. le chancelier Boucherat que je lui étois suspect, et, par le crédit de l'argent qu'il a répandu dans la maison, il a fait en sorte que M. de Pomereu, intendant d'Alençon, a été commis pour instruire ce procès. Il est venu sur les lieux, a favorisé l'accusé, ayant souffert qu'en sa présence les témoins aient été intimidés et écartés, et, sur ce procès imparfait et une instruction défectueuse, ledit Sainte-Marie a été jugé aux requêtes de l'hôtel, où il a été admonesté. C'étoit une affaire criante.

Le 10 octobre, j'ai écrit à M. Boucherat, chancelier, pour avoir la

---

[1] On appelait deniers patrimoniaux les revenus appartenant aux communes autrement que par octroi du prince.

permission de vendre ma charge [de maître des requêtes] et des lettres d'honoraire[1].

Le roi m'a accordé des lettres de maître des requêtes honoraire, le 20 octobre 1694, après vingt années révolues de service; elles ont été registrées au parlement le 15 décembre 1694, et aux registres de l'hôtel le 18 janvier 1695. M. de la Briffe, procureur général du parlement, m'a donné avis de ses conclusions par sa lettre du 13 décembre 1694.

M. de Fieubet, conseiller d'état, étant mort au mois de[2] [septembre], M. Amelot, ambassadeur en Suisse, et M. de Bouville[3], intendant en Orléanois, ont demandé sa place au roi. J'ai écrit aussi à Sa Majesté et à MM. les ministres pour l'obtenir; elle a été donnée à M. Amelot.

Par l'édit du mois d'octobre, les greniers à sel ont été désunis des élections, et il a été créé des charges pour les greniers à sel[4].

Le roi a donné[5] pour le rachat des droits seigneuriaux.

Au mois d'octobre, M. de Pontchartrain m'a mandé qu'il avoit été proposé au roi d'établir une capitation payable indistinctement par tous ses sujets, et m'a demandé des mémoires que je lui ai envoyés le 5 novembre; mais une des conditions principales que je lui ai mandé devoir faciliter cette imposition étoit d'ôter tous les recouvremens extraordinaires. Il m'a envoyé un modèle de dénombrement des habitans d'une élection. Je l'ai fait pour celle de Caen et le lui ai envoyé.

[1] C'était pour payer Magny. (Voy. plus haut la lettre de Chamillart du 21 avril 1694.)

[2] Fieubet mourut le 10 septembre 1694. Dangeau dit, à la date du 12 septembre, que sa place de conseiller d'état fut donnée à d'Aguesseau.

[3] Michel-André Jubert de Bouville, marquis de Bizy.

[4] L'édit d'octobre 1694 crée dans tous les greniers à sel de nouvelles juridictions, à l'effet de maintenir l'exécution des règlemens en matière de gabelles. Auparavant, sauf quelques juridictions particulières qu'on appelait chambres à sel, les affaires de cette nature étaient portées aux élections, juridictions financières subalternes qui connaissaient en première instance des matières dont les cours des aides connaissaient par appel.

[5] Il y a un mot passé, probablement « une déclaration. »

J'ai offert, par une autre lettre, de commencer l'établissement de la capitation dans la généralité de Caen et de donner l'exemple aux autres provinces.

Le 7 novembre, j'ai demandé à M. de Pontchartrain une enseigne dans la marine en faveur du fils de M. de Bonneville.

J'ai fait donner à M. Blanchart, trésorier de France, les commissions pour les tailles et pour les ponts et chaussées qu'avoit M. de Banneville, qui s'est défait de sa charge.

Au mois de novembre, j'ai informé contre le sieur Ferrand, grand maître des eaux et forêts, des malversations commises dans les ventes de bois des forêts de Valognes.

Le 14 décembre, j'ai jugé au présidial de Caen le procès fait au nommé Marigny, monnoyeur de la Monnoie de Caen, et, n'ayant trouvé aucune preuve des malversations dont il étoit accusé, il a été renvoyé absous.

Le sieur de Glatigny, lieutenant criminel d'Avranches, a fait arrêter un prêtre, une femme et une fille de la paroisse de Saint-Quentin, auxquels il fait le procès comme sorciers. Sur la représentation de la procédure, j'ai trouvé la preuve fort légère. J'ai même parlé aux accusés en présence de M. l'évêque d'Avranches, et nous avons reconnu que la fille étoit un esprit foible et d'une réputation qui n'étoit pas entière. On prétendit qu'elle étoit devenue enceinte du fait d'un cavalier en quartier d'hiver à Saint-Quentin, et que, pour sauver son honneur, elle dit qu'elle avoit été ensorcelée et corrompue au sabbat par ce prêtre, qui avoit soixante ans. Le prêtre a tout méconnu, et le sieur de Glatigny l'a fait dépouiller tout nu et lui a fait enfoncer des aiguilles dans toutes les parties de son corps pour chercher la marque insensible. J'ai informé M. le chancelier de cette belle procédure, et, en attendant ses ordres, j'ai fait surseoir à cette instruction, qui se faisoit à grands frais, aux dépens du roi.

Au mois de .... le roi a créé des offices de l'arrière-ban[1].

[1] N'est-ce pas un double emploi avec l'édit de janvier 1693, mentionné aux mémoires à sa date?

1695.

Le 9 janvier, M. de Pontchartrain m'a envoyé l'édit portant création de vérificateurs des criées.

Le roi ayant créé des charges de rapporteurs vérificateurs des criées dans les siéges [de justice][1], j'ai été d'avis de les réunir aux communautés des avocats qui, avant l'édit de 1606 qui a créé de ces offices, en faisoient les fonctions.

Le 18 janvier, mes lettres de maître des requêtes honoraire ont été registrées aux requêtes de l'hôtel.

Le 25 janvier, j'ai envoyé à M. de Pontchartrain les dénombremens des familles de sept élections de la généralité de Caen, avec l'état des gentilshommes que je lui ai proposés pour travailler avec moi dans chaque élection aux rôles de la capitation; mais, m'en étant depuis mal trouvé, parce que la faveur et la haine étoit un motif trop ordinaire de leurs avis, j'ai supplié M. de Pontchartrain de les remercier.

Le 25 janvier, j'ai reçu l'édit de la capitation[2].

Le roi ayant donné un édit, au mois d'octobre 1694, au sujet des eaux et fontaines[3], j'ai proposé à M. de Pontchartrain un abonnement

---

[1] Édit d'octobre 1694 (Isambert, t. XX, p. 229), portant création de rapporteurs, vérificateurs et certificateurs de saisies, criées et subhastations dans les présidiaux et autres juridictions royales. Le rapport demandé à ces officiers avait pour but de faire certifier par le juge que les criées des héritages saisis avaient été faites régulièrement et suivant les formalités requises par les ordonnances. Primitivement, ces rapports avaient été faits par un praticien requis à cet effet. Une ordonnance de Henri III, en 1581, applicable à la Normandie seulement, érigea ces fonctions en offices spéciaux, qui furent déclarés compatibles avec la profession d'avocat. Foucault vouloit qu'on en revînt à cet état de choses, qui avait été modifié en 1606 par la création, dans chaque juridiction royale de Normandie, d'offices de conseillers rapporteurs des criées. Son avis ne fut pas suivi, et, ces offices n'ayant pas été « levés » (acquis) dans la plupart des siéges, des déclarations du roi de 1695 et 1696 les réunirent aux communautés des procureurs dans les juridictions où ils étaient restés vacants, moyennant finance payée par ces communautés.

[2] L'édit est du 18 janvier 1695 (Isambert, t. XX, p. 223).

[3] Cet édit (Isambert, t. XX, p. 229) avait pour but de tirer de l'argent des communautés et des particuliers qui avaient dérivé pour leur usage les eaux des rivières, sources et fontaines.

général dans mon département, attendu la difficulté d'exécuter cet édit, dont peu de personnes se trouvent dans le cas. Cet abonnement a été agréé, et j'ai proposé de le fixer à 120,000 ##.

En 1694, le roi a créé par un édit des charges de receveurs des gabelles et des cinq grosses fermes; mais cet édit n'a eu lieu qu'en 1695, sous la direction de M. de Caumartin[1], intendant des finances, qui m'a mandé, par sa lettre du 28 janvier 1695, sur quel pied et de quelle manière ces charges devoient être vendues.

Le 17 février, M. de Pontchartrain m'a envoyé un état des taxes faites sur les communautés des huissiers audienciers des cours supérieures et présidiaux, à cause de la réunion des huissiers des chancelleries et de la modération qu'on leur fait.

Le roi avoit créé des charges de maires, assesseurs et commissaires aux revues, et, comme elles ne se vendoient point, on y avoit commis pour donner de l'émulation à ceux qui seroient en état de les acheter. M. de Caumartin m'a envoyé un arrêt du conseil qui révoque ces commissions, le 28 février 1695.

M. de Barbezieux m'a écrit, le 22 mars 1695, que, M. le comte de Soissons s'étant retiré chez les ennemis[2] avec madame la comtesse de Soissons, l'intention du roi est que je fasse saisir les biens qu'ils pourront avoir dans la généralité de Caen.

Au mois de mars, j'ai proposé une imposition de 120,000 ## sur toute la généralité de Caen, pour le rachat de la taxe pour les eaux. M. de Pontchartrain a approuvé cet expédient.

Le roi a créé des médecins et des chirurgiens royaux[3].

On a taxé les aubergistes et cabaretiers.

---

[1] Louis-Urbain Le Fèvre, seigneur de Caumartin, maître des requêtes en 1682, intendant des finances en 1690, conseiller d'état en 1697; mort en 1720.

[2] Louis-Thomas de Savoie, comte de Soissons, frère aîné du prince Eugène, après avoir servi la France et avoir obtenu le grade de maréchal de camp en 1690, avait quitté le service de la France et embrassé le parti de l'Empereur au mois de décembre de la même année. Sa mère était Olympe Mancini, nièce du cardinal Mazarin.

[3] Double emploi avec la mention déjà faite de l'édit de février 1692. (Voy. plus haut, p. 295.)

Il y a eu des taxes sur les officiers des justices des seigneurs.

Il a été créé des offices de greffiers alternatifs des rôles des tailles dans les paroisses.

Le roi a ordonné le rétablissement d'un hôtel des monnoies à Caen.

Au mois de mars, il a été créé des charges de receveurs de greniers à sel et des traites.

On a proposé de mettre toutes les commissions des fermes en charges.

Au mois de mars, j'ai jugé au présidial de Caen le procès instruit au chevalier de Ramtot et à d'autres particuliers de la côte de Normandie, qui faisoient commerce avec les Anglois des îles de Jersey et Guernesey de marchandises défendues. Il y en a eu quelques-uns condamnés aux galères. Le chevalier de Ramtot a été condamné en 500^{lt} d'amende et en 2,000^{lt} de dommages et intérêts envers....[1]. Le roi lui a ordonné d'aller servir à Malte.

J'avois proposé à M. le marquis de Saint-Pierre pour travailler avec moi à la taxe de la capitation de la noblesse de l'élection de Valognes; mais je l'ai trouvé si difficulteux et si peu soumis aux ordres que je lui ai fait voir de votre part[2], qu'il est difficile que je puisse m'en accommoder. On pourroit substituer à sa place M. de Saint-Luc, gouverneur de Valognes, avec lequel il sera plus facile de convenir.

Au mois d'avril 1695, les Anglois ont fait une descente dans l'île de Chausey, à quatre lieues de Granville; elle est très-petite, déserte: on y tire seulement des pierres à bâtir; celles des fortifications de Saint-Malo en ont été tirées.

Le 29 avril, six corsaires ennemis ont enlevé plusieurs vaisseaux marchands sous le fort d'Omonville.

Les marchandises qui ont été vendues en 1695 à la foire de Caen ont produit 460,000^{lt} moins que celles de 1694. Les toiles s'y sont bien vendues.

Au mois de mai, j'ai reçu ordre par M. de Barbezieux de faire

[1] Nom illisible; quelque chose comme Poicteau ou Pointeau; c'est peut-être le fermier général. — [2] Sic. Extrait d'une lettre à Pontchartrain.

saisir les biens de M. le comte de Soissons qui se trouveroient dans mon département. Je n'y en ai point trouvé.

J'ai mandé, le 24 juin, à M. de Pontchartrain que l'on pourroit tirer 400,000ᴸ de la capitation de cette généralité.

Le roi a créé des offices de l'arrière-ban en...... Le prix en a été régalé[1] sur tous les gentilshommes.

Au mois de juin, ayant demandé au Père général des Jésuites et au P. Bonnier, son assistant à Rome, la permission de faire venir à Caen le P. Rondil, ils me l'ont accordée. — (*Vid.* les lettres.)

Le 12 juillet, le Père général des Jésuites m'a écrit une lettre par laquelle il m'accorde le P. Rondil pour demeurer à Caen, et me remercie de tous les services que j'ai rendus à sa compagnie. — (*Vid.* la lettre.)

Ayant eu avis que ma sœur, abbesse de Jarcy, songeoit à se défaire de son abbaye, j'ai écrit au P. de la Chaise pour ne point recevoir sa démission. Il m'a répondu qu'il n'en avoit point ouï parler, et qu'il ne se feroit rien en cela que de concert avec moi. — (*Vid.* la lettre.)

Le 13 juillet 1695, M. Chamillart m'a mandé que, dans le changement qui se faisoit d'intendans, le roi avoit eu dessein de m'envoyer à Rouen, mais que M. de Pontchartrain lui avoit marqué que je serois fâché de ce changement et que je servois bien à Caen. Sa Majesté a bien voulu m'y laisser. La lettre de M. Chamillart est ci-jointe. Le 17 juillet, j'ai remercié M. de Pontchartrain.

Ce 13 juillet 1695.

Vous l'avez échappé belle, Monsieur; on vient de faire un mouvement d'intendans dans lequel le roi vouloit que vous eussiez part, dont vous auriez été aussi affligé que moi. M. d'Ormesson s'en va en Auvergne à la place de M. d'Ableiges, M. d'Ableiges en Poitou, et M. de la Bourdonnoie à Rouen, où le roi vouloit vous envoyer. M. de Pontchartrain m'a dit qu'il avoit représenté au roi que vous seriez fâché de ce changement; que vous le serviez bien à Caen, et qu'il va-

[1] C'est-à-dire réparti également.

loit mieux vous y laisser, puisque vous y faisiez bien. Écrivez-lui pour le remercier, cela ne gâtera rien pour la suite. Je ne lui ai point voulu demander permission d'arracher des hêtres dans les forêts du roi, sans savoir de vous auparavant si vous êtes bien déterminé à planter des arbres de cette qualité. Il me semble que les ormes sont plus à la mode. Je ferai pourtant ce que vous voudrez.

J'écris à M. le procureur général de la chambre des comptes de Normandie. S'il insiste sur les lettres de garde-noble que je crois comme lui nécessaires, je les demanderai.

A propos de M. Dumont[1] et de haras, j'ai un peu grondé M. d'Aprigny, et ne suis point content que le nombre d'étalons diminue dans son seul département, qui est celui qui devroit nous faire plus d'honneur et que je traite avec toute sorte de distinction. Si cela étoit bien réglé, il faudroit plus de cent étalons pour toutes les bonnes jumens; ayez-y, je vous prie, une attention particulière, et remettez votre généralité sur un meilleur pied. L'arrêt qui a été rendu est très-favorable pour les gardes-étalons et doit vous servir très-utilement à trouver des particuliers pour en acheter à leurs dépens, et pour en prendre. Nous vous sacrifions 2,400 ᴴ; employez-les utilement.

L'occasion est favorable pour les domaines. Ne les mêlez que le moins que vous pourrez avec votre bien. Il n'y a de sûr que les échanges, et le reste a des retours que l'on ne sauroit éviter tôt ou tard. Pourvu que vous ne fassiez point d'union[2], on peut risquer.

Vous ne sauriez mieux faire que de régler vos droits. Condé ne gâtera rien à vos affaires. Je croyois qu'il ne s'en mêloit point. Puisque vous vous servez de lui, je vous dirai à son avantage qu'il a de la droiture, de la fidélité et de l'affection; du moins je me suis trompé si cela n'est pas. Adieu, Monsieur, personne n'est plus à vous que moi.

M. FOUCAULT. [CHAMILLART.]

[1] Écuyer de monseigneur le dauphin, chargé des haras.

[2] Jonction de terres? Tout cet alinéa nous paraît fort obscur. On pourrait y voir une allusion de Chamillart à des acquisitions de parties du domaine royal, sur lesquelles Foucault lui auroit demandé son avis.

Toute la campagne de l'année 1695, à la Hougue, s'est passée à prendre des précautions pour empêcher les ennemis de faire des descentes sur la côte. M. le maréchal de Choiseul y commandoit les troupes : M. le marquis de Renty, M. de Matignon, lieutenans généraux, et M. de Refuge, maréchal de camp, sous lui.

Le 18 juillet, à neuf heures du matin, les ennemis ont paru devant Granville au nombre de neuf vaisseaux de guerre et neuf galiotes à bombes qui ont mouillé un peu hors la portée du canon. Ils ont bombardé la ville jusques à six heures au soir et ont jeté cinq cents bombes ou carcasses. La première galiote a été obligée de se retirer par notre canon. Il y a eu six maisons endommagées dans la ville, et sept ou huit, couvertes de chaume, dans le faubourg. M. le marquis de Canisy, qui donnoit les ordres dans la ville, n'a rien oublié pour la sauver de l'incendie. Les ennemis ont fait cette expédition au retour de celle de Saint-Malo. On croyoit qu'ils iroient ensuite à Cherbourg, et je m'y transportai avec M. de Canisy pour y prendre des précautions contre l'effet des bombes, mais les ennemis n'y sont pas venus.

Il n'y a eu que quatorze maisons brûlées à Saint-Malo, mais presque toutes ont été endommagées.

Le 20 juillet, les ennemis ont paru à quatre lieues de Cherbourg, que l'on crut qu'ils vouloient bombarder. M. de Matignon s'y rendit; je l'y accompagnai, et nous donnâmes les ordres pour bien recevoir les ennemis, mais ils se retirèrent.

J'avois demandé au roi deux gentilshommes pour travailler avec moi à la capitation de la noblesse, et M. de Châteauneuf m'avoit envoyé un ordre pour cet effet, mais je m'en suis si mal trouvé que je les ai fait révoquer.

Le 1er août, j'ai mandé à M. de Pontchartrain que M. de Goësbriant et deux libraires, prisonniers dans le château de Caen, ayant rompu les planchers de leurs chambres, étoient descendus dans le fossé où ils ont été repris. M. de Goësbriant a été blessé au bras. J'ai mandé à M. de Pontchartrain qu'il falloit faire des réparations à ce château¹. Le fils dudit sieur de Goësbriant, qui retenoit son père dans ce château, avoit épousé la fille de M. Desmaretz.

Les trois évêchés de Bayeux, Coutances et Avranches se sont abonnés pour la taxe des eaux des ecclésiastiques.

Le 22 décembre 1695, M. de Châteauneuf m'a envoyé une ordonnance du roi qui renouvelle les défenses de jouer au pharaon, à la bassette, au hoca, et ordonne aux intendans de tenir la main à son exécution².

1696.

Le 3 janvier 1696, j'ai jugé au présidial de Caen quatre soldats du régiment de Vexin qui, s'étant écartés dans leur route, avoient commis beaucoup de désordres dans plusieurs paroisses, même volé sur les grands chemins. L'un a été pendu et les trois autres condamnés aux galères.

Au mois de janvier, il a passé à Caen un homme soi-disant archevêque de Corinthe. Il a paru d'une conduite fort réglée, vivant d'aumônes et se retirant aux Capucins. Il a prévenu les peuples de sa sainteté; il a passé en Bretagne au mois de mars.

Le 14 février 1696, Marie-Anne Foucault, ma fille aînée, a pris l'habit de religieuse à Jarcy, moyennant 500ᵗᵗ de pension pour la maison et 300ᵗᵗ aussi de pension pour elle³.

---

¹ Voyez, sur l'état du château de Caen et sur le prisonnier Goësbriant, deux lettres de Pontchartrain au major du château de Caen, du 3 septembre 1695 et du 22 août 1696, dans Depping, *Corresp. admin. sous le règne de Louis XIV*, t. II, p. 284 et 709.

² Un arrêt du conseil du 15 janvier 1691 (Isambert, t. XX, p. 115) avait déjà défendu ces jeux.

³ A propos de l'entrée en religion de Marie-Anne Foucault, les mémoires contiennent la pièce suivante :

PROCURATION À MADAME DE VILLENEUVE POUR PASSER LE CONTRAT POUR LA DOT DE MA FILLE AÎNÉE À JARCY. — 8 MARS 1696.

« Par-devant les notaires gardes-notes « royaux à Caen soussignés, furent présens « messire Nicolas-Joseph Foucault, cheva- « lier, marquis de Magny, conseiller du roi « en ses conseils, maître des requêtes ordi- « naire de son hôtel, intendant de justice, « police et finances en la généralité de Caen, « et dame Marie de Jassaud, son épouse, « par lui dûment autorisée à l'effet des pré- « sentes, lesquels, après avoir pris commu-

318   MÉMOIRES

Le 29 février 1696, M. de Pontchartrain, lors contrôleur général des finances, m'a mandé que le roi avoit résolu de créer cinq cents lettres de noblesse dans tout son royaume, dont le prix étoit fixé à 10,000 ##.

Le roi ayant, par édit du mois de [mars], accordé cinq cents priviléges de noblesse dans son royaume[1], et en ayant fixé le prix à 10,000 ##, M. de Pontchartrain, contrôleur général, m'a écrit, le 30 mars 1696, que, depuis, Sa Majesté avoit résolu de les donner pour 6,000 ##, et que j'eusse à rendre sa résolution publique dans mon département.

Au mois de mars, j'ai obtenu du roi, pour le collége des Jésuites de Caen, le don des remparts voisins dudit collége. Ils en avoient déjà une partie, et ce don ne préjudiciera point à la défense de la ville.

« nication, et que lecture leur a été faite par l'un desdits notaires soussignés, d'un contrat passé devant Colleau, notaire à Brie-Comte-Robert, le quatorze février mil six cent quatre-vingt-seize, contrôlé le vingt-quatre dudit mois et an, par lequel dame Marie-Anne Foucault, épouse de messire François Petit, seigneur de Villeneuve, conseiller du roi en la cour des aides à Paris, de lui autorisée par acte passé devant Beauvais et son compagnon, notaires au Châtelet de Paris, le dix février dernier, et ladite dame encore fondée de procuration desdits seigneur et dame Foucault, passée en ce notariat, le dix-huit décembre mil six cent quatre-vingt-quinze, a obligé lesdits seigneur et dame Foucault envers les dames abbesse et religieuses du couvent et royal monastère de Notre-Dame de Jarcy, ordre de Saint-Benoît, diocèse de Paris, en cinq cents livres de pension viagère pour la profession de damoiselle Marie Foucault, fille aînée desdits seigneur et dame Foucault, dans ledit mo-

« nastère, aux charges, clauses et stipulations employées dans ledit contrat, et encore en outre de trois cents livres aussi de pension viagère particulière pour ladite damoiselle Foucault, pour subvenir à ses besoins, le tout par chacun an, pendant la vie de ladite damoiselle Foucault seulement, lesquels seigneur et dame Foucault, ladite dame autorisée comme dit est par ledit seigneur son époux, ont loué, ratifié, louent et ratifient ledit contrat, veulent et consentent qu'il sorte son plein et entier effet, renonçant à aller au contraire, et à l'entretien d'icelui obligèrent tous leurs biens passés et à venir, et fut fait et passé audit Caen, en l'hôtel dudit seigneur Foucault, paroisse Saint-Jean, ce jeudi avant midi, huitième jour de mars mil six cent quatre-vingt-seize, et ont signé ; ainsi signé : Foucault, Jassaud, Jolivet et Aziré. Contrôlé au troisième volume, le 8 mars 1696. Délivré gratis, signé Mortié. »

[1] Isambert, t XX, p. 261.

Le comte d'Estampes et le chevalier de Rametot[1] se sont sauvés du château de Caen, le 24 avril.

Au mois d'août 1696, le roi a créé, par un édit, des offices de gouverneurs héréditaires dans toutes les villes closes du royaume[2], à l'exception de celles où il y a des gouverneurs qui ont des provisions du roi et des appointemens employés dans les états de Sa Majesté. Ces charges ont été fort recherchées et bien vendues.

Au mois d'août, j'ai fait révoquer M. de Carbonnel de la commission que je lui avois fait donner pour travailler avec moi aux taxes de la capitation de l'élection d'Avranches. Il donnoit des ordonnances de réduction en seul. Le roi a nommé à sa place le sieur de Reintray.

Au mois de septembre, j'ai fait un voyage à Paris.

Le 16 septembre, j'ai reçu une lettre de cachet pour faire chanter le *Te Deum* pour la paix faite avec le duc de Savoie[3].

Au mois de décembre, le roi a créé un édit qui oblige tous ceux qui se prétendent nobles, et même les communautés séculières et régulières, de porter leurs armoiries aux dépôts qui seroient marqués dans chaque généralité. J'ai proposé de rendre cet édit forcé.

M. le maréchal de Joyeuse a commandé sur la côte de Normandie pendant la campagne de 1696. Il m'en a d'abord donné avis. Il y a eu quatre régimens d'infanterie, un régiment de cavalerie, un de dragons, cent cinquante gentilshommes de la noblesse de Berry, et soixante-quinze de la noblesse de Dauphiné. MM. de Matignon, de Refuge et d'Harlus sous lui[4].

---

[1] Ne serait-ce pas le chevalier de Ramtot, duquel il a été question ci-dessus, p. 313?

[2] Isambert, t. XX, p. 274.

[3] Le comte de Tessé avait conclu, le 4 juillet, avec le duc de Savoie un traité par lequel on rendait à ce prince tout ce qu'on lui avait pris, et entre autres la ville de Pignerol. La princesse Marie-Adélaïde, sa fille, devait épouser le duc de Bourgogne, petit-fils de Louis XIV. La paix avec la Savoie fut publiée à Paris le 10 septembre, et le contrat de mariage fut signé le 15. Sur la fête célébrée à Caen à cette occasion, voyez, à la date du 30 septembre 1696, le *Journal d'un bourgeois de Caen*, publié d'après un manuscrit de la bibliothèque de Caen, par G. Mancel; Caen, 1848, in-8°.

[4] Voy. *Journal d'un bourgeois de Caen*, 10 mai, 18 mai et 3 juin 1696.

Il ne s'est rien passé de particulier sur les côtes de basse Normandie pendant cette campagne, les ennemis n'y ayant point tenté de descente. M. le maréchal de Joyeuse m'a mandé, par une lettre du 10 octobre 1696, qu'il avoit sujet de se plaindre de M. de Châteauneuf, secrétaire d'état, qui lui avoit donné du *très-affectionné*, quoique les autres secrétaires d'état lui missent le *très-obéissant*.

1697.

Au mois de janvier, le roi a créé des charges de procureurs du roi près MM. les intendans, mais il n'a pas eu lieu [1].

Le 5 mars, j'ai jugé au présidial de Caen les accusés d'avoir mis le feu aux halles de Granville et à plusieurs autres maisons. — Nota. *Vid.* le jugement.

Le 13 mars, j'ai jugé le procès du nommé Goupil, maître de bateau, et de Tilloc, matelot, accusés d'avoir passé des religionnaires en Angleterre et d'en avoir noyé plusieurs dans le trajet. Ils ont déclaré en avoir noyé cinq et un bourgeois de Caen, qui avoit tué son beau-frère, en deux voyages. Le moyen dont ils se servoient pour les noyer étoit d'aller entre les deux îles de Saint-Marcou, où la mer laisse le sable à découvert lorsqu'elle se retire. Ils mettoient leur bateau à l'ancre à cet endroit et faisoient descendre les passagers à fond de cale, sous prétexte qu'ils voyoient des bâtimens françois qui venoient à eux, et, lorsque la mer montoit, ils fermoient l'écoutille et débouchoient une ouverture qui étoit dans la chambre, par où l'eau entroit qui couloit le bâtiment à fond, et montoit d'un pied sur le pont, en sorte que les passagers se voyoient noyer lorsque l'eau montoit, sans pouvoir se sauver. Ils ont été roués vifs.

Le procès de Goupil a été jugé avec les officiers de l'amirauté d'Estrehan [2].

---

[1] Isambert, t. XX, p. 283. Ces procureurs du roi avaient pour fonctions de contrôler les opérations des intendans relatives au domaine royal, car Foucault nous apprend plus bas qu'en 1699 leurs offices furent réunis aux bureaux des finances.

[2] Etreham étant situé dans les terres,

Le roi a créé, au mois d'avril 1697¹, des offices de contrôleurs de la marque de l'or et de l'argent.

Au mois d'avril, j'ai fait le procès à six soldats du régiment de la Marck, accusés de faux-saunage. J'en ai condamné deux aux galères, les quatre autres renvoyés absous au présidial de Caen.

Il a été créé des offices de jaugeurs, réunis depuis à ceux de courtiers.

Au mois d'avril, le roi a supprimé les offices de jaugeurs.

Le 3 juin, M. Baudouin, conseiller de la grand'chambre, mon cousin germain, le plus ancien, le plus cordial et le plus solide ami que j'aie au monde, m'a écrit pour m'offrir la maison d'Athis, qu'il a acquise de M. de Beauchamps. — (*Vid.* sa lettre.)

Le 26 juin, j'ai reçu une lettre de cachet pour faire chanter le *Te Deum* pour la prise de la ville d'Ath².

Au mois de juillet, le roi a rendu un édit portant établissement de lanternes dans les principales villes du royaume. Il a eu lieu à Caen. La dépense annuelle pour l'entretien des lanternes monteroit à 10,475ᴸ, et le rachat au denier 20 à 209,504ᴸ. Comme cette somme est excessive pour Caen, j'ai proposé de taxer les habitans à 50,000ᴸ pour le rachat des lanternes³. Les autres villes ont été déchargées comme trop petites.

Le 24 août, j'ai reçu une lettre de cachet pour faire chanter le *Te Deum* pour la prise de Barcelone sur le roi d'Espagne⁴.

J'ai fait accorder à l'Hôtel-Dieu de Caen quinze minots de sel pendant 1697.

Le roi a créé des charges de contrôleurs des amendes⁵.

En vertu de l'ordonnance de MM. les commissaires du conseil, dé-

---

il s'agit sans doute d'Ouistreham, à l'embouchure de l'Orne.

¹ Cet édit est du 2 avril 1697 (Isambert, t. XX, p. 292).

² La ville d'Ath avait été prise par Catinat le 5 juin 1697.

³ Voy. *Journal d'un bourgeois de Caen*, janvier 1698.

⁴ Barcelone avait été prise par le duc de Vendôme le 10 août 1697.

⁵ Ces offices furent créés dans tous les sièges de justice, par édit de février 1691

putés pour le fait des armoiries, du 30 août 1697, mes armoiries [1] et celle de madame Foucault ont été reçues et enregistrées à l'armorial général par M. d'Hozier, garde de l'armorial général de France, dont il m'a expédié le brevet le 20 septembre 1697.

Le roi a donné, au mois de septembre, une déclaration qui confirme les lettres de naturalité obtenues par les étrangers, et décharge ceux qui n'en ont point obtenu des peines encourues par les anciennes ordonnances, en payant finance.

Il y a eu un édit pour taxer les iles et îlots.

Au mois d'octobre, le roi a donné des déclarations concernant les offices de gardes des petits sceaux [2].

Le roi a distrait la ferme du tabac, au mois d'octobre, et en a fait un bail particulier à Duplantier, à la caution de Maynon et compagnie.

Au mois d'octobre, le roi a créé par un édit des offices de contrôleurs des bans de mariage [3].

Le 25 novembre, j'ai fait publier la paix avec l'Espagne, l'Angleterre et les Provinces-Unies [4], et ai fait chanter le *Te Deum*.

---

et autres rendus postérieurement. On les supprima en 1716, mais en maintenant au profit du roi une partie des droits qui y avaient été attachés.

[1] Les armes de Foucault étaient de sable au lion d'argent, armé et lampassé de gueules, couronné d'or.

[2] Les petits sceaux étaient : ceux des petites chancelleries établies près les parlements et portant seulement les armes de France, sans l'image du roi; les petits sceaux des présidiaux pour sceller les sentences présidiales, et les petits sceaux de justice, qui scellaient les sentences des juges non présidiaux et les contrats. Ces derniers étaient très-petits et n'avaient porté anciennement qu'une fleur de lys. Les déclarations dont il s'agit ici sont au nombre de trois, de l'année 1697; elles avaient pour but de séparer les offices de garde-scel aux contrats de ceux de garde-scel aux sentences.

[3] L'édit est de septembre 1697 (Isambert, tome XX, p. 301). Ces contrôleurs devaient tenir un double registre de la publication des bans de mariage; on ne pouvait se marier qu'après cet enregistrement et ce contrôle, en dehors desquels il était interdit à tous ecclésiastiques de procéder au mariage. On peut voir là un premier essai d'actes de l'état civil. Les offices de contrôleurs des bans de mariage furent supprimés par édit de mars 1702; mais le droit de contrôle subsista, pour être perçu au profit du roi.

[4] La paix fut signée à Ryswick, le 20 septembre 1697. Le Journal d'un bourgeois de Caen reporte le *Te Deum* et les réjouis-

DE NICOLAS-JOSEPH FOUCAULT. 323

On a taxé les communautés laïques pour les nouveaux acquêts.

On a taxé les maisons bâties sur les fortifications des villes. Caen s'est racheté pour 10,000 ᵗᵗ, que j'ai proposés au conseil. Bayeux, Saint-Lô, Carentan, Valognes, Avranches et Vire ont été abonnés de même sur mon avis, et les taxes payées par les possesseurs de ces places.

On a créé des trésoriers des bourses communes [1].

On a créé une nouvelle tontine.

Il a été créé des charges de substituts des procureurs du roi dans les juridictions subalternes.

J'ai fait accorder une pension de 300 ᵗᵗ à mademoiselle de Brasnay, nouvelle convertie et depuis carmélite à Caen [2].

Il a été créé des offices de contrôleurs des saisies réelles [3].

J'ai proposé à M. de Pontchartrain de faire achever la réparation des chemins depuis Lisieux jusqu'à Caen [4], et, quoique une partie de ces chemins soit enclavée dans les généralités de Rouen et d'Alençon, ce-

sances pour la paix au 9 février 1698; c'est probablement une erreur de date.

[1] Il s'agit ici de trésoriers des corporations d'arts et métiers. «Un édit du mois d'août 1696 créa des trésoriers des bourses communes, qui furent rachetés (par les corporations). Six ans après, un autre édit instituait des offices absolument semblables sous le nom de trésoriers receveurs et payeurs des communautés. C'était porter atteinte à une propriété légitimement acquise par les corporations. Le roi, il est vrai, motivait cette mesure : « Nous avions bien voulu, disait-il, « consentir à la réunion desdits offices aux- « dits corps et communautés, dans l'espé- « rance qu'ils se porteroient d'eux-mêmes « au retranchement de tous les abus aux- « quels nous avions entendu remédier. » Il ajoutait qu'il n'en avait rien été, et qu'il fallait enfin porter remède au désordre.

Or il en fut de cette charge comme des autres; on autorisa, on força même les corporations à la racheter. On ne pouvait se jouer plus effrontément du mot d'intérêt public. » (Levasseur, *Histoire des classes ouvrières en France*, t. II, p. 298.)

[2] Voy. plus haut, en 1690, l'histoire de mademoiselle de Brasnay.

[3] Nous n'avons pas retrouvé cet édit. Il se pourrait que Foucault eût fait confusion avec l'édit d'octobre 1694, portant création de vérificateurs et certificateurs des saisies réelles et criées; voy. plus haut, p. 311. Un édit de mai 1691 (Paris, imprimerie de François Muguet, 1691, in-4°, non cité par Isambert) avait déjà créé en titre d'office des commissaires aux saisies réelles, chargés de les enregistrer et de percevoir un droit à cette occasion.

[4] Ce travail avait été entamé en 1694. (Voy. plus haut, p. 305.)

pendant, comme leur grand commerce ne se fait pas par ces chemins, MM. les intendans ont refusé de faire contribuer à cette dépense les peuples de leur généralité, et j'ai fait imposer 60,000 ᴴ sur celle de Caen, moyennant quoi ils ont été achevés et faits de cailloutage et de moellons meilleurs, plus durables, de moindre dépense et de plus petit entretien que ceux de pavé. Il y a des endroits où le cailloutage est de quatre pieds de hauteur. Le chemin que j'ai fait faire est de trente-six pieds, savoir vingt-quatre pieds pour la chaussée du milieu en dos d'âne, et six pieds pour chacun des chemins à droite et à gauche pour les voitures pendant l'été. Cette réparation m'a attiré bien des bénédictions des voituriers, et, pour empêcher la ruine de ces chemins, j'ai rendu une ordonnance portant défense aux voituriers de mettre plus de trois chevaux [à] leur charrette, à peine de confiscation des chevaux qu'ils mettroient au delà, et de 50 ᴴ d'amende. Tout le commerce des bœufs, des volailles, des beurres, des chevaux, des toiles et autres denrées de basse Normandie, se fait par ce chemin.

J'ai demandé à M. de Pontchartrain permission d'aller à Paris, le 25 novembre, qui m'a été accordée. J'ai été de retour à Caen le dernier avril.

1698.

Le 28 janvier, j'ai reçu une lettre de M. de Châteauneuf, au sujet des capitaineries des chasses[1], pour faire un règlement qui remédie aux abus, et [il] m'a demandé un état de celles de mon département.

Le 26 avril 1698, j'ai reçu ordre de M. le chancelier Boucherat d'avertir MM. les évêques de mon département et les abbés qui doivent des portions congrues[2], de les acquitter.

---

[1] Il s'agissait de supprimer un certain nombre de capitaineries des chasses qui étaient restées établies dans des lieux où les rois ne résidaient plus, et qui privaient sans motif les seigneurs d'un des principaux droits de leurs terres. L'édit pour la réforme de cet état de choses parut le 12 octobre 1699 (Isambert, tome XX, p. 344).

[2] Les portions congrues étaient des

Au dernier mai 1698, que le traité des armoiries a été révoqué, le recouvrement total montoit à 115,384# 10°.

Au mois de juin, j'ai fait donner des gratifications à ceux qui ont travaillé à la confection des rôles de la capitation.

Le sieur de Montaigu, gentilhomme qualifié, s'est converti au mois de juin 1698.

Au mois de juin 1698, M. de Villacerf, surintendant des bâtimens, me manda que le roi avoit besoin de dix futailles de roche de Bayeux et autant de celle d'huîtres pour être employées aux grottes de Marly. Il m'en a encore demandé depuis une vingtaine de tonneaux. Je les lui ai envoyés avec cinq grosses très-belles pièces de rocaille tirées des falaises de Manvieux, paroisse dépendant du marquisat de Magny. C'est sur ce que M. Chamillart avoit vanté au roi cette rocaille que M. de Villacerf s'est adressé à moi pour lui en envoyer; mais, M. de Villacerf étant mort avant que cette rocaille soit arrivée à Paris, M. Mansart, qui lui a succédé, m'en écrivit et m'en demanda encore plusieurs barriques, avec cent quatre-vingt-quatre livres de graine d'if, dont j'ai reçu de grands remerciemens de la part dudit sieur Mansart.

Au mois de juillet, je me suis transporté par ordre du roi avec M. de Combes sur les bords de la rivière du Couesnon, limitrophe de la basse Normandie et de la Bretagne, où nous avons trouvé M. du Boschet, trésorier de France, et M. Garanjau, ingénieur. Nous en avons visité le cours depuis Pontorson jusques à Dol. Le sujet de notre visite étoit de savoir si c'étoit les débordemens du Couesnon qui mangeoient les terres que cette rivière lave, ce que la plupart des habitans des deux provinces, même les plus anciens, croyoient; mais, après un examen exact, nous avons trouvé que c'étoit la mer seule qui faisoit ce désordre, et nous avons été d'avis de faire des digues et des épis le long de la côte, comme on fait en Hollande, étant le seul moyen de garantir les terres de l'inondation. C'est ce que j'ai

pensions que les curés primitifs, ou les couvents jouissant des dîmes d'une paroisse, devaient au vicaire perpétuel ou au curé qui desservait réellement la cure.

mandé à M. de Pontchartrain. La dépense de ces réparations montera à 42,000 ##.

Au mois de juillet, on a proposé à M. de Pontchartrain de construire un pont au petit Vey, passage de la partie du Cotentin la plus fertile en chevaux et en bestiaux. Ce pont seroit très-utile, mais d'une grande dépense. J'ai envoyé M. de Combes sur les lieux pour marquer l'endroit où l'on pourroit le faire.

Nota. — Voir le procès fait au sieur de Beaumont, chez lequel on a trouvé mille sept cents paires de bas d'Angleterre et mille quatre-vingts aunes de taffetas de Tours. Ce jugement est de 1698.

Le chevalier de Ramtot, son frère, a été relégué à Gergeau, et le sieur de Plemarest, complice des fraudes, à Pluviers[1], au mois de septembre.

J'ai reçu des ordres de faire désarmer les nouveaux convertis, à la réserve des gentilshommes, au mois d'octobre.

[Sur] les plaintes que j'ai reçues, au mois de novembre, de la grande consommation de farine que faisoient les amidonniers de Caen pour fabriquer de l'amidon dans un temps de cherté des blés, j'ai trouvé, par la visite que j'ai fait faire dans leurs maisons, qu'ils consommoient 800 boisseaux de blé par semaine, du poids de 40 livres le boisseau, ce qui m'a obligé de rendre une ordonnance portant défense d'en faire jusqu'à nouvel ordre. Je l'ai mandé à M. de Pontchartrain, le 10 novembre.

Les murailles et fortifications du Mont-Saint-Michel menaçant ruine, les religieux ont prétendu que c'étoit aux dépens du roi que ces réparations devoient être faites, et ont fait voir que les rois Charles V et Charles VII ont accordé aux habitans des octrois pour faire ces réparations; mais, depuis ce temps, il ne paroit pas qu'elles aient été faites aux frais des rois leurs successeurs. La dépense a été estimée par M. de Combes à 60,000 ##, et j'ai proposé d'en faire porter un tiers aux religieux, un tiers aux habitans, en leur accordant un

---

[1] Anciens noms de Jargeau et de Pithiviers.

octroi, et un tiers par une imposition sur toute la province qui profite de ce rempart. J'ai mandé cet avis à M. Le Pelletier, et que ces religieux et les habitans du Mont-Saint-Michel méritoient d'être traités favorablement, ayant dans tous les temps, et surtout pendant les troubles de la religion, conservé cette place au roi par une vigoureuse résistance.

Le roi ayant fait mettre au Mont-Saint-Michel le nommé Chauvigny, dit La Bretonnière, qui faisoit le lardon d'Hollande[1], je l'ai fait tirer d'une cage de bois où on l'avoit enfermé. Il est mort dans cette abbaye, où il a été vingt ans. Ce fut Alvarès qui le fit prendre en Hollande.

1699.

Le roi a rendu une déclaration, le 13 décembre 1698[2], sur la conduite que Sa Majesté désire que l'on tienne avec les religionnaires; et, quoiqu'elle soit pleine de témoignages de zèle pour leur sincère conversion et d'affection pour ses sujets de quelque religion qu'ils soient, des esprits inquiets ont semé des bruits que le roi les contraindroit enfin de fréquenter les églises et les sacremens. Nous nous sommes assemblés, M. l'évêque de Bayeux et moi, pour aviser aux moyens de faire cesser ces bruits et pratiquer ceux qui seront convenables pour les attirer à l'église par les voies les plus douces. J'ai fait arrêter, le 24 janvier, un mercier qui avoit vendu toute sa boutique et ses meubles, jusques à son lit, pour passer dans les pays étrangers sur ces bruits.

Le 2 février, Henriette, ma seconde fille, a pris l'habit de religieuse dans l'abbaye de Saint-Jean de Bonneval-lès-Thouars, moyennant 2,000ᵗᵗ une fois payées et 300ᵗᵗ de pension viagère. — (*Vid.* le contrat et les lettres[3].)

---

[1] On donnait le nom de *lardons* aux gazettes écrites par des pamphlétaires en Hollande. Ce Chauvigny, qui avait écrit la Gazette de Hollande de 1672 à 1678, était Français (voy. les extraits des Mémoires du marquis de Sourches publiés par M. Adhelm Bernier, mars 1685).

[2] Isambert, t. XX, p. 314.

[3] Les pièces suivantes, qui se rapportent à l'entrée en religion de Hen-

328   MÉMOIRES

Le 3 avril, j'ai acheté de madame de Morangis, comme tutrice de M. de Morangis, son fils, la charge d'avocat du roi au Châtelet dont il étoit pourvu, pour mon fils, moyennant 63,000ᵗᵗ, par contrat passé devant Thibert et de Beauvais, notaires.

riette Foucault, sont insérées aux mémoires :

« ENTRÉE À SAINT-JEAN DE MA FILLE.

« Il me semble qu'il y a longtemps, Monsieur, que je n'ai reçu de vos nouvelles, que je vous en ai donné des miennes. Je ne sais si c'est le mauvais temps qui nous jette dans cette paresse, car il fait une saison la plus ennuyeuse depuis deux mois; nous ne voyons que des pluies dans ce pays ici. Mon frère de Chastillon, qui est parti ce matin pour Paris, n'a point pensé se tirer de son bas Poitou; et vous, Monsieur, quand sortirez-vous de votre province pour aller à Paris? Je souhaite que ce ne soit qu'au beau temps, espérant que la belle saison vous fera prendre le chemin de la Loire. J'ai ici une petite personne qui est bien impatiente que l'hiver soit passé. Elle vous fait une demande à laquelle elle me prie fort de me joindre, qui est, Monsieur, de lui permettre de prendre le petit voile au mois de mars ou avril, afin qu'elle puisse être en état, après cette petite épreuve, de le prendre en cérémonie, où elle compte que vous assisterez. Ses quinze ans s'accomplissent au mois de juin; elle ne parle d'autre chose que de l'envie qu'elle a d'être religieuse, et, si vous ne lui accordez pas sa demande, c'est la plus vive douleur qu'elle puisse ressentir. Elle va attendre avec bien de l'impatience sur cela votre réponse. Comme vous m'avez dit bien des fois que vous me la sacrifiez, je crois qu'il est bon de ne la pas [refuser], puisqu'elle est dans de si bons sentimens; ce n'est pas qu'elle n'en a jamais eu de différens. C'est une enfant d'une grande docilité, et a de la raison plus qu'il ne semble qu'il y en devroit avoir dans un si petit corps. Tout ce qui est de la religion lui fait plaisir et rien ne lui fait peur. Elle a fort envie, Monsieur, de vous voir, et que la prise d'habit se trouve en ce temps-là. Prenez donc vos mesures afin de donner à vos amis de ce pays le plaisir de vous voir cette [année], comme vous leur avez promis. Il faut donc espérer que quatre-vingt-dix-neuf sera sans guerre, et par conséquent vous aurez moins d'affaire. Vous voulez bien, Monsieur, que je vous y souhaite toute sorte de bonheur, et vous supplie d'être persuadé que l'on vous estime autant que l'on a fait en toutes celles qui se sont passées depuis que l'on a eu l'honneur de vous connoître.

« CHASTILLON, abbesse de Saint-Jean. »

« Ce 2 janvier 1699.

« Je prends la liberté de vous écrire, mon bon papa, au commencement de cette année, pour vous renouveler les assurances de mon profond respect et obéissance, en vous demandant la continuation de votre amitié, que j'estime plus que toute chose au monde, et aussi pour vous demander de m'accorder la grâce que je vous ai déjà demandée plusieurs fois, qui

Le 24 avril j'ai mandé à M. de Châteauneuf que le roi adjuge les biens des religionnaires fugitifs à leurs héritiers présomptifs par sa

« est de me permettre de prendre le voile au mois de mars prochain. On le prend sans cérémonie, seulement pour être conforme aux autres religieuses; l'on fait six mois de preuve pour voir si l'on aura la force de supporter la règle, mais Madame a la bonté de m'en ôter trois. Il y a une demoiselle fort bien faite et qui a beaucoup d'esprit qui veut être religieuse; j'espère que nous ferons notre noviciat ensemble. Madame me fait espérer, mon bon papa, que vous viendrez cet été. Je souhaiterois bien que ce fût au mois de juin, parce que j'aurois mes quinze ans et que ce seroit le temps de ma prise d'habit. Je vous prie de me faire savoir quand vous le pourrez, afin que je règle mon temps sur le vôtre. Je l'attends avec impatience, puisqu'il doit faire le bonheur de ma vie. Je vous assure, mon bon papa, que c'est véritablement du fond de mon cœur que je vous parle, étant le meilleur parti que je puisse prendre et le plus sûr pour faire mon salut. Je vous supplie donc de ne me pas refuser une si grande grâce; je vous la demande pour étrenne, étant la plus belle que vous me puissiez donner. Je ne cesserai de vous la demander jusqu'à ce que vous me l'ayez accordée. Oserai-je vous demander, mon bon papa, des nouvelles de mes frères? Vous m'aviez dit que vous vouliez que j'eusse un commerce de lettres avec l'aîné, mais je vois bien que les affaires qu'il a l'empêchent de me donner ce plaisir. Je me fais aujourd'hui celui de lui écrire. J'ai une véritable impatience d'avoir l'honneur de vous voir, afin de vous pouvoir dire les sentimens de mon cœur et vous assurer que je suis avec un profond respect, mon bon papa, votre très-humble et très-obéissante fille et servante,

« HENRIETTE FOUCAULT. »

« VESTURE D'HENRIETTE À SAINT-JEAN.

« Ce 2 février 1699.

« Je suis si pénétrée, mon bon papa, de toutes les marques de bonté que vous me donnez, que je ne sais comment vous en marquer ma reconnoissance. Ma petite capacité n'a point assez de jugement pour vous pouvoir exprimer tout ce que je sens de tendre et de respectueux pour vous. Je vous assure que je n'oublierai jamais la grâce que vous m'accordez à ce renouvellement d'année et qu'il y a si longtemps que je désire. J'ai appris avec bien du chagrin, mon bon papa, que vous avez été malade : il paroît bien que le Seigneur n'exauce pas mes vœux; s'il les avoit écoutés, vous seriez en parfaite santé. Je l'importunerai tant que j'espère qu'il se laissera fléchir à mes prières. Je souhaiterois bien, mon bon papa, que vous eussiez la bonté de me marquer le temps que vous viendrez en ce pays ici. Madame, mon illustre abbesse, veut bien avoir la bonté de me donner le voile blanc ce carême, et je ferai ma prise d'habit lorsque vous serez ici. Vous voulez bien, mon bon papa, que je m'adresse à l'ordinaire qui est M. Ravenau, pour lui demander mes meubles et ce qui me sera nécessaire pendant mon noviciat, et lorsque vous viendrez, vous aurez la bonté

déclaration du 29 décembre dernier[1]; et, quoique cette succession anticipée paroisse juste, cependant elle produit un grand inconvénient par rapport à la religion, la plupart de ceux à qui le roi accorde ces biens étant aussi calvinistes que ceux qui les ont abandonnés; et, quoiqu'il soit dit par l'article 8 que ceux à qui ces biens seront remis feront profession de la religion catholique, apostolique et romaine, cependant on ne fait aucune enquête à cet égard. Il faudroit l'attestation du curé, certifiée par l'évêque; mais le mieux seroit de laisser ces biens entre les mains de l'économe des biens des fugitifs, pour y demeurer pendant un an et être employés à la subsistance et en-

« de faire le marché pour ma dot. J'attends ce temps-là avec une véritable impatience, puisque j'aurai le plaisir de vous dire à vous-même que je suis et serai toute ma vie, avec tout le respect et la soumission que je vous dois, votre très-humble et très-obéissante fille et servante,

« HENRIETTE FOUCAULT. »

« A Caen, ce 22 août 1700.

« Je suis de retour de mon voyage de Poitou depuis quelques jours. J'ai trouvé ici deux de vos lettres auxquelles je réponds et à une troisième que je reçois aujourd'hui. La conjoncture de la mort de madame Jassaud pourra vous donner de l'occupation. Je vous prie de voir dans deux jours madame Foucault.

« Pour faire ma fille religieuse à Thouars, il m'en coûte deux mille livres une fois payées et trois cents livres de pension viagère comptées par avance, en sorte que le tout joint aux pensions que M. Ravenau, receveur des tailles de Thouars, avoit ci-devant payées pour ma fille, je me suis trouvé redevable en son endroit de trois mille et tant de livres, dont je lui ai fait un billet payable par vous; mais vous ne serez point pressé de l'acquitter, ledit sieur Ravenau n'étant point pressé de recevoir cet argent. Cela sera bon dans la fin de l'année; vous pouvez le lui mander, j'en suis convenu avec lui. Vous me ferez plaisir de finir d'affaire avec le sieur Avril.

« Je suis surpris du peu d'attention que M. de Feuquières a à ses affaires; il faut veiller à ses intérêts et aux miens, en continuant les poursuites du décret.

« Il y a à travailler au bas du grand escalier de ma maison de la rue de Richelieu. Menez-y M. Le Bourg et faites-y travailler. Je donnerai la maison de la rue Saint-Germain pour 9000 #, si je ne puis en avoir davantage; vous pouvez le dire à M. Le Bourg.

« Je vous ferai réponse au premier jour sur le surplus de vos lettres, n'ayant pas le temps de le faire aujourd'hui.

« FOUCAULT »

« A M. Champenois, rue de la Tisseranderie, près l'ancien hôpital Saint-Gervais, chez M⁰ de Chefdeville, à Paris. »

[1] Isambert, t. XX, p. 322.

tretien des enfans, après lequel temps expiré, on mettroit ceux qui auroient fait preuve de la sincérité de leur conversion en possession des biens des fugitifs.

Au mois d'avril, les religionnaires de Caen ayant déclaré aux curés qu'ils n'enverroient point leurs enfans aux instructions, j'ai fait prendre plusieurs de ces enfans et les ai fait mettre aux séminaires des nouveaux et nouvelles catholiques. J'ai même fait mettre en prison un fermier de madame la comtesse de Fiesque qui avoit envoyé tous ses enfans, au nombre de cinq, chez des religionnaires. Il y avoit dans cette année trois cents familles de nouveaux convertis. Les officiers de justice n'ont aucun égard aux plaintes des curés. Le sieur Ruel, procureur du roi, s'enivre avec les nouveaux convertis. Il souffre qu'ils se marient sans ministère de prêtres depuis la dernière déclaration du roi, et a même souffert, quoique averti, qu'ils tissent des assemblées. J'ai mandé à M. de Châteauneuf qu'il mériteroit que le parlement de Rouen lui fît son procès pour ses concussions, mais, attendu les longueurs, que le plus expédient seroit de lui ordonner de se défaire de sa charge.

Le 10 mai, j'ai reçu un arrêt du conseil que j'avois demandé pour obliger le sieur Ruel, procureur du roi du présidial de Caen, de se défaire de sa charge pour malversations.

J'ai reçu une lettre des Carmes de Montauban assemblés en chapitre de la province de Guyenne, datée du 17 mai 1699, par laquelle ils me donnent de nouvelles marques de leur reconnoissance.

Les trésoriers de France ont accepté la proposition que je leur ai faite [pour] la commission de procureur du roi de l'intendance. L'un d'eux en a fait les fonctions au mois de mai.

Le roi a réuni les charges de procureurs du roi des intendances aux bureaux des finances.

Au mois de juin, j'ai trouvé une maison propre à renfermer les filles et femmes condamnées pour faux-saunage et qui récidivent tous les jours, n'ayant pas d'autre métier. Le fermier des gabelles fait la dépense et prend soin de leur nourriture. Il y en a une qui a subi quatre fois la peine du fouet et qui a déclaré qu'elle ne feroit jamais d'autre métier.

Le 20 mai, j'ai demandé permission d'aller à Thouars pour assister à la prise d'habit d'une de mes filles.

Au mois de juin, j'ai obtenu la permission d'aller à Thouars.

Le 8 septembre, j'ai reçu la lettre circulaire que M. Chamillart a écrite à tous les intendans, pour leur donner avis que le roi l'avoit nommé contrôleur général à la place de M. de Pontchartrain fait chancelier.

Le dernier septembre, j'ai reçu une lettre de M. Chamillart conçue en ces termes : « Vous avez un ami contrôleur général ; « M. de Pontchartrain est chancelier. Je vous embrasse de tout mon « cœur. »

Le... septembre 1699, j'ai écrit une lettre de félicitation à M. Chamillart sur sa promotion à la charge de contrôleur général. — (*Vid.* la lettre.)

Le 28 septembre, M. de Châteauneuf m'a envoyé la permission d'aller à Paris.

Le sieur Renouf, doyen de l'église du Saint-Sépulcre de Caen, ayant fait des chansons scandaleuses contre plusieurs personnes, j'ai reçu un ordre du roi qui le relègue en la ville du Mans.

On a fait cette année, par ordre de M. de Pontchartrain, beaucoup de chargemens de blé de la généralité de Caen pour celle de Rouen. Beaucoup d'usuriers en ont fait des magasins.

Le 20 octobre 1699, j'ai reçu une lettre de M. Chamillart par laquelle il m'a mandé qu'il y auroit incessamment des mouvemens dans les intendances de Touraine, Champagne, Alençon, Bourges et Moulins; que, si ces mouvemens pouvoient me procurer une place au conseil, il me conseilleroit de quitter Caen pour une de ces intendances, mais que je devois attendre à Caen quelque chose de meilleur, et que, si dans la suite il avoit du crédit, je m'en apercevrois. Il est cependant devenu contrôleur général, secrétaire d'état et premier ministre ayant tout pouvoir sur le roi, et n'a rien fait pour moi. Il a depuis seulement eu intention de me faire intendant des finances à la place de M. de Caumartin, dont il n'étoit pas content. Le roi lui dit qu'il n'avoit qu'à l'obliger de se défaire de sa charge; mais, au lieu de le faire sur-le-champ, il en parla à madame de Maintenon, qui ne lui conseilla pas de s'aliéner toute la famille de M. de Caumartin, et surtout M. de Pontchartrain, lors chancelier, son parent et son protecteur. M. Chamillart déféra à l'avis de madame de Maintenon et je demeurai intendant de Caen[1].

M. Chamillart m'a envoyé, le 24 octobre, une déclaration portant règlement pour le commerce des grains dans tout le royaume[2].

Au mois d'octobre 1699, on a créé des lieutenans de police dans les villes[3].

Le 6 novembre, M. Chamillart m'a envoyé un projet de capitation et de taille réelle, tiré du livre de M. de Vauban; mais ce projet, sujet à trop d'inconvéniens, n'a pas eu de suite[4].

Au mois de....... je reçus de M. Le Pelletier, pour l'établissement de la taille réelle dans toutes les provinces du royaume, [des lettres] par lesquelles il me chargea de lui envoyer un mémoire de la manière dont cet établissement pourroit être fait dans la généralité de Caen.

---

[1] *Répétition* : « M. Chamillart n'étant point content de M. de Caumartin, qui le traversoit dans tous les traités qu'il vouloit faire, s'en plaignit au roi, qui lui demandoit pourquoi il le souffroit, et qu'il n'y avoit qu'à l'obliger de se défaire de sa charge. M. Chamillart en prit la résolution et dit à M. de Matignon qu'il avoit songé à moi pour cette charge; mais, en ayant parlé à madame de Maintenon, elle lui conseilla de ne point déposséder M. de Caumartin, ami et allié de M. de Pontchartrain, chancelier, qu'il se rendroit irréconciliable, étant déjà en froideur avec lui. M. Chamillart la crut et M. de Caumartin est demeuré en place. »

[2] Cette déclaration, en date du 31 août 1699 (Isambert, t. XX, p. 341), décidait qu'à l'avenir on ne pourroit plus faire le commerce des grains sans en avoir obtenu la permission du gouvernement.

[3] Isambert, t. XX, p. 346. Ces officiers étaient institués à l'exemple du lieutenant général de police créé pour Paris par l'édit de mars 1667.

[4] Le 16 novembre, suivant le Journal d'un bourgeois de Caen, Vauban lui-même arriva dans cette ville, visitant par ordre du roi les fortifications de toute la Normandie. On tira cinq coups de canon à son arrivée, et autant à son départ.

Au mois de novembre 1699, j'ai sollicité M. l'archevêque de Rouen et MM. les évêques de Normandie, pour faire tomber à M. l'abbé Petit, mon neveu, la députation à l'assemblée prochaine du clergé, ce qu'ils ont fait.

Il y a eu disette de grains en 1699.

1700.

M. le duc de Beauvilliers, gouverneur des enfans de France, ayant écrit à tous MM. les intendans, de la part de M. le duc de Bourgogne, de travailler à un mémoire contenant l'état de leurs généralités, ample et exact, j'ai fait et lui ai envoyé celui de la généralité de Caen[1], dont il a paru content. M. le duc de Beauvilliers me l'a marqué par sa lettre de remerciement qu'il m'a fait par ordre de M. le duc de Bourgogne, le 22 avril.

Par la déclaration du 16 décembre 1698, il est porté que les publications qui seront faites, même pour les propres affaires du roi, ne pourront être faites qu'à l'issue de la messe, pour empêcher que le service ne soit interrompu. M. le chancelier de Pontchartrain m'a mandé, par sa lettre du 13 juin 1700[2], que, sous prétexte que les habitans sortent de l'église aussitôt que la grande messe est finie, les publications ne se font point ou se font devant peu de personnes; que, pour faire cesser ce prétexte, Sa Majesté a cru qu'il falloit dire aux curés que, lorsqu'ils auront des publications à faire, ils en avertissent les habitans à la fin du prône, et que j'aie à le leur faire savoir.

Au mois de juin 1700, j'ai fait réédifier les écoles de l'Université de Caen; le roi leur a donné les halles. M. de Nesmond, évêque de Bayeux, et moi, avons mis la première pierre de ces bâtimens.

Je suis parti pour Thouars, le 22 juillet, suivant la permission que M. Chamillart m'en a donnée.

---

[1] Sur ce travail de Foucault, voy. notre introduction.

[2] Voy. la circulaire du chancelier Pontchartrain, dans Depping, Correspondance administrative sous le règne de Louis XIV, t. II, p. 321.

Au mois d'août 1700, M. le chancelier de Pontchartrain m'a accordé le privilége de l'impression du procès-verbal de la conférence de MM. les commissaires du conseil avec ceux du parlement, pour la rédaction de l'ordonnance de 1667. J'ai fait mettre le privilége sous le nom du sieur de Seneuse, libraire. C'est mon père qui a rédigé ce procès-verbal.

Le 15 août, j'ai fait un écrit avec le sieur de Seneuse, libraire, par lequel il s'est engagé de faire imprimer le procès-verbal de l'ordonnance civile de 1667, rédigé par mon père, et de me donner la valeur de 1,000ᵗᵗ en livres à mon choix. Ce traité a été exécuté, et j'ai fait présent à tous MM. les conseillers d'état d'un exemplaire dudit procès-verbal, dont ledit sieur de Seneuse m'a délivré trente exemplaires, outre les livres portés par ledit marché. J'en ai aussi présenté à M. le chancelier Pontchartrain et à M. Desmaretz, contrôleur général; ledit Seneuse a dédié le livre à M. l'abbé Bignon[1].

M. de Bezons, conseiller d'état, étant mort au mois de septembre[2], j'ai écrit, le 20 septembre, à M. Chamillart, pour demander pour moi cette place au roi. — (*Vid.* la lettre.)

Au mois de septembre, j'ai reçu ordre de faire saisir les biens de M. le cardinal de Bouillon[3] dépendans de ses bénéfices.

---

[1] *Répétition :* « Le 15 août, j'ai fait un « traité avec le sieur Seneuse, libraire à « Paris, par lequel je lui ai cédé le privi- « lége d'imprimer le procès-verbal de l'or- « donnance de 1667 et 1670, moyennant « 1,000ᵗᵗ qu'il doit me donner en livres et « une douzaine d'exemplaires dudit procès- « verbal. Ce traité a été exécuté en...... »

Il n'est pas probable que le traité avec Seneuse ait été exécuté directement. En tout cas, il ne reste pas de trace du livre publié par lui. Le procès-verbal de l'ordonnance de 1667 fut publié d'abord à Lyon sous la rubrique de Lille en 1697, et sous celle de Louvain en 1700. La première édition revue et corrigée sur l'original communiqué par Foucault est celle de Paris, 1709, in-4°, chez les libraires associés. Du moins est-elle la première connue qui contienne le privilége du roi accordé à Foucault et cédé par lui à P. Emery et à ses associés, peut-être cessionnaires de Seneuse, ainsi que la dédicace à l'abbé Bignon (voy. Barbier, *Dict. des ouvr. anonymes*, n° 14,891).

[2] Louis Bazin, seigneur de Bezons, conseiller au parlement de Paris en 1668, conseiller d'état en 1686, et ordinaire en 1698, était intendant de Bordeaux, où il mourut le 9 août 1700.

[3] Le cardinal de Bouillon avait refusé d'obéir à l'ordre que Louis XIV lui avait

J'ai reçu une lettre de M. Chamillart, du 8 octobre 1700, avec deux mémoires contenant le projet d'une nouvelle capitation, l'un de lui et l'autre de M. Le Pelletier. Il me charge d'en faire l'opération dans des paroisses de quelques élections; mais les difficultés ont fait échouer ce projet.

J'ai proposé, en 1701, MM. le marquis de Saint-Pierre, de la Roque et .... gentilshommes, pour travailler avec moi à cet ouvrage, M. le marquis de Canisy s'étant excusé sur ses incommodités.

Le 18 octobre 1700, M. Chamillart m'a écrit une lettre à laquelle étoit joint un mémoire pour l'établissement d'une nouvelle capitation qui étoit proprement une taille réelle, puisque les terres étoient taxées à proportion de leur valeur. Ce projet n'a pas été suivi et a été repris en 1718 par M. le régent, mais on doute qu'il réussisse.

M. Chamillart m'a écrit, le ... octobre, qu'il auroit bien souhaité tirer M. son frère de Dol, dont l'air lui est très-contraire; qu'il avoit pensé que, M. l'évêque de Bayeux ayant marqué vouloir demander au roi un coadjuteur, je pourrois lui proposer de lui faire donner une abbaye, moyennant quoi il donneroit sa démission pure et simple de l'évêché de Bayeux. Cette proposition n'a pas eu d'effet. M. de Nesmond est demeuré et mort évêque de Bayeux. On croit que sa famille, c'est-à-dire M. de Lamoignon et madame la présidente de Nesmond, l'en ont détourné, et peut-être M. de la Chétardie, curé de Saint-Sulpice.

Le roi ne vouloit point admettre de coadjuteurs aux évêchés.

J'ai fait mon compliment à M. Chamillart, le 26 novembre, sur ce que le roi l'a fait ministre d'état.

---

envoyé à Rome de rentrer en France le 12 septembre. «On sut, dit Dangeau à «cette date, que l'arrêt contre M. le car-«dinal de Bouillon étoit expédié. Les in-«tendans des provinces où sont situés «ses bénéfices ont ordre d'en saisir tous «les revenus, tant ceux qui échoiront que «ceux qui sont échus. Le tiers de ces re-«venus sera employé aux réparations, «un tiers sera distribué aux pauvres des «lieux, et l'autre tiers sera mis en sé-«questre.»

Au mois de novembre, j'ai travaillé avec madame la duchesse douairière de Ventadour et M. l'évêque de Coutances, à Sainte-Marie-du-Mont, à chercher les moyens de faire subsister les pauvres de cette paroisse, dont le nombre est de deux cents, tant hommes que femmes, madame de Ventadour en occupant une partie par le travail qu'elle leur donnoit. Il y a un hôpital fondé dans cette paroisse par madame la maréchale de Saint-Géran, et augmenté par madame de Ventadour. Il jouit de 2,000 ⁜ de revenu. Je l'ai mandé à M. Chamillart, et que nous allions travailler à ôter la mendicité dans les paroisses voisines. Je lui ai proposé de faire convertir les aumônes qui se font abusivement aux portes des abbayes, au profit des hôpitaux.

Le... décembre 1700, j'ai fait assembler les principaux religionnaires de Caen dans l'église de Saint-Jean, pour y faire des conférences. Le sieur Grandcolas a été choisi par M. l'évêque de Bayeux pour les faire. Je leur ai fait le discours ci-joint à l'ouverture des conférences; mais, voyant qu'elles dégénéroient en disputes d'école, j'ai fait entendre aux religionnaires que dorenavant on ne feroit plus de conférences, mais qu'on leur exposera l'Évangile, la doctrine de l'Église et la tradition, sans admettre ni dispute ni controverse; qu'ils pourront ensuite proposer leurs doutes en particulier et en toute liberté à celui qui leur aura exposé le sens de l'Écriture. Le discours que je leur ai fait le 6 janvier 1701 est ci-joint[1].

DISCOURS FAIT AUX RELIGIONNAIRES DE CAEN
PAR M. FOUCAULT, INTENDANT, LE... DÉCEMBRE 1700.

Je vous ai fait assembler ici pour vous dire que le roi a lieu d'être surpris d'apprendre que ses intentions soient si mal suivies de votre

---

[1] *Répétition* : « Au mois de novembre 1700, le roi ayant envoyé à Caen le sieur Grandcolas pour prêcher la controverse aux religionnaires, il prêcha pendant deux mois. J'assistai à ces prédications et parlai aussi aux nouveaux convertis. Nos discours firent assez de fruit et attirèrent à la messe un bon nombre de ceux qui n'y venoient point. »

part, et que vous preniez si peu de soin de vous faire instruire des vérités de la religion romaine, dans le temps que, dans les autres provinces du royaume où il y a un nombre beaucoup plus grand que dans celle-ci de prétendus réformés, les ordres de Sa Majesté sont ponctuellement exécutés et avec un très-grand succès. J'ai même un reproche à me faire d'avoir eu pour vous trop de condescendance, puisqu'elle n'a servi qu'à vous rendre, je ne dirai pas plus rebelles et plus endurcis, mais au moins plus indolens sur la religion. Car enfin ne pourroit-on pas s'informer de vous si vous êtes chrétiens? Ne pourroit-on pas vous demander quelle religion vous professez, et s'il est enfin permis de vivre en athée et sans aucun culte? Un coup de la Providence, un souffle de l'Esprit de Dieu vous avoit jetés dans le port du salut. Vous avez tous abjuré solennellement vos erreurs entre les mains des pasteurs de la véritable Église; les registres publics où vous avez signé, votre signature, en font foi à la postérité; voulez-vous qu'elle connoisse que vous avez été des parjures? Vous êtes revenus dans nos temples, que vos pères avoient abandonnés, vous y avez chanté les louanges du Très-Haut avec nous; quelques-uns de vous se sont approchés des sacremens : quelle raison pouvez-[vous] alléguer d'un changement aussi hautement criminel? Croyez-moi, profitez de la clémence de votre souverain; s'il vous traitoit comme des relaps, car enfin vous l'êtes, en quel état seriez-vous? Qui pourroit vous exempter de la rigueur de ses ordonnances? Sont-ce les puissances prétendues protectrices de votre religion? C'est une espérance dont vous vous êtes laissé séduire et qui doit être absolument [frustrée?]. Le bon sens et votre expérience devroient vous avoir désabusés depuis longtemps de cette vaine espérance. Le roi saura rendre, malgré les puissances de ce monde et de l'autre, son royaume aussi catholique que ceux à qui il vient de donner un maître. Mais éloignons ces pensées de vos esprits, et regardez ce prince, grand par tant de vertus et surtout par son amour pour sa religion et pour ses peuples, comme un bon père qui vous rappelle à sa famille que vous avez quittée, comme un pasteur qui vous tend les bras et vous ramène à son troupeau. Ceux qui étoient dans votre communion en Languedoc, en Guyenne et en Poitou, se rendent tous les jours en foule aux vérités qui leur sont prêchées par les ministres de l'Évangile; serez-vous plus opiniâtres qu'eux? serez-vous les derniers à vous présenter à l'église? Car enfin il n'est question que du temps. En savez-vous plus que des milliers d'âmes qui se convertissent dans les Cévennes, dans le Vivarais et dans d'autres provinces? A Dieu ne plaise que je me rende complice de votre négligence; il est temps que je vous réveille de votre léthargie. Oui, Messieurs, vous viendrez aux instructions qui vous seront faites par un ministre de l'Évangile que M. votre évêque, toujours attaché au bien de ses diocésains, toujours zélé pour le salut de vos âmes, a préposé pour vous annoncer les vérités de la vraie religion, pour entendre et résoudre vos doutes. Si vous l'écoutez avec soumission, docilité, sans prévention et avec le désir de découvrir la vérité, vous l'écouterez infailliblement avec succès. Je vous ordonne donc, de la part du roi, de vous trouver tous les jeudis et dimanches de chaque semaine dans la salle de l'officialité de l'évêché, où M. Grandcolas, homme consommé dans la connoissance de l'Écriture et dont le zèle est accompagné de la science évangélique, en exposera le texte et expliquera les passages qui font vos doutes. Vous lui exposerez vos difficultés, et ces conférences se feront de sa part dans l'esprit de charité. J'espère que vous y apporterez les mêmes dispositions, et qu'un retour prompt, sincère et persévérant à l'Église romaine sera le fruit de ces conférences.

DISCOURS PRONONCÉ LE 6 JANVIER 1701, AUX RELIGIONNAIRES DE CAEN,
DANS L'ÉGLISE DE L'ÉVÊCHÉ.

Je vous ai déclaré que l'intention du roi étoit que l'on vous fît des instructions où la doctrine et la pratique de l'Église romaine vous fussent exposées. Si vous voulez rendre témoignage à la vérité, vous reconnoîtrez qu'elles l'ont été sans aucun déguisement et dans toute la sincérité que vous devez attendre du désir ardent que nous avons de vous voir tous réunis dans une même communion. Vous conviendrez aussi que l'on a abusé de la permission qui vous a été donnée de proposer vos difficultés dans ces conférences : ceux d'entre vous qui ont porté la parole ne l'ayant point fait dans l'esprit de chercher la vérité, ils ont eu recours à des subtilités de l'école pour faire perdre de vue le véritable état de la question à ceux qui n'ont point de lettres; ils se sont appuyés sur des passages étrangers au sujet, équivoques et mal entendus; ils se sont enfin arrêtés à des minuties qui ne vont point à l'essence de la religion et qui ne peuvent frapper que des esprits foibles. Aussi devez-vous croire que les esprits solides qui ont écouté ces raisonnemens sans prévention ont aisément découvert la malignité de ces raisonnemens. Quoi! nous faisons notre profession de foi hautement devant vous; nous vous déclarons la créance uniforme de tous les catholiques romains sur certains articles qui nous séparent; vous la voyez au fond et dans son essence semblable à la vôtre; vous ne pouvez pas douter que notre foi ne soit orthodoxe, et, par une aversion sans aucun fondement et à laquelle nous n'avons point donné lieu, vous vous aveuglez volontairement pour nous calomnier devant Dieu et devant les hommes! Nous vous protestons à la face des autels que nous n'adorons qu'un seul Dieu, que nous rejetons toute autre adoration prise dans sa véritable signification comme idolâtre, que nous honorons les saints dans leurs images sans leur rendre de culte religieux : vous voulez, malgré cette confession de foi si nettement expliquée, si publiquement protestée, que nous ayons tronqué les commandemens de Dieu pour autoriser le partage de sa divinité! Toutes les démarches que nous faisons vers vous ne peuvent fléchir vos cœurs, plus acharnés contre la religion romaine que véritablement attachés aux sentimens de Calvin, que vous avez tant de fois abandonnés dans les controverses. L'Église a fait la grâce aux hérétiques qui ont abjuré sincèrement leurs erreurs de les recevoir dans sa communion, et vous nous refusez la justice de nous écouter et de nous croire, quand nous vous déclarons, quand nous vous prouvons que notre doctrine n'est autre que celle qui a été transmise par les apôtres à leurs successeurs!

Vous vous êtes unis aux luthériens, quoique plus opposés à vous par leurs dogmes et par leurs pratiques que nous ne le sommes, et vous ne voulez pas même reconnoître les points sur lesquels nous convenons avec vous! Quel jugement pourroit porter un juge désintéressé sur un pareil entêtement?

Je sais bien, Messieurs, que les préjugés de la naissance, que la haine que l'on a pris soin de vous faire sucer avec le lait contre notre religion, sont des obstacles difficiles à surmonter; mais ces mêmes préventions devoient empêcher vos pères de quitter l'Église romaine dont ils connoissoient parfaitement l'antiquité, et vous devez avoir d'autant moins de répugnance à y rentrer que vous ne pouvez pas douter qu'ils sont eux-mêmes les fondateurs de celle qu'ils vous ont laissée. Aussi vos ministres ont-ils pris à tâche de défigurer la religion romaine au point qu'ils l'ont rendue méconnoissable à ceux mêmes qui la professent. N'est-il donc pas juste que nous lui rendions sa véritable figure pour vous la faire voir telle qu'elle étoit? Au reste, n'imputez point à notre zèle des motifs injurieux et indignes de la charité chrétienne dont nous faisons profession; c'est elle seule qui nous rend ardens et infatigables dans la poursuite de votre conversion. N'aurons-nous pas juste sujet de croire que des motifs suspects et étrangers à la religion vous tiennent éloignés de nous, et que vous suivez en cela l'exemple de vos prétendus réformateurs, que le désir et l'occasion de secouer le joug de la discipline de l'Église romaine ont jetés dans l'apostasie?

Quoi! Messieurs, est-il possible que vous viviez sans remords, sans scrupules et sans inquiétude dans une religion qui a de si mauvais fondemens! Ne devez-vous pas au moins douter qu'elle soit bonne, lorsque des milliers d'âmes, qui ne sont pas moins chères à Dieu ni moins participantes des grâces et des lumières du Saint-Esprit que vous, quittent votre communion pour rentrer dans la nôtre?

C'est pour éclaircir un doute aussi raisonnable, ou pour le faire naître si vous ne l'avez pas, que le roi a voulu vous faire instruire. A la vérité, l'esprit de discorde et de ténèbres a fait tourner ces instructions en disputes subtiles. On n'a cherché qu'à s'attirer des acclamations de la multitude, qui a souvent applaudi à ce qu'elle n'entendoit pas et ce qu'en effet elle ne pouvoit pas entendre; car enfin, Messieurs, je n'ai rien ouï dans les controverses auxquelles j'ai assisté qui ne fût ou question frivole ou de nulle conséquence pour le fond de la religion; et, comme la dispute n'est pas l'objet de ces conférences, et qu'elles sont faites pour vous instruire et non pas pour exercer des esprits présomptueux, il a été jugé à propos de vous expliquer dorenavant l'Évangile et la doctrine de l'Église sans vous laisser la liberté de professer publiquement vos erreurs et d'en triompher à la face des autels, puisque c'est dans cette profession et dans ce triomphe que consiste le véritable scandale de la religion. Ainsi ce temple que vous avez profané ne servira dans la suite que pour vous y annoncer la parole de Dieu; vous viendrez l'entendre avec respect et silence. Vous irez ensuite proposer vos doutes en particulier et en toute liberté à celui dont vous avez souvent abusé de la patience et dont vous n'épuiserez jamais la charité. Vous tirerez un double avantage de ces instructions publiques et particulières, si vous en savez profiter, puisque vous ne sauriez rien faire de plus utile pour votre salut ni de plus agréable au roi. Ce magnanime prince ne souhaite rien plus ardemment que de voir ses sujets également unis dans le culte qu'ils rendent à Dieu, comme ils le sont dans l'obéissance qu'ils doivent à leur souverain.

L'affaire de Barrault, caissier de Thévenin, dans laquelle mon fils a été impliqué, a été accommodée moyennant...... au mois de décembre. Cette affaire m'a causé beaucoup de chagrin. Il faut savoir de M. Gorrand la somme qui a été payée.

En 1698, M. de Villacerf, surintendant des bâtimens du roi, et, depuis sa mort, M. Mansart, qui lui a succédé en 1699, m'ayant demandé de la part du roi des rocailles des falaises de Manvieux, je leur en ai envoyé à différentes reprises, et, en dernier lieu, en l'année 1700, soixante barriques de cette rocaille et cent quatre-vingt-quatre livres de graine d'if[1].

M. de Pontchartrain a nommé à ma recommandation M. de la Brosse, mon cousin, commissaire de la marine au département de Cherbourg, à la place de M. de Méneville, contre lequel il y avoit beaucoup de plaintes.

Le roi a donné une déclaration pour purger le royaume de mendians; mais elle n'a pas eu d'exécution, les hôpitaux n'ayant pas été en état de les loger et de les faire subsister.

Le roi a envoyé M. l'abbé d'Entragues à Caen, étant mal satisfait de la conduite qu'il tenoit à Paris.

1701.

Le 17 janvier 1701, M. le chancelier de Pontchartrain m'a envoyé un arrêt du conseil du 6 décembre 1700, pour obliger les imprimeurs et libraires de fournir aux juges de police un mémoire certifié d'eux, contenant leurs noms, le temps et les formalités de leurs réceptions et établissemens, les lieux de leurs établissemens précédens, les personnes chez qui ils ont fait leur apprentissage, les noms et qualités de leurs apprentis et compagnons, le nombre de leurs presses, la quantité de leurs fontes et caractères, à peine de 500^{tt} d'amende et autres peines. J'ai envoyé à M. le chancelier les mémoires de l'exécution de cet arrêt.

Le 21 janvier 1701, M. Chamillart m'a mandé que le roi me permettoit de faire un voyage à Paris.

J'ai été de retour à Caen le 13 février 1701.

Il a fait, le 2 février, un ouragan presque universel dans le royaume, qui a fait des désordres très-grands dans toutes les provinces[2].

---

[1] Le 22 août 1670, Colbert avait déjà écrit à Chamillart, intendant à Caen, père du ministre, d'envoyer, pour les jardins royaux, toutes les jonquilles doubles qu'il pourrait trouver dans sa généralité. (Voy. Depping, *Correspondance administrative sous le règne de Louis XIV*, t. III, p. 844.)

[2] Voy. *Journal d'un bourgeois de Caen*, à la date.

Au mois de février 1701, M. Chamillart m'a écrit de tâcher de faire arrêter les nommés Picard, célèbres voleurs et meurtriers. Il y en a eu deux roués à Paris, un troisième s'est jeté par une fenêtre et s'est tué. Leurs complices sont sortis du royaume.

Le 6 mars 1701, j'ai écrit à M. Chamillart pour le prier de vouloir bien parler à M. de Verneuil, son commis, et à M. Capy, commissaire des guerres, pour les engager de faciliter la recherche que mon fils faisoit de mademoiselle Drouilly, fille d'un auditeur des comptes, et petite-fille du lieutenant général de Châlons, leur parent.

M. Chamillart m'a répondu que mon fils avoit un rival en la personne de son frère; qu'il avoit pris des engagemens avec la famille de M. Drouilly pour ce mariage, et que l'affaire étoit fort avancée; qu'il souhaitoit à mon fils une plus belle femme, mais qu'il auroit peine à trouver rien de meilleur pour le bien. Cependant le mariage a été rompu, le frère de M. Chamillart ayant trouvé la demoiselle trop laide. Elle a épousé M. Molé de Champlâtreux, président à mortier, et est morte.

M. le chancelier m'a écrit, le 10 mars 1701, qu'il est revenu au roi qu'il y a dans le royaume un très-grand nombre de colléges établis sans lettres patentes, et me mande de lui envoyer un état exact du nombre de colléges qu'il y a dans la généralité de Caen, de quelle manière et sur quel titre ils ont été établis. C'est à quoi j'ai satisfait par ma lettre du...

Le 16 juillet, j'ai reçu une lettre de M. de Pontchartrain, secrétaire d'état, par laquelle il m'a mandé que le roi m'avoit choisi pour remplir une place d'honoraire dans l'Académie des inscriptions.

Le 20 août 1701, j'ai écrit à M. Chamillart pour le prier de proposer au roi mon fils pour l'intendance de Lyon.

Au mois d'octobre 1701, j'ai eu une fièvre double tierce dont le quinquina m'a guéri.

J'ai eu permission dans le même mois d'aller à Paris. J'ai été de retour à Caen au commencement de janvier 1702.

Au mois de novembre, M. Chamillart m'a envoyé une lettre anonyme par laquelle on lui mande que M. d'Ableiges, intendant de Poitou, rend de fréquentes visites à madame l'abbesse de Thouars; qu'il fait le département des tailles à son parloir; qu'il lui renvoie les rôles des tailles pour y changer ce qu'elle juge à propos, et que son secrétaire prenoit à toutes mains. Pour être informé de la vérité de ces faits, j'ai écrit à M. Orry, mon subdélégué à Thouars, pendant que j'étois intendant en Poitou, qui est un homme sûr; et sur ce qu'il m'a mandé, j'ai écrit à M. Chamillart que M. d'Ableiges alloit souvent à Saint-Jean, où sa fille restoit pendant tout le temps des départemens et les voyages qu'il faisoit, lorsqu'ils étoient de durée, madame d'Ableiges, dont il est séparé, étant à Paris; qu'il fait le département des tailles de l'élection de Thouars dans l'abbaye de Saint-Jean; qu'il est vrai que son secrétaire, nommé Le Coq, étoit fort intéressé et exigeoit des parties; qu'il gouvernoit absolument l'intendant; que je croyois qu'on pouvoit l'obliger à se défaire de son secrétaire, et lui marquer qu'il étoit à propos qu'il fît le département des tailles de l'élection dans la ville de Thouars.

1702.

Le 3 février, j'ai remercié M. Chamillart de ce qu'il avoit procuré à M. d'Avaray le grade de maréchal de camp et le commandement des troupes du roi à Naples. Il m'a répondu que, s'il avoit autant de crédit pour les places du conseil, j'y serois bientôt en honneur.

Le 10 février 1702, j'ai proposé à M. de la Vrillière[1] de renvoyer madame de Mondonville à Paris (elle avoit été envoyée à Coutances et mise dans un couvent par ordre du roi), ce que j'ai fondé sur ses continuelles indispositions.

Le 18 février 1702, j'ai fait part à M. Chamillart de l'avis que j'ai eu que les Anglois et les Hollandois armoient et seroient en état dans

---

[1] Louis Phélipeaux, marquis de la Vrillière, était devenu secrétaire d'état le 10 mai 1700, après la mort de son père Balthazar Phélipeaux, marquis de Châteauneuf.

peu de temps de mettre soixante vaisseaux en mer; qu'ils pourroient aisément faire une descente sur nos côtes et se saisir de Carentan, par le moyen de quoi ils seroient maîtres de la presqu'île du Cotentin; que la noblesse et les milices du pays n'étoient pas en état de s'opposer à une descente, mais qu'un régiment de cavalerie, un de dragons et un d'infanterie pourroient les ameuter et faire croire aux ennemis qu'il y auroit sur nos côtes un plus grand nombre de troupes réglées [1].

Le 14 mars, j'ai envoyé un esturgeon à M. Chamillart pour le présenter au roi [2].

Le dernier mars 1702, j'ai jugé avec le présidial de Caen le procès instruit contre le sieur de la Mazure, receveur des tailles de l'élection de Vire, prévenu de plusieurs concussions et malversations dans les fonctions de sa charge. Il a été condamné par contumace à être pendu, deux de ses huissiers aux galères et trois recors au bannissement.

Au mois de juin, j'ai été attaqué d'une violente maladie qui m'a laissé une espèce de rétention d'urine.

Le... juillet, M. Dron, chanoine de Saint-Thomas-du-Louvre, est

---

[1] « 20 juillet 1702. Sont arrivés à Caen deux cents mousquetaires gris et noirs, pour aller à la Hougue ou aux environs, pour empêcher la descente que pourroient faire les Anglois et les Hollandois.

« 24 juillet 1702. Un détachement de trois cents bourgeois de Caen est parti pour aller à la Hougue, pour le même sujet que les mousquetaires et les autres troupes. Depuis trois mois, il part tous les quinze jours, des campagnes, des détachemens des paroisses de la campagne, commandés par des gentilshommes, lesquels vont se relever les uns et les autres, et ce pour le même sujet ci-dessus.

« 22 septembre 1702. Tous les mousquetaires gris et noirs sont passés par Caen, revenant de la Hougue et Valognes, pour s'en retourner à Paris ou ailleurs. Tous les bourgeois, paysans et détachemens, ainsi que la noblesse de Caen et d'Alençon, sont de retour aussi de la Hougue et remerciés. » (Journal d'un bourgeois de Caen.)

[2] Ce magnifique poisson, qu'on pêche assez fréquemment sur les côtes du Calvados et de la Manche, était réservé au roi comme épave maritime et en portait le titre de poisson royal. Nous avons encore entendu raconter à de vieux pêcheurs de Grandcamp, près Isigny, qu'avant la révolution, dès qu'on pêchait un esturgeon, on le portait à l'intendant.

décédé. Je lui faisois une pension de 400ᴴ pour partie du prix des médailles qu'il m'avoit vendues.

Au mois de septembre, notre seconde fille[1] est entrée au noviciat dans l'abbaye de Jarcy. — (*Vid.* les lettres[2].)

Au mois d'octobre 1702, M. le duc d'Harcourt m'a donné avis de

---

[1] Foucault se trompe pour la seconde fois (voy. p. 143, note) sur l'ordre de ses filles. Anne, dont il s'agit ici, était non pas la seconde, mais la troisième vivante, venant après Marie-Anne, religieuse à Jarcy, Marie-Angélique, morte à Poitiers, Marie-Thérèse, morte à Pau, et Henriette, religieuse à Saint-Jean de Bonneval. Aucune d'elles, au reste, ne paraît l'avoir beaucoup inquiété. Un peu plus bas (nov. 1703), il va nommer celle-ci, non plus sa seconde, mais sa troisième fille.

[2] Les pièces suivantes sont contenues aux mémoires relativement à l'entrée en religion d'Anne Foucault:

« LETTRE D'ANNE FOUCAULT.

« Ce 17 septembre 1702.

« Monsieur mon très-cher père,

« C'est pour me tirer de l'inquiétude où je suis que je prends la liberté de vous écrire et vous supplier de m'en donner des nouvelles, et vous dire que je suis entrée au noviciat le jour de saint Mathieu. Je crois, mon très-cher père, que vous ne trouverez pas mauvais que je l'aie fait sans vous le mander. Ma sœur a été bien malade, mais je n'ai pas voulu vous le mander plus tôt, de peur de vous inquiéter, n'étant pas encore, je crois, fort bien rétabli. Pour ma sœur, elle est mieux, Dieu merci. Je vous prie de me mander si je peux me flatter d'avoir l'honneur de vous voir cette année; cela me feroit bien plaisir, car je vous assurerois que je suis et serai toute ma vie,

« Monsieur mon très-cher père,

« Votre très-humble et très-obéissante fille et servante,

« Sœur A. FOUCAULT. »

« LETTRE DE LA SŒUR DE FOUCAULT,
« ABBESSE DE JARCY.

« Ce 21 septembre 1702.

« Vous m'avez fait beaucoup de plaisir, « mon cher frère, de m'assurer que votre « santé se rétablit et que les eaux vous font « du bien; mais je souhaite pour vous le « repos, et c'est ce que vous ne pouvez « prendre dans le poste où vous êtes. Je « suis bien aise de vous faire part de l'en-« trée de ma nièce au noviciat. Elle a fait « cette action avec une ferveur qui m'a « touchée. Je crois qu'elle sera bonne re-« ligieuse. Elle a des talens fort aimables, « beaucoup de voix, une disposition natu-« relle au dessin, qu'elle fait des choses « qui surprennent, sans avoir appris. Je « chercherai les moyens de cultiver cette « inclination, qui convient très-fort à la re-« traite, et qui fait passer le temps sans « ennui. Sa sœur est malade des fièvres « depuis un mois. Elle est très-infirme et « n'a pas un point de vie, ce qui me tou-« che fort. Je vous prie de lui écrire avec « amitié.

« Mes sœurs ne sont pas venues depuis « leur retour de chez vous; elles comptent

l'extrémité de la maladie de M. de Pomereu, conseiller d'état; j'en écrivis après sa mort à M. Chamillart, qui me manda que le roi avoit

« toujours de faire ce grand voyage, mais
« il survient des obstacles qui rompent tous
« les projets.
« Je suis, mon cher frère, avec tout
« l'attachement possible, etc. »

« A M. Foucault, intendant de Caen,
    « à Caen (basse Normandie). »

« LETTRE DE MADAME DE VILLENEUVE,
    « SŒUR DE FOUCAULT.

        « Ce 15 octobre 1702.

« J'oubliai de vous mander, la dernière
« fois que je vous écrivis, mon cher frère,
« que nous avions trouvé votre dernière
« fille au noviciat dans une grande fer-
« veur. Elle demande avec empressement à
« prendre le voile et voudroit que ce pût
« être dans le mois de novembre. Je crois
« que votre intention n'est pas d'attendre
« plus longtemps à lui donner satisfaction,
« et que vous aimez autant que cette céré-
« monie se fasse sans vous que d'attendre
« que vous soyez ici. L'abbesse nous de-
« mande si vous ne vous étiez point expli-
« qué de ce que vous vouliez faire pour
« cette fille, parce que, avant qu'elle prenne
« l'habit, il faut la proposer à la commu-
« nauté et lui faire part des conditions aux-
« quelles l'on la reçoit. Nous lui disions
« que nous n'avions point traité ce cha-
« pitre avec vous, que vous saviez seule-
« ment qu'il ne falloit point se régler sur
« ce que vous aviez fait pour votre aînée,
« qui étoit une personne infirme et, par
« conséquent, hors des règles ordinaires;
« que ma sœur avoit eu une fille religieuse
« à Jarcy; qu'il falloit vous demander si
« vous vouliez faire les mêmes conditions,

« qui étoient de donner 1,000 francs d'ar-
« gent comptant, 100 écus de pension pour
« le couvent, et de meubler et équiper la
« fille. L'abbesse nous dit qu'elle n'en de-
« manderoit pas davantage, et que nous
« pouvions vous faire la proposition sur le
« même pied. Reste la pension particulière
« pour la fille. Il nous est revenu de plu-
« sieurs endroits qu'elle voudroit fort que
« vous la traitassiez comme son aînée, c'est-
« à-dire que vous lui donnassiez 100 écus;
« mais nous avons rejeté fort loin cette
« proposition. Nous avons dit qu'il nous
« paroissoit que 100 ^{lt} étoient une pension
« très-raisonnable; mais la petite fille insiste
« à avoir davantage, et je ne sais s'il ne
« vous en coûtera pas 50 écus. J'ai promis
« à l'abbesse de lui rendre votre réponse;
« si les propositions que je vous fais vous
« conviennent, écrivez-moi incessamment;
« pour la pension particulière, vous pourrez
« attendre à la régler que vous soyez à
« Paris. Je vais faire un petit voyage de
« quatre ou cinq mois à la campagne avec
« ma sœur. Mes affaires vont toujours le
« même train, et je ne puis finir avec
« M. Saudrier, qui me remet de jour en
« jour.
« Je vous embrasse, mon cher frère,
« mille et mille fois. »

« A M. Foucault, intendant en basse
    « Normandie, à Caen. »

« LETTRE DE LA SŒUR DE FOUCAULT,
    « ABBESSE DE JARCY.

        « Ce 29 octobre 1702.

« Je suis bien aise, mon cher frère, que
« vous consentiez aux désirs de notre pos-
« tulante, qui a de très-bons sentiments.

destiné la première place qui viendroit à vaquer à M. Dubois, son beau-frère, ancien prévôt des marchands.

« J'espère qu'elle sera une bonne reli-
« gieuse. Je n'ai rien fait à son égard que
« de l'aveu de monseigneur le cardinal, qui
« entre avec une bonté de père dans tout
« ce qui me touche. J'en reçois en toute
« occasion dans mes affaires la même pro-
« tection que je recevrois de vous si vous
« étiez placé où je vous souhaite. Je ne vois
« pas tranquillement remplir par d'autres
« une place que vous devriez occuper depuis
« longtemps. Il faut espérer que votre tour
« viendra, et qu'enfin le roi vous rendra
« justice. Je suis ravie que votre santé soit
« entièrement rétablie; Dieu vous la con-
« serve maintes années! Vous aurez la bonté
« d'engager une de mes sœurs à acheter
« ce qu'il faudra pour ma nièce. J'espère
« faire sa cérémonie à la fin de novembre.
« M. de Villeneuve a loué une maison à
« deux lieues d'ici; il me visite par droit de
« voisinage très-gracieusement.

« Je suis, mon cher frère, entièrement
« à vous. »

« A M. Foucault, intendant de Caen,
« à Caen (basse Normandie). »

« LETTRE D'ANNE FOUCAULT.

« Monsieur mon très-cher père,

« C'est pour savoir l'état de votre santé
« que je me donne l'honneur de vous
« écrire, quoique j'en aie appris depuis
« peu de mes tantes, lesquelles m'ont dit
« être bonne, ce qui m'a fait un plaisir que
« ma plume ne peut pas expliquer. Je vous
« supplie, mon très-cher père, de ménager
« votre santé et ne vous point tant fatiguer.
« Je me suis déjà donné l'honneur de vous
« mander que j'étois entrée au noviciat. Je
« m'appuie sur la bonté que vous m'avez

« toujours témoignée, ce qui me fait croire
« que vous ne trouverez pas mauvais que
« je m'adresse à vous-même, mon très-
« cher et très-honoré père, plutôt qu'à
« aucun autre, pour obtenir la grâce d'avoir
« pour ma pension particulière 200" et
« pour la maison 400". J'espère tout de la
« bonté que vous avez pour moi. Je vous
« supplie, mon très-cher père, de consi-
« dérer que la maison n'est pas en état de
« me donner toutes les choses qui me sont
« nécessaires, et que j'use beaucoup plus
« qu'une autre. Je sais que j'ai assez de
« santé, mais je peux devenir infirme, et je
« suis bien aise de ne manquer de rien.
« De plus, mon très-cher père, c'est que
« je n'aurai que le bien que vous me ferez
« présentement, et que, si vous n'avez pas la
« bonté de me faire un bon parti à présent,
« c'est pour ma vie, et il ne sera plus temps
« de m'en repentir. J'espère que vous ne
« me refuserez pas ce que je vous demande.

« Je suis avec un très-profond respect,

« Monsieur mon très-cher père,

« Votre très-humble et très-obéissante
« fille et servante,

« Sœur A. Foucault. »

« Ma cousine de la Brosse vous assure
« de ses respects. »

« LETTRE D'ANNE FOUCAULT.

« Monsieur mon très-cher père,

« J'ai reçu les lettres dont il vous a plu
« de m'honorer; elles m'ont causé un véri-
« table plaisir, m'y apprenant les nouvelles
« d'un père pour qui j'ai tout le respect et
« l'attachement, si j'ose me servir de ce
« terme, que l'on puisse jamais avoir. J'ai

350   MÉMOIRES

Le 26 décembre, j'ai écrit au roi pour lui demander la place du conseil vacante par la mort de M. Courtin, et ai adressé ma lettre à M. Chamillart.

1703.

Au commencement de 1703, le roi a donné un édit pour l'aliénation des hautes justices[1]. J'en ai adjugé un grand nombre, et surtout à M. de Matignon, pour joindre à la justice de Condé.

Le 18 janvier 1703, j'ai écrit au P. de la Chaise que j'avois un fils âgé de dix-huit ans, en vocation et en état de remplir un bénéfice, s'il avoit la bonté de lui en procurer un. — (*Vid.* la lettre.)

Madame de Mondonville est morte au mois de janvier 1703, au couvent des Hospitalières de Coutances. Elle a désiré que son corps fût envoyé à Toulouse, mais le roi ne l'a pas agréé.

« un sensible regret, mon très-cher père,
« d'être privée de l'honneur de votre pré-
« sence à ma vêture; mais ayant peur que,
« si je venois à attendre, vous ne fussiez
« encore empêché par quelque affaire, cela
« me fera prendre le parti de supplier ma
« tante l'abbesse de vouloir bien ne me pas
« retarder, puisque vous m'avez donné,
« mon très-cher père, votre consentement.
« Ma tante m'a dit que vous donnez pour la
« maison comme ma cousine Saint-Louis,
« c'est à elle à voir si elle est contente, et
« que pour moi vous régleriez tout lors-
« que vous seriez à Paris. J'espère que vous
« ne me refuserez pas ce que je vous ai
« demandé. Je suis avec un très-profond
« respect, Monsieur mon très-cher père,

      « Votre très-humble et très-obéissante
            « fille et servante,

                « Sœur A. Foucault. »

« Ma cousine la sous-prieure vous assure
« de ses respects. »

« LETTRE D'ANNE FOUCAULT.

                        « Ce 15 novembre.

« Monsieur mon très-cher père,
« Je prends la liberté de vous écrire,
« non pas dans l'espérance d'avoir le bon-
« heur de vous voir à ma vêture, laquelle
« se fera ce 26 novembre. Ma joie seroit
« bien grande si j'osois me flatter d'avoir
« bientôt l'honneur de vous voir, mais je
« ne l'ose faire dans la crainte que j'ai d'en
« être privée. Je suis avec respect,
« Monsieur mon très-cher père,

    « Votre très-humble et très-obéissante
        « fille et servante,

                « Sœur Foucault. »

[1] Nous n'avons pas retrouvé cet édit, qui permettait probablement des aliénations de hautes justices seigneuriales. Plus tard, la jurisprudence des parlements les rendit facultatives aux seigneurs sans permission du roi.

DE NICOLAS-JOSEPH FOUCAULT.   351

Au mois de janvier 1703, j'ai vendu le fief de Carcassonne à M. Aubert, receveur général des finances de Caen, la somme de... M. le chancelier de Pontchartrain a désiré que je donnasse la préférence à M. de Marescot.

Le 23 février, madame d'Olonne m'a donné son portrait de l'âge de dix-huit ans; c'étoit la plus belle femme de son siècle. Elle est morte à l'âge de...[1]

En 1703, le roi a accordé à mon fils, avocat du roi au Châtelet, une dispense pour passer du Châtelet au conseil, ce qui étoit sans exemple. M. de Harlay, premier président du parlement, fit sur cette grâce extraordinaire des remontrances au roi, qui n'y eut point d'égard. M. le chancelier de Pontchartrain me manda, le 15 avril 1703, que M. Chamillart avoit beaucoup contribué à l'obtention de cette grâce et qu'il m'en félicitoit. — (*Vid.* aussi la lettre de M. Chamillart ci-jointe et celle que j'ai écrite à M. le chancelier.)

Versailles, le 15 avril 1703.

Monsieur,

J'ai obtenu du roi la grâce que vous avez désiré que je demandasse pour M. votre fils. Cette grâce est si singulière qu'en même temps que je vous apprends que Sa Majesté vous l'a accordée, je ne puis assez vous en marquer l'étendue ni en relever le prix. Elle m'a paru si extraordinaire que je vous dirai que, quelque désir que j'aie toujours eu de vous faire plaisir, je balançois néanmoins à entreprendre un aussi grand ouvrage et pour lequel je savois même que le roi avoit quelque opposition. Mais je vous avoue que l'amitié que M. Chamillart a pour vous et l'empressement avec lequel il m'a sollicité en votre faveur m'a déterminé à ne penser qu'à ce qui pouvoit faire

---

[1] Catherine-Henriette d'Angennes, comtesse d'Olonne, morte le 13 juin 1714. « Elle avoit, dit Dangeau, quatre-vingts « ans passés, et dans sa jeunesse elle étoit « la femme en plus grande réputation de « beauté. » Saint-Simon ajoute que la comtesse d'Olonne était sœur aînée de la maréchale de la Ferté, et que, restées veuves toutes deux, elles furent célèbres par leur galanterie, puis se convertirent.

réussir votre affaire; et j'ai si bien pensé et si bien agi, qu'elle a eu tout le succès que vous pouviez espérer. Vous voyez par ce récit que c'est à M. Chamillart à qui vous avez la principale obligation. Vous ne pouvez trop le remercier et je ne puis trop vous féliciter.

Je suis,

Monsieur,

Votre affectionné serviteur,

PONTCHARTRAIN.

M. Foucault.

Marly, le 21 avril 1703.

Monsieur,

J'ai reçu la lettre que vous avez pris la peine de m'écrire le 18 de ce mois. J'avois parlé au roi pour la dispense de M. votre fils, et sans le secours de M. le chancelier, que j'y trouvai disposé très-favorablement, il auroit eu bien de la peine à l'obtenir. Je n'attends point de vous des remerciemens. Pour les choses qui pourront vous faire plaisir, je n'y serai pas moins sensible que vous même, étant,

Monsieur,

Votre très-humble et très-affectionné serviteur,

CHAMILLART.

M. Foucault.

Le sieur de Sequeville, capitaine dans le régiment de cavalerie d'Aubigné, ayant poursuivi ivre un soldat jusques dans ma maison et manqué de respect à ma femme, a été cassé le 10 septembre 1703.

Toute l'année 1703 s'est passée en basse Normandie à lever des milices et à les équiper. M. de Montcault a été chargé de les dresser, et y a très-bien réussi.

M. le marquis de Gratot avoit fait une compagnie de gentilshommes aux dépens de la province, mais il a plus songé à son intérêt et à un intérêt sordide qu'au soulagement de la province; cela a été avéré, et la compagnie n'a pas subsisté.

Les ennemis se sont promenés le long de nos côtes et ont brûlé quelques mauvaises maisons sans entreprendre de descente.

On a levé un régiment pour M. le comte de Thorigny, fils de M. de Matignon. J'ai pris beaucoup de soins pour le rendre beau.

M. de Beuvron m'a mandé qu'il a levé neuf régimens de milices en haute Normandie, c'est M. d'Igulville[1], brigadier, qui en prenoit soin.

M. de Matignon avoit compté sur mille gentilshommes complets.

On a envoyé cent invalides sur nos côtes.

J'ai jugé plus à propos de faire payer, par les paroisses qui doivent fournir des recrues aux officiers du régiment de Thorigny, 60^{tt} par chaque homme, que de les obliger de donner un homme; ce qui a été exécuté.

J'ai empêché qu'on ne levât un nouveau régiment de milices dont M. de Matignon vouloit faire colonel M. de Montaigu, gentilhomme qui n'a point servi.

Les deux compagnies de jeunes gentilshommes que le roi avoit créées, et M. de Matignon, formées dans la généralité de Caen pour la défense des côtes, en septembre 1703, ont été licenciées. M. d'Aigremont avoit dressé ces deux compagnies avec beaucoup de soin; elles faisoient l'exercice comme celles des mousquetaires et étoient très-bien disciplinées.

La petite flotte qui portoit des vins, des eaux-de-vie, des agrès et autres choses à Brest, escortée par deux frégates commandées par le sieur de Touronne, ayant été poursuivie par des vaisseaux anglois, elle se retira dans l'anse de Saint-Jean-le-Thomas, près le mont Saint-Michel, où les ennemis vinrent la brûler. Les officiers de la côte ne se donnèrent aucun mouvement pour secourir cette flotte.

Il y a eu un ordre du roi pour casser tous les officiers des régi-

---

[1] Nicolas de Lesdo de la Rivierre d'Igulville. « On le créa inspecteur général de l'infanterie pour la Normandie par commission du 15 juin 1702, et brigadier « par brevet du 28 janvier 1703. Il résida « dans cette province jusqu'à sa mort, le « 26 octobre 1715. » (*Chronologie historique militaire*, par Pinard, t. VIII, p. 119.)

mens des côtes qui sont gentilshommes, et de les faire servir dans l'arrière-ban, aussi bien que ceux qui ont des enfans dans le service, quoique par les règlemens de l'arrière-ban ces derniers en soient exempts.

La compagnie de cent gentilshommes qu'avoit levée M. de Gratot a donné de la jalousie à M. de Canisy, qui a demandé à M. de Matignon qu'il en commandât la moitié; à quoi M. de Gratot n'a pas voulu consentir, et M. de Matignon a proposé à M. de Canisy de lever une pareille compagnie dans son département, ce qu'il a refusé et n'étoit pas même possible attendu la grande dépense.

Le rôle des taxes sur la noblesse, qui doivent servir de fonds pour mettre sur pied cette compagnie de cent gentilshommes, étoit d'abord de 18,000 ʰ sur les deux généralités de Caen et d'Alençon. M. d'Angervilliers, intendant d'Alençon, m'a mandé qu'il n'étoit pas juste que les bailliages d'Alençon et de Falaise payassent autant que ceux de Caen et de Coutances, et qu'il offroit le tiers pour la contribution de son département, qui ne fournit que vingt-cinq gentilshommes.

M. de Matignon a réformé quarante gentilshommes de la compagnie de M. de Gratot, qui m'en a fait ses doléances.

M. de Gratot, lorsque la compagnie de gentilshommes a été cassée, a pris les meilleurs chevaux pour faire une recrue à la compagnie de cavalerie de son fils, et a gardé les selles et les équipages des autres.

M. de Montcault a fait imprimer à Caen un règlement pour l'infanterie de basse Normandie, qui regarde les évolutions et la discipline des régimens.

Le... novembre 1703, ma troisième fille[1] a fait profession à Jarcy.

Ayant fait mettre en 1702 les filles du sieur de Colleville, conseiller du parlement de Rouen, opiniâtre religionnaire, dans le couvent des Ursulines de Caen, elles ont trouvé moyen d'escalader les

---

[1] Voy. plus haut, page 347, note 1.

murailles. Le roi a jugé à propos de faire mettre le père dans le château de Caen pour y rester jusques à ce qu'il ait représenté ses filles[1].

La nommée Marie Bucaille a été condamnée en 1700, par arrêt du parlement de Rouen, à avoir la langue percée et au bannissement perpétuel, pour sacriléges et débauches avec un P. Saulnier, cordelier, que sa fuite mit à couvert des peines qu'il méritoit. Cette fille avoit longtemps abusé le public par de prétendues révélations, tantôt contrefaisant la possédée et tantôt l'illuminée, mais toujours vivant dans une débauche avérée avec le P. Saulnier. Elle fut renvoyée à Valognes pour l'exécution du premier chef de l'arrêt; mais l'exécuteur gagné ne lui perça point la langue, et elle demeura à Cherbourg au lieu d'exécuter son ban. Elle y contrefaisoit la béate et y semoit une mauvaise doctrine, ayant même des sectateurs. Cherbourg est le lieu où le cas de conscience a pris naissance. Sur l'avis que j'en ai donné à la cour, elle a été mise aux filles de la Charité de Caen[2].

1704.

Au mois de janvier 1704, M. le chancelier de Pontchartrain a fait recevoir mon fils maître des requêtes au parlement, sans examen.

Au mois d'avril 1704, j'ai fait un voyage à Paris.

Le 2 avril 1704, le roi m'a accordé des lettres de conseiller d'état du semestre de juillet[3]; la mort de M. de Harlay de Bonneuil a fait vaquer une place d'ordinaire dans le conseil, qui a été remplie par M. [Chauvelin], conseiller d'état de semestre[4]. Le 7 avril, j'ai prêté le serment entre les mains de M. le chancelier.

---

[1] Voy. Floquet, *Histoire du parlement de Normandie*, t. VI, p. 169.

[2] Sur l'histoire de Marie Bucaille et du P. Saulnier, voy. Floquet, ouvr. cit. t. V, p. 731.

[3] Les conseillers de semestre étaient distincts des conseillers ordinaires, et ne devaient le service que pendant six mois par an. (Voy. Chéruel, *Histoire de l'administration monarch. en France*, t. I, p. 349.)

[4] « M. de Harlay, qui a été plénipoten-« tiaire à la paix de Ryswick, mourut la « nuit à Paris; il étoit conseiller d'état « ordinaire. Le roi fait monter en la place « d'ordinaire M. Chauvelin, qui étoit le plus « ancien des conseillers d'état de semestre,

Le 15 mai, le présidial de Caen, l'Académie et l'Université m'ont fait leurs complimens sur ma promotion à la place de conseiller d'état. Je leur ai fait les remerciemens ci-joints.

A l'Académie.

L'honneur que vous m'avez fait de me nommer protecteur de votre Académie vous engage de prendre part à mon élévation. Je serois cependant moins sensible à la grâce que le roi vient de me faire, si elle ne me donnoit en même temps l'espérance de procurer des avantages à votre compagnie et de rendre mon zèle utile au service des personnes qui la composent. Ce zèle commence d'avoir son effet par la protection dont M. le chancelier veut bien honorer votre corps. Il lui accordera des lettres pour son établissement, les plus avantageuses qu'aucune autre académie ait obtenues. Je suis persuadé, Messieurs, que vous répondrez par vos ouvrages à l'idée qu'il a conçue de la délicatesse et de la solidité de vos esprits. Cette prévention, quelque juste et fondée qu'elle soit, mérite que vous n'oubliiez rien pour la soutenir et pour lui en marquer votre reconnoissance.

Au Présidial.

Je reçois, Messieurs, vos félicitations avec reconnoissance; mais j'avoue qu'elles me feroient encore beaucoup plus de plaisir, si la place qui vous engage de me les faire me mettoit plus en état de vous procurer les soulagemens dont vous avez besoin. Tenez-moi compte au moins de ma bonne volonté, et attendons tous d'un meilleur temps les effets de l'amour que le roi a pour ses sujets et du désir extrême que j'ai de vous rendre mes services.

« et donne à M. Foucault, intendant à « Caen, la place de conseiller d'état de « semestre. » (*Journal de Dangeau*, 2 avril 1704.)

« M. Foucault, ajoute Saint-Simon dans « ses notes sur le Journal de Dangeau, s'est « fait un nom dans la république des lettres « par le goût fin et cher de sa curiosité « en médailles et en antiquités de toutes « sortes, qu'il rechercha dès sa jeunesse. « C'étoit un fort honnête homme, et qui « ne fut pas heureux en son fils. »

A la Vicomté[1].

Vous me faites justice, Messieurs, de prendre part à ce qui me regarde, vos intérêts m'étant en recommandation particulière. Je voudrois bien vous en pouvoir convaincre par des effets, ayant pour le corps, pour le chef et pour chaque officier en particulier de votre compagnie, toute l'estime et la considération que vous méritez.

Au mois de juin 1704, j'ai fait établir le tarif[2] dans la ville de Bayeux, qui auparavant payoit la taille.

Le 7 juillet[3] 1704, j'ai fait une fête à Caen pour la naissance de M. le duc de Bretagne[4]. — (*Vid.* la Relation.)

RELATION
DES RÉJOUISSANCES FAITES A CAEN
PAR M. FOUCAULT,
conseiller d'état, intendant de basse Normandie,
POUR LA NAISSANCE DE MONSEIGNEUR LE DUC DE BRETAGNE,
LE DIMANCHE 6 JUILLET 1704.

La France a toujours été regardée comme la nation du monde la plus affectionnée à ses rois; mais, si ce tendre amour des sujets pour leur souverain n'a jamais plus constamment paru que sous le règne de Louis le Grand, on peut dire aussi que nul autre prince ne l'a mieux mérité par de plus solides vertus, par son amour pour les

---

[1] On appelait vicomtés, en Normandie, des tribunaux de première instance qui connaissaient des causes civiles entre roturiers, et dont les jugements ressortissaient devant les baillis.

[2] Le tarif était un droit qui fut d'abord particulier à Alençon, et en vertu duquel cette ville remplaçait la taille imposée à ses habitants, par un tarif d'octroi frappant sur les marchandises qui y entraient pour être consommées ou vendues.

[3] C'est le 6 juillet. (Voy. la relation qui suit.)

[4] Le duc de Bretagne, fils aîné du duc et de la duchesse de Bourgogne, naquit à Versailles le 25 juin 1704, et mourut le 13 avril 1705, sans avoir été nommé.

peuples, par une plus longue suite de victoires et par un règne plus heureux, quoique plus long que celui d'aucun de ses prédécesseurs. L'ardeur des peuples à faire paroître leur zèle ne se voit pas seulement dans les occasions dont les grands succès peuvent procurer leur repos, elle semble plus vive dans les avantages personnels du prince et de sa famille; elle n'attend point alors des ordres exprès pour éclater; elle les prévient, elle court au-devant, et l'autorité du magistrat est plus nécessaire pour donner des bornes aux réjouissances publiques que pour les exciter. C'est ce qu'on a vu à la naissance de tous nos augustes princes; celui que le ciel vient d'accorder à nos vœux comble la France d'une joie d'autant plus grande qu'elle n'avoit point vu jusques ici aucun de ses rois jouir d'un pareil bonheur. Il vient tous les jours de nouvelles relations des fêtes de Paris, mais, quelque magnifiques qu'elles soient, je ne sais si elles l'emportent sur celle que donna, dimanche sixième juillet, M. Foucault, conseiller d'état et intendant de cette généralité : le bon goût de cet illustre magistrat pour les beaux-arts est connu de toute la France et de tous les savans de l'Europe, et son zèle pour le service et la gloire du roi lui a mérité plus d'une fois les louanges et les marques de la satisfaction de ce grand prince, dont la sagesse dans le choix de ses ministres est une de ses plus excellentes qualités, et fait le plus juste fondement de l'éloge de ceux qu'il honore de ses emplois.

La fête commença par un *Te Deum* chanté en musique dans la principale église de cette ville; M. l'évêque de Bayeux, dont le zèle pour la gloire du roi égale la piété, en fit la cérémonie; les divers ordres de la ville s'y rendirent avec les ornemens qui les distinguent; la musique répondit à ce qu'on attendoit de l'habileté de celui qui la conduit. Cette action de piété finie, le peuple fut attiré à la porte de M. Foucault par une décoration magnifique de la face de son hôtel; les armes de France, de Dauphiné, de Bourgogne et de Bretagne, ornées de festons et de couronnes de fleurs; une infinité de lanternes chargées de fleurs de lys et d'hermines formoient jusques au toit un ordre d'architecture très-régulier et très-agréable; deux fontaines de vin, qui sortoient de deux masques, coulèrent le reste du jour; elles firent mettre aux fenêtres les personnes de la ville les plus considérables, qui se divertirent longtemps des cris de joie du peuple et de son empressement à profiter de cette largesse. Ce divertissement conduisit insensiblement jusques à l'heure du souper. Quatre grandes tables servies magnifiquement dans la salle d'audience superbement parée reçurent en très-grand nombre toutes les dames de distinction de la ville et des environs, qui s'étoient rendues à Caen pour prendre part à ces réjouissances; les cavaliers les servirent, et madame Foucault, accoutumée depuis longtemps à ordonner ces sortes de fêtes, fit parfaitement bien les honneurs de celle-ci. Tout ce que la province si abondante fournit par elle-même et par son commerce dans les pays étrangers, soit de liqueurs, soit de fruits, tout, dis-je, parut avec profusion dans ce repas; mais la nuit qui s'approchoit, ayant renouvelé l'empressement qu'on avoit de jouir du plaisir des illuminations que la préparation de la face du logis promettoit, fit lever de table assez promptement, et toute la compagnie marcha vers le lieu où le feu étoit préparé. Je ne dirai point ici en quel état parurent les dames, on juge assez qu'elles n'avoient rien oublié de tout ce que l'ajustement peut contribuer au bon air et à la beauté; croyons favorablement que leur unique dessein n'étoit que d'orner la fête; ce fut un spectacle très-agréable de les voir marcher à pied, invitées par le beau temps, entre deux haies du peuple que quelques gardes contenoient dans le devoir, où le retenoit encore davantage le respect qu'il a pour M. Foucault, qui les accompagnoit avec toute la noblesse.

Caen est situé dans un vallon sur le bord de la rivière d'Orne, entre deux grandes prairies qu'on diroit avoir été dressées au niveau; deux faubourgs s'étendent au-dessus de la ville. Sur les deux coteaux qui terminent ces prairies, d'un côté, la maison des RR. PP. jésuites et l'abbaye royale de Saint-Étienne, avec plusieurs tours de diverses paroisses; de l'autre, un long faubourg et plusieurs villages presque contigus, avec leurs clochers, forment une perspective charmante dont la vue est terminée par une belle maison de campagne et quelques bois en éloignement. A l'entrée de cette prairie est un boulevard sur lequel est bâti un gros pavillon très-propre; ce boulevard est planté de quatre rangs d'arbres, qui font un très-beau berceau; un grand canal est au-dessous; au bout de ce canal, sur le bord de la rivière, règne un cours de quatre rangs d'arbres plantés par les soins de M. Foucault dès son arrivée à Caen. Ce fut ce beau lieu qu'il choisit pour y dresser un feu d'artifice, comme propre à contenir tout le peuple et à recevoir l'appareil du spectacle qu'il vouloit donner; trente-cinq pièces de canon amenées de plusieurs endroits éloignés furent placées dans le jardin des RR. PP. jésuites; à l'opposite, le régiment de la ville, commandé par M. de Monts, son colonel, fut mis en ordre de bataille, le feu au milieu; la nuit fut la plus favorable du monde par un nuage qui couvrit toujours la lune. Une décharge de l'artillerie, très-bien servie, et du régiment de Monts, qui y répondit de même, avertit le peuple que le spectacle alloit commencer. On vit naître en même temps une illumination charmante à perte de vue sur les deux bords de la prairie; il parut dans le jardin des RR. PP. jésuites un parterre de lumières d'un ordre admirable, un cordon de feu distingué d'espace en espace par de petits obélisques, un amphithéâtre de différentes figures compassées avec symétrie; tout cela terminé par l'illumination de leurs chambres et par une espèce de couronne que formoit la ceinture de leur église et la pointe de leur clocher. La tour de la paroisse Saint-Étienne éclairée en pyramide; celle de l'abbaye du même nom, disposée d'une autre figure, d'où partoient de temps en temps des fusées; le monastère de la Visitation illuminé dans toutes ses faces; le bois des pères capucins pareillement éclairé et qui servoit comme de fond à tous ces objets : cet amas de lumières durant toute la nuit fut un spectacle des plus magnifiques. De l'autre côté de la prairie, sur le bord de la rivière, plusieurs feux disposés à divers étages avec ceux du faubourg de Vaucelles partagèrent l'attention de l'assemblée. Un grand nombre de boîtes qui s'y tiroient de temps en temps sembloient le vouloir disputer par le tonnerre de leurs décharges à la douce illumination du coteau opposé, et obligeoient de tourner la vue. La compagnie de M. Foucault, ou se promenant sur le boulevard, sous un berceau de lumières dont les arbres étoient chargés, ou assise sur des siéges préparés, jouissoit sans embarras et sans confusion de la beauté de ces divers spectacles. Le bruit des tambours, le son des trompettes et de divers autres instrumens, le carillon continuel de toutes les cloches de la ville, au milieu d'une nuit des plus paisibles, se mêlant avec les acclamations du peuple, avoient en même temps quelque chose de terrible et d'agréable. Une infinité de fusées s'élançant en l'air firent tourner tous les yeux du côté qu'elles partirent; il n'est point d'imagination qui puisse se peindre l'effet que firent ces fusées, soit par leurs étoiles brillantes, soit par leurs pluies de feu sur l'enfoncement d'un ciel obscur, au milieu des deux coteaux aussi éclairés que nous l'avons dit; et quelque bien exécuté que fût tout cet appareil, on peut dire que le choix du lieu a fait la plus grande partie de sa beauté et du succès. L'eau dont ces prairies sont bordées, d'un côté par la rivière, de l'autre par le grand canal, augmentoit le spectacle par les feux qui s'y représentoient une infinité de fois, et sembloient s'y multiplier en cent différentes manières. Enfin le feu d'artifice commença. Un grand carré formoit en sa décoration une espèce de ville; quatre pyramides aux angles, une plus élevée au milieu, avoient un soleil pour amortissement. C'est le symbole de la gloire et de la grandeur de notre invincible monarque; ce soleil dominant sur les autres sembloit leur communiquer ses lumières et s'imprimer en eux. C'est ainsi que Louis le Grand répand sur nos augustes princes, ses enfans, les rayons de cette sagesse qui fait la gloire de son règne, produit les grands succès de tous ses desseins, est le bonheur de ses peuples et leur promet une longue suite de règnes heureux dans des successeurs élevés par un roi le plus savant de tous les rois en l'art de régner. Les armes de ces grands princes, accompagnées de trophées, environnoient l'édifice; les gerbes de fusées qui en partirent, l'éclat des boîtes, les roues de feu, en un mot toutes les différentes manières dont l'artifice fait agir ce terrible élément, tout répondit aux désirs de l'illustre magistrat qui donnoit cette fête et aux souhaits de l'assemblée. Deux nouvelles décharges de l'artillerie et du régiment de Caen succédèrent à l'effet du feu d'artifice.

La fête sembloit être terminée par là, le peuple songeoit déjà à se retirer, quand tout à coup des fanfares et le son martial de divers instrumens l'arrêtèrent encore et lui annoncèrent un nouveau divertissement. On vit s'avancer sur le canal une barque voguante avec fierté portant pavillon hollandois; plusieurs chaloupes partagées en trois escadres marchèrent à elle en ordre de bataille; elles portoient pavillon françois et espagnol; les équipages, galamment habillés de différentes livrées, à la faveur des flambeaux représentèrent un combat naval qui, de tous ces divers spectacles, fut un de ceux qui divertit davantage; ils attaquèrent le grand vaisseau durant plus d'une heure à coups de pétards et de fusées; ce petit combat parut vif et animé, et il contrefit si bien l'horreur des véritables, que, quoiqu'on fût persuadé qu'il n'y avoit rien à craindre, on ne pouvoit pas quelquefois s'empêcher de trembler pour eux; on vint à l'abordage et la grande barque fut enlevée.

La fin de ces divertissemens pour le peuple fut le commencement d'un nouveau pour les personnes de qualité; elles se rendirent dans le pavillon du boulevard pour y danser jusques au jour. Mademoiselle de Croymare fit parfaitement les honneurs du bal. C'est ainsi que cette fête fut terminée.

Il ne faut pas oublier que toute la ville entra dans le même dessein de monsieur Foucault; elle voulut aussi marquer son zèle et son amour pour son prince, dans une conjoncture qui doit remplir de joie tous les vrais François. Les bourgeois avoient allumé des feux dans les rues et illuminé leurs maisons. Tous les clochers de la ville, sans en excepter aucun, étoient de même éclairés en différentes figures. Celui de l'abbaye de la Trinité qui domine la ville, dont les feux étoient agréablement disposés par les soins de madame de Tessé, son abbesse, sœur du maréchal du même nom, en faisoit le couronnement.

DE NICOLAS-JOSEPH FOUCAULT. 363

Cet assemblage de pyramides de feu, opposé au lieu de la scène du divertissement, offrit au retour un nouveau spectacle. Ce grand corps de lumières qui éclairoit de loin fit paroître la ville toute en feu; on se promena dans les rues à la faveur de tant d'illuminations qui conduisirent jusqu'au jour[1].

Au mois de juillet 1704, M. Chamillart a obtenu la dispense d'âge en faveur de M. de Villeneuve, mon neveu, pour la charge de con-

---

[1] Il ne sera pas sans intérêt de comparer cette relation avec celle qui est contenue dans le Journal d'un bourgeois de Caen :

« Le 6 juillet 1704, M. Foucault, intendant à Caen, voulut marquer la joie « qu'il avoit de la naissance de monseigneur « le duc de Bretagne, premier fils sorti de « monseigneur le duc de Bourgogne et de « son épouse madame de Savoie. On donna « des ordres dans toutes les paroisses et « couvens de la ville de sonner toutes les « cloches à huit heures du soir, au signal « que l'on donna au beffroi de l'hôtel de « ville, et on alluma dans toutes les tours « des églises et couvens de ladite ville des « illuminations sur les dix heures, et on « ordonna que les bourgeois feroient des « feux devant leurs portes et des illumi- « nations à leurs fenêtres, ce qui fut exé- « cuté. M. l'intendant fit couler deux pièces « de vin pour ceux qui en voulurent pren- « dre. Il donna un repas magnifique et un « bal, et sur les onze heures du soir il alla « au pavillon de la foire pour voir tirer, « pendant environ une heure, un magni- « fique feu d'artifice qui étoit dans la prai- « rie sur un théâtre. Les bourgeois du « détachement étoient sous les armes, « proche le feu d'artifice, qui firent trois « décharges au son des tambours, et dans « le même temps on fit un combat de plu- « sieurs jeunes gens qui étoient dans douze « nacelles conduites par des matelots, les- « quels jeunes gens se jetoient une grêle « de petites fusées, et en attaquèrent une « autre grande qui perdit la victoire. Ce « combat étoit sous les fenêtres dudit pa- « villon de la foire, dans la rivière. C'étoit « une fort jolie chose à voir : tout étoit « rempli d'illuminations et des lanternes « de la ville qui se pendent en hiver dans « les rues, et pendant ce temps-là on tiroit « incessamment le canon au château. Les « PP. jésuites se distinguèrent beaucoup « dans cette occasion ; tout leur jardin étoit « rempli de feux d'artifice et de lampes « par étages. Ils avoient en outre quinze « pièces de canon qui tiroient continuelle- « ment. Il y arriva un grand malheur : le « nommé Montcoc, passementier, demeu- « rant rue des Quais, paroisse Saint-Pierre, « dans les maisons de la Charité, dans le « temps qu'il mettoit le feu à un des ca- « nons, un jeune homme qui étoit ivre « mit le feu à un autre canon qui étoit « derrière lui et dont le bout lui donnoit « dans le ventre, qui ne manqua pas, en « tirant, de lui envoyer les entrailles en « l'air et le tua sur la place.

« Toute la ville étoit dans la prairie et « sur le boulevard, jusqu'à une heure après

seiller de la cour des aides, vacante par la mort de son père[1]. Il n'avoit que vingt-deux ans et demi.

Le 18 août, j'ai écrit à M. le chancelier de Pontchartrain et à M. Chamillart pour leur faire agréer le mariage de mon fils.

Le 20 août, j'ai envoyé à M. Berryer une procuration pour le mariage de mon fils[2].

Au mois de septembre 1704, j'ai fait établir dans le collège des Jésuites de Caen une chaire de mathématique et d'hydrographie pour l'instruction des jeunes gens qui prennent le parti de la mer.

J'ai été commis par arrêt du conseil du .... 1704, pour faire le département des tailles de la généralité de Rouen, après la mort de M. d'Herbigny, maître des requêtes, intendant de ladite généralité. M. de Lamoignon de Courson a été successeur de M. d'Herbigny; j'ai fait ce département dans tout le mois de novembre, dont j'ai gardé les mémoires qui contiennent l'état de cette généralité en 1704. Mon fils m'a accompagné dans ce département.

Guillaume, mon second fils, ayant désiré servir sur mer et s'éprouver auparavant par quelque long voyage, il s'est embarqué à la Rochelle.

Mon second fils est mort dans les Indes cette année.

1705.

[Au mois de janvier], M. Chamillart a demandé au roi l'agrément de la charge de président de la cour des aides en faveur de mon neveu [M. Petit de Villeneuve], à ma très-humble prière. Elle lui a coûté 150,000ʰ, étant de nouvelle création. Le roi a pris sa charge de conseiller de la cour des aides pour partie du payement, pour 80,000ʰ.

Sur la fin de janvier 1705, M. le chancelier de Pontchartrain m'a

« minuit. Le sieur Renouf, doyen du Saint-Sépulcre, a fait la relation abrégée de cette fête en soixante-quatre vers qui ont été imprimés. »

[1] Foucault se trompe : M. de Villeneuve le père ne mourut qu'en mars 1705 (voy. ci-après, p. 366); mais sans doute il s'était retiré pour faire place à son fils.

[2] Nicolas-Joseph Foucault, marquis de Magny, épousa Catherine-Henriette de Ragareu, fille de René de Ragareu, maître des requêtes.

envoyé les lettres patentes de l'établissement d'une Académie de belles-lettres à Caen. — (*Vid.* les lettres, les statuts et mémoires.)

J'ai obtenu du roi l'établissement d'une chaire d'hydrographie et de mathématique à Caen, dans le collége des Jésuites. Elle a été ouverte, le 26 mars 1705, par le P. de Vitry[1], suivant le programme ci-joint[2] :

« L'ouverture de la classe d'hydrographie et de mathématique, « nouvellement fondée par Louis le Grand dans le collége royal de « la Compagnie de Jésus de la célèbre Université de Caen, se fera « jeudi, 26ᵉ de mars de l'année 1705. Le professeur royal d'hydro- « graphie et de mathématique prononcera dans le même collége un « discours françois sur les avantages de ce nouvel établissement, à « trois heures après midi.

« On commencera à enseigner l'hydrographie et les mathéma- « tiques dès le vendredi suivant, 27 mars. On dictera et on expli- « quera les traités en françois, suivant l'intention de Sa Majesté. Les « leçons se feront à deux heures précises après midi pendant le « Carême et jusques aux vacances, et à une heure et demie depuis « la Saint-Denis jusques au Carême. »

Le 25 mars 1705, j'ai reçu une lettre du R. P. Tambourin, général des jésuites, par laquelle il me remercie de la fondation d'une chaire de mathématique que j'ai procurée au collége des Jésuites de Caen. Je lui ai fait réponse.

Au mois de mars 1705, le roi a créé par un édit toutes les commissions dans l'artillerie en titres d'offices. M. Chamillart m'a envoyé les ordres pour Caen.

Au mois de mars 1705, il est arrivé un grand embrasement dans le bourg de Thorigny[3], le tiers des maisons ayant été entièrement brûlées.

---

[1] Le Journal d'un bourgeois de Caen, du 14 octobre 1704, nomme le P. Mahoudeau comme ayant rempli cette chaire en 1705 et 1706.

[2] Ce programme est une grande affiche imprimée à Caen, chez A. Cavellier, imprimeur ordinaire du roi et de l'Université.

[3] Suivant le Journal d'un bourgeois de Caen (p. 79, 100), cet événement aurait eu lieu le 1ᵉʳ septembre 1704.

Le... mars 1705, M. de Villeneuve, conseiller en la cour des aides, mon beau-frère, est mort, laissant cinq enfans, trois garçons et deux filles.

Le 3 août, j'ai jugé au présidial de Caen le procès criminel instruit contre les fraudeurs du quart-bouillon [1]; il y en a eu trois condamnés aux galères et le procès continué au sieur de la Houssaye, directeur des fermes de Caen.

J'ai fait accorder aux taillables de la généralité de Caen 30,000 ₶ de diminution sur les tailles de l'année.

Au mois d'octobre 1705, j'ai été commis pour faire le département des tailles dans la généralité de Rouen, M. de Courson, qui a succédé à M. d'Herbigny, n'y étant pas encore arrivé. M. Chamillart m'a envoyé une ordonnance de 3,000 ₶ pour ce voyage.

Le 30 décembre 1705, il a fait un ouragan universel dans le royaume qui a fait beaucoup de désordre dans les provinces [2].

1706.

Au mois de janvier, le roi a établi deux loteries royales.

Le roi a demandé aux villes des sommes, par forme de don gratuit, pour être confirmées dans leurs priviléges. J'ai envoyé à M. Chamillart l'état de ce qu'il pouvoit tirer des villes de la généralité de Caen, montant à 45,000 ₶.

Le 12 février 1706, il m'a été dédié une thèse d'hydrographie et de mathématique, soutenue au collége des Jésuites de Caen par André Pignot de Laulnay et Jean Molet, sous le P. de Vitry, professeur de cette école.

Le 22 février, j'ai reçu un ordre pour faire conduire dans le château de Caen le sieur de Saint-Jean, lieutenant général de Thorigny, pour avoir fait enfermer un huissier qui lui demandoit le payement

---

[1] Droit perçu en basse Normandie sur le sel blanc, qu'on nommait *sel de bouillon* parce qu'on l'obtenait en faisant bouillir de l'eau de mer dans des chaudières. On disait *quart-bouillon* parce que ce droit était égal au quart du prix du sel.

[2] Voyez, pour les détails, le Journal d'un bourgeois de Caen, à la date.

de ses augmentations de gages et tenu des mauvais discours. C'est sur mon avis.

Au mois de mars 1706, je proposai à M. le chancelier de Pontchartrain M. d'Hautesserre, procureur général de la cour des aides de Montauban, [pour la charge de premier président de la cour des aides de Montauban[1]] vacante par la mort de M. d'Aussonne; mais il m'a mandé que, sur le témoignage que cette compagnie et M. Le Gendre, intendant de Montauban, ont rendu en faveur de M. Le Franc de Caix, le roi lui avoit donné l'agrément de cette charge. Sa lettre est du 5 avril 1706.

Le 18 janvier 1706, M. de la Vrillière m'a écrit une lettre pour faire chanter le *Te Deum* pour la prise de Nice[2].

Le 4 mai, reçu une pareille lettre pour la victoire remportée en Italie, près de Calcinato[3].

Au mois de mai, il arriva une affaire entre M. l'évêque de Bayeux et le recteur de l'Université de Caen. Celui-ci prétend avoir le pas sur l'évêque dans toutes les assemblées de l'Université. Un religieux bénédictin soutint une thèse; le recteur me vint prier de savoir l'heure que M. de Bayeux viendroit à l'acte, afin d'en prendre une autre. M. de Bayeux, qui cherchoit depuis longtemps une occasion favorable de prendre place au-dessus du recteur, crut l'avoir trouvée, et, quoiqu'il m'eût marqué l'heure à laquelle il viendroit, il avoit envoyé une personne pour l'avertir quand le recteur seroit arrivé, se tenant prêt à marcher. En effet, il arriva dans le temps que le recteur ne l'attendoit pas et vint à lui brusquement pour le faire sortir de sa place. Le recteur se leva en faisant des protestations de la voie de fait dont usoit M. de Bayeux, qui s'emporta contre lui, en le traitant de petit pédant, quoique le recteur lui parlât respectueusement. Celui-ci quitta

---

[1] Nous restituons ainsi ce passage, parce que M. d'Hautesserre était depuis longtemps procureur général (voy. p. 91 et 217), et que, d'un autre côté, l'abbé d'Aussonne et Jacques Le Franc, seigneur de Caix, occupèrent, l'un après l'autre, la première présidence. (Voy. la table de la Gazette de France, et La Chenaye-Desbois, VI, p. 630.)

[2] Prise le 4 janvier par le maréchal de Berwick.

[3] Bataille de Calcinato gagnée, le 19 avril, par le duc de Vendôme.

la salle et se retira. Le religieux qui soutenoit l'acte fut si effrayé qu'il abandonna la thèse. M. de Bayeux l'envoya inutilement chercher, et, voyant qu'il ne venoit point, il ordonna à un jeune moine de monter sur le banc. Le moine dit à M. de Bayeux qu'il n'étoit qu'en troisième, et tout ce désordre finit en risée. Il y eut des plaintes réciproques portées à la Cour, mais on n'en parla au roi sur ma narration que pour le divertir, et Sa Majesté ne jugea pas à propos de régler le pas entre l'évêque et le recteur, celui-ci en étant constamment en possession dans les autres universités du royaume [1].

Au mois de mai 1706, j'ai jugé au présidial de Coutances le procès fait à des faux-sauniers du Havre-de-Lessay, qui ont assassiné trois commis du quart-bouillon. Trois ont été rompus vifs et les autres [condamnés] en d'autres peines, suivant les preuves.

Au mois de mai 1706, j'ai fait accorder 40,000 ^{lt} de diminution sur les impositions aux paroisses de la généralité de Caen qui ont le plus souffert d'un ouragan qui y est arrivé cette année.

Au mois de mai 1706, il a été fait au roi, par le nommé Pinson, une proposition de dessécher les marais de la basse Normandie, de rendre les passages des grand et petit Vey sans péril et de construire un port à la Hougue. Cette proposition avoit été déjà faite, il y a plusieurs années, par M. le maréchal de Bellefonds, qui avoit obtenu un arrêt du conseil qui lui adjugeoit la propriété du tiers desdits

---

[1] Le Journal d'un bourgeois de Caen parle aussi de cette affaire, à la date du 19 mai 1706; il ajoute que l'évêque de Bayeux poussa la rancune jusqu'à condamner par un mandement exprès plusieurs propositions extraites de cette thèse et d'autres passées dans la même abbaye des bénédictins de Saint-Étienne de Caen.

La pièce suivante, relative à cette scène, est annexée aux Mémoires :

« Versailles, le 6 mai 1706.

« Monsieur,

« Je vous envoie la lettre que le recteur « de l'Université de Caen m'a écrite, avec « la conclusion des docteurs et professeurs « au sujet de ce qui s'est passé à une thèse « entre M. l'évêque de Bayeux et ce rec- « teur, afin que vous preniez la peine de « vous instruire de la vérité et me mander « ce que vous en aurez appris.

« Je suis,

« Monsieur,

« Votre très-humble et très-affectionné « serviteur,

« LA VRILLIÈRE

« M. FOUCAULT. »

marais pour les frais du desséchement; mais, sur la représentation des habitans de plusieurs paroisses qui s'opposèrent à ce desséchement, M. de Morangis fut commis pour dresser procès-verbal des dires et contestations des parties, et envoyer le tout avec son avis au conseil, qui fut de laisser les choses en l'état qu'elles étoient.

Cette proposition ayant été renouvelée, en 1710, par quelques gentilshommes propriétaires d'un canton desdits marais, M. Guynet, lors intendant, [a été] commis pour examiner de nouveau l'état des lieux; il a donné son avis pour faire le desséchement, ce qui a été exécuté, et l'on a trouvé que c'étoit l'avantage du public et des possesseurs desdits marais.

Le 30 juin 1706, M. de Pontchartrain m'a mandé que les nouvelles d'Angleterre assurent une descente que l'armée navale des ennemis, qui est à l'île de Wight, doit faire en France, dont il donne aussi avis à M. de Matignon; qu'il étoit persuadé que nous n'oublierons rien pour nous y opposer.

Le 9 juillet, M. Berryer a loué, pour lui et pour moi, la maison de madame de Furstemberg, rue de Grenelle au faubourg Saint-Germain.

M. l'évêque de Bayeux s'étant plaint au roi que le sieur de Grimonville, principal du collége de Bayeux, avoit fait représenter par ses écoliers une pièce de théâtre qui a scandalisé toute la ville par des traits de satire contre des personnes les plus qualifiées de la ville, Sa Majesté l'a interdit de ses fonctions de principal jusques à nouvel ordre, sur mon avis. L'ordonnance est du 12 juillet 1706.

Ayant donné avis à M. de Pontchartrain de la vie scandaleuse que menoit M. de Montgommery dans sa terre de Chanteloup, près Coutances, dont il fait une retraite de bohémiens, le roi a jugé à propos de le faire mettre à la Bastille. Le présidial de Poitiers[1] avoit fait rouer des bohémiens qui déclarèrent que M. de Montgommery retiroit chez lui les chevaux et les meubles qu'ils voloient, et il lui auroit fait son procès, si je n'avois prié M. de Pontchartrain d'obtenir du roi qu'il fût mis en prison.

[1] Lisez Coutances, ou quelque autre présidial de la généralité de Caen.

M. de Matignon, évêque de Lisieux, a demandé au roi qu'il fût introduit des religieux réformés de Saint-Benoît dans son abbaye de Lessay, où les anciens vivoient licencieusement. Le roi l'a refusé, n'étant pas bien prévenu pour les réformés, qu'il étoit persuadé aimer le procès.

Le 8 août 1706, j'ai écrit une lettre à M. Chamillart, par laquelle je l'ai supplié de demander au roi que mon fils vînt prendre ma place d'intendant, y ayant trente-deux ans que je fais cette fonction dans quatre provinces et ma santé s'en trouvant fort altérée. Je l'ai prié, pendant que je suis dans les remèdes, de trouver bon que mon fils lui rende compte des affaires du département, ce qu'il a fait.

M. Chamillart m'a mandé, au commencement du mois d'août 1706, que le roi avoit agréé mon retour au conseil et que mon fils me succédât à l'intendance de Caen. Je lui en ai fait mes remerciemens par ma lettre du 19 août.

J'ai donné à mon fils les instructions qui lui étoient nécessaires pendant six semaines que j'ai resté avec lui à Caen. Il n'a tenu qu'à lui d'en profiter, mais Dieu n'a pas permis qu'il me donnât cette satisfaction.

J'ai donné avis de cette grâce à M. le chancelier et à tous MM. les ministres et secrétaires d'état.

Le 18 août, le roi a agréé la très-humble supplication que je lui ai faite, par le canal de M. Chamillart, d'accorder l'intendance de Caen à mon fils. M. Chamillart me l'a mandé par sa lettre du 16 août 1706 qui est ci-jointe :

Ce 16 août 1706.

Le roi vient, Monsieur, de vous accorder la permission de revenir, et à M. votre fils l'intendance de Caen. Je ne suis pas moins sensible que vous le serez aux grâces que Sa Majesté vous a faites, lorsque vous les apprendrez. Songez à rétablir votre santé, et venez ensuite jouir des fruits de vos travaux à Paris ou à Lestang[1].

Je suis, Monsieur, très-absolument à vous,

CHAMILLART.

---

[1] Maison de campagne de Chamillart.

M. le chancelier m'a écrit une lettre fort gracieuse sur la nomination de mon fils à l'intendance de Caen. Elle est ci-jointe :

Monsieur, j'ai une véritable joie que vous veniez ici remplir vos fonctions de conseiller d'état. Ce me sera un très-grand plaisir de vous voir au conseil et de vous avoir tous les jours avec moi. Je n'ai pas moins de joie que M. votre fils doive remplir votre place d'intendant. Je ne doute pas qu'il ne s'acquitte de tous ses devoirs avec la satisfaction du public; je le souhaite très-ardemment et je suis sûr qu'il ne vous laissera rien à désirer là-dessus.

Je suis, Monsieur, votre très-affectionné serviteur,

PONTCHARTRAIN.

Le 7 septembre, M. de la Vrillière m'a envoyé la commission d'intendant de Caen pour mon fils avec un compliment.

J'avois obtenu permission d'aller prendre les eaux de Bagnoles, mais je ne m'en suis pas servi.

Le 26 septembre, M. Chamillart m'a mandé que, puisque mon fils avoit profité des instructions que je lui avois données pour remplir dignement le caractère d'intendant, et que ma personne n'étoit plus nécessaire en Normandie, je pouvois quitter ce pays quand il me plairoit.

Le 6 décembre, l'abbé de la Luzerne, ordre de Prémontré, proche de Granville, m'a envoyé un acte capitulaire de sa communauté, par lequel il me rend participant de ses prières et de la meilleure part à ses bonnes œuvres. — (*Vid.* l'acte et la lettre.)

Le . . . . . j'ai donné à M. le chancelier le banc que j'avois à Saint-Roch. Mon père en avoit acquis la concession, de l'œuvre, moyennant six cents tant de livres. Les marguilliers de Saint-Roch m'avoient offert de me rembourser les 600# que mon père avoit payées à la fabrique pour la concession de ce banc; mais j'ai préféré d'en faire un présent à M. le chancelier, n'ayant pas dessein d'occuper la maison de la rue de Richelieu à laquelle ce banc étoit attaché.

1707.

Au mois de février 1707, j'ai proposé à M. de la Vrillière d'établir dans la ville de Saint-Lô une maison de refuge pour les filles tombées dans le désordre. Plusieurs dames offroient de contribuer à cet établissement, mais il n'a pas eu lieu.

Le 20 août, j'ai écrit une lettre à M. Chamillart, par laquelle je lui ai demandé pour mon fils l'intendance de Lyon, vacante par la promotion de Guyet à la charge d'intendant des finances. — (*Vid.* la lettre.)

Le 29 septembre, j'ai écrit à M. Chamillart pour obtenir du roi la charge de bailli d'Orléans, vacante par la mort de M. le marquis de Sourdis, en faveur de M. d'Avaray, son beau-frère. M. Chamillart m'a mandé que le roi l'avoit donnée à M. d'Antin.

Le....... 1707, le roi a accordé à ma très-humble prière le prieuré d'Entrefin à M. l'abbé Petit, mon neveu, sur la démission de M. l'abbé Baudouin. Ce bénéfice a passé depuis sur la tête de M. l'abbé Lormande, précepteur des princesses d'Orléans, à la réserve de 400^{tt} de pension que M. l'abbé Petit payoit à M. Baudouin, dont la mort, arrivée le 2 décembre 1716, a éteint cette pension.

1708.

Le 17 mars 1708, j'ai acheté, conjointement avec madame Foucault, une grande maison sise rue Neuve-Saint-Paul, de M. de Jassaud de la Lande et de M. Stoppa, capitaine aux gardes suisses, auxquels elle appartenoit, à cause des dames de Charny leurs épouses, moyennant 75,000^{tt} et 1,500^{tt} de pot de vin à M. Stoppa.

Madame Foucault avoit une moitié dans une maison rue des Prêtres, l'autre moitié appartenant audit sieur de la Lande, la totalité estimée 100,000^{tt}; nous avons cédé notre moitié audit sieur de la Lande pour le payement de la moitié de la maison de la rue Neuve-Saint-Paul; et, comme il ne lui étoit dû, pour sa part dans ladite maison, que 37,500^{tt}, il nous a passé un contrat de constitution de 12,500^{tt} de principal, qu'il a depuis remboursé.

Le 3 avril, M. le chevalier de Charny nous a fait signifier un retrait lignager[1] qui n'a pas eu de suite.

Le 29 septembre 1708, M. Desmaretz m'a envoyé une lettre anonyme de plaintes contre mon fils, pour y faire telle attention qu'elle pourroit mériter.

1709.

Le 9 juin, le roi paroissant très-content des services de M. Chamillart, ayant travaillé avec lui le matin, qui étoit un dimanche, lui envoya M. le duc de Beauvilliers lui annoncer qu'il pouvoit se retirer, ne pouvant plus se servir de lui dans la charge de secrétaire d'état de la guerre, dont l'agrément a été donné sur le champ à M. Voisin, conseiller d'état. Le roi a donné 60,000^{lt} de pension à M. Chamillart, dont madame Chamillart aura 24,000^{lt} après sa mort, et M. de Cagny son fils 6,000^{lt}. Le roi n'a point voulu le voir depuis, et a permis à son fils de traiter d'un régiment et de la charge de grand maréchal des logis dont est pourvu M. de Cavoie. Le caractère de ministre ne se perd point, mais M. Chamillart, n'allant plus à la cour, n'en fait point les fonctions, non plus que de la charge de grand trésorier de l'ordre du Saint-Esprit.

Le 31 juin précédent, M. Chamillart m'avoit écrit une lettre pour me prier de lui faire prêter 100,000^{lt} des 40,000 écus d'argent comptant que M. de Ragaru[2] avoit laissés. — (*Vid.* la lettre.)

Il m'écrivit le 7 une seconde lettre pour lui faire prêter 20,000^{lt} par M. Hénault. —(*Vid.* la lettre.)

J'ai commencé à faire réparer la maison de la rue Neuve-Saint-Paul, où j'ai fait construire un escalier et une entrée à neuf; les réparations et augmentations ont été achevées en 1710, et le tout a coûté.....

---

[1] On sait que le retrait lignager était un droit accordé aux parents de ceux qui avaient vendu un héritage propre, de le retirer sur l'acquéreur en lui remboursant le prix et les loyaux coûts.

[2] René de Ragaru ou de Ragareu, seigneur de Belle-Assise, maître des requêtes; Magny avait épousé sa fille.

Il a été enfermé dans les fondemens de mon escalier une plaque de cuivre dans une boîte de plomb avec l'inscription suivante :

« Cette maison, bâtie en 1547, a été réédifiée en partie en 1709 « par Nicolas-Joseph Foucault, marquis de Magny, conseiller d'état, « et Marie de Jassaud, son épouse. »

1711.

En travaillant aux tranchées du jardin de ma maison de la rue Neuve-Saint-Paul, on a trouvé 99 boulets de grès piqué et 3 de fer avec 2 grenades, savoir : 25 de grès de 16 pouces de diamètre et du poids de 182 livres; 15 de 12 pouces de diamètre et de 112 livres de poids; 20 de 11 pouces et du poids de 90 livres; 29 de 10 pouces et du poids de 60 livres. Les 3 boulets de fer sont de 12 pouces de diamètre et du poids de 300 livres chacun. Les 2 grenades ont 3 pouces de diamètre.

Il y a apparence que ces boulets servoient à charger les bombardes, et que ce jardin étoit le parc d'artillerie de l'hôtel de Saint-Paul, maison de plaisance des rois jusques à Henri II. — (*Vid.* la chronique de Louis XI.)

J'ai reçu une lettre de remerciement de l'université de Besançon, datée du 24 mars 1711, du gain du procès qu'elle avoit au conseil contre le parlement de Besançon.

J'ai été nommé par M. le chancelier de Pontchartrain pour signer le contrat du clergé, ce qui a été fait dans la salle du conseil à Versailles, le 13 juillet 1711 [1].

Au mois de juillet 1711, j'ai fait un voyage à Courcelles, où j'ai passé quinze jours avec M. Chamillart.

Le 24 décembre, le P. Le Tellier, confesseur du roi, m'a mandé que le roi avoit accordé à M. l'abbé Lormande le prieuré d'Entrefin, ordre de Grandmont, sur la démission pure et simple de M. l'abbé

---

[1] L'assemblée du clergé avait eu audience de congé du roi, à Marly, le 12 juillet. Ni Dangeau ni la gazette ne parlent de la signature du contrat du clergé à Versailles le lendemain.

Petit de Villeneuve, mon neveu. Ce prieuré étoit chargé de 400ᵗᵗ de pension envers M. Baudouin, mais, comme il ne les pouvoit porter, M. Lormande l'a rachetée moyennant 1,200ᵗᵗ.

1712.

Le 10 octobre, Madame, belle-sœur du roi, m'ayant demandé à Sa Majesté pour être chef de son conseil, elle l'a agréé et j'en ai fait depuis ce temps les fonctions.

M. le chancelier de Pontchartrain m'écrivit le 11 octobre que le roi lui avoit fait plusieurs questions sur mon sujet, et qu'il avoit assuré Sa Majesté que S. A. R. ne pouvoit faire un meilleur choix; qu'il l'avoit chargé de me dire qu'il l'approuvoit.

Le sieur Pynart, chanoine de la cathédrale de Blois, a fait assigner mes sœurs et moi au Châtelet, pour être condamnés à lui restituer le prix de la charge de trésorier de France à Poitiers, dont est mort revêtu M. Croullé, ami intime de mon père, qu'il avoit fait légataire universel de ses meubles et acquêts, dont cette charge faisoit partie. Ledit Pynart prétendoit que l'intention dudit sieur Croullé étoit de lui laisser cette charge, et qu'il l'avoit déclaré à mon père en mourant. Le testament est de 1672. Les parens se sont mis en possession des propres sans réclamer contre le testament, et quarante ans après ledit Pynart s'avise, dans la seule vue de fatiguer par un procès une famille à qui il avoit obligation; aussi a-t-il été débouté de sa demande par sentence du Châtelet, confirmée par arrêt du parlement. Il avoit envoyé à M. le chancelier de Pontchartrain un mémoire rempli de faussetés, qui me le renvoya, accompagné d'une lettre très-honnête.

1714.

Le 10 janvier, j'ai reçu une lettre du R. P. Benoist, provincial des Carmes d'Aquitaine, par laquelle il me mande qu'il a été arrêté dans leur chapitre qu'il seroit dit et célébré tous les jours une messe dans l'église pour demander à Dieu la prolongation de mes jours, et une des morts à perpétuité après mon décès, en reconnoissance de l'église et cloitres que je leur ai fait construire à Montauban.

1715.

Le 1ᵉʳ septembre 1715, Louis XIV, roi de France, est mort à Versailles. J'y ai passé, auprès de S. A. R. Madame, les huit jours précédant son décès, cette princesse ayant été plus touchée de sa maladie et de sa mort que personne de la cour, quoiqu'elle ait eu moins de sujet de se louer de son amitié que de son estime, car il ne pouvoit pas s'empêcher de l'estimer. Elle avoit aussi de grands sujets de se plaindre de madame de Maintenon, ce qui ne l'a pas empêchée de lui aller rendre visite à Saint-Cyr, où elle s'est retirée la veille de la mort du roi.

M. le duc d'Orléans alla le 2 septembre au parlement, où il fut déclaré régent du royaume par le testament du roi. M. le duc du Maine, fils de madame de Montespan, avoit été chargé de la surintendance de l'éducation du roi et de sa garde, en sorte que le commandement sur la Maison du roi lui étoit donné par ce testament, dont le parlement avoit été fait dépositaire; mais M. le duc d'Orléans représenta au parlement que, le commandement sur toutes les troupes lui appartenant, celles de la Maison en faisant partie, il devoit les commander comme les autres; ce qui lui a été accordé, M. le duc du Maine ayant demandé d'être déchargé de la garde.

Le roi ayant été tenir son lit de justice, la régence accordée à M. le duc d'Orléans y a été confirmée.

M. le duc d'Orléans a déclaré au parlement qu'il établiroit des conseils pour les affaires ecclésiastiques, pour la guerre, les finances, les affaires étrangères, celles de marine et du dedans du royaume.

S. A. R. Madame a demandé une place pour moi dans l'un de ces conseils, mais il est survenu une difficulté qui l'a empêché de m'en donner une, MM. Rouillé et des Forts, conseillers d'état, n'ayant pas voulu céder la préséance à M. le marquis d'Effiat, qui est comme eux du conseil de finance; M. le duc d'Orléans, pour terminer la contestation, a donné des lettres de vice-président à M. d'Effiat.

1716.

Le 3 juillet 1716, j'ai vendu à M. le duc de Parme les suites de médailles de grand, moyen et petit bronze [1], moyennant 18,000^{tt} qui m'ont été payées par M. le comte Pighetti, son envoyé. Le 24, il m'a envoyé du vin d'Italie qu'il a accompagné d'une lettre fort gracieuse.

Au mois de septembre 1716, M. Chamillart a perdu son fils unique, qui s'étoit acquis une estime universelle par ses bonnes qualités. Je lui en ai fait mes complimens.

Le 26 novembre 1716, M. le duc d'Orléans, régent, m'a nommé conseiller d'état ordinaire sur la démission volontaire de M. de Bâville, intendant de Languedoc; et M. de Courson, intendant de Bordeaux, son fils, a été nommé à ma place. J'étois le premier montant à la place d'ordinaire.

Nicolas-Joseph Foucault, mon petit-fils [2], a été mis au collége des Jésuites le.. décembre 1716, avec un préfet et un valet de chambre, et a été mis en septième.

1717.

M. le chancelier Voisin étant mort le 1er février 1717, MM. les conseillers d'état en corps ont été lui jeter de l'eau bénite, le 3 février, ainsi qu'il s'est pratiqué en semblables occasions. Ils s'assemblèrent chez M. de Marillac, doyen, à quatre heures après midi.

Le 18 mai 1717, le feu a pris à la maison de M. d'Avaray, à Soleure, à quatre heures après minuit. Elle a été consumée, et tout ce qui étoit dedans réduit en cendres en deux heures, n'y ayant eu que les personnes sauvées, la plupart des domestiques par les fenêtres, et beaucoup ont sauté dans les fossés; un secrétaire et le chef de cui-

---

[1] On appelle ainsi, dans le langage usuel de la numismatique, les médailles romaines impériales en bronze, de grand, de moyen et de petit module.

[2] Ce petit-fils de Foucault mourut en 1757, conseiller au parlement de Paris. (Voy. La Chesnaye-Desbois, à l'article *Foucault*.)

sine fort blessés. C'étoit une maison de bois, desséchée par le feu du temps des précédens ambassadeurs, et surtout pendant quatre jours que M. d'Avaray avoit donné à manger à quatre cents personnes. La ville de Soleure a couru grand risque. M. d'Avaray fit venir du canon du château pour abattre la maison voisine de la sienne et qui communiquoit à celles de la ville. Tous les papiers ont été brûlés. J'avois prêté à M. d'Avaray plusieurs volumes manuscrits, reliés en maroquin, concernant les affaires des cantons, qui ont eu le même sort[1].

[1] Les Mémoires renferment la lettre suivante de madame d'Avaray à son frère, relativement à l'incendie de Soleure :

« A Soleure, ce 20 mai 1717.

« Il nous vient d'arriver, mon cher frère, « un cruel accident. Le feu a pris à la mai- « son que nous occupions, et en moins de « deux heures l'a consumée et réduite en « cendres, sans que nous ayons pu sauver « que nos personnes. La plus grande partie « de nos domestiques se sont sauvés par « des échelles, et beaucoup ont sauté dans « les fossés. Nous avons un secrétaire et un « chef de cuisine fort blessés, et l'on ne sait « pas encore ce qui arrivera du dernier. « Le feu a commencé à prendre à quatre « heures du matin ; s'il avoit pris deux « heures plus tôt, personne ne s'en seroit « sauvé. On ne peut découvrir la cause de « cet embrasement, et ce qui paroît de plus « vraisemblable, c'est que quelque poutre « qui donnoit auprès des cheminées aura « commencé à brûler le jour de la fête où « nous avions trois cents personnes à man- « ger, et où par conséquent le feu des cui- « sines et autres lieux avoit été plus grand « qu'à l'ordinaire, et que le feu s'est con- « servé jusques au moment qu'il a paru, « qui étoit avant-hier matin. Toute notre « vaisselle d'argent sans exception, tous « nos meubles, linges, batterie, etc. a été « consumé sans qu'on y ait pu apporter « aucun remède. La crainte d'une pareille « aventure nous tenoit dans une inquié- « tude continuelle par la construction de « la maison qui étoit faite de bois, de la « cave jusques au grenier, et d'un bois sec « comme des allumettes. Nous faisions cha- « que jour faire une visite exacte partout « quand tout le monde étoit couché, et, si « toutes les précautions qu'on peut pren- « dre dans de pareils cas pouvoient empê- « cher le feu, nous pouvions espérer nous « en sauver, mais notre mauvaise fortune « l'a emporté sur toute la prudence hu- « maine. La ville a couru grand risque, et « c'est ce qui a donné le plus d'inquiétude à « M. d'Avaray ; et sans le canon qu'il fit « amener et pointer contre le coin d'un « corps de logis et qui l'abattit, le feu alloit « communiquer aux écuries et de là à la « moitié de la ville. Le couvent des Cor- « deliers qui tient à la maison a beaucoup « souffert, et le feu y a pris trois fois ; enfin « à force de secours et de travail il est hors « de péril. On est occupé à présent à cher- « cher dans les ruines ce qui pourra rester « de vaisselle d'argent. Le feu est encore « si ardent dans ces décombres, malgré « toute l'eau qu'on y jette, qu'on a peine « à y travailler. Tout ce qu'on trouve de

DE NICOLAS-JOSEPH FOUCAULT. 379

J'ai été annoncer ce malheur à M. le duc d'Orléans, qui m'en parut fort touché. Il me dit que c'étoit l'affaire du roi et qu'il pourvoiroit à l'indemnité de M. d'Avaray. Cette indemnité a été négociée pendant bien du temps, ayant sollicité M. le maréchal d'Huxelles, chef du conseil des affaires étrangères, de presser M. le régent, comme je faisois tous les jours de ma part, de régler et ordonner cette indemnité. Enfin je trouvai le moment de décision. S. A. R. me demanda à quoi pouvoit bien monter la perte qu'avoit faite M. d'Avaray. Je lui dis qu'il en avoit envoyé le mémoire et qu'elle passoit 150,000 ͪ. Il

« vaisselle est non-seulement fondu, mais
« brûlé et en petits morceaux tous dispersés dans les ruines, en sorte que si
« nous sauvons la moitié du poids c'est
« beaucoup. Toute la secrétairerie et par
« conséquent tous les papiers sont brûlés.
« Nous sommes, à l'heure qu'il est, dans
« une maison de campagne qu'on nous a
« prêtée aussi bien que tout ce qu'il nous
« faut pour vivre, ne nous étant pas resté
« une cuillère ni une serviette. Nous avons
« seulement sauvé quelques morceaux de
« meubles qu'on a jetés par les fenêtres et
« qui sont tout rompus et gâtés, et de tous
« les meubles que vous nous avez vu acheter et emporter il ne nous reste que le lit
« de velours et quatre pièces de la tapisserie de M. de Beauvilliers. Nous avions
« fait faire un dais de velours avec des galons d'or, des portières, rideaux de fenêtres, et meublé tout un grand appartement ; on n'en a pu rien sauver que ce
« que je vous marque, avec le lit où je couche. Enfin le malheur est complet. Je
« vous prie seulement, mon cher frère, de
« ne vous en point chagriner. J'ai essuyé
« de plus grands malheurs, et je me sens
« assez de force pour supporter même
« celui-ci. M. d'Avaray n'est point sorti de
« son sang-froid et n'a point quitté pendant

« que le feu a duré, non pas pour sauver
« ce qui lui appartenoit, car il étoit impossible, mais pour empêcher que le malheur ne devînt encore plus grand en
« brûlant la ville. Il se porte, Dieu merci,
« fort bien ; pour moi, je suis un peu abattue, mais cependant pleine de courage.
« Je vous invite à en prendre de votre côté,
« et de vous consoler comme nous d'un
« mal sans remède et auquel nous n'avons
« contribué en rien.
« Madame a fait l'honneur d'écrire à
« M. d'Avaray en faveur de madame de
« Reding, fille de madame de Rastevaux. Il
« n'avoit pas attendu cette recommandation pour lui offrir tout ce qui dépendoit
« de lui. Elle est ici chez la tante de défunt
« son mari qui en a tous les soins imaginables, et à cet égard madame sa mère
« peut être persuadée que rien ne lui manquera. Quant à la charge de chancelier
« de Turgovie qu'avoit M. de Reding, dès
« le moment qu'on a appris sa mort, sa
« famille a demandé sa charge pour le
« frère du défunt. M. d'Avaray y a joint
« ses sollicitations, et, par les réponses que
« la plus grande partie des cantons ont
« déjà faites, il y a grande apparence qu'elle
« sera conservée à sa famille. Quant à l'assurance d'une pension en faveur de sa

m'en parut étonné, mais je ne lui donnai pas le temps de se persuader qu'elle ne montoit pas à cette somme. Je continuai en l'assurant que M. d'Avaray n'étoit pas capable d'en imposer à S. A. R. surtout dans une affaire où il s'agissoit d'un intérêt pécuniaire, et que j'étois assuré qu'il auroit plutôt diminué sa perte qu'il ne l'auroit enflée, ce que je lui dis avec action, et enfin il me dit : « Eh bien! puis-« qu'il a perdu la valeur de 150,000ᵗᵗ, il est juste qu'il soit indemnisé « de toute sa perte; je lui accorde 150,000ᵗᵗ. » Je lui demandai s'il trouveroit bon que j'allasse porter cet ordre à M. le maréchal d'Huxelles; il me répondit qu'il le vouloit bien, et sur-le-champ j'allai trouver M. le maréchal, auquel je fis connoître les intentions de S. A. R. Il me parut surpris des 150,000ᵗᵗ, et me dit que l'avis de tout le conseil avoit été de ne donner que 100,000ᵗᵗ. Je le priai de ne se point opposer à la justice que M. le régent rendoit à M. d'Avaray, qui avoit en effet perdu la valeur de 150,000ᵗᵗ; il me promit de le faire. M. Péquet, secrétaire du conseil des affaires étrangères, et qui y a tout crédit, me parut aussi surpris que M. le maréchal d'Huxelles des 150,000ᵗᵗ; mais, comme il est de mes amis, il me promit d'expédier incessamment l'ordre pour ne pas donner le temps à un changement; mais il survint une difficulté qui étoit de savoir si ce payement seroit fait à Paris ou à Soleure. Il n'y avoit pas lieu d'espérer de toucher de l'argent à Paris, mais seulement d'avoir des assignations et peut-être des billets d'état sur lesquels il y avoit plus de moitié à perdre, et c'étoit des fonds qui auroient été réduits à peu de chose et dont le payement auroit été porté à des temps infinis. Je trouvai,

« veuve par celui qui aura sa charge, il seroit un peu tard de s'en aviser, puisque la chose est accordée par le plus grand nombre et que l'on n'y peut plus apporter de condition; d'ailleurs les appointemens en sont très-petits, et il ne m'a pas paru, dans les conversations que j'ai eu avec madame de Reding, qu'elle songeoit en nulle façon à demander une pension à M. son beau-frère. Voilà, mon cher frère, tout ce que je puis vous dire sur ce fait. Vous ferez fort grand plaisir à mon [mari] d'assurer madame de Rastevaux qu'il aura grande attention à la recommandation de Madame et à la sienne en particulier, et qu'il rendra en toutes occasions à madame sa fille tous les services qui dépendront de lui.

« Je vous embrasse, mon cher frère, de tout mon cœur. »

le soir, M. le duc d'Orléans chez Madame, que je suppliai de le remercier de la gracieuse justice qu'il venoit de rendre à M. d'Avaray, ce qu'elle fit de la meilleure grâce du monde. Enfin je suppliai M. le régent de permettre à M. d'Avaray de prendre sur les fonds qui sont à Soleure son indemnité, ce qu'il avoit proposé par une de ses lettres. Il voulut en conférer avec Law[1] et nous faire passer par ses mains, mais j'insistai à demander l'assignation sur les fonds de Soleure, attendu la nécessité de pourvoir incessamment à cette indemnité, [ajoutant que] M. d'Avaray n'est pas en état de pouvoir subsister à Soleure, s'il n'y étoit pourvu, et que personne ne se plaindroit et même ne souffriroit de cette distraction d'emploi du fonds qui est à Soleure. Enfin il me l'accorda. Nouvelle difficulté survint sur le change. M. Péquet vouloit bien expédier la permission à M. d'Avaray de prendre du fonds à Soleure, mais il vouloit y joindre une ordonnance pour faire remplacer ce fonds, et, comme le roi avoit déjà payé le change de celui qui étoit à Soleure, il auroit fallu que le roi l'eût payé une seconde fois en permettant à M. d'Avaray de prendre son argent à Soleure sans en payer le change, ce qui m'obligea d'en parler de nouveau à M. le régent, qui se rendit à mes instances, et consentit que M. d'Avaray ne payât point de change. J'allai le dire sur-le-champ à M. le maréchal et à M. Péquet; celui-ci, pour me faire plaisir, me dit que M. le maréchal n'avoit qu'à prendre l'ordre de M. le régent, et que, sans faire de remontrances, il l'expédieroit, ce qui fut exécuté. M. le maréchal parla, dès le jour même, à M. le régent, et l'ordre fut expédié le même jour et envoyé le lendemain à M. d'Avaray, qui a, par ce moyen, touché en argent comptant plus de 25,000 écus plus qu'il n'espéroit, le change montant à près de 27,000 ℔, sans compter ce qu'il auroit perdu si son indemnité avoit été assignée sur des fonds de Paris. C'est ainsi que finit heureusement cette malheureuse affaire. M. et Mme d'Avaray m'ont paru très-reconnoissans des soins que j'ai pris pour la faire réussir. La vérité est que le succès en est dû aux jointures dont j'ai su profiter.

[1] Le manuscrit porte *Lass*, suivant la prononciation écossaise de ce nom.

382 MÉMOIRES

Le 5 décembre 1717, M. Baudouin, conseiller de la grande chambre, mon cousin germain, est décédé à Athys¹. — (*Vid.* le mémoire.)

1718.

Le 28 janvier 1718, M. le régent a ôté les sceaux à M. d'Aguesseau et les a donnés à M. d'Argenson, lieutenant de police, avec le détail des finances, à la place de M. le duc de Noailles. M. d'Aguesseau a eu ordre de se retirer dans sa terre de Fresne. Je lui ai fait mon compliment le 6 février 1718.

Le 2 février², les ambassadeurs des princes étrangers ayant été

---

¹ La pièce suivante, relative à la mort de M. Baudouin, est annexée aux Mémoires.

« A Athys, le 5 décembre 1717.

« Monsieur,

« Pénétré de la plus vive douleur, je prends la liberté de vous informer de la perte que nous venons de faire dans ce moment de mon pauvre oncle. Il avoit eu deux ou trois attaques, mais peu considérables et de peu de durée, d'un mal de poitrine qu'il ne croyoit qu'un rhumatisme. Ses douleurs lui ont repris sur les deux heures du matin plus vivement et sans relâche. Il avoit pris dès avant-hier la résolution de s'en aller aujourd'hui à Paris, et il avoit fait partir ce matin tout son bagage avec madame Parmentier, son mari y étant allé hier après midi pour avertir M. Helvétius. Comme il s'habilloit sur les neuf heures et demie du matin pour monter en carrosse, il lui a pris une foiblesse dont il est mort entre nos bras, presque dans un instant. Jugez, monsieur, de l'excès de ma douleur et de l'embarras où je me trouve ne sachant que faire. J'aurois grand besoin de votre secours pour décider de toutes

choses. Je crois qu'il seroit à propos que vous eussiez la bonté d'envoyer quelqu'un au logis, à la réception de la présente, pour faire tout fermer et vous remettre les clefs de l'appartement de mon pauvre oncle après qu'on y aura enfermé tout ce qu'on a emporté à Paris, entre autres sa vaisselle d'argent, d'autant plus que la Parmentier et son mari sont actuellement à Paris, où j'envoie le carrosse. M. le vicaire écrit à M. le prieur qui est à Paris, à cause de la mort de son père, pour s'en revenir, vu que l'on croit qu'il a ses dernières volontés.

« Je ne sais de quel côté me tourner. Honorez-moi, je vous en conjure, d'un mot de réponse et de vos bons avis.

« Trouvez bon que j'assure ici madame Foucault de mes très-humbles respects.

« J'ai l'honneur d'être très-respectueusement, Monsieur, votre très-humble et très-obéissant serviteur,

« DE LA BROSSE. »

² Cette date est fausse; c'est le 28 février que la fête eut lieu, comme l'établit le Journal de Dangeau, à la date (t. XVII, p. 253).

invités par madame la duchesse de Berry à une fête qu'elle donnoit au palais d'Orléans d'une manière qu'ils prétendirent ne leur pas convenir, ils n'y vinrent point. Mon fils fut au concert et crut pouvoir être du souper comme introducteur[1]. Madame de Berry le trouva mauvais, sur le rapport qui lui en fut fait par M. de Saumery, premier maître d'hôtel, qui s'acquitta de sa commission avec peu de ménagement. Mon fils ne garda pas aussi le respect qu'il devoit à la princesse et fut envoyé à la Bastille, où il a resté [dix jours]. M. le duc d'Orléans me fit l'honneur d'entrer dans ma peine, madame la duchesse de Berry et Madame.

[1] Les Mémoires contiennent le document suivant, qui tend à justifier Magny dans sa prétention d'être admis au souper de la duchesse de Berry. Cette pièce n'est pas écrite de la main de Foucault.

« 1° Madame la duchesse de Berry a eu « la bonté de dire à M. de Magny de venir « à son concert; or, tous ceux qui étoient « admis au concert devant y souper, il a « eu lieu de croire que l'un étoit la suite « de l'autre, quoiqu'il ne fût pas sur la « liste donnée à M. de Saumery.

« 2° Étant introducteur des ambassa-« deurs auprès d'elle comme auprès du « roi, et par conséquent officier de sa « maison comme de celle du roi, il auroit « cru pouvoir et même devoir en cette qua-« lité rester à souper chez elle, ainsi que « les autres officiers de sa maison, sans « être nommé, le jour d'une fête aussi pu-« blique.

« 3° Au fond, il n'y est resté que pour le « bien du service, parce qu'il s'y est cru né-« cessaire pour faire entrer les étrangers de « distinction et empêcher en même temps « que sous ce prétexte il ne s'y glissât des « inconnus et gens peu convenables, en « sorte qu'il alla plusieurs fois lui-même à

« la barrière où il avoit, de concert avec « M. le marquis de la Rochefoucault, mis « un homme qui connoissoit les étrangers « et qui lui rendoit compte de ceux qui se « présentoient. Il n'a eu en vue que le bon « ordre, la dignité de madame la duchesse « de Berry et la satisfaction des étrangers; « enfin il en a agi chez elle comme il en « auroit agi chez le roi.

« 4° Il est en droit et en possession par « sa charge de manger aux sacres, cou-« ronnemens des rois, dans la même salle « où mange le roi et à la même table où « sont assis les ambassadeurs, et l'on peut « remarquer qu'à toutes les fêtes et céré-« monies les plus authentiques il a sa place « marquée sur le banc des ambassadeurs.

EXTRAIT DU SACRE DE LOUIS XIV À REIMS,
LE 7 JUIN 1654.

« Le Roi se mit à une table élevée sur « une plate-forme proche la cheminée sous « un riche dais, etc.

« Les pairs ecclésiastiques se mirent à « une table à droite du roi, éloignée de « quatre ou cinq pas de celle de Sa Majesté.

« MM. les ambassadeurs eurent une « table à droite, au-dessous de celle des

384   MÉMOIRES

M. de la Vrillière m'écrivit qu'il étoit bien fâché d'avoir été obligé d'expédier l'ordre pour sa détention, et je reçus sur cet accident des complimens de tous mes amis.

Le jeudi 3 février [1].

Si j'avois pu sortir hier, Monsieur, j'aurois été vous témoigner la peine que l'amitié qui est entre nous m'a fait sentir quand j'ai été obligé de signer l'ordre que monseigneur le duc d'Orléans a donné contre M. votre fils. Ce sont de ces corvées auxquelles gens comme moi sont souvent exposés sans pouvoir s'en défendre. Je me flatte que vous en êtes bien persuadé dans cette occasion, étant toujours, Monsieur, plus parfaitement à vous que je ne puis vous le dire.

LA VRILLIÈRE.

Réponse à la lettre de M. de la Vrillière, qu'il m'a écrite le 3 mars 1718, au sujet de l'affaire pour laquelle mon fils a été mis à la Bastille.

Du 4 mars 1718.

J'ai été si persuadé, Monsieur, que vous auriez la bonté de me plaindre dans l'occasion de ce qui vient d'arriver à mon fils, que j'allai hier matin chez vous dans la confiance de trouver dans l'amitié dont vous m'honorez depuis si longtemps la consolation dont j'avois besoin. Votre lettre, Monsieur, que je trouvai à mon retour chez moi, m'a fait voir que je ne m'étois pas trompé et a fort adouci mes peines. Ce que

« pairs ecclésiastiques, à laquelle M. le « chancelier mangea et le comte de Brulon, « introducteur des ambassadeurs. Le chan- « celier se plaça au-dessous des ambassa- « deurs. Il avoit prétendu être assis avant « l'ambassadeur de Savoie, mais il fut placé « au dessous de lui. Ils étoient à table en « cet ordre : le nonce étoit d'un côté, « l'ambassadeur de Portugal étoit de l'au- « tre, l'ambassadeur de Venise et celui de « Savoie étoient placés de même. Le chan- « celier et l'introducteur des ambassadeurs « étoient placés vis-à-vis l'un de l'autre. »

[1] Bien que la lettre de M. de la Vrillière soit autographe dans le manuscrit, la date n'en est pas moins inexacte, et c'est sans doute ce qui a fait commettre à Foucault des inexactitudes analogues. C'est le 3 mars que M. de la Vrillière a voulu dire. Le Journal de Dangeau (t. XVII, p. 257) constate que Magny fut mis le 2 mars à la Bastille. Foucault, dans le brouillon de la réponse qu'il fit à la Vrillière, indique cette lettre comme étant du 3 mars. (Voyez ci-dessus, et la note 2 de la page 382.)

M. le régent m'a fait l'honneur de me dire que l'on imputoit à mon fils m'a paru si éloigné de toute vraisemblance, que j'ai pris la liberté de dire à S. A. R. que, s'il avoit été capable d'une pareille extravagance, c'étoit aux Petites-Maisons et non à la Bastille qu'il auroit fallu l'envoyer. J'espère, Monsieur, que vous voudrez bien l'honorer de votre protection pour abréger le temps de sa prison. Je vous en supplie très-humblement, et d'être bien persuadé de ma vive reconnoissance et du très-parfait respect avec lequel, je suis, Monsieur, votre, etc.

Le 2 mars 1718, mon fils a reçu un ordre du roi de se rendre à la Bastille pour avoir manqué de respect à madame la duchesse de Berry. Je l'y ai conduit moi-même. On lui a fait tenir des discours hors de vraisemblance à M. de Saumery, dans le bal que madame de Berry a donné au Luxembourg la nuit du lundi gras.

Le 3, j'ai été au Palais-Royal, où je me suis présenté à M. le duc d'Orléans, et, ayant supplié S. A. R. de vouloir bien me marquer les sujets de la disgrâce de mon fils, il m'a dit qu'il avoit manqué de respect d'une manière outrée à madame la duchesse de Berry; à quoi j'ai répondu que j'étois fort soulagé d'apprendre le sujet de la colère de madame de Berry, ce que l'on avoit fait dire à mon fils étant contre toute vraisemblance, et que, si S. A. R. l'avoit cru coupable d'un pareil oubli, il falloit l'envoyer aux Petites-Maisons et non pas à la Bastille. Il m'a dit qu'il me plaignoit fort, ainsi que faisoient S. A. R. Madame et madame de Berry. J'ai été ensuite chez Madame et ensuite chez madame de Berry, qui m'ont dit la même chose.

Mon fils a demeuré à la Bastille jusques au 12 mars, qu'ayant été chez M. le duc d'Orléans pour recevoir des ordres sur le sujet de mon fils, il m'a dit qu'il alloit donner ordre à M. de la Vrillière d'expédier l'ordre pour le faire sortir de la Bastille, ce qui a été fait sur-le-champ, et qu'il avoit différé de le faire jusques à ce qu'il m'eût vu, pour me dire que madame de Berry exigeoit qu'il ne fît point chez le roi les fonctions de sa charge, ne pouvant pas les faire chez elle, et qu'il pouvoit aller passer un mois à la campagne, après lequel madame de Berry pourroit s'adoucir. S. A. R. a bien voulu même que mon fils lui fît la révérence, et lui a dit, lorsqu'il s'est présenté devant lui, qu'il étoit persuadé qu'il n'avoit pas eu mauvaise volonté.

J'ai été ensuite chez Madame, qui lui a fait une correction sage et affectueuse. Elle m'a dit, après qu'il a été sorti, que madame de Berry ne souhaitoit pas de le voir, sa vue ne pouvant que lui faire peine, et confusion à mon fils, mais qu'elle seroit bien aise de me voir. J'ai été lui rendre mes devoirs, qu'elle a reçus très-gracieusement, en me répétant ce qu'elle m'avoit dit à ma première visite, qu'elle me plaignoit fort.

Je suis convenu avec M. le duc d'Orléans que mon fils se déferoit [de] sa charge dans quelque temps, mais que cela se feroit de manière que le public ne pût pas croire que ce fût par ordre.

Mon fils, ayant été rappelé de l'intendance de Caen en 1706[1], est venu servir au conseil, où il a fait avec succès le rapport de plusieurs affaires; mais, s'étant dégoûté de ce travail et croyant qu'une charge dans la maison du roi seroit plus convenable à son inclination, il a vendu sa charge de maître des requêtes et m'engagea à demander pour lui au roi l'agrément de la charge d'introducteur des ambassadeurs dont étoit pourvu M. le baron de Breteuil. Le roi, auquel madame de Maintenon avoit donné de mauvaises impressions de l'esprit de mon fils, parce qu'il avoit condamné aux galères le nommé Le Mercier, commissaire de marine, pour vols et malversations dans son emploi, me marqua qu'il appréhendoit que mon fils ne remplît pas bien les devoirs de cette charge, ayant reçu des plaintes de sa conduite; et sur les représentations un peu vives que je fis à Sa Majesté que mon fils ne s'étoit peut-être attiré les mauvais offices qu'on lui avoit rendus auprès de Sa Majesté que pour avoir trop bien fait son devoir, et le roi ayant connu que j'étois vivement touché de ce refus, il me dit qu'il verroit, et, étant entré au conseil, il dit à M. de Pont-

---

[1] Encore une erreur de date. C'est en septembre 1709 que Magny perdit l'intendance de Caen. (Voyez notre introduction.)

chartrain que je lui avois demandé cet agrément, mais qu'il n'avoit pas voulu me le refuser absolument pour ne me pas mortifier, mais qu'il le chargeoit de me dire que je lui ferois plaisir de ne pas insister à lui demander cet agrément. Mon fils est demeuré sans charge jusques à la mort du roi, et peu de temps après son décès il a repris les erremens du traité qu'il avoit fait avec M. de Breteuil, moyennant 250,000^{tt}, et en a obtenu l'agrément de M. le duc d'Orléans, régent; mais, ayant voulu étendre les droits de cette charge plus qu'il ne lui appartenoit chez madame la duchesse de Berry, il s'échappa en discours peu respectueux qui lui attirèrent un ordre de se rendre à la Bastille, où je le conduisis moi-même. Il y demeura pendant [dix jours], et n'en fut pas plutôt sorti qu'il fut accusé d'être entré dans une conspiration contre M. le duc d'Orléans, formée par le prince de Cellamare, ambassadeur d'Espagne; mais il ne s'est point trouvé de preuves contre lui. Cependant, comme il avoit donné de l'argent et un cheval à l'abbé Brigault[1], convaincu d'avoir été dépositaire des actes de la conspiration, M. de Magny, qui d'ailleurs étoit lié depuis beaucoup d'années d'amitié et en commerce de plaisir avec M. Brigault, appréhendoit d'être remis à la Bastille et prit le parti de se tenir caché à Paris, où appréhendant enfin que le lieu de sa retraite ne fût découvert, il crut qu'il n'y auroit pas de sûreté pour lui dans le royaume, et passa en Italie, d'où il a passé dans les Pays-Bas et depuis en Espagne, où il étoit encore au mois de juillet 1720.

[Dans] la crainte que j'ai eue qu'étant sorti du royaume sans permission du roi, sa charge ne fût confisquée, je me suis adressé à S. A. R. Madame pour en demander le don pour moi à monseigneur le duc d'Orléans, ce qu'il m'a accordé et a voulu que j'en traitasse avec M. Raymond[2], ce que j'ai fait moyennant 220,000^{tt}; mais je n'ai

---

[1] Sur le rôle de l'abbé Brigault et de Magny lui-même dans la conspiration de Cellamare, voy. *Mémoires de Mme de Staal*, dans la Collection Michaud, 3e série, t. X, p. 710-713; et *Mémoires de Saint-Simon*, dans l'édition in-12 donnée par M. Chéruel, t. X, p. 5, et t. XI, p. 53.

[2] « M. Foucault, conseiller d'état et « chef du conseil de Madame, a obtenu la « permission de vendre la charge d'intro-

pas voulu profiter du prix de cette charge, et j'ai demandé qu'il fût employé à payer les créanciers de mon fils et que le surplus fût employé au remplacement des deniers dotaux de madame de Magny, ce qui a été ordonné par un arrêt du conseil[1]. Le prix de cette charge a été payé par M. Raymond en billets de banque.

Depuis ce temps, mon fils a séjourné pendant plusieurs mois à Rome et a passé en Espagne.

Le curé de Saint-Victor près Orléans ayant été accusé d'avoir écrit une lettre à M. le régent au nom de M. l'évêque d'Orléans, par laquelle il l'exhortoit de finir l'affaire de la Constitution en obligeant M. le cardinal de Noailles et ses adhérens de la recevoir purement et sim-

« ducteur des ambassadeurs qu'a M. de Ma-« gny, son fils, qui est en fuite. » (*Journal de Dangeau*, 14 décembre 1718.)

[1] L'arrêt du conseil qui autorise la vente de la charge est annexé aux Mémoires. En voici les termes :

« Le Roi ayant eu lieu d'être peu satis-« fait de la conduite du sieur de Magny « dans l'exercice de la charge de conduc-« teur des ambassadeurs dont Sa Majesté « l'avoit pourvu, elle lui auroit ordonné, « dès le commencement de l'année der-« nière, de s'en démettre et permis d'en « tirer récompense, depuis lequel temps « dix mois s'étant écoulés sans qu'il se soit « mis en devoir d'y obéir, l'importance de « cette charge auroit dès lors porté Sa Ma-« jesté à donner les ordres nécessaires au « bien de son service, si la considération « de ceux du sieur Foucault, son père, « conseiller ordinaire en son conseil d'état, « n'avoit pas suspendu sur cela ses résolu-« tions; mais elle auroit depuis été infor-« mée que ledit sieur de Magny, oubliant « l'obligation du serment qu'il a prêté en « entrant dans cette charge, est sorti de son « royaume depuis plus de six mois sans

« sa permission, et auroit par conséquent « encouru les peines portées par ses ordon-« nances, suivant lesquelles sadite charge « seroit devenue vacante et impétrable; « et quoique Sa Majesté fût en droit d'en « disposer pleinement et sans aucune ré-« compense, elle a bien voulu néanmoins, « par un nouvel effet de sa bonté, en con-« server le prix à sa famille et à ses créan-« ciers, et pour cet effet auroit permis « audit sieur Foucault de traiter de ladite « charge avec le sieur Raymond, auquel Sa « Majesté en auroit accordé l'agrément; et « Sa Majesté voulant expliquer sur cela ses « intentions :

« Sa Majesté étant en son conseil, de l'avis « de M. le duc d'Orléans, régent, agréant « et autorisant les conventions qui seront « faites entre ledit sieur Foucault et ledit « sieur Raymond, a ordonné et ordonne « qu'en vertu du présent arrêt, et sans « qu'il soit besoin d'autre titre, toutes pro-« visions seront expédiées en faveur dudit « sieur Raymond de ladite charge de con-« ducteur des ambassadeurs, en rapportant « une quittance de la consignation qui sera « par lui faite ès mains du sieur Laideguive,

plement et sans modification ni restriction, et employé même dans cette lettre des termes menaçans, le roi a commis M. de Machault, lieutenant de police, pour instruire le procès à ce curé, à la requête de M. Moreau, procureur de Sa Majesté au Châtelet, et des commissaires du conseil pour le juger à la chambre de l'Arsenal, savoir : quatre conseillers d'état, M. de Caumartin président, et neuf maîtres des requêtes pour le juger. M. de Machault a instruit le procès et a entendu quatre experts qui ont jugé la lettre écrite de la main du curé. Leurs dépositions ont été contextes; mais, ce curé ayant prétendu que son écriture avoit été imitée et qu'il avoit des témoins qui découvriroient l'auteur de cette fausseté, il a été reçu à la preuve de ses faits justificatifs, par jugement en dernier ressort, le 2 septembre 1718[1].

« notaire au Châtelet de Paris, que Sa
« Majesté a pour ce commis, de la somme
« qui sera convenue entre ledit sieur Fou-
« cault et ledit sieur Raymond, pour ladite
« somme être employée par ledit sieur
« Laideguive, en présence et de l'avis du-
« dit sieur Foucault, savoir, en premier lieu
« et par préférence, au payement de ce qui
« reste dû par ledit sieur de Magny du prix
« de ladite charge, puis au payement des
« créanciers qui lui ont prêté leurs deniers
« pour le payement de partie dudit prix,
« et le surplus au payement de ses autres
« créanciers, si aucuns y a, et des reprises
« et conventions de la dame de Magny, son
« épouse, à tous lesquels créanciers ledit
« sieur Raymond sera et demeurera su-
« brogé pour plus grande sûreté de son
« acquisition. »

Cet arrêt n'est pas daté, mais le Journal de Dangeau, du 10 mars 1719, place ce jour-là l'agrément accordé à Raymond pour la charge de Magny; il en fixe le prix à 250,000 ll, au lieu de 220,000 indiquées par Foucault. Voyez, dans l'addition de Saint-Simon à la même date, un portrait peu flatté de Raymond. Ce fut Law qui fournit à Raymond l'argent nécessaire pour cette acquisition. (*Journal de Dangeau*, 9 et 11 juin 1719.)

[1] Les Mémoires ont conservé la lettre de convocation adressée à Foucault pour la séance du 2 septembre.

« 31 août 1718.

« Monsieur,
« Monsieur de Caumartin m'a ordonné
« de vous avertir qu'il y aura, vendredi
« prochain 2 septembre, assemblée à la
« chambre de l'Arsenal, et qu'il s'y rendra
« à sept heures précises du matin. Prenez
« la peine de vous y trouver en robe et
« bonnet.

« Je suis avec respect, Monsieur, votre
« très-humble et très-obéissant serviteur,

« DELARUELLE,
« huissier au conseil. »

« M. Foucault, conseiller d'état ordinaire,
« rue Neuve-Saint-Paul. »

1719.

Le curé de Saint-Victor étant mort à la Bastille, M. le régent a donné des lettres de grâce au sieur Massault qui avoit déclaré être auteur de la lettre en question, qui ont été entérinées à la chambre de l'Arsenal le 25 avril 1719[1].

M. Ferrand, maître des requêtes et du conseil de la marine, ayant été nommé conseiller d'état, auroit bien souhaité conserver sa place dans le conseil de la marine, qui lui produisoit 10,000 ₶ d'appointemens, M. le comte de Toulouse, amiral de France, le désirant extrêmement et monseigneur le duc d'Orléans, régent, [ayant] marqué qu'il le désiroit; mais M. Le Pelletier, doyen du conseil, m'étant venu voir pour me dire que MM. les conseillers d'état étoient résolus de faire des remontrances à M. le régent, et que M. Ferrand sera regardé de mauvais œil dans le conseil s'il ne renonce au conseil de marine où il faudroit qu'il prit séance après M. de Coëtlogon, je me suis chargé de voir M. Ferrand et de lui faire connoître les dispositions de MM. ses confrères; ce qu'ayant fait, il m'a dit qu'il iroit trouver M. le comte de Toulouse et le prieroit de lui permettre de satisfaire MM. ses confrères et de se mettre en état de vivre agréablement avec eux; c'est ce qu'il [a] exécuté, et a fait agréer sa résolution à M. le comte de Toulouse. Il est venu me le dire, et j'en ai rendu compte à M. le doyen, qui en a informé MM. nos confrères. C'est ainsi qu'a

---

[1] Foucault commet probablement une légère erreur de date; c'est le 28 avril qu'eut lieu cet entérinement, ainsi que le prouve la lettre de convocation insérée aux Mémoires :

« Ce 26 avril 1719.

« Monsieur,

« Monsieur de Caumartin m'ordonne de « vous avertir qu'il y aura assemblée à la « chambre de l'Arsenal, vendredi prochain « 28 du présent mois, huit heures précises « du matin. Prenez la peine de vous y « trouver en robe et bonnet.

« M. le président sera en place à huit « heures précises.

« Je suis avec respect,

« Monsieur,

« Votre très-humble et très-obéissant « serviteur,

« DELARUELLE,
« huissier au conseil. »

« M. Foucault, conseiller d'état ordinaire, « rue Neuve-Saint-Paul. »

fini cet incident, arrivé le 14 novembre 1719; MM. de Saint-Contest et de la Houssaye lui en avoient donné l'exemple.

Le 4 décembre, le mariage de la fille aînée de madame d'Avaray, ma sœur, a été célébré dans la chapelle de ma maison, par la permission de M. le cardinal de Noailles, archevêque de Paris, et avec dispense à cause du temps de l'Avent, avec M. le baron de Boille, gentilhomme du Béarn. Comme on n'avoit pas de preuve qu'il eût été baptisé, le baptême a été renouvelé sous condition par M. le curé de Saint-Paul. Le mariage a été consommé chez moi. Ma nièce avoit fait vœu de chasteté, et l'on a été obligé d'envoyer à Rome pour l'en faire relever. Ce mariage a été fait chez moi par l'absence de M. d'Avaray, ambassadeur en Suisse.

APPENDICE

AUX

MÉMOIRES DE NICOLAS-JOSEPH FOUCAULT.

I.

CORRESPONDANCE MINISTÉRIELLE.

1675 — 1679.

PIÈCES DIVERSES.

I.

CORRESPONDANCE MINISTÉRIELLE.

1675 — 1679.

PIÈCES DIVERSES.

FOUCAULT A COLBERT.

Montauban, 29 août 1674.

Monsieur,

Je vous envoie le traité qui a été fait, sous le bon plaisir du roi et le vôtre, entre les députés des Quatre-Vallées et le préposé au recouvrement des droits de francs-fiefs; je tiendrai la main à ce qu'il soit exécuté et les payemens faits aux termes convenus, si vous l'approuvez; ils me doivent incessamment remettre leurs priviléges, pour en obtenir la confirmation du roi. Je me donnerai l'honneur de vous les envoyer.

Le roi ayant rendu arrêt, en 1668, pour obliger les trésoriers de France de cette généralité à résider à Montauban, lieu de leur établissement, j'ai reconnu, depuis trois mois que j'y suis arrivé, que plusieurs d'entre eux n'y ont pas satisfait, et que même quelques officiers de la cour des aides, suivant ce mauvais exemple, se dispensoient de résider. Je les ai tous fait avertir de se rendre à la fonction de leurs charges, sinon que j'en donnerois avis au roi, et, quoique l'on m'ait assuré qu'ils s'y doivent rendre incessamment, néanmoins, pour empêcher qu'ils ne s'absentent à l'avenir plus de temps qu'il ne leur est permis, voici un projet d'arrêt qui ordonne l'exécution de celui des trésoriers de France et oblige à une résidence de neuf mois les officiers de la cour des aides, dont il sera donné certificat par M. le premier président au payeur des gages, au lieu de l'attestation des consuls de la ville, qui ne l'ont jamais refusée aux trésoriers de

France. Vous aurez la bonté, Monsieur, s'il vous agrée, d'ordonner qu'il soit expédié.

Il court ici un bruit que le roi veut changer la situation de la cour des aides et la transférer à Cahors. J'apprends même que le sieur Borin, conseiller en cette cour, doit partir incessamment pour Paris, chargé d'une députation pour vous supplier, Monsieur, de la part de tous les officiers de ce corps, d'obtenir du roi qu'ils demeurent à Montauban, où leur établissement a été jugé nécessaire pour le bien de la religion. Si l'intention de Sa Majesté est d'apporter quelque changement dans cette compagnie, il y auroit plusieurs propositions à faire, dont le roi pourroit tirer quelques secours pour subvenir aux frais de la guerre. J'aurois l'honneur de vous envoyer les mémoires, si vous me l'ordonnez.

Le sieur de [Nogaret-] Trelans ayant été assassiné en Languedoc par le sieur de Senegas Saint-Pierre, les parens du premier, assistés des propres vassaux du sieur de Senegas, sont venus en Rouergue l'assiéger dans une métairie qui confine le Languedoc, où il a été cruellement assassiné. J'y ai envoyé aussitôt un commissaire pour en informer. Je vous envoie, Monsieur, copie des informations qui ont été faites. On suit la procédure pour être remise aux mains de M. d'Aguesseau, que j'apprends avoir été commis pour faire le procès aux coupables de la première action arrivée dans son département, cette seconde en étant une suite.

Le sieur Cabié, doyen de la cour des aides de Montauban, qui étoit de la commission établie pour la vérification des dettes des communautés, étant décédé depuis quelques mois, vous aurez, s'il vous plaît, agréable, Monsieur, que le sieur Darnis, qui est monté à sa place, et qui est homme de bien et bon juge, lui succède en cet emploi. Voici un projet d'arrêt pour cet effet, dans lequel j'ajoute un conseiller de la cour des aides et un trésorier de France pour servir dans les autres commissions; outre que cela les engagera plus volontiers à résider, d'ailleurs les affaires s'expédieront plus promptement, ceux qui y travaillent étant suffisamment occupés.

J'exécuterai ce que vous m'ordonnez pour les arts et métiers, et suis, etc.

FOUCAULT.

[Suivent deux procès-verbaux relatifs au meurtre des sieurs de Trelans et de Senegas.]

(Mélanges Clairambault, t. 486, p. 547.)

FOUCAULT A SEIGNELAY.

Monsieur,

Cette province ayant reçu avec des témoignages d'une extrême joie la nouvelle de votre mariage avec mademoiselle d'Alègre, qui y a des terres considérables, j'ai cru être obligé de vous en rendre compte et de vous supplier très-humblement de me permettre de joindre aux marques de la satisfaction publique les assurances de la mienne particulière et du respect avec lequel je suis,

Monsieur,

Votre très-humble et très-obéissant serviteur,

A Montauban, ce 28 février 1675.

FOUCAULT.

(Mélanges Colbert [ancienne *collection verte*], t. 170 *bis*, p. 669.)

L'ÉVÊQUE DE PAMIERS A COLBERT.

Monsieur,

Le roi ayant envoyé monsieur Foucault en ce pays pour informer sur les plaintes qu'on avoit portées à Sa Majesté contre M. le marquis de Foix, notre gouverneur, il a trouvé une si grande preuve, qu'elle justifie pleinement et abondamment tout ce qu'on avoit dit contre sa conduite. Je ne doute point, Monsieur, qu'il ne vous en ait donné connoissance, et que le zèle que vous avez pour le service de Sa Majesté et le soulagement de ses sujets ne vous porte à protéger une si juste cause. Pour moi, je puis vous assurer, Monsieur, que la seule obligation, que l'Évangile et la qualité de président des états de ce petit pays m'imposent, de défendre mon troupeau des oppressions qu'il souffre, et la presse de tous les gens de bien, m'ont forcé de prendre part en cette affaire. Je prierai cependant la divine bonté de vous combler de ses plus abondantes grâces, étant avec beaucoup de respect et de reconnoissance,

    Monsieur,

      Votre très-humble et très-obéissant serviteur,

A Pamiers, ce 23 avril 1675.

            FRANÇOIS E. DE PAMIERS.

              (Mélanges Colbert, t. 171, p. 229.)

LE MARQUIS D'AMBRES A COLBERT.

  Monsieur,

  Je crois être obligé de vous faire savoir, conjointement avec M. l'intendant, qui ne manque pas sans doute de vous en écrire, que l'on envoie la plus grande partie des troupes dans cette généralité, ce qui semble n'être pas de trop bon exemple et paroitra un châtiment au lieu du soulagement qu'elle a mérité par son obéissance et sa fidélité. Nous avons, tous les jours, des nouvelles du camp qui se prépare en ce pays, où l'on veut mettre ensemble une partie des troupes qui sont en Guyenne, du côté de Bordeaux, à ce qu'on dit; sur quoi, Monsieur, il est des gens sensés qui sont persuadés qu'il seroit plus à propos, pour le service du roi, de les laisser dispersées. Très-peu de personnes savent leur petit nombre en cet état, et tout le monde connoîtra leur foiblesse par leur jonction, et, bien loin de se faire craindre, elles se feront mépriser. Il semble que, si l'on avoit quelque chose à entreprendre, il seroit plus sûr d'assembler, à jour nommé, de toutes parts, ce qu'il y a de troupes, et s'en servir brusquement sans laisser le temps de les reconnoître; car vous savez, Monsieur, que la réputation fait quelquefois de plus grands effets que les forces mêmes. Voilà, Monsieur, les réflexions qu'on fait en ce pays.

A Montauban, le 18 juillet 1675.

                 AMBRES.

              (Mélanges Colbert, t. 172, p. 136.)

EXTRAIT
DES LETTRES DE MM. LES COMMISSAIRES DÉPARTIS
SUR LE SUJET DU RECOUVREMENT
DU HUITIÈME DENIER DES BIENS ALIÉNÉS PAR LES ECCLÉSIASTIQUES.

22 juillet 1676.

M. *Foucault*[1]. Le produit du huitième denier des biens aliénés par les ecclésiastiques monte à 38,000 ".

Le surplus des taxes contenues aux rôles monte à 28,000 ", qui seront payées dans la fin du mois de septembre.

On pourra même faire un nouveau rôle au moyen des extraits de contrats que les notaires délivrent tous les jours.

(Mél. Colb. t. 173 *bis*, p. 533.)

FOUCAULT A COLBERT.

Monsieur,

En exécution de l'arrêt du conseil que vous m'avez fait l'honneur de m'envoyer pour faire le procès au nommé du Sol et autres notaires, accusés d'avoir commis plusieurs faussetés dans l'élection de Loumagne, il a été entendu plus de cent témoins, qui déposent que ce du Sol se servoit à cet effet du ministère de quatre notaires et d'autant de témoins, de la main desquels il disposoit pour enlever le bien d'autrui par de faux testamens, des obligations, contrats de vente et autres faux actes, pour raison desquels il y a plusieurs procès devant les juges ordinaires et même au présidial et au parlement de Toulouse, dont on m'a donné les mémoires et dont je fais faire la perquisition. Il avoit un mémoire exact des noms de tous ceux qui mouroient aux environs du lieu de sa demeure et du jour de leur mort, et ne manquoit point de passer quelque acte selon la connoissance qu'il avoit des affaires du défunt, par lequel il le faisoit disposer de quelque partie, et

---

[1] Extrait d'une lettre de Foucault, préparé pour être mis sous les yeux de Colbert avec le reste de la correspondance des intendants.

souvent de tout son bien. Il avoit imprimé une si grande terreur dans l'esprit des habitans de ces quartiers par les fausses informations qu'il faisoit, comme juge du lieu de Castelferrus, contre ceux qui l'avoient dénoncé en justice, qu'aucun n'osoit plus le faire, en sorte que lui et ses complices ont toujours trouvé moyen de se mettre à couvert des poursuites de la justice; aussi les peuples, qui se croient présentement véritables propriétaires de leurs biens, ont donné des marques publiques de leur joie lorsque ce du Sol et deux des notaires dont il se servoit ont été arrêtés; et certainement, Monsieur, les faussetés sont si familières et les faussaires en si grand nombre dans cette province, qu'il est très-important au repos des peuples de faire des exemples en la personne des plus coupables, ceux qui ont été faits pour la fausse monnoie et les papiers de faux timbres ayant produit un très-grand bien, dont le public et les fermiers du roi ressentent visiblement les effets.

A Montauban, 9 septembre 1676.

FOUCAULT.

(Mél. Clair. t. 470, p. 53.)

EXTRAIT
DES LETTRES DE MM. LES COMMISSAIRES DÉPARTIS
SUR LE SUJET DES ÉTAPES.

M. Foucault, par sa lettre du 3 février [1677], marque qu'il a passé le bail des étapes à celui qui l'avoit l'année dernière, et aux mêmes conditions qu'il le tenoit. Il demande un arrêt pour confirmer ce bail et l'ordonnance pour le remboursement des étapes de l'année dernière.

(Mél. Colb. t. 174, p. 31.)

FOUCAULT A COLBERT[1].

Monsieur,

Le sieur de Cantobre a été conduit ici de Montpellier par le sieur de Clérac, grand prévôt de Guyenne; il y est gardé sûrement, et j'ai cru, Mon-

---

[1] *En marge :* « Le remercier des soins qu'il a pris de cette affaire »

sieur, y devoir venir moi-même pour lui faire son procès et à ses complices, qui ont commis une infinité de meurtres, d'assassinats, de viols, d'impiétés, de violences et d'exactions dans tous ces quartiers, et particulièrement dans l'étendue du marquisat de Roquefeuille où ils ont exigé des sommes considérables, le sieur de la Canourgue, qui en est châtelain, et le sieur de Bellavenne, agent des affaires de madame la marquise d'Alègre, m'ayant assuré qu'ils avoient levé sur les tenanciers de la terre plus de 20,000 écus depuis quelques années. Il ne tiendra pas, Monsieur, à mes soins que les choses ne changent entièrement de face à l'avenir, et je n'oublierai rien dans cette occasion pour vous faire connoître le respect et l'attachement avec lesquels je suis,

  Monsieur,

    Votre très-humble et très-obéissant serviteur.

A Nant. ce 18 mars 1677.

        FOUCAULT.

(Mél. Colb. t. 174, p. 234.)

EXTRAIT
D'UNE LETTRE DE FOUCAULT A COLBERT.

Lectoure, le 21 mai 1677[1].

Sur les plaintes qu'il a reçues contre les nommés Pujols des violences qu'ils ont faites, il a commis le sieur de Bonnald, bailli de Milhau, pour en informer.

Ils se sont pourvus au parlement de Toulouse pour arrêter le cours de la procédure de son subdélégué, où ils ont obtenu une ordonnance du rapporteur pour faire apporter les charges au greffe.

Quoiqu'il puisse faire continuer les procédures commencées par le bailli de Milhau, en vertu de l'arrêt qui le commet pour faire le procès au sieur de Cantobre et autres complices, il demande un autre arrêt du conseil pour achever le procès des sieurs Pujols, dont il envoie le projet.

[1] *En marge :* « Il faut porter cette lettre « à M. de Châteauneuf, et le prier, de ma « part, de prendre l'ordre du roi pour « l'expédition de l'arrêt demandé par « M. Foucault.

« Répondu le 7 juin. »

Il envoie un extrait de la déposition des premiers témoins avec l'ordonnance du rapporteur et une copie des lettres de la chancellerie qu'ils ont obtenues.

(Mél. Colb. t. 177 *bis*, p. 349.)

FOUCAULT A COLBERT.

* Monsieur,

La preuve de la soustraction des actes de cautionnement des commis aux recettes des tailles de cette généralité, du greffe du bureau des finances, n'est pas facile à avoir contre le sieur Garrisson, qui n'a pas manqué de prendre toutes les précautions nécessaires pour empêcher que ce divertissement ne soit connu. L'on travaille, Monsieur, avec toute l'application possible à en avoir les lumières.

En jugeant ici, en la commission établie pour la réformation des domaines du roi, les dénombremens de plusieurs gentilshommes et autres qui possèdent des terres mouvantes du roi, il s'est trouvé des titres faux, et heureusement, Monsieur, on a arrêté dans cette ville un homme qui en fait commerce depuis plusieurs années dans les provinces de Languedoc et de Guyenne, et qui s'en est trouvé saisi de quelques-uns. Il se trouve même chargé, par le testament de mort du sieur de Cantobre, d'avoir fabriqué une fausse obligation en sa faveur. Je me donne l'honneur de vous envoyer le procès-verbal de sa capture, le commencement de l'information qui se fait contre lui, avec un projet d'arrêt pour lui faire son procès, et suis, etc.

A Montauban, ce 26 juillet 1679.

FOUCAULT.

— Projet d'arrêt envoyé par M. Foucault sur la requête de Buisson, fermier du domaine, pour faire le procès au nommé Catalan de Fabre, et le juger en dernier ressort dans la chambre établie à Montauban pour la réformation du domaine, avec le nombre des officiers ou gradués requis par les ordonnances (arrêt signé le 22 août 1679).

Fait. — Les commissaires députés pour le papier terrier ont reconnu

APPENDICE.

plusieurs actes faux que l'on a produits par-devant eux pour couvrir des usurpations faites sur le domaine. Et depuis peu, travaillant à l'inventaire des titres des archives de Lectoure, ils ont trouvé une liasse d'hommages et dénombremens d'une date très-ancienne, contrefaits et faussement fabriqués, que l'on a glissés dans lesdites archives pour servir d'originaux, sur l'expédition desquels plusieurs des vassaux du roi ont surpris des jugemens qui établissent à leur profit des droits usurpés et illégitimes.

Buisson, fermier du domaine, a appris qu'un nommé Catalan de Fabre, dit le Chevalier, trafiquoit sous main d'actes faux.

Sur sa requête, et de l'ordonnance dudit sieur Foucault, ce Catalan a été arrêté. Il s'est trouvé saisi de cinq vieux parchemins en forme de contrats, datés du XIIIe siècle, et par le testament de mort du sieur de Cantobre, qui fut exécuté en 1676, il est accusé d'avoir fabriqué une fausse obligation de 2,000 ".

M. Foucault a informé contre ce Fabre.

Un premier témoin a dit seulement que deux jeunes hommes ont acheté de lui plusieurs vieux parchemins qu'il avoit d'un procureur au parlement de Toulouse.

Le deuxième, appelé Jonathan Garrisson, ci-devant secrétaire du roi, a dit que ledit Fabre l'a sollicité de retirer les originaux des titres contenant l'établissement de deux rentes, l'une de 15 septiers sur les biens de Falquières, l'autre de 10 septiers sur une métairie appartenant audit sieur Garrisson, lui promettant de l'en faire décharger pour quelque argent.

Les quatrième et cinquième témoins, habitans, l'un de Camberoge, et l'autre de Sardos, ont dit que Fabre leur a vendu deux anciens titres établissant les droits de ces communautés contre l'abbé de Grandselve, l'un pour le prix de 20 pistoles, et l'autre pour 12.

[Suivent le procès-verbal de saisie et le commencement d'information.]

(Mél. Clair. t. 470, p. 367, ss.)

II.

DÉPÊCHES DE COLBERT A FOUCAULT

ET AUX INTENDANTS,

DU 1ᵉʳ JANVIER 1679 AU 19 AOÛT 1683.

II.

DÉPÊCHES DE COLBERT A FOUCAULT

ET AUX INTENDANTS,

DU 1er JANVIER 1679 AU 19 AOÛT 1683[1].

COLBERT AUX INTENDANTS.

(Du 5 janvier 1679.)

Par votre lettre du... vous me rendez compte des frais qui se font pour les déclarations des tenanciers au papier terrier, et de l'état auquel est ce travail; mais, comme il s'avance peu, le roi m'ordonne de vous dire qu'à présent qu'elle (sic) a donné la paix à ses peuples, son intention est que vous vous appliquiez à examiner ponctuellement l'instruction que je vous ai envoyée par son ordre le 8e janvier de l'année dernière, et que vous me fassiez savoir souvent ce que vous aurez fait; et Sa Majesté m'ordonne de lui rendre compte tous les mois de l'état auquel sera ce travail, en sorte que ce que vous avancerez paroîtra tous les mois devant les yeux de Sa Majesté. Je suis, etc.

— Circulaire du 6 janvier, sur les saisies de bestiaux, reproduite dans la *Correspondance administrative sous le règne de Louis XIV*, t. III, p. 37.

---

[1] Tirées du registre des dépêches de Colbert aux intendants, *Mélanges de Clairambault*, t. 426-433, Mss. de la Bibliothèque impériale. — Les lettres sont copiées dans ces beaux registres suivant un ordre rigoureusement chronologique.

COLBERT A FOUCAULT.

(Du 13 janvier 1679.)

Pour réponse à votre lettre du 28 du mois passé, les traitans du huitième denier ont révoqué Figuières, leur commis, et je me remets sur ce point à tout ce que je vous ai écrit.

Vous devez considérer le travail de la recherche des actes de nominations et cautionnemens des commis aux recettes des tailles, et autres éclaircissemens que je vous ai demandés sur ce sujet, comme étant d'une très-grande conséquence, et pour le bien faire il faudroit, après que vous aurez recherché avec soin tout ce que vous pourrez tirer du bureau des finances, vous transporter en chacune élection, examiner avec soin les commissions des commis, quelles sortes de gens c'étoient, s'ils avoient des cautions ou non, sur quelles quittances ils faisoient la recette, et enfin si l'on pourroit trouver quelques moyens de vérifier la vérité ou la fausseté de leurs reprises, et me donner soigneusement avis de ce que vous aurez trouvé en chacune élection.

Article circulaire. Le roi veut que vous travailliez promptement à arrêter tous les états qui restent des étapes qui ont été fournies dans l'étendue de la généralité de Montauban pendant le cours et jusqu'au dernier jour de l'année dernière 1678.

COLBERT A FOUCAULT.

(Du 27 janvier 1679.)

J'ai reçu les éclaircissemens que vous m'avez envoyés, concernant les actes de cautionnement des receveurs des finances, receveurs et commis aux recettes particulières des tailles, et, quoique vous trouviez difficulté à avoir la preuve de ceux qui ont fait les prêts en 1658, 1659, 1660, 1661 et 1662, vous verrez qu'en vous y appliquant continuellement et en recherchant tous ceux qui ont exercé les greffes du bureau des finances et des élections, vous trouverez assurément plus d'éclaircissemens que vous ne croyez; et comme c'est un très-grand travail, et qui est aussi d'une très-grande conséquence, vous devez y donner une continuelle attention.

Il a été fait fonds entre les mains du trésorier de l'extraordinaire des guerres pour le remboursement des étapes fournies dans la généralité de Montauban pendant l'année 1675, savoir, par ordonnance du 19 juin de ladite année de 155,925ᶫ 18ˢ, et par autre du 20 octobre 1676 de 77,959ᶫ 18ˢ, assignés, savoir, 79,655ᶫ 18ˢ sur le traité des 1,800,000ᶫ de l'abus desdites étapes, et le surplus sur l'imposition de ladite année 1675; et comme le receveur général soutient qu'il ne peut pas être tenu de cette somme de 79,655ᶫ 18ˢ, attendu qu'il n'y a eu aucun traité fait pour les étapes dans la généralité de Montauban pendant les années 1673, 1674 et 1675, il a demandé un arrêt pareil à celui qui a été donné pour la généralité de Bordeaux, dont je vous envoie copie. Auparavant que d'en donner un pareil, il est nécessaire que vous examiniez soigneusement si, en effet, pendant ces années, il n'y a eu aucun traité d'étapes, et si les consuls et communautés les ont fournies, parce que, si cela est, il faut que l'abus dont il a été tant parlé ait été commis par les consuls, et par conséquent il faudra régaler cette somme sur leur remboursement, ainsi qu'il a été fait dans la généralité de Bordeaux.

COLBERT AUX COMMISSAIRES DÉPARTIS.

(Du 29 janvier 1679.)

Le grand ouvrage de la paix universelle, que nous voyons presque entièrement achevé, donnant lieu au roi d'examiner avec soin tout ce qui peut être avantageux aux peuples, et ce qui concerne les monnoies étant de cette nature, Sa Majesté veut être informée de tout ce qui se pratique dans les provinces de son royaume contraire à ses édits, déclarations et arrêts; elle m'a ordonné de vous faire savoir qu'elle veut que vous examiniez avec soin toutes les espèces qui ont cours dans la généralité de . . . . . et qu'en même temps vous examiniez avec le même soin et me donniez votre avis sur tout ce qui est à faire pour faire observer les déclarations, édits et arrêts, et

412   APPENDICE.

même pour les changemens que vous estimerez nécessaire d'y apporter pour le bien général de l'état. Et en cas qu'il y eût quelques espèces étrangères dans la même généralité, le roi veut que vous m'en envoyiez le poids d'une once pour faire faire les essais de leurs poids et de leurs titres.

— Passe-port pour le sieur Alvarez[1], du 3 février 1679, adressé à tous gouverneurs, lieutenans généraux, gouverneurs particuliers des villes et places, maires, consuls et échevins, capitaines et gardes établis sur les ponts, ports, péages et passages, fermiers des droits des traites foraines, douanes et domaniales..... Laisser passer le sieur Alvarez avec 3,500 pistoles.

COLBERT A FOUCAULT.

(Du 10 février 1679.)

Je suis bien aise d'apprendre que presque toutes les quittances comptables des taxes qui ont été payées aient été délivrées aux particuliers. Tenez la main à ce que ce qu'il y en a de reste soient délivrées de même.

J'ai envoyé à M. de Ris l'arrêt du conseil, portant confirmation du bail que vous avez fait conjointement pour l'entretien des écluses de la rivière du Lot. (*Article circulaire.*) Il est très-important que vous teniez soigneusement la main que l'entrepreneur exécute bien ponctuellement ce traité, et que vous fassiez souvent visiter tous les ouvrages auxquels il est obligé, et même que vous fassiez toujours examiner avec soin les moyens de rendre cette navigation plus sûre, plus facile et plus commode dans l'étendue de la généralité de Montauban.

J'ai fait expédier l'arrêt que vous m'avez envoyé pour faire porter dans les archives du bureau des finances de Montauban tous les titres concernant les domaines du roi qui sont dans les villes de Rodez, Lectoure, Villefranche, Muret et autres de la même généralité. Je vous l'envoie afin que vous le fassiez exécuter, et que vous travailliez ensuite à l'examen et vérifi-

---

[1] Cet Alvarez était un haut agent de police politique. Il est question de lui dans les Mémoires de Foucault.

cation des reconnoissances et déclarations fournies au papier terrier, en conséquence des ordres qui ont été donnés à MM. Pellot et de Sève.

Le sieur Boyer, fils de celui qui a fait le prêt de la généralité de Montauban en 1663, étant poursuivi pour les restes des impositions et les débets qui sont sur les comptes rendus par les commis aux recettes des tailles, dit pour se défendre que, son père n'ayant nommé aucun de ces commis, il ne peut être tenu de leurs débets. Comme les commissions dont vous m'avez envoyé copie ne sont que pour les années avant 1663, il est nécessaire que vous fassiez promptement une recherche exacte dans le greffe du bureau des finances de tous les actes de nomination desdits commis, que vous examiniez s'il n'y a rien qui justifie que ledit Boyer les a nommés, et que vous fassiez tirer des greffes des élections des extraits ou copies en forme des actes de cautionnement que lesdits commis y ont dû fournir, pour me les envoyer incessamment.

COLBERT A FOUCAULT.

(Du 17 février 1679.)

Puisque, par votre lettre du 8 de ce mois, vous convenez que les consuls des communautés ont traité d'une infinité de routes et quartiers d'assemblées[1] pendant les années 1673, 1674 et 1675, et par conséquent que toute la perte doit tomber sur eux, je fais expédier un arrêt du conseil portant que la somme de 79,658" 18', affectée sur le traité de l'abus des étapes, sera régalée sur toutes les communautés de la généralité de Montauban qui ont fourni lesdites étapes; ainsi, aussitôt que vous aurez reçu cet arrêt, ne manquez pas d'en faire le régalement et de faire distribuer ensuite aux mêmes communautés le reste du fonds, suivant les états que vous en avez arrêtés.

[1] Ces consuls avaient obtenu, par corruption, que les troupes ne passeraient pas par leurs villes ou bourgs, ou qu'elles ne s'y rassembleraient pas, et ils comptaient cependant avec le gouvernement comme si les routes et quartiers d'assemblées avaient eu lieu chez eux.

COLBERT A FOUCAULT.

(Du 3 mars 1679.)

Pour réponse à votre lettre sur le sujet des monnoies, le principal point de cette affaire consiste à présent à empêcher que l'on ne passe dans le commerce les espèces légères comme si elles étoient de poids, et, outre l'ordre que j'ai donné au receveur général des finances sur ce sujet, il sera bon aussi que vous donniez le même ordre à tous les receveurs particuliers des tailles, et à tous les fermiers et commis dans l'étendue de la généralité de Montauban, parce que, dès lors que ceux qui sont chargés des affaires du roi ne recevront aucunes espèces qu'après les avoir pesées, tous les peuples feront de même, et cela remédiera déjà à l'un des principaux abus.

Je vous prie de me donner toujours avis de l'état des biens de la terre.

COLBERT A FOUCAULT.

(Du 3 mars 1679.)

Je vous envoie l'arrêt qui a été rendu pour ordonner qu'il sera déduit, sur ce qui est dû aux communautés pour le remboursement des étapes de 1675, ce qui a été assigné sur le traité de l'abus. Ne manquez pas de le faire exécuter conformément à ma lettre du 17 du mois passé.

COLBERT AUX COMMISSAIRES DÉPARTIS.

(Du 9 mars 1679.)

Je vous envoie l'arrêt qui a été donné pour régler la quantité de pièces de quatre sols et de sols qui doit être mise en chacun payement. Sa Majesté veut que vous le fassiez afficher et publier, et que vous teniez la main à ce qu'il soit ponctuellement exécuté par ses peuples.

COLBERT AUX COMMISSAIRES DÉPARTIS.

(Du 16 mars 1679.)

Je vous écris par ordre du roi, deux fois presque consécutivement, que, Sa Majesté voulant maintenir la ferme du tabac pendant la paix, elle vouloit que vous donniez une entière application à faire valoir cette ferme; et comme, par la comparaison de ce qu'elle produit dans les pays étrangers, elle doit produire dans le royaume une somme fort considérable par chacun an, et qu'à présent elle produit peu, Sa Majesté m'ordonne toujours de vous répéter la même chose, et elle veut en même temps que vous vous informiez avec soin de ce qu'elle produit dans la généralité de . . . . . et que vous me le fassiez savoir.

COLBERT A FOUCAULT.

(Du 16 mars 1679.)

Je vous envoie un arrêt du conseil qui a été donné pour faire contraindre le sieur Garrisson au payement du contenu en un état de recouvrement, comme aussi pour informer contre lui du divertissement des papiers du greffe de Montauban; ne manquez pas de le faire exécuter avec soin.

J'ai reçu le second état de la fourniture des étapes de l'année dernière; je vous enverrai par le premier ordinaire l'arrêt de confirmation du traité que vous avez fait pour les étapes, mais vous devez observer que, dans toutes les généralités, le prix de la ration est considérablement diminué.

COLBERT A FOUCAULT.

(Du 29 mars 1679.)

Je ne vous écris cet ordinaire que pour satisfaire à la coutume que j'ai prise de vous écrire toutes les semaines, et pour vous dire seulement que vous fassiez exécuter ponctuellement les arrêts que vous avez reçus, et que vous teniez la main à ce que les droits de la ferme du tabac se maintiennent et même s'augmentent; et pour cela il ne faut pas que vous vous arrêtiez aux discours de celui qui a la direction de cette ferme dans l'étendue de la généralité de Montauban, en ce qu'il vous a dit que tout ce qui se pouvoit faire étoit de la maintenir en l'état qu'elle étoit, parce que vous devez tenir pour maxime qu'il n'y a aucune ferme dans le royaume qui ne puisse facilement recevoir de l'augmentation.

COLBERT AUX COMMISSAIRES DÉPARTIS.

(Du 30 mars 1679, à Paris.)

Vous verrez, par la déclaration ci-jointe [1], la résolution que le roi a prise sur le sujet des monnoies de son royaume, et Sa Majesté m'a ordonné de vous en envoyer la copie, afin que, conformément à l'arrêt du conseil qui y est joint, vous la fassiez publier, et même afficher et exécuter dans toute l'étendue de la généralité de..... en attendant qu'elle ait été enregistrée en la cour des monnoies et envoyée dans toutes les provinces.

— Lettre à Foucault, du 13 avril, pour confirmer le traité de fourniture d'étapes conclu avec L. Daneys.

COLBERT AUX COMMISSAIRES DÉPARTIS.

(Du 15 avril 1679.)

Je vous envoie le nouveau règlement des droits qui seront payés pour les déclarations qui seront à donner sur le papier terrier, que le roi continue de vouloir être fait dans toute l'étendue des domaines qui lui appartiennent, et vous verrez par ce règlement que Sa Majesté pense toujours au soulage-

---

[1] Isambert, t. XIX, p. 193.

ment de ses peuples, mais aussi qu'elle veut que ses droits légitimes soient conservés. Ne manquez pas de faire exécuter ponctuellement ce règlement, et au surplus de me donner part tous les quinze jours de l'état auquel sera le papier terrier dans la généralité de . . . . .

COLBERT A FOUCAULT.

(Du 20 avril 1679.)

J'ai reçu l'instruction que vous m'avez envoyée sur le sujet du papier terrier de la généralité de Montauban, sur laquelle je vous ferai savoir mes sentimens aussitôt que je l'aurai examinée.

A l'égard des frais, je vous en ai envoyé le règlement par ma lettre du 15 de ce mois; ne manquez pas de le faire exécuter, le roi ne voulant pas que son papier terrier coûte plus à ceux qui ont à faire des déclarations dans son papier terrier, que s'ils étoient les censiers et tenanciers des moindres gentilshommes de son royaume.

Le roi a bien pesé les inconvéniens qui pouvoient arriver dans l'exécution de la déclaration portant le décri des espèces étrangères, mais Sa Majesté a passé par-dessus tous ces inconvéniens; et comme elle établit partout des monnoies et des changes, ses sujets n'auront d'autre peine que de porter leurs espèces dans ces lieux-là; au surplus, comme rien ne s'exécute dans la dernière perfection, il sera peut-être difficile d'empêcher que ces espèces n'aient cours sur les frontières les plus voisines d'Espagne.

Je vous recommande toujours la continuation de la procédure qui se fait contre le nommé Garrisson, et je suis persuadé qu'il lui sera difficile de s'échapper de vos lumières et de l'application que vous aurez à conserver la justice au roi.

COLBERT AUX COMMISSAIRES DÉPARTIS.

(Du 28 avril 1679.)

Vous savez que je vous ai écrit par ordre du roi, toutes les années précédentes, pour vous exciter à faire avec un très-grand soin la visite de toutes les élections de la généralité de..... et pour vous faire connoître à quoi vous deviez principalement vous appliquer dans cette visite. Comme c'est un moyen de procurer du soulagement aux peuples, presque égal à celui que le roi leur a accordé par la grande diminution qu'il a faite sur les tailles, Sa Majesté m'a ordonné de vous faire savoir qu'elle veut que vous fassiez cette année une visite plus exacte de toutes les élections et paroisses de ladite généralité que vous ne l'avez encore fait jusqu'à présent, et que vous la commenciez incessamment et sans aucun retardement; et pour cet effet je vous répéterai en peu de mots les principaux points que vous devez examiner.

Le premier et le plus important est l'imposition des tailles, sur lequel, quoique je sois persuadé que l'application que vous y donnez empêche beaucoup d'abus, néanmoins, comme il est certain que, soit dans la confection des rôles, soit dans la levée et collecte des tailles, soit dans la recette que les receveurs font des collecteurs, soit dans les contraintes que l'on exerce et les frais que l'on fait aux contribuables, il se passe encore beaucoup de désordre qui ne vient pas à votre connoissance, par le soin que ceux qui en sont coupables et qui en profitent prennent de vous le cacher, le roi veut que vous entriez dans le détail de tous ces points, afin qu'il n'y ait rien dont vous ne soyez exactement informé, et à quoi vous n'apportiez le remède qui sera nécessaire.

Sa Majesté veut de plus que vous examiniez l'état auquel sont le commerce et les manufactures de la même généralité, ensemble la nourriture et le nombre des bestiaux, et que vous considériez ces trois points comme les sources fécondes d'où les peuples tirent de l'argent, non-seulement pour leur subsistance, mais même pour payer toutes leurs impositions; en sorte que Sa Majesté veut que vous recherchiez avec soin les moyens non-seulement de les maintenir, mais même de les augmenter et de rétablir le commerce et les manufactures qui sont tombées faute d'avoir été soutenues.

Je ne crois pas avoir rien à vous dire sur ce qui regarde les impositions des gabelles, aides et cinq grosses fermes, sur lesquelles vous savez la conduite que vous devez tenir; mais, pour ce qui regarde les affaires extraordinaires, les deux seules qui doivent être achevées avec diligence sont le huitième denier des biens aliénés par les ecclésiastiques, et le huitième des aliénations faites par les communautés des villes, bourgs et villages; la pre-

APPENDICE. 419

mière desquelles étant déjà presque achevée, je n'ai rien à vous dire sinon de donner aux traitans tous les secours dont ils ont besoin pour la terminer; et pour ce qui est de la seconde, dont la poursuite n'est commencée que depuis l'année dernière, je vous dirai seulement que, la plupart de ces sortes d'aliénations ayant été faites en fraude, et cette affaire étant par conséquent une des plus légitimes qui se puissent faire, s'il se présente quelques difficultés, vous devez les juger en faveur du roi, à moins qu'il n'y ait des raisons très-fortes au contraire.

Vous êtes suffisamment informé des intentions du roi sur tout ce qui regarde les étapes, et des précautions que vous devez prendre pour ne passer dans les états, qu'il est absolument nécessaire d'arrêter tous les trois mois, ou au moins tous les six mois s'il est possible, que les routes des troupes qui ont effectivement et actuellement passé dans la généralité. C'est pourquoi je me contenterai d'ajouter que Sa Majesté est informée que, dans la plus grande partie des villes et lieux où les habitans ont fourni les étapes depuis dix ou douze années, les maires et échevins ont retenu et distribué entre eux le fonds qui leur a été mis entre les mains par les receveurs généraux des finances pour le remboursement desdits habitans; et comme il n'y a pas un vol plus manifeste que celui-là, et qui mérite plus d'être puni, d'autant que les peuples sont entre les mains de leurs magistrats, et que ce vol peut par conséquent recommencer tous les jours, Sa Majesté veut que, dans la visite que vous allez faire, vous examiniez avec soin si les habitans des villes et lieux de votre généralité qui ont fourni l'étape font les mêmes plaintes contre les maires et échevins, et en cas que vous en trouviez quelqu'un qui ait été cinq ou six ans en charge, et qui ait appliqué à son profit une somme assez considérable, vous m'en donniez avis, afin que j'en rende compte à Sa Majesté et qu'elle puisse vous envoyer les ordres pour faire une punition exemplaire de ce crime.

Sa Majesté veut encore que, dans la visite qu'elle vous ordonne de faire, vous vous informiez avec soin à combien monte le recouvrement qui a été fait par le receveur général des receveurs particuliers, et par les receveurs particuliers des collecteurs de chacune paroisse, tant de la présente année que de l'année dernière, 1678; que vous vous fassiez représenter les registres des receveurs des tailles, et que vous dressiez un état exact de ce qui a été reçu par chacun d'eux, et que vous m'envoyiez ensuite ledit état.

Elle veut aussi que vous vous fassiez donner des états, certifiés par les receveurs ou commis aux recettes des tailles, des frais qui ont été faits dans chacune élection de ladite généralité pendant l'année dernière et les quatre premiers mois de la présente, et que vous apportiez une application particulière à retrancher tous les frais que les peuples payent et qui ne tournent point au profit du roi, comme aussi de vous informer exactement du nombre de collecteurs qui sont retenus dans les prisons pour raison desdites tailles, et surtout de prendre bien garde que les impositions soient si justement distribuées, que Sa Majesté ne puisse entendre aucune plainte que les habitans d'une paroisse soient déchargés d'une partie de leur taille pour en surcharger les autres.

Vous savez assez, par les différens ordres que vous avez reçus de temps en temps sur le sujet des haras, combien le roi prend à cœur cet établissement; et comme c'est un des moyens qui attirent le plus d'argent dans les provinces, vous devez rechercher tous les expédiens les plus avantageux qu'il vous sera possible pour le maintenir et l'augmenter, en sorte que Sa Majesté soit satisfaite de vos soins et que les peuples se ressentent de l'avantage que vous leur aurez procuré.

COLBERT A FOUCAULT.

(Du 5 mai 1679.)

Je ferai rapport au conseil du jugement que vous avez rendu contre deux consuls de Duravel pour avoir malversé dans la fourniture des étapes. Vous voyez de quelle conséquence il est de faire cette recherche, parce que les consuls abusant partout de leur pouvoir volent impunément les deniers du remboursement des étapes au préjudice de ceux qui les ont fournis; et vous devez apporter une application particulière à en empêcher tous les désordres.

Ayez toujours soin d'être informé de ce que la ferme du tabac produit dans la généralité de Montauban, comme aussi de me faire savoir de temps en temps l'état des biens de la terre.

APPENDICE.

COLBERT AUX COMMISSAIRES DÉPARTIS.

(Du 5 mai 1679.)

Le roi m'ordonne d'ajouter au contenu de la lettre que je vous ai écrite, concernant la visite que vous devez faire, que Sa Majesté veut qu'en chacune élection vous choisissiez trois ou quatre, ou petites villes, ou gros bourgs, pour y demeurer en chacune trois ou quatre jours, et y faire venir les collecteurs de toutes les paroisses circonvoisines et même quelques-uns des principaux habitans, pour vous informer particulièrement de tout ce qui se passe dans l'imposition et la collecte des tailles, afin que, par cette application et cette exactitude, vous connoissiez à fond tous les abus qui s'y commettent, les décharges ou soulagemens qu'on donne aux riches pour des intérêts ou des recommandations à l'oppression des pauvres, des frais extraordinaires et abusifs qui se font par les receveurs des tailles ou par les huissiers, et généralement de tout ce qui peut être préjudiciable aux peuples, Sa Majesté voulant que cette connoissance vous serve pour rendre l'imposition de la taille juste et bien égale et en retrancher généralement tous les abus, et que vous fassiez des mémoires exacts des abus que vous y aurez reconnus, et des remèdes que vous y aurez apportés, ensemble de ceux pour lesquels vous croirez nécessaire d'expédier quelque déclaration ou quelques arrêts, afin que Sa Majesté puisse résoudre le tout avec connoissance de cause. Elle veut de plus que vous fassiez rendre compte tous les trois mois du nombre de collecteurs qui se trouveront dans les prisons, et des causes de leur détention, et que vous travailliez toujours à les faire sortir, et empêcher que les receveurs des tailles n'abusent en cela du pouvoir que les contraintes leur donnent. Sa Majesté veut aussi que vous vous informiez toujours de la quantité des frais qui sont faits par les mêmes receveurs des tailles, et que vous travailliez avec la même application à les retrancher.

Le roi ayant reçu des plaintes que les commis aux saisies mobilières prétendoient se dispenser de la collecte en vertu d'un arrêt de la cour des aides, contraire en cela à l'édit de Sa Majesté pour l'établissement de ces saisies mobilières, ladite cour a révoqué cet arrêt par celui ci-joint que Sa

Majesté m'ordonne de vous envoyer, afin que vous teniez la main à ce qu'il soit ponctuellement exécuté.

COLBERT
AUX INTENDANTS ET COMMISSAIRES DÉPARTIS.

(Du 10 mai 1679.)

Je suis bien aise de vous avertir que l'on fait tous les jours des plaintes au roi que les étapes ne sont point remboursées presque dans toutes les généralités du royaume à ceux qui les fournissent, et Sa Majesté m'ordonne d'écrire à tous MM. les commissaires départis qu'elle veut qu'ils s'appliquent à les faire rembourser partout, et de bien prendre garde que ces remboursemens se fassent de bonne foi à tous ceux qui ont fourni les vivres aux troupes.

— Circulaire aux intendants, du 10 mai, pour leur envoyer deux tarifs des monnaies.

COLBERT A FOUCAULT.

(Du 11 mai 1679.)

Pour réponse à votre lettre du 5 du présent mois, puisque vous ne croyez pas que le nouveau règlement concernant les frais du papier terrier puisse apporter aucun soulagement aux peuples, vous pouvez vous dispenser de vous en servir, parce qu'il n'a été fait que pour diminuer ces frais. Je vous recommande surtout d'avancer le papier terrier dans toute l'étendue de la généralité de Montauban.

M. d'Aguesseau m'écrit que, pour terminer les difficultés qui se rencontrent pour le recouvrement des tailles dans les pays et généralités où les tailles sont réelles, n'y ayant aucun règlement assuré sur ces matières qui sont réglées suivant certains préjugés des cours des aides qui changent de temps en temps, il seroit nécessaire de rédiger ces matières sous une même loi constante et générale; et pour y parvenir, vous devez travailler promptement à toutes les observations que vous pourrez faire sur ce sujet, et à tous les expédiens que vous croirez pouvoir être pratiqués pour remédier à tous les inconvéniens que vous reconnoîtrez dans l'imposition et la recette de cette taille.

J'écris à M. de Ris de faire la même chose de son côté, et ensuite de convenir entre vous d'un jour et d'un lieu pour vous y trouver, conférer ensemble vos mémoires et en rédiger un seul de tous vos sentimens pour m'être envoyé.

COLBERT A FOUCAULT.

(Du 18 mai 1679.)

J'apprends par votre lettre du 10 de ce mois que vous avez reçu les ordres du roi, contenus en mes lettres du 28 avril et 5 du présent mois pour la visite de votre généralité.

Je suis bien aise que les biens de la terre soient raccommodés. Surtout dans la visite que vous allez faire, prenez garde de bien pénétrer tous les abus qui se commettent en l'imposition et la collecte de la taille pour y apporter les remèdes nécessaires, et appliquez-vous à faire les mémoires contenant les règlemens qu'il y auroit à faire dans les élections de taille réelle, pour en conférer avec MM. d'Aguesseau et de Ris, et faire les règlemens généraux qui seront nécessaires sur vos avis.

J'ai lu la copie du testament de M. le duc d'Arpajon et les deux codicilles qu'il a faits.

— Circulaire aux intendants, du 19 mai, sur les monnaies étrangères qui circulent en France.

— Circulaire aux intendants, du 23 mai, pour diminuer du tiers la valeur des liards de Dombes, mauvaise monnaie dont il circule pour 5 ou 6 millions dans les provinces du Lyonnais.

— Lettre à Foucault, du 24 mai, rappel des ordres antérieurs.

COLBERT AUX INTENDANTS.

(Du 24 mai 1679.)

Le roi ayant résolu d'aliéner un million de livres de rente sur l'Hôtel de ville de Paris, au denier 16, et voyant que ce bien est extrêmement recherché, Sa Majesté m'a ordonné de vous envoyer l'édit pour le rendre public dans la généralité de....... afin que, si quelques officiers ou habitans des principales villes en veulent prendre, ils puissent le faire.

COLBERT AUX COMMISSAIRES DÉPARTIS.

(Du 27 mai 1679, à Saint-Germain.)

Le roi ayant résolu et signé le brevet de la taille de l'année prochaine 1680, dont je vous envoie l'extrait, je vous prie de prendre connoissance de l'état de chacune élection pour bien distribuer la somme portée par ledit brevet, en sorte que l'imposition et levée se fassent sans non-valeurs en vertu des commissions qui vous seront envoyées dans le temps accoutumé.

COLBERT AUX INTENDANTS.

(Du dernier mai 1679, à Saint-Germain.)

Le roi recevant tous les jours des plaintes des officiers des bailliages, siéges présidiaux et autres justices royales, sur le sujet des fonds faits dans les états des domaines pour les frais de justice, qu'ils prétendent n'être pas suffisans, Sa Majesté m'ordonne de vous écrire ses intentions sur ce point, afin que vous lui donniez les éclaircissemens qu'elle désire pour y pourvoir.

Vous devez donc savoir que, lorsqu'elle a arrêté les états des charges de ses domaines, elle a fait venir des provinces des mémoires de ce qui avoit été employé en frais de justice les trois ou quatre années auparavant que le roi eût réuni les amendes à sa ferme des domaines, et sur ces mémoires elle a fait l'emploi de ces fonds; mais, comme ces officiers de justice se plaignent toujours, elle a quelque sujet de croire qu'ils voudroient bien ou consommer tous les fonds qui peuvent provenir des amendes en frais de justice, ou, faisant connoître que les amendes ne sont pas suffisantes pour satisfaire aux frais de justice, porter Sa Majesté à leur remettre la disposition des amendes comme ils avoient auparavant. Sur quoi Sa Majesté veut que vous observiez que, par arrêt de son conseil du 3 février 1672, elle a fait défense à tous ses officiers de justice de décerner des contraintes contre les fermiers de ses domaines pour plus grandes sommes que celles qui sont employées dans ses états.

Et sur ce qu'elle a connu clairement que les juges se dispensoient souvent de prononcer des amendes, suivant les ordonnances, depuis qu'ils n'en avoient plus la disposition, Sa Majesté, par autre arrêt du 21 août 1677, a défendu de payer les charges assignées sur les amendes que jusqu'à la concurrence du fonds qui en seroit reçu, en sorte que, par ces deux arrêts, Sa Majesté a restreint la liberté que les juges se donnoient de décerner leurs contraintes contre les fermiers de ses domaines, et les a contraints ensuite de prononcer ces amendes conformément aux ordonnances, s'ils veulent que les charges soient acquittées; et, quoique vous connoissiez facilement la justice de ces arrêts, Sa Majesté veut encore avoir de nouveaux éclaircissemens sur cette matière, et pour cet effet elle désire que vous examiniez premièrement si dans les états des domaines, dont je vous envoie les extraits, il y a des fonds faits pour les frais de justice de tous les présidiaux, bailliages, sénéchaussées et justices royales de la généralité de........ et, en cas qu'il manque quelqu'un de ces siéges dont Sa Majesté jouisse des amendes, que vous m'en envoyiez le mémoire, afin que Sa Majesté y puisse pourvoir sur l'état des domaines de l'année présente. Et sur ce qu'elle désire savoir si la somme qu'elle a employée est suffisante pour lesdits frais de justice, elle veut que vous vous informiez de quelle sorte la dépense a été faite jusqu'à présent, et si elle a été faite conformément au règlement que je vous envoie, et ensuite que vous vous fassiez rapporter la justification de la recette des amendes et des sommes qui ont été employées en frais de justice les quatre années auparavant que Sa Majesté eût réuni lesdites amendes à sa ferme des domaines, afin qu'elle puisse connoître par la comparaison desdites quatre années si les fonds qu'elle a faits sont suffisans ou non.

— Lettre à Foucault, du 7 juin; rappel d'ordres antérieurs.

COLBERT A FOUCAULT.

(Du 7 juin 1679.)

Pour réponse à votre lettre du dernier du mois passé, la pensée que vous avez eue, de réduire les élections aux paroisses qui sont les plus proches des lieux où sont les bureaux, est très-bonne; j'examinerai la carte que vous m'en envoyez. A l'égard de la carte générale à laquelle vous faites travailler, prenez bien garde que ce travail se fasse avec une très-grande exactitude, et observez que dans cette carte il n'y soit omis aucune des paroisses de chacune élection.

COLBERT AUX COMMISSAIRES DÉPARTIS.

(Du 14 juin 1679, à Saint-Germain.)

Par la vérification que j'ai faite, par ordre du roi, de tous les états de la fourniture des étapes qui avoient été envoyés de toutes les généralités, j'ai trouvé que vous n'avez pas envoyé ceux des six derniers mois de l'année dernière. Sa Majesté m'ordonne de vous écrire que non-seulement elle veut que vous envoyiez promptement ces états, mais même que vous arrêtiez celui des cinq premiers mois de cette année, et que vous l'envoyiez incessamment. A quoi Sa Majesté m'ordonne d'ajouter qu'elle veut que, dans la visite que vous faites, vous vous informiez exactement si toutes les étapes qui ont été fournies ont été remboursées et payées à tous ceux, ou qui ont fourni des deniers à l'étapier général, ou qui ont fourni des vivres aux troupes, Sa Majesté ayant donné des assignations bonnes et qui doivent avoir été payées sur toutes les ordonnances expédiées sur les états qui ont été envoyés.

COLBERT A FOUCAULT.

(Du 21 juin 1679.)

Je suis bien aise que, dans la visite que vous avez faite, vous n'ayez entendu aucunes plaintes concernant le recouvrement des deniers du roi; continuez toujours de vous informer avec soin et de travailler à faire en sorte, dans la généralité de Montauban, que les peuples payent facilement et qu'ils ne souffrent point aussi de frais tout autant qu'il sera possible.

Pensez à donner votre avis sur le brevet de la taille, et de prendre bien garde à l'état auquel sont les biens de la terre.

Je suis bien aise que vous ayez trouvé quantité de titres concernant les domaines du roi, et que vous les ayez fait mettre en dépôt dans le bureau des finances de Montauban, cette recherche étant non-seulement nécessaire en tout temps, mais beaucoup plus dans ce temps de paix, dans lequel je donnerai une application toute particulière à tout ce qui concerne les domaines du roi.

COLBERT A FOUCAULT.

(Du 6 juillet 1679.)

Sur le procès-verbal que vous m'avez envoyé de la capture du sieur chevalier de Brouès et autres de ses complices, je dois vous dire qu'il me semble que vous avez été un peu vite en cela, l'intention du roi n'étant jamais, ainsi que je vous l'ai expliqué plusieurs fois, d'interrompre le cours de la justice ordinaire et donner l'autorité de juger souverainement, particulièrement des gentilshommes, sans des causes très-grandes et qui méritent une application de l'autorité extraordinaire de Sa Majesté, par des arrêts pareils à celui dont vous m'avez envoyé le projet; d'autant plus que vous m'avez bien envoyé le procès-verbal de capture, mais il n'y a ni plainte, ni information, ni décret. Il faut donc, ou que par ces trois pièces vous fassiez connoître que ce sont des criminels qui méritent cette application extraordinaire de l'autorité du roi, ou que vous remettiez ces criminels dans les prisons du parlement du ressort duquel ils sont. Si, néanmoins, ils avoient commis des crimes extraordinaires, qui regardassent le recouvrement des deniers du roi, vous pouvez me le faire connoître pour en rendre compte à Sa Majesté; mais, s'il n'y a que des crimes ordinaires, il faut que vous en écriviez à M. de Châteauneuf. Lorsque le roi réglera les impositions de la taille pour l'année prochaine, je rendrai compte à Sa Majesté de la demande que vous faites de 30,000^{tt}, pour distribuer aux paroisses qui ont été grêlées.

J'examinerai les états que vous m'avez envoyés concernant les dettes des communautés de la généralité de Montauban, et vous ferai savoir ensuite la résolution que le roi prendra sur ce sujet.

J'attends réponse aux lettres que je vous ai écrites sur le sujet des étapes et des frais de justice.

COLBERT A FOUCAULT.

(Du 12 juillet 1679.)

Je vous ai envoyé un arrêt du conseil pour informer de la soustraction d'un acte de cautionnement du greffe du bureau des finances de Montauban; et, comme il y a longtemps que vous ne m'avez fait savoir l'état auquel est cette procédure, ne manquez pas de la poursuivre avec application et de me faire savoir de temps en temps ce que vous découvrirez, étant certain que le sieur Garrisson a diverti tous les papiers qui pouvoient faire connoître la part qu'il a eue dans tous les traités de la généralité.

A présent que la moisson doit commencer, faites-moi savoir s'il y aura abondance de blés.

COLBERT A FOUCAULT.

(Du 12 juillet 1679.)

Sur ce que vous me dites, en votre lettre du 5 de ce mois, qu'il y a une bande de voleurs qui s'est formée dans le bas Quercy, et sur la proposition que vous faites de créer une charge de vice-sénéchal à Montauban, il auroit été nécessaire que vous m'eussiez fait savoir en même temps combien il y a d'officiers de cette qualité dans la généralité, et en quels lieux ils sont établis, et même que vous eussiez fait mettre en campagne celui dans le département duquel est le Quercy; et la raison de cela est que l'intention du roi, quant à présent, est bien éloignée de créer de nouveaux officiers, mais au contraire d'en supprimer et faire que ceux qui sont pourvus fassent bien et exactement leurs charges; et ainsi, auparavant que de proposer au roi cette nouvelle création, j'attendrai le mémoire que vous me devez envoyer des officiers de cette qualité qui sont dans l'étendue de votre généralité, et je crois que vous êtes informé qu'il y a eu des arrêts du conseil expédiés qui portent qu'ils ne pourront recevoir leurs gages que sur vos certificats, à mesure que leurs compagnies seront faites (*sic*) en votre présence, toutes les fois que vous l'ordonnerez.

— Circulaire aux intendants, du 14 juillet, pour le remboursement des augmentations de gages.

COLBERT A FOUCAULT.

(Du 19 juillet 1679.)

J'ai reçu l'état ou rôle des présidiaux, bailliages et justices de l'étendue de la généralité de Montauban, et comme vous n'avez point rempli la colonne de ce que vous estimez nécessaire pour les frais de justice de chacune sénéchaussée et viguerie, j'attends que vous m'envoyiez votre avis sur chacune; mais vous devez observer que le roi ne veut pas excéder le fonds qui proviendra des amendes; mais même Sa Majesté ne veut pas que ces frais de justice excèdent la moitié de ce qui proviendra desdites amendes.

Faites-moi savoir de quelle sorte le recouvrement de la taille se fait dans la généralité de Montauban; et, en cas qu'il se fasse par la voie des porteurs de contraintes, examinez avec un très-grand soin à combien la dépense de cette sorte de recouvrement a monté pendant l'année dernière et les six premiers mois de la présente, et prenez bien garde de ne vous point laisser surprendre sur ce point, étant nécessaire que vous examiniez avec grand soin le nombre des porteurs de contraintes et des archers employés en chacune élection, combien de logemens ils ont fait, et s'ils ne se sont pas fait payer de plusieurs logemens en un même jour et en même temps, et enfin si les receveurs des tailles ou receveurs généraux des finances ne partagent point avec eux leurs émolumens.

COLBERT AUX COMMISSAIRES DÉPARTIS.

(Du 20 juillet 1679.)

L'un des desseins de ce temps de paix, en ce qui concerne les finances du roi, étant de corriger un désordre qui se trouve assez considérable et qui incommode les peuples, savoir, qu'il y a beaucoup de paroisses, dans l'étendue d'une élection ou grenier à sel, qui sont beaucoup plus proches de la ville où un autre bureau d'élection ou de grenier à sel est établi, en sorte que les habitans de ces paroisses sont quelquefois obligés de faire une ou deux fois plus de chemin pour porter leurs deniers à la recette des tailles, ou pour se pourvoir aux officiers des élections, qu'ils ne feroient si le ressort de chacune élection avoit été mieux fait dans son commencement, l'intention du roi seroit donc que vous fissiez faire une carte exacte de l'étendue de la généralité de .... dans laquelle toutes les paroisses de chacune élection seroient marquées avec leur distance juste de chacun bureau, afin que, sur ces cartes et sur vos avis, le roi pût faire une nouvelle distribution desdites élections et greniers à sel, pour composer le ressort de chacune de toutes les paroisses qui seroient les plus proches; et Sa Majesté voudroit même que l'on pût réduire les greniers à sel dans la même étendue que les élections. Sa Majesté veut donc que vous vous appliquiez soigneusement à ce travail pendant le reste de cet été et l'hiver prochain; et, en cas que vous ne trouviez aucunes personnes pour faire ces cartes dans l'étendue de la généralité de . . . . en me le faisant savoir, je vous enverrai de Paris des gens propres à ce travail.

COLBERT A FOUCAULT.

(Du 22 juillet 1679.)

J'ai vu et examiné le procès-verbal que vous m'avez envoyé des dettes vérifiées sur le général (sic) des pays et élections qui composent la généralité de Montauban, et je suis surpris que, par la lettre qui l'accompagnoit, vous disiez que les commissaires établis pour la liquidation ont ordonné l'imposition des dettes particulières des communautés, puisque l'intention du roi n'a jamais été de leur donner ce pouvoir, mais seulement d'examiner et vérifier les dettes prétendues, les admettre ou rejeter, régler les payemens, soit par les moyens que les communautés pouvoient avoir, soit par des impositions sur elles-mêmes, et dresser procès-verbal de tout pour l'envoyer au conseil, afin que Sa Majesté puisse ensuite ordonner les impositions nécessaires; et, comme j'ai lieu de croire par votre lettre que cet ordre n'a pas été observé dans la généralité de Montauban, ne manquez pas de m'en éclaircir au plus tôt, afin que j'en puisse rendre compte au roi. Faites-moi aussi savoir si toutes les dettes généralement contenues au procès-verbal que vous m'avez envoyé sont comprises dans ledit procès-verbal, et si ces pays se trouveront quittes au moyen de ces impositions que vous proposez, comme aussi s'il n'y a point d'autres pays ou élections que celles qui sont contenues audit procès-verbal qui soient chargées de dettes, et, en cas qu'il y en ait, pourquoi vous n'en avez pas fait mention. J'attendrai votre réponse sur tous ces points avant que de faire expédier les arrêts en conformité de votre avis.

COLBERT AUX INTENDANTS.

(Du 26 juillet 1679, à Saint-Germain.)

Le roi m'ordonne de vous dire que, comme il n'y a point de crime qui soit de plus dangereuse conséquence pour l'état et pour les peuples que celui de fausse monnoie, que l'on dit se faire dans toutes les provinces, Sa Majesté m'a ordonné de vous faire savoir qu'elle veut que vous vous appliquiez avec un très-grand soin à découvrir tout ce qui se passe dans l'étendue de la province de...... et que vous apportiez un soin particulier à pénétrer tous les avis que vous recevrez de cette qualité, Sa Majesté n'estimant pas possible que l'on fabrique de la fausse monnoie dans une province et que les intendans et commissaires départis n'en aient aucun avis. Faites donc en sorte que Sa Majesté soit satisfaite de vos soins, ainsi qu'elle l'est de tout ce qu'elle vous commet.

— Lettre à Foucault, du 26 juillet, sur la liquidation des dettes de la ville de Grenade.

COLBERT A FOUCAULT.

(Du 5 août 1679.)

Pour réponse à votre lettre du 26 du mois passé, la grande diminution que le roi a accordée à la généralité de Montauban doit contribuer à la rétablir, et, lorsque le roi réglera les impositions de l'année prochaine, je lui proposerai d'accorder quelque somme pour partager aux paroisses qui ont été inondées de la grêle.

Vous devez vous appliquer à l'exécution de tous les ordres que je vous ai donnés sur le sujet du sieur Garrisson. Il me semble qu'il est assez difficile qu'il se puisse disculper de la soustraction des papiers du greffe des trésoriers de France qu'il a exercé fort longtemps, en cas que pendant ce temps il ne se trouve point ou peu d'actes de nomination ou caution aux recettes générales des finances et recettes particulières des tailles dans lesquelles il étoit intéressé.

Je ferai rapport au premier conseil de l'information et projet d'arrêt que vous m'avez envoyé concernant les faux titres qui se sont trouvés dans les dénombremens des gentilshommes, et vous ferai savoir la résolution que le roi aura prise sur ce sujet.

COLBERT A FOUCAULT.

(Du 10 août 1679.)

Pour réponse à votre lettre du 2 de ce mois, en réponse de celle que je vous ai écrite concernant la liquidation des dettes, vous demeurez d'accord que le travail que M. Pellot fit en 1662, soit pour la liquidation des dettes, soit pour l'imposition des sommes pour le payement desdites dettes, fut autorisé par trois arrêts du conseil, et cependant vous convenez par votre lettre que les impositions depuis ce temps ont été faites par les commissaires qui ont travaillé à cette liquidation. Je vous avoue que je ne croyois pas que vous seriez tombé dans une faute si considérable que celle-là, n'y ayant rien de plus criminel, ni de plus grande conséquence dans l'état, ni même de plus contraire aux ordonnances, que d'imposer sur les peuples sans commission ou lettres expresses du grand sceau. Mais, comme vous ne vous expliquez guère clairement sur ce point, prenez bien garde de chercher des expédiens pour autoriser ce qui a été fait et de ne plus retomber à l'avenir dans une faute pareille; j'ajoute que cela n'est pas si difficile que vous l'imaginez, et pour cela il faut que vous y procédiez élection par élection, et que vous fassiez un état abrégé de toutes les dettes des communautés d'une élection, avec un autre état des sommes qui sont à imposer dans chacune communauté de chacune élection, et le nombre d'années que l'imposition en devra être faite, et sur cet état il faudra expédier des arrêts et commissions pour l'imposition sur toutes les paroisses de chacune élection, et de cette sorte vous autoriserez tout ce qui a été mal fait.

Je rendrai compte au roi de ce que vous m'écrivez concernant l'établissement d'un vice-sénéchal à Montauban.

J'ai reçu l'état des étapes qui ont été fournies dans la généralité de Montauban pendant les six premiers mois de la présente année.

COLBERT A FOUCAULT.

(Du 17 août 1679.)

J'ai reçu, avec votre lettre du 2 de ce mois, l'état que vous m'avez envoyé de la dépense faite par les porteurs de contraintes dans l'étendue de la généralité de Montauban pendant l'année dernière et les six premiers mois de cette année; sur quoi je vous dirai présentement qu'il faut que, dans les visites que vous faites de toutes les élections de cette généralité, vous vous informiez toujours soigneusement des plaintes qui se font contre les porteurs de contraintes et des payemens qui leur sont faits, parce que assurément vous ne trouverez pas que le calcul qu'on vous a donné soit véritable, d'autant que vous ne comptez que les salaires d'un seul jour pour chacun homme, et vous trouverez assurément que tel de ces porteurs de contraintes est payé par différentes communautés de trois ou quatre journées en un seul jour, et c'est ce qui ne paroît pas que vous ayez assez examiné; et nonobstant cela je ne laisse pas de trouver trop forte la dépense de 64ᵐ 10ˢ pour les frais du recouvrement pendant l'espace d'une année, d'autant plus que, la taille étant à présent sur un pied fort bas, le recouvrement ne doit presque faire aucunes peines, par conséquent ne produit aucuns frais ou fort peu.

Je suis bien aise que le recouvrement du huitième denier des biens ecclésiastiques et laïques s'avance; continuez d'y donner la même application jusqu'à ce qu'il soit entièrement fait; ces sortes de recouvremens étant très-légitimes, il est bon d'en tirer tous les secours possibles.

— Circulaire aux intendants, du 17 août, pour leur envoyer l'arrêt contenant diminution de deux millions sur la taille.

COLBERT A FOUCAULT.

(Du 23 août 1679.)

Je suis bien étonné d'apprendre, par votre lettre du 10 de ce mois, que le papier terrier qui s'est fait dans la généralité de Montauban soit presque inutile et qu'il faille le recommencer. Il me semble que vous auriez pu faire cette observation auparavant et remédier aux difficultés que vous y avez trouvées; et, comme vous savez combien ce travail est important dans toute l'étendue du royaume, je veux espérer qu'à l'avenir vous vous appliquerez en sorte qu'il pourra être fait sûrement pour les droits du roi et diligemment.

J'ai reçu en même temps le second interrogatoire prêté par le sieur Garrisson. Il est bien nécessaire que vous donniez une très-grande application à cette affaire.

— Circulaire aux intendants, du 1er septembre, pour qu'ils aient à bien entretenir les ouvrages publics, et à bien examiner l'état de la liquidation des dettes des communautés.

— Lettre à Foucault, du 1er septembre, sur la signification des arrêts pour le remboursement des augmentations de gages à la cour des aides de Montpellier, et sur la liquidation des dettes des communautés.

— Circulaire aux intendants, du 7 septembre, pour leur demander ce que produit la ferme du tabac dans leurs départements respectifs.

— *Idem*, du même jour, sur le huitième denier ecclésiastique et laïque.

COLBERT A FOUCAULT.

(Du 7 septembre 1679.)

Vous avez bien fait de rendre public l'arrêt portant diminution de deux millions de livres sur les tailles; cela fait connoître aux peuples que le roi exerce avec bien plus de diligence les marques de sa bonté envers ses peuples qu'il n'a exercé les marques des besoins de l'état pendant la guerre. Mais, toutes les fois qu'on vous parle de nécessité et de diminution et que vous en écrivez vous-même, pensez toujours que, depuis 1615, les tailles n'ont pas été si basses qu'elles sont actuellement.

COLBERT A FOUCAULT.

(Du 15 septembre 1679.)

J'apprends, par votre lettre du 6 de ce mois, que vous avez commencé de conférer sur le sujet de la taille réelle dans les pays encadastrés; et, comme c'est une matière de très-grande conséquence, je vous prie d'y donner toute l'application qui sera nécessaire pour en faire un règlement auquel il n'y ait rien à désirer, et qui soit uniforme pour toute la province.

— Circulaire aux intendants, du 21 septembre, accompagnant l'envoi de la commission des tailles.

COLBERT A FOUCAULT.

(Du 21 septembre 1679.)

J'examinerai les mémoires que vous m'avez envoyés avec votre lettre du 12 de ce mois, concernant la recette et dépense des amendes de la généralité de Montauban, et vous ferai savoir ensuite ce qu'il y aura à faire sur ce sujet; il est bon seulement que vous observiez que les frais de justice ne doivent être payés que jusqu'à la concurrence des amendes de chacun siége.

Je vous envoie un édit pour la création d'un vice-sénéchal et de quelques officiers dans l'étendue de la généralité de Montauban, et que vous le fassiez enregistrer et ensuite recevoir les propositions qui vous seront faites pour la finance de cet office, et me le faire savoir.

COLBERT A FOUCAULT.

(Du 28 septembre 1679.)

J'ai reçu avec votre lettre du 20 de ce mois l'état du produit de la ferme du tabac de la généralité de Montauban; continuez à donner votre application à faire valoir cette ferme, et envoyez-moi tous les six mois un mémoire de ce qu'elle produira dans l'étendue de votre généralité.

Je ferai rapport au roi du projet d'arrêt que vous m'avez envoyé pour faire le procès au nommé Catalan Fabre, et vous ferai savoir ensuite ce que le roi aura résolu.

— Circulaire aux intendants, du 28 septembre, sur les revenus casuels.
— *Idem*, dudit jour, accompagnant l'envoi d'un arrêt sur le fait des monnaies.

COLBERT A FOUCAULT.

(Du 13 octobre 1679.)

J'apprends, par votre lettre du 27 du mois passé, que vous avez reçu les commissions des tailles. Vous devez travailler en diligence à en faire l'imposition. Je vous ai écrit amplement sur le sujet de la liquidation des dettes des communautés. Souvenez-vous toujours que, pour quelque prétexte que ce soit, il n'est pas permis de faire aucune imposition sur les sujets du roi sans commission du grand sceau.

Appliquez-vous toujours avec soin à achever promptement le recouvrement du huitième denier des communautés ecclésiastiques et laïques, étant important de finir entièrement ces recouvremens.

COLBERT A FOUCAULT.

(Du 26 octobre 1679, à Saint-Germain.)

J'apprends, par votre lettre du 14 du présent mois, que vous continuez l'imposition des tailles. Ne perdez pas un moment de temps pour l'achever, et, quoique la rudesse de l'hiver dernier ait incommodé les peuples, il y a lieu d'espérer que la douceur de celui-ci et les grandes diminutions que le roi leur a accordées les rétablira.

J'attends le compte que je vous ai demandé des deniers qui se lèvent sur les généralités de Bordeaux et de Montauban pour l'entretien de la navigation sur les rivières de Garonne, Tarn et Aveyron, étant très-important que ces impositions soient employées à l'effet pour lequel elles sont faites, d'autant que vous savez que presque toujours elles se consomment en choses inutiles.

Travaillez promptement au procès du nommé Catalan Fabre, et à chercher des personnes qui soient capables de remplir la charge de vice-sénéchal et autres officiers créés par l'édit que je vous ai envoyé.

— Lettre aux trésoriers de France de Montauban, du 26 octobre, sur l'exécution de l'arrêt du conseil qui ordonne que les commis établis pour la recette d'une imposition faite sur les élus de la généralité de Montauban, pour le payement des droits héréditaires, compteront devant eux.

— Lettre à Foucault, dudit jour, pour qu'il remette la lettre ci-dessus auxdits trésoriers.

— Au même, du 8 novembre, pour le charger d'informer sur une rébellion faite contre les huissiers chargés du recouvrement des débets des comptables dans la généralité de Montauban, par le nommé de Combes.

COLBERT A FOUCAULT.

(Du 17 novembre 1679.)

Pour réponse à votre lettre du 5 du présent mois, achevez avec toute la diligence possible l'imposition pour l'année prochaine; informez-vous toujours de la quantité des denrées et marchandises qui s'enlèvent dans l'étendue de la généralité de Montauban, afin que vous puissiez juger en gros par les enlèvemens de la quantité d'argent qui y entre.

COLBERT A FOUCAULT.

(Du 23 novembre 1679.)

Si les habitans de Marsan veulent avoir un cours par le moyen des ouvrages qu'ils ont fait faire, il est nécessaire qu'ils achètent les arbres, parce qu'il n'est pas facile de prendre quatre cents ormes dans les forêts royales sans préjudice ou sans conséquence.

— Lettre à Foucault, du 7 décembre. Accusé de réception de la condamnation du sieur Catalan Fabre et de l'arrestation de ses deux frères.

— Lettre à MM. de Ris et Foucault, du 12 décembre, afin qu'ils aident les recruteurs que le fils de Colbert a envoyés dans leur province, pour y lever cent cinquante hommes de cinq pieds trois ou quatre pouces au moins, destinés au régiment de Champagne.

— Circulaire aux intendants, du 28 décembre, afin de leur demander des mémoires sur les visites qu'ils ont faites dans leurs généralités, pour y examiner les abus qui se commettent dans l'imposition et collecte des tailles et dans la levée des droits des fermes.

COLBERT A FOUCAULT.

(Du 28 décembre 1679.)

Pour réponse à votre lettre du 20 de ce mois, concernant les crimes du sieur Cantorbie[1], il faut laisser aller le décret selon les formes de la justice. Vous devez seulement tenir la main que les frais qui ont été faits au sujet de l'instruction et jugement de son procès soient remboursés, et que le jugement qui a été donné contre lui soit entièrement exécuté sur les amendes, restitutions et frais de justice.

COLBERT A FOUCAULT.

(Du 4 janvier 1680.)

Je suis bien aise d'apprendre, par le compte que vous me rendez de l'affaire du huitième denier ecclésiastique et laïque, que ce recouvrement soit fort avancé dans votre généralité, et que les forfaits ont été remplis et qu'il y a encore de la matière pour en faire un de 30,000"; j'en ai donné avis à ceux qui sont chargés de ce recouvrement, afin qu'ils fassent de nouveaux sous-traités pour ce recouvrement.

Dans le compte que je me fais rendre de temps en temps de l'état auquel est le travail du papier terrier dans les provinces du royaume, j'ai remarqué que vous ne m'avez rien écrit, depuis le 16 septembre de l'année dernière, sur le sujet du papier terrier de la généralité de Montauban. Je vous prie de m'envoyer un mémoire exact et bien détaillé de tout ce qui a été fait depuis ce temps-là jusqu'à présent, de ce qu'il y reste à faire, et dans quel temps vous croyez que ce travail puisse être fini. Continuez cependant d'y donner tout le soin et toute l'application nécessaire jusqu'à ce qu'il soit entièrement achevé.

---

[1] Ce *Cantorbie* serait-il le même dont il a été question aux Mémoires sous le nom de *Cantobre,* et à la date de novembre 1675? (Voy. ci-dessus, p. 39.)

COLBERT A FOUCAULT.

(Du 18 janvier 1680, à Saint-Germain.)

Je suis bien aise d'apprendre, par votre lettre du 10 de ce mois, que vous avez trouvé l'imposition et collecte des tailles en bon état dans la visite que vous avez faite de votre généralité; mais je ne sais si vous avez assez approfondi cette affaire, parce que, toutes les fois que j'ai examiné particulièrement ce qui se passoit sur ce sujet dans votre généralité, j'ai toujours trouvé que le recouvrement de la taille par logemens effectifs tiroit après soi une infinité d'abus et de vexations sur les peuples, qu'il étoit fort difficile de découvrir sans une très grande application.

Sur le point de l'irrégularité de la distance des paroisses du ressort de chacune élection, je suis bien aise que vous ayez prévenu dans votre généralité ce que j'ai écrit à tous MM. les commissaires départis, de travailler à faire des cartes de chacune élection, pour réformer cet abus qui est presque universel dans tout le royaume, et faire en sorte que toutes les paroisses et communautés soient toujours de l'élection la plus proche; aussitôt que vous aurez fait faire les cartes auxquelles vous dites que vous avez fait travailler, ne manquez pas de me les envoyer avec votre avis.

COLBERT A FOUCAULT.

(Du 8 février 1680.)

J'apprends, par votre lettre du 24 du mois passé, la quantité de grains qui sont sortis de la généralité de Montauban pendant les années dernières 1678 et 1679, et il est bon que vous continuiez de vous faire informer de tout ce qui concerne cette sortie, ensemble de toutes les autres denrées de la province, parce qu'étant le moyen le plus naturel pour y attirer de l'argent, il est toujours bon que vous excitiez les peuples et à la culture des terres et aux manufactures; examinez aussi si le pays seroit propre à y élever des chevaux ou des mulets, parce que c'est encore un très-bon moyen pour y attirer de l'argent; et si pour cela il y avoit quelque chose à faire de la part du roi, en me le faisant savoir, Sa Majesté est tellement portée pour tout ce qui peut être du bien et de l'avantage de ses peuples, que je ne doute point qu'elle n'appuyât de son autorité les propositions que vous lui feriez pour cela.

— Lettre à Foucault, du 15 février, sur la carte de la généralité de Montauban, sur les étapes et sur un placet du vice-sénéchal de Quercy.

COLBERT AUX INTENDANTS,

SUR LE SUJET DE LA LIQUIDATION DES DETTES DES COMMUNAUTÉS.

(Du 29 février 1680.)

Le roi vous ayant témoigné plusieurs fois par mes lettres que la principale et la plus importante application que Sa Majesté désire que vous ayez consiste en la liquidation et payement des dettes des communautés de toutes les généralités de son royaume, à quoi Sa Majesté ne doute point que vous ne travailliez avec le soin et l'application nécessaires à un si grand travail, si désiré de Sa Majesté et si utile au soulagement des peuples, elle m'ordonne d'ajouter qu'elle veut que vous examiniez avec soin les moyens d'empêcher à l'avenir les communautés de s'endetter, et la liberté qu'elles ont eue par le passé, qui a produit une infinité d'abus que vous avez facilement connus par le travail que vous avez déjà commencé de faire, l'intention de Sa Majesté étant de former une déclaration sur tous les avis de MM. les commissaires départis, pour établir des règles si certaines et si étroites, que les villes et communautés ne puissent pas tomber dans l'embarras où elles sont encore à présent, quoiqu'il y ait près de vingt ans que le roi travaille à les en tirer. Et Sa Majesté m'ordonne de vous ajouter ces pensées sur ce sujet, afin que vous puissiez les examiner et y changer, ajouter ou diminuer ce que vous estimerez plus convenable à la fin que Sa Majesté se propose. Elle croiroit donc que l'on pourroit faire une défense très-sévère à toutes les communautés de ne s'engager que pour les causes de peste, ustensiles et subsistance des gens de guerre, réparations des nefs d'églises dont elles sont tenues en cas d'incendie seulement, et, en ces cas, les obliger de s'assembler en corps, ou dans les hôtels de ville, ou à l'issue des messes paroissiales, avec le consentement de toute la communauté, dont il seroit dressé acte qui demeureroit au greffe de l'hôtel de ville; et, à l'égard des communautés villageoises, cet acte seroit reçu par un notaire, et signé de la plus grande et saine partie des paroissiens.

Auparavant que de faire l'emprunt, ils seroient obligés d'en demander la permission à MM. les commissaires départis dans les provinces, et ceux qui leur prêteroient seroient obligés de reporter toutes ces pièces, ensemble les pièces justificatives de l'emploi conforme à la délibération et à la permission du commissaire départi; sinon, et à faute de ce faire, les dettes seroient déclarées nulles par la même déclaration.

Vous pouvez examiner si ces moyens sont suffisans, et s'il n'y a point d'autres causes d'emprunt absolument nécessaires que celles que je vous marque.

Sa Majesté est persuadée qu'en apportant ces précautions, les communautés ne retomberont jamais dans l'état auquel elles sont, et que, par ce moyen, elle leur procurera un soulagement très-considérable et les mettra plus en état de contribuer aux dépenses de l'état, lorsque Sa Majesté le désirera.

— Lettre à Foucault, du 29 février 1680; demandes de procès-verbaux du payement des dettes des communautés, et envoi de la circulaire du même jour sur le même sujet.

COLBERT A FOUCAULT.

(Du 14 mars 1680, à Paris.)

Pour réponse à votre lettre du 28 du mois passé, puisque vous estimez que l'on peut accorder au sieur de Cassanhies, vice-sénéchal de Quercy, ce qu'il demande[1], il est nécessaire que vous me renvoyiez l'édit pour la création des nouveaux officiers, et que vous fassiez aussi le projet de ce qui est nécessaire pour faire le changement qu'il propose, c'est-à-dire de lui don-

[1] Voy. plus loin la lettre du 2 mai; le nom propre y est écrit « la Cassagne. »

ner la ville de Montauban pour sa résidence ordinaire, et celle de Cahors à son lieutenant.

— Lettre à Foucault, du 16 mars. Qu'il continue de travailler au règlement des tailles réelles, et qu'il s'entende avec MM. Rouillé, d'Aguesseau, de Ris et d'Herbigny. Remercîments pour la levée des recrues destinées au régiment de Champagne.

— Lettre au chevalier Colbert, du 22 mars. «Je vous envoie la lettre de M. Foucault, et le rôle des cent trois soldats qu'il a fait dans la généralité de Montauban.»

— Lettre à Foucault, du 4 avril, sur l'établissement d'un vice-sénéchal à Montauban, et sur le placet du sieur de Bellegarde, exempt du grand prévôt de Guyenne, qui demandait à être remboursé des frais qu'il avait faits pour la prise du vicomte de Gaillac[1].

COLBERT A FOUCAULT.

(Du 10 avril 1680.)

Je ferai consulter le mémoire que vous m'avez envoyé avec votre lettre du 3 de ce mois, pour savoir si les droits de taverne et de boucherie sont attachés à la haute justice. Mais je crois pouvoir dire dès à présent que, dans tous les pays coutumiers, les seigneurs hauts justiciers n'ont jamais eu cette prétention, et je suis bien trompé si dans le pays de droit écrit ce n'est la même chose; mais vous auriez pu consulter sur ce point l'usage des parlemens de Toulouse et de Bordeaux, étant bien difficile qu'il n'y ait un grand nombre d'arrêts de ces parlemens sur cette question.

Le roi m'ordonne de vous faire savoir que Sa Majesté reçoit presque tous les jours des plaintes de toutes les provinces du royaume, que, dans tous les lieux où les étapes sont fournies par les habitans des villes, le remboursement n'en est presque jamais fait à ceux qui les ont fournies, et, lorsqu'il leur est fait, ces plaintes portent qu'on leur retranche la moitié, ou au moins le tiers du prix que Sa Majesté en paye. Elle m'ordonne en même temps de faire savoir à tous MM. les commissaires départis qu'elle

[1] Vaillac, selon les Mémoires, p. 75.

APPENDICE. 445

veut qu'ils aient une application particulière et très-exacte à vérifier, dans tous les lieux où les étapes sont fournies de cette sorte, si ces plaintes sont véritables ou non, et qu'en ce cas ils tiennent la main à ce que ceux qui profitent de ces vols soient sévèrement punis; et, comme ces mêmes plaintes ne sont point faites dans les généralités où il y a des étapiers établis, Sa Majesté veut qu'après avoir examiné avec un très-grand soin tous les abus qui se passent dans le remboursement de ces étapes, vous fassiez savoir quel remède vous estimerez y devoir être apporté pour l'avenir, et s'il y a quelque raison qui vous puisse empêcher d'établir un étapier général dans l'étendue de votre généralité.

— Lettre à Foucault, du 25 avril, sur la conférence qu'il doit avoir avec M. de Ris, pour les tailles réelles. Expédition d'une ordonnance de 800# pour M. de Bellegarde.

COLBERT A FOUCAULT.

(Du 2 mai 1680.)

Pour réponse à votre lettre du 24 du mois passé, je vois tous les jours tant de désordres dans toutes les généralités lorsque les habitans des lieux fournissent les étapes, parce qu'ils n'en sont jamais remboursés, soit par la faute des receveurs généraux, soit parce que les consuls et officiers municipaux en retiennent les deniers et se les approprient, qu'il n'y a rien de plus grande conséquence sur cette matière que d'établir ou un étapier général ou des étapiers particuliers, soit par élections, soit par cantons, et le roi m'ordonne sur toutes choses de recommander à tous MM. les commissaires départis de rechercher avec un très-grand soin les consuls qui ont volé ces sortes de deniers et de faire leur procès.

Je vous envoie l'arrêt pour la révocation de l'édit de création d'un vice-sénéchal à Montauban, et qui confirme le sieur de la Cassagne en l'office de vice-sénéchal du pays de Quercy, aux conditions que vous avez proposées; Sa Majesté veut que vous teniez la main à ce que cet officier fasse bien son devoir et fasse sa résidence dans la ville de Montauban.

COLBERT A FOUCAULT.

(Du 23 mai 1680, à Fontainebleau.)

Pour réponse à votre lettre du 15 de ce mois, je crois bien que le peu de troupes qui passeront dans la généralité de Montauban ne peut pas obliger à établir un étapier général; mais il est si constamment vrai que, dans toutes les provinces où il n'y a point de ces étapiers établis, les peuples fournissent les vivres aux troupes, le roi paye, et cependant le payement tourne au profit des officiers municipaux, qu'il est absolument nécessaire, et le roi veut, que, si vous ne faites un traité pour la fourniture des étapes, soit pour toute votre généralité, soit par élections, il faut au moins que vous observiez, lorsque vous recevez des ordres pour des passages de troupes, que vous ayez soin de faire préparer en chaque lieu d'étapes les vivres qui seront nécessaires, et que vous établissiez quelqu'un qui les distribue en espèces, et que vous empêchiez par ce moyen que les peuples n'aient à faire cette fourniture, parce qu'assurément elle tourne toujours à leur charge sans aucun remboursement. Ne manquez pas d'exécuter ponctuellement ce que je vous écris sur ce point.

Je vous envoie l'arrêt portant confirmation de votre avis sur la liquidation et acquittement de dettes de la communauté de Figeac, et vous pouvez continuer de la même manière, en achevant tout le travail d'une élection auparavant que de passer à une autre.

COLBERT AUX INTENDANTS,

SUR LA VISITE DE LEURS GÉNÉRALITÉS.

(Du 1ᵉʳ juin 1680, à Fontainebleau.)

Le roi m'ordonne de vous réitérer pressamment les ordres que Sa Majesté vous a donnés toutes les années dernières pour la visite de la généralité en laquelle vous servez Sa Majesté, et elle désire que vous apportiez encore plus d'application à cette visite que vous n'avez fait les années dernières,

APPENDICE. 447

parce qu'elle veut que l'égalité et la justice dans les impositions et le retranchement de toutes sortes d'abus et de frais servent d'un second soulagement à ses peuples, outre celui qu'elle leur donne par la diminution des impositions.

Sa Majesté veut donc qu'aussitôt que vous aurez reçu cette lettre, vous commenciez la visite de chacune des élections de votre généralité ;

Que, dans cette visite, vous examiniez avec un très-grand soin l'état des biens de la terre, la nature des bestiaux, les manufactures et tout ce qui contribue en chaque élection à y attirer de l'argent ; que vous examiniez avec le même soin tout ce qui peut contribuer à augmenter et la nourriture des bestiaux et les manufactures, même à en établir de nouvelles.

En même temps, Sa Majesté désire que vous vous transportiez en trois ou quatre des principaux lieux de chacune élection autres que ceux dans lesquels vous vous serez transportés les années dernières, et qu'en ces lieux-là vous fassiez venir une bonne partie des collecteurs et des principaux habitans des paroisses circonvoisines, que vous vous informiez avec soin de tout ce qui se passe dans la réception des commissions, la nomination des collecteurs, l'imposition et la recette de la taille, que vous en pénétriez tous les abus, que vous travailliez à y remédier par vous-même, et, en cas que vous en trouviez de tels qu'il soit nécessaire d'y pourvoir ou par déclaration ou par arrêt, vous m'en envoyiez un mémoire pour en informer Sa Majesté.

Observez si les collecteurs sont nommés dans les temps prescrits par les règlemens, et, comme les procès qui sont intentés dans les élections et par appel aux cours des aides pour être déchargés de collecte sont infinis en beaucoup de généralités du royaume, examinez bien si ce désordre est considérable dans votre généralité, et ne manquez pas de m'en donner avis en marquant ce que vous estimeriez à propos de faire pour empêcher la suite de ce désordre.

Écoutez aussi toutes les plaintes qui vous seront faites à cause de l'inégalité des impositions dans les rôles des tailles, et faites tout ce que vous estimerez à propos pour retrancher ces abus et rendre l'imposition la plus égale qu'il sera possible.

Examinez aussi avec le même soin les frais qui sont faits, tant à l'égard du receveur envers les collecteurs qu'à l'égard de ceux-ci envers les taillables ; et, comme c'est une matière dans laquelle il s'est toujours glissé une infinité de friponneries, vous ne sauriez donner trop d'application pour les pénétrer ; et l'un des moyens les plus sûrs dont Sa Majesté voudroit se servir pour retrancher cet abus seroit d'ôter l'exercice au receveur des tailles qui s'en trouveroit le plus coupable de toute votre généralité, et commettre à son exercice pour l'année prochaine ; et cette punition produiroit assurément le retranchement de la plus grande partie de ces friponneries ; Sa Majesté pourroit bien y ajouter une gratification au receveur des tailles qui ménageroit le mieux son élection et qui feroit moins de frais.

Sa Majesté veut pareillement que vous lui rendiez compte tous les trois mois, sans y manquer, du nombre des prisonniers qui seront arrêtés, soit pour le fait de la taille, soit pour les droits de ses fermes.

Elle veut aussi que vous empêchiez, autant que faire se pourra, les receveurs généraux de ses finances, les receveurs et collecteurs des tailles, de saisir les bestiaux, parce que de leur multiplication dépend une bonne partie de la richesse du royaume et de la facilité que les peuples peuvent avoir pour subsister et pour payer leurs impositions.

Vous devez aussi tenir la main à ce que les déclarations portant défense de saisir les bestiaux pour toutes sortes de dettes soient ponctuellement exécutées.

Vous devez aussi examiner en chacune élection en quel état est le recouvrement, tant de l'année passée que de la présente, donner tous les ordres nécessaires pour en avancer le recouvrement, et chercher les expédiens avec les receveurs des tailles pour régler en sorte le recouvrement des tailles, qu'elles puissent être payées dans l'année courante et les trois premiers mois de la suivante au plus tard.

A l'égard de la nomination des collecteurs, examinez aussi si les échelles sont bien faites[1] et si elles sont ponctuellement exécutées ; voyez aussi s'il y a quelques abus en cette manière de nommer les collecteurs, et, en ce cas, quel remède on y pourroit apporter.

A l'égard de la nomination des collecteurs, comme cette nomination et les instances qui sont portées aux élus et par appel aux cours des aides

---

[1] Cet article a été envoyé seulement aux intendants de Normandie.

causent beaucoup d'abus, examinez premièrement les moyens d'y pouvoir remédier, et dans ces moyens voyez si l'établissement des échelles ainsi qu'il se pratique en Normandie seroit bon et avantageux aux peuples.

Je crois que vous savez que ces échelles sont faites en chacune paroisse taillable; la première contient les noms des plus riches habitans, et la seconde des médiocres; et ceux qui sont compris dans ces échelles sont alternativement collecteurs sans nomination, et la forme de faire ces échelles est portée par les règlemens.

Après vous avoir expliqué les intentions de Sa Majesté sur le sujet de la taille, elle m'ordonne de vous dire qu'elle veut que vous vous appliquiez en même temps à bien connoître tous les désordres qui se trouvent dans la levée des droits de ses fermes, en quoi elle désire qu'en même temps que vous aurez connoissance de quelque abus, vous le communiquiez à ceux qui sont établis en chacune généralité ou élection pour les recevoir, que vous entendiez leurs raisons, et que vous envoyiez un mémoire exact de tout ce que vous aurez reconnu, avec vos sentimens sur les remèdes que vous croirez pouvoir y être apportés.

Entre les moyens que les peuples peuvent avoir d'attirer de l'argent pour leur subsistance et le payement de leurs impositions, celui du rétablissement des haras est très-considérable, non-seulement par les avantages que les peuples en peuvent retirer, mais même parce que, dans les temps de paix et de guerre, il faut en tirer un très-grand nombre des pays étrangers, et par conséquent faire sortir l'argent du royaume, qui demeureroit entre les mains des peuples si une fois ces haras étoient suffisamment établis, en sorte que l'on pût trouver dans le royaume le nombre des chevaux qui sont nécessaires. C'est pourquoi Sa Majesté désire que vous vous appliquiez à exciter les gentilshommes, les principaux habitans des villes et les paysans, à avoir des cavales et à faire tout ce qui est nécessaire pour ce rétablissement.

Je vous ai fait savoir les intentions de Sa Majesté sur le fait des étapes, à quoi elle m'ordonne d'ajouter que vous devez bien soigneusement tenir la main qu'elles soient ponctuellement remboursées à ceux qui les auront fournies, et pour cet effet que vous en arrêtiez les états tous les six mois au plus tard, et, en cas que les receveurs généraux des finances sur lesquels ce remboursement sera assigné ne les remboursent point, vous me le fassiez savoir pour y donner les ordres nécessaires.

Il ne reste plus qu'à vous parler des affaires extraordinaires, qui ne consistent plus qu'à achever ce qui concerne le recouvrement du huitième denier des biens ecclésiastiques et laïques ; Sa Majesté veut donc que vous vous appliquiez promptement à terminer ce qui est de ces deux affaires, afin que, n'y ayant plus dans toutes les provinces du royaume que le recouvrement des impositions ordinaires, les peuples puissent d'autant plus jouir des fruits de la paix et des diminutions considérables que Sa Majesté leur a accordées.

Elle m'ordonne de plus de vous dire qu'elle verra, par les lieux d'où vos lettres seront datées, si vous exécutez ponctuellement les ordres qu'elle vous donne.

Sa Majesté vous a fait savoir si amplement ses intentions sur le sujet de la liquidation et payement des dettes des communautés, qu'il suffit de vous dire qu'elle veut que vous donniez une application suffisante à ce travail et que vous l'entrepreniez par élection ainsi qu'il vous a été ordonné ; elle veut aussi que vous observiez toujours ce qui concerne les monnoies dans l'étendue de votre généralité, c'est-à-dire que les seules espèces contenues dans les édits et déclarations du roi y aient cours ; et sur ce sujet des monnoies, Sa Majesté veut aussi que vous vous informiez continuellement s'il n'y a point quelque fabrique de fausse monnoie, et, en cas que vous en découvriez quelqu'une, vous en donniez promptement avis, afin que Sa Majesté puisse vous envoyer les ordres nécessaires pour faire le procès extraordinairement aux coupables, n'y ayant point de crime qui soit d'un plus grand préjudice aux peuples que celui-là.

— Circulaire aux intendants, du 3 juin, accompagnant le brevet de la taille. Les intendants devront avoir fait, avant la fin du mois, une partie des visites de leurs généralités, afin de connaître l'état des biens de la terre et de pouvoir indiquer le régalement (répartition) entre les élections.

COLBERT AUX INTENDANTS,

SUR LE SUJET DE LA CULTURE DU TABAC.

(Du 4 juin 1680, à Fontainebleau.)

Le roi apprenant qu'il y a quelques-unes de ses provinces dans lesquelles les peuples se sont adonnés à semer du tabac, ce qui pourroit être préjudiciable au bien général de l'état en ce que les peuples emploicroient à cette culture les terres propres à porter du blé, et pourroit aussi diminuer considérablement les colonies françoises qui sont établies dans les îles de l'Amérique où cette plante vient beaucoup meilleure et plus abondante. Sa Majesté m'ordonne de vous écrire qu'elle veut que vous vous informiez exactement si les peuples sèment cette plante dans l'étendue de la généralité de....... en quelles élections et combien à peu près il y a déjà de terres en chacune élection qui peuvent être semées; de quelle qualité sont ces terres, et quelle différence il y a du profit que les peuples peuvent tirer de cette herbe avec celui qu'ils retireroient du blé et autres fruits dont ils avoient accoutumé de semer leurs terres auparavant que de les semer en tabac.

— Lettre à Foucault, du 13 juin 1680; envoi de l'arrêt autorisant le procès-verbal sur les dettes de l'élection de Figeac; recommandation de travailler toujours à la liquidation des dettes des communautés.

— Au même, du 19 juin 1680. Colbert lui envoie par apostille son avis sur les difficultés qu'il a soulevées relativement aux droits d'échange.

— Au même, du 27 juin 1680, pour lui accuser réception des états de liquidation des dettes des communautés, des élections de Lomagne, de Villefranche et d'Astarac, et sur la conférence qu'il a eue avec MM. d'Aguesseau et de Ris pour terminer l'ordonnance des tailles réelles.

— Circulaire aux intendants, du 28 juin 1680, leur envoyant un règlement du conseil qui exclut ceux de la R. P. R. de toutes les fermes du roi.

— Autre circulaire du même jour, aux mêmes, leur demandant de l'informer si les étapes jusqu'au dernier jour de l'année dernière ont été remboursées.

— A Foucault, du 4 juillet 1680; envoi d'un arrêt pour régler les droits seigneuriaux à prendre sur les échanges.

— Au même, du même jour; félicitations sur ses travaux relatifs à l'ordonnance des tailles réelles et à la liquidation des dettes des communautés.

COLBERT A FOUCAULT.

(Du 18 juillet 1680.)

Je fais expédier les arrêts pour autoriser les liquidations que vous avez faites des dettes des communautés de Montauban, de Rivière-Verdun et de la ville de Grenade. Mais il est nécessaire, pour l'expédition de ces arrêts, que vous m'envoyiez un procès-verbal en forme de la liquidation que vous aurez faite, avec votre avis signé de vous, et que ce procès-verbal soit raisonné, en sorte que je puisse faire connoître au roi les raisons et motifs de vos avis, étant impossible d'en pouvoir rendre compte à Sa Majesté sur les mémoires informes que vous m'envoyez, qui ne sont presque ni datés ni signés.

Comme j'apprends que dans la généralité de Montauban les impositions se font par les consuls qui ne sont élus que le premier jour de janvier dans la plus grande partie des communautés, examinez avec soin si l'on ne pourroit pas trouver quelque expédient pour changer cet ordre et faire l'imposition de la taille dans le mois d'octobre, comme elle se fait dans la plus grande partie des provinces du royaume.

Sur le sujet de la diminution des grains par la nielle, vous devez toujours examiner par vous-même ces sortes d'avis qui vous sont donnés, parce que les peuples pour diverses raisons diminuent toujours la récolte des biens de la terre. Mais il suffit que vous conveniez qu'il y a beaucoup de blé dans votre généralité, et que la sortie du royaume y apportera de l'argent, d'autant plus qu'il y en a disette en Espagne.

— Circulaire aux intendants, du 18 juillet 1680, pour savoir si les receveurs particuliers des tailles ont payé l'annuel, et pour demander l'in-

APPENDICE. 453

dication de tous les employés au recouvrement des deniers du roi qui seroient de la R. P. R. Sa Majesté n'en voulant pas souffrir.

— Aux mêmes, du même jour; envoi de l'arrêt réglant les droits seigneuriaux à prendre sur les échanges.

COLBERT A FOUCAULT.

(Du 25 juillet 1680.)

J'ai reçu avec votre lettre du 16 de ce mois les deux cartes et les mémoires que vous m'avez envoyés pour parvenir à l'arrondissement des élections de la généralité de Montauban; sur quoi je n'ai qu'à louer le travail que vous avez fait, qui produira beaucoup d'utilité aux sujets du roi, d'autant plus que vous m'assurez qu'il n'y aura rien à changer aux impositions. Prenez garde seulement si les compoids sont enregistrés dans les élections comme cela me semble nécessaire, parce qu'en ce cas il faudra prendre garde que ce grand changement de compoids et d'enregistrement ne cause de la confusion.

Examinez aussi avec soin quelle raison l'on peut avoir eue, lorsque les élections ont été composées, de faire un si grand mélange de paroisses et de communautés, particulièrement dans les élections de Gascogne, parce qu'il me paroît impossible que cette confusion ait été faite sans quelque raison; ainsi il est très-nécessaire de savoir quelle raison l'on peut avoir eue, pour connoître si elle a été assez forte pour causer cette confusion.

J'ai reçu aussi le projet d'arrêt concernant les dettes des paroisses de l'élection de Comminges et l'état des sommes que les pays et élections doivent en corps, et je vous enverrai au premier jour les arrêts que vous m'avez ci-devant envoyés, expédiés et scellés; mais je serois bien aise de recevoir réponse à la lettre que je vous ai écrite sur le sujet des procès-verbaux de liquidation des dettes des communautés dont vous m'avez envoyé des extraits qui ne sont ni signés ni datés.

Si le roi faisoit diminution de l'imposition des tailles pour les grêles qui sont tombées, il faudroit que le roi réduisit en peu d'années la taille à rien, parce que tous les ans il y a des grêles qui tombent un peu plus, un peu moins. Il suffit de vous dire que l'imposition de la taille est à présent moindre qu'elle n'a été il y a plus de cinquante ans; ainsi le roi ne peut pas toucher à la somme de l'imposition; mais c'est à vous à le faire, en sorte que ceux qui ont souffert des grêles soient soulagés.

COLBERT AUX INTENDANTS.

(Du 25 juillet 1680.)

Auparavant que de faire les traités pour le recouvrement des tailles, il est important que je sache de quelle sorte les receveurs généraux agissent pour les recouvremens des tailles de chacune élection, savoir en quelles élections les receveurs ont traité, combien de remise les receveurs généraux leur donnent, et en combien de payemens ils doivent payer le total de leurs impositions, comme aussi en quelles élections les receveurs généraux ont commis, s'ils ont traité avec ces commis et à quelles conditions, ou si ces commis font seulement le recouvrement pour lesdits receveurs généraux. Envoyez-moi, s'il vous plaît, au plus tôt, un mémoire exact sur tous ces points.

— Lettre à Foucault, du 1ᵉʳ août; envoi d'un arrêt sur la liquidation des dettes des communautés.

— Au même, du 15 août; accusés de réception, envoi d'arrêts, rappel de recommandations.

COLBERT AUX INTENDANTS,

POUR ENVOYER LES COMMISSIONS DES TAILLES

(Du 20 août 1680.)

Vous recevrez par ce même ordinaire les commissions des tailles contenant les impositions que Sa Majesté a réglées pour chacune des élections de votre généralité; et Sa Majesté s'attend qu'après la connoissance exacte que vous avez prise par la visite de votre généralité en exécution de ses ordres, vous ferez cette imposition avec plus d'exactitude et d'égalité que les années passées, et que vous ferez si bien que les forts et les foibles des particuliers portent chacun leur part des impositions à proportion de leurs biens, et que vous empêcherez tous les moyens dont les riches se servent pour s'exempter ou d'être cotisés suivant leurs facultés, ou d'être collecteurs.

— Circulaire aux intendants, du 20 août; rappel de la circulaire du 25 juillet précédent.

COLBERT A FOUCAULT.

(Du 28 août 1680.)

J'ai reçu votre lettre du 21 de ce mois avec la copie de l'ordonnance que vous avez rendue en 1677, pour avancer la confection des rôles des tailles et les faire faire par les consuls de l'année précédente, et ainsi vous avez remédié à la difficulté que je trouvois sur ce point pour avancer le recouvrement de la taille; mais, comme cette ordonnance n'a point été autorisée par le conseil, il sera nécessaire que vous en mettiez un article dans le projet de règlement que vous avez ordre de faire, en examinant ensuite lequel des deux moyens sera plus à propos, ou celui de faire faire l'élection dès le premier jour d'octobre, ou celui de faire faire les rôles par les consuls de l'année précédente, ainsi qu'il est porté par votre ordonnance.

Mais, comme je vois que la peine que vous établissez contre les consuls qui manqueront à l'exécution de votre ordonnance est le logement effectif par brigade, je dois vous répéter ce que je vous ai écrit plusieurs fois, que le roi veut supprimer cette manière de faire le recouvrement de la taille, qui est extraordinairement à charge à ses sujets; et Sa Majesté veut que vous examiniez particulièrement et avec un très-grand soin à combien monte la dépense de ces brigades, combien il y en a dans toute l'étendue de la généralité de Montauban, de combien d'hommes chacunes sont composées, quelle est leur solde; et, comme il est assez difficile qu'ils se contentent de la solde que vous leur avez réglée, Sa Majesté veut que vous pénétriez tous les abus que cette sorte de recouvrement cause et que vous m'en envoyiez le mémoire, afin que Sa Majesté puisse vous ordonner ce que vous aurez à faire, tant pour retrancher ces abus que pour remettre ce recouvrement en la forme ordinaire des huissiers des tailles, autant qu'il se pourra.

J'ai reçu en même temps le mémoire des traités faits par le receveur général avec les receveurs particuliers ou commis aux recettes des tailles.

— Au même, du 5 septembre. Il est bien aise de la bonne récolte annoncée par Foucault. Envoi d'un arrêt touchant le nommé La Venaire.

COLBERT A FOUCAULT.

(Du 5 septembre 1680.)

Je vous envoie un arrêt du conseil du 24 du [mois] passé, par lequel vous verrez que le roi a accordé 30,000 ♯ de diminution à la généralité de Montauban, dont vous ferez le règlement avec justice à proportion de ce que les paroisses de votre généralité auront souffert de la grêle ou des autres injures du temps, et envoyez-moi l'état de la distribution que vous aurez faite de ces 30,000 ♯, pour en rendre compte au roi.

— Au même, du 7 octobre; rappel d'ordres et accusés de réception.
— Au même, du 17 octobre; même sujet.

COLBERT AUX INTENDANTS.

(Du 18 octobre 1680.)

Je vous ai déjà écrit plusieurs fois que les fermiers des fermes unies ne devoient plus employer aucun commis de la religion prétendue réformée; je vous le répète encore, Sa Majesté voulant que vous y teniez soigneusement la main, comme aussi à l'exécution de l'arrêt du conseil portant défense d'employer au recouvrement des tailles aucun de cette religion; et il ne reste plus que les employés à la ferme des domaines au sujet desquels Sa Majesté m'a ordonné de déclarer aux fermiers qu'elle vouloit qu'ils les révoquassent de même; elle leur a donné seulement deux ou trois mois de temps pour exécuter cet ordre, et Sa Majesté m'ordonne de vous en donner avis et de vous dire en même temps que vous pourriez vous servir de cette révocation et du temps qu'elle ordonne pour les exciter tous à se convertir, Sa Majesté étant persuadée que leur révocation de leur emploi peut beaucoup y contribuer.

COLBERT AUX INTENDANTS.

(Du 19 octobre 1680, à Versailles.)

Le roi m'ordonne de vous écrire cette lettre sur une matière sur laquelle il revient tous les jours ici des plaintes de la part des officiers de justice des provinces; et, pour vous l'expliquer, je dois vous dire qu'avant l'année 1670 il n'y avoit point de charges sur les amendes dont le roi fît le fonds, et les officiers se contentoient de la jouissance des amendes pour tous les frais de justice, menues nécessités, réparations et autres dépenses de cette nature. En 1670, le roi ayant réuni les amendes à son domaine et ses fermiers s'en étant mis en possession, depuis ce temps-là les officiers, qui se sont crus privés du partage qu'ils faisoient sur lesdites amendes, n'en ont plus jugé, ou en ont jugé fort peu, pour obliger le roi à les leur abandonner, et ce qui est arrivé depuis ce temps-là est que les fermiers ont reçu peu et ont payé toutes les charges sur leur ferme; en sorte que le roi a perdu considérablement tous les ans, ce qui a porté Sa Majesté, en l'année 1677, à donner un arrêt portant que les charges sur les amendes ne seroient payées que jusqu'à concurrence de ce qui en seroit reçu; mais cet arrêt n'a pas été exécuté dans la plupart des généralités, parce que les fermiers n'y avoient pas d'intérêt, vu que le total des charges étoit toujours déduit sur le prix de leurs fermes; c'est ce qui a obligé Sa Majesté de leur faire demander des états certifiés des amendes qu'ils avoient reçues, pour connoître la différence qu'il y avoit entre la recette actuelle et la somme employée dans les états pour chacune généralité, à prendre sûr le même fonds des amendes; et, en même temps, Sa Majesté m'a ordonné de vous envoyer l'un et l'autre, et elle désire que vous vérifiiez premièrement si les états des fermiers sont véritables, et que vous vous en fassiez rendre compte par les procureurs du roi de chaque siége ou par ceux qui sont commis à la recette desdites amendes, et, en cas qu'ils soient véritables, vous examiniez avec le même soin s'il n'y a aucun expédient à prendre pour obliger les officiers de justice à agir d'une autre manière, étant visible qu'ils ne condamnent aux amendes que ceux dont ils ne peuvent se dispenser, afin que, sur l'examen exact que vous en ferez, Sa Majesté puisse prendre sa résolution, ou de laisser les choses en l'état qu'elles sont, ou de ne plus faire payer les charges des amendes, en les abandonnant aux juges comme auparavant l'année 1670.

— Lettre à Foucault, du 23 octobre; rappel d'ordre et accusés de réception.

— Au même, du 30 octobre; même sujet.

— Au même, du 7 novembre; même sujet.

COLBERT A FOUCAULT.

(Du 8 novembre 1680.)

J'ai reçu, avec votre lettre du dernier du mois passé, l'ordonnance que vous avez donnée pour obliger les consuls en charge, l'année 1680, à faire les rôles de l'année 1681; et, quoique cette ordonnance remédie en partie au mal de refaire ces rôles au 1er janvier, le roi estime qu'il vaut beaucoup mieux rendre cette nomination uniforme dans toute la Guyenne et le Languedoc, et exécuter pour cela l'arrêt du conseil qui ordonne que la nomination des consuls sera faite au premier jour d'octobre de chacune année, au lieu d'attendre au premier jour de janvier.

COLBERT A FOUCAULT.

(Du 28 novembre 1680.)

Examinez avec soin l'avantage que la province a reçu par la navigation de la rivière du Lot, comme aussi tous les vins, denrées et marchandises qui ont été voiturés sur cette rivière pendant les trois dernières années, et qui n'avoient point accoutumé d'y être voiturés.

Informez-vous pareillement de la quantité de denrées qui sortent de votre généralité, et faites-en la comparaison avec les années précédentes, autant qu'il vous sera possible, et soyez assuré que ces enquêtes produiront toujours quelque avantage aux peuples et au bien de l'état.

COLBERT A FOUCAULT.

(Du 12 décembre 1680.)

Pour réponse à votre lettre du 27 du [mois] passé, puisque les affaires de Pamiers vous empêchent de venir ici, je vous recommande toujours de prendre garde que le recouvrement des impositions se fasse avec la diligence nécessaire, et que vous teniez la main à ce que toutes les affaires extraordinaires s'achèvent, en cas qu'il y en ait encore quelques-unes; et, puisque vous estimez nécessaire d'établir un étapier pour la fourniture des étapes, je me remets à ce que je vous ai écrit sur ce sujet.

Dans les différentes visites que vous faites dans l'étendue de votre généralité, vous me ferez plaisir de rechercher dans les églises cathédrales et dans les principales abbayes s'il y auroit quelques manuscrits considérables, et, en ce cas, chercher les moyens de les avoir sans y employer aucune autorité, mais seulement par douceur et par achat.

Informez-vous toujours de ce qui concerne le commerce et les manufactures, la nourriture des bestiaux, et généralement tout ce qui peut attirer de l'argent dans le royaume, et donnez-moi avis de ce que vous en apprendrez.

Appliquez-vous aussi à bien examiner tout ce qui concerne les grands chemins et les réparations qui pourront être faites l'année prochaine.

COLBERT A FOUCAULT.

(Du 18 décembre 1680.)

Je proposerai au roi de renouveler l'arrêt pour empêcher la saisie des bestiaux et vous l'enverrai dans peu de jours, et je suis bien aise que vous m'assuriez que l'exécution de cet arrêt a produit un grand bien aux peuples de votre généralité. Examinez toujours avec un très-grand soin ce qui peut leur être avantageux, ainsi que je vous l'ai écrit souvent.

COLBERT AUX COMMISSAIRES DÉPARTIS,

TOUCHANT LES BOHÊMES.

(Du 19 décembre 1680.)

Le roi ayant reçu des plaintes, depuis peu, de divers vols qui ont été faits en plusieurs provinces par les bohêmes, Sa Majesté m'ordonne de vous écrire qu'elle veut que vous fassiez informer avec soin des compagnies de ces sortes de gens qui se trouveront dans l'étendue de la généralité de . . . . . et que vous ne manquiez pas de faire monter aussitôt à cheval les prévôts pour les prendre et les faire juger à l'instant, suivant la rigueur des ordonnances, comme vagabonds et gens sans aveu. Sa Majesté voulant purger son royaume de toute cette canaille qui ne sert qu'à tourmenter et piller les peuples; et en cas que vous ayez besoin de quelque plus grande force que celle des prévôts pour cela, à quoi il y a peu d'apparence, en me le faisant savoir, Sa Majesté vous donnera toute l'assistance qui sera nécessaire.

— Lettre à Foucault, du 26 décembre; envoi de l'arrêt touchant la défense de la saisie des bestiaux.

COLBERT A FOUCAULT.

(Du 2 janvier 1681.)

J'ai peu de matière à vous écrire en réponse à votre lettre du 19 du mois dernier, et il suffit qu'il y ait peu de communautés qui aient des octrois dans la généralité de Montauban et que les fermiers de ce peu soient luthériens et non de la religion prétendue réformée.

A l'égard des chemins publics, examinez ponctuellement ce que je vous ai écrit; et, comme je vous crois à présent prêt à partir pour aller à Montpellier, prenez bien garde que ce voyage termine entièrement toutes les difficultés des tailles réelles, et mettez cette matière en état d'établir une jurisprudence uniforme dans toutes les compagnies qui en connoissent; surtout prenez garde que les communautés n'aient plus la liberté d'imposer sur elles sans l'autorité du roi, qui doit être expliquée, ou par les commissions des tailles, ou par des arrêts et commissions scellées du grand sceau, n'y ayant rien qui doive être plus attaché à la Couronne que cette faculté d'imposer sur les peuples, et rien qui soit plus expressément défendu par les lois et ordonnances du royaume.

COLBERT A FOUCAULT.

(Du 7 janvier 1681.)

Je viens d'examiner quatre projets d'arrêts que vous m'avez envoyés pour l'acquittement des dettes des pays d'états de l'étendue de la généralité de Montauban et des élections d'Armagnac, Comminges, Montauban, Cahors et Figeac; mais je vous avoue que je n'ai pas pu me résoudre à en faire rapport au roi, n'y ayant rien dans les pièces que vous avez envoyées qui soit en état de satisfaire Sa Majesté, ni même qui ait aucune forme; et je crains même que tout le travail que vous avez fait ne se trouve fort imparfait.

Vous n'envoyez que l'état des sommes que vous dites être dues par ces pays et élections, sans qu'il paroisse aucune formalité faite pour obliger tous les créanciers de rapporter leurs titres, aucun verbal de représentation des titres, aucun avis sur la validité ou invalidité des dettes, ni sur aucun retranchement du principal ou réduction des intérêts; et il ne paroît non plus si ces dettes dont vous faites mention dans cet état sont toutes celles qui sont dues par ces pays et élections, et si les créanciers qui n'ont pas représenté leurs titres ont été valablement avertis et contumacés, et s'ils seront exclus ou non; en sorte qu'il n'y a aucune forme ni éclaircissement dans tout ce que vous envoyez, et vous ne devez pas présupposer que le roi puisse ordonner des impositions sur ses sujets sans en voir la véritable cause, et beaucoup moins sans savoir si ces impositions les acquitteront entièrement ou non, et si l'on ne verra pas renaître continuellement d'autres dettes après que celles dont il est question seront payées. C'est à vous à mettre ces sortes d'affaires en état de satisfaire Sa Majesté, et vous devez considérer qu'il n'y a aucune affaire sur laquelle je vous aie expliqué si souvent les intentions de Sa Majesté que sur celle-là; il y a longtemps que vous y avez travaillé, et cependant tout ce que vous m'envoyez est sans aucune forme et en tel état que je n'oserois en faire rapport au roi. Vous devez prendre garde à changer cette conduite, parce qu'il seroit difficile d'empêcher que Sa Majesté ne vous témoignât qu'elle n'en est pas satisfaite.

Vous devez vous souvenir que je vous ai écrit plusieurs fois qu'il n'y a rien de plus criminel dans un état que de faire des impositions sur les peuples sans lettres patentes ou arrêt avec commission du grand sceau.

— Au même, du 9 janvier; recommandation sur la nomination des consuls au 1er octobre, etc.

— Au même, du 16 janvier, sur le payement des cartes de la généralité.

— Au même, du 23 janvier, sur les frais du procès des bohêmes, les étapes et le payement des cartes de la généralité.

COLBERT A FOUCAULT.

(Du 6 février 1681.)

A l'égard des dettes des communautés, il n'est pas nécessaire que vous m'envoyiez copie de tous les jugemens qui ont été donnés pendant tout le temps que la commission a duré; mais il faut nécessairement que vous fassiez un état en tables divisé par élections, et que la table d'une élection comprenne toutes les communautés dont vous aurez liquidé les dettes, et que, par cette table, on voie les noms des débiteurs, les sommes qu'ils devoient, les réductions que vous en avez faites, à combien le tout monte pour chacune communauté, et de quels moyens vous vous êtes servi pour les payer, et en cas que ce soit par imposition, en combien d'années, et si les arrêts pour ces impositions ont été expédiés et envoyés sur les lieux.

Il est aussi nécessaire que vous marquiez si ces impositions ont été faites, et combien d'années il faut encore pour les acquitter entièrement; et enfin vous me ferez mention des arrêts qu'il sera nécessaire d'expédier pour achever l'acquittement de toutes ces dettes.

Surtout examinez avec un très-grand soin dans la conférence de Montpellier les moyens d'empêcher que les communautés ne puissent emprunter avec la facilité qu'elles ont fait jusqu'à présent, et de leur donner des règles si étroites et si certaines qu'elles ne puissent plus retomber dans le désordre où elles sont.

Quoique vous soyez éloigné de votre généralité, ne laissez pas de prendre soin de l'exécution des ordres que je vous ai donnés.

— Au même, du 27 février, sur les tailles réelles, les étapes et le contrat de mariage du sieur de Serris.
— Au même, du 6 mars; envoi de deux arrêts particuliers.
— Au même, du 12 mars; même sujet.

COLBERT A FOUCAULT.

(Du 2 avril 1681.)

Pour réponse à votre lettre du 17 du [mois] passé, vous avez fort bien fait de retourner à Montauban, les affaires du roi désirant que vous soyez continuellement dans la province pour recevoir et exécuter les ordres qui vous sont donnés.

Je vous envoie un mémoire concernant une plainte fort essentielle que l'on fait des officiers de la cour des aides de Montauban; éclaircissez avec soin si ce qui y est contenu est véritable, et en ce cas dites au premier président et au procureur général que, si cette conduite ne change et qu'ils n'en prennent une autre directement opposée, c'est-à-dire qu'ils taxent modérément leurs épices, jugent à l'audience ce qui doit être jugé et délivrent les arrêts à l'ordinaire par les mains du rapporteur et du greffier; que, s'ils ne font cela, Sa Majesté sera obligée d'y mettre ordre; et, comme ce mal est très-grand, Sa Majesté y apportera un remède de même.

J'attends à présent vos lettres sur tout ce qui concerne l'exécution des ordres du roi que je vous ai donnés dans l'étendue de votre généralité.

— Au même, du 11 avril, sur les étapes et les dettes des communautés.
— Circulaire aux intendants, du 12 avril, sur la visite des généralités. Cette circulaire répète mot pour mot celle du 1ᵉʳ juin 1680. (Voir plus haut.)

COLBERT A FOUCAULT.

(Du 17 avril 1681.)

Pour réponse à votre lettre du 9 de ce mois, je ne crois pas que la possession que les seigneurs nous ont alléguée du payement du demi-lod pour les échanges soit suffisante pour priver le roi du droit universel que le nouvel édit de Sa Majesté lui donne, et je m'étonne que vous ayez suspendu l'exécution de l'édit pour une prétention aussi mal fondée, et qui mériteroit

APPENDICE.

plutôt une punition à l'égard des seigneurs qu'un aveu de la part du roi. Il auroit été nécessaire de pénétrer cette affaire plus à fond et de voir les titres, plutôt que de considérer une possession qui est toujours violente de la part des seigneurs sur leurs tenanciers. Je ne laisserai pas de faire examiner à fond cette question; mais vous auriez pu vous-même prendre cette connoissance, sur ces maximes que le droit universel appartient au roi en conséquence de son édit, que par le droit écrit les terres sont franches et libres, et ainsi, sur ces deux principes, les seigneurs doivent justifier du titre et de la possession sans aucune difficulté. Voilà les maximes sur lesquelles cette question doit être examinée.

— Lettre à Foucault, du 24 avril; rappel des ordres sur la cour des aides de Montauban et sur les tailles réelles.

— Au même, du 30 avril, sur la poursuite des faux-monnayeurs, sur l'état des blés et du bétail.

— Au même, du 8 mai, sur la condamnation du nommé Gardebosc et sur le huitième denier.

— Au même, du 15 mai, sur l'état des récoltes.

COLBERT AUX INTENDANTS.

(Du 15 mai 1681.)

Comme voici le temps auquel on commence à juger si l'année sera abondante ou non, et qu'il est important d'en rendre compte au roi, afin que Sa Majesté puisse régler les impositions sur les peuples, il est nécessaire que vous me donniez avis tous les quinze jours de l'opinion que les peuples auront de la récolte de toutes sortes de fruits.

COLBERT A FOUCAULT.

(Du 22 mai 1681, à Versailles.)

Pour réponse à vos lettres des 6 et 12 de ce mois, j'ai examiné ici, avec M. de Ris, le projet de règlement pour les tailles réelles, en présence du sieur d'Arennes, président, et de Mouceaux, conseiller en la cour des aides de Montpellier, et d'un trésorier de France de Grenoble, qui m'ont paru habiles, et je serai même bien aise de voir les réflexions que les officiers de la cour des aides de Montauban auront faites sur la communication que vous leur en aurez donnée; mais il est nécessaire que cela se fasse promptement, parce qu'après l'examen qui a été fait de ce règlement, je ne crois pas qu'il y ait beaucoup de choses à changer; ainsi il faut penser au plus tôt à le faire expédier et l'envoyer dans toutes les compagnies pour y être exécuté.

J'ai reçu l'état des brigades employées dans le recouvrement des tailles, sur lequel je vous ferai savoir les intentions du roi après en avoir rendu compte à Sa Majesté; je dois vous dire cependant qu'il n'y a rien qu'elle souhaite davantage que de réduire ce recouvrement aux termes où il a été dans les temps de paix, Sa Majesté ne pouvant pas se persuader que l'introduction des brigades qui a été faite pendant la guerre puisse produire du soulagement à ses peuples; ainsi, comme elle veut à présent leur donner des marques de sa bonté et les faire jouir des fruits de la paix, elle veut les soulager de ce qu'ils portent qui n'est pas nécessaire à la subsistance de l'état.

J'ai reçu en même temps l'état des dettes que les pays et élections de votre généralité ont contractées en corps; je vous ferai savoir ce qu'il y aura à faire après l'avoir examiné.

— Lettre à Foucault, du 22 mai, sur les tailles réelles et le recouvrement des tailles par brigades, etc.

— Circulaire à Foucault et autres, pour qu'ils portent les cartes qu'ils ont fait dresser, dans leurs visites aux généralités, afin d'en vérifier la justesse.

APPENDICE.

COLBERT AUX COMMISSAIRES DÉPARTIS,

AU SUJET DES RÔLES ET DÉCHARGES DES TAILLES.

(Du 28 mai 1681, à Versailles.)

Le roi m'ordonne de vous écrire sur deux points très-importans qui ont été omis dans la lettre que je vous ai écrite par ordre de Sa Majesté, le 12 avril dernier, concernant la visite que vous devez faire de votre généralité; ces deux points consistent, le premier, en ce que Sa Majesté a reçu divers avis de toutes les provinces que presque tous, ou au moins un nombre considérable de gentilshommes, officiers et personnes puissantes, faisoient faire les rôles des tailles dans leurs châteaux et maisons ou par leurs ordres;

Et le second, que, dans presque toutes les paroisses, les principaux habitans et les plus riches trouvoient facilement les moyens de se décharger des tailles et d'en surcharger les moyens et les pauvres habitans, et même que ceux-ci demeuroient d'accord de la décharge de ces plus riches, parce qu'ils les faisoient travailler et parce qu'ils trouvoient des secours par leur moyen dans toutes leurs nécessités; et, comme ces deux désordres sont venus jusqu'à Sa Majesté par divers endroits qui doivent être véritables par leur rapport et leur conformité, Sa Majesté m'ordonne de vous écrire fortement que son intention est que vous examiniez avec un très-grand soin ces deux points, que vous vous informiez, et particulièrement dans tous les lieux où vous ferez des séjours, s'ils sont véritables ou non; et à l'égard du premier, que vous employiez non-seulement l'autorité de votre emploi pour en empêcher la continuation, mais même, s'il y avoit quelque abus considérable qui méritât un exemple, Sa Majesté veut que vous l'en informiez, son intention étant de vous envoyer le pouvoir pour juger souverainement les coupables de cet abus, si vous en aviez la preuve et que le cas parût assez grand pour cela;

Et à l'égard du second point, Sa Majesté veut que vous y remédiiez par les taxes d'office et par les autres moyens dont vous pourrez vous servir.

— Lettre à Foucault, du 29 mai, sur la réforme du papier terrier, la mise en ordre des papiers du bureau des finances de Montauban, etc.

— Au même, du 6 juin, pour appuyer le sieur Poupet, commis pour l'exécution des règlements généraux des manufactures en sa généralité.

— Au même, du 26 juin 1681, sur le brevet de la taille et sur la visite de sa généralité.

— Au même, du 2 juillet, sur la visite de sa généralité.

— Au même, du 10 juillet, pour accorder 400 ₶ par an à un écuyer qui s'établit à Montauban, et sur le brevet de la taille.

COLBERT A FOUCAULT.

(Du 16 juillet 1681.)

Je vous envoie un mémoire concernant une affaire qui a été rapportée en conseil, dans laquelle vous avez rendu une ordonnance qui a paru causer quelque vexation à la communauté de Puymaurin-en-Comminges. Examinez à fond cette affaire et envoyez-m'en un mémoire exact, afin que je puisse connoitre en quoi consiste le droit du roi.

Le receveur général des finances de Montauban donne ordre aujourd'hui à son commis de payer 1,200 ₶ à votre ordre, et je vous prie d'employer cette somme à faire faire les ornemens d'église que vous avez jugé pouvoir être donnés au chapitre de Moissac, pour les manuscrits qu'il m'a envoyés.

— Au même, du 24 juillet, sur le brevet de la taille, le huitième denier, etc.

COLBERT A FOUCAULT.

(Du 1ᵉʳ août 1681.)

J'ai reçu avec votre lettre du 23 du [mois] passé le mémoire qui y étoit joint pour faire connoître la nécessité du logement effectif dans la généralité de Montauban; mais je dois vous dire qu'on porte incessamment tant de plaintes au roi de ce logement[1] effectif, et qu'il est même si difficile de le régler de telle sorte qu'il ne s'y commette toujours beaucoup d'abus, parce qu'aucun officier n'a inspection sur le nombre des brigades ni sur le payement de leur nourriture et de leur salaire, qu'il est presque impossible de se persuader que cette forme de faire le recouvrement de la taille ne soit beaucoup plus à charge aux peuples que la voie ordinaire des huissiers, joint que l'autorité du roi est présentement établie à un tel point, et la diminution des impositions que le roi a accordée à ses peuples est telle, qu'il ne sera pas si difficile que vous le croyez de rétablir l'ancienne manière des huissiers; c'est pourquoi vous devez travailler avec soin et application à rétablir cette voie dans quelqu'une des élections de la généralité de Montauban, ou proposer des moyens si sûrs d'établir la voie du logement effectif, en telle sorte qu'il ne puisse jamais en arriver aucun inconvénient ni aucune foule sur les peuples qu'elle ne soit sévèrement punie.

Aussitôt que vous aurez travaillé à l'inventaire de toutes les productions et mémoires qui ont été trouvés au greffe de M. de Broue, concernant la recherche des nobles, vous me ferez plaisir de me l'envoyer.

— Lettre à Foucault, du 7 août, sur la recherche de la noblesse, les ornements d'église à donner au chapitre de Moissac, etc.

— Au même, du 13 août 1681, pour l'inviter à donner toute assistance au chargé du recouvrement des lods et ventes.

COLBERT AUX INTENDANTS

POUR LEUR DEMANDER SI CEUX QUI SERVENT PRÈS D'EUX SONT ARCHERS
DE LA PRÉVÔTÉ DE L'HÔTEL.

(Du 19 août 1681.)

Les officiers et archers de la prévôté de l'hôtel ont présenté requête au roi, par laquelle ils ont demandé à Sa Majesté qu'attendu que MM. les

---

[1] Le texte porte *soulagement*.

intendans et commissaires départis dans les provinces se servent de gens qui ne sont pas archers de ladite prévôté pour servir près d'eux, auxquels ils font prendre des casaques de ladite prévôté, il fût défendu à toutes personnes de porter des casaques ni d'en faire aucunes fonctions, comme aussi au garde du trésor royal d'en payer les appointemens qu'à ceux qui seroient actuellement pourvus desdites charges d'archers et qui en rapporteroient les provisions. Sa Majesté m'a ordonné de vous en écrire pour savoir si ceux qui servent auprès de vous sont archers de la prévôté ou non, et s'ils portent les casaques de ladite prévôté.

COLBERT A FOUCAULT.

(Du 22 août 1681.)

Pour réponse à vos lettres des 7 et 13 de ce mois, je rendrai compte au roi de la proposition que quelques-uns de la religion prétendue réformée ont fait d'une conférence; mais vous savez que, dans les temps passés, ces conférences n'ont jamais réussi. Peut-être que la disposition en laquelle ils sont à présent pourroit produire un plus grand avantage; vous apprendrez la résolution que Sa Majesté prendra sur ce point.

J'examinerai les mémoires que vous m'avez envoyés, concernant le jugement que vous avez rendu contre les habitans du lieu de Puymaurin-en-Comminges. Comme cette affaire sera jugée au conseil, vous apprendrez ce qui aura été prononcé.

Je vous enverrai dans peu les commissions des tailles, afin que vous puissiez faire de bonne heure les impositions.

— Au même, du 28 août; rappel d'ordres.

COLBERT A FOUCAULT.

(Du 30 août 1681, à Fontainebleau.)

J'ai examiné le mémoire que vous m'avez envoyé contenant les motifs du jugement que vous avez rendu en 1676, avec les commissaires pour la réformation du domaine, contre les habitans du lieu de Puymaurin-en-Comminges, qui les condamne à payer un droit de bladage[1] à la recette du domaine et en vingt-neuf années d'arrérages; et, comme vous marquez que ce droit étoit autrefois général dans tout le comté de Comminges, il est nécessaire, pour avoir un entier éclaircissement de cette affaire, que vous examiniez si ce droit n'est point établi par la coutume du pays, faire un état de toutes les terres dont le comté de Comminges est composé, s'il y en a quelques portions aliénées et engagées, si ce droit de bladage ne se paye pas dans les lieux qui sont engagés, combien il y a de paroisses et communautés dans tout le comté qui payent ce droit, combien vous en avez assujetti audit droit par vos jugemens, celles qui n'ont point réclamé, et en un mot tout ce qui peut servir à établir et certifier le droit du roi; et, lorsque vous aurez tiré ces éclaircissemens, je vous prie de m'en envoyer un mémoire.

COLBERT AUX INTENDANTS,

AU SUJET DES COLLECTEURS CONVENTIONNELS.

(Du 11 septembre 1681.)

Dans les mémoires que MM. les commissaires départis et intendans dans les provinces ont envoyés concernant la visite qu'ils ont faite de leurs généralités en exécution des ordres du roi, quelques-uns ont remarqué les abus que les collecteurs conventionnels causoient dans les paroisses où ils sont établis, en ce que ces collecteurs conventionnels se chargent de faire la

---

[1] *Bladage*. Ce droit, usité dans l'Albigeois, consistait en une redevance de grains que l'emphytéote payait pour chaque bête de labourage qui travaillait sur le fonds inféodé.

collecte de la taille et le payement aux receveurs moyennant 2, 3 et 4 sols pour livre de remise; et, quoique cet établissement fût très-bon dans son commencement, il est dégénéré en abus, en ce que ce sont pour la plupart les receveurs des tailles qui prennent sous des noms supposés cette collecte, et qui profitent par ce moyen des 2, 3 et 4 sols pour livre.

Sa Majesté m'ordonne de vous dire qu'elle veut que vous examiniez si cela se pratique dans l'étendue de votre généralité; et, comme il n'est pas permis de faire aucune imposition sur les peuples sans la permission du roi, cette imposition de 2, 3 et 4 sols pour livre ne peut être légitime, et ainsi elle veut que vous l'empêchiez partout; mais, comme ces collecteurs conventionnels seroient d'une assez grande utilité aux paroisses, en ce qu'ils retranchent tous les frais et les voyages des huissiers, Sa Majesté en autoriseroit l'établissement s'ils se contentoient de 12 deniers pour livre, savoir des 6 deniers imposés en vertu des commissions pour la collecte, et 6 deniers d'augmentation. Donnez-moi l'éclaircissement que Sa Majesté désire sur cet article, afin que je puisse lui en rendre compte.

— Lettre à Foucault, du 11 septembre; affaires particulières relatives à la perception des droits de lods sur les échanges.

— Au même, du 18 septembre, sur l'enregistrement du règlement pour la ferme du tabac.

— Au même, du 19 septembre, sur les papiers relatifs à la recherche de la noblesse, et sur le congé qu'il a demandé.

COLBERT A FOUCAULT.

(Du 25 septembre 1681.)

Pour réponse à vos lettres des 4 et 15 de ce mois, le roi vous a accordé votre congé, lequel vous recevrez par la voie de M. de Châteauneuf, et vous pourrez disposer vos affaires pour faire ce voyage; mais auparavant prenez bien garde non-seulement que toutes les impositions soient bien faites, mais même que toutes les difficultés concernant les recouvremens soient terminées.

Je vous explique si amplement les intentions du roi sur les différentes voies dont l'on se sert pour le recouvrement des tailles, savoir celle des porteurs de contraintes et celle des huissiers, qu'il seroit inutile de vous en dire davantage, et vous ferez fort bien de rétablir suivant les intentions du roi la voie des huissiers dans une élection, et de tenir soigneusement la main que ces huissiers fassent le moins de frais qu'il se pourra, afin de faire une comparaison juste de ces deux manières; et, comme le roi diminuera considérablement la taille l'année prochaine, il semble que le recouvrement par la voie des huissiers pourra devenir plus facile et de moins de frais, et, si vous pouviez établir le collecteur conventionnel à un sol pour livre de remise, compris les 6 deniers qui sont imposés ordinairement pour les collecteurs, peut-être que vous pourriez retrancher par ce moyen toutes sortes de frais. Je vous envoie pour cela copie de la lettre circulaire que j'ai écrite par ordre du roi sur le sujet de ces collecteurs conventionnels [1].

Je n'ai point encore fait de réponse à une de vos lettres du 27 du mois passé, par laquelle vous proposez de refaire une seconde fois le papier terrier, parce que vous y avez trouvé beaucoup de fautes; et comme vous me demandez qui payera une seconde fois les droits que les emphytéotes sont obligés de payer, attendu qu'ils les ont déjà payés une fois, il est certain qu'il ne seroit pas juste de les faire payer une seconde fois; mais aussi ne faut-il pas engager le roi à une trop grande dépense pour faire une seconde fois un travail de cette qualité; et ainsi vous devez bien examiner, premièrement, s'il est absolument nécessaire de faire une seconde fois ce papier terrier; en quoi consistent les défauts que vous y avez trouvés; si ces défauts sont généraux, et s'il est nécessaire de retirer de nouvelles reconnoissances de tous les emphytéotes; ou s'ils sont particuliers, et, en ce cas, combien de reconnoissances à peu près il faudroit faire renouveler, et à combien montera la dépense que le roi sera obligé de faire pour ces secondes déclarations.

Vous m'apporterez ces éclaircissemens lorsque vous viendrez ici, et je résoudrai ensuite ce qu'il y aura à faire; vous pouvez cependant bien examiner tous ces points dans le voyage que vous allez faire dans les élections.

---

[1] Voy. la circulaire du 11 du même mois.

COLBERT A FOUCAULT.

(Du 9 octobre 1681.)

Le roi m'ordonne de vous faire savoir que les petits pays d'états qui sont dans l'étendue de la généralité de Montauban, vers les Pyrénées, étant accablés de toutes sortes de désordres et d'impositions qui ne tournent point au profit de Sa Majesté et qui sont fort à charge à son peuple, Sa Majesté veut que vous fassiez des mémoires exacts de toutes les paroisses et communautés dont chacun de ces pays est composé, que vous examiniez combien ces petits états imposent sur les peuples par toutes sortes de dépenses, combien chacune de ces paroisses et communautés en porte; et, comme l'intention de Sa Majesté seroit de les réduire en élections pour supprimer entièrement ces petits états, vous devez examiner ce qui seroit à faire pour cela, de combien de paroisses ces élections pourroient être composées, les suites et les conséquences que cet établissement pourroit avoir, et que vous m'envoyiez sur le tout un mémoire avec vos sentimens.

— Au même, du 16 octobre, sur l'imposition de la taille, etc.

COLBERT AUX INTENDANTS,

AU SUJET DES TAXES D'OFFICE.

(Du 9 octobre 1681.)

Le roi ayant reçu des plaintes de quelques provinces que MM. les intendans et commissaires départis faisoient souvent des taxes d'office en diminution, au lieu que l'intention de Sa Majesté n'a jamais été par ses édits et arrêts que de leur donner le pouvoir d'en faire en augmentation, pour empêcher que les principaux des lieux ne se fassent décharger par les collecteurs, Sa Majesté m'a ordonné de vous en écrire pour savoir de vous si en effet vous en avez fait de cette sorte, et pour vous dire en ce cas qu'elle ne veut point que vous en fassiez jamais aucune, sous quelque prétexte et

APPENDICE.

pour quelque raison que ce soit; mais Sa Majesté vous ordonne en même temps de faire beaucoup de taxes d'office en augmentation, Sa Majesté jugeant qu'il n'y a rien qui soit plus avantageux à ses peuples que l'égalité de la taille.

COLBERT A FOUCAULT.

(Du 23 octobre 1681.)

Je suis bien aise d'apprendre, par votre lettre du 15 de ce mois, que l'exécution de la déclaration portant défense de saisir les bestiaux pour dettes particulières fait un très-grand bien à votre généralité; il faut tenir la main à ce qu'elle soit ponctuellement exécutée et qu'il ne s'y fasse aucune contravention.

— Au même, du 21 novembre; rappel de la lettre sur les pays d'états de la généralité de Montauban.

COLBERT AUX INTENDANTS.

(Du 21 novembre 1681.)

J'ai vu quelquefois, dans les lettres de MM. les commissaires départis, qu'ils se sont plaints du trop grand nombre d'exempts de taille et de collecte qui se trouvent dans les paroisses de chacune généralité, sous prétexte de commis d'aides, papier timbré, contrôle des exploits et autres de toutes natures; et, comme ces priviléges peuvent porter un préjudice considérable aux taillables, je vous prie d'examiner avec soin ce qui se passe sur ce sujet dans l'étendue de la généralité de . . . . . Sur quoi vous devez observer que, si ces commis de toute nature sont habitans des paroisses, ils ne doivent pas être exempts, mais ils doivent seulement être imposés aux mêmes taux qu'ils étoient avant leur commission; et, si ce sont des commis qui n'aient jamais été imposés et qui n'aient aucuns biens dans la paroisse, ils ne peuvent vraisemblablement porter aucun préjudice aux taillables.

476   APPENDICE.

— Lettre à Foucault, du 4 décembre; envoi d'une déclaration sur la saisie des bestiaux.

COLBERT AUX INTENDANTS

DES GÉNÉRALITÉS TAILLABLES,

AU SUJET DU SOULAGEMENT DES PEUPLES.

(Du 2 janvier 1682.)

Vous avez assez connu par tous les ordres du roi que vous avez reçus par mes lettres, depuis que vous servez dans la généralité de..... l'intention que Sa Majesté a toujours eue de procurer autant de soulagement à ses peuples que les dépenses de l'état le peuvent permettre; et, si vous faites réflexion aux ordres qui vous ont été donnés et réitérés tous les ans pour faire la visite de votre généralité dans les formes que Sa Majesté vous a prescrites :

De travailler avec application à la liquidation de toutes les dettes des villes et communautés, et aux moyens de les acquitter;

D'empêcher la saisie des bestiaux, en exécution des ordres et des déclarations de Sa Majesté;

De diminuer, par tous les moyens possibles, les frais qui se font en la levée et collecte des tailles;

D'empêcher l'emprisonnement des collecteurs, en faisant quelque distinction des rétentionnaires; de punir sévèrement ceux qui abusent de l'autorité de Sa Majesté dans les commissions qu'ils ont pour la levée de ses droits;

Et enfin d'examiner la conduite des commis employés à la levée des droits de ses fermes;

Vous jugerez facilement à quel point Sa Majesté veut leur procurer en effet du soulagement.

Mais, si ces ordres vous ont été donnés même pendant le temps de la guerre, vous pouvez juger combien Sa Majesté désire à présent ce soulagement, puisqu'elle a bien voulu donner la paix dans le cours de ses conquêtes; c'est ce qui a obligé Sa Majesté de m'ordonner de vous écrire qu'elle

APPENDICE.   477

veut que vous fassiez une sérieuse réflexion sur tout ce qui se passe dans l'étendue de la généralité en laquelle vous servez, tant dans l'imposition, levée et collecte des tailles, qu'en tout ce qui concerne ses fermes de toute nature, même celles des domaines; que vous entriez dans le détail de la conduite de tous ceux qui y sont employés, et que vous vous informiez soigneusement de tous ceux qui en payent les droits, pour connoître à fond tout ce qui tourne à la charge des peuples et qui ne vient pas à Sa Majesté, pour en retrancher tout autant qu'il sera possible; et, comme c'est une matière qu'il est difficile d'approfondir entièrement, et que, quelque application que vous y donniez, il vous restera toujours beaucoup de choses à faire, vous y devez travailler continuellement et donner à Sa Majesté tous vos avis sur tout ce qui se pourra faire pour parvenir à la fin qu'elle se propose.

— Lettre à Foucault, du 24 janvier; instructions sur le payement des frais de justice par les fermes du domaine, auxquelles les produits des amendes sont attribués.

— Circulaire aux intendants, du 25 janvier, leur demandant une enquête sur la question de savoir si les instruments des actes notariés et judiciaires doivent être écrits sur parchemin ou sur papier.

COLBERT AUX COMMISSAIRES DÉPARTIS,
AU SUJET DES FRAIS FAITS POUR LE PAPIER TERRIER.

(Du 5 mars 1682.)

Il revient beaucoup de plaintes au roi de diverses provinces, que la confection du papier terrier est fort à charge aux sujets de Sa Majesté, et que les frais des déclarations et les amendes qui sont prononcées produisent des sommes assez considérables, qui ne reviennent point aux coffres de Sa Majesté; et, comme il ne paroît pas que MM. les intendans et commissaires départis des provinces se soient fait rendre compte des taxes, des déclarations, ni des amendes, pour en informer Sa Majesté, elle m'ordonne de vous dire qu'elle veut que vous examiniez avec soin à combien ces frais et ces amendes ont pu monter par chacune année depuis que vous travaillez à la confection du papier terrier, et que vous obligiez ceux qui les ont reçus de vous en rendre compte, ensemble de la dépense qu'ils en ont faite, et que vous m'en envoyiez les mémoires, afin que j'en puisse rendre compte à Sa Majesté.

COLBERT AUX COMMISSAIRES DÉPARTIS.

(Du 11 mars 1682.)

Comme vous n'avez point accusé la réception de ma lettre du 2 janvier dernier, et que cette lettre est très-importante pour la satisfaction du roi, je vous prie de me faire savoir si vous l'avez reçue, afin de me rendre compte tous les mois de ce que vous aurez fait en exécution, Sa Majesté m'ordonnant de lui en rendre compte souvent.

COLBERT A FOUCAULT.

(Du 16 mars 1682.)

L'intention du roi n'étant pas que les commis des manufactures soient à charge au commerce, mais seulement qu'ils soient payés sur le sol qui se paye pour la marque de chacune pièce d'étoffe, je leur ai demandé l'état de ce qu'ils avoient touché dans votre généralité sur ce sol, et, comme ils me l'ont donné et que je suis bien aise d'être assuré qu'il soit véritable, je vous l'envoie, afin que vous examiniez si, en effet, ils n'ont reçu que la somme y contenue.

Je vous prie au surplus de vous informer souvent si les règlemens des manufactures sont bien observés, et si elles (sic) sont faites de la longueur, largeur et bonté portées par lesdits règlemens.

APPENDICE.

LETTRE CIRCULAIRE

AU SUJET DES OFFICIERS DES ÉLECTIONS QUI JOUISSENT DE L'EXEMPTION DE TAILLE
EN VERTU DE LETTRES DE VÉTÉRAN.

(Du 26 mars 1682.)

Il a été reconnu depuis quelque temps que des officiers des élections établis dans les villes taillables, lorsqu'ils ont voulu se défaire de leurs charges, ont obtenu des lettres de vétéran en vertu desquelles ils continuent de jouir de l'exemption des tailles; et, comme c'est un abus auquel le roi veut remédier, Sa Majesté m'ordonne de vous écrire que vous examiniez avec soin s'il y a beaucoup de ces officiers vétérans des élections établis dans les villes taillables de votre généralité, et que vous m'en envoyiez un état, l'intention de Sa Majesté étant de révoquer ces exemptions en cas qu'il y en ait un nombre qui mérite cette révocation générale.

— Lettre à Foucault, du 8 avril, sur la visite de sa généralité.

COLBERT A FOUCAULT.

(Du 16 avril 1682.)

Pour réponse à vos lettres du 1er et du 8 de ce mois, je ne doute point que le soin que vous devez avoir des troupes qui sont en quartier dans la généralité de Montauban ne vous ait donné de l'occupation; mais, comme elles vivent à présent avec beaucoup de discipline et qu'elles sont sévèrement punies par le roi lorsqu'elles y manquent, je ne doute point que vous n'ayez eu assez de temps pour travailler aux autres affaires contenues en mes lettres; la plus importante, assurément, consiste en la vérification que vous devez faire des déclarations qui ont été données au papier terrier, d'autant qu'il faut rendre bien certains les droits domaniaux et prendre bien garde qu'ils soient bien reconnus ainsi qu'ils doivent être.

Je rendrai compte au roi de l'usage du parlement de Toulouse, concernant les 4 écus pour le receveur et le droit de geôle qu'il fait payer, lorsque les condamnés dans les siéges particuliers sont conduits au parlement.

— Au même, du 14 mai, afin de lui demander les états des étapes pour les six derniers mois de 1681.

COLBERT A FOUCAULT.

(Du 20 mai 1682.)

Je vois par la copie d'une ordonnance que vous avez rendue, jointe à votre lettre du 10 de ce mois, que vous estimez que les échanges d'héritages contre héritages sans...[1] ne doivent point de lods; sur quoi je vous dirai seulement que, si vous lisez l'édit, vous trouverez que ces sortes d'échanges doivent les droits sans aucune difficulté, et ainsi j'estime que vous devez révoquer l'ordonnance que vous avez donnée; et que la somme de 2,450 ᴸ y contenue appartient légitimement à Magoulet.

Au surplus, je rendrai compte au roi des dépenses extraordinaires que vous avez faites, pour obtenir de Sa Majesté quelque gratification pour vous; continuez à bien servir et surtout appliquez-vous à bien rétablir les défauts que vous avez trouvés au papier terrier, cela étant d'une très-grande conséquence.

— Au même, du 25 mai; envoi, avec demande d'avis, d'un mémoire du sieur Thuillier sur les droits d'entrée et de sortie de la frontière d'Espagne.
— Au même, sur les archers de la vice-sénéchaussée de Quercy, etc.
— Au même, du 29 mai, sur les états d'étapes.
— Au même, du 4 juin, pour lui renvoyer des accusés de fausse monnaie, et lui donner de nouvelles instructions sur le droit des lods et ventes en matière d'échanges.
— Au même, du 12 juin; même sujet.

[1] En blanc dans le manuscrit.

APPENDICE.

COLBERT
AUX INTENDANTS ET COMMISSAIRES DÉPARTIS.

(Du 15 juin 1682.)

Le roi ayant remarqué en diverses affaires qui sont souvent portées dans son conseil des finances que MM. les intendans et commissaires départis dans les provinces ont souvent prononcé des jugemens et donné des ordonnances sur des matières sur lesquelles Sa Majesté ne leur a donné aucun pouvoir, et même que, nonobstant les lettres que je leur ai écrites par son ordre, en diverses occasions, sur la conduite des subdélégués perpétuels que la plupart des intendans et commissaires départis ont établis et établissent journellement dans les provinces, ils donnent très-souvent matière de se pourvoir au conseil contre leurs jugemens, qui ne portent que trop souvent le caractère de leurs passions et de leurs intérêts, Sa Majesté m'ordonne de vous écrire qu'elle veut que vous examiniez avec soin toutes les affaires dont vous avez pouvoir de connoître, et que vous observiez de n'en prendre connoissance et de n'en juger aucune sans avoir auparavant examiné si vous en avez pouvoir ou non, vu que vous savez qu'il n'y a point de plus grand défaut que celui-là; et, au surplus, Sa Majesté veut que vous n'établissiez aucun subdélégué général pour toutes sortes d'affaires, mais seulement pour les affaires particulières auxquelles vous ne pourrez vaquer en personne, et que vos subdélégations finissent avec la fin; et même elle veut que vous examiniez avec grand soin la conduite de ces subdélégués, parce qu'elle en reçoit fort souvent des plaintes.

— Lettre à Foucault, du 17 juin, sur le procès à faire aux consuls de la ville de Lavit.

COLBERT A FOUCAULT.

(Du 1ᵉʳ juillet 1682.)

J'ai reçu l'état des amendes jugées et reçues pendant les années 1676,

1677 et 1678; et vous ferez fort bien de vous faire rendre compte de cette recette pour la rendre certaine.

Il me vient en vous écrivant deux expédiens dans l'esprit, sur lesquels je vous prie de faire réflexion : l'un seroit d'abandonner la moitié des amendes à la disposition des juges pour les frais de justice, les réparations et les autres dépenses à prendre sur ce fonds; et l'autre seroit que les fermiers des domaines donnassent aux juges et aux procureurs du roi, volontairement et sans ordre précis du roi, deux sols pour livre pour le produit des amendes. Je sais bien qu'il y a quelque chose dans ces deux expédiens qui me fait quelque peine, en ce que cela engageroit peut-être les juges, par des motifs d'intérêt particulier, à être plus sévères pour condamner aux amendes; mais je trouve l'état de cette affaire tel, qu'il est bien difficile de la traiter dans toute la sévérité de la justice; mais peut-être que, par votre application, vous y trouverez quelque meilleur expédient dont je vous prie de me donner part.

COLBERT A FOUCAULT.

(Du 8 juillet 1682.)

Pour réponse à quatre de vos lettres datées du 1er de ce mois, je vois vos sentimens sur le mémoire du sieur Lhuillier, concernant l'établissement de quelques droits sur le sel et huiles qui entrent d'Espagne en France par les hautes Pyrénées; sur quoi je dois vous dire que, si en effet les rois de France et d'Espagne sont convenus de laisser la liberté à leurs peuples de commercer ensemble sans payer aucuns droits dans l'étendue des pays appelés *lies et passeries*, je ne puis pas deviner pourquoi l'on a souffert jusqu'à présent que les Espagnols en aient levé sur les marchandises et denrées qui entrent d'Espagne en France, et c'est ce que vous devez bien examiner, parce que, si la levée de ces droits est contraire à ces priviléges de *lies et passeries*, il faut s'en plaindre au roi d'Espagne et les faire révoquer, parce qu'assurément l'intention du roi n'est pas de souffrir ces entreprises de la part des Espagnols.

Je vous avoue que je n'avois jamais entendu dire que par vous que les

APPENDICE.   483

sels d'Espagne fussent moins corrosifs que ceux de France, vu qu'il est très-certain que les sels de France sont les meilleurs sels du monde et les moins corrosifs, et que tous les sels des pays plus avancés vers le midi et à proportion de la plus grande chaleur du soleil sont aussi plus corrosifs; et de plus que les sels de mines, comme ceux de Catalogne, sont assurément beaucoup plus corrosifs que tous les autres; ainsi, s'il n'y avoit que cette raison, il n'y auroit aucun inconvénient d'établir des droits sur l'entrée de ces sels.

Les deux raisons de votre avis les plus fortes sont celles des bestiaux et de l'entrée des huiles; car, pour les faines, vous voulez bien que je vous dise qu'il y en entre peu par ce pays-là, parce que, comme elles viennent de Ségovie et de l'Andalousie, il faudroit leur faire traverser par torture (sic) une bonne partie de toute l'Espagne pour épargner fort peu de droits d'entrée; à quoi il [y] a peu d'apparence.

Quant aux bestiaux, la raison que vous dites de passer dans les basses Pyrénées du côté de France dans les temps de l'ardeur du soleil, et de passer dans les mêmes basses Pyrénées du côté d'Espagne dans le temps du froid, est très-bonne; mais il faut examiner si cet avantage tourne tout entier, ou au moins la plus grande partie, au bénéfice de la France, parce que, si les Espagnols ont autant de bestiaux, comme l'avantage seroit commun et égal aux deux nations, ils n'auront garde d'y apporter aucun changement; et à l'égard des huiles, je vous avoue que je doute fort que celles d'Espagne soient fort nécessaires en France; de sorte que, par tout ce que je viens de vous dire, vous devez examiner avec soin, en visitant ces pays-là, si ces priviléges de *lies et passeries* tournent plus à l'avantage de la France que de l'Espagne, en examinant avec soin chaque sorte de denrées et marchandises sur lesquelles l'on ne paye point ces droits; mais, de quelque façon que ce soit, l'intention du roi n'est pas de souffrir qu'au préjudice de ce privilége, établi du consentement des deux rois, les Espagnols en lèvent lorsque Sa Majesté n'en lève point.

Je ne doute point que les pluies continuelles n'aient fait beaucoup de tort aux biens de la terre dans votre généralité comme dans toutes les autres. Je rendrai compte au roi de l'arrêt que vous demandez pour distribuer 40,000[l] aux paroisses qui ont le plus souffert de la grêle.

Je ne doute point que M. Le Bret ne vous ait donné rendez-vous à la

Rochelle pour y juger le procès qu'il a instruit contre des accusés de fausse monnoie à Angoulême.

COLBERT A FOUCAULT.

(Du 14 juillet 1682.)

J'ai rendu compte au roi du mémoire que vous m'avez envoyé, concernant la visite de votre généralité; mais, comme vous ne rendez pas compte élection par élection et que c'est un mémoire général, Sa Majesté n'en a pas été satisfaite, son intention étant que vous visitiez avec loisir chacune des élections de votre généralité, et que vous lui rendiez compte en détail de l'état auquel vous l'avez trouvé sur tous les points contenus en mes dépêches. C'est l'ordre que MM. les intendans et commissaires départis observent, et le seul qui puisse plaire au roi, Sa Majesté ne se contentant pas de ce que vous dites en général que les bestiaux ont beaucoup multiplié dans toute l'étendue de votre généralité; et il faut que, par le rapport qui lui en est fait, Sa Majesté voie l'état auquel est le nombre des bestiaux en chacune élection. Faites achever promptement les recouvremens extraordinaires, et faites compter ceux qui ont été chargés dans l'étendue de la généralité. Faites aussi achever la carte de M. Pyramé, et prenez bien garde qu'elle soit fort exacte.

Je vous envoie l'arrêt par lequel le roi donne 30,000 ″ de diminution à la généralité de Montauban, pour être distribuées aux paroisses qui ont souffert de la grêle. Je vous écrirai plus en détail de chacune élection après que vous en aurez rendu compte au roi.

COLBERT A FOUCAULT.

(Du 29 juillet 1682.)

Les habitans de la comté de Gorses, élection de Figeac, m'ont apporté un procès-verbal que vous avez fait, du 2 juin dernier, par lequel vous avez

APPENDICE. 485

liquidé la dette particulière du sieur de la Porte, lieutenant en la sénéchaussée de Figeac; et, comme ce procès-verbal fait connoître au roi qu'il ne peut pas savoir si une fois les dettes de toutes les communautés sont liquidées et réglées, Sa Majesté m'ordonne de vous dire qu'elle est étonnée de cette procédure, vu que, suivant les arrêts et instructions qui vous ont été envoyés et toutes les lettres qui vous ont été écrites, vous avez dû donner une ordonnance pour obliger les créanciers de toutes les communautés d'une élection de vous rapporter leurs titres, leur donner pour cela des délais, et, en cas qu'ils y manquassent après avoir été contumacés par la publication de votre ordonnance aux prônes des paroisses et partout ailleurs, les exclure entièrement de toutes prétentions contre les communautés; et, comme cette procédure est absolument nécessaire, et que, sans cela, Sa Majesté n'auroit point la satisfaction de voir une affaire qu'elle a entreprise et conduite depuis vingt-deux ans finie, et au contraire qu'elle la verroit toujours renaître par de nouvelles prétentions, Sa Majesté m'ordonne de vous dire qu'elle veut que vous l'informiez précisément si vous avez exécuté cet ordre ou non, parce que, si vous l'avez exécuté, les arrêts qui ont été donnés doivent annuler toutes prétentions contre les communautés; mais, si vous n'avez pas suivi cet ordre, tout ce que vous avez fait est directement contraire aux intentions de Sa Majesté, et elle aura le déplaisir de voir renaître tous les jours de nouvelles dettes desdites communautés. J'attendrai votre avis pour en rendre compte au roi.

— Au même, du même jour; accusés de réception.

COLBERT AUX INTENDANTS,

AU SUJET DES FRAIS POUR LE RECOUVREMENT DES TAILLES.

(Du 6 août 1682.)

Sur ce que j'ai écrit par ordre du roi à tous MM. les intendans et commissaires départis, concernant les frais faits en la recette et collecte des tailles, qui sont payés par les peuples, qu'il ne falloit pas qu'ils se confiassent à la taxe de ces frais faits par les élus, parce que tous les abus et les concussions faites par les receveurs, par les huissiers et par les collecteurs, demeuroient impunies par la connivence des élus, il y a déjà deux de MM. les intendans et commissaires départis qui, par l'application qu'ils ont donnée à découvrir la vérité de cet avis, ont trouvé une infinité de ces abus et concussions, et c'est pourquoi Sa Majesté m'a ordonné de vous écrire qu'elle désire que vous donniez une entière application à les découvrir dans l'étendue de votre généralité, voulant que l'application que vous y donnerez soit telle qu'elle ait la satisfaction de délivrer ses peuples de toutes les oppressions qu'ils souffrent. Ne manquez donc pas de vous y appliquer, soit dans le reste de la visite que vous faites, soit lorsque vous ferez les départemens des tailles, et par tous les moyens que vous estimerez convenables pour découvrir ces désordres.

— Lettre à Foucault, du 6 août, sur les quittances du huitième denier, sur la sortie des blés hors du royaume, etc.

— Circulaire aux intendants, du 7 août, pour envoyer un arrêt qui remédie à tous les inconvénients concernant la recette des amendes et le payement des frais de justice.

— A Foucault, du 9 août, pour approuver la liquidation de dettes de la communauté de la Mirande.

— A MM. Foucault et Le Bret, du 11 août, sur le jugement donné en faveur des accusés de fausse monnaie, par les officiers du présidial de la Rochelle.

— Aux mêmes, du 12 août, sur leur retour dans leurs généralités après ce jugement.

COLBERT A FOUCAULT.

(Du 17 août 1682.)

L'on a écrit à M. le chancelier, de la généralité de Montauban, que les conversions des hérétiques y seroient plus fréquentes s'ils n'étoient employés ou commis dans les fermes, dans les recettes des tailles, et même dans la recette générale des finances; et, quoiqu'il soit difficile de croire que cet avis soit véritable, après vous avoir donné trois ou quatre fois con-

APPENDICE. 487

sécutives les ordres précis du roi d'empêcher qu'aucun officier de finances, receveurs, commis ou employés de toute nature fussent employés en la recette, maniement et collecte des deniers du roi et du public, je ne laisse pas de vous donner cet avis, afin que vous examiniez encore plus exactement que vous n'avez fait s'il y en a encore quelqu'un, et en ce cas ne manquez pas de le faire ôter sur-le-champ, et rendez-moi compte précis de la diligence que vous aurez faite sur ce sujet.

Le roi ayant réglé les impositions de la taille de l'année prochaine dans toutes les généralités du royaume, vous devez vous tenir en état d'en faire l'imposition avec toute l'égalité possible, et vous verrez, par les commissions qui vous seront envoyées dans peu, les motifs qui ont obligé Sa Majesté d'augmenter les impositions.

— Au même, du 19 août, sur la liquidation des dettes des communautés.

COLBERT AUX COMMISSAIRES DÉPARTIS,

EN LEUR ENVOYANT LES COMMISSIONS DES TAILLES.

(Du 24 août 1682.)

Vous verrez, par le préambule des commissions des tailles que je vous envoie, les raisons qui ont obligé le roi à augmenter, cette année, les tailles de 2 sols pour livre, et je dois même vous dire que jamais la bonté que Sa Majesté a pour ses peuples n'a paru si grande que dans cette occasion, par la peine qu'elle a eue d'ordonner cette augmentation; mais, comme Sa Majesté voit presque une volonté déterminée en l'Empereur de refuser les conditions avantageuses que Sa Majesté fait faire à tout l'empire pour confirmer la paix, elle est obligée de se mettre en état de soutenir les efforts de ses ennemis avec autant de gloire et d'avantage qu'elle a fait par le passé; et, comme elle espère que la connoissance que ses ennemis auront de ses forces et de leur foiblesse les obligera d'accepter ces conditions, elle a pris plaisir à régler cette augmentation en sorte qu'elle puisse la remettre à ses peuples par un simple arrêt, en cas que la paix soit acceptée dans le commencement du mois de novembre; et Sa Majesté m'ordonne de vous dire en même temps que cette augmentation vous doit encore obliger à travailler avec plus d'application que jamais à bien régaler la taille, non-seulement à l'égard des paroisses, mais même à l'égard des taillables, en sorte qu'ils portent tous leur part des impositions selon leurs moyens et facultés.

— Lettre à Foucault, du 4 septembre, sur la sortie des blés.

COLBERT A FOUCAULT.

(Du 10 septembre 1682, à Sceaux.)

Pour réponse à votre lettre datée de Montauban, le 2 de ce mois, vous ne devez admettre aucun tempérament, de quelque nature que ce soit, pour permettre qu'aucun de la religion prétendue réformée soit employé dans les recettes générales et particulières, ni même dans aucune des fonctions qui regardent les deniers du roi et du public, et je ne doute pas même que Sa Majesté ne donne l'ordre à ses fermiers des domaines de n'admettre aucune caution qui soit de ladite religion prétendue réformée, soit pour les greffes, soit pour toutes autres sous-fermes de quelque nature que ce soit; je donnerai même ordre au sieur Dujardin de faire sortir le sieur Bonhomme de la maison du directeur de la recette générale, Sa Majesté ne voulant pas que non-seulement aucun de ladite religion soit employé, mais même qu'il y ait aucune apparence qu'il puisse y avoir part.

— Au même, du 17 septembre, sur le papier terrier, sur les domaines sujets à réparations, etc.
— Au même, du 24 septembre, sur une lettre du procureur du roi au présidial de Montauban.
— Au même, du même jour, sur les amendes.
— Au même, du 1ᵉʳ octobre 1682; particularités diverses.

COLBERT A FOUCAULT.

(Du 16 octobre 1682, à Fontainebleau.)

Je suis bien aise d'apprendre par votre lettre du 6 de ce mois que vous ayez trouvé le recouvrement plus avancé que les années passées, et que le commerce de Bordeaux et des toiles a donné moyen aux peuples de payer leurs impositions; il est bien nécessaire que vous acheviez promptement celle de l'année prochaine, et, comme elle est beaucoup plus facile dans votre généralité que dans toutes les autres, à cause du cadastre, vous avez aussi plus de temps pour bien pénétrer tout ce qui doit être fait dans cette imposition, contraire au soulagement que le roi veut toujours procurer à ses peuples.

J'attendrai, après que vous aurez achevé cette visite, l'état des domaines que je vous ai demandé.

— Au même, du 22 octobre, sur la lettre du sieur Lafitau.

— Au même, du 29 octobre, sur les logements de troupes et sur le sieur Garrisson.

— Au même, du 17 novembre, sur les *récépissés* des traitants et l'arrêt concernant les amendes; envoi d'un arrêt pour forcer le sieur Garrisson à se défaire de son office de greffier du domaine et voirie au bureau des finances de Montauban.

— Au même, du 25 novembre, sur la liquidation des dettes des communautés de Mirande et de Simorre.

— Au même, du 4 décembre, sur la visite de la rivière de Garonne et la surcharge dont se plaint la communauté de Bellegarde-la-Bastide.

— Circulaire à Foucault et autres, du 9 décembre, pour que les cours des aides observent les priviléges en matière d'impôt des officiers commensaux des maisons royales.

— A Foucault, du 9 décembre, sur le papier terrier.

— Au même, du 23 décembre, sur la contravention des ministres de Montauban aux dernières déclarations du roi sur le fait des relaps, sur le sieur Garrisson et sur la réception des manuscrits de Moissac.

COLBERT A FOUCAULT.

(Du 6 janvier 1683, à Versailles.)

Pour réponse à une lettre que j'ai reçue de vous, sans date, et à laquelle étoit jointe la table des frais qui ont été faits dans l'étendue de la généralité de Montauban pour le recouvrement de la taille pendant onze mois de l'année dernière, après en avoir rendu compte à Sa Majesté, elle m'a ordonné de vous dire qu'ayant vu par cette table qu'il y avoit dans la généralité soixante-treize porteurs de contraintes et cent soixante-douze archers, elle trouve que la nourriture, l'entretien et le désordre que ces gens-là causent dans tous les logemens effectifs qu'ils font, sont d'une très-grande charge aux peuples de cette généralité, et ainsi elle veut que vous vous appliquiez avec un très-grand soin à rétablir l'ancienne forme de faire payer la taille par le moyen des huissiers et des sergens, ou au moins que vous commenciez à retrancher la moitié entière de ces porteurs de contraintes et de ces archers, Sa Majesté ne voulant pas qu'il y ait plus de deux porteurs de contraintes et sept ou huit archers au plus en chacune élection.

— Au même, du 13 janvier; instructions pour le fermier des amendes.

COLBERT A PLUSIEURS INTENDANTS.

(Du 15 janvier 1683.)

Comme vous connoissez, par tout ce qui s'est passé dans le conseil pendant tout le temps que vous y avez servi, et par toutes mes lettres depuis que vous êtes dans la généralité de . . . . combien le roi désire que le travail de la liquidation et acquittement des dettes de toutes les communautés s'achève, qui dure il y a déjà trop longtemps, puisque Sa Majesté l'a fait commencer dès lors qu'elle a bien voulu prendre le soin de la conduite et administration de ses finances; et, comme il y a peu de généralités où ce travail soit entièrement achevé, et que dans toutes les autres les liqui-

APPENDICE.

dations ont été faites en plusieurs communautés et les arrêts expédiés pour le payement desdites dettes, et à l'égard des autres cette liquidation n'a point été faite, en sorte qu'en chacune généralité il y a des communautés dont les dettes ont été liquidées, les arrêts expédiés, mais elles ne sont pas encore acquittées, et en d'autres les dettes n'ont point encore été liquidées; Sa Majesté veut donc que vous fassiez un mémoire exact de ces trois espèces, afin qu'elle puisse connoître celles qui sont entièrement acquittées, celles qui ne le sont pas encore, et en combien d'années elles le pourront être, et celles qui n'ont point encore été liquidées; et c'est à celles-là particulièrement que Sa Majesté désire que vous vous appliquiez pour achever ce travail et donner ce soulagement à ses peuples, que Sa Majesté estime très-considérable.

COLBERT AUX COMMISSAIRES DÉPARTIS.

(Du 28 janvier 1683.)

Le roi m'ordonne de vous faire observer que, dans l'ordre général que Sa Majesté vous a fait donner de ne souffrir dans aucun emploi public ceux de la religion prétendue réformée, Sa Majesté a entendu y comprendre les étapiers et sous-étapiers, en sorte que vous devez examiner avec soin s'il y a quelqu'un de cette religion dans ces sortes d'emplois, afin de les en ôter.

— Lettre à Foucault, du 29 janvier, sur les nominations de consuls, etc.

COLBERT A FOUCAULT.

(Du 10 février 1683, à Versailles.)

... Il est difficile que je puisse décider la demande que vous faites si les nouvelles déclarations[1] seront fournies aux dépens des peuples ou aux dépens du roi, vu que, sans difficulté, les emphytéotes doivent donner leurs décla-

[1] Relatives au papier terrier, qui avait été mal fait.

rations à leurs dépens, et, si elles sont mal faites, ils les doivent renouveler; en sorte que, s'ils les ont dénaturées par un ordre verbal du subdélégué, il faut qu'ils aient concouru à cette malversation, et, par conséquent, ils doivent donner de nouveau leurs déclarations à leurs dépens, et je ne puis pas m'empêcher de vous dire qu'il est fort difficile que les subdélégués aient dénaturé ces redevances sans en tirer quelques avantages particuliers pour eux; et, en ce cas, comme les emphytéotes ont en cela concouru à la fraude qui a été faite au roi, ils doivent, sans difficulté, en être punis par le renouvellement de leurs déclarations; mais il est bien nécessaire que vous donniez une très-grande application à cette affaire pour la rétablir dans l'état auquel elle doit être.

A l'égard des impositions qui se font pour le payement des dettes des communautés, il me semble qu'il conviendroit beaucoup mieux, et seroit beaucoup plus à la décharge de ces communautés, que les syndics établis par les créanciers reçussent ces impositions que les receveurs des tailles ni les consuls, parce que, les faisant recevoir par les syndics, ou directement de ces créanciers, l'on saura certainement qu'en une année fixe et certaine les dettes seront entièrement acquittées, au lieu que, si les consuls ou les receveurs des tailles les reçoivent, il faudra qu'ils en rendent compte, et vous savez de combien d'inventions ces sortes de gens-là se servent pour retenir les deniers entre leurs mains.

CIRCULAIRE DE COLBERT

AU SUJET DES TAXES D'OFFICE.

(Du 10 février 1683, à Versailles.)

L'on a observé dans quelques généralités du royaume que les élus ou les collecteurs des tailles, pour éviter les taxes d'office faites par messieurs les intendans et commissaires départis, imposent dans les rôles plus qu'il n'est porté par les mandemens des élus, jusqu'à concurrence des taxes d'office qu'ils ne veulent pas faire payer, et, par ce moyen, déchargent les taxes d'office. Le roi m'ordonne de vous en donner avis, afin que vous y preniez garde, et, en cas que vous trouviez que les officiers des élections, qui auront calculé et vérifié ces rôles, ne les aient pas réduits à la somme contenue aux mandemens, Sa Majesté interdira ces officiers sur les procès-verbaux que vous en ferez.

COLBERT A FOUCAULT.

(Du 17 février 1683, à Versailles.)

Le roi a reçu divers avis des provinces de tailles réelles que les principaux de la religion prétendue réformée, se servant du pouvoir et de l'autorité qu'ils avoient, ont trouvé moyen de faire passer leurs biens pour nobles, et ainsi de se décharger de tailles; sur quoi Sa Majesté m'ordonne de vous dire qu'elle veut que vous vous informiez exactement si cet avis est véritable dans la généralité de Montauban, pour en envoyer des mémoires à Sa Majesté, afin qu'elle puisse ensuite vous faire savoir la résolution qu'elle prendra sur ce sujet.

COLBERT A DIX-HUIT INTENDANTS,

SUR LA LIQUIDATION DES DETTES DES COMMUNAUTÉS.

(Du 6 mars 1683.)

Le roi a reçu divers avis de quelques provinces de son royaume que, la liquidation des dettes des villes et communautés ayant été faite depuis longtemps et les arrêts expédiés pour imposer en diverses années les sommes nécessaires pour l'acquittement de ces dettes, les maires et échevins, consuls et autres officiers municipaux ont reçu les sommes, ou les ont fait recevoir par quelques-uns de leur part, et ne les ont pas employées au payement des dettes, ainsi qu'il étoit porté par lesdits arrêts du conseil; en sorte que, Sa Majesté ayant fait entreprendre le travail de cette liquidation et le continuer depuis vingt-deux ans sans interruption pour le soulagement de ses peuples, elle voit que, par le mauvais usage que lesdits municipaux en ont fait, il se trouve que ses peuples ont été surchargés de ces impositions, et continuent de l'être sans s'acquitter de toutes leurs dettes, suivant son intention. C'est pourquoi elle m'ordonne de vous écrire qu'elle veut que vous examiniez avec soin toutes les liquidations qui ont été faites de toutes ces dettes, et qui ont été confirmées par des arrêts du conseil, que vous vous fassiez rendre compte des impositions qui ont été faites en conséquence de ces arrêts, et si l'emploi de ces deniers a été fait conformément auxdits arrêts du conseil, Sa Majesté voulant qu'en cas de divertissement les auteurs qui les auront faits soient punis et contraints à la restitution; et Sa Majesté ne veut pas que vous souffriez que ces impositions continuent l'année prochaine et les suivantes, si elles ne sont employées dans ces commissions, et Sa Majesté ne les y fera employer qu'après que vous lui aurez rendu compte de l'examen qu'elle veut que vous fassiez.

COLBERT A FOUCAULT.

(Du 11 mars 1683, à Paris.)

Pour réponse à votre lettre du 24 du passé, il auroit été bon que vous m'eussiez fait savoir si vous avez reçu ma lettre du 10 du passé, et si la vôtre est en réponse. Je suis surpris de ce que vous dites que les consuls ont abusé des impositions qui ont été faites sur les communautés pour le payement de leurs dettes, en exécution des liquidations que vous en avez faites, vu qu'il n'y avoit point d'application qui dût être préférable à celle qui tendoit à empêcher un aussi grand abus que celui-là; mais il est nécessaire que vous vous fassiez rendre compte par les consuls des communautés qui ont souffert une imposition un peu considérable, et que, s'ils ont diverti la moindre partie de ces deniers, vous en fassiez faire une punition si sévère que vous obligiez les autres à restituer promptement les deniers dont ils auront abusé, et vous ne devez recevoir aucune excuse sur cela; et, quoi que vous en puissiez dire, si ces deniers avoient été reçus des peuples par les syndics des créanciers, quelque usage qu'ils en eussent pu faire, dès lors que les années pour lesquelles ces impositions ont été réglées auroient été expirées, Sa Majesté auroit supprimé les impositions et déchargé ces communautés de toutes dettes; mais, puisque vous avez souffert ce mal, il est nécessaire que vous y apportiez promptement un remède tel qu'il le corrige pour toujours; et c'est ce que vous pouvez faire en exécutant ce que je viens de vous dire; et si, par le trop grand engagement dans lequel est cette affaire, vous ne pouvez donner cette recette à faire à un syndic des créanciers en chacune communauté, en ce cas il faudra faire recevoir les deniers de ces impositions par les receveurs des tailles, sur quoi néanmoins, en vous écrivant ceci, je fais réflexion qu'un receveur des tailles sera exposé aux contraintes des chambres des communautés pour rendre compte de ces deniers, ce que le roi ne veut pas souffrir. Ainsi vous voyez bien l'inconvénient dans lequel vous tombez pour n'avoir pas tenu la main que ces deniers fussent employés suivant leur destination.

Vous ne me dites point pour quelle raison vous augmentez le prix des étapes cette année, vu que je les trouve augmentées d'un septième ou d'un huitième presque partout; mais auparavant que d'en rendre compte au roi, je serai bien aise que vous me fassiez savoir pour quelle raison vous avez augmenté ce prix; et faites-moi savoir en même temps si c'est un étapier général que vous avez établi, ou bien si ce sont les communautés qui font cette fourniture.

CIRCULAIRE DE COLBERT

POUR DEMANDER À MM. LES INTENDANTS UN ÉTAT DES PORTIONS DE DOMAINES SUJETS À RÉPARATIONS.

(Du 13 mars 1683.)

Le roi voulant retrancher aux sous-fermiers de ses domaines dans les provinces les prétextes qu'ils prennent du chômage des réparations des moulins, étangs, fours, halles et autres portions de domaines sujets à diverses réparations, pour demander des diminutions, Sa Majesté m'a déjà donné ordre plusieurs fois d'écrire à messieurs les intendans et commissaires départis, pour leur faire connoître sa volonté sur ce sujet. Sa Majesté désire donc, pour prévenir et empêcher tous les abus que lesdits sous-fermiers ont tâché d'introduire sous ces prétextes, que lesdits sieurs intendans et commissaires départis, dans les généralités dans lesquelles ils n'ont pas encore satisfait à cet ordre, fassent promptement un état exact de tous les moulins, fours, étangs, halles, fermes, métairies et autres portions de domaines qui consistent en bâtimens et autres ouvrages sujets à réparations, concernant le revenu de chacune de ces portions de domaines des deux derniers baux qui en ont été faits, les sommes qui ont été employées en réparations pendant les six années du dernier bail, les diminutions prétendues par les sous-fermiers pour raison du chômage desdits moulins ou des autres domaines pour faute de réparations, et ce qui est revenu de chacun, toutes déductions faites, l'intention de Sa Majesté étant que lesdits sieurs intendans et commissaires départis examinent laquelle des trois manières ci-après expliquées sera plus convenable au bien de son service.

La première, si les abus des réparations qui ont été faites et chômages qui ont pu être accordés sont tels que lesdits sieurs intendans et commissaires départis pussent être assez certains qu'en les retranchant il n'en coûtera à l'avenir que le quart pour les réparations qui peuvent survenir, en ce cas on pourroit en laisser la jouissance aux fermiers des domaines, à condition de se charger de toutes les grosses et menues réparations pendant le temps de leur bail.

La seconde seroit d'examiner si, en les remettant en bon état, on ne pourroit pas faire des marchés pour les entretenir toujours de menues et grosses réparations, soit avec les fermiers, soit avec d'autres entrepreneurs, en leur donnant un prix proportionné à ce qui est dit ci-dessus.

Et la troisième seroit d'aliéner ces sortes de domaines à bail à longues années, comme cinquante ou soixante ans, et même jusqu'à quatre-vingt-dix-neuf ans, moyennant une redevance qui ne pourroit être moindre que les trois quarts du revenu.

— Lettre à Foucault, du 18 mars, sur une imposition de 11,000# proposée sur la généralité de Montauban, et sur l'appel d'un jugement des commissaires du domaine de ladite généralité.

— Au même, du 26 mars, pour lui envoyer un mémoire sur une affaire de sa généralité.

COLBERT A FOUCAULT.

(Du 9 avril 1683, à Versailles.)

Pour réponse à vos lettres des 17 et 24 du passé, je vous renvoie l'arrêt du conseil que le roi a résolu pour une diminution de 30,000" sur les impositions de cette année de la généralité de Montauban, Sa Majesté ne voulant pas augmenter cette diminution jusqu'à 50,000", ainsi que vous l'avez prétendu; vous observerez seulement que Sa Majesté veut que vous fassiez promptement le régalement de ces 30,000". et que vous me l'envoyiez aussitôt que vous l'aurez fait; elle désire même qu'à l'avenir, en faisant la visite de votre généralité et donnant votre avis sur le brevet de la taille, vous fassiez en même temps le régalement de la diminution que Sa Majesté accordera; en quoi elle ne désire pas que vous ayez aucun égard ni aux recommandations, ni aux sentimens des receveurs des tailles, cette matière étant sujette à trop d'inconvéniens, et Sa Majesté ayant même reçu des plaintes que souvent, lorsqu'elle accorde ces diminutions dans les pays des tailles réelles, il se trouve des gens qui en abusent; c'est à quoi vous devez bien prendre garde.

J'ai reçu, avec votre lettre du 17 du passé, le jugement que vous avez rendu contre les quatre consuls du lieu de Lavit en Lomagne, et, comme vous voyez bien de quelle utilité a été aux peuples le procès que vous avez fait à ces consuls, vous devez donner une application particulière à bien découvrir toutes les friponneries qui se font dans les matières des étapes, pour faire toujours des punitions qui tournent à l'avantage des peuples en ce que les consuls sont plus circonspects pour ne pas retenir les deniers des étapiers, ou pour les obliger à les restituer.

A l'égard des dettes des communautés et des impositions qui ont été faites pour les acquitter, je ne sais si, en vous appliquant à bien connoître ce que sont devenus ces deniers dans toutes les communautés dont vous avez liquidé les dettes, vous trouverez qu'il y ait eu aussi peu d'abus que vous le croyez. Cela est fort à souhaiter; mais vous devez vous faire rendre compte exactement de l'emploi de ces deniers, et chercher des expédiens sûrs pour empêcher le mal dont je vous ai donné avis, c'est-à-dire que les communautés souffrent tout ou partie des impositions qui sont faites sur elles pour cela, sans toutefois s'acquitter à proportion; et, comme Sa Majesté ne veut point que ses peuples tombent dans ces inconvéniens, il n'y a d'expédient à prendre pour les éviter que d'obliger les créanciers de nommer quelqu'un d'entre eux pour recevoir les deniers qui sont imposés pour leurs dettes pour chacune année, à condition expresse que, lorsque le nombre des années porté par vos avis et les arrêts qui les ont confirmés sera expiré, les impositions cesseront sans pouvoir être continuées pour quelque cause et sous quelque prétexte que ce soit.

Vous avez bien fait d'établir un étapier général dans votre généralité, mais vous devez bien prendre garde qu'il établisse des magasins dans tous les lieux d'étapes, et, en cas qu'il y ait quelque lieu où il n'en ait pas établi, il fasse le remboursement aux peuples qui auront fourni lesdites étapes, plus avantageusement que ces sortes de gens-là n'ont accoutumé de le faire, Sa Majesté en ayant reçu diverses plaintes de beaucoup de généralités; vous devez aussi observer toujours que le prix de ces étapes doit être proportionné au prix des denrées.

COLBERT A FOUCAULT.

(Du 15 avril 1683, à Versailles.)

J'apprends, par votre lettre du 7 de ce mois, que vous n'avez reçu aucune plainte que les seigneurs et principaux habitans de la religion prétendue réformée se soient servis d'autorité pour faire décharger leurs biens de tailles pendant la guerre.

Il suffit que le sieur Garrisson se soit défait de sa charge de greffier du bureau des finances.

Comme vous savez que la sécheresse a causé quelque augmentation au prix des blés dans le Languedoc, et que la généralité de Montauban en fournit toujours une très-grande quantité, prenez soin de me faire savoir tous les quinze jours le prix des blés, et s'il y a apparence d'une abondante récolte cette année.

Il est aussi nécessaire que vous donniez le même avis à M. d'Aguesseau, afin qu'il puisse connoître si votre généralité en pourra fournir au Languedoc en cas qu'il en manque.

COLBERT A FOUCAULT.

(Du 30 avril 1683, à Versailles.)

Pour réponse à vos lettres des 14 et 21 de ce mois, j'ai reçu le mémoire qui étoit joint à la première, concernant l'affaire que le sieur de Betons a au conseil contre le fermier du domaine. J'aurai soin de le faire remettre entre les mains du rapporteur pour son instruction.

Aussitôt que vous aurez fait le département des communautés auxquelles vous aurez distribué les 30,000# de diminution que le roi a accordées sur les tailles, ne manquez pas de me l'envoyer pour le faire voir à Sa Majesté.

Sur le sujet du nommé Mercier que vous dites avoir été ci-devant commis des manufactures, je vous avoue que je suis étonné que vous ayez souffert que cet homme se soit promené dans l'étendue de votre généralité faisant beaucoup d'exactions sous ce prétexte, vu qu'il n'a ni commission ni aucun pouvoir de le faire ; ainsi vous devez sans difficulté informer contre lui et lui faire son procès suivant le pouvoir que le roi vous en donnera, et vous devez toujours observer avec un très-grand soin tout ce qui se passe dans votre généralité, donner ordre qu'on vous en donne avis pour empêcher que jamais il se fasse de semblables exactions que vous n'en soyez averti aussitôt, pour y apporter le remède convenable, n'y ayant rien de si important que d'empêcher ces sortes de vexations.

Je vous envoie l'arrêt dont le Roi a ordonné l'expédition pour imposer, sur les habitants de la ville et juridiction de Montauban, la somme de 11,000# en trois années à commencer en 1683, pour être payée par moitié aux jésuites de ladite ville et à l'hôpital général, conformément à la transaction passée entre les habitants, les syndics des jésuites et l'hôpital général de ladite ville.

— Au même, du 13 mai, sur les domaines de Son, Mondébat et Marseillan, sur l'état des récoltes et la visite de la rivière de Garonne.

500   APPENDICE.

COLBERT A FOUCAULT.

(Du 19 mai 1683, à Versailles.)

J'ai reçu, avec votre lettre du 10 de ce mois, votre procès-verbal et votre avis sur la suppression des offices d'auneurs, marqueurs et visiteurs de draps et étoffes de laine et de fil de l'étendue de la généralité de Montauban; j'examinerai le procès-verbal et les finances desdits offices pour en rendre compte au roi, et vous ferai savoir ensuite la résolution que Sa Majesté prendra; mais, comme je doute que votre procès-verbal contienne toutes les finances, en cas qu'il en manque quelques-unes, il seroit nécessaire que vous vous fissiez représenter tous leurs titres, parce qu'il faut voir à combien montent toutes les finances pour résoudre par Sa Majesté les moyens d'en faire le remboursement.

Ne manquez pas d'exécuter ponctuellement l'arrêt que je vous ai envoyé pour informer et faire le procès au nommé Mercier.

Je suis bien aise d'apprendre qu'il y ait eu des pluies abondantes dans votre généralité aussi bien qu'ici, et il me semble qu'il y a lieu d'espérer une bonne et abondante année dans toutes les provinces du royaume.

COLBERT
AUX INTENDANTS ET COMMISSAIRES DÉPARTIS,
POUR ACCOMPAGNER LE BREVET DE LA TAILLE.

(Du 25 mai 1683, à Versailles.)

Je vous envoie l'extrait du brevet de la taille que Sa Majesté a résolu avant son départ. Vous trouverez les impositions pareilles à celles de l'année dernière, Sa Majesté ayant été obligée de les maintenir dans le même état, nonobstant la volonté qu'elle avoit de soulager ses peuples dans cette imposition; mais l'opiniâtreté de l'empire à ne point confirmer la paix et régler toutes les difficultés qui sont survenues depuis celle de Nimègue ont empêché Sa Majesté de donner à ses peuples cette marque de sa bonté. Vous

APPENDICE. 501

examinerez donc avec soin l'état des biens de la terre dans chacune des élections en faisant la visite que Sa Majesté vous a ordonnée, et vous m'enverrez ensuite un avis concernant la part que chacune élection devra porter du total des impositions.

— Lettre à Foucault, du 27 mai, sur l'état des récoltes et les réparations à faire au présidial de Lectoure.

— Au même, du 4 juin, sur le papier terrier, les étapes, etc.

— Au même, du 10 juin, sur la communauté de Fleurance et sur les amendes, réglées, quant à la recette, par un arrêt du conseil du 8 août 1682.

— Au même, du 23 juin, sur le procès des sieurs Mercier et Ravaille, etc.

— Au même, du 7 juillet, sur la récolte, les récépissés des traitants, etc.

— Au même, du 22 juillet : « Il suffit qu'il n'y ait personne dans toute l'étendue de votre généralité qui ait aucun goût pour les lettres[1]... ; » sur le sieur d'Héricourt, sur l'aliénation des domaines sujets à réparation.

— Au même, du 5 août, sur les frais du procès du sieur Mercier.

— Au même, du 11 août, sur les étapes et les commissions des tailles.

COLBERT A FOUCAULT.

(Du 19 août 1683, à Fontainebleau.)

...[2] Sur ce qui s'est passé dans l'affaire de Pamiers, il suffit que vous fassiez un récit de tout ce qui a passé par vos mains avec tous les arrêts et les écritures, même les imprimés qui ont été faits de part et d'autre, parce qu'il n'est pas praticable de vous envoyer les négociations de Rome[3].

---

[1] Voy. les Mémoires, p. 87. — [2] Ce qui précède est relatif aux dettes de deux communautés. — [3] Voy. les Mémoires, p. 89.

III.

DÉPÊCHES DE LOUVOIS A FOUCAULT.

1674 — 1689.

III.

DÉPÊCHES DE LOUVOIS A FOUCAULT[1].

1674. — 1689.

A Versailles, le 14 juillet 1674.

J'ai reçu, avec la lettre que vous avez pris la peine de m'écrire le 1er de ce mois, celle que vous m'avez adressée pour le roi; sur quoi je vous puis dire que Sa Majesté, après en avoir entendu la lecture, m'a paru être dans la disposition de vous donner des marques sensibles de la satisfaction qu'elle a de vos services. Je vous assure que j'aurai toujours bien de la joie de pouvoir contribuer à vos avantages et vous témoigner que je suis, etc.

A Saint-Germain, le 16 décembre 1674.

La lettre que vous avez pris la peine de m'écrire le 6 de ce mois m'a été rendue. L'intention du roi n'est pas qu'aucun village, à qui que ce soit qu'il appartienne, soit exempt du logement des cavaliers, qui doivent être répandus dans toutes les paroisses; et Sa Majesté désirant que vous y fassiez le régalement sur le pied porté par l'ordonnance qu'elle a fait expédier pour le quartier d'hiver, il eût été bien à propos que vous ne vous fussiez pas dispensé de vous y conformer pour des considérations pareilles à celle dont vous me parlez[2].

---

[1] Tirées des Minutes de Louvois, conservées aux Archives du dépôt de la guerre. — L'ordre de ces registres est purement chronologique.

[2] Il s'agissait d'exempter du quartier d'hiver un village appartenant au maréchal de Turenne. (Voy. les Mémoires, p. 30.)

A Versailles, le 17 avril 1675.

J'ai reçu les informations que vous avez pris la peine de m'adresser sur la conduite de M. le marquis de Foix, et j'en ai rendu compte au roi. Sa Majesté ayant jugé qu'elle étoit très-mauvaise et tout autre qu'elle désire que tiennent les gens qui ont l'honneur de commander dans les provinces, elle m'a chargé de vous faire savoir qu'elle ne permettra point à M. le marquis de Foix de retourner dans le pays, qu'après s'être défait de son gouvernement.

A Saint-Germain, le 17 décembre 1676.

J'ai reçu, avec la lettre que vous avez pris la peine de m'écrire le 3 de ce mois, l'état de l'imposition que le roi vous a ordonné de faire sur les communautés de votre département pour les cinq mois d'ustensile que Sa Majesté a accordés aux troupes qui y doivent loger. Vous avez dû remarquer qu'en même temps que je vous ai mandé, par ma lettre du 18 du mois passé, que l'intention de Sa Majesté n'étoit plus que vous traitassiez d'avance de ladite ustensile pour les mois de janvier, février et mars, avec les receveurs généraux et particuliers, le trésorier de l'extraordinaire qui sera en exercice l'année prochaine s'en étant chargé, il m'a assuré que le fonds en étoit sur les lieux; ainsi vous n'aurez qu'à le faire distribuer aux troupes par les commis qu'il a près de vous, suivant les ordres que vous avez de Sa Majesté.

A Saint-Germain, le 31 décembre 1676.

Je suis extrêmement surpris d'apprendre, par les plaintes des troupes qui sont dans votre département, qu'elles n'ont pas encore reçu un sol, tant de leur solde que de leur ustensile, ce qui est si préjudiciable à leur rétablissement, que je ne puis m'empêcher de vous dire que, si cela dure, je serai obligé de faire connoître au roi l'inexécution de ses ordres dans une chose si capitale pour son service, et vous jugez bien que cela ne vous sera pas avantageux.

A Versailles, le 7 juin 1677.

L'on a donné avis au roi que M. l'évêque de Pamiers a défendu aux prêtres et religieux de son diocèse de confesser et de donner l'absolution à aucun officier, cavalier ni soldat, même dans le temps de Pâques, et qu'il exhorte ceux qui lui en portent des plaintes de quitter le service de la guerre comme étant contraire à leur salut. Sa Majesté m'a recommandé de vous faire savoir qu'elle désire que vous vous informiez secrètement de la vérité, sans vous expliquer à qui que ce soit que Sa Majesté vous en ait donné l'ordre, et qu'après avoir vérifié ce qui en est vous me le fassiez savoir pour lui en rendre compte.

A Versailles, le 14 juillet 1677.

J'ai rendu compte au roi de ce que vous avez pris la peine de m'écrire, le 1er de ce mois, sur la conduite de M. l'évêque de Pamiers, laquelle Sa Majesté a jugé à propos de dissimuler à cause de son grand âge.

A Fontainebleau, le 21 septembre 1677.

Sur le compte que j'ai rendu au roi du contenu aux procédures que vous m'avez envoyées contre le sieur de Laffitau [procureur du roi au présidial de Montauban], Sa Majesté a résolu de faire conduire à la Bastille le sieur de Glattens, son correspondant, pour découvrir par son interrogatoire quelles diligences il avoit faites pour tenir parole à la ville de Moissac qu'il prétendoit faire exempter de logement de gens de guerre moyennant 1,500 ^{tt}; et cependant, pour apprendre audit sieur de Laffitau à ne se plus mêler d'un pareil commerce à l'avenir, Sa Majesté m'a commandé d'expédier l'ordre ci-joint pour l'interdire des fonctions de sa charge pendant six mois.

A Versailles, le 3 octobre 1677.

Le roi ayant été informé que, pendant le quartier d'hiver dernier, les troupes qui ont logé dans la généralité de Montauban ont vécu avec beaucoup de licence, l'intention de Sa Majesté n'étant pas de souffrir de pareils désordres, elle désire que, lorsque les troupes destinées pour loger dans votre département y seront arrivées, vous alliez visiter vous-même tous les quartiers, pour voir ce qui s'y passe et les obliger à vivre dans l'ordre que Sa Majesté désire.

A Versailles, le 25 octobre 1677.

J'ai rendu compte au roi de la lettre que vous avez pris la peine de m'écrire le 12 de ce mois. Sa Majesté a trouvé bon d'ordonner que M. l'évêque de Pamiers ne se mêlera point de la subsistance des troupes qui sont dans le pays de Foix.....

A Saint-Germain, le 24 avril 1679.

Je suis surpris d'apprendre que les villes et communautés de votre département entretiennent des gens pour porter les lettres d'un lieu à un autre[1]. Comme il ne leur appartient pas de faire de pareils établissemens, et que le sieur Brunet, qui a les droits du fermier général des postes, doit seul se mêler du commerce des lettres, je vous prie de me mander quelle difficulté vous trouvez à l'y maintenir et à exécuter dans la généralité de Montauban ce qui se pratique dans toutes les autres provinces du royaume.

A Saint-Germain, le 3 avril 1680.

J'ai reçu la lettre que vous avez pris la peine de m'écrire le 27 du mois

[1] Louvois avait la direction générale des postes dans son ministère.

passé, en réponse des plaintes qui ont été faites au roi du peu de soin que l'on a de rembourser les communautés de votre département des étapes qu'elles ont fournies. Ce n'est pas seulement de l'officier dont vous m'avez renvoyé la lettre que Sa Majesté a eu avis de l'abus qu'il y avoit dans ce remboursement. Ainsi, si voulez prendre la peine de vous promener dans votre département pour en découvrir la vérité, vous verrez que Sa Majesté est bien informée des désordres qui s'y commettent, et je ne vous cèle point qu'il seroit difficile qu'elle fût satisfaite de vous s'ils continuoient et si ceux du passé n'étoient promptement réparés.

A Fontainebleau, le 7 août 1681.

J'ai lu au roi la lettre que vous avez pris la peine de m'écrire pour demander des troupes pour essayer d'obliger les religionnaires de votre département à se convertir; Sa Majesté m'a commandé de vous faire savoir qu'elle ne juge pas présentement de son service de vous en envoyer[1].

A Saint-Germain, le 5 avril 1682.

Vous verrez par la lettre ci-jointe ce que l'on me mande des désordres que commettent les troupes de cavalerie qui sont logées dans votre département. L'intention du roi est que vous alliez si souvent dans leurs quartiers vous informer de ce qui s'y passe, que vos fréquentes visites contiennent

---

[1] LOUVOIS À D'HERBIGNY, INTENDANT.

A Fontainebleau, le 7 août 1681.

Le roi ayant été informé du bruit qui court, que les troupes que le roi a envoyées en quartier en Dauphiné n'y sont marchées que pour contribuer à la conversion des huguenots de la même manière que l'on fait en Poitou, et Sa Majesté ne jugeant pas présentement de son service de faire aucunes nouveautés à l'égard des religionnaires du Dauphiné, m'a commandé de vous en donner avis, afin que, sans témoigner à personne qu'elle vous ait rien fait mander sur ce sujet, vous teniez la main à ce que les logemens des troupes soient également répandus sur les catholiques et sur les religionnaires; en sorte que la conduite que vous tiendrez sur cela ne puisse manquer de dissiper les alarmes que les religionnaires auront pris sur ce qui leur aura été mandé de Paris.

les troupes, de manière que Sa Majesté n'entende plus parler qu'elles fassent aucuns traités avec les habitants, et qu'elles vivent dans la bonne discipline qu'elle désire; que, si les officiers ne défèrent point aux avis que vous leur donnerez sur cela, vous en fassiez arrêter quelqu'un et en donniez en même temps avis à Sa Majesté, qui ordonnera qu'il en soit fait un exemple si sévère que les autres apprendront à se conformer à ses ordonnances.

A Versailles, le 8 avril 1684.

J'ai reçu, avec la lettre que vous avez pris la peine de m'écrire le 22 du mois passé, l'état de la dépense qui a été faite pour l'entrée des troupes dans le pays d'Espagne, qui se monte à 769^{ll}. Le roi trouve bon que vous l'employiez dans le compte que vous arrêtez au trésorier pour la subsistance des troupes qui sont dans votre département.

A Versailles, le 22 avril 1685.

Ce mot n'est que pour accompagner l'ordonnance ci-jointe que le roi m'a commandé d'expédier, pour défendre aux propriétaires des prairies qui sont dans votre département de labourer plus aucune desdites prairies, sous peine de cent écus d'amende. Sa Majesté vous recommande de tenir sévèrement la main à son exécution, et d'empêcher que les gens que vous y employez ne fassent, sous ce prétexte, de vexations auxdits propriétaires pour leur utilité particulière.

A Versailles, le 2 mai 1685.

J'ai reçu la lettre que vous avez pris la peine de m'écrire le 18 du mois passé, laquelle ayant lue au roi, Sa Majesté n'a pas jugé à propos de vous envoyer quant à présent les ordres que vous demandez pour loger une ou plusieurs compagnies dans les villes de votre département qui sont remplies de religionnaires.

APPENDICE.

A Versailles, le 3 mai 1685.

Le roi jugeant de son service d'augmenter autant qu'il se pourra les prairies de votre département, Sa Majesté désire que vous obligiez les habitans qui en ont ci-devant labouré à les remettre incessamment en nature de prairies, et que vous teniez la main à ce que la volonté de Sa Majesté soit exécutée.

A Versailles, le 11 juillet 1685.

J'ai reçu la lettre que vous avez pris la peine de m'écrire le 28 du mois passé, par laquelle le roi a appris avec plaisir les progrès des conversions dans votre département. Sa Majesté espère que, par le moyen des soins que vous continuez à y donner, elles augmenteront considérablement.

A Versailles, le 16 juillet 1685.

La lettre que vous avez pris la peine de m'écrire le 5 de ce mois et les mémoires qui l'accompagnoient m'ont donné lieu de rendre compte au roi du progrès des conversions qui se font en Béarn, lesquelles Sa Majesté a apprises avec beaucoup de joie. Elle vous recommande de continuer vos soins pour achever ce que vous avez si bien commencé. Et afin que le peu de noblesse qui paroît la plus opiniâtre puisse être portée à se faire instruire, Sa Majesté a trouvé bon d'ordonner à M. de Croissy de vous adresser un arrêt du conseil, par lequel Sa Majesté vous ordonne d'obliger les gentilshommes de la province du Béarn de vous rapporter leurs titres pour être par vous vérifiés, afin qu'il n'y ait plus que ceux qui sont véritablement gentilshommes qui puissent jouir des priviléges attribués à ladite noblesse. Et comme, dans l'expédition de l'arrêt, Sa Majesté n'a autre vue que de porter ces gentilshommes à se convertir, elle trouvera bon que vous ne fassiez cette recherche que contre ceux qui s'opiniâtrent à ne se point faire instruire. Vous apprendrez encore par mondit sieur de Croissy la résolution que le roi a prise contre le sieur de Casaux, procureur général au parlement de Pau.

A Versailles, le 31 juillet 1685.

Le roi a vu avec beaucoup de plaisir, par vos lettres des 14 et 18 de ce mois, quel a été le succès de vos soins pour la conversion de la plus grande partie des religionnaires des villes de Pau et d'Orthès. Sa Majesté a chargé M. de Croissy de faire arrêter le nommé Bois et de vous adresser les ordres nécessaires pour faire exiler ceux des gentilshommes qui vous paroîtront les plus appliqués à empêcher les religionnaires de se convertir.

Je prends part à la joie que vous devez avoir de la satisfaction que Sa Majesté témoigne de vos services, et suis, etc.

A Versailles, le 15 août 1685.

J'adresse présentement à M. de Bâville la commission qui vous est nécessaire pour faire la fonction d'intendant en Poitou. Je lui marque que l'intention du roi est qu'il vous remette copie de tous les ordres de Sa Majesté, arrêts du conseil qui lui ont été adressés, et des lettres que je lui ai écrites, qui devront vous servir à connoître de quelle manière vous devez vous conduire en Poitou, particulièrement à l'égard des régimens de dragons que Sa Majesté y fait marcher, qui doivent être employés à porter les religionnaires à se faire instruire, à l'égard desquels il sera bien à propos que vous vous teniez au pied de la lettre à l'exécution des ordres de Sa Majesté, que mondit sieur de Bâville vous communiquera, et que vous me mettiez en état de rendre compte au roi de tout ce qui s'y passera.

A Chambord, le 12 septembre 1685.

Quoique je n'aie point encore eu de nouvelles de votre arrivée en Poitou, où je ne puis point douter que vous ne soyez présentement, je

APPENDICE. 513

réponds par cette lettre à celle que j'ai reçue de M. de Bâville par le dernier ordinaire.

Le roi a vu avec beaucoup de satisfaction la continuation des conversions. Sa Majesté a lieu de croire que, dans la fin de ce mois, il en restera très-peu à faire en Poitou, à la réserve des gentilshommes dont Sa Majesté croit qu'il y a encore deux cent soixante et dix familles. Son intention est que l'on mette à la taille, à l'assiette prochaine, celles dont la noblesse n'a été acquise que par des mairies, et ce en exécution d'un arrêt qui a été ci-devant adressé à M. de Bâville, que je ne doute point qu'il ne vous ait laissé. Ceux dont la noblesse vient par lettres de réhabilitation ou par des arrêts, Sa Majesté désire que vous les obligiez à vous représenter le titre, en exécution d'un arrêt qui a été adressé à M. de Bâville, et que, par la prompte condamnation de quelques-uns de ceux dont la noblesse est le moins bien établie, vous donniez assez d'inquiétude aux autres pour les porter à faire ce qu'il faut pour éviter un pareil malheur.

Vous observerez que les gentilshommes dont la noblesse vient de lettres accordées par Sa Majesté à des gens de la R. P. R. dans lesquelles lettres il n'y a point de clauses qui marquent que le roi, en les accordant, connoissoit qu'ils étoient de ladite religion, doivent être déclarées nulles (sic) sans difficulté.

Sa Majesté trouve bon aussi que vous envoyiez des troupes chez ceux qui ne feroient point actuellement profession des armes, c'est-à-dire qui ne seroient point dans les troupes, ou qui n'y ont point d'enfans, ou qui, n'y ayant pas servi vingt ans, sont retirés chez eux.

Sa Majesté est persuadée que vous devez ménager cet ordre, de manière qu'en en envoyant chez un petit nombre de la qualité que je vous viens de marquer, et taisant les restrictions que Sa Majesté met à l'ordre qu'elle vous donne à cet égard, vous fassiez appréhender à tous les gentilshommes de la R. P. R. du Poitou de recevoir cette injure, et par là en obligiez à changer le plus que faire se pourra.

A Chambord, le 12 septembre 1685.

Il paroît que les religionnaires qui se sont absentés de leurs maisons pour éviter le logement des troupes se convertissent en y rentrant, pour être déchargés de l'amende de 1,000ᴸ à laquelle M. de Bâville a condamné tous ceux qui abandonneroient leurs maisons. Sa Majesté juge à propos que vous teniez la main exactement à l'exécution de cette ordonnance, afin qu'aucuns de ceux qui sont sortis de leurs maisons n'y puissent rentrer qu'après avoir fait leur abjuration.

A Chambord, le 14 septembre 1685.

..... Il est sans doute que le roi apprendroit avec plaisir que les religionnaires se fussent tous convertis par une délibération; mais comme, en l'état où sont les gens de cette créance dans le reste de la province, ce que feroient Châtellerault et Poitiers à cet égard seroit de petite conséquence, pour peu qu'il soit difficile de les porter à prendre une délibération générale, vous devez vous contenter d'en diminuer le nombre et observer surtout de ménager les gros marchands, de manière qu'ils ne soient point portés à cesser leur commerce ni à quitter leur demeure.....

A Chambord, le 16 septembre 1685.

La lettre que vous avez pris la peine de m'écrire le 10 de ce mois m'a été rendue avec les papiers qui l'accompagnoient. Le roi a désapprouvé que le premier président du parlement de Pau ait reçu les requêtes qu'on lui a présentées sur la manière dont les troupes ont vécu en Béarn pendant qu'elles étoient employées à la conversion des religionnaires, et lui défend d'en plus recevoir aucune sur pareille chose.

A Chambord, le 16 septembre 1685.

M. de Bâville m'ayant mandé plusieurs fois que l'on ne pourroit rien faire de plus utile pour l'instruction des nouveaux convertis de Poitou que d'envoyer des livres qui contiennent des prières en françois, j'ai chargé le sieur de la Chapelle d'en amasser le plus qu'il pourroit et de vous les adresser, afin que vous puissiez les faire distribuer gratuitement aux plus pauvres des nouveaux convertis.

A Chambord, le 22 septembre 1685.

J'ai reçu la lettre que vous avez pris la peine de m'écrire le 16 de ce mois, par laquelle le roi a vu avec plaisir l'assurance que vous lui donnez qu'il ne reste pas cent familles de la religion dans le haut Poitou, et que vos soins réussissent à en faire convertir beaucoup dans le bas Poitou. Sa Majesté a vu aussi avec plaisir les soins que M. le marquis de Toucheprés a apportés pour la conversion de Pouzauges et des villages qui dépendent de sa terre. Elle trouve bon que vous lui témoigniez le gré qu'elle lui en sait.

L'intention du roi est que, dès que vous aurez été prévenu qu'un gentilhomme de la religion aura retiré des meubles des religionnaires qui se sont absentés, vous envoyiez des gens de guerre chez lui, tout comme vous feriez chez un roturier, n'étant pas juste d'avoir égard aux priviléges de ceux qui s'en sont rendus indignes en fomentant la désertion des sujets du roi.

Sa Majesté a approuvé que vous ayez déclaré l'amende de 1,000", portée par l'ordonnance de M. de Bâville, encourue contre la dame de Montmartin; mais elle n'a pas jugé à propos de vous envoyer les lettres de cachet que vous demandez, se remettant à résoudre de les faire expédier contre ceux de la mauvaise conduite desquels vous lui rendrez compte.

Sa Majesté vous recommande, au surplus, de suivre fort ponctuellement les instructions que M. de Bâville doit vous avoir données pendant le temps qu'il a passé avec vous à Poitiers, et de suivre toujours ce qu'il a si bien commencé en Poitou pour la conversion des religionnaires.

A Fontainebleau, le 2 octobre 1685.

Le roi a vu à Cléry des gens de Niort qui se sont venus plaindre des logemens excessifs que l'on leur a donnés, et ont présenté pour cela à Sa Majesté le billet ci-joint. Elle leur a fait donner ordre de s'en retourner, et m'a commandé de vous dire que, quand il ne reste qu'un très-petit nombre de religionnaires dans une ville, elle ne juge pas à propos que l'on s'opiniâtre à les faire changer par des logemens excessifs, et qu'il vaut mieux faire semblant de n'y avoir pas d'attention, n'étant pas possible que, dans la suite, ils ne soient réduits par toutes les occasions qui se présenteront de les mortifier, soit dans l'imposition des tailles, soit dans les logemens des troupes qui passeront par étape. Sa Majesté vous recommande aussi d'user avec beaucoup de modération de la permission qu'elle vous a donnée de loger chez des gentilshommes; et elle ne veut point absolument que l'on loge chez ceux qui sont d'une qualité distinguée, non plus que ceux qui sont dans le service ou qui y ont des enfans, à moins qu'ils ne fussent convaincus d'avoir retiré des meubles des religionnaires, auquel cas ils doivent être regardés comme déchus de leurs priviléges. Sa Majesté ne s'est expliquée à personne de ce qu'elle m'a commandé de vous écrire à cet égard, afin que l'appréhension que les gentilshommes de la religion pourront avoir des logemens qu'elle vous défend de leur donner ne laisse pas de porter à changer de religion ceux qui pourront être ébranlés par là.

Comme une grande partie de la noblesse de votre département vient des magistratures des villes, vous ne sauriez employer de moyen plus efficace pour les porter à se convertir que de leur laisser entendre du risque que courent les nobles s'ils s'opiniâtrent à ne pas quitter leur erreur. Sa Majesté estimeroit que vous pourriez encore essayer, par des conférences avec les gentilshommes de la province, d'en porter quelques-uns à se faire instruire. En un mot, Sa Majesté, qui souhaite encore plus la conversion de la noblesse que celle du peuple, ne juge pas à propos que l'on se serve des mêmes moyens pour y parvenir, et vous recommande d'y employer beaucoup plus d'industrie et de persuasion que toute autre chose.

A Fontainebleau, le 10 octobre 1685.

J'ai reçu la lettre que vous avez pris la peine de m'écrire le 4 de ce mois, par laquelle le roi a été bien aise d'apprendre qu'il ne restoit pas, le jour que vous écriviez, quinze familles de la religion dans Poitiers. Sa Majesté a approuvé la manière dont vous avez usé à l'égard de celles qui, s'étant retirées à la campagne, avoient démeublé leurs maisons; elle s'attend d'être informée par vos premières lettres de ce qui se sera passé à Châtellerault.

Sa Majesté n'a pas vu avec moins de plaisir que les gentilshommes du bas Poitou continuent à se convertir.

Elle a eu bien agréable d'accorder au sieur La Voute Bessay les 3,000# de gratification que vous lui avez proposées; vous en trouverez l'ordonnance ci-jointe; et de me commander d'expédier une commission à M. de Vérac pour commander en Poitou en l'absence du gouverneur et du lieutenant général, et je la lui adresserai incessamment.

Le roi a trouvé bon ce que vous avez fait à l'égard des religionnaires de votre département, qui sortent de la province pour venir du côté de Paris; mais Sa Majesté n'a pas jugé à propos d'ordonner, quant à présent, l'expédition de l'arrêt que vous avez proposé sur ce sujet.

A Fontainebleau, le 16 octobre 1685.

Le roi a appris avec plaisir, par la lettre que vous avez pris la peine de m'écrire le 8 de ce mois, la conversion de la ville de Châtellerault. Je ne doute point que vous n'ayez présentement réparti le régiment d'Asfeld dans les élections du Poitou qui sont de votre département, l'intention de Sa Majesté n'étant pas d'en mettre dans le pays d'Aunis.

Sa Majesté a appris avec chagrin que l'on a logé à Poitiers chez une femme une compagnie et demie de dragons pour l'obliger à se convertir. Je vous ai mandé tant de fois que ces violences n'étoient point du goût de Sa Majesté, que je ne puis que m'étonner beaucoup que vous ne vous conformiez pas à ses ordres, qui vous ont été si souvent réitérés; vous avez grand intérêt de n'y pas manquer à l'avenir.

M. le contrôleur général a assuré le roi qu'il vous avoit adressé l'arrêt nécessaire pour vous mettre en état d'employer jusqu'à 50,000# à la diminution des côtes auxquelles les nouveaux convertis ont été taxés.

A Paris, le 28 octobre 1685.

J'ai reçu la lettre que vous avez pris la peine de m'écrire le 21 de ce mois. Ce qu'il a plu au roi de régler par l'édit pour les ministres doit être exécuté à l'égard de tous ceux qui étoient dans le Poitou lorsque la publication en a été faite.

Sur le compte que j'ai rendu à Sa Majesté de ce que vous me mandez de la conduite qu'ont tenue les sieurs Destouches et de Biarges dans l'assemblée de la noblesse du bas Poitou, elle a bien voulu, à votre considération, accorder au premier une gratification de 2,000^{tt} et à l'autre une de 1,000^{tt}, et je vous en adresserai incessamment les ordonnances.

Puisque ladite assemblée n'a pas réussi, il faut s'appliquer à prendre la noblesse en détail, et en attaquant celle qui n'est pas extrêmement bien établie, vous en pouvez diminuer considérablement le nombre. L'intention de Sa Majesté est de suivre cette voie-là pendant un mois auparavant que d'en prendre de plus dures; cependant je vous supplie de me mettre en état de rendre compte à Sa Majesté de ce que vous faites en exécution de ce que je vous marque des intentions de Sa Majesté, et comment cela réussira.

Si quelque gentilhomme se distinguoit en propos peu respectueux, ou à solliciter les autres de ne se pas convertir, le roi trouvera bon que M. le marquis de Vérac l'envoie prisonnier au château d'Angoulême, où il sera reçu en exécution des ordres de Sa Majesté que je vous adresse.

Vous pouvez faire imprimer le Nouveau Testament et les Psaumes de la traduction de M. Godeau en françois, pour les donner aux nouveaux convertis, à condition d'en prendre tous les exemplaires pour le roi et de faire rompre ensuite les planches; et en me mandant ce que cela aura coûté, je pourvoirai à votre remboursement suivant l'ordre qu'il a plu à Sa Majesté de m'en donner.

A Fontainebleau, le 7 novembre 1685.

Le roi a été informé par M. d'Asfeld qu'à l'assemblée que les gentils-

APPENDICE. 519

hommes de Poitou ont tenue à Luçon, ceux qui ont persisté à demeurer dans la R. P. R. ont résolu de se rendre deux à deux à la cour, pour demander au roi la permission de sortir du royaume. Comme ledit sieur d'Asfeld n'est plus dans ladite province, j'ai cru vous devoir donner part de l'ordre que j'ai reçu de Sa Majesté de faire arrêter lesdits gentilshommes dès qu'ils paroîtront à la suite.

A Fontainebleau, le 8 novembre 1685.

J'ai reçu la lettre que vous avez pris la peine de m'écrire le 3 de ce mois. Lorsque vous me dites qu'il ne faut pas lever les garnisons de dragons qui sont chez les gentilshommes, il seroit à désirer que vous m'envoyassiez un état des noms de ceux que vous avez logés, et du nombre desdits dragons qu'il y a dans chaque maison; c'est à quoi vous ne manquerez pas, s'il vous plaît, à l'avenir. Au surplus, il est inutile de rendre l'arrêt dont vous m'avez adressé le projet, puisqu'il n'y a qu'à donner des logemens à ceux qui ne se voudront pas convertir, pour les détromper en peu de temps.

Je n'ai point pu proposer au roi d'accorder une pension à M. de Saint-Georges, frère de M. de Vérac, parce que vous ne m'avez point mandé de quelle nature elle pouvoit être; c'est ce que je vous supplie de me faire savoir.

A Fontainebleau, le 8 novembre 1685.

Le roi reçoit tous les jours de nouveaux placets de gentilshommes de votre département qui se plaignent que, sans avoir examiné leurs titres ni même les avoir fait assigner pour les représenter, vous les compreniez dans les impositions des tailles. Comme Sa Majesté n'a pu croire que vous vous soyez porté à une pareille résolution sans en avoir reçu quelque ordre, elle a demandé, ce matin, à M. le contrôleur général et à moi, ce que nous vous avions écrit sur ce sujet. Nous lui avons répondu que, comme nous n'avions jamais eu un pareil ordre, nous ne vous avions jamais rien mandé qui pût vous faire croire que ce fût son intention; ce qui a donné lieu au commandement que j'ai reçu de Sa Majesté de vous demander raison de ce que vous avez fait sur ce sujet, et de vous renouveler l'ordre, qu'elle m'a commandé plusieurs fois de vous donner de sa part, de ne rien faire sans sa permission et d'attendre ses ordres devant que de rien entreprendre d'extraordinaire.

Si ceci ne vous porte pas à vous y conformer, je serai obligé de supplier Sa Majesté de commander à quelqu'un de vous écrire ses intentions, en qui vous ayez plus de créance, et que vous vouliez bien prendre la peine d'informer en détail de ce que vous faites.

Je me souviens bien de vous avoir mandé que l'intention du roi étoit que vous fissiez assigner ceux des gentilshommes dont vous croiriez la noblesse mal établie, pour vous rapporter leurs titres, après l'examen desquels Sa Majesté trouvoit bon que vous imposassiez à la taille ceux dont la noblesse vous paroîtroit vicieuse; c'est à quoi vous devez, s'il vous plaît, vous conformer; et pour peu que vous vouliez entrer dans le détail de la conduite de chaque gentilhomme, il ne vous sera pas difficile, en vous en faisant informer et entendant ceux du voisinage qui croiront avoir sujet de se plaindre, de lui faire assez appréhender une recherche de sa vie pour le porter à prendre le parti de se convertir pour l'éviter.

Sa Majesté estime que ce n'est pas une bonne voie que d'assembler les gentilshommes de la religion pour les porter à se convertir, et elle croit qu'il vaut beaucoup mieux s'appliquer à les prendre en détail par les voies ci-dessus.

Sa Majesté a fort approuvé le parti que M. de Vérac a pris à l'égard du gentilhomme qui s'étoit chargé de venir représenter ici les raisons de la noblesse du haut Poitou, et Sa Majesté approuvera toujours qu'il en use de même en pareille occasion.

A Fontainebleau, le 9 novembre 1685.

Je vous fais ce mot pour vous donner avis que MM. de Chatigny, Brandasnière, Destoire, gentilshommes qui étoient venus ici en députation de la part de la noblesse de la R. P. R. de Poitou, ont été arrêtés par ordre du roi et conduits prisonniers à la Bastille.

APPENDICE. 521

A Fontainebleau, le 9 novembre 1685.

Le roi a été informé qu'il y a encore, dans quatre paroisses du diocèse de la Rochelle, six cents personnes de la religion qui ne se sont point converties, parce qu'elles avoient toutes déserté et s'étoient mises dans les bois. Comme ils ne pourront pas y tenir dans la rigueur de la saison qui va commencer, Sa Majesté aura bien agréable que vous sollicitiez M. de Vérac d'y faire loger des troupes dans la fin de ce mois.

A Versailles, le 17 novembre 1685.

J'ai reçu la lettre que vous avez pris la peine de m'écrire le 12 de ce mois, de laquelle j'ai rendu compte au roi, qui m'a commandé de vous faire savoir que son intention est que les dragons du régiment d'Asfeld qui sont chez les gentilshommes de la R. P. R. du bas Poitou y demeurent jusqu'à ce qu'ils se soient convertis, et qu'au lieu d'y vivre avec le bon ordre qu'ils ont fait jusqu'à présent, l'on leur laisse faire le plus de désordre qu'il se pourra, pour punir cette noblesse de sa désobéissance.

Pour éviter les contraventions qui pourroient être faites à l'édit de Sa Majesté par ceux de ces gentilshommes qui quittent leur pays en disposant de leurs biens, il faut, à mesure que vous apprenez qu'un gentilhomme de la R. P. R. sera absent, que vous fassiez saisir ses biens, moyennant quoi l'on n'en pourra tirer d'argent à son profit, ni lui en faire tenir.

A Versailles, le 20 novembre 1685.

Il est bien à propos que vous fassiez punir avec beaucoup de sévérité les religionnaires de votre département qui, sous prétexte du dernier article de l'édit qui révoque celui de Nantes, ont l'insolence de vous apporter des requêtes. Au surplus, la copie que je vous ai adressée de la lettre que j'ai écrite par ordre de Sa Majesté à M. le duc de Noailles doit vous informer de la conduite que vous aurez à tenir à cet égard.

LOUVOIS AU DUC DE NOAILLES.

A Fontainebleau, le 6 novembre 1685.

Le roi a vu, par plusieurs lettres des provinces où il y a eu le plus de religionnaires, que quelques-uns de ceux qui ne se sont pas convertis croient qu'ils n'ont plus à appréhender d'être pressés de changer de religion, depuis que l'édit portant révocation de celui de Nantes a été enregistré, dont ils croient que la dernière clause les doit mettre à couvert de ce qui a été pratiqué jusqu'à présent pour porter les religionnaires à se convertir; sur quoi Sa Majesté m'a commandé de vous faire savoir que rien ne vous doit empêcher de continuer à presser les religionnaires tant nobles que roturiers de se faire instruire et de changer de religion, et qu'elle juge à propos que, dans ces commencemens, vous ayez plus de sévérité contre ceux qui vous paroîtront opiniâtres et mettiez plus de gens de guerre chez eux, pour les mieux détromper de la fausse idée qu'ils ont prise de cet édit.

Sa Majesté a été aussi informée que quelques-uns des religionnaires ont insulté les nouveaux convertis depuis cet édit, leur reprochant qu'ils s'étoient trop pressés de changer de religion, et que, s'ils avoient été aussi fermes qu'eux, ils jouiroient du bénéfice de la dernière clause dudit édit. L'intention de Sa Majesté est que l'on informe contre ceux qui auront tenu de pareils discours, et qu'ils soient punis par de sévères amendes et de dures prisons pour le temps que vous estimerez à propos.

Sa Majesté a encore été informée que plusieurs nouveaux convertis, prévenus de la dernière clause de cet édit, se dispensoient d'assister au service et aux instructions, et s'échappoient même en discours peu convenables à des catholiques. Sa Majesté vous recommande à cet égard de prendre garde à ceux qui vous donnent de pareils avis, et d'essayer d'empêcher que le zèle trop ardent de quelques ecclésiastiques, ou l'aversion que les provinciaux ont les uns contre les autres, ne les portent à exagérer ou à vous donner des avis entièrement faux; et elle désire que, si vous vérifiiez que quelque nouveau catholique se fît honneur de ne point aller au service et excitât les autres publiquement à en faire de même, il soit condamné suivant les preuves qu'il y aura contre lui, son intention étant au surplus que l'on essaye plutôt par douceur que par contrainte de porter le gros des nouveaux convertis à faire leur devoir, et que l'on attende plutôt du temps et des instructions que messieurs les évêques leur feront donner que d'aucune contrainte, ce que la manière dont ils ont été portés à faire leur abjuration et les discours de ce qui reste de religionnaires et les lettres des ministres qui ont été chassés du royaume les empêchent de faire présentement.

Sa Majesté croit que rien ne portera plus les nouveaux convertis à faire sincèrement leur devoir que la conversion des gentilshommes; aussi désire-t-elle ardemment que ce qui en reste achève de se convertir. L'expérience lui a fait connoître que les assemblées sont de dangereuse conséquence, en ce que, quand elles ne réussissent pas, elles rendent les gentilshommes de la religion plus opiniâtres, et leur donnent moyen de prendre des mesures pour se confirmer davantage dans leur erreur. Elle croit que la dernière voie dont on se doit servir est celle du logement de gens de guerre, et qu'en cas que vous estimiez qu'il faille en envoyer chez quelqu'un, il faut commencer par ceux dont la noblesse est le moins bien établie et qui, ni par eux ni par leurs enfans, n'ont rendu aucun service; elle estime même qu'on réussira mieux en les prenant en détail, et qu'en faisant assigner ceux dont la noblesse est le moins bien établie on les fera plutôt penser à eux que de toute autre manière ; qu'à l'égard de ceux dont la noblesse est bien établie, il faut s'appliquer à voir quels sont les gens qui ont des démêlés avec eux aux environs de leur terre, ou à qui ils ont fait quelque violence, et qu'en appuyant les uns contre eux et faisant informer du tort qu'ils auront fait aux autres, on les portera mieux que de toute autre manière à penser à eux. En un mot, Sa Majesté désire que l'on essaye par tous moyens de leur persuader qu'ils ne doivent attendre aucun repos ni douceur chez eux, tant qu'ils demeureront dans une religion qui déplaît à Sa Majesté; et on doit leur faire entendre que ceux qui voudront avoir la sotte gloire d'y demeurer des derniers pourront encore recevoir des traitemens plus fâcheux s'ils s'opiniâtrent à y rester.

LOUVOIS A FOUCAULT.

A Versailles, le 22 novembre 1685.

J'ai reçu les deux lettres que vous avez pris la peine de m'écrire le 17 de ce mois, et le mémoire qui les accompagnoit pour servir de réponse aux placets qui ont été présentés au roi. Sa Majesté trouve bon que pour les raisons que vous dites vous fassiez mettre en prison les nommés Dupont et Hoissard, que vous dites qui sont les plus séditieux d'entre ceux qui les ont présentés, et que vous leur déclariez que c'est pour les punir de la supposition qu'ils ont faite par leurs placets.

L'intention de Sa Majesté est que vous fassiez aussi mettre en prison les gentilshommes religionnaires qui, ayant vendu ou séquestré leurs grains et fourrages, ne pourvoieront pas à la subsistance des dragons qui seront logés chez eux.

A l'égard du sieur de la Massaye, qui s'est distingué par son opiniâtreté et ses discours à empêcher les autres gentilshommes de se convertir, je vous adresse les ordres du roi nécessaires pour le faire arrêter et recevoir prisonnier dans le château d'Angers.

A Versailles, le 13 décembre 1685.

Par le mémoire ci-joint que m'a envoyé monseigneur l'évêque de la Rochelle, il me paroît qu'il y a encore huit cent trois religionnaires dans vingt-huit paroisses de son diocèse; sur quoi je dois vous dire qu'il est bien à propos que vous preniez des mesures pour les obliger à se convertir.

Je vous prie de me mander si les habitans de la paroisse de Moncoutant sont entièrement convertis, et, en cas qu'ils ne le soient pas, de faire en sorte qu'ils se réduisent au plus tôt.

APPENDICE.   525

A Versailles, le 22 décembre 1685.

J'ai reçu, avec la lettre que vous avez pris la peine de m'écrire le 15 de ce mois, la copie du libelle (*effacé* : de la satire contre le pape) qu'avoit le nommé Gallier. L'on ne peut qu'approuver que vous en ayez gardé l'original pour servir à la punition de celui qui l'a fait, ou du moins l'obliger à se convertir, si l'on peut le découvrir.

Le roi approuve que vous attendiez que les quatre mois accordés pour le retour des religionnaires fugitifs soient expirés, pour faire raser quelques-unes des maisons de ceux qui se sont absentés. Cependant il ne peut être qu'utile que vous répandiez dans votre département que vous en avez reçu l'ordre de Sa Majesté.

A Versailles, le 26 décembre 1685.

Lorsque les dragons que vous aurez fait loger chez les gentilshommes religionnaires n'y trouveront plus de quoi subsister et que lesdits gentilshommes persisteront dans leur erreur, l'intention de Sa Majesté est que vous les fassiez mettre en prison jusqu'à ce qu'ils se convertissent, auquel cas il faudra déloger lesdits dragons. Et à l'égard de ceux qui se sont absentés, Sa Majesté désire que vous fassiez raser leurs maisons.

A Versailles, le 26 décembre 1685.

Il ne faut pas souffrir que les habitans de Moncoutant qui sont de la R. P. R. continuent à abandonner leurs maisons lorsqu'ils voient les troupes approcher de ladite ville ; et pour les en empêcher, il n'y a qu'à faire arriver trois ou quatre compagnies ensemble, et à faire tous les jours raser une maison de ceux qui se seront échappés.

A Versailles, le 14 janvier 1686.

L'on a donné un placet au roi, qui n'étoit pas signé, par lequel on lui expose que vous avez fait acheter des meubles pour votre usage, qui ont été vendus à vil prix de chez les religionnaires. Quoique Sa Majesté ne puisse croire que cela soit véritable, elle n'a pas laissé de me commander de vous avertir du contenu de ce placet, afin que, si une pareille chose s'étoit faite, vous empêchiez qu'elle n'arrivât à l'avenir.

A Versailles, le 19 février 1686.

Il ne peut être que fort à propos de prendre des mesures vers le printemps pour empêcher la désertion des nouveaux convertis. Mais Sa Majesté croit qu'il vaudroit mieux en laisser passer quelques-uns que d'établir une contrainte qui ruineroit entièrement le commerce.

A Versailles, le 6 mars 1686.

Le roi approuve le soin que vous vous proposez de prendre pour rendre les nouveaux convertis bons catholiques; mais Sa Majesté ne désire pas que l'on se serve de la voie des amendes contre ceux qui ne vont pas à la messe; et son intention est que vous vous contentiez de vous faire informer de ceux qui feront plus mal leur devoir dans chaque lieu, et que vous leur fassiez donner des logemens.

A Versailles, le 27 mars 1686.

Le roi a bien voulu permettre au sieur des Méliers, gentilhomme de Poitou, en considération de sa conversion et de celle de toute sa famille, de retourner chez lui; mais, comme il avoit été mis en prison à Nantes pour quelques discours emportés qu'il avoit tenus avant son abjuration contre la

APPENDICE. 527

religion et même la personne de Sa Majesté, elle m'a ordonné de vous faire savoir qu'il ne peut être que fort à propos que vous fassiez observer la conduite de ce gentilhomme et que vous me mettiez en état de lui en rendre compte.

A Versailles, le 27 avril 1686.

J'ai rendu compte au roi de la lettre que vous avez pris la peine de m'écrire le 15 de ce mois. Sa Majesté ne croit point qu'il soit praticable de se servir de l'expédient que vous proposez pour empêcher les nouveaux convertis de recevoir des lettres des ministres qui sont dans les pays étrangers, parce que cela porteroit un préjudice infini au commerce, et que le roi ne veut pas que, sous quelque prétexte que ce soit, le dépôt sacré de la poste soit violé.

Sa Majesté a été informée que le sieur des Coutraux, qui demeure au Bessay, dans le diocèse de Luçon, n'est pas encore converti, non plus que la dame de Quervenot, qui demeure en un lieu nommé Peyroux. De quoi Sa Majesté est extrêmement surprise, et elle vous recommande de tenir la main à ce que cela finisse au plus tôt.

A Versailles, le 22 mai 1686.

Je vous adresse l'état des journées que le roi fera dans votre département dans le voyage que Sa Majesté a résolu de faire à Baréges, afin que vous donniez les ordres nécessaires pour que les moins bons passages soient accommodés, de sorte que la cour puisse passer commodément. Elle ne désire point que l'on accommode les chemins à grands frais, comme il a été fait dans d'autres voyages que Sa Majesté a faits, mais seulement que l'on les élargisse de manière qu'il y ait au moins douze ou quinze pieds de passage, et que s'il y a des bourbiers qui ne puissent pas être raccommodés solidement, l'on ouvre les haies pour pouvoir les éviter.

Sa Majesté vous recommande aussi, s'il y a quelque mauvais pont, de le faire réparer.

528   APPENDICE.

A Versailles, le 27 mai 1686.

Le roi ayant changé la résolution que Sa Majesté avoit prise d'aller à Baréges, je vous en donne avis afin que vous ne fassiez point de dépense pour faire accommoder les chemins de votre département par lesquels Sa Majesté auroit eu à passer.

A Versailles, le 7 juillet 1686.

L'on a donné avis au roi que les deux filles aînées du sieur de Touchimbert-Loudigny sont si obstinées dans leur religion, qu'aucune instruction ne les peut réduire à se convertir. C'est ce qui a donné lieu au commandement que j'ai reçu de Sa Majesté de vous faire savoir que son intention est que vous les fassiez mettre séparément dans des couvens de Poitiers jusqu'à ce qu'elles aient fait abjuration.

A Meudon, le 22 juillet 1686.

L'on a donné avis au roi que M. de la Chauvinière convertit ses effets en argent et abandonne pour cela une partie de ce qui lui est dû, que même il a des terres en Bretagne, de la succession de la présidente de Brie, qu'il a dessein de vendre à M. de Quemadeu, afin d'essayer de sortir du royaume dans le mois de septembre prochain avec trois ou quatre cent mille livres; que M. de la Millière, du bas Poitou, et madame de Montmartin, proche Pouzols[1], veulent aussi prendre ce parti. L'intention de Sa Majesté est que vous veilliez à leur conduite, et, au cas que vous vous aperceviez qu'ils se mettent en devoir de faire quelque chose de semblable à ce que je vous mande, que vous requériez M. de Vérac de les faire arrêter.

[1] *Sic*; comme il n'y a pas de Pouzols dans l'intendance de Poitiers, il faut sans doute lire *Pouzauges* ou *Pouzeoux*.

APPENDICE.

A Versailles, le 4 août 1686.

Je vous envoie une lettre que j'ai reçue d'un gentilhomme nouveau catholique de Poitou, qui se plaint que l'on loge des dragons chez lui sous prétexte que sa femme n'est pas convertie, à quoi il ne peut l'obliger, parce qu'elle est en fuite. Je vous supplie de me mander les raisons que vous avez pour le traiter de cette manière.

A Versailles, le 5 août 1686.

J'ai reçu, par le courrier exprès que vous m'avez envoyé fort inutilement, votre lettre du dernier du mois passé. Je ne doute point que vous n'ayez été fâché de tout ce que vous avez écrit contre M. de Vérac, quand vous aurez appris que l'homme qu'il a fait mettre en liberté n'y a été mis qu'après que sa mère et sa fille se sont converties, et que lui a été à la messe et a promis de faire son devoir à l'avenir. Vous ne sauriez rien faire de plus contraire aux intentions du roi que de vivre mal avec M. de Vérac, et de ne pas concerter avec lui toutes les choses qu'il y aura à faire dans la province pour le service de Sa Majesté, hors celles qui regarderont les finances, desquelles il ne doit prendre aucune connoissance. Que si vous remarquiez quelque chose dans sa conduite qui pût vous donner lieu de croire qu'il n'allât pas aussi droit qu'il a paru qu'il faisoit jusques à présent dans les affaires de la religion, vous devez me mettre en état d'en rendre compte au roi et attendre les ordres qu'il lui plaira de vous envoyer, et cependant ne jamais rien faire, sans un besoin très-pressant, qui puisse faire soupçonner à la noblesse ni au peuple de votre département qu'il y ait entre vous et lui aucune mésintelligence.

A Versailles, le 6 août 1686.

Le roi a appris avec surprise que vous ayez fait informer de l'enlèvement du nommé Tesnon des prisons de Poitiers par les gardes de M. de Vérac, et que vous le fassiez poursuivre pour l'amende à laquelle vous l'avez condamné. Ce procédé a fort déplu à Sa Majesté, qui veut, ainsi que je vous ai mandé par ma précédente, que vous viviez en bonne intelligence avec ledit sieur de Vérac, contre lequel et contre ceux qui agissent par ses ordres vous pouvez bien croire qu'il ne vous appartient pas de faire informer sans un ordre de Sa Majesté, et encore moins après avoir envoyé un courrier exprès pour demander les ordres du roi sur cette affaire. Sa Majesté vous ordonne de décharger de l'amende le sieur Tesnon, et de vous conduire à l'avenir de la manière que je vous ai marquée par ma précédente.

A Fontainebleau, le 18 octobre 1686.

J'ai lu au roi un projet d'ordonnance que M. le comte de Tessé a envoyé à Sa Majesté sur des inspecteurs qu'il proposoit de mettre aux églises pour voir si les nouveaux convertis vont à la messe et aux catéchismes, si, lorsqu'ils sont à l'église, ils y tiennent une contenance modeste et font au surplus le devoir de bons catholiques. Sa Majesté a fort loué son zèle et son application; mais, comme elle ne désire pas que l'on fasse rien qui sente l'inquisition ni qui puisse augmenter l'aversion que les nouveaux convertis ont déjà pour l'exercice de notre religion, Sa Majesté n'a pas jugé à propos que ce qui est contenu dans cette ordonnance fût exécuté, et elle m'a commandé de vous faire savoir qu'elle désire seulement que l'on fasse loger et punir même plus sévèrement ceux qui feront une profession publique de ne point faire leurs devoirs de notre religion, ou qui tiendront sur cela des discours séditieux, en sorte que les exemples de sévérité que l'on fera sur ceux qui se distingueront en mauvaise conduite contiennent dans la crainte ceux qui ne sont pas convertis sincèrement et les obligent à vivre modestement. Elle veut donc que l'on s'applique à les gagner par douceur le plus que faire se pourra, que l'on oblige avec la dernière sévérité les pères et mères ou tuteurs des enfans à les envoyer aux catéchismes, et que, sans s'expliquer qu'elle ordonne que l'on ne mette pas des inspecteurs à l'entrée des églises pour ceux qui y manquent, l'on ne loge et punisse de prison que ceux qui feront une profession publique de n'aller jamais à la messe, ou qui, y étant, y tiendront une posture indécente, et de ne point envoyer (*sic*) leurs enfans aux catéchismes.

A Fontainebleau, le 24 octobre 1686.

Sa Majesté veut bien faire la dépense d'entretenir jusqu'à la Pentecôte douze ou quinze prédicateurs extraordinaires dans les lieux de votre département où il y avoit des temples plus fréquentés et où vous le jugerez plus à propos, de concert avec MM. les évêques. Je vous supplie donc de savoir d'eux où ils désirent qu'ils prêchent, et, au cas qu'ils n'aient pas dans leurs diocèses des ecclésiastiques propres pour cela, de me mander les noms de ceux qu'ils voudroient avoir, et Sa Majesté donnera ordre qu'ils leur soient envoyés.

A Fontainebleau, le 24 octobre 1686.

Le roi a bien voulu accorder aux enfans catholiques du nommé Hoissard la confiscation des biens de leur père, et j'en adresse l'expédition au premier jour au sieur Chevallier. Mais, comme celui-ci pourroit ne pas leur donner de bonnes instructions, parce qu'il ne seroit pas bien converti, l'intention de Sa Majesté est que vous fassiez mettre ces enfans-là dans des colléges où ils seront élevés dans notre religion et subsisteront aux dépens desdits biens.

A Versailles, le 8 décembre 1686.

Le roi a été informé que le sieur Échallard, curé de Mouchamp, du diocèse de Luçon, tient une conduite dont les nouveaux convertis, qui sont au nombre de douze cents dans sa paroisse, sont mal édifiés; qu'il les traite avec tant de rigueur et de sévérité, qu'après les avoir menacés en chaire de faire revenir les dragons chez eux, vous y en avez envoyé à sa sollicitation, qu'il a répandus dans les maisons de ceux qui refusoient de signer une nouvelle profession de foi, où il avoit inséré plusieurs articles qui ne sont point dans la profession de foi dont toute l'Église se sert, ce qui, au lieu de produire le bon effet que l'on pouvoit désirer, les a éloignés d'aller à ses instructions et catéchismes. De quoi j'ai cru vous devoir donner avis, afin de vous faire voir les inconvéniens qui arrivent quand vous faites marcher des troupes dans une paroisse à la réquisition d'un curé.

Toutes ces raisons ont porté Sa Majesté à me commander d'expédier l'ordre ci-joint pour l'envoyer dans l'abbaye de l'ordre de Saint-Benoît, à Quimperlé, au prieur de laquelle je mande que l'intention du roi est qu'il veille à sa conduite et me mette en état d'en rendre compte à Sa Majesté.

Elle a aussi été informée que le sieur Serpain, curé de la Chaume, petit port de mer proche les Sables-d'Olonne, ne se conduit pas mieux avec ses paroissiens, où il y a près de cinq cents nouveaux convertis, et ne donne pas un meilleur exemple que celui de Mouchamp. Aussi Sa Majesté a-t-elle résolu de l'envoyer dans le séminaire de Richelieu, pour y vivre plus régulièrement et apprendre à être moins processif et plus désintéressé.

A Versailles, le 23 décembre 1686.

Le roi ayant été informé que la plupart de ceux qui ont prêché dans des assemblées sont des cardeurs ou autres ouvriers qui n'ont point de caractère de ministres, et que, par conséquent, ceux lesquels donneroient moyen de les faire arrêter ne pourroient pas recevoir aucune récompense, Sa Majesté trouve bon que vous fassiez publier dans votre département que vous avez ordre du roi de faire payer 500" à ceux qui vous mettront en état de faire arrêter quelqu'un des gens qui auront prêché dans les assemblées qui se seront faites dans le royaume; et, en effet, l'intention de Sa Majesté est que vous les leur fassiez délivrer de la même manière qu'il vous est prescrit par la déclaration du 1er juillet dernier, qui ordonne 5,500" à ceux qui feront arrêter des ministres.

A Versailles, le 10 janvier 1687.

J'ai reçu, avec la lettre que vous avez pris la peine de m'écrire, le mémoire qui l'accompagnoit des hommes et des femmes de la R. qui sont prisonniers en Poitou et dans des couvens, lesquels ne sont pas encore convertis. Comme les lieux où vous proposez de les mettre, pour les obliger à faire abjuration, ne les éloigneroient pas encore assez du Poitou et les rapprocheroient de lieux où il y a beaucoup de nouveaux convertis, le roi a résolu d'envoyer les hommes, savoir, six à Pierre-Encise et cinq dans la citadelle de Besançon, et les femmes, moitié dans des couvens du diocèse de Beauvais et le reste dans ceux du diocèse d'Amiens.

A Versailles, le 24 janvier 1687.

J'ai rendu compte au roi de ce que vous avez pris la peine de m'écrire le 20 de ce mois sur l'assemblée de nouveaux convertis qui s'est faite du côté du bourg de Pouzauges. Sa Majesté attendra de vos nouvelles pour savoir s'il se sera trouvé véritable; et cependant elle me recommande de vous dire que, s'il y a eu effectivement une assemblée de nouveaux convertis dans votre département, il est très-important d'en faire promptement un châtiment si sévère, que l'exemple retienne ceux qui oseroient penser à en faire de semblables.

A Versailles, le 25 janvier 1687.

Je vous adresse un interrogatoire par lequel vous verrez qu'il a été fait des assemblées en Poitou. Il est d'une grande importance que vous vous rendiez incessamment sur les lieux pour faire diligemment le procès à ceux qui se trouveront y avoir assisté, et que vous fassiez raser sur-le-champ les maisons dans lesquelles lesdites assemblées se trouveront être faites, étant de la dernière importance que les grands exemples que vous ferez faire de ces premières assemblées empêchent la continuation d'un désordre qui obligeroit Sa Majesté d'envoyer tant de troupes dans le pays, que les peuples en seroient entièrement ruinés et ne seroient plus en état de les continuer.

A Versailles, le 27 janvier 1687.

Le roi est informé que plusieurs ministres de la R. P. R. qui sont sortis de votre département sur la permission que Sa Majesté leur en donna en 1685, ont laissé des biens en fonds dans le royaume, du revenu desquels ils ont joui, et dont même plusieurs jouissent encore au moyen de correspondances qu'ils ont avec ceux à qui ils en ont confié l'administration; ce que Sa Majesté voulant empêcher, elle m'ordonne de vous faire savoir qu'elle désire que vous fassiez saisir ces biens et recevoir les revenus de la même manière que vous avez ordre de faire tous les autres biens des gens de la R. P. R. qui sont sortis du royaume, n'étant pas juste que ces ministres, dont la plupart ont tenu une si mauvaise conduite depuis leur sortie, soient plus favorablement traités que les autres particuliers de la même religion.

A Versailles, le 9 février 1687.

Depuis que je vous ai écrit sur les gens de Pouzauges qui ont fait des assemblées, le roi a jugé à propos de faire expédier un arrêt général qui vous mette en état de leur faire leur procès, ainsi qu'à tous ceux qui ont contrevenu à l'édit du mois d'octobre 1685 et aux autres édits qui ont été expédiés depuis sur pareille matière, et vous le trouverez ci-joint.

Par des lettres que je reçois de Poitou, j'apprends qu'il s'est encore fait une assemblée à Moncoutant. Non-seulement Sa Majesté désire que, conformément audit arrêt, vous fassiez le procès aux coupables, mais son intention est que l'on accable de troupes les lieux dont les habitans y ont assisté.

A Versailles, le 11 février 1687.

... Sa Majesté désire qu'outre la punition que vous ferez faire de ceux qui sont arrêtés, que les communautés ou villes tout entières soient extraordinairement chargées, afin que chacun connoisse combien il est de conséquence de ne point assister à de pareilles assemblées et de ne pas souffrir qu'il s'en fasse dans sa communauté.

A Versailles, le 14 février 1687.

J'ai rendu compte au roi de la lettre que vous avez pris la peine de m'écrire le 5 de ce mois. Sa Majesté ne veut point que l'on ait égard aux témoignages de repentir que donnent les quatre nouveaux convertis qui sont arrêtés pour s'être trouvés aux assemblées d'auprès de Pouzauges, et elle désire que, sans les écouter, vous leur fassiez leur procès.

A Versailles, le 4 mars 1687.

J'ai reçu le jugement que vous avez rendu contre les nouveaux convertis qui se sont assemblés dans le bas Poitou. Le roi a été surpris de voir que tous les complices de ce crime n'aient pas été condamnés à mort suivant l'article 5 de la déclaration, et particulièrement que l'on en ait condamné un à un bannissement perpétuel hors du royaume, puisque c'est donner aux mauvais convertis ce qu'ils désirent que de leur permettre de sortir.

A Marly, le 6 mars 1687.

Le roi me commande de vous faire savoir que son intention est que vous fassiez saisir et régir les biens des religionnaires qui sont en prison, Sa Majesté ne voulant pas les traiter plus favorablement que ceux qui se sont absentés.

Elle désire aussi que vous renouveliez les défenses aux maîtres d'école nouveaux catholiques d'exercer cette profession jusques en l'année 1688, parce qu'elle a été informée qu'au préjudice de ses premières défenses, il y en a plusieurs qui continuent à enseigner, et que vous teniez sévèrement la main à ce que la volonté du roi soit exécutée.

A Versailles, le 29 avril 1687.

J'ai rendu cômpte au roi de l'état que vous m'avez adressé des femmes de la R. P. R. de votre département qui n'ont point été conduites hors de la province à cause de leur grand âge. Comme Sa Majesté ne veut qu'elles demeurent libres dans leur religion, elle m'a commandé de vous faire savoir que son intention est qu'à mesure qu'elles se porteront bien vous les fassiez mettre dans des couvens, dont elles ne sortiront qu'après avoir fait abjuration.

A Versailles, le 18 juin 1687.

J'ai rendu compte au roi de la lettre que vous avez pris la peine de m'écrire le 9 de ce mois, au sujet de la statue de Sa Majesté que le corps des marchands de la ville de Poitiers a fait faire. Sa Majesté, qui leur sait gré de leur zèle, a approuvé que vous leur ayez conseillé de la mettre dans une des places de la ville, et veut bien accorder l'exemption de logement de gens de guerre que demande le sculpteur qui a fait ladite statue, dont je vous renvoie le dessin.

A Versailles, le 27 août 1687.

Le roi ayant été informé que vous avez fait enlever les enfans de la dame des Minières de chez M. de la Massaye, gentilhomme de Poitou nouveau converti, de la conduite duquel Sa Majesté est fort satisfaite, elle m'a commandé de vous faire savoir qu'elle désire que vous les lui fassiez remettre incessamment, et qu'elle n'auroit pas agréable que l'on donnât aucun sujet de chagrin à ce gentilhomme.

(Foucault n'ayant pas obtempéré à cet ordre, il est réitéré dans deux lettres des 2 novembre et 2 décembre 1687.)

APPENDICE. 537

A Fontainebleau, le 21 octobre 1687.

Pour que le roi puisse prendre sa résolution sur la proposition que vous faites d'établir des maîtresses d'école dans les principaux bourgs et villages de Poitou pour instruire les jeunes filles, il est nécessaire que vous m'envoyiez un mémoire des lieux dans lesquels vous jugeriez à propos de faire ledit établissement, de combien de maîtresses il faudroit, et de ce qu'il seroit à propos de leur donner pour leur subsistance.

A Versailles, le 14 novembre 1687.

Comme il est nécessaire, pour maintenir et augmenter le travail des salpêtriers de votre département, qu'ils soient appuyés de votre autorité, et qu'il est utile au royaume qu'il s'y fasse beaucoup de salpêtre, afin qu'il ne faille point envoyer d'argent dans les pays étrangers pour en faire venir, j'ai cru vous devoir recommander lesdits salpêtriers, et vous supplier de les assister pour le maintien de leurs priviléges, dans les choses justes où ils pourront avoir besoin de votre protection.

A Versailles, le 9 décembre 1687.

Je vous ai écrit quatre ou cinq fois depuis trois mois que le roi vouloit que vous fissiez reconduire chez le sieur de la Massaye les enfans du sieur des Minières, ce que vous avez évité d'exécuter sous plusieurs mauvais prétextes. En dernier lieu, un des archers qui sont près de vous a été chez le sieur des Minières le prier de renvoyer ses enfans chez ledit sieur de la Massaye, et, parce que ledit sieur de la Massaye n'a pas voulu les recevoir, vous avez fait mettre garnison chez ledit sieur des Minières; de quoi j'ai rendu compte au roi. Sa Majesté m'a commandé de vous faire savoir qu'elle désire que, sans plus de réplique, vous fassiez conduire par un homme à vous les enfans du sieur des Minières chez le sieur de la Massaye, et que dans huit jours, à compter du jour que vous recevrez cette lettre, ce que je vous marque de sa volonté soit exécuté. Sa Majesté veut aussi que vous retiriez le major de dragons que vous avez mis dans la paroisse qui appartient audit sieur de la Massaye, laquelle paroisse elle vous ordonne de laisser sans logement pendant le reste de cette année et la prochaine. Et afin que vous ne puissiez pas dire que n'avez pas reçu cette lettre, je mande au commis de la poste de vous la porter et de vous en demander un reçu.

CIRCULAIRE.

A Versailles, le 14 janvier 1688.

Quelque temps après la révocation de l'édit de Nantes, le roi ordonna que les maîtres et maîtresses d'école qui auroient abjuré ou abjureroient l'hérésie n'en pourroient faire les fonctions jusques en l'année 1688, pour leur donner le temps de s'instruire parfaitement de tout ce qui leur est nécessaire pour bien enseigner la jeunesse; présentement, Sa Majesté considérant qu'il y a encore beaucoup de ces nouveaux convertis auxquels il seroit dangereux d'en confier l'instruction, et qu'il ne convient pas néanmoins de leur en donner une exclusion générale, elle m'a commandé de vous faire savoir qu'elle désire que vous fassiez connoître à MM. les archevêques et évêques de votre département qu'elle les exhorte à ne donner leur approbation ou permission à aucunes personnes converties à la religion catholique depuis la susdite révocation, pour être maîtres et maîtresses d'école, qu'ils ne soient très-assurés qu'elles en peuvent remplir dignement les devoirs par leur capacité et bonne conduite, et qu'il sera bon qu'ils préfèrent toujours les anciens catholiques aux nouveaux pour ces sortes d'emplois; que, quand ils donneront leur approbation à des nouveaux convertis, ils doivent les obliger à leur apporter des attestations authentiques de leur suffisance, et faire observer leur conduite, en sorte qu'ils ne puissent manquer d'être avertis s'il y en avoit qui ne se comportassent pas comme ils le doivent, pour être en état de les révoquer s'ils y contreviennent en quoi que ce soit.

APPENDICE.   539

LOUVOIS A FOUCAULT.

A Versailles, le 1ᵉʳ mars 1688 [1].

J'ai reçu la lettre que vous avez pris la peine de m'écrire le 19 du mois passé sur les assemblées qui se sont faites en Poitou. Le roi a approuvé la diligence avec laquelle vous vous êtes porté sur les lieux, et que, s'il arrive encore que l'on puisse tomber sur de pareilles assemblées, l'on ordonne aux dragons de tuer la plus grande partie des religionnaires qu'ils pourront joindre, sans épargner les femmes, afin que cela les puisse intimider, et empêcher d'autres de retomber en semblable faute.

A l'égard du jeune homme âgé de quinze ans qui a lu un sermon dans l'assemblée de Grandry, il faut le mettre dans quelque collége ou séminaire où il puisse être châtié et instruit dans la religion catholique. Quant aux femmes qui ont été arrêtées, Sa Majesté trouvera bon que l'on en condamne quelques-unes au fouet, et pour ce qui est des hommes, son intention est qu'ils soient tous condamnés aux galères.

Sa Majesté désire de plus que, dans les paroisses où il s'est tenu des assemblées et dont les habitans y ont assisté, vous y répandiez une ou deux compagnies de dragons suivant leurs forces, où ils subsisteront en pure perte pour ces communautés, qui leur fourniront la solde et le fourrage sans aucun remboursement de la part du trésorier de l'extraordinaire. Et après qu'ils y auront été un mois, Sa Majesté aura bien agréable que l'on les en tire pour les loger dans les lieux où vous et M. de Vérac jugerez être nécessaire pour que les compagnies puissent être à portée de tomber sur les assemblées qui se pourroient faire.

L'intention de Sa Majesté, en faisant loger des dragons en pure perte dans ces communautés ainsi que je vous le viens d'expliquer, est de faire connoître aux peuples l'intérêt qu'ils ont non-seulement de ne se pas trouver à de pareilles assemblées, mais encore d'empêcher qu'aucun d'eux n'y assiste, ou, s'ils ne le peuvent pas faire, d'en déclarer les coupables et de les arrêter.

[1] *En marge :* « Ajuster les répétitions et le reste. »

LOUVOIS

A MM. FOUCAULT, DE SAINT-CONTEST ET DE BEZONS.

A Versailles, le 26 mars 1688.

Le roi a été informé qu'il se faisoit des assemblées sur les confins de l'Angoumois, de la Saintonge et du Poitou, les religionnaires espérant que l'on auroit moins d'attention à ce qui se passeroit sur les frontières de trois intendances différentes; et Sa Majesté ne voulant pas souffrir qu'ils en fassent nulle part impunément, elle a ordonné au sieur de Saint-Frémont, lieutenant-colonel du régiment de dragons de la Reine, dont les compagnies sont réparties dans lesdits pays, de s'y transporter sous prétexte de visiter les compagnies dudit régiment, pour, sous les ordres de son colonel pendant qu'il demeurera au régiment, avoir une attention particulière à ce qui s'y passera, et essayer de tomber sur les assemblées qui s'y pourront faire, me mettant en état de rendre compte au roi de ce qu'il fera, et en même temps d'en informer celui des commandans de la province dans l'étendue du commandement duquel se sera passé ce qu'il aura fait. Sa Majesté a voulu que vous fussiez averti, afin que vous puissiez lui donner les avis et instructions que vous croirez qui le pourront aider à se bien acquitter de l'ordre de Sa Majesté.

LOUVOIS A FOUCAULT.

A Versailles, le 9 septembre 1688.

Puisque, depuis que la dame de la Guiménière est retournée en Poitou, elle empêche par ses discours et par le peu de disposition qu'elle témoigne à se convertir ceux qui ont pris le parti de faire le devoir de bons catholiques, l'intention du roi est que vous la fassiez conduire au port le plus voisin pour y être embarquée, et que vous lui fassiez faire défense de rentrer dans le royaume sur peine de la vie.

A Versailles, le 18 septembre 1688.

La bonne conduite que tient M. de la Massaye, gentilhomme nouveau converti du Poitou, a porté le roi à me commander de vous faire savoir que son intention est que, dans l'imposition des tailles que vous allez faire, vous déchargiez sa paroisse des 500 ⁕ dont elle a été augmentée l'année passée.

A Versailles, le 14 novembre 1688.

Lorsque le roi a ordonné que l'on désarmât les nouveaux convertis depuis cinq ans, Sa Majesté n'a pas eu intention de profiter de ces armes ; ainsi il est indifférent à qui ils les aient rendues; mais elle désire que vous vous appliquiez à découvrir s'il y en a quelques-uns qui les aient cachées, pour en ce cas leur faire subir la peine portée par l'ordonnance.

A Versailles, le 4 décembre 1688.

Le roi a été informé que le lieutenant général du présidial de Poitiers a dit, dans sa harangue à la rentrée du palais, que c'est un fait constant en France que Sa Majesté est le chef visible de l'Église gallicane, et, parlant du pape, que le saint pontife n'avoit retenu de la sainteté de saint Pierre que le nom de saint; l'intention de Sa Majesté est qu'en cas que ce que je vous mande soit véritable, vous lui fassiez entendre en particulier qu'il doit s'abstenir de pareils discours à l'avenir; et, si cela n'étoit pas, je vous supplie de me mettre en état d'en rendre compte au roi.

A Versailles, le 19 janvier 1689.

Le roi sera bien aise d'avoir un état des gentilshommes nouveaux convertis de votre département, de leur demeure ordinaire, du nombre d'enfans qu'ils ont chez eux et de l'âge à peu près des garçons, et, à côté de leurs noms, des notes qui marquent ceux que vous croyez les moins bien convertis et les plus capables de se mal conduire si les ennemis faisoient quelque descente en Poitou.

Sa Majesté voudroit bien aussi avoir un état des nouveaux convertis de votre département qui ne sont pas gentilshommes, que vous croiriez les plus propres à exciter les nouveaux convertis à faire quelque folie, sur lequel elle désire que vous marquiez pareillement le lieu de leur demeure, et qu'ensuite vous m'adressiez le tout pour lui en rendre compte.

Je vous prie de me marquer en même temps quels sont les cantons du Poitou où il y a le plus de nouveaux convertis, et s'il y a dans les environs quelques châteaux que vous croyiez propres à être occupés par des troupes pour les contenir.

Mandez-moi, s'il vous plaît, si Luçon et Maillezais sont fermés de murailles, et en quel état sont celles de Niort, Fontenay-le-Comte, Parthenay, Saint-Maixent, Châtellerault et Poitiers.

Il est bien important que vous ne donniez connoissance à personne de ce que contient cette lettre, et que vous m'y fassiez réponse au plus tôt de votre main.

Sa Majesté aura bien agréable que vous portiez M. de Pardaillan à demander son congé pour sortir du Poitou, parce qu'il ne convient pas au service de Sa Majesté qu'il y ait deux commandans différens dans la province, dans l'état actuel des choses.

A Versailles, le 1ᵉʳ février 1689.

M. de Ribeyre part au premier jour pour vous aller relever. L'intention du roi est qu'après l'avoir informé des affaires de la province, vous en partiez aussitôt pour exécuter les ordres de Sa Majesté qui ont dû vous être envoyés.

A Versailles, le 15 août 1689.

J'ai reçu des lettres de la foire de Guibray, par lesquelles il paroît que les compagnies des prévôts des maréchaux de votre département n'ont point encore paru aux endroits où vous avez eu ordre du roi de les envoyer pour assurer le repos des marchands et empêcher que quelques malintentionnés ne fassent du désordre. Je suis surpris qu'après vous avoir expliqué l'intention du roi à cet égard il y a déjà du temps, vous l'ayez si mal exécutée; c'est ce qui m'oblige à vous répéter que Sa Majesté veut que vous ordonniez incessamment auxdits prévôts de monter à cheval avec leurs compagnies, pour tenir les chemins libres et veiller à ce qu'il ne se passe rien qui puisse causer du dommage aux marchands qui apportent des marchandises à cette foire et à ceux qui y viennent acheter.

IV.

DÉPÈCHES DU CHANCELIER DE PONTCHARTRAIN

A FOUCAULT,

DE 1699 A 1706.

IV.

DÉPÊCHES DU CHANCELIER DE PONTCHARTRAIN

A FOUCAULT,

DE 1699 A 1706[1].

— Lettre à Foucault, du 18 novembre 1699, pour lui accorder un congé qu'il a demandé.

Le 11 mars 1700.

Les professeurs de droit de l'Université de Caen se plaignent de ce que, par la dernière déclaration, le roi ordonne que les études commenceront le 10 novembre et finiront le 10 août, au lieu que jusqu'ici elles ont commencé le 10 octobre et fini le 10 juillet. Comme cela me paroît fort indifférent, et qu'on ne doit regarder en cela que la commodité des professeurs et des écoliers, je vous prie d'examiner avec les premiers ce qui convient le mieux pour le bien des études, et de me marquer aussi ce que vous en pensez, afin que je voie s'il y a lieu de changer quelque chose à la déclaration avant qu'elle soit enregistrée au parlement de Normandie.

— Du 22 juin, pour le charger de s'enquérir des abus qui se commettraient dans la confrérie de Saint-Antoine de Coutances.
— Du 11 juillet, pour lui envoyer la copie d'une lettre anonyme contenant des faits graves qui méritent information.

[1] Tirées du recueil des lettres écrites par le chancelier de Pontchartrain. (Mss. Bibl. impér. fonds Mortemart, 60.)

A Versailles, le 7 septembre 1700.

Ce que vous m'écrivez par votre lettre du 1ᵉʳ de ce mois est nouveau pour moi; je ne sais rien de l'affaire dont vous me parlez, et vous ne m'en expliquez pas assez le détail pour me la faire entendre. J'en apprends pourtant assez pour connoître que je ne dois donner aucuns ordres sur cela de mon autorité privée, et que c'est au conseil et devant MM. les commissaires de la chambre de l'Arsenal qu'il faut se pourvoir.

Du 17 novembre, pour le charger de s'informer de la conduite du sieur Geoffroy des Portes, conseiller au présidial de Caen.

— Du 10 janvier 1701; agrément de congé.

A Versailles, le 2 mai 1701.

Vous verrez, par la copie que je vous envoie de l'avis qui m'a été donné contre les officiers d'Avranches, qu'on prétend qu'ils commettent plusieurs abus qui méritent bien d'être réformés, s'ils sont tels qu'on me les explique. Prenez la peine de vous en informer, et de faire représenter par le lieutenant de la vicomté les provisions en vertu desquelles il se donne la qualité d'assesseur au bailliage et se prétend en droit d'en faire les fonctions.

— Du 20 avril 1703; le chancelier envoie un mémoire anonyme qu'il a reçu de Saint-Lô, et charge Foucault de s'enquérir de la vérité des faits qui y sont contenus.

— Du 14 février 1703; il lui renvoie, pour qu'il prenne des informations, le placet d'un nommé Poisson, qui demande à être reçu imprimeur-libraire à Caen.

— Du 15 avril, sur la dispense accordée à son fils; se trouve aux Mémoires, p. 351.

A Versailles, le 2 décembre [1703].

On m'a donné avis que les professeurs en droit de l'Université de Caen font eux-mêmes les répétitions des écoliers, pour ajouter ce profit à celui de leurs chaires, contre la disposition expresse des édits et déclarations du roi, ce qui non-seulement les empêche de donner tout le temps nécessaire pour leurs leçons publiques, mais ce qui prive les agrégés d'une fonction pour laquelle ils sont principalement établis et des émolumens qu'ils pouvoient en retirer, dont ils ont souvent besoin pour subsister. Comme il est important de remédier à ces désordres, s'ils sont tels qu'on le prétend, prenez la peine de vous en informer exactement, et, s'ils se trouvent véritables, vous manderez ces professeurs, à qui vous défendrez très-expressément de ne plus faire aucunes répétitions à l'avenir; et, s'ils continuent, vous me le ferez savoir, afin que j'y pourvoie par les voies que je jugerai le plus convenables. Et afin que vous en soyez informé sûrement, vous chargerez les agrégés d'y veiller; ils ne manqueront pas de vous en avertir.

Le 30 janvier 1704.

Vous devez être bien persuadé que j'ai achevé avec plaisir ce que j'avois commencé en faveur de monsieur votre fils. La fin n'étoit pas moins difficile ni moins honorable que le commencement; je me réjouis moi-même avec vous du succès; vous pouvez compter que je conserverai toujours les mêmes sentimens pour vous, et que j'agirai toujours avec la même affection et le même zèle en tout ce qui vous regardera.

A Versailles, le 1ᵉʳ mars 1704.

J'ai rendu compte au roi du mémoire que vous m'avez envoyé concernant quelques abus qui se sont introduits en la faculté de droit de l'Université de Caen. Sa Majesté a jugé à propos de remédier par un arrêt à celui qui regarde les répétitions que les professeurs font aux étudians en droit.

Je vous envoie cet arrêt pour le notifier aux professeurs et aux agrégés de cette Université, et pour faire tout ce qui est nécessaire pour en assurer l'exécution. A l'égard des autres abus, comme ceux qui regardent les inscriptions et le peu d'assiduité des écoliers aux leçons publiques, comme cela regarde encore plus particulièrement l'exécution des édits et déclarations du roi qui ont été registrés au Parlement de Rouen, j'écris à M. le premier président d'y veiller et de proposer même à sa compagnie de rendre un arrêt qui contienne les mêmes dispositions à cet égard que l'arrêt rendu au Parlement de Paris, le 9 août 1700, supposé qu'on le juge nécessaire; et je mande à M. de Ménibus, ancien avocat général, de se faire apporter exactement le double des registres des inscriptions dans le 15 du mois qui suit immédiatement celui où elles doivent être faites, comme il est porté par la déclaration du 20 janvier 1700. Je ne puis trop vous louer de votre zèle et de votre attention à m'avertir de ce qui se passe dans cette Université qui est contraire au bon ordre et aux règles.

— Du 15 mars 1704; agrément de congé.

A Versailles, le 13 juillet 1704.

On me mande que le sieur Cahan, procureur du roi au bailliage de Caen, exerce depuis deux ans la charge de lieutenant du maire en cette ville, sur une simple procuration du traitant, sans provisions, sans même aucune commission du grand sceau. J'ai de la peine à croire que cela puisse être, n'y ayant pas d'apparence que cela fût échappé à votre exactitude et que vous ne m'en eussiez pas donné avis. Prenez la peine de m'en éclairer et de me mander ce qui en est, afin que, si cela se trouve véritable, je donne les ordres nécessaires pour faire cesser un aussi grand abus.

APPENDICE.

CIRCULAIRE AUX INTENDANTS,

AU SUJET DES SECRÉTAIRES DU ROI DES GRANDES CHANCELLERIES.

A Versailles, le 15 juillet [1704].

Il a plu au roi de donner un édit au mois de mars dernier, qui confirme les secrétaires du roi de la grande chancellerie dans tous leurs priviléges, et qui explique clairement tous les doutes qu'on avoit fait naître à ce sujet. Comme Sa Majesté veut que cet édit soit pleinement exécuté, et qu'il est juste, d'ailleurs, que ces officiers jouissent de tous les droits qui leur appartiennent, qui ne leur ont point été accordés gratuitement, je vous envoie un imprimé de cet édit, afin qu'étant parfaitement instruit de ses dispositions, vous empêchiez qu'on n'y donne aucune atteinte dans l'étendue de votre département. Je suis persuadé que vous y apporterez tous vos soins.

PONTCHARTRAIN A FOUCAULT.

A Versailles, le 20 août 1704.

Je vous envoie une lettre qui m'a été écrite par le vicomte de Caen, qui se plaint de ce que le sieur de la Croisette, lieutenant du roi au château de cette ville, abuse de son autorité pour empêcher le cours de la justice ordinaire. Prenez la peine de vous informer exactement si les faits contenus dans cette lettre sont tels qu'ils sont exposés, et faites tous vos efforts pour accommoder les différends, si vous pouvez; et si vous ne pouvez y réussir, je vous prie de me renvoyer cette lettre et de me mander, en même temps, ce que vous pensez de cette affaire et ce que vous jugez qu'il est à propos de faire dans cette occasion, afin que je fasse ensuite ce qui conviendra pour empêcher qu'il n'arrive plus de pareil désordre à l'avenir.

Le 8 septembre 1704.

J'écris au sieur de la Croisette, suivant que vous avez cru qu'il convenoit de le faire pour l'obliger à changer de conduite.

A M. DE LA CROISETTE,

LIEUTENANT POUR LE ROI, AU CHÂTEAU DE CAEN.

Le 8 septembre 1704.

J'ai reçu, Monsieur, différentes plaintes de plusieurs entreprises que l'on prétend que vous faites tous les jours sur la juridiction ordinaire, et de l'autorité que vous exercez contre ceux qui refusent de vous rendre juge de leurs différends. Vous saurez qu'un semblable procédé est contraire à toutes les règles, qui veulent que chacun se renferme dans les justes bornes de son état et que personne n'abuse de son autorité, et je vous avoue que j'ai quelque peine à croire que cela soit. Si cependant cela étoit, et si vous continuez à en user de la même manière, je ne pourrois me dispenser d'en parler au roi et de prendre ses ordres pour y apporter les remèdes convenables. Je mande au sieur Foucault de me rendre compte de la vérité ou de la fausseté de ce que l'on vous impute, et d'avoir attention à ce qui se passera là-dessus. J'espère que votre conduite sera telle que personne n'aura sujet de s'en plaindre. Je vous y exhorte de tout mon cœur; toutes sortes de considérations vous y engagent. Je suis, Monsieur, tout à vous.

— A Foucault, du 14 septembre; félicitations sur le prochain mariage de son fils avec la seconde fille de M. de Ragaru.

A Fontainebleau, le 3 octobre [1704].

Je vous envoie un placet qui m'a été présenté concernant un assassinat commis en la personne du nommé Girouard, dont on prétend qu'on n'a fait aucunes poursuites ni de la part du prévôt ni de la part du juge ordinaire. Vous prendrez la peine de vous en informer et d'exciter les officiers qui doivent en connoître à faire leur devoir dans cette occasion, afin qu'un aussi grand crime ne demeure pas impuni.

A Versailles, le 23 janvier 1705.

C'est avec beaucoup de joie que je vous envoie les lettres patentes de l'établissement d'une académie que le roi a bien voulu accorder à la ville de Caen, sur ce que votre zèle pour les belles-lettres vous a engagé de représenter à Sa Majesté à ce sujet. J'y ai joint les lettres de cachet pour les enregistrer au parlement; vous les ferez remettre par qui vous jugerez à propos. Je souhaite que cet établissement soit aussi utile au public qu'il y a lieu de l'espérer et qu'on doit l'attendre de vos soins et de l'habileté de ceux qui seront choisis pour remplir les places de cette académie.

— Au même, du 3 février; lettre sur l'académie de Caen, publiée dans la *Correspondance administrative sous le règne de Louis XIV*, t. IV, p. 636.

— Circulaire aux intendants, du 17 février, pour qu'ils fassent une enquête sur les écoles de médecine.

— A Foucault, du 18 mars; envoi du placet d'un sieur Fouet, demandant la restitution d'une somme de 1,000# qu'il aurait payées pour le greffe de l'Université; examiner sa demande.

— Du 20 juillet; refus de se prononcer sur un mémoire que Foucault lui avait envoyé pour une affaire criminelle à laquelle il était commis avec les officiers du présidial de Caen. C'est à eux-mêmes de juger.

— Du 24 janvier 1706 ; envoi du placet d'un sieur Jolivet, docteur en droit, qui demande d'être admis à la dispute d'une place d'agrégé, quoiqu'il n'ait pas assisté aux thèses pendant le temps prescrit par la déclaration de janvier 1700.

— Du 7 février; permission accordée au sieur Jolivet, « sur ce que vous « me mandez sur la disette de sujets pour disputer la place vacante. »

— Du 5 avril; sur une recommandation qu'il avait reçue de lui pour nommer M. de Hauteserre premier président de Montauban.

— Du 22 août; compliments sur l'entrée active de Foucault au conseil d'état; cette lettre est donnée dans les Mémoires, p. 371.

TABLE ALPHABÉTIQUE

DES

NOMS PROPRES

MENTIONNÉS

DANS LES MÉMOIRES DE NICOLAS-JOSEPH FOUCAULT.

A

Ableiges (M. d'), 314, 345. Voy Maupeou.
Ableiges (M⁰ˢ d'), 345.
Adam (Le P.), jésuite, 151.
Agon (Le sieur d'), 269.
Aguesseau (M. d'), intendant de Languedoc, LXX, CXXXIX, CLXV, 28, 45, 76, 77, 94, 104, 382, 398, 422, 423, 444, 451, 498.
Aigremont (M. d'), 353.
Aire (Le chevalier d'), 43.
Alain (Élisabeth), 2ᵉ femme de Nicolas Foucault, bisaïeul de l'auteur, 1.
Albaignac, curé de Rabat, 67.
Albert (Le P.), 276.
Albignac de Ferrière, XLIX, 39, 43. Voy. Ferrière.
Albret (Le maréchal d'), gouverneur de Guyenne, LXXI, 19, 22, 23, 24, 26, 27.
Alby (Archevêque d'). Voy. Serroni.

Alegre (Mᵐᵉ d'), XLIX, 39, 403.
Alegre (Mˡˡᵉ d'), 399.
Aligre (Le chancelier d'), XVIII, 18, 19, 25.
Aligre (M. d'), président à mortier, 254.
Allard (François), élève du collège des Jésuites de Poitiers, 231.
Alliés (M. d'), 23.
Alteyrac (Le sieur d'), 47.
Alvarés, 327, 412.
Ambres (Marquis d'), L, 49, 82, 85, 400.
Anceau, receveur des tailles, 57.
Anfreville (M. d'), lieutenant général des armées navales, 218, 255, 283, 284, 290, 291.
Angervilliers (M. d'), intendant d'Alençon, 254.
Anjou (Philippe de France, duc d'), petit-fils de Louis XIV, 92.
Antin (Abbé d'), XXXIX.
Antin (M. d'), bailli d'Orléans, 372.
Antoine (Don), roi de Portugal, 151.

TABLE ALPHABÉTIQUE

Aprigny (M. d'), 315.
Arboucave (Bernard d'Abadie d'), évêque de Dax, 117, 121.
Arennes (M. d'), président en la cour des aides de Montpellier, 466.
Argenson (M. d'), garde des sceaux, 382.
Argouges (M. d'), conseiller d'état, 254.
Argouges (M. d'), lieutenant civil, 254.
Argouges (M. d'), premier président de Bretagne, 41.
Armenonville (Mlle d'), 52.
Arnoton (M. d'), maitre des requêtes, 239.
Arnoul (M.), 236.
Arpajon (Duc d'), 48, 49, 423.
Arpajon (Duchesse d'), 48, 49.
Arpajon (Marquis d'), 49.
Arpajon (Marquise d'), 49.
Arpajon (Mlle d'), 49.
Arquinvilliers (M. d'), 37.
Artagnan (M. d'), major des gardes, 258.
Asfeld (M. d'), 148, 518, 519.
Aubarède (Le P. d'), vicaire général de Pamiers, CXLI, 54-57, 60-62, 65, 66.
Aubert (M.), receveur général des finances de Caen, 350.
Audrehon (Le sieur d'), ministre de Lembeye, 121.
Augé, curé d'Axiat, 67.
Augier (Félix), élève du collège des Jésuites de Poitiers, 231.
Aulède (M. d'), premier président de Bordeaux, 23, 92.
Aussonne (M. d'), premier président de la cour des aides de Montauban, 24, 80, 367.
Auvinet, procureur du roi de la commission du domaine, 34.
Auzanet, avocat, XVI.
Avaray (M. d'), colonel de dragons, puis maréchal de camp et ambassadeur en Suisse, XXXI, 279, 345, 372, 377-381, 391.

Avaray (Mme d'). Voy. Foucault (Catherine-Angélique).
Avaray (Mlle d'), 391.
Avice (M.), ecclésiastique des Quinze-Vingts, 262.
Avril (Le sieur), 330.
Ayron (François d'), élève du collège des Jésuites de Poitiers, 234.

B

Babaud (Isaac), élève du collège des Jésuites de Poitiers, 231.
Bacular (Mlle de), 208.
Bagnols (M. du Gué de), 34, 80.
Bailly (M.), 21.
Baluze, bibliothécaire de Colbert, CXVII-CXX.
Banneville (M. de), 310.
Baradat (Louis de), évêque de Vabres, 51.
Barbereau (Le P.), professeur du collège de Clermont, 4.
Barbezieux (M. de), CXXX, 155, 280, 304, 312, 313.
Bardel, faussaire, 296.
Barentin (M.), conseiller au parlement, 129.
Barentin (M.), président du grand conseil, XVIII, 20, 21, 249.
Barillon (Henri de), évêque de Luçon, 224.
Barillon (M. de), ambassadeur de France en Angleterre, 223.
Barrault, caissier, XXIX, 342.
Bartholomé (Le P.), 64, 65, 67.
Bas (M. de), doyen du parlement de Pau, 170.
Bas (La dame de), 126.
Bastide, consul de Montauban, 40.
Bataille (Dom), sous-prieur de l'abbaye de Saint-Cyran, 180.

Baudoin (Abbé), prieur d'Entrefin, 372, 375.
Baudoin (M.), conseiller de la grand'chambre, cousin de l'auteur, 321, 382.
Baudoin (Mme), tante de l'auteur, 13.
Bauval (M. de), 269, 275, 301.
Bâville (M. de), intendant de Languedoc, xxx, clv, clix, 129, 139, 147, 155, 177, 377, 512-515.
Bayeux (Évêque de). Voy. Nesmond.
Beauchamps (M. de), 321.
Beaumont. Voy. Péréfixe.
Beaumont (Le sieur de), 326.
Beaumont (M. de), conseiller au Châtelet, 260.
Beausse (Benjamin de la), élève du collège des Jésuites de Poitiers, 234.
Beauvais, notaire, 14, 20, 32.
Beauvilliers (Duc de), xcvii, 306, 334, 373, 379.
Begon (Michel), intendant de la Rochelle, cxxix, 236, 245.
Bel de Courville (M. Le), fermier général, xc, 208.
Bellavenne (Le sieur de), 403.
Bellefonds (Le maréchal de), cxxviii, cxxxi, cxxxii, cxlix, 95-98, 258, 259, 264, 280, 281, 283-285, 287, 290, 291, 368.
Bellefontaine (M. de), 249, 255.
Bellegarde (Le sieur de), exempt, 444, 445.
Bellièvre (M. de), 9.
Benoist (Le R. P.), provincial des Carmes d'Aquitaine, 375.
Bérard, prêtre, 152, 155.
Bercy (M. de), 11, 18, 19.
Bernard (Mme), 253.
Bernières (M. de), conseiller au parlement de Rouen, 275.
Berry (Élisabeth-Charlotte d'Orléans, duchesse de), xxxiv, 383, 385, 386, 387.

Berryer (M.), 364, 369.
Bertier (Pierre de), évêque de Montauban, 24, 28, 51.
Besnard-Rezé (M. de), 21.
Béthune (Henri de), archevêque de Bordeaux, 23.
Betons (Le sieur de), 499.
Beuvron (M. de), cxxv, 353.
Bezons (M. de), intendant d'Orléans, 155, 171; conseiller d'état, 335.
Biarges (Le sieur de), 518.
Bignon (Abbé), 335.
Bignon (M.), conseiller d'état, 239; intendant de Rouen, 300.
Bignon fils (M.), substitut, 239.
Bigot, religionnaire, 175, 176.
Bilain, avocat, xvi.
Blainville (Marquis de), cxxv, 76.
Blanchart (M.), trésorier de France, 310.
Boille (Baron de), 391.
Bois (Le nommé), 512.
Bois-Baillet (M. du), intendant de Béarn, puis de Montauban, xx, xlv, 91-94, 112, 114.
Boissière (Le sieur de la), président en l'élection de Cahors, 44.
Bonhomme (Le sieur), 488.
Bonnelles (Mme de), 262.
Bonnald (Le sieur de), bailli de Milhau, 403.
Bonnier (Le P.), 314.
Bonrepaux (M. de), cxxxii, 283, 284, 288, 290, 292.
Bontemps (M.), premier valet de chambre du roi, 222.
Borde (Le sieur de la). Voy. Laborde.
Borde (M. de la), 265.
Bordeaux (Archevêque de). Voy. Béthune.
Bories, ministre de la religion prétendue réformée, 90.
Bories (M. des), lieutenant de roi d'Angoulême, 224.

Borin, conseiller à la cour des aides de Montauban, 398.
Boschet (M. du), trésorier de France, 325.
Bossuet (Jacques-Bénigne), évêque de Condom, puis de Meaux, 32, 122, 123, 274.
Bossuet (Mlle), 2e femme de Joseph Foucault, XIII, XIV, 32, 33, 37.
Boucherat (Le chancelier), XXII, LVIII, LX, 138, 139, 144-146, 156, 157, 176, 178, 216-219, 226, 237, 238, 246, 254, 260, 261, 296, 308, 310, 324.
Boucot, secrétaire du roi, 240.
Boufflers (Marquis de), 126, 127.
Bougy (M. de), 298.
Bouillon (Cardinal de), LXII, 335.
Bouloche (Pierre), 9.
Bourdonnoie (M. de la), 314.
Bourg (M. Le), 330.
Bourgeois (Martin), second consul de Pamiers, 67.
Bourgogne (Louis de France, duc de), petit-fils de Louis XIV, XCVII, CXII, 82, 334.
Bournazel (M. de), sénéchal de Quercy, 19.
Bouville (M. de), intendant en Orléanais, 309.
Boyer (Cosme), évêque de Lombez, 70.
Boyer fils (Le sieur), 413.
Boze (M. de), IV, VI, VII, XXXVII.
Brandasnière (M. de), 520.
Brasnay (Mme de), 271.
Brasnay (Mlle de), CLXXI, 323.
Brasselaye, gentilhomme de Béarn, 125.
Bret (M. Le), intendant de Limoges, puis premier président du parlement d'Aix, 82, 269, 483, 486.
Bretagne (Fête pour la naissance du duc de), CXIII, 357-363.
Breteuil (Baron de), introducteur des ambassadeurs, XXXIII, 386, 387.
Bretonnière. Voy. Chauvigny.

Brie (La présidente de), 528.
Brieu (M. de), ministre à Caen, 248.
Briffe (M. de la), maître des requêtes, 239; procureur général du parlement, 254, 309.
Briffe (M. de la) fils, XXXII, XXXIII.
Brigault (Abbé), XXXV, 387.
Brilhac (Jacques-Ignace-François de), élève du collège des Jésuites de Poitiers, 234.
Brisson (Barnabé), 179.
Brisson (Pierre), lieutenant particulier de Fontenay-le-Comte, 179.
Brizelière (M. de la), 253.
Brodier (Louise), aïeule de l'auteur, 1.
Brossart, précepteur du fils de l'auteur, 84, 101.
Brosse (M. de la), commissaire de la marine, 343.
Brosse (Mme de la), 349.
Brosse (Pierre Le Neboux de la), évêque de Saint-Pol-de-Léon, 70-73.
Brossé (M. de), avocat général du parlement de Pau, 106.
Brou (M. de), intendant de Montauban puis de Rouen, XVIII, 19, 21, 22, 27, 469.
Brouès (Le chevalier de), XLIX, 50, 427.
Brouilhac (Charles de), élève du collège des Jésuites de Poitiers, 232, 234.
Brunet (Le sieur), 508.
Brussac (Rose), 7.
Bucaille (Marie), 355.
Buisson, fermier du domaine, 404, 405.
Buquette (La), garçon imprimeur, 72.
Bureau, libraire de Poitiers, 151.

C

Cabié (M.), doyen de la cour des aides de Montauban, 398.
Cabrières (Le prieur de), 153.

DES NOMS PROPRES. 559

Caen (Le vicomte de), 551.
Cagny (M. de), fils de Chamillart, 373.
Cahan, procureur du roi au bailliage de Caen, 550.
Cahusac (Le sieur de), lieutenant principal du présidial de Montauban, 29.
Calvet, châtelain de Caussade, 85.
Camas (Mme de), religieuse aux Filles-de-Sainte-Claire de Cahors, 45.
Camus (M. Le), premier président de la cour des aides de Paris, 263.
Canisy (Marquis de), 316, 336, 354.
Canourgue (Le sieur de la), 403.
Cantobre (Le sieur de), 39, 402-404.
Cantobre. Voy. Hénault.
Cantorbie (Le sieur), 440.
Capdeville (Le sieur de), gentilhomme d'Armagnac, 85.
Capy (M.), commissaire des guerres, 344.
Carbon (Jean de Montpezat de), archevêque de Toulouse, puis de Sens, XLIX, CXL-CXLIII, 50, 53-56, 58-66, 68-75.
Carbonnel (M. de), 319.
Caret, médecin, 263.
Casaux. Voy. Cazaux.
Caseneuve (M. de), prébendier de la cathédrale de Toulouse, XL, XLI, 253. Voy. Cazeneufve.
Cassagne (Le sieur de la) ou de Cassanhies, vice-sénéchal de Quercy, 443, 445.
Catalan. Voy. Fabre.
Catel (Du), maître de pension, 101.
Catelan, secrétaire du roi, XII, 13.
Caulet (François-Étienne de), évêque de Pamiers, CXXXVII-CXL, 28, 44-46, 53-60, 66, 71, 306, 399, 507, 508.
Caulet (L'abbé), prieur de Montclar, frère du précédent, 65, 67.
Caulet (Le président), frère du précédent, 51.
Caulet (M.), neveu de l'évêque de Pamiers, 53, 57.

Caumartin (M. de), maître des requêtes, puis intendant des finances, XVI, XXVII, 239, 312, 333, 389.
Caussade, avocat, 91.
Cavoie (M. de), grand maréchal des logis, 373.
Cazaux (M. de), procureur général du parlement de Pau, LV, 102-106, 109, 121, 126, 512.
Cazeneufve, professeur de théologie à l'Université de Toulouse, 65.
Cazes, marchand de Toulouse, 63, 66. Voy. Veisses.
Cellamare (Prince de), ambassadeur d'Espagne, XXXIV, 387.
Cerles (Le P.), CXLI-CXLIII, 57, 65, 67-70, 72-75.
Chaise (Le P. de la), confesseur du roi, XXVIII, XLI, CXIII, CXIV, CXLV, CLIV, 37, 72, 77, 79, 86, 87, 117, 121, 127, 173, 206, 314, 350.
Chaise (M. de la), frère du précédent, capitaine des gardes de la porte, 206.
Chaise (Le sieur de la), conseiller au présidial de Montauban, 29.
Chambray (M. de), gentilhomme du Poitou, 150.
Chamillart (Jean-François), évêque de Dol, 336.
Chamillart (Michel), XXVI, XXVII, XXIX, XXX, LXXI, XC, XCIV, XCVI, CVI, CXXXIV, CXXXV, 207, 246, 247, 255, 300, 302, 304, 305, 307, 314, 315, 325, 332-337, 343-346, 348, 349, 351, 352, 363, 365, 366, 370-374, 377.
Chamillart (Mme), 304, 373.
Champenois (M.), 330.
Chancelier (M. le). Voy. Tellier et Boucherat.
Chapellier (M.), avocat général de la cour des aides de Paris, 12.
Charlas, prêtre séculier, 55, 61, 63-66.

Charles de Saint-Bruno (Le P.), 92.
Charles V et Charles VII, rois de France, 326.
Charlot, garde de la prévôté de l'hôtel, 275.
Charny (Chevalier de), 373.
Charny (Mme de), 372.
Charpentier (Charlotte), bisaïeule de l'auteur, 1.
Charpentier (M.), chanoine de Saint-Germain-l'Auxerrois, 20, 23, 25, 26, 31, 80, 216, 262, 296.
Charrier (Gaspard), élève du collège des Jésuites de Poitiers, 231.
Charruau (M.), substitut de M. Chapellier, 12.
Chasaud (Alexandre-Mathieu de), élève du collège des Jésuites de Poitiers, 234.
Chasaud (Pierre de), maire de Poitiers, 201.
Chaseaux (M. de), conseiller au présidial de Poitiers, 178.
Chastenelaye (Marin de), premier président au parlement d'Aix, 269.
Châteauneuf (Balthazar-Phélypeaux, marquis de), CLXXIV, 36, 39, 40, 42, 44, 45, 47, 48, 50-54, 56-61, 63, 64, 67, 68, 72-75, 78, 81, 84, 85, 87-89, 91, 92, 177, 246, 248, 253, 261, 268, 270, 276, 279, 316, 317, 320, 324, 329, 331, 332, 403, 428, 472.
Chatigny (M. de), 520.
Châtillon (M. de), 328.
Châtillon (Mme de), abbesse de Saint-Jean-de-Bonneval-lès-Thouars, 328.
Chauvelin (M.), conseiller d'état, 355.
Chauvigny, dit La Bretonnière, gazetier, 327.
Chauvinière (M. de la), gentilhomme de Poitou, 149, 171, 174, 180, 528.
Chenu, prébendier de Saint-Germain-l'Auxerrois, 3, 4.

Chesnon (Le P.), jésuite, 191.
Chétardie (M. de la), curé de Saint-Sulpice, 336.
Chevalier (M.), 33.
Chevallier (Le sieur), 531.
Chevreuse (Duc de), XIII, 33.
Choiseul (Le maréchal de), 305, 307, 316.
Choisy (M. de), capitaine du château de Chefbretonne, 180.
Clément, notaire, 20.
Clérac (M. de), grand prévôt de Guyenne, 39, 402.
Clérembault (Marquis de), 173.
Clermont-Crusy (Abbé de), 7.
Coëtlogon (M. de), 390.
Colbert (Jacques-Nicolas), archevêque de Rouen, 334.
Colbert (Jean-Baptiste), contrôleur général des finances, IX, XII, XIII, XV, XVI, XVIII, XX, XLVI, XLVII, XLIX, L-LIII, LXIV-LXXXIX, XCII, XCIX, C, CI, CIV, CVII, CIX, CX, CXVII-CXXI, CXXVI, CXXXIV, CXL, CXLIV-CXLVI, CLXXVI, 4, 9, 10, 18, 22, 25-34, 37-41, 47, 48, 50, 51, 56, 76-79, 83, 85, 87-89, 90, 159, 242, 245, 343, 397, 399-404, 409-417, 420-447, 451-472, 474, 476-501.
Colbert (Le chevalier), 439, 444.
Colbert de Croissy. Voy. Croissy.
Colbert de Villacerf (Jean-Baptiste-Michel), évêque de Montauban, 38, 42, 46, 81.
Colleville (Le sieur de), conseiller au parlement de Rouen, 355.
Colleville (Mlle de), CLXXI, 354.
Combes (Le sieur de), 438.
Combes (M. de), ingénieur, 269, 283, 290, 294, 325, 326.
Condé (Le sieur), 315.
Conti (Armand de Bourbon, prince de), abbé de Saint-Denis, 2, 3.
Contrôleur général (M. le). Voy. Pelletier.

DES NOMS PROPRES. 561

Coq (M. Le), conseiller au parlement de Paris. 158, 216; secrétaire de M. d'Ableiges, 345.
Coquille (M.), secrétaire du conseil, 37.
Coras, ministre de Montauban, 44.
Coudol (Le P.), chanoine, 64.
Courson (M. de). Voy. Lamoignon de Courson.
Courtenvaux (M. de), 110.
Courtin (M.), conseiller d'état, 349.
Coutances (Évêque de). Voy. Loménie de Brienne.
Coutraux (Le sieur des), 527.
Cramoisy, libraire, 123.
Creil (M. de), 240.
Croisette (M. de la), lieutenant de roi du château de Caen, 294, 551, 558.
Croismare (Mlle de), 362.
Croissy (Charles Colbert, marquis de), XXI, 89, 90, 92-94, 101, 113, 115, 116, 118-124, 126, 127, 158, 221, 254, 511, 512.
Croste (Le sieur), 15.
Croullé (M.), 375.
Crussol (Marquise de), 218.
Curzay (Chevalier de), LVII, 177, 178.

D

Dalliot, troisième consul de Pamiers, 67.
Dallouhé (François), élève du collège des Jésuites de Poitiers, 231.
Dalon (Le premier président), 127.
Damigran, ministre converti, 127.
Daneys (L.), fournisseur, 416.
Daniel, concussionnaire, 86.
Darnis (M.), doyen de la cour des aides de Montauban, 398.
Dauphine (La). Voy. Marie-Anne-Christine-Victoire de Bavière.
Daussonne. Voy. Aussonne.
Davouy (Le P.), 4.

Defflta (M.), procureur du roi des requêtes de l'hôtel, XVI, 9, 10, 14.
Desmaretz (M.), contrôleur général des finances, XXXI, 325, 373.
Desnos (M.), 52.
Desnos (Mme), tante de l'auteur, 6.
Desquile (M.), président au parlement de Pau, 99.
Destail, lieutenant particulier au présidial de Pamiers, premier consul de ladite ville, 67.
Destoire (M. de), 520.
Destouches (Le sieur), 518.
Deviges (François), élève du collège des Jésuites de Poitiers, 234.
Devois (François), élève du collège des Jésuites de Poitiers, 232, 234.
Dieupart (Charlotte), femme de Pierre Bouloche, 9.
Dolive, conseiller à la cour des aides de Montauban, CXVI, 78.
Dombès, curé de Bonnac, 67, 73.
Donat (Le président), CXVIII.
Donneville (M.), président à mortier de Toulouse, 30.
Dorat, archiprêtre de la ville de Dax, 64, 66.
Douvrier, professeur en médecine de l'Université de Cahors, 38.
Dozenne (Le P.), 4.
Dron (M.), chanoine de Saint-Thomas-du-Louvre, 346.
Drouilly (Mlle), 344.
Dubois, avocat au grand conseil, 13.
Dubois (Le P.), jésuite, 199.
Dubois, prévôt des marchands, 348.
Dubos, ministre à Caen, 248.
Duchesne, commis des manufactures à Caen, 260.
Dujardin (Le sieur), 488.
Dumont, écuyer du dauphin, 315.
Dupin (Le P.), jésuite, 170.

71

Duplantier, fermier du tabac, 322.
Dupont (Le nommé), 524.
Dupuy (Jean), élève du collège des Jésuites de Poitiers, 234.
Duras (Duchesse de), 177.
Dusseau, député des religionnaires du Béarn, 124.

E

Échallard, curé de Mouchamp, 531.
Effiat (Marquis d'), 376, 377.
Elbeuf (Duc d'), 53.
Enneval (M. d'), premier président de Rouen, 276.
Entragues (Abbé d'), 308, 343.
Estampes (Comte d'), 319.
Estèbe, curé de Montaillou de Prades, 67.
Estrades (Abbé d'), CXVIII.
Estrées (Le cardinal d'), CXL, 55, 61, 89.
Estrées (Le maréchal d'), 265.

F

Fabre (Catalan, dit), LII, 51, 404, 405, 437-439.
Falloux (Pierre), élève du collège des Jésuites de Poitiers, 234.
Faur (Marquis de), 179.
Faure (Abbé), 3.
Fermat (M. de), conseiller au parlement de Toulouse, 217.
Ferrand (M.), grand maître des eaux et forêts, 310.
Ferrand (M.), maître des requêtes et du conseil de la marine, 390.
Ferrier, chanoine d'Alby, 55, 62, 65.
Ferrière d'Arrigas, 43. Voy. Albignac.
Feuillade (Le maréchal de la), CXIII, 182, 207, 258, 259.
Feuille (Le sieur de la), 52, 89.
Feuquières (Marquis de), 262, 330.

Feydeau (M.), intendant de Pau, 209.
Feydeau de Brou (M.), président au grand conseil, 254.
Fiesque (Comtesse de), 331.
Fieubet (M. de), premier président au parlement de Toulouse, puis conseiller d'état, XIX, 30, 239-241, 309.
Figuières, commis, 410.
Fileau (M.), avocat du roi, 237, 238.
Flamanville (Marquis de), 263.
Flandres (Marie de), femme de Nicolas Jassaud, 6, 34, 35.
Flers (Comte de), 250.
Fleury (Abbé), 123.
Foix (Marquis de), gouverneur du pays de Foix, L, 32, 399, 506.
Fontenay (M. de), 300, 304, 305.
Fontenelle (Le sieur de), 241.
Fontenettes (Charles), élève du collège des Jésuites de Poitiers, 232.
Fontmort (M. de), président du bailliage de Niort, 171.
Fontrailles (M. de), 35.
Forest (M. de la), 250.
Forest (Mme de la), 150, 171.
Forestier, voleur, 294.
Fort (Marquis de), 224.
Fortassin, vicaire général de Pamiers, CXLII, 64, 66, 67, 69, 70.
Forts (M. des), conseiller d'état, 376.
Foucault (Anne), fille de l'auteur, religieuse à Jarcy, XX, XXVIII, 209.
Foucault (Anne), sœur de l'auteur, abbesse de Jarcy, XIII, 6, 14, 17, 31, 35, 37, 347, 349.
Foucault (Catherine-Angélique), sœur de l'auteur, femme du marquis d'Avaray, XIII, XIV, 52, 78, 86, 148, 156, 218, 235, 252, 254, 275, 279, 378, 381.
Foucault (Claude), aïeul de l'auteur, XI, XIV, 1-3.
Foucault (Claude), sœur de l'auteur, re-

DES NOMS PROPRES.

ligieuse à l'Assomption, puis abbesse de Jarcy, XIII, 3, 6, 7, 14, 17, 35, 77, 314.
Foucault (Élisabeth), grand'tante de l'auteur, religieuse à Maubuisson, 1, 80.
Foucault (Élisabeth), tante de l'auteur, 1.
Foucault (Geneviève), tante de l'auteur, 1.
Foucault (Guillaume), second fils de l'auteur, VI, XX, XXVIII, 148, 264, 350, 364.
Foucault (Henriette), fille de l'auteur, XX, XXVIII, 108, 148, 250, 327-330.
Foucault (Joseph), père de l'auteur, XI-XV, XVIII-XX, LXVI, CLXVI, 1-7, 9, 10, 13-15, 17, 18, 20, 21, 32-35, 37, 38, 41, 42, 45, 52, 80, 81, 84, 88, 90, 101, 108, 111, 143, 145, 202, 209, 210, 215, 218, 236, 252-255, 261, 265, 276, 335, 371.
Foucault (Joseph), frère de l'auteur, XIII, 5.
Foucault (Joseph), autre frère de l'auteur XIII, 5.
Foucault (Marie-Angélique), fille de l'auteur, XIX, 78, 143, 144.
Foucault (Marie-Anne), fille de l'auteur, religieuse à Jarcy, XIX, XXVII, 45, 52, 276, 347-350, 354.
Foucault (Marie-Anne), sœur de l'auteur, femme de M. Petit de Villeneuve, XIII, 4, 13, 14, 87, 235, 252, 317, 348.
Foucault (Marie-Élisabeth), sœur de l'auteur, XIII, 3.
Foucault (Marie-Thérèse), fille de l'auteur, XX, 84, 114.
Foucault (Nicolas), bisaïeul de l'auteur, X, 1.
Foucault (Nicolas), fils de Nicolas et d'Élisabeth Alain, 1.
Foucault (Mme). Voy. Jassaud (Marie de).
Foucault (Nicolas-Joseph), fils de l'auteur, nommé d'abord M. de Carcassonne, puis M. de Magny, XIX, XXVIII-XXXVI, 41, 139, 197, 209, 236, 263, 328, 342, 344, 351, 364, 370, 372, 373, 383-389, 548, 549.
Foucault (Nicolas-Joseph), petit-fils de l'auteur, XXXVI, 377.
Foucault (Noël), fils de Nicolas et d'Élisabeth Alain, 1.
Foucher (Mme), 87.
Fouet (Le sieur), 553.
Fouillac (L'abbé), grand vicaire de l'évêque de Cahors, CXIX, CXX, 25, 49.
Fouin (M. Le), greffier du conseil, 20, 21.
Fouin (M. Le), conseiller au parlement de Paris, fils du précédent, 80.
Foullé (M.), maître des requêtes, 11.
Fouquet (Louis), évêque d'Agde, LIII, 36.
Fouquet (Nicolas), surintendant des finances), XII, XIV, XIX.
Fraguier (Abbé), XXXIX.
Franc de Caix (M. Le), premier président de la cour des aides de Montauban, 367.
French (Nicolas), élève du collège des Jésuites de Poitiers, 234.
Froidour (Louis), grand maître des eaux et forêts de Toulouse, 33.
Fromentières (Jean-Louis de), évêque d'Aire[1], 26.
Fumée (M.), lieutenant général de Châtellerault, 209.
Furstemberg (Mme de), 369.

G

Gacé (Mme de), 267.
Gagemont (M. de), gentilhomme du Poitou, 152, 153, 180.
Gaillac. Voy. Vaillac.
Galland (M.), orientaliste, XXXVIII.

---

[1] Foucault commet une erreur en désignant l'abbé de Fromentières comme évêque de Dax en 1674; il fut évêque d'Aire de 1673 à 1684. Paul-Philippe de Chaumont fut évêque de Dax de 1671 à 1684.

Gallier (Le nommé). 525.
Garanjau (M.), ingénieur, 325.
Gardebose, faux monnayeur, 78, 465.
Garrisson (Jonathan), greffier du bureau des finances de Montauban, LII, LIII, 49, 404, 415, 417, 428, 432, 435, 489, 498.
Gassion (M. de), maréchal de camp, 283, 286, 290.
Gassion (M. de), président au parlement de Pau, 98, 99, 114.
Gaudé, vicaire perpétuel de Notre-Dame-du-Camp à Pamiers, 55, 62.
Gautier, curé de Poitiers, 180.
Gavaret (Le P.), 64, 65, 67, 68.
Gelas (M. de), évêque de Valence, 5.
Gendre (M. Le), intendant de Montauban, 367.
Gendron, secrétaire de l'auteur, 31, 42.
Gèvres (Marquis de), XXXI.
Gilbert (M.), conseiller au parlement de Paris, 20, 21.
Girard (Jean), élève du collége des Jésuites de Poitiers, 231.
Girouard (Jean), sculpteur, 183, 207.
Girouard (Le nommé), 553.
Glatigny (M. de), lieutenant criminel d'Avranches, 310.
Glattens (Le sieur de), 507.
Godeau (Antoine), évêque de Vence, 518.
Goësbriant (M. de), 316, 317.
Gomont (M. de), avocat, XVI, 5, 8.
Gondi (Jean-François de), archevêque de Paris, 5.
Gorrand (M.), 342.
Goulard, ministre converti d'Oloron, 120, 123; procureur du roi en la vice-sénéchaussée de Béarn, 126.
Goupil, maître de bateau, 320.
Gourgues (M. de), intendant de Caen, 246-248.

Gohier, lieutenant particulier au présidial de Caen, 273.
Grammont (Antonin-Charles, duc de), 92, 94, 95, 104, 114.
Grandcolas (Le sieur), 337, 339.
Grandin (Antoinette), 9.
Grandin (Augustin), 9.
Grandmaison (M. de), intendant des eaux et fontaines de Paris, 86.
Grandselve (Abbé de), 405.
Grandval (Le sieur), 262.
Gratot (Marquis de), 352, 354.
Grattecap, prêtre séculier, 65, 67.
Grimonville (Le sieur de), principal du collége de Bayeux, 369.
Gué (M. du). Voy. Bagnols et Jassaud.
Gué (Mme du), 209, 236.
Guichard (Le P.), grand maître du collége de Navarre, 4.
Guiche (Comte de), gouverneur du Béarn, 94, 104.
Guidon (Le P. François), 276.
Guignard, libraire, 16.
Guigues, secrétaire de l'évêque de Pamiers, 67.
Guimenière (La dame de la), 235, 540.
Guise (Duc de), 45.
Guise (Duchesse de), 258.
Guyet, intendant de Lyon, 372.
Guynet (M.) intendant de la généralité de Caen, 369.

H

Halé, professeur à l'Université de Caen, 260.
Harcourt (Duc d'), 347.
Hardy (Le sieur), 296.
Harlay (François de), archevêque de Paris, CLXVI, 86, 116, 127, 157, 210, 215, 239, 249.
Harlay (M. de), premier président, 254, 351.

Harlay de Bonneuil (M. de), conseiller d'état, 355.
Harlus (M. d'), 319.
Hautesserre (M. d'), procureur général à la cour des aides de Montauban, 91, 217, 367, 554.
Haye (Mlle de la), 177.
Haynault, sous-secrétaire de l'auteur, 29.
Hébert, commissaire de police de Caen, XXXII.
Héliard (Le nommé), 301, 302.
Helvétius, médecin, 382.
Hénault (M.), 373.
Hénault de Cantobre, 304.
Herbigny (M. d'), intendant du Dauphiné, puis de la généralité de Rouen, XVI, LXX, XCVII, 77, 239, 240, 364, 444, 509.
Héricourt (M. d'), conseiller au présidial de Soissons, 34, 62, 92 ; procureur du roi du domaine de Béarn, 94, 101, 181, 217, 501.
Hersan, secrétaire de M. Pussort, 144.
Hoguette (Hardouin-Fortin de la), évêque de Poitiers, 180, 239.
Hoguette (M. de la), lieutenant des mousquetaires, 249, 258.
Hoissard (Le nommé), 524, 531.
Hotman (M.), maître des requêtes, XVI, 52.
Houssaye (M.), 366, 391.
Hozier (M. d'), garde de l'armorial général de France, 322.
Hubert (Le P.), de l'Oratoire, 222.
Hue, lieutenant de l'amirauté, 269.
Huxelles (Le maréchal d'), chef du conseil des affaires étrangères, 379, 380.
Huzé (Jean), trésorier des gardes du corps du duc d'Orléans, 81.

I

Igulville (M. d'), brigadier, 353.
Innocent XI, pape, CXL.

J

Jacques II, roi d'Angleterre, XXVII, CXXXI, CXXXII, 264-268, 280, 281, 283-285, 288-291, 293.
Jardel, avocat, 179.
Jassaud (Le chevalier de), 209, 236.
Jassaud (Le président de), 87.
Jassaud (Mme de), 330.
Jassaud (Marie de), femme de Nicolas-Joseph Foucault, auteur des Mémoires, XIX, 6, 34, 37, 41, 45, 52, 78, 80, 84, 108, 148, 209, 236, 267, 317, 322, 359, 372, 374.
Jassaud (Nicolas de), maître des requêtes, XIX, 6, 34, 35, 80, 255.
Jassaud d'Arquinvilliers (M. de), 78.
Jassaud du Gué (M. de), 87, 148.
Jassaud de la Lande (M. de), 372.
Jay (Henri-Guillaume Le), évêque de Cahors, 90.
Jay (M. Le), 52.
Jean, banquier à Toulouse, 71.
Jeanne d'Albret, reine de Navarre, 120, 125, 127, 152.
Jolivet, docteur en droit, 553.
Jonquille, voleur, 294.
Joyeuse (Le maréchal de), 319, 320.
Jue, orfèvre de Caen, 249.
Juge (Le), chanoine, 63.

L

Laborde (Le sieur de), promoteur de l'évêché de Pamiers, 54, 58.
Lacour, imprimeur à Bordeaux, 72.
Laffitau (Le sieur de), procureur du roi du présidial de Montauban, LII, 42, 489, 507.
Lambert, président en l'élection d'Angoulême, 82, 85.

TABLE ALPHABÉTIQUE

Lamoignon (Le premier président de), XII, 5, 13.
Lamoignon (M. de), 336.
Lamoignon de Courson (M. de), intendant de la généralité de Rouen, puis de Bordeaux, 364, 366, 377.
Langlois de Monthyon, avocat, 14, 45.
Larcher (M.), maître des requêtes, 239, 240.
Las Cazes, quatrième consul de Pamiers, 67.
Lauvergnac (Claude), élève du collége des Jésuites de Poitiers, 234.
Lauzun (M. de), 266.
Laval de Boisdauphin (Henri-Marie de), évêque de la Rochelle, 224, 524.
Law (Jean), 381.
Léger (M.), professeur de philosophie au collége de Navarre, 4, 7.
Lescar (Évêque de). Voy. Mesplées.
Lévis (M. de), maréchal de camp, 268.
Lhost, avocat, XVI.
Lhuillier. Voy. Thuillier.
Locher (Jacques Le), marchand à Saint-Malo, 278.
Loménie de Brienne (Charles-François de), évêque de Coutances, 271, 337.
Loret, gazetier, 10.
Lormande (Abbé), précepteur des princesses d'Orléans, 372; prieur d'Entrefin, 374, 375.
Lorraine (L'abbé de), abbé de S.-Denis, 2.
Lorraine (Léopold Ier, duc de), XXXIV.
Lorraine (Élisabeth-Charlotte d'Orléans, duchesse de), XXXIV.
Louis XIII, 127.
Louis XIV, XII, XVI-XVIII, XXI, XXII, XXV, XXX, XXXII, XXXIII, XXXIX, XLVIII, LXI-LXIII, LXVIII, XCI, XCV, XCVI, CIX, CXIII, CXV, CXXXV, CXXXVII, CXXXVIII, CXL, CXLI, CXLV, CXLVIII, CLIV-CLX, CLXV, CLXX, CLXXI, 9, 10, 13, 16-18, 30-32, 35, 37, 38, 40, 42-44, 46, 47, 49, 51, 52, 55, 57, 68, 72, 85, 86, 90-93, 95, 100, 102, 106, 109, 111-116, 118-121, 123, 124, 128, 130, 136, 139, 146, 147, 149-151, 153-156, 158-173, 178-209, 215-224, 226, 232, 235-237, 239, 241-245, 248, 250, 253-257, 259, 260, 268, 269, 271-282, 292, 295, 297-299, 301, 304-314, 318-322, 325, 327, 331, 332, 334, 336, 343, 344, 346, 348, 350, 351, 354, 355, 364, 366-370, 372-376, 383, 386, 387, 397-399, 403, 410, 411, 414-426, 428-433, 435, 437, 442-451, 453-462, 464-470, 472-474, 476-481, 484-488, 490-501, 505-543, 549, 551, 553.
Louis de France, dauphin, nommé *Monseigneur*, fils de Louis XIV, 186.
Lourrie (Mme de la), 152.
Lousseaume (Marc-Antoine), élève du collége des Jésuites de Poitiers, 231.
Louvois (François-Michel Le Tellier, marquis de), IX, XXII-XXV, LVII, LXXXI, CI, CIX, CXIV, CXXIV-CXXVII, CXXIX, CXXX, CXLV, CXLIX, CL, CLIV-CLXVII, CLXX, CLXXI, 30, 39, 47, 76, 79, 90, 95, 98, 100, 118, 119, 123, 126, 129, 130, 136-138, 145-156, 158-161, 170, 172-181, 207-209, 216, 217, 219-224, 226, 235, 236, 238, 241-243, 245, 249, 250, 252, 257, 269, 276, 505-543.
Loyson, garde de la prévôté de l'hôtel, 260.
Loyson (Mlle), 260.
Luçon (Évêque de). Voy. Barillon.
Lucé (M. de), exempt des gardes du corps, 281.
Luzerne (Abbé de la), 371.

DES NOMS PROPRES. 567

M

Maboul (M.), procureur général des requêtes de l'hôtel, XXII, 16, 20, 21.
Machault (M. de), lieutenant de police, 389.
Madame. Voy. Orléans (Élisabeth-Charlotte de Bavière, duchesse d').
Magnan, religionnaire, CLXIX, 223.
Magny (M. de). Voy. Foucault.
Magoulet (Le sieur), 480.
Mahault (Isaac), grand maréchal féodal de l'abbaye de Saint-Denis, 2.
Mahudel, médecin, membre de l'Académie des inscriptions, XLIII.
Maillard (Jeanne), femme de Clément Métezeau, 2.
Maillard (Poncette), femme de M. Resneau, 3, 13, 14.
Maine (Louis-Auguste de Bourbon, duc du), CIX, 31, 376.
Maintenon (Mme de), XXVII, XXXIII, CIX, 31, 177, 333, 376, 386.
Malenfant (Le sieur de), subdélégué de l'auteur, juge-mage de Pamiers, 54, 60, 65, 67, 71, 73.
Mansart (Jules-Hardouin), architecte, surintendant des bâtiments, 325, 342.
Mansfeld (Comte de), ambassadeur de l'empereur à la cour d'Espagne, 100.
Marca (M. de), président au parlement de Pau, 99.
Marescot (M. de), 361.
Margrie (M. de la), 21.
Marie-Anne-Christine-Victoire de Bavière, dauphine de France, 187, 263.
Marie-Thérèse d'Autriche, reine de France, 89.
Marigny, monnayeur de la Monnaie de Caen, 310.
Marillac (M. de), avocat général du grand conseil, XVII, CXLV, 15; intendant de Poitiers, 22; conseiller d'état, 239, 377.
Marle (M. de), maître des requêtes, 239, 240.
Martin, valet de Sainte-Croix, 41.
Marville (Le P.), professeur de l'Université de Valence, 5.
Massault (Le sieur), 390.
Massaye (M. de la), XXIV, XXV, 147, 148, 153, 242, 243, 524, 536-538, 541.
Matignon (Léonor-Goyon de), évêque de Lisieux, 370.
Matignon (M. de), lieutenant général de Normandie, XXVI, CXXV, 248, 251, 265-268, 294, 298, 300, 303, 305, 307, 316, 319, 333, 350, 353, 354, 369.
Matignon (Mme de), 267.
Maupeou (Le président de), XVIII, 21.
Maupeou (Pierre de), fils du président, 21.
Maupeou d'Ableiges (M. de), maître des requêtes, 239.
Mauroy (M. de), gentilhomme du Poitou, 153.
Mauzé (Marquis de), 147.
Maynon, fermier général, 322.
Mayolas de la Gravette, gazetier, 10.
Mazard (Le sieur), 47.
Mazarin (Duc de), CV, CXXXV, 176, 207, 208, 235.
Mazure (Le sieur de la), 346.
Meilleraye (Marquis de la), 100.
Melfort (Comte de), CXXVI, 281, 283.
Melgar (Comte de), 100.
Mélian (M.), maître des requêtes, 239, 240.
Méliers (M. des), 526.
Melziers (M. de), 218.
Ménage (M.), XL, 253.
Ménars (M. de), maître des requêtes, intendant d'Orléans, 18, 22.
Ménestrier (Le P.), jésuite, 202.

568 TABLE ALPHABÉTIQUE

Méneville (M. de), commissaire de la marine, 343.

Ménibus (M. de), avocat général, 550.

Mercier, commis des manufactures, 499-501.

Mercier (Le), commissaire de marine, 386.

Mercier (Le), concussionnaire, 86.

Mercier (Jean), élève du collége des Jésuites de Poitiers, 234.

Mesnil (M. de), conseiller au parlement et curé de Saint-Germain-le-Vieil, 2.

Mesplées (Dominique Desclaux de), évêque de Lescar, 93, 105, 106, 109, 115, 121, 124, 126.

Métezeau (Clément), intendant des bâtiments du roi, inventeur de la digue de la Rochelle, XII, 2, 5.

Métezeau (Marie), mère de l'auteur, femme de Joseph Foucault, XII, XIII, 2, 7, 14, 15.

Mézière (Le P.), régent au collége de Lisieux, 4.

Mignard (Pierre), peintre, 195.

Mignot, bonnetier, 278.

Mignot (Louise), fille de Thierry Mignot et de Louise Brodier, 2.

Mignot (Thierry), premier mari de Louise Brodier, 1.

Millet (M.), gouverneur de la Rochelle, 236.

Millière (Marquis de la), 137, 528.

Minières (M. des), XXIV, 137, 179, 180, 537.

Minières (Mme des), 536.

Mirepoix (Marquis de), gouverneur du pays de Foix, 68, 69, 73.

Mirepoix (Mme de), 66.

Molé de Champlâtreux (M.), président à mortier, 344.

Molet (Jean), élève du collége des Jésuites de Caen, 366.

Molière, XIV, XV.

Mondonville (Mme de), 345, 350.

Mondot (Joachim), élève du collége des Jésuites de Poitiers, 231.

Mongault (Abbé), XXXIV.

Monseigneur. Voy. Louis de France.

Monsieur. Voy. Orléans (Philippe de France, duc d').

Montagny (Le sieur), 249.

Montagu (M. de), lieutenant général de Guyenne, 23.

Montaigu (M. de), 325, 353.

Montauban (Évêque de). Voy. Colbert de Villacerf.

Montbeton (M. de), 23.

Montbrun (M. de), conseiller, puis président au parlement de Toulouse, 52.

Montcault (M. de), 352, 354.

Montespan (M. de), 160.

Montespan (Mme de), 31, 273.

Montgommery (M. de), 271, 301, 302, 369.

Montgommery (Mme de), 271.

Montmartin (Mme), 515, 528.

Montmort (M. de), doyen des quatre quartiers, 11.

Monts (M. de), colonel du régiment de la ville de Caen, 360.

Monts (Le sieur de), 271.

Morand. Voy. Morant.

Morangis (M. de), avocat du roi au Châtelet, 328, 368, 369.

Morangis (Mme de), 516.

Morant (M.), maître des requêtes, puis intendant de Provence, LXX, 18, 74, 77.

Moreau (M.), procureur du roi au Châtelet, 389.

Moriceau, proposant de la Rochelle, 216.

Motte-Bailly (La), marchand, 294.

Mouceaux (M. de), conseiller en la cour des aides de Montpellier, 466.

DES NOMS PROPRES. 569

Muloté (Marguerite), femme de Le Vasseur, 8.

N

Nancla (M. de), lieutenant-colonel du régiment de Sainte-Maure, 129.
Navailles (Le maréchal de), 41.
Navailles (Mme de), abbesse de Sainte-Croix de Poitiers, 198.
Nesmond (François), évêque de Bayeux, LXIII, CXI, CLXXV, 246, 272, 276, 327, 334, 336, 358, 367, 369.
Nesmond (M. de), 282, 284.
Nesmond (Mme la présidente de), 336.
Noailles (Adrien-Maurice, duc de). 382.
Noailles (Anne, duc de), 7.
Noailles (Anne-Jules, duc de). CLVIII, 521, 522.
Noailles (François, comte de), 7.
Noailles (Louis-Antoine, cardinal de). CLXXIII, 388, 391.
Nocé (Marquis de), 304.
Nogaret-Trelans (M. de), 398.
Nointel (M. de), intendant de Bretagne, 298.
Novion (M. de), 254.

O

Olbreuse (M. d'), 146.
Oloron (Évêque d'). Voy. Salette.
Olonne (Comtesse d'), 351.
Onfroy (Richard), religionnaire, 279.
Orange (Guillaume de Nassau, prince d'), CXXI, CXXIX-CXXXII, 245, 249, 257, 258, 264-267, 275, 289, 293.
Orléans (Philippe de France, duc d'), *Monsieur*, frère du roi, XXVII, 274, 298.
Orléans (Élisabeth-Charlotte de Bavière, duchesse d'), *Madame*, 2e femme du précédent. XXX, XXXIV, 375, 376, 381, 383, 385-387.

Orléans (Philippe, duc d'), fils des précédents, régent du royaume, XXX, XXXI, XXXIII-XXXV, XCVI, 336, 376, 377, 379-390.
Ormesson (M. d'), 11, 239, 314.
Orré (Jean), élève du collège des Jésuites de Poitiers, 232.
Orry (M.), subdélégué de Foucault à Thouars, 345.
Ossonne (M. d'). Voy. Aussonne.

P

Paignon, curé de Siguier, 67.
Palaiseau, vice-sénéchal en Béarn, 116.
Pamiers (Évêque de). Voy. Caulet.
Pardaillan et Parabère (Alexandre de Beaudéan, comte de), lieutenant général au gouvernement du haut et bas Poitou, XXV, 243, 245, 542.
Paris (Archevêque de). Voy. Harlay.
Parme (François, duc de). XLI, 377.
Passau (Mme de), 173.
Passemantier (Jean), 38.
Patarin (Le sieur), doyen de l'église de Pamiers, 53, 58, 59.
Paucet (Le sieur), archidiacre de Pamiers, CXLI, 54, 60, 71.
Paulmier, ministre de Saint-Maixent, 146, 156, 158.
Pavillon (Nicolas), évêque d'Aleth, 74.
Pech, imprimeur, 66, 68, 72, 74.
Pedelabat (Jean), 125.
Pelisson, maître des requêtes, 158.
Pelletier (Abbé), conseiller d'état, XC, 239, 252.
Pelletier (M. Le), maître des requêtes, XVI.
Pelletier (Claude Le), contrôleur général des finances, LXXXIX, XC, XCI, XCII, CII, CX, 90-94, 100, 101, 108, 113-115, 126, 127, 150, 153-156, 170, 176,

179, 181, 207, 208, 216, 218, 220, 224, 241, 242, 244, 245, 247, 249, 251-254, 280, 281, 327, 333, 336, 517, 519.

Pelletier (Louis Le), premier président du parlement de Paris, 254.

Pelletier (M. Le), doyen du conseil d'état, 390.

Pelletier de Souzy (M. Le), cxxx, 276, 292.

Pellot (M.), intendant de Guyenne, puis premier président de Rouen, cxxxvii, cxliv, 23, 24, 29, 30, 50, 52, 88, 108, 413, 433.

Péquet (M.), secrétaire du conseil des affaires étrangères, 380, 381.

Péréfixe de Beaumont (Françoise), abbesse de Jarcy, 7, 17, 35.

Petit, fils du premier médecin du Dauphin, 86.

Petit de Villeneuve (M.), conseiller en la cour des aides, beau-frère de l'auteur, xiii, 4, 13, 17, 18, 34, 263, 349, 364, 366.

Petit de Villeneuve, fils du précédent, 363, 364.

Petit de Villeneuve, abbé, prieur d'Entrelin, 334, 372, 375.

Petit de Villeneuve (Marianne), religieuse à Pincourt, 87, 222.

Philippon (Pierre), garde du roi d'Angleterre, 235.

Picard (Les nommés), voleurs et meurtriers, 344.

Piquié, géographe, lxxi, 79.

Pighetti (Comte), envoyé du duc de Parme, 377.

Pignot de Laulnay (André), élève du collège des Jésuites de Caen, 366.

Pinet, receveur général des finances à Poitiers, 129, 155.

Pinson (Le nommé), cviii, 368.

Piques (M.), secrétaire du roi, 37.

Pirot (M.), payeur des rentes, 20, 21, 22.

Placette (Le sieur de la), ministre de la ville de Nay, 122.

Plemarest (Le sieur de), 326.

Poicteau ou Pointeau (Le sieur), 313.

Poisson (Le nommé), 548.

Poitiers (Évêque de). Voy. Saillant.

Poix (De), sergent de Saint-Loup, 244.

Polard (M.), 3.

Pomereu (M. de), xc, 224, 226; intendant d'Alençon, 308; conseiller d'état, 347.

Pomponne (M. de), secrétaire d'état, 46.

Pontchartrain (M. de), contrôleur général des finances, puis chancelier, x, xxiv, xxvi, xxvii, lxi, xcii-xciv, cv, cviii, cx, cxvii, cxxi, cxxxii, 254, 256, 269, 270, 276-278, 281, 289, 293-297, 300-304, 307-309, 311-314, 316, 318, 323, 324, 326, 332-335, 343, 344, 351, 352, 355, 356, 364, 366, 367, 371, 374, 375, 547-554.

Pontchartrain (M. de), secrétaire d'état de la marine, 274, 275, 277, 278, 310, 343, 344, 369.

Porte (Le sieur de la), lieutenant en la sénéchaussée de Figeac, 485.

Portes (Geoffroy des), conseiller au présidial de Caen, 548.

Portocarrero (Le cardinal), 53, 57.

Posterle, exempt de la prévôté de l'hôtel, 52.

Potier, voleur, 294.

Poupet (Le sieur), commis, 468.

Prevost (Le sieur Le), 242.

Primaudaye (M. de la), 171.

Pujol (Les frères), 43, 403.

Pussort (M.), conseiller au conseil royal, xvi, xxii, lxvi, 45, 102, 106, 113, 117, 144, 145, 225; doyen du conseil, 273, 299, 300.

DES NOMS PROPRES. 571

Pynart (Le sieur), chanoine de la cathédrale de Blois, 375.
Pyramé (M.), 484.

Q

Quemadeu (M. de), 528.
Quervenot (La dame de), 527.
Quesnoy (Le P. du), 5.
Quincé (Abbé de), 151.

R

Rabasteins (M. de), juge mage de Montauban, 40, 42.
Rabereul (Jacques), maire de Poitiers, 201.
Rabereul (M.), doyen de l'église de Saint-Pierre de Poitiers, 191.
Ragaru (M. de), xxix, 273.
Ragaru (Mlle de), 552.
Ragot, archidiacre d'Aleth, 74.
Ragueneau, avocat, xvi.
Ramtot ou Rametot (Chevalier de), 313, 319, 326.
Rastevaux (Mme de), 379, 380.
Rauchy, ecclésiastique du diocèse de Saint-Pons, 63, 64.
Ravaille (Le sieur), 501.
Ravensu (M.), receveur des tailles de Thouars, 329, 330.
Raymond, introducteur des ambassadeurs, 387, 388.
Razes (M. de), lieutenant général, 238.
Razes (M. de), président au présidial de Poitiers, 178, 226, 246.
Réalle (La nommée), 40.
Rech (Le P.), vicaire général de Pamiers, cxli, 55, 57, 61, 64.
Reding (M. de), 379.
Reding (Mme de), 379, 380.
Redon (M. de), conseiller en la cour des aides de Montauban, 77.

Reed (Nicolas), élève du collège des Jésuites de Poitiers, 234.
Refuge (M. de), maréchal de camp, 316, 319.
Regnier (M. de), 223.
Reigle (Le nommé La), 260.
Reily (Michel), élève du collège des Jésuites de Poitiers, 234.
Rendil (Le P.), 209, 314.
Reintray (M. de), 319.
Renouf, doyen de l'église du Saint-Sépulcre de Caen, 332.
Renty (Marquis de), lieutenant général, 316.
Resneau (M.), 3, 13.
Resneau (Mme), tante de l'auteur, 262.
Reynie (M. de la), lxii, 301, 302.
Ribeyre (M. de), xc, 207, 224; intendant de Poitiers, 245, 247, 542.
Rigoumier (Jean), élève du collège des Jésuites de Poitiers, 231.
Riguet (Gaspard), élève du collège des Jésuites de Poitiers, 231, 234.
Riquet (Pierre-Paul), ingénieur du canal de Languedoc, 33.
Ris (M. de), intendant de Bordeaux, puis premier président du parlement de Rouen, lxx, 72, 74, 76-78, 89, 108, 246, 276, 412, 423, 439, 444, 445, 451, 466.
Robinet, gazetier, 10.
Roc (M. du), procureur général en la cour des aides de Montauban, 91.
Rocas, ministre du Breuil, 147.
Roche Giffart (M. de la), 174.
Roche-Logerie (M. de la), 151.
Rochelle (Évêque de la). Voy. Laval de Boisdauphin.
Rohan (Chevalier de), 250.
Rondil. Voy. Rendil.
Roquaire, galérien, 93.
Roque (M. de la), 336.

Rouen (Archevêque de). Voy. Colbert.
Rouillé (M.), conseiller d'état, 259, 376, 444.
Rouillé du Coudray (M.), 129, 155.
Rousse (Le P.), 67.
Rousseau (Pierre), garde du corps, 9.
Roux (Le), fraudeur, 278.
Roux (Louis), élève du collège des Jésuites de Poitiers, 234.
Roye (Comte de), 180.
Royer (Jean), élève du collège des Jésuites de Poitiers, 234.
Ruau-Pallu (Le sieur du), fermier général, 41.
Ruel, procureur du roi du présidial de Caen, 331.
Ryer (Pierre du), historiographe du roi, 151.

S

Saillant (François-Ignace de Baglion de), évêque de Tréguier, puis de Poitiers, CXIV, 152, 173, 177, 178, 201, 220, 224, 239-241.
Saint-Chaumont (Marquise de), 116.
Saint-Contest (M. de), 391.
Saint-Frémont (M. de), CLXX, 220, 540.
Saint-Georges (M. de), frère du marquis de Vérac, 138, 147, 519.
Saint-Géran (La maréchale de), CVI, 337.
Saint-Jean (Le sieur de), lieutenant général de Thorigny, 366.
Saint-Léonnard (Le sieur de), XLIX, 50.
Saint-Luc (M. de), gouverneur de Valognes, 313.
Saint-Martin (M. de), 302.
Saint-Pau (Le sieur de), ministre converti, 123.
Saint-Philbert (M. de), 152.
Saint-Pierre (Marquis de), 313, 336.
Saint-Pouanges (M. de), 179.

Saint-Simon (Louis de Rouvroy, duc de), XXXV.
Sainte-Marie (M. de), lieutenant général de Valognes, 308.
Sales (M. de), conseiller au parlement de Pau, 110.
Salette (François-Charles de), évêque d'Oloron, 98, 120-122.
Saudrier (M.), 348.
Saulnier (le P.), cordelier, 355.
Sault (M. de), gentilhomme de Béarn, 128.
Saumery (M. de), premier maître d'hôtel de la duchesse de Berry, XXXIV, 383, 385.
Saussoy (Le P. du), professeur de théologie du collège de Navarre, 4, 7.
Saussoy (M. du), brigadier de cavalerie, 47.
Savary (Le sieur), XV, 4, 5.
Savignac (Mme de), prieure du monastère de Puget en Quercy, 44, 45.
Segrais (M. de), XL, CXXI, 247, 367.
Séguier (Le chancelier), 12.
Seguy, arpenteur de Montpezat, 38.
Seguy fils, 38.
Seignelay (Jean-Baptiste Colbert, marquis de), XXV, LVI, CII, CXV, CXXV, CXXIX, CXXX, 39, 86, 88, 90, 154, 158, 160, 215, 216, 244, 245, 248, 252, 255, 257.
Selve (Comtesse de la), 23.
Senault, médecin, 38.
Senegas-Saint-Pierre (M. de), 398.
Seneuse (De), libraire, 335.
Sepville (M. de), 283, 285, 287, 290.
Sequeville (Le sieur de), capitaine dans le régiment d'Aubigné, 352.
Serpain, curé de la Chaume, 532.
Serris (Le sieur de), 463.
Serroni (Hyacinthe), archevêque d'Alby, 56, 62.

DES NOMS PROPRES. 573

Sève (M. de), intendant de Bordeaux, XIX, 22-24, 26, 28, 52, 413.
Sevin (Nicolas), évêque de Cahors, 30.
Sevret (Charles de), élève du collège des Jésuites de Poitiers, 234.
Sigognac (Le sieur de), 46, 47.
Soisy (M. de), maître des requêtes, 239.
Soissons (Comte de), LXII, 312, 314.
Soissons (Comtesse de), 312.
Sol (Du), lieutenant de la justice de Castel-Ferrus, 39, 401, 402.
Sonay (René de), élève du collège des Jésuites de Poitiers, 234.
Soucy (Abbé du), chanoine de la cathédrale de Poitiers, 190.
Sourdis (Marquis de), bailli d'Orléans, 372.
Stoppa (M.), capitaine aux gardes suisses, 372.
Suze (Anne Tristan de la Baume de), évêque de Tarbes, 101, 126.

T

Taire (La dame de), 255.
Tallemant (M.), 52.
Talvègne (Le sieur La), 43.
Tambourin (Le P.), général des jésuites, 365.
Tarbes (Évêque de). Voy. Suze.
Tardieu, lieutenant criminel, 10.
Targny (Abbé de), VII.
Tarnault (M. de), LVII, 222, 223.
Tavernier, recteur de l'Université, 7.
Tellier (Le P. Le), confesseur du roi, 374.
Tellier (Michel Le), chancelier de France, XX-XXII, CXLV, CXLVI, CLV, 47, 78, 80, 81, 84-87, 91, 93, 95, 98, 100, 102-111, 113-115, 117, 120, 123, 125, 126, 128, 136, 138, 486.
Temple, secrétaire de l'auteur, 23.

Tesnon, nouveau converti, XXIII, 157, 158, 529, 530.
Tessé (M. de), CLXII, 283, 290, 530.
Tessé (Mme de), abbesse de la Trinité de Caen, 362.
Tessier, prêtre de Saint-Eustache, 3.
Thévenin, capitaine au régiment de Sainte-Maure, 129.
Thévenin, commis au recouvrement des taxes faites sur les notaires, 34.
Thévenin, 342.
Thianges (M. de), 174.
Thorigny (Comte de), CXXV, 353.
Thuillier (Le sieur) ou Lhuillier, C. 480, 482.
Tillet (M. du), avocat du roi, 13.
Tilloc, matelot, 330.
Tiraqueau (Michel), 179.
Torcy (M. de), 125, 254.
Tornier (M.), avocat, XL.
Toucheprés (Marquis de), 129, 515.
Touchimbert-Loudigny (Mlles de), 528.
Toulouse (Archevêque de). Voy. Carbon.
Toulouse (Louis-Alexandre de Bourbon, comte de), 390.
Touronne (M. de), 353.
Tourville (Comte de), CXXXII, 282-285, 290, 292, 293.
Turenne (Le maréchal de), CXXVI, 30.
Trianon, religionnaire, 270.
Tyrconnel (Duchesse de), 270.

V

Vaillac (Mme de), abbesse de Beaulieu, 30.
Vaillac (Vicomte de), 51, 75, 444.
Vaisselié (Le nommé), 74.
Valade (M. de la), lieutenant du roi de Navarreins, 96.
Valcourt (M. de), 35.
Valette (Marquis de la), 35.

Valhébert (Simon de), xl, xli, 253.
Vallin (Le sieur), 20.
Vasseur (Le) père et fils, 8.
Vauban (M. de), xci, cxxix, cxxx, cxxxiii, 250, 257, 305, 333.
Vaubourg (M. de), intendant de Béarn, 129, 257.
Vaucouleurs (Le sieur de), 260, 298.
Vauvré (M. de), 292.
Veisses, marchand de Toulouse, 66. Voy. Cazes.
Venaire (Le nommé La), 456.
Ventadour (Duchesse douairière de), cvi, 337.
Vérac (Marquis de), xxii-xxiv, 137, 146, 148, 150, 154, 157, 158, 216, 219-221, 236, 244, 245, 518-521, 528-530, 539. Voy. Saint-Georges.
Vérac (Marquise de), femme du précédent, 150, 154, 155, 221.
Vérac (Mlle de), 150.
Verdier, avocat, 91.
Verneuil (M. de), commis de Chamillart, 344.
Vernon (Jean de), élève du collège des Jésuites de Poitiers, 234.
Verthamont (Le P. de), 276.
Vervant (M. de), 156.

Vervant (Mme de), 149, 155, 156.
Vesançay (M. de), gentilhomme du Poitou, 153.
Viala (Comte de), 126.
Vidal, avocat à Pau, 128.
Vie (M. de la), premier président du parlement de Pau, 93, 99.
Vieuxbourg (M. de), xxii, 138.
Villacerf (M. de), surintendant des bâtiments, 325, 342.
Villager (M. de), doyen du conseil, 273.
Villemade (Le sieur de), 47.
Villeneuve (M. de). Voy. Petit de Villeneuve.
Villeneuve (Mme de). Voy. Foucault (Marie-Anne).
Villette (M. de), 148, 171, 283-285, 290, 292.
Villiers, libraire, 16.
Vitry (Le P. de), 365, 366.
Voisin (M.), xvi, 373, 377.
Voute-Bessay (Le sieur La), 517.
Vrillière (M. de la), 345, 367, 371, 372, 384, 385.

Z

Zell (Duchesse de), 146.

TABLE DE L'INTRODUCTION

AUX

MÉMOIRES DE NICOLAS-JOSEPH FOUCAULT.

	Pages.
INTRODUCTION	I
I. Manuscrits; publication	IV
II. Biographie de Foucault	X
III. Foucault intendant	XLIV
§ 1. Affaires de justice et de police	XLVIII
§ 2. Finances sous Colbert	LXIV
Tailles	Ibid.
Taille réelle	LXIX
Saisie des bestiaux	LXXII
Impôts divers	LXXV
Domaine et droits domaniaux	LXXVI
Monnaies	LXXIX
Étapes	LXXX
Liquidation des dettes des communautés	LXXXII
Visite des généralités	LXXXVII
§ 3. Finances après Colbert	LXXXVIII
§ 4. Commerce, agriculture, grains et subsistances	XCIX
§ 5. Assistance publique	CIV
§ 6. Travaux publics	CVI
Rivières, canaux et ponts	CVII
Chemins	CIX
Bâtiments	CX
Promenades et plantations	CXI
§ 7. Fêtes publiques	CXII

	Pages
§ 8. Instruction publique, sciences et lettres	CXIII
Petites écoles	*Ibid.*
Collèges	CXIV
Écoles de droit	CXVI
Belles-lettres	CXVII
§ 9. Affaires militaires	CXXI
§ 10. Affaires ecclésiastiques	CXXXIV
§ 11. Affaires des protestants et de la révocation de l'édit de Nantes	CXLIV
Résumé	CLXXVI

TABLE CHRONOLOGIQUE

DES

MÉMOIRES DE NICOLAS-JOSEPH FOUCAULT[1].

Années.		Pages.
1550-1641.	Histoire des ancêtres de Foucault...	1
1641-1652.	Naissance de Foucault et de ses trois sœurs...	3
1652.	Enfance et éducation de Foucault...	4
1653...		5
1654...		Idem.
1655...		6
1658...		Idem.
1659...		Idem.
1661...		7
1662...		Idem.
1663...		Idem.
1664...		8
1665.	Foucault avocat au parlement de Paris...	Idem.
1666.	Foucault procureur du roi des requêtes de l'hôtel...	9
1667...		12
1668...		13
1669...		Idem.
1670...		Idem.
1671.	Foucault avocat général au grand conseil...	15
1672...		16
1673...		17

[1] Cette table indique seulement, avec les années, les événements principaux relatés au long et avec suite dans les Mémoires. Quant aux événements racontés brièvement ou par fragments dans le courant du texte, il eût été beaucoup trop long de les indiquer ici. On les retrouvera aisément en se reportant à l'Introduction, dans laquelle ils sont résumés systématiquement avec tous les renvois nécessaires

TABLE CHRONOLOGIQUE.

Années.		Pages.
1674.	Foucault achète une charge de maître des requêtes et est nommé intendant à Montauban..	17
——	Arrivée à Montauban..	23
1675..		31
1676..		37
1677..		41
1678..		45
1679..		48
——	Commencement de l'affaire de la régale............................	53
——	Affaire de la régale..	57
1680..		75
1681..		77
1682..		81
1683..		85
1684.	Foucault nommé intendant à Pau...................................	91
——	Algarade à Roncevaux...	95
1685..		115
——	Lettre du roi à Foucault sur les affaires de la R. P. R.............	123
——	Foucault nommé intendant à Poitiers...............................	128
——	Texte de l'édit qui révoque celui de Nantes.......................	130
——	Lettre du roi à Foucault sur l'exécution de l'édit qui révoque celui de Nantes.	135
——	Lettre de Louvois à Foucault sur le même sujet....................	136
——	(2 novembre). Discours de Foucault aux gentilshommes de la R. P. R. du haut Poitou...	139
——	(3 novembre). Lettre de Foucault à son père, et réponse...........	143
1686..		149
——	(8 décembre). Instruction du roi aux intendants sur la conduite à tenir à l'égard des nouveaux convertis.................................	161
1687..		172
——	(25 août). Relation de ce qui s'est passé à l'érection de la statue du roi dans la ville de Poitiers.......................................	181
——	(29 décembre). Projet de mémoire de Foucault à l'archevêque de Paris, relativement aux nouveaux convertis; lettre de Foucault père à son fils à propos de ce mémoire...	210
1688..		216
——	(14 août). Discours prononcé par Foucault à la chambre du conseil du présidial de Poitiers...	225
——	Démétrius, plan d'une tragédie représentée au collége des Jésuites de Poitiers..	227
——	(24 novembre). Discours prononcé par Foucault à l'Université de Poitiers, pour l'installation de M. Fileau.....................................	237

TABLE CHRONOLOGIQUE.

Années.		Pages.
1688	(décembre). Session des commissaires extraordinaires envoyés à Poitiers pour la réformation de la justice....................	239
1689	....	244
——	(février). Foucault nommé intendant à Caen.................	245
1690	....	259
——	(2 avril). Lettre de Foucault père à son fils.................	261
——	(juillet). Passage du roi Jacques par Caen...................	264
1691	....	272
1692	....	280
——	(1ᵉʳ et 2 juin). Relation de ce qui s'est passé à la Hougue, au brûlement de nos vaisseaux...................................	282
1693	....	296
1694	....	301
——	(21 avril). Lettre de Chamillart à Foucault, sur le projet de vente de Magny en Bessin...	303
——	(1ᵉʳ mai). Lettre de Foucault au duc de Beauvilliers sur l'affaire de la régale..	306
1695	....	311
——	(13 juillet). Lettre de Chamillart à Foucault sur un changement d'intendance...	314
1696	....	317
1697	....	320
1698	....	324
1699	....	327
1700	....	334
——	(décembre). Discours fait par Foucault aux religionnaires de Caen.....	337
1701	(6 janvier). Deuxième discours prononcé par Foucault devant les religionnaires de Caen..	339
1701	....	343
1702	....	345
1703	....	350
——	(avril). Lettres de Pontchartrain et de Chamillart à Foucault sur l'entrée de son fils au conseil.....................................	351
1704.	Foucault nommé conseiller d'état de semestre.................	355
——	(6 juillet). Relation des réjouissances faites à Caen par Foucault pour la naissance du duc de Bretagne.............................	357
1705	....	364
1706	....	366
——	(août). Foucault est rappelé à Paris pour y exercer ses fonctions de conseiller d'état; son fils Magny est nommé intendant à Caen...........	370
1707	....	372

73.

Années.	Pages
1708.	372
1709.	373
1711.	374
1712. Foucault nommé chef du conseil de Madame, duchesse douairière d'Orléans	375
1714.	Idem.
1715. Mort du roi	376
1716. Foucault nommé conseiller d'état ordinaire	377
1717. Incendie de la maison de M. d'Avaray à Soleure	Idem.
1718. Affaire de Magny chez la duchesse de Berry	382
1719.	390

TABLE CHRONOLOGIQUE

DES

PIÈCES CONTENUES A L'APPENDICE

DES

MÉMOIRES DE NICOLAS-JOSEPH FOUCAULT.

I.

CORRESPONDANCE MINISTÉRIELLE, 1675-1679.

PIÈCES DIVERSES.

Dates des pièces	Adresses et sommaires des pièces.	Pages.
29 août 1674.	Foucault à Colbert. — Compte rendu de l'exécution de divers ordres, etc.	397
28 fév. 1675.	Foucault à Seignelay. — Compliment sur son mariage avec mademoiselle d'Alègre.	399
23 avril ___	L'évêque de Pamiers à Colbert. — Plaintes contre le marquis de Foix, gouverneur du pays de Foix.	Idem.
18 juill. ___	Le marquis d'Ambres à Colbert. — Réclamations contre le grand nombre de troupes qu'on envoyait dans la généralité de Montauban.	400
22 juill. 1676.	Foucault à Colbert (extrait). — Sur le recouvrement du 8ᵉ denier des biens aliénés par les ecclésiastiques.	401
9 sept. ___	Foucault à Colbert. — Sur le procès du nommé du Sol.	Idem.
3 fév. 1677.	Foucault à Colbert (extrait). — Sur les étapes.	402
18 mars ___	Foucault à Colbert. — Sur le procès du sieur Cantobre.	Idem.
21 mai ___	Foucault à Colbert (extrait). — Sur le procès des nommés Pujols.	403
26 juill. 1679.	Foucault à Colbert — Sur l'affaire du sieur Garrisson et le procès du sieur Catalan de Fabre.	404

TABLE DE L'APPENDICE

II.

DÉPÊCHES DE COLBERT A FOUCAULT ET AUX INTENDANTS.

Du 1ᵉʳ janvier 1679 au 19 août 1683.

Dates des pièces.	Adresses et sommaires des pièces.	Pages.
5 janv. 1679.	Aux intendants. — Sur le papier terrier des domaines du roi...	409
13 janv.	A Foucault. — Sur les actes de nominations et cautionnements des commis aux recettes des tailles; sujets divers...........	410
27 janv.	A Foucault. — Sur les cautionnements des commis aux recettes des tailles; sur les étapes..........................	Idem.
29 janv.	Aux commissaires départis. — Sur les monnaies qui ont cours dans les généralités............................	411
10 fév.	A Foucault. — Sur l'entretien des écluses du Lot, et sur divers sujets de finances.................................	412
17 fév.	A Foucault. — Sur les étapes....................	413
3 mars	A Foucault. — Sur les monnaies..................	414
Id.	A Foucault. — Sur les étapes....................	Idem.
9 mars	Aux commissaires départis. — Sur les monnaies...........	Idem.
16 mars	Aux commissaires départis. — Sur la ferme du tabac.........	415
Id.	A Foucault. — Sur le sieur Garrisson et sur les étapes......	Idem.
29 mars	A Foucault. — Sur la ferme du tabac................	Idem.
30 mars	Aux commissaires départis. — Sur les monnaies............	416
15 avril	Aux commissaires départis. — Sur le papier terrier........	Idem.
20 avril	A Foucault. — Sur le papier terrier, sur les monnaies et sur le sieur Garrisson.................................	417
28 avril	Aux commissaires départis. — Sur la visite des généralités.....	Idem.
5 mai	A Foucault. — Sur les étapes.....................	420
Id.	Aux commissaires départis. — Sur la visite des généralités....	421
10 mai	Aux intendants et commissaires départis. — Sur les étapes.....	422
11 mai	A Foucault. — Sur le papier terrier et sur le règlement concernant les tailles réelles.............................	Idem.
18 mai	A Foucault. — Sur la visite de sa généralité.............	423
24 mai	Aux intendants. — Sur le placement d'un million de rentes sur l'Hôtel de ville.................................	424
27 mai	Aux commissaires départis. — Envoi du brevet de la taille pour 1680..	Idem.
31 mai	Aux intendants. — Sur la réunion des amendes à la ferme du domaine......................................	Idem.
7 juin	A Foucault. — Sur l'arrondissement des élections...........	426
14 juin	Aux commissaires départis. — Sur les étapes.............	Idem.

TABLE DE L'APPENDICE.

Dates des pièces.	Adresses et sommaires des pièces.	Pages.
21 juin 1679.	A Foucault. — Sur divers sujets de finances...............	427
6 juill.	A Foucault. — Sur le procès du chevalier de Brouès.........	Idem.
12 juill.	A Foucault. — Sur l'affaire du sieur Garrisson.............	428
Id.	A Foucault. — Sur la création d'une charge de vice-sénéchal à Montauban...	429
19 juill.	A Foucault. — Sur les amendes et les frais de justice, et sur le recouvrement de la taille.............................	Idem.
20 juill.	Aux commissaires départis. — Sur l'arrondissement des élections et circonscriptions des bureaux de greniers à sel..........	430
22 juill.	A Foucault. — Sur la liquidation des dettes des communautés..	431
26 juill.	Aux intendants. — Sur la poursuite des faux-monnayeurs.....	432
5 août	A Foucault. — Sujets divers............................	Id.
10 août	A Foucault. — Sur la liquidation des dettes des communautés..	433
17 août	A Foucault. — Sur le recouvrement des tailles..............	434
23 août	A Foucault. — Sur le papier terrier......................	435
7 sept.	A Foucault. — Sur la diminution des tailles................	Idem.
15 sept.	A Foucault. — Sur le règlement concernant les tailles réelles...	436
21 sept.	A Foucault. — Sur les amendes et sur la création d'un vice-sénéchal à Montauban...................................	Idem.
28 sept.	A Foucault. — Sur la ferme du tabac et sur le procès de Catalan Fabre...	437
13 oct.	A Foucault. — Sur divers sujets de finances...............	Idem.
26 oct.	A Foucault. — Sujets divers............................	438
17 nov.	A Foucault. — Sur l'état du commerce à Montauban........	439
23 nov.	A Foucault. — Sur la plantation d'une promenade à Mont-de-Marsan..	Idem.
26 déc.	A Foucault. — Sur le procès du sieur Cantorbie............	440
4 janv. 1680.	A Foucault. — Sur le 8ᵉ denier et sur le papier terrier........	Idem.
18 janv.	A Foucault. — Sur la visite de sa généralité et sur l'arrondissement des élections......................................	441
8 fév.	A Foucault. — Sur l'état du commerce à Montauban........	Idem.
29 fév.	Aux intendants. — Sur la liquidation des dettes des communautés...	442
14 mars	A Foucault. — Sur la nomination du vice-sénéchal de Quercy...	443
10 avril	A Foucault. — Sur les droits de taverne et de boucherie et sur les étapes...	444
2 mai	A Foucault. — Sur les étapes et sur la nomination du vice-sénéchal de Quercy......................................	445
23 mai	A Foucault. — Sur les étapes...........................	446
1ᵉʳ juin	Aux intendants. — Sur la visite des généralités.............	Idem.
4 juin	Aux intendants. — Sur la culture du tabac................	451

TABLE DE L'APPENDICE.

Dates des pièces	Adresses et sommaires des pièces.	Pages.
18 juill. 1680	A Foucault. — Sur la liquidation des dettes des communautés, et sur l'état des récoltes.	452
25 juill. —	A Foucault. — Sur l'arrondissement des élections, la liquidation des dettes des communautés et la diminution des tailles pour cause de grêle.	453
25 juill. —	Aux intendants. — Sur le recouvrement des tailles.	454
20 août —	Aux intendants. — Pour renvoyer les commissions des tailles.	Idem.
28 août —	A Foucault. — Sur la confection du rôle des tailles.	455
5 sept. —	A Foucault — Sur la diminution des tailles pour cause de grêle.	456
18 oct. —	Aux intendants. — Pour écarter des fermes unies les commis de la R. P. R.	Idem.
19 oct. —	Aux intendants. — Sur les amendes.	457
8 nov. —	A Foucault. — Sur la confection du rôle des tailles.	458
28 nov. —	A Foucault. — Sur la navigation du Lot, relativement au commerce.	459
12 déc. —	A Foucault. — Sujets divers; sur la recherche des manuscrits.	Idem.
18 déc —	A Foucault. — Sur la saisie des bestiaux.	460
19 déc. —	Aux commissaires départis. — Touchant les Bohèmes.	Idem.
2 janv. 1681.	A Foucault. — Sur les protestants commis des octrois, et sur la visite de la généralité.	461
7 janv. —	A Foucault. — Sur la liquidation des dettes des communautés.	Idem.
6 fév. —	A Foucault. — Même sujet.	463
2 avril —	A Foucault. — Sur la conduite des officiers de la cour des aides à Montauban.	464
17 avril —	A Foucault. — Sur le droit de demi-lod en matière d'échanges.	Idem.
15 mai —	Aux intendants. — Sur l'état des récoltes.	465
22 mai —	A Foucault. — Sur le réglement des tailles réelles, et sur les brigades employées au recouvrement des tailles.	466
28 mai —	Aux commissaires départis. — Au sujet des rôles et décharges des tailles.	467
16 juill. —	A Foucault. — Sur la liquidation des dettes des communautés, et sur des ornements d'église à offrir au chapitre de Moissac.	468
1ᵉʳ août —	A Foucault. — Sur le logement effectif pour le recouvrement des tailles.	Idem.
19 août —	Aux intendants. — Pour leur demander si ceux qui servent près d'eux sont archers de la prévôté de l'hôtel.	469
22 août —	A Foucault. — Sur une conférence proposée par les religionnaires.	470
30 août —	A Foucault — Sur le droit de bladage dans le comté de Comminges.	471
11 sept. —	Aux intendants. — Au sujet des collecteurs conventionnels.	Idem.

TABLE DE L'APPENDICE. 585

Dates des pièces.	Adresses et sommaires des pièces.	Pages.
25 sept. 1681.	A Foucault. — Sur la liquidation des dettes des communautés.	472
9 oct. ——	A Foucault. — Sur les pays d'états de la généralité de Montauban.	474
Id. ——	Aux intendants. — Au sujet des taxes d'office.	Idem.
23 oct. ——	A Foucault. — Sur la saisie des bestiaux.	475
21 nov. ——	Aux intendants. — Sur les exemptions des tailles.	Idem.
2 janv. 1682.	Aux intendants des généralités taillables. — Au sujet du soulagement des peuples.	476
5 mars ——	Aux commissaires départis. — Au sujet des frais faits pour le papier terrier.	477
11 mars ——	Aux commissaires départis. — Demande d'accusé de réception de la circulaire du 2 janvier précédent.	478
16 mars ——	A Foucault. — Sur les commis des manufactures.	Idem
26 mars ——	Aux intendants. — Au sujet des officiers des élections qui jouissent des exemptions de taille en vertu de lettres de vétéran.	479
16 avril ——	A Foucault. — Sujets divers.	Idem.
20 mai ——	A Foucault. — Sujets divers.	480
15 juin ——	Aux intendants et commissaires départis. — Sur leur compétence et sur l'usage des subdélégués.	481
1er juill. ——	A Foucault. — Sur les amendes.	Idem.
8 juill. ——	A Foucault. — Sur les *lies et passeries*.	482
14 juill. ——	A Foucault. — Sur la visite de sa généralité.	484
29 juill. ——	A Foucault. — Sur la liquidation des dettes des communautés.	Idem.
6 août ——	Aux intendants. — Au sujet des frais faits pour le recouvrement des tailles.	485
17 août ——	A Foucault. — Sur les protestants employés dans les finances.	486
24 août ——	Aux commissaires départis. — En leur envoyant les commissions des tailles.	487
10 sept. ——	A Foucault. — Sur les protestants employés dans les finances.	488
16 oct. ——	A Foucault. — Sur le recouvrement des tailles.	489
6 janv. 1683.	A Foucault. — Même sujet.	490
15 janv. ——	A plusieurs intendants. — Sur la liquidation des dettes des communautés.	Idem.
28 janv. ——	Aux commissaires départis. — Sur les protestants employés dans les finances.	491
10 fév. ——	A Foucault. — Sur le papier terrier et sur la liquidation des dettes des communautés.	Idem.
Id. ——	Aux intendants. — Au sujet des taxes d'office.	492
17 fév. ——	A Foucault. — Sur les protestants qui se sont déchargés de la taille.	493
6 mars ——	A dix-huit intendants. — Sur la liquidation des dettes des communautés.	Idem.

TABLE DE L'APPENDICE.

Dates des pièces.	Adresses et sommaires des pièces.	Pages.
11 mars 1683.	A Foucault. — Sur la liquidation des dettes des communautés et sur les étapes................................	494
13 mars ——	Aux intendants. — Pour leur demander un état des portions de domaines sujettes à réparations.........................	495
9 avril ——	A Foucault. — Sur une diminution de tailles accordée à la généralité de Montauban, et sur la liquidation des dettes des communautés..	497
15 avril ——	A Foucault. — Sujets divers...........................	498
30 avril ——	A Foucault. — Sujets divers...........................	499
19 mai ——	A Foucault. — Sur la suppression des offices d'auneurs de draps.	500
25 mai ——	Aux intendants et commissaires départis. — Pour accompagner le brevet de la taille.............................	Idem.
19 août ——	A Foucault. — Sur l'affaire de la régale à Pamiers...........	501

III.

DÉPÊCHES DE LOUVOIS A FOUCAULT.

1674 — 1689.

14 juill. 1674.	Félicitations sur ses services...........................	505
16 déc. ——	Sur une exemption de logement de gens de guerre...........	Idem.
17 avril 1675.	Sur la conduite du marquis de Foix......................	506
17 déc. 1676.	Sur l'imposition relative à l'ustensile....................	Idem.
31 déc. ——	Sur la solde des troupes...............................	Idem.
7 juin 1677.	Sur la conduite de l'évêque de Pamiers..................	507
14 juill. ——	Même sujet...	Idem.
21 sept. ——	Sur l'affaire du sieur Lafitau...........................	Idem.
3 oct. ——	Sur la licence des troupes qui ont vécu en quartier d'hiver dans la généralité de Montauban..........................	508
25 oct ——	Ordre que l'évêque de Pamiers ne se mêle pas de la subsistance des troupes dans le pays de Foix......................	Idem.
24 avril 1679.	Sur le transport des lettres en dehors de la poste............	Idem.
3 avril 1680.	Sur le remboursement des étapes.......................	Idem.
7 août 1681.	Refus de donner des troupes pour obliger les religionnaires à se convertir..	509
5 avril 1682.	Sur les désordres des troupes logées en quartier d'hiver dans la généralité de Montauban.............................	Idem.
8 avril 1684.	Sur la dépense faite dans l'algarade à Roncevaux............	510
22 avril 1685.	Défense aux propriétaires de la généralité de Pau de labourer leurs prairies...	Idem.

TABLE DE L'APPENDICE.

Dates des pièces.	Sommaires des pièces.	Pages.
2 mai 1685.	Refus d'accorder des troupes pour les loger chez les religionnaires.	510
3 mai	Ordre aux propriétaires de la généralité de Pau de remettre en leur état primitif les prairies qu'ils ont labourées.	511
4 juill.	Félicitations sur le progrès des conversions.	Idem.
16 juill.	Même sujet; mesures contre la noblesse religionnaire.	Idem.
31 juill.	Même sujet.	512
15 août.	Commission d'intendant en Poitou; instructions relatives aux religionnaires.	Idem.
12 sept.	Même sujet; mesures spéciales contre la noblesse religionnaire du Poitou.	Idem.
Id.	Mesures à prendre contre les religionnaires qui se sont absentés pour éviter les logements, et se convertissent en rentrant pour éviter l'amende.	513
14 sept.	Sur les conversions par délibération commune.	514
16 sept.	Désapprobation du parlement de Pau qui a reçu des requêtes contre les logements de troupes.	Idem.
Id.	Envoi de livres de prières en français pour les nouveaux convertis de Poitou.	Idem.
22 sept.	Mesures diverses relatives aux conversions de Poitou.	515
2 oct.	Même sujet.	Idem.
10 oct.	Même sujet.	516
16 oct.	Même sujet; blâme contre un logement excessif.	517
28 oct.	Même sujet.	518
7 nov.	Défense à une assemblée de gentilshommes religionnaires de députer à la cour.	Idem.
8 nov.	Sur les logements de dragons chez les gentilshommes.	519
Id.	Sur des plaintes de gentilshommes religionnaires d'avoir été mis à la taille.	Idem.
9 nov.	Sur une arrestation de gentilshommes religionnaires venus à la cour en députation.	520
Id.	Sur des religionnaires du diocèse de la Rochelle qui se sont réfugiés dans les bois.	521
17 nov.	Ordre de laisser les dragons logés chez les gentilshommes religionnaires du bas Poitou y faire le plus de désordre qu'il se pourra.	Idem.
20 nov.	Ordre de punir les religionnaires qui apportent des requêtes, et envoi de la copie d'une lettre de Louvois au duc de Noailles.	Idem.
22 nov.	Mesures à prendre contre les gentilshommes religionnaires.	524
13 déc.	Ordre de procéder à la conversion des derniers religionnaires du Poitou.	Idem.

TABLE DE L'APPENDICE.

Dates des pièces.	Sommaires des pièces.	Pages.
22 déc. 1685.	Sur un libelle contre le Pape et sur le retour des religionnaires absents.	525
26 déc. —	Ordre de mettre en prison les gentilshommes religionnaires qui n'auront plus de quoi nourrir les dragons.	Idem.
Id. —	Mesures contre les religionnaires de Montcoulant.	Idem.
14 janv. 1686.	Communication de plaintes anonymes contre Foucault.	526
19 fév. —	Sur la désertion des nouveaux convertis.	Idem.
6 mars —	Mesures à prendre contre les nouveaux convertis qui ne s'acquittent pas de leurs devoirs religieux.	Idem.
27 mars —	Surveillance à exercer à l'égard d'un nouveau converti.	Idem
27 avril —	Refus de violer le dépôt de la poste; ordre de procéder immédiatement à la conversion de deux religionnaires oubliés.	527
22 mai —	Ordre de faire réparer les routes par où le roi doit passer pour aller à Barèges.	Idem.
27 mai —	Contre-ordre, le roi ayant renoncé à son voyage.	528
7 juill. —	Ordre d'enfermer dans des couvents deux religionnaires obstinées.	Idem.
22 juill. —	Ordre de veiller sur des nouveaux convertis soupçonnés de vouloir sortir du royaume.	Idem.
4 août —	Communication de plaintes d'un nouveau converti chez lequel Foucault fait loger des dragons.	529
5 août —	Réprimande à Foucault sur ses démêlés avec M. de Vérac.	Idem.
6 août —	Même sujet.	Idem.
18 oct. —	Instruction sur la conduite à tenir à l'égard des nouveaux convertis qui ne s'acquittent pas de leurs devoirs religieux.	530
24 oct. —	Sur des prédicateurs à entretenir dans les lieux où il y avait des temples fréquentés.	531
Id. —	Biens d'un religionnaire fugitif accordés à ses enfants.	Idem.
8 déc. —	Mesures à prendre contre un curé qui tourmente les nouveaux convertis.	Idem.
23 déc. —	Mesures à prendre contre ceux qui auront prêché dans les assemblées.	532
10 janv. 1687.	Mesures à prendre contre les religionnaires opiniâtres qui sont prisonniers en Poitou.	Idem.
24 janv. —	Mesures à prendre contre une assemblée de nouveaux convertis.	533
25 janv. —	Même sujet.	Idem.
27 janv. —	Mesures à prendre sur les biens fonds des ministres de la R. P. R. qui sont sortis du royaume.	534
9 fév. —	Sur les assemblées de nouveaux convertis.	Idem.
11 fév. —	Même sujet.	Idem.
14 fév. —	Même sujet.	535
4 mars —	Même sujet.	Idem.

TABLE DE L'APPENDICE.

Dates des pièces.	Sommaires des pièces.	Pages.
6 mars 1687.	Sur les biens des religionnaires qui sont en prison, et sur les maîtres d'école nouveaux catholiques.	535
29 avril —	Sur les femmes religionnaires qu'on n'a pas fait sortir de la province à cause de leur grand âge; ordre de les enfermer dans des couvents jusqu'à abjuration.	536
18 juin —	Félicitations au sujet de la statue du roi élevée à Poitiers.	Idem.
27 août —	Ordre de restituer au sieur de la Massaye les enfants de la dame des Minières.	Idem.
21 oct. —	Demande de renseignements sur les maîtresses d'école à établir en Poitou pour instruire les jeunes filles.	537
14 nov. —	Recommandation en faveur des salpêtriers.	Idem.
9 déc. —	Nouvel ordre de restituer au sieur de la Massaye les enfants du sieur des Minières.	Idem.
14 janv. 1688.	Circulaire au sujet des maîtres d'école nouveaux convertis.	538
1ᵉʳ mars —	Sur l'assemblée de nouveaux convertis à Grandry.	539
26 mars —	Installation de M. de Saint-Frémont avec un régiment de dragons, pour surveiller les assemblées de nouveaux convertis qui pourraient se tenir sur les confins de l'Angoumois, de la Saintonge et du Poitou.	540
9 sept. —	Ordre de faire embarquer une religionnaire opiniâtre.	Idem.
18 sept. —	Ordre de décharger, dans l'imposition des tailles, la paroisse de M. de la Massaye.	541
14 nov. —	Ordre de désarmement des nouveaux convertis.	Idem.
4 déc. —	Réprimande au lieutenant général du présidial de Poitiers, pour avoir dit publiquement que le roi était le chef visible de l'Église gallicane.	Idem.
19 janv. 1689.	Demandes de renseignements sur les nouveaux convertis de Poitou et sur l'état des villes fermées de cette province.	Idem.
1ᵉʳ fév. —	Annonce à Foucault de son remplacement à Poitiers par M. de Ribeyre.	542
15 août. —	Ordre de faire surveiller les routes par la maréchaussée pour protéger les marchands qui vont à la foire de Guibray.	Idem.

IV.

DÉPÊCHES DU CHANCELIER DE PONTCHARTRAIN A FOUCAULT.

1699 — 1706.

Dates des pièces.	Sommaires des pièces.	Pages.
11 mars 1700.	Sur les vacances de l'Université de Caen.	547
7 sept. ——	Sur une affaire litigieuse.	548
2 mai 1701.	Renvoi de plaintes contre les officiers d'Avranches.	Idem.
2 déc. 1703.	Interdiction aux professeurs en droit de l'Université de Caen de donner des répétitions.	549
30 janv. 1704.	Sur les affaires de Foucault fils.	Idem.
1ᵉʳ mars ——	Sur les abus qui se passent à la faculté de droit de l'Université de Caen.	Idem.
13 juill. ——	Sur un sieur Cahan qui exerce sans provisions la charge de lieutenant du maire à Caen.	550
15 juill. ——	Circulaire aux intendants, au sujet des secrétaires du roi des grandes chancelleries.	551
20 août ——	A Foucault, plaintes contre le lieutenant du roi au château de Caen.	Idem.
8 sept ——	A M. de la Croisette, lieutenant pour le roi, au château de Caen: même affaire.	552
3 oct. ——	Ordre d'informer contre un assassinat.	Idem.
23 janv. 1705.	Envoi de lettres patentes à l'académie de Caen.	553

www.ingramcontent.com/pod-product-compliance
Lightning Source LLC
Chambersburg PA
CBHW052037290426
44111CB00011B/1532